北京市教育委员会文件选编

2013

北京市教育委员会办公室　编

华艺出版社

2014年·北京

编辑说明

一、为全面贯彻党的教育方针，依法治教，实现教育管理的科学化、规范化，北京市教育委员会办公室于1996年开始编辑《北京市教育委员会文件选编》，并逐年出版。该书是一部面向北京市教育管理机构、北京地区各级各类学校及教育事业单位的资料性工具书，也是图书馆、资料室收藏的综合性文献资料。

二、《北京市教育委员会文件选编》（2013）编辑工作遵循重要性、指导性和实用性原则，共收录2013年1月1日至12月31日的各类教育工作文件200余份。

三、该书收录的文件以下行文件为主，对于部分上行文件根据需要也作了必要的收录，并附有上级或主管单位的批复或复函。

四、为方便读者使用，该书对于国务院、教育部以及北京市人大常委会、北京市人民政府及有关部门当年颁发的有关教育工作文献也作必要的收录。

五、该书采用分门别类和“先级后类”的编辑体例，设有28个大类。每一大类中的文件以发文时间为序排列，个别重要文件置于该类文件前。

六、该书在编辑过程中，对原文的标题和公文格式作了必要的修订和调整，省略了发文印章等。

七、该书设有分类目录和文件目录。为方便读者使用，在附录中设有文件字拼音索引。

2014年6月

分 类 目 录

文 件 目 录

行政规范

综　　合

法制建设

学前教育

基础教育

高等教育

职业与成人教育

学习型城市建设

民办教育

特殊教育

德　　育

体育·卫生

科技与艺术教育

校外教育

教育研究·教材

科　研

招生·考试

学生管理

教育信息化

人事·机构

财　务

基本建设

学校后勤

安全·保卫

监察·审计

交流合作

教育督导

语言文字

行政规范

北京市教育委员会文件选编
（2013）

北 京 市 教 育 委 员 会
北京市人民政府教育督导室
北 京 市 残 疾 人 联 合 会

关于进一步加强随班就读工作的意见

京教基二〔2013〕1号

各区县教委、燕山教委：

为深入贯彻《中华人民共和国义务教育法》、《中华人民共和国残疾人保障法》和教育部关于随班就读工作的有关精神，落实《北京市中长期教育改革和发展规划纲要（2010～2020年）》中关于保障残疾儿童少年受教育权利的各项要求，进一步加强和完善我市随班就读工作管理体制和运行机制，我们制定了《北京市残疾儿童少年随班就读工作管理办法（试行）》和《北京市各类残疾类别随班就读具体标准》，并提出如下意见，请一并贯彻落实。

一、充分认识加强随班就读工作的重要意义

1. 残疾儿童少年教育工作的重点是义务教育，随班就读是残疾儿童少年接受义务教育的主要形式，以随班就读为主体的特殊教育构成了首都基础教育的重要组成部分。近年来，随着首都教育改革与发展，越来越多的残疾儿童少年进入到普通学校随班就读，享受到适合的、高质量的义务教育，有力地推动了首都特殊教育事业的发展，为更新教育理念、深化教育改革、维护教育公平、推进教育现代化做出了积极贡献。

2. 残疾人事业的发展是衡量一个国家一个地区社会文明程度的重要标志，做好残疾儿童少年义务教育、加强随班就读工作，是提升首都社会文明程度、建设中国特色世界城市的重要内容。随班就读是发展残疾儿童少年个性和潜能、提高其社会适应能力、充分平等地融入社会和参与公共生活的重要途径和保障，也是推进首都基本公共服务均等化，提高国民整体素质的重要举措，对于实施“三个北京”战略、建设中国特色世界城市具有十分重要的意义。

3. 多年来，在市委市政府的正确领导下，首都特殊教育事业快速发展，整体水平显著提高，特殊教育类别不断增加，学校特色日益凸显，残疾儿童少年入学率始终保持全国领先水平，残疾儿童少年受教育权益得到较好保障，已经形成了以随班就读为主体、特殊教育学校为骨干、其他教育形式为补充的特殊教育体系。与此同时还应看到，特殊教育事业的发展距离首都建设世界城市、办人民满意教育的总体要求还有一定差距，特别是随班就读工作的组织管理体系和支持保障体系建设还存在薄弱环节，随班就读教学质量有待提高。在新的形势下，进一步加强首都残疾儿童少年随班就读工作，具有重要而深远的意义。

对包括残疾儿童少年在内的适龄人口实施义务教育，是政府的法定职责。各区县政府要充分认识加强随班就读工作的重要性和艰巨性，增强责任感、使命感和紧迫感，全面落实责任，切实加大投入，完善政策措施，深入推进随班就读工作，保障适龄残疾儿童少年接受良好义务教育。

二、完善随班就读对象的确认、入学等管理机制

4. 随班就读对象的确认应执行《北京市各类残疾类别随班就读具体标准》。经区县特殊教育中心确认的随班就读学生，学校应根据残疾儿童少年的能力和障碍现状给予适宜的教育安排。

5. 随班就读儿童少年，应当与普通儿童少年一样免试就近入学。普通学校要依法接收本校服务范围内经检测符合规定的残疾儿

童少年随班就读

6. 随班就读学生的学籍在接收其随班就读的普通学校，其档案在学籍所在学校和区县特殊教育中心同时备案并进行跟踪管理。

7. 各区县教育行政部门和接收随班就读学生的学校要保障随班就读学生完成九年义务教育。随班就读学生因身体健康、治疗等原因休学、复学，按照本市中小学生学籍管理办法办理。

三、以人为本，注重融合，提高随班就读教育质量

8. 接收随班就读学生的学校要将随班就读工作纳入学校整体工作计划，并指定专人负责，在所需经费、设备、教材、资料等方面给予保障。

9. 随班就读学校要遵循“以学生发展为本”的教育理念，尊重残疾学生的特点和潜能，关注他们的身心健康发展。加强融合教育，让随班就读学生平等参与班级各项事务，体验到归属感、成功感和幸福感，培养其自尊自强、乐观向上的积极情感和生活态度，提高其社会适应能力。积极创建包容、友爱的校园环境和氛围，形成普通学生与随班就读学生相互尊重、相互接纳、共同学习、共同成长的良好校风和班风。

10. 随班就读教学执行普通学校课程方案和课程标准，学校可以根据随班就读学生的实际情况，在保证教育质量的前提下，对其教学内容和教学要求作适度调整。教育教学中充分考虑随班就读学生的特殊教育需要，在座次安排、集体活动、教学具准备、助学伙伴配备等方面加以关注和落实。

11. 建立个别化评价体系。根据随班就读学生实际，制定个别化教育计划。研制适合不同类型、不同年级随班就读学生知识学习、社会适应等不同方面的评价工具和评价标准，逐步建设随班就读学生发展评价数据库和评价参照体系，提高随班就读教育教学质量。

12. 在接收5名及以上随班就读学生的学校建立资源教室，或建立区域资源中心。安排专职或兼职资源教师，配备适当的教具、学具、康复训练设备、器材和图书资料等，为随班就读学生得到有针对性的辅导和训练创设必要条件。建立资源教室的长效服务机制，保障资源教室的功能发挥。

13. 健全家校沟通交流机制。学校应主动邀请随班就读学生家长参与学生的个别教育教学训练。要注重发挥康复、医学、特殊教育机构等专业人员的作用，争取社区、社会相关团体和机构的关心与支持，形成学校、家庭、社会教育的合力。

四、加强随班就读师资队伍建设，提高专业化水平

14. 完善随班就读教师专业发展标准体系。建立并实施特殊教育教师专业标准和资格认证制度，随班就读班主任教师、任课教师应当热爱残疾学生，具有奉献精神和管理能力，掌握随班就读基本教学原则和方法，具备基本的特殊教育基础知识和技能。资源教师、巡回指导教师应当具有特殊教育专业相关背景或接受过特殊教育及相关专业知识和技能培训，有丰富的特殊教育教学经验或康复训练实践经验。

15. 健全随班就读师资培训长效机制，提高教师培养质量。市、区县教育行政部门要重视随班就读师资队伍建设，将随班就读教师的培训纳入教师培训总体规划。实施市、区县分层培训制度，市特殊教育中心组织重点培训，区县负责全员培训，切实加强培训工作的针对性。各区县要采取多种形式，将特殊教育专业知识培训纳入新教师培训和教师继续教育培训工作计划，特殊教育学分应占继续教育学分的一定比重。实施特殊教育名校长、名教师培养工程，培养造就一批具有创新教育思想、教育模式和教育方法的高水平特殊教育师资队伍。

16. 加强特殊教育的科学研究。借助高校与科研机构的优势，有计划有步骤地组织前瞻性研究，解决特殊教育发展的深层次问题。市特殊教育中心等部门要设立研究专题，与随班就读学校密切合作，使教科研成果真正得到推广和应用。各区县要从政策导向、经费投入、专家聘请等方面为开展随班就读科研提供保障。

17. 建立随班就读教师规范考核和奖励的双向机制。将承担随班就读教学与管理人员的工作计入岗位绩效考核内容。建立区县承担随班就读工作教师的岗位补助制度，资源教师和巡回指导教师享受特教津贴。在北京市骨干教师、学科带头人评选中建立特殊教育系列，并在现有北京市优秀教师、优秀教育工作者的评选表彰和特级教师、职称评定等方面，对从事随班就读工作的干部教师给予适当倾斜。

五、加强领导，落实责任，依法保障随班就读工作健康发展

18. 加强组织领导，健全管理体制。随班就读是特殊教育的主体，是义务教育的重要组成部分。市级教育行政部门要切实加强组织领导，加大对随班就读工作的统筹管理、规划和指导，制定相关政策和标准，推动全市随班就读工作健康发展。各区县教育行政部门要依法做好本区域内的随班就读工作，将随班就读工作纳入区域教育发展整体规划，健全制度，明确职责，完善随班就读支持保障体系。要设专人负责随班就读的行政管理工作。

19. 加强随班就读工作的经费保障。各区县教育行政部门应根据本区域内随班就读学校和学生的数量，建立随班就读工作经费保障制度。随班就读学生生均公用经费按特殊教育学校生均公用经费标准拨付。增加特殊教育专项资金中对随班就读学校的投入比例，用于解决随班就读支持保障体系的健全与完善（特殊教育中心、资源教室等），随班就读教具、学具等配备，随班就读教师培训，特教补助等。使用残疾人就业保障金，对普通学校无障碍改造和随班就读学生辅助器具适配给予支持。

20. 加强北京市特殊教育中心建设。根据有关编制标准和岗位要求配足配齐高素质教科研人员。确保充分发挥其特殊教育教研、科研、师资培训和资源开发的功能和对区域特殊教育的辐射和带动作用。完善北京市特殊教育中心的师资培训体系，重点加强特殊教育管理人员、相关专业人员以及特殊教育学校和随班就读学校骨干教师的培训。切实承担对区县特殊教育中心和随班就读学校教研、科研等工作的指导，提升我市特殊教育发展水平。

21. 各区县要设立有单独编制和管理人员的特殊教育中心，可建立在当地特殊教育学校内。加强对本区域随班就读工作的管理、研究、指导。健全以特殊教育中心为核心的随班就读管理体系和服务机制，建立巡回指导教师制度，有条件的区县教育行政部门应为特殊教育中心配备专职或兼职特殊教育教科研人员。完善特殊教育中心的教研、科研、资源开发和教师培训体系，配备高素质教科研人员，确保各项职能的发挥。

22. 健全随班就读专项督导制度，将残疾儿童少年随班就读工作纳入对区县政府特殊教育督导和中小学全面实施素质教育综合督导工作范畴，把加强随班就读工作作为促进教育公平、全面实施素质教育，推进教育现代化、提升社会文明程度的重要指标加以落实。

23. 加强宣传舆论引导，创设良好的随班就读工作外部环境。各区县教育行政部门、随班就读学校、特殊教育学校等，要增强宣传意识，拓宽宣传渠道，充分利用电视、广播、报刊、网络、公共宣传栏等传播媒介，加强宣传，引导全社会进一步增强对随班就读工作重要性的认识，加大支持力度。为发展随班就读工作创造良好的舆论环境，形成全社会关心、重视和支持特殊教育的良好氛围。

附件：1. 北京市残疾儿童少年随班就读工作管理办法（试行）
2. 北京市各类残疾类别随班就读具体标准

二〇一三年一月十一日

附件 1

北京市残疾儿童少年随班就读工作管理办法（试行）

第一章 总 则

第一条 为进一步加强随班就读工作，保障适龄残疾儿童少年受教育的权利，依据《中华人民共和国义务教育法》、《中华人民共和国残疾人保障法》和《残疾人教育条例》，制定本办法。

第二条 本办法适用于本市行政区域内、招收具有接受普通教育能力的适龄残疾儿童少年入学的、实施义务教育的全日制中小学。非义务教育阶段的普通教育机构可参照本办法执行。

第三条 随班就读是我市特殊教育事业发展的主体，是首都基础教育的重要组成部分，是实现教育公平、促进义务教育高水平、高质量、均衡发展的一项重要措施。

第二章 对象、检测与安置

第四条 随班就读对象是指具有接受普通教育能力的视力残疾、听力残疾、言语残疾、肢体残疾、智力残疾、精神残疾、多重残疾儿童少年，包括脑瘫、孤独症及其他类别的残疾儿童少年。随班就读教育对象一般为各类轻度残疾儿童少年。

第五条 凡年满 6 周岁的残疾儿童到义务教育服务范围内学校就近入学登记时，学校应将其持有的残疾证明材料上报区县教育行政部门，经区县特殊教育中心审核并备案，确定其接受教育的方式。

第六条 入学时未发现异常，但在就读过程中，经观察其行为、情绪、心理、认知以及生活适应能力与同龄学生有显著差异，或轻度残疾学生残疾程度加重的，需与家长协商到具有资质的区县特殊教育中心进行评估检测，根据鉴定结果，给予是否随班就读的安置建议。对于有异议的，须到市残联指定的残疾鉴定医疗机构进行残疾类别和残疾程度的检测鉴定。残疾儿童少年的鉴定结论，仅作为对其采取特殊教育服务方式的依据。

第七条　学校应根据随班就读学生的残疾类别和程度，结合其特殊需要给予妥善照顾。以每班安排同类残疾随班就读学生1～2人为宜，原则上最多不超过3名。学校应安排师德素质较高，具备特殊教育基础知识和技能并有一定教学经验的教师担任接收随班就读学生班级的班主任。

第三章　支持与保障

第八条　市、区县教育行政部门要整体规划随班就读工作，明确接收随班就读学生的学校、特殊教育学校、特殊教育中心各自的工作职责，建立健全规章制度，规范对随班就读工作的组织、管理和指导。

第九条　区县教育行政部门要设立具有单独编制和管理人员的特殊教育中心，可建立在当地特殊教育学校内。特殊教育中心应设专职负责人和巡回指导教师。建立专、兼职巡回指导教师队伍，原则上按照每10所接收随班就读学生的学校配备1名巡回指导教师的标准。

第十条　区县特殊教育中心要发挥对随班就读工作的管理、培训、研究、指导与服务功能。其主要职能：

（一）负责辖区内随班就读对象的审核与备案；

（二）对随班就读教育教学工作进行研究指导；

（三）指导学校资源教室的建设和资源教师的培训；

（四）对康复训练进行指导；

（五）组织开展全员随班就读教师专业培训；

（六）对社区及家长进行咨询服务等。

第十一条 巡回指导教师主要职责：

（一）为接收随班就读学生的学校提供特殊教育技术支持，对随班就读学生安置、课程安排、教育教学管理、评价内容与方式、教育资源配置等工作提出意见与建议；

（二）对个别化教育计划的制订与实施、康复训练、教育教学等工作进行技术指导；

（三）对有康复训练需求的随班就读学生进行康复训练等。

第十二条 特殊教育学校要利用师资、设施设备等资源优势，为随班就读工作提供技术支持与服务。

第十三条 接收随班就读学生的学校要建立由校长任组长，主管干部、班主任、任课教师、资源教师等人员组成的随班就读工作小组；明确岗位责任制、教师考核方案等相关制度，根据随班就读学生身心特点制订并实施个别化教育计划；在市、区县特殊教育中心的指导下，加强教师培训，开展教科研工作、提升教师的专业水平；落实特殊教育设施设备的建设与使用，加强校园文化建设，为随班就读学生融入学校生活创造条件。

第十四条 设在随班就读学校的资源教室要按照《北京市随班就读资源教室建设与管理的基本要求（试行）》（京教基〔2005〕24号）建设，学校要加强对资源教室的管理，建立有效的运作机制，保障资源教室功能可持续发展。

第十五条 资源教室至少要设专职资源教师1名，并根据学校随班就读学生的数量适当增加。兼职资源教师在资源教室的工作量不应低于其工作总量的三分之二。

第十六条 各区县教育行政部门应在总编制中统筹解决专职资源教师的编制。资源教师应享受特教津贴。

第四章 教育与教学

第十七条 接收随班就读学生的学校应为随班就读学生提供专

业化教育训练的个别化教育计划，并根据随班就读学生的教育需求制订明确的发展目标和具体的学习任务指标，发展目标和学习任务指标应具有较强的操作性并便于评估监控。

第十八条　个别化教育计划须按如下程序制定：

（一）由班主任收集随班就读学生的基本情况（残疾状况、家庭情况和家庭教育状况、性格特点、认知水平以及不同残疾类型学生的学习方式、特殊教育需要等）；

（二）由资源教师（或巡回指导教师）、任课教师等相关人员共同研讨，分析诊断确定其教育需求；

（三）制订出教育目标（分长期目标和短期目标）及实现目标的具体措施；

（四）明确目标达成情况的评估方法。

第十九条　个别化教育计划制订后，经家长和相关人员（班主任、任课教师、资源教师、家长以及主管领导）同意，由家校共同实施并加以落实。个别化教育计划原则上每学期制订一次，并定期对其实施情况进行评估。个别化教育计划在实施过程中应根据实际情况作必要的调整或修订。

第二十条　个别化教育计划的实施要体现在课堂主渠道、个别训练以及家庭和社区教育中。通过个别化教育训练使随班就读学生更好地适应普通学校的学习。

第二十一条　学校应为每名随班就读学生建立《随班就读学生个人成长档案》，用以保存和记录随班就读学生残疾检测结果、个案分析、个别化教育计划和教育评估、辅导记录、学业考查和能力发展等方面的文字、照片和音像资料等。

第二十二条　学校应做好随班就读学生的个案管理，规范档案要求，做到专人专柜保管，严格保密，在学生升学、转学时做好交接，毕业时上交区县特殊教育中心统一保管。

第二十三条　针对随班就读学生的教学，原则上应执行普通学校课程方案和课程标准。对于智力无障碍的视力残疾、听力残疾和肢体残疾等学生在教学中原则上不得降低标准和要求，应加强有针对性的教学方式、方法和康复教育支持服务；对于智力有障碍的随班就读学生，学校可根据实际认知水平，对教学内容和教学要求作适度调整，但也要体现发展性要求。

第二十四条 随班就读学校应针对随班就读学生的特殊教育需要，设置适合其需要的特殊课程。对有特殊需求的随班就读学生要配备所需的辅助材料。

第二十五条 随班就读学生以班级学习为主，任课教师要研究随班就读课堂教学策略，在教学目标的设置、教学内容的安排、教学方法的选择以及教学评价等方面关注随班就读学生的特殊学习需要，实施针对性教学。

第二十六条 各学科教学要结合本学科特点，在传授文化科学知识的同时，注重培养随班就读学生适应社会生活的能力，重视缺陷补偿和潜能开发，使其综合素质得到提高。

第五章 师资培训

第二十七条 市、区县教育行政部门应健全随班就读师资培训长效机制，将随班就读教师的培训纳入教师继续教育培训总体规划，建立健全市、区县两级培训体系，明确职责与分工，认真做好北京市特殊教育中心的重点培训与区县的全员培训工作。

第二十八条 市、区县特殊教育中心应系统设计与实施培训计划，创新分层、分类以及有针对性、注重需求的培训方式，不断提高随班就读干部教师的专业化水平。

第二十九条 充分发挥市特殊教育中心在管理、指导区县随班就读师资培训工作中的作用。市特殊教育中心培训的人员主要包括：区县特殊教育管理干部、巡回指导教师、资源教师和随班就读骨干教师。

第三十条 进一步加大区县级培训力度。区县特殊教育中心对随班就读教师的全员培训主要包括：个别化教育计划的制订与实施、随班就读教学策略、差异教学的实施、资源教室的功能与运用、随班就读学生的评估以及随班就读学生的生理与心理特点等。

第三十一条 接收随班就读学生的学校，要积极开展针对主管随班就读干部、资源教师和随班就读任课教师的学习、培训、教研等活动。

第六章 附 则

第三十二条 本办法自2013年3月1日起施行。《关于进一步加强九年义务教育阶段残疾儿童少年随班就读工作的意见（试行）》（京教基〔1998〕019号）同时废止。

附件2

北京市各类残疾类别随班就读具体标准

残疾类别	残疾程度评定原则	随班就读残疾标准
视力残疾	按视力和视野状态分级，低视力为视力残疾三级和四级。视力残疾均指双眼而言，若双眼视力不同，则以视力较好的一眼为准。如仅有单眼为视力残疾，而另一眼的视力达到或优于0.3，则不属于视力残疾范畴。视野以注视点为中心，视野半径小于10度者，不论其视力如何均属于盲。	视力、视野：0.1～<0.3。

续表1

残疾类别	残疾程度评定原则	随班就读残疾标准
听力残疾	按平均听力损失，及听觉系统的结构、功能，活动和参与，环境和支持等因素分级（不配戴助听放大装置）。	听觉系统的结构和功能中度损伤，较好耳平均听力损失在（41～60）dBHL之间，在理解和交流等活动上轻度受限，在参与社会生活方面存在轻度障碍。
言语残疾	按各种言语残疾不同类型的口语表现和程度，脑和发音器官的结构、功能，活动和参与，环境和支持等因素分级。	脑和（或）发音器官的结构、功能轻度损伤，能进行简单会话，但用较长句表达困难。语音清晰度在46%～65%之间，言语表达能力等级测试未达到四级测试水平，在参与社会生活方面存在轻度障碍。
肢体残疾	按人体运动功能丧失、活动受限、参与局限的程度分级（不配戴假肢、矫形器及其它辅助器具）。肢体部位说明如下：1. 全上肢：包括肩关节、肩胛骨；2. 上臂：肘关节和肩关节之间，不包括肩关节，含肘关节；3. 前臂：肘关节和腕关节之间，不包括肘关节，含腕关节；4. 全下肢：包括髋关节、半骨盆；5. 大腿：髋关节和膝关节之间，不包括髋关节，含膝关节；6. 小腿：膝关节和踝关节之间，不包括膝关节，含踝关节；7. 手指全缺失：掌指关节；8. 足趾全缺失：跖趾关节。	基本上能独立实现日常生活活动，并具备下列状况之一：1. 单小腿缺失；2. 双下肢不等长，差距大于等于50mm；3. 脊柱强（僵）直；4. 脊柱畸形，后凸大于70度或侧凸大于45度；5. 单手拇指以外其他四指全缺失；6. 单手拇指全缺失；7. 单足跗跖关节以上缺失；8. 双足趾完全缺失或失去功能；9. 侏儒症（身高小于等于1300mm的成年人）；10. 一肢功能中度障碍或两肢功能轻度障碍；11. 类似上述的其他肢体功能障碍。

续表 2

残疾类别	残疾程度评定原则	随班就读残疾标准
智力残疾	按0～6岁和7岁及以上两个年龄段发育商、智商和适应行为分级。0～6岁儿童发育商小于72的直接按发育商分级，发育商在72～75之间的按适应行为分级。7岁及以上按智商、适应行为分级；当两者的分值不在同一级时，按适应行为分级。WHO－DASⅡ分值反映的是18岁及以上各级智力残疾的活动与参与情况。	1. 智力发育水平：（1）发育商（DQ）（0～6岁）：55～75；（2）智商（IQ）（7岁及以上）：50～69。 2. 社会适应能力：（1）适应行为（AB）：能生活自理、能承担一般的家务劳动或工作、对周围环境有较好的辨别能力、能与人交流和交往、能比较正常地参与社会活动；需要环境提供间歇的支持，一般情况下生活不需要由他人照料；（2）WHO－DASⅡ分值（18岁及以上）：52～95分。 （注：需要1、2两个条件同时满足才可认定。）
精神残疾	18岁及以上的精神障碍患者依据WHO－DASⅡ分值和适应行为表现分级，18岁以下精神障碍患者依据适应行为的表现分级。	WHO－DASⅡ值在52～95分之间，适应行为轻度障碍；生活上基本自理，但自理能力比一般人差，有时忽略个人卫生。能与人交往，能表达自己的情感，体会他人情感的能力较差，能从事一般的工作，学习新事物的能力比一般人稍差。偶尔需要环境提供支持，一般情况下生活不需要由他人照料。
多重残疾	按所属残疾中残疾程度最重类别的分级确定其残疾等级。	按所确定的残疾等级确定是否达到随班就读标准。

北京市教育委员会

关于做好2013年高中阶段招收体育艺术科技特长生工作的通知

京教体艺〔2013〕1号

各区县教委：

为贯彻落实《北京市中长期教育改革和发展规划纲要（2010～2020年）》关于“坚持以人为本、全面实施素质教育的战略部署，培养全面发展的社会主义建设者和接班人”的要求，进一步规范、完善本市高中阶段招收体育、艺术、科技特长生的工作，经市教委2013年第2次主任办公会研究，现就2013年招收特长生工作的有关事宜通知如下：

一、可招收特长生学校

具有招收特长生资格的学校包括三类，一是体育类，含北京奥林匹克教育学校体育后备人才培养基地学校、北京市体育传统项目学校；二是艺术类，含北京市学生金帆艺术团承办学校、北京市中小学艺术教育特色学校；三是科技类，含北京金鹏科技团承办学校、北京市中小学科技教育示范学校。可在高中阶段招收体育、艺术、科技特长生学校名单见附件1至3。

二、招生范围

北京奥林匹克教育学校体育后备人才培养基地学校、国家级和市级体育传统项目学校、北京市学生金帆艺术团承办学校、北京金鹏科技团承办学校可面向全市招收特长生；区县级体育传统项目学校、北京市中小学艺术教育特色学校、北京市中小学科技教育示范学校可在本区县范围内招生。

三、招生指标

（一）北京奥林匹克教育学校体育后备人才培养基地学校、国家级和市级体育传统项目学校可根据本校实际确定招收体育特长生人数，原则上不超过本校招生计划总人数的10%，区县级体育传统项目学校招生计划原则上不超过本校招生计划总人数的5%。

（二）招收艺术和科技特长生的学校，可根据学校实际自行确定特长生项目，招收艺术特长生的学校招生人数原则上不超过本校招生计划总人数的10%，招收科技特长生的学校招生人数原则上不超过本校招生计划总人数的5%。

四、工作程序

（一）体育特长生

1. 学校测试

各招收学校自行组织体育专项测试和文化课摸底考试，进行特长生的选拔。测试后，学校按照当年上报《北京市高级中等学校招生简章》招生人数1∶1的比例确认本校招收体育特长生人数，并将测试合格学生名单在校内公示一周，同时下发合格学生市级统一测试报名表。

2. 市级统一测试

体育特长生须通过全市统一测试。市级统一测试工作由北京教育考试院负责组织实施，具体报名办法、报名时间及测试时间、地点、测试标准另行通知。

（1）考生报名及资格审查

经招收学校测试合格，考生持学校下发的市级统一测试报名表进行报名。资格审查合格者，方可参加市级统一测试。

（2）市级体育专项测试项目

测试项目包括田径、足球、篮球、排球、棒球、垒球、游泳、乒乓球、跆拳道、武术、手球、健美操、艺术体操、射击、射箭、定向越野16个项目。

（3）结果公示

北京教育考试院将测试结果在北京教育考试院网站上公示一周且无异议后上报市教委，并将结果正式下发至各区县招办。学生根据测试结果填报中考报考志愿。

（二）艺术、科技特长生

1. 市教委统一制定艺术、科技特长生的测试标准和要求，各区县负责具体组织实施。

2. 区县要制定本区县艺术、科技特长生测试工作方案，方案包括测试时间、地点、测试项目、组织机构、安全预案等内容。4月15日前，各区县将测试工作方案上报我委体卫艺处。

3. 各区县根据北京教育考试院安排的测试时间组织测试。测试期间，市教委将组织专项检查。

4. 测试结束后各区县将测试合格学生审查表上报市教委，由市教委成立审核小组对测试合格学生进行资格审查，并将审查合格名单在市教委网站公示一周，公示无异议者，由市教委颁发艺术、科技测试合格证书，作为学校录取艺术、科技特长生的依据。

五、工作要求

（一）各区县要加强对特长生测试、选拔工作的科学化和规范化管理，确保组织实施严密；

（二）特长生选拔要坚持公平、公正、公开的原则，认真为符合报考条件的学生办理相关手续，防止漏报；

（三）各学校要严谨、周密地组织好本校的测试工作，同时，做好各项安全保障工作，制定应急预案，确保测试工作有序进行。

附件：1. 具有招收体育特长生资格学校名单和运动项目

2. 具有招收艺术特长生资格学校名单

3. 具有招收科技特长生资格学校名单

二〇一三年二月六日

附件 1

具有招收体育特长生资格
学校名单和运动项目

(1) 面向全市招生的学校名单

区县	学校	类别	项目
东城区	北京市景山学校	奥林匹克基地校 国家级传统校	排球游泳
	北京市东直门中学	奥林匹克基地校 国家级传统校	田径篮球
	北京市汇文中学	奥林匹克基地校 国家级传统校	田径游泳
	北京市第二十二中学	国家级传统校	篮球乒乓球武术定向
	北京市第一七一中学	国家级传统校	田径篮球排球游泳
	北京市第十一中学	市级传统校	田径篮球
	北京市第一四二中学	市级传统校	田径
	北京市第一六六中学	市级传统校	田径篮球手球
	北京市第二十五中学	市级传统校	篮球乒乓球
	北京市第二十七中学	市级传统校	排球
	北京市第五十中学	市级传统校	田径篮球
	北京市第五十四中学	市级传统校	足球
	北京市第五十五中学	市级传统校	田径健美操
	北京市第五中学	市级传统校	田径篮球乒乓球
	北京市第六十五中学	市级传统校	田径足球排球
	北京市第二中学	市级传统校	田径乒乓球篮球健美操

续表1

区县	学校	类别	项目
	北京市东城区崇文门中学	市级传统校	田径
	北京市第一中学	市级传统校	田径
	北京市广渠门中学	市级传统校	篮球排球乒乓球
	北京市龙潭中学	市级传统校	篮球
西城区	北京市第八中学	奥林匹克基地校 国家级传统校	田径游泳
	北京师范大学附属实验中学	奥林匹克基地校 国家级传统校	排球田径游泳
	北京市第四中学	奥林匹克基地校 国家级传统校	田径篮球游泳
	北京市第六十六中学	奥林匹克基地校 市级传统校	田径乒乓球
	北京市育才学校	奥林匹克基地校 市级传统校	篮球棒球垒球手球定向越野
	北京市第三中学	市级传统校	排球
	北京市第七中学	市级传统校	足球
	北京市第三十一中学	市级传统校	排球
	北京市第三十五中学	市级传统校	篮球
	北京市铁路第二中学	市级传统校	排球篮球乒乓球
	北京师范大学第二附属中学	市级传统校	田径排球
	北京市回民学校	市级传统校	田径足球排球
	北京市第十五中学	市级传统校	田径篮球
	北京师范大学附属中学	市级传统校	田径篮球

续表 2

区县	学校	类别	项目
朝阳区	北京市第八十中学	奥林匹克基地校 国家级传统校	田径
	北京中医学院附属中学	市级传统校	篮球射箭
	首都师范大学附属实验学校	市级传统校	篮球
	北京第二外国语学院附属中学	市级传统校	田径
	北京市第九十四中学	市级传统校	田径
	北京市陈经纶中学	市级传统校	田径篮球游泳健美操跆拳道
	北京工业大学附属中学	市级传统校	田径篮球排球乒乓球武术健美操
	北京市和平街第一中学	市级传统校	篮球
海淀区	北京市第一零一中学	奥林匹克基地校 国家级传统校	田径排球健美操
	清华大学附属中学	奥林匹克基地校 国家级传统校	田径篮球射击
	中国人民大学附属中学	奥林匹克基地校 国家级传统校	足球田径健美操篮球游泳乒乓球武术
	北京市育英学校	奥林匹克基地校 国家级传统校	游泳篮球
	北京理工大学附属中学	国家级传统校	田径排球棒球垒球
	北京市第二十中学	市级传统校	田径健美操
	首都师范大学附属中学	市级传统校	篮球
	北京市中关村中学	市级传统校	田径篮球武术

续表 3

区县	学校	类别	项目
	北京农业大学附属中学	市级传统校	田径
	北京市八一中学	奥林匹克基地校 市级传统校	田径足球武术健美操定向运动游泳
	北方交通大学附属中学	市级传统校	田径篮球棒球垒球定向运动
	北京市六一中学	市级传统校	武术
	首都师范大学附属育新学校	市级传统校	棒球网球
	北京市第十九中学	市级传统校	垒球手球定向运动健美操
丰台区	北京市第十二中学	奥林匹克基地校 国家级传统校	田径排球棒球
	北京市第十八中学	市级传统校	田径篮球乒乓球
	北京市第十中学	市级传统校	田径足球
	北京市大成学校	市级传统校	田径棒球
	北京市丰台区实验学校	市级传统校	田径棒球垒球
	北京市首都师范大学附属丽泽中学	市级传统校	田径篮球跆拳道
	北京市丰台区东铁营第一中学	市级传统校	篮球排球跆拳道
石景山区	北京市第九中学	奥林匹克基地校 国家级传统校	田径篮球艺术体操
	北京市苹果园中学	市级传统校	田径排球
	北京市京源学校	市级传统校	田径足球
	北京师范大学励耘实验学校	市级传统校	排球

续表 4

区县	学校	类别	项目
门头沟区	北京市大峪中学	市级传统校	田径
	首都师范大学附属中学永定分校	市级传统校	田径
房山区	北京师范大学良乡附属中学	市级传统校	田径乒乓球篮球跆拳道健美操
	北京市房山区周口店中学	市级传统校	田径
通州区	北京市通州区潞河中学	奥林匹克基地校 国家级传统校	田径篮球游泳
	北京市通州区运河中学	市级传统校	田径篮球
顺义区	北京市顺义区第一中学	奥林匹克基地校 国家级传统校	田径篮球
	北京市顺义牛栏山第一中学	奥林匹克基地校 市级传统校	田径篮球
	北京市顺义区第二中学	市级传统校	田径篮球
	北京市顺义区杨镇第一中学	奥林匹克基地校 市级传统校	田径篮球乒乓球
	北京市顺义区第九中学	市级传统校	田径篮球
	北京市牛栏山一中实验学校	市级传统校	田径篮球
昌平区	北京市昌平区第二中学	奥林匹克基地校 国家级传统校	田径
	北京市昌平区前锋学校	市级传统校	田径
	北京市昌平区第一中学	市级传统校	足球篮球
	北京市少林武术学校	市级传统校	武术跆拳道

续表 5

区县	学校	类别	项目
大兴区	北京市第二中学亦庄学校	市级传统校	田径足球篮球乒乓球跆拳道
	北京师范大学大兴附属中学	市级传统校	田径
	北京市大兴区第一中学	奥林匹克基地校 市级传统校	田径游泳
	北京市大兴区兴华中学	市级传统校	田径
怀柔区	北京市怀柔区第一中学	奥林匹克基地校 市级传统校	田径篮球
	北京市怀柔区第二中学	市级传统校	田径
	北京市怀柔区第四中学	市级传统校	田径
平谷区	北京市平谷中学	市级传统校	田径篮球健美操
	北京市平谷区第六中学	市级传统校	田径
密云县	北京市密云县第二中学	奥林匹克基地校 国家级传统校	田径篮球
延庆县	延庆县第五中学	市级传统校	田径
	延庆县第一中学	市级传统校	田径

（2）面向本区县招生的学校名单

区县	学校	类别	项目
东城区	北京市第二十四中学	区县级传统校	篮球乒乓球武术 定向越野
	北京市第一零九中学	区县级传统校	田径乒乓球
西城区	北京市第十四中学	区县级传统校	田径
	北京市第一五九中学	区县级传统校	田径游泳

续表 6

区县	学校	类别	项目
	北京市第四十四中学	区县级传统校	篮球乒乓球
	北京市鲁迅中学	区县级传统校	棒球垒球
	北京市第五十六中学	区县级传统校	篮球
	北京市第一五六中学	区县级传统校	田径
	北京市第一六一中学	区县级传统校	田径
	北京市师范大学亚太实验学校	区县级传统校	田径游泳
	北京市西城区实验学校	区县级传统校	田径
	北京市第六十二中学	区县级传统校	篮球
	北京市第一四零中学	区县级传统校	手球
	北京市第六十三中学	区县级传统校	手球
朝阳区	北京教育科学研究院附属实验中学	区县级传统校	田径健美操跆拳道
	清华大学附属中学朝阳学校	区县级传统校	排球
	北京市第十七中学	区县级传统校	足球射箭
	北京市化工大学附属中学（朝来校区）	区县级传统校	篮球
海淀区	北京大学附属中学	区县级传统校	田径乒乓球棒球
	北京市立新学校	区县级传统校	游泳跆拳道
	北京师范大学第三附属中学	区县级传统校	棒球定向运动
	北京市玉渊潭中学	区县级传统校	田径篮球
	北京市温泉第二中学	区县级传统校	射箭
	北京市海淀实验中学	区县级传统校	篮球游泳乒乓球

续表 7

区县	学校	类别	项目
	北京航空航天大学附属中学	区县级传统校	排球乒乓球艺术体操
	北京市十一学校	区县级传统校	田径
	北京市第五十七中学	区县级传统校	射箭跆拳道定向运动
	北京市上庄中学	区县级传统校	跆拳道
	北京市知春里中学	区县级传统校	垒球
	北京市海淀外国语实验学校	区县级传统校	游泳棒球
	北京钢铁学院附属中学	区县级传统校	定向运动
	北京医科大学附属中学	区县级传统校	棒球健美操定向运动
	北京市海淀区第四十七中学	区县级传统校	田径足球
	北京市海淀区太平路中学	区县级传统校	定向运动
	首都师范大学第二附属中学	区县级传统校	健美操
丰台区	北京市丰台区第一中学	区县级传统校	田径
	北京市航天中学	区县级传统校	田径
	首都医科大学附属中学	区县级传统校	田径
	北京市云岗中学	区县级传统校	田径乒乓球
房山区	北京市房山区房山中学	区县级传统校	田径篮球
	北京市房山区良乡中学	区县级传统校	田径篮球

续表 8

区县	学校	类别	项目
昌平区	北京市昌平区第三中学	区县级传统校	乒乓球
	北京市昌平区南口学校	区县级传统校	田径
大兴区	北京市大兴区第八中学	区县级传统校	田径篮球
	北京市大兴区第三中学	区县级传统校	田径
	北京市大兴区榆垡中学	区县级传统校	田径垒球
	北京市大兴区魏善庄中学	区县级传统校	田径
	北京大兴区第五中学	区县级传统校	篮球
	首都师范大学大兴附属中学	区县级传统校	田径篮球
怀柔区	北京市怀柔区第三中学	区县级传统校	田径足球篮球乒乓球
	北京市怀柔区第五中学	区县级传统校	田径篮球乒乓球
平谷区	北京师范大学附属平谷中学	区县级传统校	田径
密云县	北京师范大学密云实验中学	区县级传统校	田径足球篮球乒乓球

附件 2

具有招收艺术特长生资格学校名单

（1）面向全市招生的学校名单

区县	学校	
东城区 12 所	北京市第二中学	北京市第五中学
	北京市第一七一中学	北京市第六十五中学
	北京市第二十七中学	北京市第一六六中学
	北京市第二十二中学	北京市东直门中学
	北京汇文中学	北京景山学校
	北京市广渠门中学	北京市第一零九中学
西城区 10 所	北京市第四中学	北京市第三十五中学
	北京市第八中学	北京市回民学校
	北京育才学校	北京市第十五中学
	北京市第六十六中学	北京师范大学附属实验中学
	北京师范大学亚太实验学校	北京师范大学附属中学
朝阳区 3 所	北京市第八十中学	北京市日坛中学
	北京市陈经纶中学	
海淀区 13 所	清华大学附属中学	中国人民大学附属中学
	北京市第一零一中学	北京市十一学校
	北京市八一中学	北京市第十九中学
	北京市中关村中学	北京市育英学校
	北京市育英中学	北方交通大学附属中学

续表1

区县	学校	
	北京理工大学附属中学	北京市第五十七中学
	海淀区教师进修学校附属实验学校	
丰台区2所	北京市第十二中学	北京市丰台区丰台第二中学
石景山区1所	北京市第九中学	
通州区1所	北京市通州区潞河中学	
昌平区1所	北京市昌平区第二中学	

(2) 面向本区县招生的学校名单

区县	学校	
东城区2所	北京市第五十五中学	北京市第五十中学
西城区5所	北京师范大学第二附属中学	北京市第一五九中学
	北京市第三中学	北京市第四十三中学
	北京市华夏女子中学	
朝阳区2所	北京信息工程学院附属中学	首都师范大学附属实验学校
	北京大学附属中学	北京师范大学第三附属中学
海淀区6所	北京市第二十中学	首都师范大学第二附属中学
	北京市立新学校	首都师范大学附属中学
丰台区3所	北京市赵登禹学校	北京市大成学校
	首都师范大学附属丽泽中学	
石景山区1所	北京市八大处中学	
房山区2所	房山区良乡行宫园中学	北京师范大学良乡附属中学
通州区2所	通州区台湖学校	通州区第二中学

续表 2

区县	学校	
顺义区 2 所	顺义区第一中学	顺义区杨镇第一中学
昌平区 2 所	昌平实验中学	昌平区沙河中学
大兴区 1 所	北京市大兴区第一中学	
怀柔区 1 所	怀柔区红螺寺中学	
平谷区 1 所	北京市平谷中学	
密云县 1 所	密云县第二中学	
延庆县 1 所	延庆县第一中学	

附件 3

具有招收科技特长生资格学校名单

(1) 面向全市招生的学校名单

区县	学校	
东城区 7 所	北京市第二中学	北京市第五中学
	北京景山学校	北京市第一六六中学
	北京市第六十五中学	北京汇文中学
	北京市广渠门中学	
西城区 7 所	北京市第四中学	北京市第八中学
	北京师范大学附属实验中学	北京师范大学第二附属中学
	北京市第十五中学	北京市育才学校
	北京市第一六一中学	

续表 1

区县	学校	
朝阳区 3 所	北京市第八十中学	北京市陈经纶中学
	北京工业大学附属中学	
海淀区 5 所	中国人民大学附属中学	北京市第一零一中学
	北京市八一中学	北方交通大学附属中学
	北京市中关村中学	
丰台区 2 所	北京市第十二中学	北京市第十八中学
石景山区 1 所	北京市京源学校	
顺义区 1 所	顺义牛栏山第一中学	
大兴区 1 所	北京师范大学大兴附属中学	
怀柔区 1 所	怀柔区第一中学	
平谷区 1 所	平谷区黄松峪中学	

(2) 面向本区县招生的学校名单

区县	学校	
东城区 5 所	北京市第二十二中学	北京市东直门中学
	北京市第一七一中学	北京市第五十五中学
	北京市第十一中学	
西城区 8 所	北京师范大学附属中学	北京市第十三中学
	北京市西城外国语学校	北京市铁路第二中学
	北京市第三十五中学	北京市第六十三中学
	北京市第六十六中学	北京市第十四中学
朝阳区 3 所	清华大学附属中学朝阳学校	北京市和平街第一中学
	北京市日坛中学	

续表 2

区县	学校	
海淀区 11 所	清华大学附属中学	北京大学附属中学
	北京师范大学第三附属中学	北京航空航天大学附属中学
	北京钢铁学院附属中学	北京理工大学附属中学
	北京市第二十中学	北京市第十九中学
	北京市十一学校	北京市第五十七中学
	北京农业大学附属中学	
丰台区 1 所	北京市丰台区丰台第二中学	
门头沟区 1 所	北京市大峪中学	
房山区 2 所	北京师范大学良乡附属中学	北京市房山区电业中学
通州区 1 所	北京市通州区潞河中学	
顺义区 2 所	北京市顺义区第一中学	北京市顺义区杨镇第一中学
昌平区 4 所	北京市昌平区第二中学	北京市昌平区前锋学校
	北京市昌平区百善学校	北京市昌平区南口学校
大兴区 3 所	北京市大兴区第三中学	北京市大兴区第七中学
	北京市大兴区采育中学	
怀柔区 1 所	北京市怀柔区庙城学校	
平谷区 1 所	北京市平谷中学	
密云县 2 所	首都师范大学附属密云中学	北京市密云县第二中学
延庆县 2 所	北京市延庆县第一中学	北京市延庆县第二中学

北京市教育委员会

关于做好 2013 年高级中等学校考试招生工作的意见

京教计〔2013〕1 号

各区县教委，有关委办局（总公司）教育处：

按照《北京市中长期教育改革和发展规划纲要（2010～2020年）》的部署，结合《北京市“十二五”时期教育改革和发展规划》确定的任务和目标，积极探索实施高中阶段教育招生考试改革，现就做好 2013 年本市高级中等学校考试招生工作提出如下意见。

一、指导思想

深入实践科学发展观，统筹我市人民群众接受普通高中教育的需求和首都经济社会发展对职业技术人才的需求，促进普通高中教育与中等职业教育协调发展；统筹规划区域教育资源，积极推动普通高中多样化发展；优化中等职业教育结构；以促进教育公平为出发点，稳步推进考试招生制度改革，保证招生工作规范有序进行，维护人民群众切身利益，促进首都和谐社会建设。

二、关于招生计划的编制和管理

2013 年本市应届初中毕业生预计为 9.6 万人，其中本市户籍应届初中毕业生 7.17 万人，非本市户籍应届初中毕业生 2.43 万人，初步确定各类高级中等学校招生规模为 8.8 万人。

（一）统筹考虑各种因素，2013 年本市安排普通高中招生规模约5.28万人，职业教育招生规模约3.52万人。其中，五年制高等职业教育招生规模0.45万人，普通中等专业学校招生规模1.42万人，职业高中招生规模0.88万人，技工学校招生规模0.77万人。

（二）高级中等学校招生计划的编制按市、区县两级管理权限和工作程序进行。市教委负责对全市各类高级中等学校招生计划的宏观管理、统筹和指导。五年制高职和中专学校招生计划由市教委、市发展改革委联合下达；市人力社保局负责安排技工学校分学校招生计划；区县教委负责安排本区县普通高中和职业高中分学校招生计划。各类学校招生计划需经市及区县教育部门或相关部门审核后以文件形式下达，并刊登招生简章。

（三）2013年继续开展示范高中招生计划分配到初中校（以下简称“名额分配”）工作。以各示范高中学校为单位，将当年12%～15%的招生计划用于“名额分配”。同时，鼓励各示范高中校将12%～15%以外的部分计划用于跨区县或“手拉手”对口支援学校。各区县要从促进义务教育均衡发展，城乡教育协调发展，加快构建社会主义和谐社会首善之区的高度，充分认识“名额分配”工作的重要意义，认真制定实施方案，精心组织、严格操作，确保此项工作公平、公正、公开进行。2013年“名额分配”具体操作继续按照《北京市教育委员会关于进一步做好示范高中部分招生计划分配到初中学校工作的通知》（京教基二〔2011〕16号）相关要求执行。

（四）普通高中招生计划要严格按照市政府办公厅《转发市教委关于调整中小学结构布局意见的通知》（京政办发〔2001〕70号）精神，统筹规划，适度规模，促进城乡教育协调发展。由于全市初中毕业生的持续下降，示范高中教育资源比较充裕的区县可适当编制跨区县招生计划，跨区县招生计划重点向远郊区县倾斜，跨区县招生计划将在原来的基础上略做下调，以市教委下达的指导性计划为准。除示范高中外的其他普通高中原则上不安排跨区县招生计划。民办高中可在全市招生，并根据学校实际情况可以不分区县计划指标。普通高中传统项目学校招收的文艺、体育、科技特长生以及经市教委批准进行特色高中改革试验项目按照批复文件的精神，部分学校项目可在全市招生。

（五）各区县要加强高中阶段教育资源的统筹规划和结构调整，逐步提高示范高中招收初中毕业生的比例，从而扩大优质教育资源的覆盖程度，进一步满足人民群众日益增长的对于优质教育资源的需求。同时，各区县要加强对中外合作办学项目和特色高中改革试验项目的管理，不得随意增加项目招生规模和变更项目招生方式。

（六）按照《关于2011年北京市进一步规范教育收费工作的意见》（京教监〔2011〕2号）文件精神，从2012年起，我市逐年降低择校生比例，直到全部取消。2013年，以学校为单位将招收择校生比例降为10%。同时，鼓励有条件的区县探索试点取消公办普通高中招收择校生政策。对于2013年试点取消公办普通高中招收择校生的区县，在编制普通高中招生规模时予以适当照顾。其他未试点的区县公办普通高中招收择校生继续执行“三限”政策。严格规范择校生招生计划的编制和管理，将择校生计划纳入招生计划进行管理，切实加大信息公开力度，以招生简章公布的择校生计划为准进行招生。各区县、各学校不得随意调整择校生招生规模，录取过程中申请增加的招生计划不得用于招收择校生。

公办普通高中计划要依据《北京市中小学校办学条件标准》（京教策〔2005〕8号），每班不超过45人（含择校生）。

（七）提前招生学校（专业）、普通中等专业学校、技工学校和获得“国家级、省部级重点中等职业学校”称号的职业高中可根据学校办学实际情况在全市范围内招生，不对各区县分配计划指标。

（八）在部分中等职业学校继续进行招收未升学的应、往届高中毕业生进行中等职业教育试点工作。面向社会公布招生学校和招生专业，不再公布分专业招生计划。请各试点学校要从社会人才需求、学生特点和就业需要出发，确定好招生专业，并有针对性地开展职业教育。

（九）按照《关于开展中高等职业教育衔接办学工作试点的通知》

（京教职成〔2012〕3 号）文件精神，2013 年我市继续开展“3+2”中高职衔接试点工作。

（十）2013 年 3 月 1 日前，各普通中等专业学校招生规模报市教委，市人力社保局将技工学校分学校招生计划提交市教委，各区县招生计划管理部门将普通高中和职业高中分学校招生计划报市教委。

三、关于考试工作

2013 年本市继续将初中毕业会考和高级中等学校招生考试分开进行。凡要求升学的初中毕业生（含往届生）均须参加 2013 年北京市高级中等学校招生考试。

（一）高级中等学校招生文化课考试由北京教育考试院统一命题。文化课考试科目为语文、数学、外语、物理和化学。其中，语文、数学、外语满分均为 120 分，物理满分为 100 分，化学满分为 80 分。

（二）2013 年体育考试成绩满分 40 分，按照市教委相关文件执行。

（三）高级中等学校招生文化课考试日期为 2013 年 6 月 24 日至 26 日，考试具体时间由北京教育考试院另行通知。

四、关于评卷工作

2013 年北京市高级中等学校招生考试坚持“统一命题、统一制卷、统一考试、分区县评卷”的原则并继续采取网上评卷方式，评卷工作由各区县负责组织实施。各区县教委要高度重视，加强对本区县评卷工作的组织领导和管理，统一协调安排评卷教师和服务人员，从资金设备、技术保障等多方面给予支持，确保 2013 年全市网上评卷工作的顺利进行。

五、关于招生录取

2013 年高级中等学校招生录取分为提前招生录取、“名额分配”录取和统一招生录取三种方式。

（一）提前招生录取。部分经市教委批准进行特色高中改革试验的项目按照批复文件的精神，可参加提前招生录取。未经批准，任何普通高中不得擅自进行提前招生录取。中等职业学校按照本校专业设置和招生要求，均可编制提前批次招生计划，但不超过本校招生总规模的30％。

（二）“名额分配”录取。参加“名额分配”录取的考生须参加2013年高级中等学校招生考试，并将“名额分配”学校普通班专业填报在第一志愿第一专业栏内，且不得参加其他提前招生学校的录取。具体实施方案由各区县教育部门研究制定，报市教委、考试院备案，向社会公示后组织实施。

（三）统一招生录取。按照考试成绩，从高分到低分，依照志愿顺序，择优录取。凡被提前招生录取和“名额分配”录取的考生，不再参加统一招生录取。

（四）在统一招生录取结束后，未完成招生计划的各类高级中等学校可根据有关程序进行补录工作。补录只录取参加全市高级中等学校招生考试且未被任何学校录取的考生。

（五）招收未升学应、往届高中毕业生进行中等职业教育试点具体招生录取工作按照有关文件执行。

（六）2013年北京市军人子女教育优待办法文件另发。

六、加强中考中招工作的领导与管理

（一）教育公平是社会公平的重要基础。高级中等学校考试招生工作涉及广大人民群众的切身利益，各有关部门和学校要深入贯彻落实科学发展观，统筹兼顾高中阶段各类学校的发展，切实加强对中考中招工作的领导，精心组织、严格程序、严肃纪律，确保中考中招工作平稳顺利进行。

按照《北京市人民政府办公厅关于转发市教委等四部门制订的〈进城务工人员随迁子女接受义务教育后在京参加升学考试工作方案〉的通知》（京政办发〔2012〕62号）精神，做好进城务工人员随迁子女报考我市中等职业学校的资格审查工作。符合相关条件的进城务工人员随迁子女，可以参加北京市中等职业学校的考试录取。

（二）市教委将继续加强对全市各类高级中等学校招生计划的宏观管理、统筹和指导，切实加大信息公开力度。招生学校要维护招生计划的严肃性，不得擅自增减招生计划和变更招生方式，有关部门将以招生简章和我委的批文为依据进行监督检查。

（三）各区县要从深入学习实践科学发展观的大局出发，本着对人民和教育事业高度负责的精神，认真做好中考中招及有关工作，加强对所属招生学校和初中学校的管理，维护广大考生的权益。

各高级中等学校要按照招生工作有关规定，实事求是地做好招生宣传工作，引导考生从首都经济社会发展和个人实际出发，合理选择升学目标。严禁各高级中等学校违规提前到初中校进行各种招生及宣传活动。对于违规招生、影响招生秩序的学校，经查证核实后在全市进行通报，情节严重的按照有关规定严肃处理。

各初中学校要规范办学行为，鼓励学生积极参加中考；尊重学生的志愿选择，杜绝出现强迫或代替学生填报志愿的情况。

二〇一三年二月七日

北京市教育委员会

关于印发《北京市属高等学校高层次人才引进与培养三年行动计划（2013年～2015年）项目管理办法》的通知

京教人〔2013〕2号

各高校：

《北京市属高等学校高层次人才引进与培养三年行动计划（2013年～2015年）项目管理办法》已经市教委2013年第1次主任办公会讨论通过，现印发给你们，自2013年4月1日起施行，请遵照执行。

二〇一三年二月十九日

北京市属高等学校高层次人才引进与培养三年行动计划（2013年～2015年）项目管理办法

第一章　总　则

第一条　为贯彻落实国家和北京中长期教育改革和发展规划纲要（2010～2020年）以及《首都教育人才发展中长期规划纲要

(2010～2020 年)》精神，进一步加强北京市属高等学校教师队伍建设，规范和加强北京市属高等学校高层次人才引进与培养项目管理，确保项目建设取得实效，依据有关法律法规和《北京市属高等学校高层次人才引进与培养三年行动计划（2013 年～2015 年)》（京教人〔2012〕15 号）等，制定本办法。

第二条 北京市属高等学校高层次人才引进与培养计划以高层次人才队伍建设为重点，促进中青年拔尖人才成长，建设一支学科领军人才队伍，为全面实现首都教育现代化、建设中国特色世界城市提供强大的智力支持和人才保证。主要任务：通过高层次人才引进与培养，加强人才队伍建设，深化体制机制改革，优化人才发展环境。引进 100 名左右高端领军人才，培养 100 名左右长城学者，聘请一批国内外知名学者指导学校学科建设等工作，培育 500 名左右优秀青年人才，大力提升北京市属高等学校人才队伍的素质和水平，全面提高北京市属高等学校办学质量。

第三条 本计划在北京市属普通高等学校范围内实施。市教委安排专项经费保证本计划的实施。

第四条 本办法适用于北京市属普通高等学校。

第二章 项目建设内容

第五条 北京市属高等学校高层次人才引进与培养计划由高层次人才引进计划、“长城学者”培养计划、特聘教授计划和青年拔尖人才培育计划共 4 个计划构成。主要包括：

（一）高层次人才引进计划

高层次人才引进计划根据北京市属高等学校事业发展需要，在北京市经济社会发展有重大需求的学科领域，设置引进岗位。

（二）“长城学者”培养计划

旨在面向国家和首都发展需要，与高校学科专业布局调整相适应，与高校重点学科和新兴交叉学科建设相结合，3 年内在北京市属高等学校教师中遴选100名左右品德高尚、勇于实践、敢于探索、富有创新精神的中青年拔尖人才，通过重点培养，使其成长为学科领军人才。

（三）特聘教授计划

特聘教授岗位一般应设置在国家级及北京市重点学科、重点实验室、工程技术（研究）中心、重大攻关项目，以及北京市经济社会发展有重大需求的学科领域。

（四）青年拔尖人才培育计划

旨在构建北京市属高等学校人才梯队，在自然科学、哲学社会科学和文化艺术等重点学科领域和高等教育管理一线，3年内培养和支持500名左右优秀青年人才，使其成长为学科领军后备人才和专业化高级管理人才。

第三章 项目组织与管理

第六条 北京市属高等学校高层次人才引进和培养工作实行市教委、高等学校和项目责任人三级管理，以项目责任人为基础，以项目所在的院校为依托，市教委统一领导。

第七条 市教委负责制定实施规划、经费预算、实施方案以及相关管理制度建设，负责项目全过程绩效管理，组织项目申报、立项评审、检查、验收、评价和绩效考评，并对项目建设过程中的重大问题进行决策。

第八条 高等学校负责对项目的规划、实施、管理和检查，并按照要求组织项目的申报、论证、管理与验收，科学合理使用建设资金，接受教育、财政、审计、监察等部门对项目实施过程和结果进行监控、检查和审计。

第九条 项目责任人负责具体落实项目的建设任务，全面负责组织项目的实施，按批复的经费预算执行，及时做好项目总结、验收、宣传展示推广项目建设成果及接受教育、财政、审计、监察等部门对项目实施过程和结果进行监控、检查和审计。

第四章 项目申报立项

第十条 根据《北京市属高等学校高层次人才引进与培养三年行动计划》（京教人〔2012〕15号）要求，市教委布置北京市属高等学校高层次人才引进与培养项目相关申报工作要求，各高等学校提出申请，市教委组织立项评审后正式实施。

第十一条 项目申报立项程序如下：

1. 市教委发布工作通知；

2. 高等学校根据市教委通知要求组织项目申报；

3. 市教委组织项目立项评审并以文件形式将项目名单下达至项目所在高等学校；

4. 经市财政局审定项目经费方案后，各高等学校组织实施。

第十二条 申报条件

1. 符合《北京市属高等学校高层次人才引进与培养三年行动计划》要求；

2. 目标明确，内容详实，计划可行。

第五章 项目实施

第十三条 高层次人才引进与培养项目，实行学校统一领导下的项目责任人负责制。

第十四条 项目所在学校应有专门机构负责本单位项目的规划、论证、管理等工作，并加强对项目的统筹及监督，确保项目实施进度、建设经费和预期目标。项目所在学校作为项目承担单位，对项目任务完成和实施效果负责，主要职责：①负责项目经费管理，为项目组织实施提供条件保障；②负责对项目执行中形成的国有资产和研究成果管理；③协调处理项目执行过程中出现的问题，包括审查项目计划任务书（项目申报书）、调整方案以及项目其他上报材料；④接受市教委的指导、检查和验收。

第十五条　项目责任人负责项目的具体实施、协调、经费使用，并及时向所在院校提交项目年度进展报告、项目终期总结报告等。

第十六条　项目计划任务书（批准的项目申报书）是项目实施的主要依据。

第十七条　项目实行重大事项报告制度。高层次人才引进与培养计划项目建设目标、内容、进度安排及项目责任人不得随意调整。项目实施过程中如确需调整或变更的，项目所在学校应按程序向市教委报告并提交书面申请。

第十八条　项目实行年度报告制度。项目责任人年底前应对年度计划执行情况进行检查和总结，并报项目所在学校管理部门，经学校审核后向市教委报学校高层次人才引进与培养项目工作年度工作总结。

第十九条　项目实行责任追究制度。

（一）在项目实施过程中，出现玩忽职守、以权谋私、弄虚作假等行为人员，一经查实，视情节轻重给予教育批评，或由纪检监察部门依照有关规定对其给予行政（纪律）处分；

（二）对于在项目申请、立项评审、执行和验收过程中发现的弄虚作假、徇私舞弊、剽窃他人科技成果等不端行为，以及违规操作或因主观原因未能完成计划任务并造成损失的单位或个人，一经查实，视情节轻重给予通报批评、终止项目任务并追回专项经费、在一定时间内不能申请市教委计划任务等处理。构成违纪的，由纪检监察部门依照有关规定对其给予行政（纪律）处分；

（三）对不按时上报年度报告材料或信息，以及不按规定接受监督检查的项目，市教委可以采取缓拨、减拨、停拨经费等措施，要求项目责任人限期整改。整改不力的项目，视情节分别给予通报批评，追回已拨付经费，在一定时间内不能参与市教委计划任务等处理。

第六章 项目检查与验收

第二十条 高层次人才引进与培养计划项目由市教委联合相关部门在项目建设过程中和完成后组织专家进行检查和验收。

第二十一条 项目建设情况检查指在项目建设过程中的不定期随机检查和年度工作完成情况检查。根据项目具体情况，检查采取收取项目年度进展报告和进入项目单位实地验收两种形式进行。

检查的主要内容是：①项目进展情况；②资金的使用情况；③项目建设中的主要问题和改进措施。对于在检查中发现的组织实施不力或未经批准自行调整建设内容的，市教委有权调整或终止项目建设计划的执行。

第二十二条 项目实施周期根据各类项目要求确定，实施期满需要接受验收。

项目验收采用项目单位报送项目总结报告，或进入项目单位实地验收两种形式进行。

项目验收的主要依据为项目计划任务书、项目计划任务书调整方案和项目结题验收总结报告等。

项目验收的主要内容是：①目标和任务的实现情况；②实施效果，取得的标志性成果以及经验分析，对项目实施效果的评价，按照项目类型有所侧重；③项目管理情况；④资金使用情况。

第二十三条 项目验收结果将由市教委在系统内予以公布。

第七章 项目成果管理

第二十四条 高层次人才引进与培养计划项目实施过程中产生的成果归项目所在学校所有，学校应按照有关知识产权保护的法律、法规进行规范管理。

第二十五条 项目单位应建立项目科学数据库、项目报告档案，按照市教委有关数据共享的要求和项目信息管理规定要求，按时上报项目有关数据。

第二十六条 项目实施形成的成果，包括论文、专著、专利、软件和数据库等，均应中英文标注“北京市属高等学校高层次人才引进与培养计划项目（The Importation and Development of High－Caliber Talents Project of Beijing Municipal Institutions)”。

第八章 附 则

第二十七条 北京市属高等学校高层次人才引进与培养三年行动计划（2013～2015 年）项目经费管理办法另行制定。

第二十八条 根据北京市属高等学校人才强教深化计划资助的项目按《北京市属高等学校人才强教深化计划项目管理办法（修改稿)》(京教人〔2008〕20 号）执行。

第二十九条 本办法由市教委负责解释和修订。

北京市教育委员会

关于印发《北京市属高等学校创新团队建设与教师职业发展计划项目管理办法》的通知

京教人〔2013〕3 号

各高校：

《北京市属高等学校创新团队建设与教师职业发展计划项目管

理办法》已经市教委2013年第1次主任办公会讨论通过，现印发给你们，自2013年4月1日起施行，请遵照执行。

二〇一三年二月十九日

北京市属高等学校创新团队建设与教师职业发展计划项目管理办法

第一章 总 则

第一条 为贯彻落实国家和北京市中长期教育改革和发展规划纲要（2010～2020年）以及《首都教育人才发展中长期规划纲要（2010～2020年）》精神，进一步加强北京市属高等学校教师队伍建设，规范和加强北京市属高等学校创新团队建设与教师职业发展计划项目管理，确保项目建设取得实效，依据《北京市属高等学校创新团队建设与教师职业发展计划实施意见》（京教人〔2012〕14号）以及有关法律法规，结合北京市属高等学校创新团队建设与教师职业发展计划项目资助工作特点，特制定本办法。

第二条 北京市属高等学校创新团队建设与教师职业发展计划以师资队伍建设为核心，以创新团队建设为平台，以提高教师创新能力为目标，全力支持教师和管理干部的职业发展，努力造就一支师德高尚、业务精湛、结构合理、充满创新活力的高素质专业化教师队伍和管理者队伍。主要任务为：

通过北京市属高等学校创新团队建设与教师职业发展计划，在北京市属高等学校中遴选50个左右创新团队；在北京大学等部属高等学校建设“北京市属高等学校教师发展基地”，每年选派100名左右优秀中青年骨干教师进行为期一年的研修学习；每年选派

200名左右优秀中青年骨干教师到国外教师发展基地和知名大学进行访学交流和团体培训；在美国、英国、澳大利亚等教育发达国家建立国外教师发展基地；同时，有计划、分层次地对市属高等学校的教师和管理人员开展全员培训。

第三条 本计划在北京市属普通高等学校范围内实施。市教委安排专项经费保证本计划的实施。

第四条 本办法适用于北京市属普通高等学校。

第二章 项目建设内容

第五条 北京市属高等学校创新团队建设与教师职业发展计划由创新团队建设提升计划、国内培训计划、国外培训计划和教师发展基地建设计划共四个计划构成。主要内容包括：

（一）创新团队建设提升计划

“创新团队建设提升计划”以科学发展观为指导，旨在依托国家和北京市重点学科、重点实验室等教学、科研创新平台及产学研用结合的创新研发平台，在北京市属高等学校中遴选一批创新团队，通过重点支持与建设，增强其竞争国家级创新团队的能力。本计划累计遴选资助50个左右高层次创新团队。

（二）国内培训计划

国内培训计划以科学促进教师和管理人员在不同职业发展时期的能力为目标，旨在整合国内优质资源、开发高水平的培训项目、组建国内国际一流的专家队伍、提炼优秀培训成果、打造培训品牌，逐步构建具有北京市属高等学校特色的专业化、高水平国内培训体系。国内培训包括北京市属高等学校教师发展基地研修、北京市高等学校师资培训中心培训和北京市属高等学校的校本培训三部分。

1. 市教委每年选派100名左右优秀中青年骨干教师和优秀管理干部作为教学名师、学术（科）带头人、高级专业化管理人才的人才后备力量，到北京市属高等学校教师发展基地进行为期一年的研修学习，相关遴选、培训、管理和考核工作按照京教人〔2011〕3号文件要求执行。

2. 北京市高等学校师资培训中心负责组织开展政策性、基础性和高层次的国内培训工作。其中，政策性、基础性培训服务于教师和管理人员的职业前期的发展；高层次培训服务于教师和管理人员的职业中后期发展，并根据北京市属高等学校各类人才在不同职业发展阶段的需求，不断设计开发新的培训项目。

3. 北京市属各高等学校的校本培训要结合本单位事业发展需要和人才队伍特点，针对不同类别、不同层次人员开展个性化培训项目，以教师职业道德建设为核心，以提高教师教育教学技能、专业实践能力和科技创新能力，提升管理人员决策执行能力和管理服务水平为目标，服务于北京市属高等学校人才队伍建设和职业发展。

（三）国外培训计划

国外培训计划旨在选派北京市属高等学校优秀中青年骨干教师和优秀管理干部到国外教师发展基地和知名大学进行访学交流和团体培训，提高教师对世界学术发展和教育发展前沿的追踪把握能力和国际影响力，开拓管理人员的国际视野，培养高级管理人才，提升北京市属高等学校国际化水平。

本计划每年选派200名左右的北京市属高等学校优秀中青年骨干教师和优秀管理干部进行国外访学交流和团体培训。其中，访问学者约占70%，团体培训人员约占30%；访问学者的培训时间为6个月或者1年。

（四）教师发展基地建设计划

教师发展基地建设计划以促进高等学校协同创新为目标，以整合优质教学资源为核心，以加强基地建设为抓手，为北京市属高等学校人才队伍的继续教育和职业发展搭建重要平台。

教师发展基地分为国内教师发展基地和国外教师发展基地。北京市教委在北京大学等国内部属高等学校建立“北京市属高等学校教师发展基地”，在美国、英国、澳大利亚等教育发达国家建立国外教师发展基地。北京市教委设立专项经费支持国内外教师发展基地的建设，加强对国内外教师发展基地的建设和管理，使之成为教师职业发展的重要平台；使之成为促进部属高等学校和市属高等学校合作的重要平台，使之成为促进国内外高等学校合作和推动市属高等学校国际化的重要平台。

第三章　项目组织与管理

第六条　北京市属高等学校创新团队建设与教师职业发展计划项目实行市教委、高等院校和项目组三级管理，以项目组为基础，以项目所在的院校为依托，市教委统一领导。

第七条　市教委联合相关部门负责制定实施规划、经费预算、实施方案以及相关管理制度建设，负责项目全过程绩效管理，组织项目申报、立项评审、检查、验收、评价和绩效考评。

第八条　高等学校负责对项目的规划、实施、管理和检查，并按照要求组织项目的申报、论证、管理与验收，科学合理使用建设资金，接受教育、财政、审计、监察等部门对项目实施过程和结果进行监控、检查和审计。

第九条　项目组负责具体落实项目的建设任务，全面负责组织项目的实施，并合理安排项目经费，及时做好项目总结、验收以及宣传展示推广项目建设成果、接受教育、财政、审计、监察等部门对项目实施过程和结果进行监控、检查和审计。

第四章　项目申报立项

第十条　北京市属高等学校创新团队建设与教师职业发展计划项目分立项评审类项目和培训类项目两类。

立项评审类项目是指创新团队提升计划项目，市教委提出工作要求，各高等学校提出申请，市教委组织立项评审后正式实施的项目。

培训类项目指在市教委相关项目文件的指导下，自行确定具体项目内容、完成培训任务、达到培训目标的项目。主要包括：国内培训和国外培训。国内培训包括北京市属高等学校发展基地研修、北京市高等学校师资培训中心培训和北京市属高等学校的校本培训。国外培训包括优秀中青年骨干教师和优秀管理干部进行国外访学交流和团体培训。

第十一条 项目申报立项程序如下：

（一）立项评审类项目按照以下程序申报立项：

1. 市教委发布工作通知；

2. 高等学校根据市教委通知要求申报项目；

3. 市教委组织项目立项评审并以文件形式将项目名单下达至项目所在高等学校；

4. 经市财政局审定项目经费方案后，各高等学校组织实施。

立项评审类项目申报应同时满足两个条件：1. 符合市教委人才培养工作规划及相关专项工作要求；2. 目标明确，内容详实，计划可行。

（二）培训类项目的申报程序为：

1. 校本培训：学校根据培训计划和实际需要，制定培训项目方案，并填写相关培训项目申报书；将项目申报书报市教委备案、审核；经市教委审核通过后，立项实施。

学校培训类项目申报条件：①符合学校教育规划；②具有项目规划周期和年度工作计划；③年度建设内容和实施计划详细，可执行；④立项项目必须绩效目标明确。

2. 北京市属高等学校发展基地研修、北京市高等学校师资培训中心培训：由北京市高等学校师资培训中心依据相关文件要求制定方案，并填写相关项目申报书，报市教委审核、备案；经市教委审核通过后实施。

第五章 项目实施

第十二条 北京市属高等学校创新团队建设与教师职业发展计划项目，实行学校统一领导下的团队带头人（项目责任人）和项目组负责制，项目组应专设项目责任人。

第十三条 项目责任人负责项目的具体实施、协调、经费使用，并及时向所在院校提交项目年度进展报告、项目终期总结报告等。

第十四条 项目所在学校应有专门机构负责本单位项目的规划、论证、管理等工作，并加强对项目的统筹及监督，确保项目建设进度、建设经费和预期目标。项目所在学校作为项目承担单位，对项目任务完成和实施效果负责，主要职责：①负责项目经费管理，为项目组织实施提供条件保障；②负责对项目执行中形成的国有资产和研究成果管理；③协调处理项目执行过程中出现的问题，包括审查项目计划任务书（项目申报书）、调整方案以及项目其他上报材料；④接受市教委的指导、检查和验收。

第十五条 项目计划任务书（批准的项目申报书）是项目实施的主要依据，项目计划任务书由市教委备案后实施。

第十六条 项目实行重大事项报告制度。北京市属高等学校创新团队建设与教师职业发展计划建设目标、内容、进度安排及项目责任人不得随意调整。项目实施过程中如确需调整或变更的，项目所在学校应按程序向市教委报告并提交书面申请。

第十七条 项目实行年度报告制度。项目责任人年底前应对年度计划执行情况进行检查和总结，并报项目所在学校管理部门，经学校审核后向市教委报学校北京市属高等学校创新团队建设与教师职业发展计划项目年度工作总结。

第十八条 项目实行责任追究制度。

（一）在项目实施过程中，出现玩忽职守、以权谋私、弄虚作假等行为的管理人员，一经查实，视情节轻重给予教育批评，或由纪检监察部门依照有关规定对其给予行政（纪律）处分；

（二）对于在项目申请、立项评审、执行和验收过程中发现的弄虚作假、徇私舞弊、剽窃他人科技成果等不端行为，以及违规操作或因主观原因未能完成计划任务并造成损失的单位或个人，一经查实，视情节轻重给予通报批评、终止项目任务并追回专项经费、在一定时间内不能申请市教委计划任务等处理。构成违纪的，由纪检部门依照有关规定对其给予行政（纪律）处分；

（三）对不按时上报年度报告材料或信息，以及不按规定接受监督检查的项目，市教委可以采取缓拨、减拨、停拨经费等措施，要求项目单位限期整改。整改不力的项目，视情节分别给予通报批评，追回已拨付经费，在一定时间内不能参与市教委计划活动等处理。

第六章　项目检查与验收

第十九条　北京市属高等学校创新团队建设与教师职业发展计划项目由市教委联合相关部门在项目建设过程中和完成后组织专家进行检查和验收。

第二十条　项目建设情况检查指在项目建设过程中的不定期随机检查和年度工作完成情况检查。根据项目具体情况，检查采取收取项目年度进展报告和进入项目单位实地验收两种形式进行。

检查的主要内容是：①项目进展情况；②资金的使用情况；③项目建设中的主要问题和改进措施。对于在检查中发现的组织实施不力或未经批准自行调整建设内容的，市教委有权调整或终止项目建设计划的执行。

第二十一条　项目建设周期根据各类项目要求确定，建设期满需要接受验收。市教委负责立项评审项目验收，学校负责学校培训项目验收。

项目验收采用项目单位报送项目培训总结报告，或进入项目单位实地验收两种形式进行。

项目验收的主要依据为项目计划任务书、项目计划任务书调整方案和项目结题验收总结报告等。

项目验收的主要内容是：①建设目标和任务的实现情况；②实施效果，取得的标志性成果以及经验分析，对项目实施效果的评价，按照项目类型有所侧重；③项目管理情况；④资金使用情况。

第二十二条 项目验收结果将由市教委在系统内予以公布。

第七章 项目成果管理

第二十三条 北京市属高等学校创新团队建设与教师职业发展计划项目实施过程中产生的成果归项目所在学校所有，学校应按照有关知识产权保护的法律、法规进行规范管理。

第二十四条 项目单位应建立项目科学数据库、项目报告档案，按照市教委有关数据共享的要求和项目信息管理规定要求，按时上报项目有关数据。

第二十五条 项目实施形成的成果，包括论文、专著、专利、软件和数据库等，均应中英文标注“北京市属高等学校创新团队建设与教师职业发展计划项目（The Project of Construction of Innovative Teams and Teacher Career Development for Universities and Colleges Under Beijing Municipality）”。

第八章 附 则

第二十六条 北京市属高等学校创新团队建设与教师职业发展计划项目经费管理办法另行制定。

第二十七条 根据北京市属高等学校人才强教深化计划资助的项目按《北京市属高等学校人才强教深化计划项目管理办法（修改

稿）》（京教人〔2008〕20 号）执行，2014 年 1 月 1 日起该管理办法废止。

第二十八条 本办法由市教委负责解释和修订。

北京市教育委员会
北京市人民政府教育督导室

关于切实减轻中小学生过重课业负担的通知

京教基一〔2013〕2 号

各区县教委：

减轻过重课业负担是中小学生健康快乐成长的现实需要，是全面实施素质教育的基本要求，也是人民群众普遍关心的热点难点问题。为进一步加大减负工作的力度，细化工作标准，强化规定要求，经市委教育工委 2013 年第 4 次工委委员会讨论通过，现就切实减轻中小学生过重课业负担提出如下要求：

一、严格执行国家和北京市课程计划

各区县和学校要确保开齐课程、开足课时，不得增加考试科目的课时或者减少、挪用体育、音乐、美术、综合实践活动等非考试科目的课时。确保中小学生每天 1 小时体育锻炼时间并保证质量。严格控制周课时总量。小学一、二年级周课时不得超过 26 节，语文、数学、英语学科课程不得超过 15 课时；三至六年级周课时不得超过 30 节；初级中学周课时不得超过 34 节。

二、严格控制学生在校学习时间

小学生在校学习时间不超过6小时，中学生在校学习时间不超过8小时。各中小学校不得早于8点安排教育教学活动，保证学生充分的休息和睡眠时间。学校的课程计划安排和作息时间表应向学生和家长公布。

三、严格控制作业量

区县和学校要加强对作业的指导和管理，严格控制课外作业总量。小学一至二年级不布置家庭作业；三至六年级语文、数学和英语可适量布置家庭作业，三至四年级每天作业总量不得超过30分钟，五至六年级每天作业总量不得超过1小时；初中每天家庭作业总量不得超过1.5小时。教师布置作业必须坚持“精选、批改、讲评”原则，不得布置简单重复性和惩罚性的作业，不得给家长布置作业或让学生家长代为评改作业。

四、严格规范考试和评价工作

严格控制义务教育学段的考试方式、科目和难度、次数。区县不得在小学各年级组织选拔性或与升学挂钩的统一考试。小学除语文、数学、英语每学期期末可以举行一次全校或全年级学科考试外，其他课程不得组织考试。除组织初中毕业升学考试外，区县不得在初中其他年级组织统一考试。初中各年级每学期只能组织期中、期末2次全校或全年级的学科考试。区县和学校组织的考试，内容要符合课程标准的基本要求，不得随意增加难度。区县教育行政和教研部门不得以考试成绩对学校进行排名；学校不得以考试成绩对班级、教师、学生进行排名。在义务教育阶段入学工作中，坚决禁止学校采取或者变相采取考试、测试、面试等形式选拔学生。

五、严格禁止违规补课

严禁学校、教研机构、校外教育机构等以任何名目在课余时间、寒暑假、双休日和其他法定节假日组织在校中小学生集体补习文化课程或上新课，不得通过组织补习、辅导向学生收取费用。严禁公办中小学教职工组织或参与有偿补课、引导本校学生参加校外文化课补习班。

六、严格教辅用书管理

各区县和学校要认真落实教育部《关于加强中小学教辅材料使用管理工作的通知》（教基二〔2012〕1号），教材和学习辅助资料应从市教委公布的《普通中小学教学用书目录》中选用。凡确属教育教学所需的练习册、寒暑假作业等资料，学校应免费提供。严格禁止学校和教师向学生推荐或推销任何教辅材料，不得为学生购买教辅材料提供服务。

七、严格各类竞赛管理

坚决禁止学校单独或和社会培训机构联合或委托举办以选拔生源为目的的各类培训班。不得统一组织义务教育阶段学生报名参加语文、数学、英语、物理、化学等学科竞赛活动，禁止将各种竞赛成绩、奖励、证书作为入学依据。各中小学校不得为学科类竞赛活动提供场地。

八、严格落实工作要求

强化区县为主，中小学校校长是第一责任人的工作机制，加强领导，落实责任。对于违反《北京市实施〈中华人民共和国义务教育法〉办法》和本《通知》的区县，一经查实，由市教委和市政府教育督导室在全市进行通报批评。对于违反相关规定的学校和个人，由区县教委责令限期改正；情节严重的，对直接负责的主管人员和其他直接责任人员给予行政处分。

建立健全市、区两级教育行政部门对中小学生课业负担全面性、常态性监测公告制度；教育督导部门要把减负工作作为督政督学的重要内容，定期进行专项督导；建立健全社会监督机制，主动公开举报监督电话；建立健全评价表彰机制，对工作突出、成效明显、成绩优秀的区县、学校和教师予以表彰和奖励。

本通知自2013年3月19日起施行。

二〇一三年二月十九日

北京市教育委员会

关于做好 2013 年初中毕业升学体育考试工作的通知

京教体艺〔2013〕2 号

各区县教委：

为了贯彻落实党的十八大精神，努力办好人民满意的教育，市教委将进一步加强对本市初中毕业升学体育考试（以下简称“体育考试”）工作的监督与管理，确保体育考试“公开、公正、公平”，营造让考生和家长放心的体育考试氛围。现将做好 2013 年体育考试工作的有关事宜通知如下：

一、提高对初中毕业升学体育考试工作重要性的认识

体育考试是《学校体育工作条例》的规定考试，对促进教育公平，提高体育与健康课程教学质量，引导学生全面发展具有重要的作用；同时，体育考试是升学考试，关系到学校、学生和家庭的切身利益，关系到社会的安全稳定。各区县教委和考试部门要高度重视，把做好体育考试工作作为贯彻落实国务院办公厅《转发教育部等部门关于进一步加强学校体育工作若干意见的通知》（国办发〔2012〕53 号）的具体举措，从思想上强化对体育考试工作重要性的认识，认真落实各项工作要求，确保考试工作万无一失。

二、加强对初中毕业升学体育考试工作的组织和领导

各区县要高度重视体育考试的组织和实施工作，要成立由教委主管领导负责的体育考试领导小组和考务办公室，其成员由区县教委相关科室、区县考试管理部门、教学研究部门以及纪检监察部门共同组成。区县教委有关业务科室要配合区县考试管理部门做好现场体育考试的相关保障和监察工作。区县体育考试领导小组和考务办公室要认真制定考试工作的组织实施方案，完善考场管理办法；提高安全防范意识，建立安全保障措施，消除安全隐患。

体育现场考试的组织与管理职责由考试管理部门承担。区县教委要加强领导，考试管理部门要认真组织，教研部门和有关单位要积极配合并参与体育考试工作；各部门要明确分工，落实责任，通力合作，切实加强现场考试的组织与领导，确保本市体育考试工作的公平、公正，确保体育考试的平稳进行和师生安全，圆满完成现场体育考试的各项工作。

各区县在选派考务员时，要严格执行有关资质要求，逐步建立一支相对稳定的体育考试组织与管理队伍，提高体育考试的专业化水平。各区县要结合自身工作实际，对考务员和辖区内初三体育任课教师进行统一培训，明确考试各项流程和考生技术动作规范标准。要积极探索标准化体育考场建设，提高体育考试的严肃性和公信力。严格执行免考和缓考的申请程序和标准，采取有效措施加强对免考和缓考考生的管理。

三、加大对初中毕业升学体育考试工作的监督和检查力度

各区县要充分考虑体育考试组织管理工作的复杂性，规范考试程序，强化考试监督机制建设，并成立体育考试纪律监督检查小组，对体育考试工作全程进行监督。

市教委将成立由市考试院、市教科院共同参与的北京市体育考试纪律监督巡视组，加强对区县体育考试工作的检查和监督，坚决杜绝舞弊行为的发生，确保体育考试平稳运行。

过程性考核继续按照“分层管理、分工负责、责任到人、违规必究”的原则进行管理，区县教委要加大对体育过程性考核的监督和检查力度，要求辖区内学校严格执行统一的考核内容和标准，确保过程性考核结果真实、可信、公正、透明。从 2013 年 3 月起市教委将在部分区县和学校开展“北京市初中体育考试过程性评价系统”运行试点工作。9月1日起，全市各初中学校将统一使用“北京市初中体育考试过程性评价系统”上报过程性考核成绩，各区县要对过程性考核成绩进行实时监控，市教委将会同教科院组织专家对体育过程性考核进行检查，并将检查结果通报区县。

四、制定完善的初中毕业升学体育考试实施方案

各区县应根据全市的统一要求，结合本区县的实际情况，尽快制定详细的现场体育考试和过程性考核实施方案，于4月1日前分别报市教委体卫艺处和市考试院中招办备案。

附件：2013年北京市初中毕业升学体育考试方案

二〇一三年三月十一日

附件

2013年北京市初中毕业升学体育考试方案

一、考试的意义和目的

体育考试旨在督促学校全面贯彻党的教育方针，保质保量上好体育课，落实学生每天一小时校园体育活动时间，提高学生体质健康水平；引导学生积极参加体育锻炼，掌握几项运动技能，达到《体育与健康课程标准》运动技能领域（水平四）规定的评价标准和《国家学生体质健康标准》的基本要求，培养学生终身锻炼的良好习惯，促进学生德智体美全面发展。

二、考试的原则和要求

体育考试要体现“公开、公正、公平”的原则，有利于鼓励学生积极参加体育锻炼并养成良好的习惯，有利于体育课堂教学质量和效果的提高，有利于加强体育课的规范管理。

现场考试必须按照全市“四统一”原则进行，即统一考试项目、统一成绩评定标准、统一考试规程和统一考试时间。

为了保证考试的公平，杜绝舞弊行为的发生，所有考生都必须经过考场外和考场内两次检录方可进入考试程序。两次检录后，必须将学生的考试成绩登记表按要求进行密封，在进行学生成绩登录时方可拆封。市教委、考试院和教科院将在考试巡视期间进行监督检查。

三、考试的内容和项目

体育考试以《体育与健康课程标准》（实验稿）运动技能领域（水平四）规定的相关内容和《国家学生体质健康标准》中身体素质和运动能力测试内容为基本范围。具体为：耐力（男生：1000米，女生：800米）、力量（男生：单杠引体向上或原地正面掷实心球，女生：仰卧起坐或原地正面掷实心球）和技能（篮球运球绕标志物）。男生的必考项目为1000米和篮球运球绕标志物20米往返，限选项目为单杠引体向上、原地正面掷实心球；女生的必考项目为800米和篮球运球绕标志物20米往返，限选项目为仰卧起坐、原地正面掷实心球。考生可从限选项目中选择1项。

四、考试成绩的评定

（一）普通考生的成绩评定

体育考试各单项成绩满分为10分，考生各考试项目的成绩评定标准见附录1和附录2，三个项目成绩之和与学生的过程性考核成绩一起计入升学考试的总成绩。

现场考试和过程性考试均保留原始成绩，不单独进行“四舍五入”的处理。考试结束后，两者相加，按照“四舍五入”的原则处理，作为学生本年度体育考试的最终成绩。

（二）免考及缓考的申请和成绩评定

由于体育考试的特殊性，允许学生申请免考和缓考。各区县要严格执行免考和缓考的办理规定，控制免考和缓考考生的比例。

免考办理程序为：学生持相关证明，填写《2013年初中毕业升学体育现场考试免考申请表》，经家长签署意见、学校初审盖章、区县中小学卫生保健所确认后，由学校报区县体育考试考务办公室审定。

根据学生申请免考的原因，其成绩评定办法如下：

第一类：因残疾丧失运动能力而不能参加体育考试的免考学生，应当凭市残联颁发的残疾证书办理免考体育的相关手续，现场考试应当以满分 30 分记录；过程性考核的计分办法按照《北京市初中体育过程性考核方案》中的规定，根据学生参加体育活动的时间给予过程性考核 10 分（满分）至 6 分（60%）的分数评定。

第二类：在初中阶段因病不宜参加剧烈运动的长期免修体育课的学生，不能参加考试，其考试考核成绩按照体育总分 40 分的 60%（24 分）记分。

第三类：因临时伤病不能参加现场体育考试的学生，其体育成绩由两部分合计组成：一是按现场考试成绩满分 30 分的 60%即 18 分记分，二是过程性考核成绩（与正常学生的计分办法相同）。

女生特殊生理期或考生因临时伤病等原因，不能在规定时间参加现场体育考试者，可以申请缓考。

第一、在考试开始前申请缓考者，办理要求如下：女生特殊生理期间，填写《2013 年初中毕业升学体育现场考试缓考申请表》，缓考考生、学校医务人员和学校负责人均须签字，经区县体育考试领导小组负责人签字同意；因伤病原因申请缓考的考生，办理程序同上，但必须出具县级及以上医疗部门诊断证明。

第二、经两次检录进入考场后申请缓考者，办理要求如下：女生特殊生理期，填写《2013 年初中毕业升学体育现场考试缓考申请表》，缓考考生、考试现场医务人员和学校负责人均须签字，经区县体育考试领导小组负责人签字同意；伤病原因申请缓考的考生，办理程序和要求同上。

区县考试管理部门需在统一体育考试后，将本区县缓考人员名单、缓考的时间和地点上报考试院。缓考应当在区县统一体育考试后的第二周集中进行，并严格按照统一体育考试的组织与管理要求进行。

在规定时间内仍不能参加缓考的学生，按免考第三类学生处理。

未经批准无故不参加体育考试者，取消参加现场考试的资格和成绩。无现场体育考试成绩者，不能参加当年的中招录取。

（三）其他特殊情况的考生成绩与评定

既不符合免考条件，也不能按照普通考生的成绩评定办法进行成绩评定的考生，其成绩评定办法参照京教体美〔2010〕19号文件有关要求执行。

五、考试的组织和实施

为保证考试工作的顺利实施，各区县在考试领导小组和考务办公室的组织和领导下，考试现场设总考务长1人；考务长和工作人员数量由区县根据有关要求和实际情况设置。

区县体育考试领导小组和区县考务办公室选派的总考务长、考务长、发令员、计时员、丈量员和计数员必须具备以下两个条件：一是教育系统内在职人员；二是具有中华人民共和国教师资格证（体育与健康学科）。

各区县要进一步严肃体育考试的考风考纪，坚决杜绝违纪、舞弊行为的发生。

（一）考试方式

由各区县统一组织实施，集中测试，当场向考生公布成绩。

（二）考试时间

为确保学生的校园体育活动时间，促进学生健康成长，现场体育考试必须在学生毕业当年的5月份进行，具体时间由区县选定。同一区县的考生必须在区县统一规定的考试时间内进行考试，每名考生的全部项目必须在一个单元内（半天内）连续完成。

如遇恶劣天气等特殊情况，由区县考试领导小组决定是否中断考试。由于上述原因中断考试，不能在一个单元内考完3个项目的考生，经考务办公室批准，可在当天考完。如当天不能考完，已经考试的项目成绩无效，其补考时间另行安排。

（三）考试顺序

男生1000米和女生800米是考生最后进行的考试项目；其他

项目的考试顺序由区县统一自行安排。

（四）考试场地和器材

考试的场地应在封闭的、有6条以上环形跑道的400米田径场上进行，器材除本文件有明确的规定外，应符合初三年级的体育教学标准。考前必须对场地器材的安全性和准确性进行检查。

（五）考试规则

1.1000米和800米

(1) 场地器材规格及设置要求

考试的场地应在封闭的、有6条以上环形跑道的400米田径场上进行，考试所需的标志线清晰，起点线和终点线应该设置明显的标志。考试所用的器材（秒表等）应符合田径竞赛规则要求。考试前，考务员必须对场地标准和器材的准确性进行检查。在耐久跑的起点和终点必须设置摄像装置，拍摄各组考生的起跑和终点冲刺情况，以备考生对自己的成绩存在争议时查取。

(2) 考务员组成及职责分工

耐久跑考评组每组应设考务长1人，发令员1人，计时员2人，记录员1人；考务长应合理安排考试进程并处理考试过程中与考试结果公平性相关的各种事宜，监督记录员准确记录考生成绩，确定考生该项考试的成绩，向考生宣读考试成绩；发令员负责组织考生及时准确地集结在起跑位置并正确发令；计时员负责准确判定和记取考生的成绩，并对考生成绩进行逐一唱读；记录员唱读、记录成绩，并根据考试标准进行评分。

(3) 考试操作规范及要求

考务员负责将考生按小组带至起点，考务长逐一核对考生号码，确认准确无误后进入考试程序。

发令员发令后，两名计时员分别单独计时，考生跑完全程时计时员停表，记录考生的实际成绩；考生在考试过程中无犯规现象，记录成绩有效；考生的成绩以记取的较次成绩为准；考生在考试过程中有犯规现象，考试成绩无效，考生该项考试无成绩。

考生跑完全程，按秒表的分、秒记录成绩，不足1秒不计入成绩。

每个考生只有一次考试机会，每组考生人数不超过15人；考生应采用站立式起跑，弧形起跑线出发，起跑口令发出前越过起跑线为犯规。起跑后不分跑道。跑程中不得踏进跑道左侧跑道线，不得推、拉、阻挡他人跑进，不得由他人带跑，同时遵循右侧超越的田径规则。

（4）考生以下行为属于犯规行为

发令前，身体的任何部位触及或越过起跑线；

跑进中踏进跑道左侧跑道线；

跑进中推、拉、阻挡他人跑进；

跑进中由他人领跑，或借助他人的力量跑进。

2. 篮球运球往返

（1）场地器材规格及设置要求

测试场地需设置在篮球场内或者平整的塑胶场地上，具体设置要求如下：

考试场地长20米，宽7米。起点线前5米处开始设置标志杆，共设5排，每排2根；各排标志杆之间相距3米，同排的两根标志杆底座中心点之间相距1米，距同侧边线3米。设置方式如图所示：

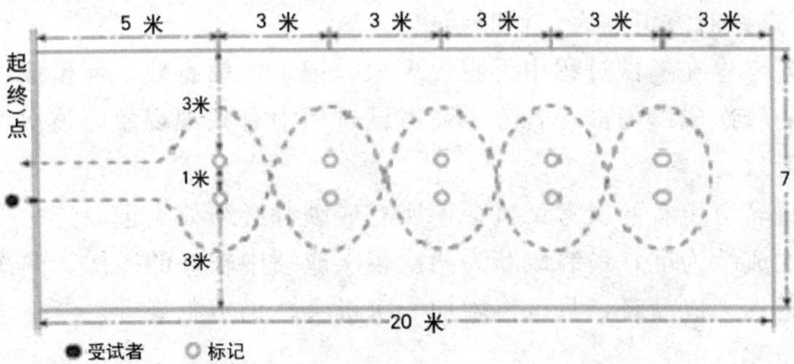

场地设置示意图（“---”为运球路线）

测试器材包括秒表、发令哨、30米卷尺、标志杆10根（杆高不低于1.2米）、篮球。其中，篮球的规格为6号（其重量为510～

567g，周长为724～737mm)；秒表必须是经国家认证认可监督管理委员会批准的相关认证机构认证合格的产品。

(2) 考务员组成及职责分工

每个篮球考试场地应设置考务长1人，发令员1人，计时员2人，记录员1人；考务长负责检查场地器材，监督考试过程，处理考试过程中各种与考试结果公平性相关的事宜，监督记录员准确记录考生成绩，向考生宣读考试成绩；发令员负责发令并检查报告犯规情况；计时员负责判定、唱读考生成绩；记录员唱读、记录成绩，并根据考试标准进行评分。

(3) 考试操作规范及要求

考务员负责组织并将考生带至考试场地，考务长安排考生做熟悉场地的运球练习，每位考生至少有1次练习机会，具体由区县统一作出规定。练习结束后进入正式考试程序。

考生听到发令员报号时，持球站立在起（终）点线后，发令员发令后，考生两脚方可移动，并按图中箭头所示方向运球依次过杆。运球过程中，若考生暂时失去对球的控制，但球未出测试场地，考生可自行捡回，在对球失去控制处继续运球，计时不停表。

发令员发令后，两名计时员分别单独计时，考生与球均返回起（终）点线时方可停表，计时结束。

若考生在考试过程中无犯规现象，记录成绩有效，考生成绩以记取的较次成绩为准；若考生在考试过程中有犯规现象，该次考试成绩无效。

每名考生有两次考试机会，所有成绩都必须如实记取，每次都以较次成绩为准，最终成绩为两次较次成绩中较好的一次；两次考试均犯规无成绩者，只可再增加一次机会；仍然犯规者，考生该项成绩为零。

测试成绩以秒为单位记录，精确到小数点后1位（0.1秒），小数点后第2位数非“0”时进1。

(4) 考生以下行为属于犯规行为

出发时抢跑；

运球过程中双手同时触球；

运球高度超过考生肩部；

膝盖以下身体部位触球；

“翻腕”等其他规则不允许的违例行为；

漏绕标志杆；

碰倒标志杆；

考试期间，人或球出测试区域；

通过终点时人球分离（考生到达终点的瞬间，必须单手或双手触球）。

3. 原地正面掷实心球

（1）场地器材规格及设置要求

在坚实、平坦的地面上进行。投掷区宽度 4 米，长度不少于 20 米，并有明显的区域标志线。场地中应设置 6 分、7 分、8 分、9 分和 10 分的标识线，标识线长度至少与投掷区同宽，使考生和考务员能够做出清晰的判断。

考试用球的重量为2kg，表面材质为橡胶。

（2）考务员组成及职责分工

每个考试场地应设置考务长 1 人，丈量员 2 人，记录员 1 人；考务长处理考试过程中与考试结果公平性相关的各种事宜，监督记录员准确记录考生成绩，向考生宣读考试成绩；丈量员负责观察实心球着地点，丈量远度，并准确唱读考生成绩；记录员唱读、记录成绩，并根据考试标准进行评分。

（3）考试操作规范及要求

考务员将考生带至考试场地，考务长安排考生做熟悉场地的考前投掷练习，每位考生至少有 1 次练习机会，具体由区县统一规定。练习结束后进入正式考试程序。

考试开始后，考生站在投掷线后，两脚前后或左右开立，身体面对投掷方向，双手举球至头上方，稍后仰，原地用力把球向前方掷出；球出手前，考生的双脚均不能移动；球出手的同时，一脚可以向前迈一步，但不得触碰或越过投掷线。

每人投掷3次，每次球落地后，丈量员须做出标记；3次投掷结束后，丈量并记录考生的最好成绩。丈量距离为投掷线后沿至球着地点后沿之间的垂直距离。记录以米为单位，取一位小数。

犯规者当次成绩无效。三次均无成绩者，只能增加一次投掷机会，仍然犯规者，考生该项成绩为零。

（4）考生以下行为属于犯规行为

投掷过程中，身体任何部位触及投掷线或投掷线前地面；

球出手前有助跑动作；

投掷过程中双脚同时离地。

4. 单杠引体向上

（1）场地器材规格及设置要求

在高单杠上进行，考试所用器材应符合《中华人民共和国国家标准》（GB/T19851.1—2005）和（GB/T19851.2—2005）中关于初中生用单杠的规格要求；根据实际情况，可分别设置高度不同的场地，供考生选择；单杠下的地面材质铺设必须充分考虑考生落地时的安全性，可选用松软的沙子、体操垫等。根据区县实际情况，可向考生提供防滑的镁粉，供考生选择使用；也可不予提供，但同一区县必须统一要求。

（2）考务员组成及职责分工

每个考试场地应设置考务长1人，计数员1人，记录员1人；考务长处理考试过程中与考试结果公平性相关的各种事宜，监督记录员准确记录考生成绩，向考生宣读考试成绩；计数员负责判定考生成绩并进行唱读；记录员唱读、记录成绩，并根据考试标准进行评分。

（3）考试操作规范及要求

考务员将考生带至考试场地，考务长逐一核对考生号码，确认无误后进入考试程序。

考生听到考务员报号后，走到杠下跳起，双手正握杠，直臂悬垂，身体呈静止状态后，开始做第一次引体向上的动作；屈臂向上引体至下颏超过横杠上沿，恢复直臂悬垂后为完成一次；动作未达到此规格者，不计次数；双手握杠开始，到双手离杠为考试结束。考生的成绩按成功完成的引体次数计取。每个考生只有一次考试机会。

（4）考生的犯规行为

没有从静止动作开始考试；

两次动作之间，手臂没有充分伸直；

动作完成时，下颏未超过杠面。

引体向上的考试过程中，出现犯规行为者，不计取犯规时的次数，但考生可以继续进行考试。

5. 一分钟仰卧起坐

（1）场地器材规格及设置要求

考试场地设在平整的地面上，考生在大体操垫上完成考试，计数员坐在体操垫的侧面，在同一组考生中，每位计数员只负责一位考生的判罚工作。

考试使用的大体操垫应符合以下规格要求：

第一、大小：长2米、宽1米、厚0.1米；

第二、材料：泡沫塑料和泡沫乳胶，采用帆布或人造革外皮。

（2）考务员组成及职责分工

每个考试场地应设置考务长1人，计数员人数与考生人数一致，记录员1人，以上人员由女教师组成；考务长处理考试过程中与考试结果公平性相关的各种事宜，监督记录员准确记录考生成绩，向考生宣读考试成绩；计数员负责判定并准确唱读考生成绩；记录员唱读、记录成绩，并根据考试标准进行评分。

（3）考试操作规范及要求

考生身体仰卧在垫上，双手五指交叉贴于头后，同时，两臂打开，手背及手臂均触垫；双脚放置在垫上，两腿屈膝（两膝可稍分开），大小腿呈直角；一人双手压住考生脚背。起坐时，双肘必须触及两膝；仰卧时，贴于头后的两手背及肩胛骨必须触垫。按一分钟内完成的次数计取成绩。考生只有一次考试机会。

(4) 考生以下行为属于犯规行为

起坐时，双肘未触及两膝；

仰卧时，手背及肩胛骨未触垫；

考试过程中，臀部离垫。

考试过程中，出现犯规行为者，犯规时所做的仰卧起坐不计数，但考生可以继续进行考试。

六、考生须知

（一）不得携带任何通讯工具进入考场。

（二）参加体育考试应穿着运动装、运动鞋，但鞋底不得有铁钉、胶钉或塑料钉。

（三）考前应做好充分的准备活动，考试后应做好整理活动。

（四）考生要认真遵守考场纪律和考试规则。尊重并服从引导员、考务员的指挥和判定。

（五）考试成绩当场公布，考生对考试成绩有疑问，应立即向引导员提出，以便及时查询。

（六）女生特殊生理期及生病受伤的考生，应及时按要求办理缓考手续，并按区县考务办公室安排的时间参加缓考。

（七）因伤病不能按规定参加考试的学生和残疾学生应在考试前按有关规定办理免考手续。

（八）考生（和家长）要注意考试前的身体状况，保证不带病、不带伤参加考试，避免出现伤害事故。

（九）体育考试是一次性考试，没有补考。三个项目都考完的考生，不能申请参加缓考。

（十）若考生对考务工作有意见，应通过学校向区县考务办公室反映；对于考试中存在的舞弊行为，考生有权直接向区县或市体育考试领导小组举报、申述。

（十一）考生填写的各类表格由市教育考试院统一发布。

（十二）遵守考试部门制定的其他有关规定。

七、考务员须知

（一）现场体育考试考场为封闭考场，无专门证件、未经批准不能进入考场。

（二）在考场内，不能携带任何能与外界进行沟通的通讯工具。

（三）遵守考试部门制定的其他有关规定。

附录：1. 2013 年初中毕业升学体育现场考试成绩标准（男）

2. 2013 年初中毕业升学体育现场考试成绩标准（女）

附录 1：

2013 年初中毕业升学体育现场考试成绩标准（男）

1000 米（分/秒）	篮球障碍运球（秒）	引体向上（次）	掷实心球（米）	分数
3′37″	11.9	13	10	10
3′40″	12.3	12	9.4	9.5
3′46″	12.9	11	8.6	9
3′52″	13.3	10	8.1	8.5
4′03″	14	9	7.8	8
4′13″	14.4	8	7.6	7.5
4′23″	15	7	7.4	7
4′36″	16.1	6	6.9	6.5
4′49″	16.8	5	6.6	6

续表

1000 米 （分/秒）	篮球障碍运球 （秒）	引体向上 （次）	掷实心球 （米）	分数
4′52″	17.2	4	6.4	5.5
4′57″	17.5		6	5
5′03″	18	3	5.7	4.5
5′08″	18.6		5.4	4
5′13″	19.1	2	5.1	3.5
5′18″	19.7		4.8	3
5′21″	20.3		4.5	2.5
5′26″	21.4	1	4.1	2
5′29″	22.5		3.7	1.5
5′31″	23.6		3.3	1
5′33″	24.5		3	0.5

附录 2：

2013 年初中毕业升学体育现场考试成绩标准（女）

800 米 （分/秒）	篮球障碍运球 （秒）	仰卧起坐 （次/分钟）	掷实心球 （米）	分数
3′24″	13.3	49	7.6	10
3′27″	13.8	47	7.4	9.5
3′30″	14.5	44	7.2	9
3′34″	15.1	42	7	8.5

续表

800米（分/秒）	篮球障碍运球（秒）	仰卧起坐（次/分钟）	掷实心球（米）	分数
3′42″	15.9	40	6.8	8
3′49″	16.4	37	6.6	7.5
3′55″	17.1	34	6.4	7
4′03″	18.2	30	6	6.5
4′12″	19.1	27	5.6	6
4′20″	19.6	26	5.5	5.5
4′25″	20.1	25	5.4	5
4′28″	20.6	24	5.3	4.5
4′32″	21	23	5.1	4
4′36″	21.5	22	4.9	3.5
4′40″	22	21	4.5	3
4′45″	22.5	20	4.3	2.5
4′50″	23	19	4	2
4′55″	23.8	18	3.8	1.5
4′58″	24.9	17	3.7	1
5′03″	25.8	16	3.6	0.5

北京市教育委员会
北 京 市 财 政 局

关于加强市属高校科研经费管理的意见

京教财〔2013〕9号

各市属高等高校：

为贯彻落实《北京市中长期科学和技术发展规划纲要（2008～2020年）》和《北京市中长期教育改革和发展规划纲要（2010～2020年）》，建立健全符合科研活动规律的高校（以下简称“学校”）内部科研经费管理体制和运行机制，提升科研经费管理服务水平，提高资金使用效益，促进科研事业健康发展，结合教育部、财政部《关于加强中央部门所属高校科研经费管理的意见》（教财〔2012〕7号）、教育部《关于进一步加强高校科研项目管理的意见》（教技〔2012〕14号）、教育部《关于进一步规范高校科研行为的意见》（教监〔2012〕6号）等文件，现就加强市属高校科研经费管理提出如下意见：

一、提高认识，切实加强科研经费管理

1. 加强科研经费管理，提高资金使用效益，是学校科技事业持续、健康发展的基本保证，也是学校反腐倡廉的重要方面。

2. 学校必须做到领导重视、制度健全、管理规范、监督到位，确保科研经费得到规范管理。

二、明确责任主体，建立健全科研经费管理责任制

3. 强化学校主体责任。学校是科研经费管理的责任主体，校（院）长对学校科研管理承担领导责任。学校要建立健全“统一领导、分级管理、责任到人”的科研经费管理体制，合理确定科研、财务、人事、资产（设备）、审计、监察、院系等部门的职责和权限，完善内部控制和监督约束机制，确保经费使用权、管理权和监督权的有效行使。

4. 明确管理部门职责。学校科研管理部门负责科研项目和合同管理，协助财务部门做好经费使用管理的有关工作；学校财务（含资产）部门负责科研经费的财务管理和会计核算，参与编制项目经费预算，审查项目决算，监督、指导项目负责人规范使用科研经费；人事部门负责建立科研绩效分配制度，完善科研人员激励政策；学院、系、所以及其他研究机构（简称院系），是科研活动的基本单位，对本单位科研经费使用承担监管责任。院系要根据学科特点和项目（含课题，下同）实际需要，合理配置资源，不断完善项目申报环节的竞争机制，为科研项目执行提供条件保障；要监督预算执行，督促项目进度。学校要将科研经费管理绩效纳入院系负责人的业绩考核范围；审计部门负责科研经费的审计监督；纪检监察部门负责对科研经费管理规定执行情况的监督检查，对违规人员实行责任追究。各部门密切配合，做好科研经费管理工作。

5. 落实项目负责人直接责任。科研项目负责人是科研经费使用的直接责任人，对经费使用的合规性、合理性、真实性和相关性承担法律责任。项目负责人要熟悉并掌握有关财经法律法规和科研经费管理制度，依法、据实编制科研项目预算和决算，按照批复预算和合同（任务书）使用经费，接受上级和学校相关部门的监督检查。

三、完善工作机制，提升管理服务能力

6. 设立专门机构。科研管理任务重、科研经费规模大的学校，可以在财务部门或科研部门内部统一设置科研经费管理服务机构。科研经费管理服务机构负责协助、指导项目申请人合理编制经费预算，对已批复或签订合同（任务书）的项目提供从到款通知到具体项目经费分配、预算执行进度通报、经费使用建议、预算调整、决算编制、外部沟通协调等全过程服务，会同学校有关部门做好政策咨询、业务培训、科研合同管理、技术市场登记、税费减免等相关工作。

7. 建设专业化队伍。学校要根据实际需要，配备专业的财务、科研管理人员，充实科研经费管理服务力量。建立科研经费管理服务人员业务培训制度，提升管理服务的专业化水平；引导院系和有条件的项目负责人根据需要聘用科研秘书，协助项目负责人完成项目经费预算执行过程中的相关工作。学校财务部门要会同科研管理部门加强对项目负责人和科研秘书等人员的政策宣传和业务培训，强化遵纪守法、廉洁自律意识。

8. 健全管理制度。学校要建立和完善科研经费管理制度，加强和完善科研经费预算管理，健全科研经费申请、使用、结算的监督机制。对纵向科研项目要严格按照国家和北京市各类项目经费管理办法进行管理；对横向科研项目要建立和完善校内横向科研经费管理办法，合同有约定的按合同约定方式执行，合同无约定的按学校科研经费管理规定执行。

9. 完善科研信息系统。学校要统筹规划，整合现有信息资源，完善系统功能，建立校内科研、财务等部门和院系、项目负责人共享的信息平台，实现科研项目从申报、评审、立项、执行到验收的全过程数字化管理与服务，提高管理水平，提升服务质量。

四、规范预算管理，提高经费管理水平

10. 科学编制项目预算。项目立项的同时要编制经费预算。学校科研管理部门、院系和财务部门要协助科研项目申请人根据有关科研经费管理办法的规定，结合科研活动的特点和实际需要，按照目标相关性、政策相符性和经济合理性的原则，科学、合理、真实地编制科研经费预算，提高预算编制质量。坚持勤俭节约，合理安排支出，提高资金使用效益。涉及政府采购的，要严格按照政府采购相关规定和程序编制政府采购预算。相关科研经费管理办法规定科研项目经费分为直接费用和间接费用的，直接费用的各项支出由项目申请人根据科研特点和实际需要编制；间接费用按照归口管理部门和学校相关规定，由学校统一编制。

11. 建立预算评审制度。学校可根据实际情况，组织校内相关职能部门、咨询专家或中介机构对本校拟申报的财政资金支持的相关科研项目进行预算评审，提出预算审核建议。项目负责人应当依据预算审核建议调整预算编制。涉及劳务费的，要考虑相关人员参与课题的全时工作时间及完成任务的可行性，合理核定劳务费开支范围和标准；涉及重大仪器设备、重要文本文献等资产购置的，要综合考虑学校现有相关资产存量及使用情况、区域内资源配置及共享情况，避免重复购置和闲置浪费；涉及外拨经费的，必须充分论证并严格审核合作（外协）单位和参与人员与科研项目的相关性以及关联交易的公允性。

12. 规范预算调整程序。纵向科研项目预算一经批复，原则上不予调整，确需调整并符合相关科研经费管理办法规定调整范围的，应按规定履行相关调整程序；横向科研项目预算的调整按照合同规定或当事人约定进行。按规定属于学校预算调整权限内的一般预算调整事项，由项目负责人根据科研活动实际需要提出预算调整方案，经院系及学校科研部门审核同意，由财务部门批准后执行；重大预算调整事项，除履行上述一般预算调整程序外，还须经分管校领导批准后方可执行。

13. 严格预算执行进度管理。财务部门建立科研经费执行进度通报制度，及时将执行情况通知项目负责人、院系和科研管理部门。纵向科研经费要严格执行国家和北京市关于项目经费执行进度管理的要求。横向科研经费按照合同或当事人约定进度执行。项目负责人对经费执行负有直接责任，院系和科研管理部门负有监督管理责任。

14. 加强验收结账管理。项目负责人应按时提出结题验收申请，配合做好财务审计、财务验收等工作。学校应制定校内科研经费结题验收管理办法，明确结题和结账时间及结余经费的用途，严禁结题不结账。对无正当理由逾期不办结账手续的科研项目，学校有权按照校内管理办法予以结账。

15. 加强资产管理。严格执行国家资产管理的有关规定，凡使用科研经费购置与形成的固定资产和无形资产均属于国有资产，统一纳入学校资产管理，涉及国有资产的使用和处置管理，应按照国家有关规定办理相关手续，不得以任何方式隐匿、私自转让、非法占有或牟取私利。

16. 加强结存结余管理。对于纵向科研经费形成的结余资金，应按照国家和北京市结余资金的管理办法执行；对于横向科研经费形成的结余资金，应执行项目委托单位和校内相关管理办法。要本着勤俭节约的原则合理安排支出，最大限度地减少资金的结存结余，不得违反规定使用和转移结存结余资金。

17. 加强科研合同管理。学校要制定相应管理办法，明确岗位职责，管理科研合同，对科研合同执行中的重要节点进行跟踪检查。必须建立科研合同的审查制度和授权签字制度，审批通过的科研合同，必须由学校法定代表人或其授权委托人代表学校签订。

五、强化统一管理，严格科研经费支出

18. 加强科研经费统一管理。纵向科研经费和横向科研经费应当全部纳入学校财务统一管理，按照相关科研经费管理办法、委托方或科研合同的要求合理使用。加强对横向科研经费的规范管理，严格合同管理，经费的使用要依据科研活动的实际需要、符合国家科研经费管理政策，制定横向科研经费计提或列支管理费办法。

19. 规范经费支出管理。学校要完善科研经费支出审核制度，严格票据审核，必要时应要求项目负责人提供明细单等有效证明，杜绝虚假票据；建立银行卡支付制度，依据有关规定发放给个人的劳务性费用，要严格审核发放人员资格、标准，一律通过个人银行卡发放，以零现金方式支付，并依法缴纳个人所得税，不得由他人以任何理由代签；科研经费大额支出应按照内部控制制度的要求，经过各级人员和各个部门审核和签字，不得违反程序进行大额支出。严格执行政府采购制度的规定，购买货物、工程或服务的支出，必须通过法定的采购方式、采购方法和采购程序来进行。

20. 严格外拨经费审核。科研项目的外拨经费支出应当以合作（外协）项目合同为依据，按照合同约定的外拨经费额度、拨付方式、开户银行和账号等条款办理。合作（外协）单位是公司、企业的，应提供收款单位法人营业执照、组织机构代码证、税务登记证、资质证书等相关资料；合作（外协）单位是高校、科研院所、社会团体等公益性组织的，应提供收款单位组织机构代码等相关资料。项目负责人应对合作（外协）业务的真实性、相关性负责。

21. 严禁违规使用经费。学校科研人员应严格按照预算批复或合同（任务书）的支出范围和标准使用经费，严禁以任何方式挪用、侵占、骗取科研经费。严禁编造虚假合同、编制虚假预算；严禁违规将科研经费转拨、转移到利益相关的单位或个人；严禁购买与科研项目无关的设备、材料；严禁虚构经济业务、使用虚假票据套取科研经费；严禁在科研经费中报销个人家庭消费支出；严禁虚列、伪造名单，虚报冒领科研劳务性费用；严禁借科研协作之名，将科研经费挪作它用；严禁设立“小金库”。

六、健全管理机制，完善绩效管理办法

22. 加强间接费用管理。按照有关科研项目经费管理办法规定提取间接费用的，学校要合理确定项目间接费用标准，以直接提取方式将间接费用纳入学校财务统一管理，并结合实际制定间接费用分配及使用办法。间接费用按照有关规定用于补偿学校、院系为支持科研活动开展而发生的无法在直接费用中列支的相关费用。

23. 完善校内科研绩效管理办法。学校要建立以高水平成果、高层次人才为导向的科研绩效评价体系，健全科研经费使用的绩效评价制度，加强预算编制、执行、验收、结题等全过程绩效管理。学校可按有关规定统筹利用科研经费间接费用中的绩效支出、市属高校绩效拨款、学校学费收入等经费渠道，在对科研工作进行绩效考核的基础上，结合科研人员实绩，建立健全鼓励创新、体现实绩的科研绩效管理机制。

七、加强监督检查，落实责任追究制度

24. 健全监督检查机制。健全包括审计、监察、财政、科技等部门，教育行政管理部门和社会中介机构在内的科研经费监督体系，建立科研项目的财务审计与财务验收制度。学校要将科研经费使用管理纳入内部审计部门的重点审计范围，对全部科研项目实施抽查审计，对重大、重点科研项目开展全过程跟踪审计。学校定期对科研经费的使用和管理进行检查，及时发现问题，确保科研经费合理使用。

25. 推进财务信息公开。学校要建立非涉密项目信息公开和回访制度，在学校内部公开项目组人员构成、协作单位及人员组成、预算批复、预算调整、经费支出、外拨经费、资产购置等情况。探索建立科研项目经费支出明细、报销票据分级公开制度。实行科研经费审计报告公开，整改情况公开，处理结果公开。

26. 落实责任追究制度。有关部门和学校要将专项审计、中期财务检查、财务验收和绩效评价等结果作为项目申请和科研经费预算分配的重要依据。对发生违纪违法问题的单位和个人，按照《财政违法行为处罚处分条例》、《事业单位工作人员处分暂行规定》等规定进行严肃处理，依情节轻重给予行政处罚或处分。涉嫌犯罪的，依法移送司法机关追究刑事责任。

各学校要针对当前科研经费使用和管理中出现的问题，根据国家有关规定，参照本意见精神，完善科研经费管理制度，并报市教委备案。

本意见自2013年6月1日施行。

二〇一三年三月二十九日

北京市教育委员会

关于 2013 年义务教育阶段入学工作的意见

京教基二〔2013〕9 号

各区县教委、燕山教委：

根据《中华人民共和国义务教育法》、《北京市实施〈中华人民共和国义务教育法〉办法》等法律法规有关规定，依法保障本市适龄儿童少年接受义务教育权益，经市教委 2013 年第 4 次主任办公会研究，并报市政府批准，现就 2013 年本市义务教育阶段入学工作提出如下意见，请结合实际认真贯彻落实。

一、指导思想

2013 年本市义务教育阶段入学工作，依据相关法律法规要求，以科学发展观为指导，贯彻落实党的十八大、《国家中长期教育改革和发展规划纲要（2010～2020 年）》、《国务院关于深入推进义务教育均衡发展的意见》（国发〔2012〕48 号）和《北京市中长期教育改革和发展规划纲要（2010～2020 年）》精神，继续推进义务教育均衡发展，全面实施素质教育，努力提高义务教育质量和学校办学水平。着力完善义务教育入学规则，保持政策的连续性和稳定性，促进教育公平，维护首都社会安定。

二、工作原则

（一）坚持政府统筹，将义务教育阶段入学作为政府行为予以保障。

（二）坚持区县为主，组织实施本区县义务教育阶段入学工作。

（三）坚持免试、就近，确保适龄少年儿童免试和就近入学接受义务教育。

（四）坚持程序规范，把义务教育阶段入学作为规范办学的重要环节，做到公平、公正、公开。

三、入学条件及方式

按照免试、就近入学原则，凡年满 6 周岁（2007 年 8 月 31 日以前出生）且具有本市常住户口的适龄儿童均须按区县教委划定的学校服务片就近登记入学，小学首先接收服务片内学生，严禁小学以面试、考试等形式进行入学登记。完成小学教育的学生，应当进入初中继续接受并完成义务教育。初中按区县教委确定的划片入学、电脑派位、小学与初中对口直升等方式接收学生。

持有区县教委开具的《台胞子女就读批准书》、全国博士后管理部门开具的《博士后研究人员子女介绍信》及其父（或母）的《进站函》、部队师（旅）级政治部开具的随军家属证明及现役军人证件、区县侨务部门开具的《华侨子女来京接受义务教育证明信》等证明的适龄少年儿童按本市户口对待。

民办学校、寄宿学校、特长生入学及共建单位学生入学由区县教委根据市教委有关文件精神制定具体入学方案。民办学校不得以招生为名为公办学校筛选生源提供帮助。

非本市户籍的适龄儿童、少年，因父母或者其他法定监护人在本市工作或者居住需要在本市接受义务教育的，由其父母或其他法定监护人持本人在京暂住证、在京实际住所居住证明、在京务工就业证明、户口所在地乡镇政府出具的在当地没有监护条件的证明、家户口簿等证明、证件，经居住地所在街道办事处或者乡镇人民审核确认后，到居住地所在区县教委确定的学校联系就读；学困难的，可申请居住地所在区县教委协调解决。

县以上人民政府人才引进计划的海外归国人员、各类引进人才子女入学的，按相关规定，由区县教委协调解决。

对持有烈士子女、台籍学生、华侨子女、现役军人子女、全国劳动模范子女身份证明的学生，按相关规定，在同等条件下给予照顾。

四、工作要求

（一）工作职责

1. 市教委职责

负责制定本市义务教育阶段学生入学政策和工作时间表，统筹和指导全市义务教育阶段入学工作，加强对区县义务教育阶段入学工作的指导、检查。

2. 区县教委职责

（1）依法规划本区县“免试、就近入学”范围，建立控制跨片流动审核制度，制定本区县义务教育阶段入学工作实施意见，报区县政府同意后组织实施，并向社会公示。2010 年行政区划调整后的东城区和西城区，入学政策要统一颁布，逐步调整到位，具体实施办法由区教委制定。开展学龄人口信息采集工作试点，加强对未来 3～5 年适龄儿童入学需求的规划研究。

（2）加强对本区县义务教育学校入学工作的指导、管理、监督和检查，负责入学工作宣传，加大对区域内义务教育均衡发展和学校质量提升、特色建设等方面的宣传力度，接待群众来信来访，依法处理违纪违规事件。

（3）严格执行市教委统一规定的时间表和入学程序。

（二）检查与督导

2013 年市教委和市政府教育督导室将继续对义务教育阶段入学工作开展重点督导检查，并将结果纳入对区县贯彻落实《中华人民共和国义务教育法》、《北京市实施〈中华人民共和国义务教育法〉办法》执行情况及评选教育先进区县的考察范畴。2013 年将重点就公办学校通过考试、培训班等形式选拔学生，奥数竞赛与入学挂钩，学校私自招生行为，以及区县教委建立和落实控制跨片流动审核制度等方面进行专项检查，对违反《北京市实施〈中华人民共和国义务教育法〉办法》和本意见规定的行为坚决予以纠正，对情节严重的要在全市进行通报批评，对相关责任人要严肃处理，确保入学政策落实到位。

1. 落实北京市《关于治理义务教育阶段乱收费问题的意见》，加强依法监督力度，严禁在义务教育阶段入学工作中组织任何形式的考试、测试和面试选拔学生，严禁将各种竞赛成绩、奖励证书作为入学依据。严禁违规收取任何费用。

2. 区县教委保证本区县内每个应依法接受义务教育的适龄儿童少年，在新学年开学时都能够入校就读，确保义务教育阶段学生不辍学。

3. 加强学校招生计划管理，严肃招生纪律，义务教育阶段入学工作由区县统一组织，严格控制跨区县流动，学校不得自行组织超计划招生和超班额教学，严格按照市教委颁布的班额标准制定计划。

4. 落实公示制度。公示内容包括：经区县政府批准的义务教育阶段入学工作方案和招生部门的具体实施意见、当年义务教育学校（含民办）学校性质、办学规模、经费来源、招生计划及接收学生的结果等。

（三）宣传与监督

义务教育阶段入学工作涉及人民群众切身利益，事关社会稳定大局和社会主义和谐社会首善之区建设，各区县教委要统一思想，高度重视，精心策划，严密组织，规范操作，杜绝违规现象发生。要面向社会做好宣传引导工作，增加政策和工作程序的透明度。主动接受社会舆论监督，及时回应、稳妥解决社会和媒体反映的问题。做好信访工作，确保首都社会稳定。

附件：北京市 2013 年义务教育阶段入学工作时间安排表

二〇一三年四月二十七日

附件

北京市 2013 年义务教育阶段入学工作时间表

时间	工作内容
5 月 5～6 日 （日、一）	区县教委受理回户口所在区县和到家庭实际居住地所在区县初中入学申请、审核、登记工作。
5 月 11～12 日 （六、日）	文体科技传统项目校受理小学毕业年级学生报名。
5 月 18～19 日 （六、日）	对报名的小学毕业年级文体科技特长生进行特长测试。
5 月 31 日	截止当年学龄人口信息采集。
6 月 13～14 日 （四、五）	小学举行毕业考试。
6 月 15～16 日 （六、日）	小学审核入学信息。
6 月 21 日前 （五）	初中校向区县招生部门上报学校新生名单。
6 月 28～29 日 （五、六）	各区县招生部门办理回户口所在区县或家庭实际居住地学生档案交接事宜。
7 月 2 日前 （二）	区县教委将各初中校新生名单审核下发。
7 月 5 日开始 （五）	各中小学（含接收小学毕业生的特殊教育学校）发放新生《入学通知书》。
9 月 15 日前	小学新生数据导入学籍系统，初中完成新生持卡入学注册。

北 京 市 教 育 委 员 会
北京市发展和改革委员会
北 京 市 财 政 局
北京市人力资源和社会保障局
北 京 市 国 土 资 源 局
北 京 市 卫 生 局
北 京 市 规 划 委 员 会
北京市机构编制委员会办公室
北京市人民政府教育督导室
北 京 市 残 疾 人 联 合 会

关于印发北京市特殊教育学校办学条件标准的通知

京教基二〔2013〕15号

各区县人民政府，市政府各有关委、办、局，各市属机构：

为贯彻落实国家及我市中长期教育改革和发展规划纲要精神，加快首都特殊教育事业发展，提高特殊教育学校办学条件的现代化水平，依据《特殊教育学校建设标准》（建标156—2011）、《北京市中小学办学条件标准》（京教策〔2005〕8号）及首都特殊教育现代化发展要求，结合北京市实际情况，市教委等十部门研究制定了《北京市特殊教育学校办学条件标准》。经市政府同意，现印发给你们，自2013年9月1日起施行，请遵照执行。执行中的具体问题由市教委负责协调解决。

二〇一三年七月三十一日

北京市特殊教育学校办学条件标准

一、总则

百年大计，教育为本。教育是民族振兴、社会进步的基石，是提高国民素质、促进人的全面发展的根本途径，寄托着亿万家庭对美好生活的期盼。特殊教育是国家教育的有机组成部分，保证残疾儿童少年受教育的权利是国家法律的基本要求，也是作为首善之区的首都教育发展的一项重要工作。发展特殊教育是贯彻教育公平原则的基本要求，也是促进残疾人全面发展、帮助残疾人更好地融入社会的基本途径。现阶段，特殊教育的发展主要依托特殊教育学校，特殊教育学校办学质量的高低将会直接影响到特殊需要儿童少年受教育权利的实现。

为进一步促进本市特殊教育事业发展，提高特殊教育学校办学条件的现代化水平，依据有关法律法规和本市经济社会及教育发展规划，结合本市实际情况，制定《北京市特殊教育学校办学条件标准》（以下简称《标准》）。

本《标准》是本市各级政府制定、完善特殊教育学校建设规划和各级教育行政部门批准设置和管理特殊教育学校的基本依据。《标准》规定的各项办学条件标准是本市举办的义务教育阶段特殊教育学校应当执行的基本标准。《标准》在实施中有关场所建设及配置设施、设备的具体要求，由市教委制定细则，并根据经济社会以及特殊教育发展的实际情况进行相应的调整和修订。

《标准》的实施遵循分级负责、分类实施、分步推进的原则，市级相关行政等部门负责统筹协调和监督、指导《标准》的实施。在确定学校用地规模、办学条件时要从城市总体规划和土地利用总体规划的实际情况出发，新建、改建学校应达到《标准》要求。要加强本区域内教育资源的统筹规划，充分利用和整合各种社会资源，推进教育资源的优化配置，注重资源共享，提高资源使用效益。接收残疾学生随班就读的中小学，应结合学校和残疾学生实际需求，以本《标准》作为办学参考。

二、学校选址、用地与建筑设施

（一）学校选址

1. 新建、改建学校应注重安全因素，选址应避开地震地段、近污染源处、山丘滑坡段、悬崖旁、泥石流地区、没有栏杆的河湖边以及水坝泄洪区等可能发生地质灾害的地段和不安全地段。学校校门不能直接设置在交通繁忙的城市主干道和公路两侧。

2. 学校选址应避开集贸市场、娱乐场所、医院传染病房、太平间、殡仪馆、生产经营贮藏有毒有害危险品、易燃易爆物品的场所和噪声源等不利于学生学习、身心健康及学生安全的场所。高压线缆、易燃易爆市政管线不应穿过校园。

3. 学校选址要充分照顾学生就学便利，选择交通便利，相对繁华、不闭塞的区域设置学校，方便学生接触社会。

4. 学校选址应当符合城市总体规划和土地利用总体规划的要求，以方便学生就近入学且适应城市建设、土地利用为原则，并结合残疾学生生活、教育的需要，合理设置并调整学校布点，使学校选址尽量符合社区化原则，具有适宜规模和可持续发展空间。市区内历史形成的不合理布局，可与城市改造建设相结合，进行调整。

（二）学校规模

为保证学校教育质量、管理效率和办学效益，特殊教育学校的规模（班数规模、学生人数规模）应控制在一定范围以内。

凡符合本《标准》规定规模的学校为“适宜规模学校”。新建或改建学校应以适宜规模为标准进行规划建设。

表1 学校适宜规模

学校类型	学制	适宜规模	班额
盲校	九年一贯制学校	每年级1～2班，合计9～18班	≤12人
聋校	九年一贯制学校	每年级1～2班，合计9～18班	≤12人
培智学校	九年一贯制学校	每年级1～2班，合计9～18班	≤8人
综合学校	九年一贯制学校	每年级1～2班，合计9～18班	根据三类校确定

（三）校地面积与规划

新建特殊教育学校参照《特殊教育学校建设标准》（建标156—2011）执行。

（四）校舍建筑及附属设施

校舍建筑及附属设施建设严格执行国家和北京市有关设计、建筑、环保、安全等规范，按防御各类重大意外灾害的相关规范要求进行设计。同时应特别考虑到在紧急意外情况出现时师生避险、疏散的需要。

校舍抗震设防类别不应低于重点设防类，建筑结构应采用抗震性能好的结构体系。

学校设计和建设应充分考虑到学校进行现代化教学所需通讯、强弱电、燃气、采暖、采光等方面的要求。

新建、改建学校应符合国家无障碍环境标准要求，学校各类设施应全面考虑各类残疾学生的使用和安全，方便残疾学生出入学校、教室以及生活活动区域。盲校在新建、改建中应根据实际推广触感标示、触感盲道和声音提示等设施。

1. 教学及教学辅助用房

教学及教学辅助用房是指普通教室、专用教室、情景教室、多功能教室等。

培智学校专用教室包括：语言治疗室、康复训练室、音乐教室（音乐活动室）、美工教室、感统训练室、家政教室、劳技教室、计算机教室、物理治疗室、职业治疗室、心理咨询室、教具辅具室、游戏活动室、多感官功能教室、律动教室、个训室等。

盲校专用教室包括：音乐教室（音乐活动室）、视功能训练室、感统训练室、教具辅具室、律动舞蹈室、器乐室、家政教室、劳技教室、计算机教室、各学科实验室、琴房、康复训练室、心理咨询室、定向行走训练室、美工教室、游戏活动室等。

聋校专用教室包括：个别训练室、听力检测室、言语评估室、律动教室、美术教室、美工教室、家政教室、职劳教室、计算机教室、各学科实验室、心理咨询室、感统训练室、模型教室、教具辅具室等。

2. 图书资料设施

特殊教育学校图书资料用房及图书资料设施的建设标准按照《特殊教育学校建设标准》（建标 156—2011）执行。

3. 体育运动设施

特殊教育学校体育运动设施的建设标准按照《特殊教育学校建设标准》（建标 156—2011）执行。

4. 办公及生活用房

办公用房：包括教学办公室及准备室、行政办公室、演播厅、网控中心、档案室、卫生保健室、团队办公室、警务室、总务、维修、仓库用房等，以能满足正常开展教育教学管理需要为配置原则。

生活用房：包括食堂、厕所等，寄宿制学校还应设置配备卫生间的宿舍、浴室，单身教工宿舍及其他生活用房等，应以满足师生基本生活为原则。生活用房应注重节能环保，有条件的学校应采用太阳能热水设施。

学校还应视情况设置配电室、车库、水房、锅炉房、调压站等用房，以能满足学校正常运行需要为配置原则。

三、教学、康复、办公及生活设备

学校教学、办公设备配置应当以有利于提高学校教育教学质量，促进各类残疾学生康复，适应社会为目的，满足学校教学的基本需要和教师教学、学生学习及康复训练活动的实际需要，考虑到教育教学设备的功能、特点及更新周期，现代教育技术手段在学校教育活动中的充分运用和学校建筑设施的特点和利用效率等因素，本着经济、实用、便利、规范的要求，合理配置常规通用教学设备、各类特殊教育学校专用设备、现代教育技术设备和学校办公设备。

（一）常规通用教学设备

常规通用教学设备是指各类残疾学生通用设备、常规教学设备和环境通用设备，其配置要符合国家有关规范，能满足教育教学活动的一般性常规需要。

课桌椅、多功能橱柜等学生通用设备的配置，应安全、规范、耐用，并根据实际需求配置一定比例供轮椅学生使用的可升降课桌椅，以满足不同年龄阶段学生的生理与心理需求。

黑板、板书工具、多媒体电教设备、计算机、电子白板等教师使用的常规教学设备的配置要适应教学的实际需要和进行创新性教育教学活动的要求。

温度调节、湿度调节、照明、通风换气、防火、隔音等教学环境与安全设备的配置要能为学生和教师提供安全、舒适、健康的教育条件和环境，并且符合国家建设标准。

（二）分科教学（训练）领域专用教学设备

1. 文科学习领域专用教学设备

配置文科学习领域教学设备，应在适应文科教学的人文性、历史性、多样性、感悟性等特点的基础上更加突出实用性，便于各类残疾学生直观感受以及实际应用，能够体现师生互动。应配置能够满足学校进行品德与生活、品德与社会、思想品德、语文（含语言训练)、写字等课程教学实际需要，同时能适应正常教学安排的挂图、模型、实物、玩具、卡片、用表、视听资料、教学软件等与之相适应的教学设备。

2. 理科学习领域专用教学设备

配置理科学习领域教学设备，应适应理科教学的科学性、准确性、客观性、操作性等特点，便于学生参与知识产生过程，掌握科学方法，培养科学精神，以及便于师生互动。应配置能够满足盲校、聋校、培智学校六年级（含）以下进行数学、科学等课程教学实际需要的，能满足盲校、聋校七年级（含）以上进行化学、生物、物理、数学等课程教学实际需要的，同时能适应正常教学安排的通用仪器、测量仪器、专用仪器、模型、标本、挂图和图片、演示器、玻片、实验安全保护用品等设备。

3. 艺术科学习领域专用教学设备

配置艺术科学习专用教学设备，应适应艺术教学特点，便于学生操作、体验与感悟，满足教师多种形式教学和学生多种艺术学习活动的需要。

配置音乐教学设备，在满足残疾学生音乐活动需求基础上，有条件的学校还应兼顾师生开展舞蹈、戏剧表演等其他艺术活动的需求。主要包括：钢琴、无固定音高的打击乐器等乐器类设备，视听设备、多媒体设备、音乐软件、五线谱电教板、电子节拍器等电教设备，音乐课教学挂图等传统教学设备。学校若设置专门舞蹈教室，其教学设备应主要包括：钢琴或电子琴、把杆、照身镜、木质地板、磁性黑板、音像设备、教具、道具等。

配置美术教学的设备，主要包括：进行国画、版画、雕刻、手工制作等教学所用的多种教学设备及材料；灯光器材、画架画板、写生台及各种写生用具；视听设备、投影设备及多媒体计算机系统；配设储备教具、工具、材料的橱柜以及展示学生美术作品的展板、展示立体作品的橱柜等。

4. 体育学习领域专用教学设备

配置体育教学设备，应以规范、安全、耐用为原则，其主要设备包括：能满足开展体操、田径、球类、武术等课程教学所需要的运动器械和设施以及测量和计时工具、体育挂图和软件、辅助设备等。应有标准的200米及以上的环形跑道；根据学生人数配置篮排球场（地面平整，雨后可以及时使用）。应有1个乒乓球场地、1个安装室外运动器械的场地、1个跳高跳远用的沙坑、1间体育器材室（设置于靠近操场的1楼，面积一般不小于40平方米，9个班级以下的学校可以降低到20平方米）及一定数量的体育器材架。

5. 其他专用教学设备

配置其他各类专用教学设备应以实用性、有效性、可操作性为原则，能够满足学校开展康复训练活动、开展劳动技术教育、研究型学习活动、社区服务和社会实践活动的需要，便于教师灵活组织教学和训练。其主要教学设备如下：

家政室：应有进行生活自理能力培养与劳动技术教育的专用教室，配备相关器材，满足学校生活指导和劳动技术课程的需要。

劳动与职业技术教室：包括陶艺和木工、种植和养殖、手工、电子制作、金工、家具维修、缝纫、烹饪等教学活动所需要的相应设备。

多功能活动室：应有1间可作文娱活动、雨天体育活动、观摩教学及全校性集会等使用的大型用房，并应配置能进行相关活动的设施和设备。

体育康复训练室：设置适合残疾学生使用的较大型的运动器械和健身器具设备，能进行训练和活动。内墙1.2米以下采用软性材料包装。

个别语训室：选择安静的教室，墙壁及天花板装修吸音板材，配置相应的语言训练材料和设备，方便学生进行个别化语言训练。

听力检测室：应根据隔音、通风、照明、屏蔽等原则对听力检测室进行配置，包括纯音听力计、简易测听设备等。

律动教室：应满足培养学生音乐感受、舞蹈、体操、游戏等教学活动的需求，其教学设备应主要包括：钢琴或电子琴、把杆、照身镜、木质地板、磁性黑板、声像灯光、多感觉律动设备等。

教具辅具室：存放各种人物、人体、重要性建筑以及动物、植物、车、船、飞机等各种标本模型，供语文、地理、生物、解剖等课程教学用；存放轮椅、假肢及矫形器等辅具。

教具辅具制作室：配置制作教具辅具的各种工具和设备。

视功能训练室：配置相关视觉功能训练的专用设备。

感统训练室：设置各类适合残疾儿童少年使用的感统训练器具设备。

心理咨询室：用于对学生进行心理咨询、辅导、康复训练，并按要求配置设施。

定向行走训练室：设置各种辅助盲生定向行走的器具。

音乐活动室（音乐教室）：配置音乐课所需要的乐器，适应教学计划和第二课堂活动的需要。音乐教室除供上音乐课、唱游课使用外，还要考虑供合唱课使用。

美工、美术教室：主要用于培养学生掌握美术基础知识基本技能，学习绘图、工艺美术、雕塑，以提高观察能力、形象思维能力、美术欣赏能力、表现能力和陶冶情操的教室。

情景教室：主要用于培养学生掌握在社会生存的日常生活能力。如模拟公交车、模拟公共卫生间等。

计算机教室：配置计算机、电子白板、投影仪等设备，供学生上计算机课、上机操作、开展第二课堂活动等使用。

物理治疗室：配置简易的物理治疗设备，供物理治疗师开展康复训练使用。

职业治疗室：配置简易的职业活动设备，供职业治疗师开展康复训练使用。

多感官功能教室：配置灯光、声音与各种高科技设施，给残疾学生提供视觉、听觉、触觉、本体觉等多感官的综合刺激。

各学科实验室：配置适合于残疾学生的基本课程实验仪器设

备、实验试剂和生物标本，并供实验课程使用。

卫生保健室：设置检查室、隔离室、药品储藏室等，并按要求配齐能存放学生健康状况资料和学校健康教育资料的橱柜，以及其他基本设施。

（三）现代教育技术设备

学校应当根据现代化教育教学技术手段发展的实际，配置以网络技术为代表的现代信息技术设施设备和其他现代教育技术装备，促进现代教育技术与课程教学的结合，满足学生多种网络学习活动、教师多种网络备课和研究活动以及学校现代化网络办公的需要。

学校的现代教育技术设备应当包括能满足各类教学需要的电化教学设备、计算机与校园网络和校园广播电视系统等。每个教学用的普通教室均配备多媒体设备，包括录音、录像设备以及计算机等。为保证现代教育技术设备的有效利用，学生用网络终端除计算机教室集中设置外，每个普通教室都应当设置网络接口。教师办公室应当配备足够的网络终端。

（四）图书馆设备

各类学校的图书馆应当配置能满足正常阅览和管理需要的各类阅览设备、安全防护设备和办公设备。

（五）办公及生活设备

学校应当根据规模和现代化管理的需要，配备包括用于办公的桌椅、资料柜、储物柜、计算机、电话、复印机、传真机等必要设备。

教学、办公及生活设备配置的具体数量和质量标准，由市教委另行制定。

（六）安全防护设备

安全监控类：根据需要在各楼层和周界配备红外报警及视频监控系统，重要场所必须安装防盗设施和消防设施，进行技术防范，并适当配有室外疏散的设备和工具。

防护类：校园必须是封闭式。传达室配有警务报案、监控设备。聋校宿舍安装聋生唤醒系统，教室等地方安装视觉提示系统。盲校铺设盲道，安装扶手、触感标志、盲文标识等无障碍设施，并在楼道等显著位置用特殊标识，同时保证特殊需要的照明。培智学校教室（宿舍）的窗户应安装防护栏，其离地面的高度必须达到1.3m，楼梯扶手以及过道栏杆的高度不低于1.2m。各楼层及学生集中区应有紧急照明和疏散指示系统。

学校教学区应安装烟感系统和自动喷淋系统。生活区应有足够的消防设施。

特殊教育学校教学用房超过2层时（含2层）应设有电梯。

四、教师和工作人员

（一）教师和工作人员的配备

本市特殊教育学校教职工人数，应根据盲校、聋校和培智学校的不同情况，按照学生数的一定比例配备。

表2 北京市特殊教育学校教职工配备指导标准

学校类别	教职工与学生比
盲校	1∶2
聋校	1∶3
培智学校	1∶2.5

特殊教育学校的管理工作尽可能由教师兼职，由政府举办的特殊教育学校的后勤服务工作应逐步实行社会化，确实需要配备管理人员和工勤人员的，其占教职工的比例，走读制学校一般不超过10%，寄宿制学校一般不超过15%。综合学校分别按三类学校的师生比配备教职工。

各区县在具体实施时，可根据生源状况、经济和财政状况等，对教职工与学生比进行上下调节。

教职员工队伍结构应包括三类：

1. 专业技术人员：包括文化课教师、职业劳动课教师、计算机教师、体育教师、艺术课教师以及言语治疗师、定向行走训练人员、物理治疗师、职业治疗师、心理咨询师、社工、巡回指导教师、财务人员等相关服务专业人员。

2. 管理人员：包括学校校长和书记，专业实习教师、听力检测和听力仪器维护人员、医务人员、生活管理员、网络管理员、教学设备维护人员等。

3. 工勤人员：包括水电维修人员、食堂管理员（厨师、采购）、保安、清洁人员、司机等。

（二）教师和工作人员资质

在本市各类特殊教育学校从事教育教学的人员，必须首先取得国家规定的相应教师资格，并持有特殊教育教师任职资格证书。专任教师及相关工作人员的学历和专业知识、技能等要求，要符合《特殊教育教师任职及相关专业人员任职条件》。

五、特殊教育资源中心

（一）设置目的及其功能

特殊教育学校的特殊教育资源中心是专为该校服务区域内接收各类残疾儿童少年随班就读的普通中小学提供教育教学指导、康复训练指导和随班就读咨询服务的中心。

特殊教育资源中心的主要功能包括：为随班就读学生做相关评估，对承担随班就读工作的干部、教师进行特殊教育的专业培训，以巡回教师的工作方式对服务区内的随班就读中小学提供技术支持，为随班就读学生家长提供培训及咨询服务。

（二）选址及设备

特殊教育资源中心应设在特殊教育学校内，方便开展工作。

资源中心应配置有关随班就读的文件、资料、测查量表、电脑打印设备、电话传真设备、档案存放设备、车辆及办公设备。

（三）人员配备

特殊教育资源中心可根据本学区随班就读学生人数，在学校编制总额内，明确2～3名工作人员承担资源中心日常工作。

北京市教育委员会
北京市发展和改革委员会
北京市财政局
北京市审计局
北京市新闻出版局

关于2013年北京市进一步规范教育收费工作的意见

京教办〔2013〕21号

各区县教委、燕山教委，各区县发展改革委、财政局、审计局、文化委员会，各高等学校，各有关单位：

根据教育部等五部门《关于2013年规范教育收费治理教育乱收费工作的实施意见》（教办〔2013〕4号），经北京市治理教育乱收费局际联席会议研究，现就2013年北京市进一步规范教育收费工作提出如下意见。

一、主要任务

（一）深入治理义务教育阶段择校乱收费

坚持义务教育阶段免试就近入学，合理划定学校招生范围并向社会公示，严格学籍管理。深入治理义务教育阶段以任何名义收取择校费、报名费、测试费和借读费等乱收费行为。义务教育阶段学校不得采取或者变相采取考试、测试、面试等形式选拔学生，不得将各种竞赛成绩、奥数考试成绩、奖励、证书等作为学生入学的依据，不得单独或和社会培训机构联合举办以选拔生源为目的的奥数班、“占坑班”等各类培训班。除市教委批准的可招收体育、艺术和科技特长生的学校外，其它义务教育学校一律不得以特长生的名义招收学生并收取费用。

教育行政部门、有关单位和学校不得以任何名义收取与学生入学挂钩的捐资助学款（物）。正常捐赠收入一律由市、区县人民政府指定的教育行政主管部门统一审核收取，向捐赠人开具规定的捐赠票据，收入按照相关规定全额上缴同级财政，纳入预算管理；向中小学捐赠的设备等要全部上缴区县教育行政主管部门，纳入固定资产管理。各级教育行政部门要加强对以共建名义收费行为的管理。

（二）坚决治理中小学补课乱收费

严格执行国家课程计划和课程标准，切实减轻学生课业负担，坚决治理在正常教学计划外的各种补课乱收费。学校、教研机构、校外培训机构等不得在课余时间、双休日、寒暑假和其他法定节假日组织在校中小学生集体补课或上新课并收取费用；严禁公办中小学教职工在校外培训机构兼职、组织或参与有偿补课；公办中小学不得违反国有资产出租出借管理规定，向校外培训机构提供培训场所和设施等。

（三）严格执行公办高中招收择校生“三限”政策

规范择校生招生计划管理，各区县、各学校要严格按照招生简章公布的择校生计划进行招生，录取过程中申请增加的招生计划不得用于招收择校生并收费。学校招收择校生数最高不超过本校当年正常招生计划（不含择校生）的10%，择校生分数不低于学校正常录取分数线20分，择校费要严格按照公示的标准收取，每生不超过3万元。学校收取择校费后不得再收取学费，不得以民办学校名义招收学生并收费。

（四）加强中小学教辅材料管理

各中小学教育教学所需、由学校统一要求或教师统一布置使用的课堂练习、同步练习、寒暑假作业、考试试卷及复习资料等各类教辅材料，均应免费向学生提供，所需经费统一由学校公用经费定额中安排解决。学校或教师不得向学生推荐或推销教辅材料，不得为学生购买教辅材料提供服务。

（五）进一步规范高校招生及收费行为

加强招生计划管理，严格录取程序，规范收费行为。不得降低标准指名录取考生（以下简称“点招”）及乱收费，不得对“点招”考生违规投档。市（区、县）、各高校招生考试部门负责人要签署承诺书，向社会公开承诺“零点招”。加强调整计划管理，高校要集体研究计划使用事项，调整计划原则上在批次投档前投放，一律按照考生志愿和成绩顺序录取。加强招生执法监察，高校录取期间，市教委组织开展高校招生录取工作专项检查，严肃查处违反国家招生录取政策的行为。新生入学后，市教委要开展录取检查，把高校向社会公开的录取分数线作为新生学籍电子注册的重要依据。高校不得超研究生自筹计划录取学生并收费，不得以中外合作办学、研究生培养机制改革、工程博士改革为名乱收费。加强对自主招生和特殊类型招生的监管，严肃查处徇私舞弊案件。

（六）加强对幼儿园收费行为的监管

幼儿园除可按规定向幼儿家长收取保育教育费、住宿费和代办服务性收费外，不得向幼儿家长收取其他任何费用。进一步治理幼儿园以开办实验班、特色班、兴趣班、课后培训班和亲子班等特色教育为名的乱收费行为，禁止幼儿园以任何名义向幼儿家长收取与入园挂钩的赞助费、捐资助学费、建校费、教育成本补偿费等费用。

二、主要措施和要求

（一）加大教育投入，积极推进义务教育均衡发展

各级政府和有关部门要进一步加大教育投入，依法确保教育经

费“三个增长”和“两个提高”，保证教育经费的持续稳定增长。进一步完善义务教育经费保障机制，均衡配置教育资源，扩大优质教育资源辐射面，全面提升义务教育信息化水平，缩小学校之间办学条件和教育质量的差距，确保从源头上解决义务教育阶段乱收费问题。

（二）加强财务管理，严格财经纪律

任何部门和学校不得自行设立收费项目，制定或调整收费标准，扩大收费范围。学校各项收入和收费由学校财务部门负责管理，规范票据使用，实行统一核算。有关部门要建立完善对学校收入预算及使用情况的定期审计制度，加强审计监督。

认真落实义务教育学校实施绩效工资政策，学校不得在核定的绩效工资总量外违规发放或变相发放任何津贴、补贴或奖金、实物等；进一步规范服务性收费和代收费的管理，加强学校食堂的财务管理；学校的国有资产实行统一管理，收取的各类政府非税收入一律按照国家规定上缴同级财政，严格执行“收支两条线”，严禁利用收费收入和公用经费自行发放津贴、补贴或奖金、实物等。

（三）进一步规范教育收费公示行为，确保收费行为公开透明

各级各类学校、幼儿园要严格落实教育收费公示制度，通过招生简章、收费公示栏、公示牌、公示墙、校园网等多种形式向社会公示学校规定性收费、服务性收费和代收费的收费项目和标准、收费依据、收费范围、价格举报电话等，未经公示的项目不得收费。公示栏、公示牌、公示墙要在学校显著位置长期置放，动态管理，及时更新。民办学校还要向社会公示收费项目的服务内容及收退费管理办法等。

（四）加强监督检查，加大案件查办和责任追究力度

通过经常性检查、专项检查、重点督查、直接查办等多种形式，加大督促检查和指导力度。继续开展全市性的春秋两季规范教育收费的专项检查，对教育部、市纪委的督办件进行重点督查，对群众关注、反映强烈、媒体曝光的乱收费问题进行直接查办。

对于公办中小学在职教师从事有偿补课的，在教师年度考核中给予不合格，考核结果作为受聘任教、晋升工资、实施奖惩的依据；对于在课堂上故意不完成教育教学任务，“课堂内容课外补”，并向所教学生收取补课费的，依据《教师法》给予行政处分或解聘；对组织、参与补课乱收费的学校进行通报，取消学校评优资格。

对于违规收取费用的行为，由价格主管部门依据相关法规处理。能退还学生的，要全额退还；确实无法退还的，收缴财政并予以罚款。对于顶风违纪、纠而复生、情节恶劣或造成严重社会影响的案件，要坚决查处，根据《中国共产党纪律处分条例》、《行政机关公务员处分条例》和《事业单位工作人员处分暂行规定》有关规定，对相关责任人给予党政纪处分，严肃追究学校主要领导和直接责任人的责任，同时追究相关部门的监管责任，并在全市教育系统范围内通报，对典型案件要通过新闻媒体予以曝光。充分发挥案件查办的警示作用和治本功能，举一反三，以纠促建。

（五）强化责任落实，完善长效机制

各有关部门要高度重视规范教育收费工作，坚持“谁主管、谁负责”的原则和相关部门各司其职、齐抓共管的工作格局。继续发挥市区两级治理教育乱收费局际联席会议和高校相应治理机构的作用，定期研究、会商、解决治理工作中遇到的突出问题，进一步形成治理工作的合力。各级教育行政部门要坚持“管行业必须管行风”的原则，认真履行辖区管理的职责，转变工作作风，切实负起规范教育收费的责任。各级各类学校校长是规范教育收费第一责任人，要依法办学，规范收费。

在监督检查过程中要加强指导，及时总结、归纳好的经验做法，进行大力宣传推广，弘扬正气，正确引导舆论导向，及时回应社会关切，为治理工作营造良好舆论氛围。

各区县、各单位、各学校要认真贯彻执行上述意见和教育部等五部门《关于2013年规范教育收费治理教育乱收费工作的实施意见》，并切实抓好各项治理任务和措施的落实。

附件：教育部等五部门关于2013年规范教育收费治理教育乱收费工作的实施意见（教办〔2013〕4号）

二〇一三年八月二十日

附件：

教育部
国家发展改革委
财政部
审计署
国家新闻出版广电总局

关于2013年规范教育收费治理教育乱收费工作的实施意见

教办〔2013〕4号

各省、自治区、直辖市教育厅（教委）、发展改革委、物价局、财政厅（局）、审计厅（局）、新闻出版局，新疆生产建设兵团教育局、发展改革委、物价局、财务局、审计局、新闻出版局，有关部门（单位）教育司（局），教育部直属各高等学校：

为认真贯彻落实党的十八大和十八届中央纪委第二次全会精神，按照国务院第一次廉政工作会议的部署，不断规范办学行为，促进教育的公平公正，切实解决教育收费中群众反映强烈的突出问题，为办好人民满意的教育营造良好氛围，全国治理教育乱收费部际联席会议（以下简称部际联席会议）就做好2013年规范教育收费治理教育乱收费工作提出如下意见。

一、主要任务

（一）深化义务教育阶段择校乱收费治理工作

各地要全面贯彻落实好《国务院关于深入推进义务教育均衡发展的意见》和《治理义务教育阶段择校乱收费的八条措施》各项要求，根据“八条措施”的具体规定，结合本地实际，认真制定政策措施。坚持义务教育免试就近入学，合理划定学校招生范围并向社会公示，自觉接受社会监督，切实解决人民群众反映强烈的乱收费问题。

部际联席会议各成员单位将对各地“八条措施”的执行情况开展全面检查，重点检查就近入学比例、优质普通高中招生名额分配到区域内初中的比例、招生信息公开落实情况。严格查处与升学挂钩的捐资助学行为、以特长生为名乱收费、公办学校以民办名义乱收费，严禁地方政府、有关单位和学校以任何名义收取与入学挂钩的捐资助学款。坚决纠正与升学挂钩的“奥数”等各种类型的培训班和各种形式的升学考试行为。

（二）深入推进中小学教辅材料散滥问题治理

各地要严格按照教育部等四部门《关于加强中小学教辅材料使用管理工作的通知》要求，建立完善中小学教辅材料“一科一辅”管理机制，在5月中旬前全面完成中小学教辅材料“一科一辅”的评议推荐工作，真正把质优价廉的教辅材料列入推荐目录。秋季开学时，各地要严格按照“一科一辅”新机制运行。

部际联席会议各成员单位将对各地制定的实施办法及教辅材料评议公告进行合规性、廉洁性评估，对各地中小学教辅材料评议推荐工作和教辅材料出版资质、授权、推荐自录、选用、价格等方面规定执行情况开展全面检查。各地要对相关政策执行情况开展自查自纠。坚决查处评议推荐过程中的地方保护主义、违规操作、徇私舞弊等侵害群众利益的行为，切实加大责任追究力度。

（三）重点治理中小学补课乱收费

各地要将治理补课乱收费作为深入实施素质教育的重要突破口和切入点，统一部署，周密安排。要加强调研、摸清底数，结合本地实际，制定有针对性的治理措施，坚决治理“课堂内容课外补”、公办教师在校外培训机构兼职补课、学校组织集体补课乱收费等突出问题。

要严肃查处学校及其教职工组织或参与补课乱收费的行为；清理公办中小学向社会培训机构提供举办补课活动的场所和设施等问题；纠正以家长委员会、班委会等形式变相组织补课及收费的做法。要将是否组织、参与补课乱收费作为对学校办学行为考核的重要内容，对于违反规定的，进行通报，一律取消评优资格。

要全面加强中小学教师职业道德和职业规范教育，引导广大教师切实履行好个别辅导和答疑等本职工作，自觉抵制有偿家教，不得到社会机构从事补课活动。对于公办中小学在职教师从事有偿补课的，在教师年度考核中给予不合格，考核结果要作为受聘任教、晋升工资、实施奖惩的依据，并进行严肃处理。对于在课堂上故意不完成教育教学任务，“课堂内容课外补”，向所教学生收取补课费的，要依据《教师法》给予行政处分或解聘。

（四）治理高校违规招生及乱收费行为

进一步深化高校招生“阳光工程”，严禁降低标准指名录取考生（以下简称“点招”）及乱收费。严肃招生纪律，各地不得出台涉及“点招”录取及收费的办法，已出台的应立即取消，严禁各省级高校招生办公室对“点招”考生违规投挡。各省（区、市）、各高校招生考试部门负责人要签署承诺书，向社会公开承诺“零点招”。

加强调整计划管理，高校要集体研究计划使用事项，调整计划原则上在批次投档前投放，一律按考生志愿和成绩顺序录取。高校在各省（区、市）未完成的招生来源计划，须经公开征集志愿直至完成。各省（区、市）、各高校要在本批次录取结束后、下一批次开始前，在本省、校信息发布渠道公示高校在省（区、市）的录取人数及录取分数线。

加强招生执法监察，高校录取期间，教育部将组织开展高校招生录取工作的专项检查，严肃查处违反国家招生录取政策的行为，对于存在“点招”行为及乱收费的，要严格责任追究，严肃处理责任人并追究相关领导责任。新生入学后，教育部门要开展录取检查，把高校向社会公开的录取分数线作为新生学籍电子注册的重要依据。

（五）加强中央教育惠民政策落实情况的监督检查

各地要进一步落实好中央加大教育投入的各项政策，建立健全落实和监督机制，切实加强对义务教育保障经费、农村义务教育学生营养改善计划、家庭经济困难学生资助政策等各项教育惠民政策落实情况的监督检查。要建立监管的长效机制，不断完善管理和信息技术手段，建立健全监督保障机制，建立完善责任追究和问责制度，严肃查处虚报、冒领、截留、挤占、挪用教育经费、惠民政策经费等违法违纪行为，确保各项教育经费及时足额拨付和有效使用，确保中央重大教育政策得到不折不扣的贯彻落实。

（六）进一步规范各级学校办学及收费行为

规范幼儿园收费行为。各地要认真执行国家发展改革委等三部门《幼儿园收费管理暂行办法》，加强对与入园挂钩的捐资助学费和以开办实验班、课后培训班、亲子班等特色教育为名的幼儿园高收费乱收费行为的治理。

规范义务教育阶段“公参民办”学校办学及收费行为。要认真执行《义务教育法》《民办教育促进法》及其实施条例有关规定，公办学校参与举办的民办学校必须达到国家规定的“五独立”标准，坚决纠正公办学校变相以民办学校名义高收费乱收费行为，严肃查处“校中校”等违规行为，严禁以改革为名乱收费，防止公办学校优质办学资源异化和流失，促进教育资源的均衡配置，保障义务教育政策落实到位。

规范普通高中招收择校生行为。地方教育部门要一次性下达并向社会公示每所普通高中学校的招生计划，严格执行公办普通高中招收择校生政策，每所学校招收择校生的比例最高不得超过本校当年招收高中学生计划数（不含择校生数）的20%，严禁擅自扩大择校生比例，严禁在择校生外以借读生、代培生、旁听生等名义招生并高收费。严禁以民办学校名义招收高收费学生。继续做好义务教育阶段和高中阶段改制学校清理规范工作。

规范高校办班及收费行为。大力查处高校违规办班、滥发文凭及其乱收费行为，严禁无办学许可和超计划招生、高校联合或委托中介机构办班、未经教育部批准异地举办学历教育、举办研究生课程进修班并收费等行为。严禁以中外合作办学为名乱收费，严禁以研究生培养机制改革为名乱收费、研究生超自筹计划收费，严禁以工程博士改革为名乱收费。

（七）集中清理教育收费项目和收费标准

除国务院规定或经财政部、国家发展改革委、教育部联合批准外，其他任何部门和地方各级政府都无权出台新的涉及教育的行政事业性收费项目。在国家规定幅度内调整收费标准，或国家未规定幅度的收费标准，由省级人民政府审批（考试费除外）。服务性收费和代收费项目、收费标准由省级教育主管部门提出意见，经省级价格主管部门（高校服务性收费和代收费政策还须报省级财政部门）审核，相关部门共同报省级人民政府审定后执行，并不得与国家有关政策相冲突。

部际联席会议将集中开展教育收费政策的清理和审查工作，各地也要对本行政区域内各级各类教育收费政策进行全面清理和规范，对于与现行国家教育收费政策不一致的，要及时修改完善或废止，坚决纠正越权设立教育收费项目、违规制定收费标准的行为。

7月底前，各地要完成对涉及教育收费的文件清理和自查工作，并将清理自查情况和拟保留的收费项目、收费标准报部际联席会议审核。8月底前，各地要将清理后所保留的收费项目、收费标准及举报电话通过当地省级政府网站及新闻媒体及时向社会公布，接受社会和人民群众的监督。逾期发现继续执行违反国家教育收费政策行为的，部际联席会议各成员单位将严格进行行政问责。

二、工作要求

（一）强化责任落实，建立完善纠风工作长效机制。按照“管行业必须管行风”、“谁主管谁负责”的原则，健全治理工作责任制，形成一级抓一级，层层抓落实的责任体系，做到治理工作与业务管理工作高度融合、有机结合、相互促进。要制定治理工作责任制实施办法，完善责任追究和行政问责机制，形成责权统一、可以倒查追责的落实机制，真正把各项工作落到实处。要完善教育行风评议机制，创新评议方式方法，优化评议指标体系，把规范教育收费、治理教育乱收费作为对教育行政主管部门和学校开展评议的重要内容，加强评议结果的运用。要强化协作联动机制，各级治理工作联席会议成员单位要充分发挥各自职能作用，明确责任分工，加强协调配合，狠抓工作落实，定期研究、会商、解决治理工作中遇到的突出问题，进一步形成治理工作的合力。要建立治理工作沟通宣传机制，加强对治理教育乱收费政策的宣传，定期开展治理工作经验做法的宣传活动，正确引导舆论导向，及时回应社会关切，营造良好舆论氛围。

（二）加强监督检查，加大案件查办工作力度。要将监督检查作为治理工作的有效手段，不断改进监督检查的方式方法，采取经常性检查、专项检查、重点跟踪等多种形式，增强监督检查的针对性和实效性。各级治理部门要继续组织开展治理教育乱收费督导检查，要动真碰硬，狠抓严查，严格督促整改。部际联席会议各成员单位要发挥各自职能，加大对重点领域和关键环节违纪违规案件的查处力度，严厉查办择校乱收费、教辅材料散滥、补课乱收费、高校“点招”等方面的案件，对顶风违纪、纠而复生、情节恶劣和造成严重社会影响的案件要坚决查处并予以公开通报。要强化责任追究，实行行政问责。要加强社会监督，对群众举报、媒体曝光的乱收费问题直查快办，及时公布调查结果，主动回应社会关切。要发挥案件查办的警示作用和治本功能，举一反三，以纠促建。

（三）转变工作作风，加强治理工作队伍建设。各级治理部门要自觉维护国家政策的严肃性和权威性，要防止和克服地方和部门保护主义、本位主义，决不允许有令不行、有禁不止；要切实提高执行力，不折不扣地落实国家治理教育乱收费政策，决不允许在贯彻执行政策要求的过程中回避矛盾、避重就轻，甚至妥协通融，避免政策执行过程中的层层衰减，防止政策异化和效力弱化。要强化对治理工作队伍的培训，层层开展以党的十八大精神为核心内容的政治理论培训、以党风廉政建设理论为核心内容的业务知识培训、以治理教育乱收费政策法规为核心内容的应知应会技能培训，不断提升熟练运用政策指导具体工作的综合素质，全面提升治理系统广大干部履行岗位职责的能力。

二〇一三年七月十一日

北 京 市 教 育 委 员 会
首都精神文明建设委员会办公室
北 京 市 财 政 局

关于印发《北京市乡镇校外活动站及乡村学校少年宫管理办法（暂行）》的通知

京教财〔2013〕19号

各区县教委、文明办、财政局：

现将《北京市乡镇校外活动站及乡村学校少年宫管理办法（暂行）》印发给你们，自2013年9月30日施行，请遵照执行。

二〇一三年九月六日

北京市乡镇校外活动站及乡村学校少年宫管理办法（暂行）

第一章　总　则

第一条　为贯彻落实中共中央办公厅、国务院办公厅《关于进一步加强和改进未成年人校外活动场所建设和管理工作的意见》（中办发〔2006〕4 号）及市委办公厅、市政府办公厅《印发〈关于进一步加强和改进未成年人校外教育工作的意见〉的通知》（京办发〔2006〕21 号）精神，以及财政部、中央精神文明办、教育部《关于印发〈中央专项彩票公益金支持乡村学校少年宫项目管理办法〉》（财综〔2011〕44 号），加强本市农村地区未成年人校外活动场所的管理，实现每个乡镇建有一个校外活动站、普及校外教育活动的工作目标，制定本办法。

第二条　乡镇校外活动站（以下简称“活动站”）是依托乡镇中学、中心小学现有场地、教室和设施，由学校进行管理，在课余时间和节假日开展课外、校外活动的公益性校外活动场所。活动站分为市、区县两级，市教委命名的为“北京市乡镇校外活动站”（以下简称“市级活动站”）、区县教委命名的为“区县乡镇校外活动站”（以下简称“区县级活动站”）。

第三条　乡村学校少年宫（以下简称“乡村少年宫”）是市教委、首都精神文明办、市财政局利用中央彩票公益金依托农村中小学校（中心校）现有场地、教室、设施建设开展活动的公益性校外活动场所，是农村校外活动场所的示范项目。

第二章 功能与使用原则

第四条 活动站与乡村少年宫的功能

（一）农村未成年人的思想道德建设阵地

（二）农村未成年人的文体活动平台

（三）农村未成年人的科普活动场所

（四）农村未成年人的社会实践基地

第五条 活动站与乡村少年宫的使用原则

（一）公益性原则。面向农村未成年人免费开展课外、校外活动，不开展任何赢利性的经营活动。

（二）普及实用原则。坚持面向全体，常年开放，提高利用率，方便农村未成年人参加课外、校外活动。

（三）地域特色原则。坚持根据地域文化和学校特色组织开展活动。

（四）安全性原则。高度重视安全工作，明确责任，落实措施。防止意外事故发生。

（五）资源整合原则。充分利用学校周边设施和社会各界力量，实现资源整合，共建共享。

第三章 日常运行与活动内容

第六条 活动站与乡村少年宫的日常运行

（一）利用课余时间、节假日和寒暑假开展活动。

（二）面向所在学校学生开放，并吸收周边中小学校的学生参加活动。

（三）从学校实际出发，结合地方文化特色、学校教师和社会志愿者的特长，开展课外、校外活动，做到与学校教育有机结合。

第七条 活动站与乡村少年宫的活动内容

（一）思想品德教育活动。结合重大纪念日、传统节日以及革命先辈、英雄人物的事迹，开展红色经典、传统经典诵读活动、纪念活动。

（二）科技教育活动。开展科学知识讲座、小发明、小制作、小实验等科学普及活动，有条件的还可以开展种植、养殖活动。

（三）文化艺术活动。开展文学作品欣赏、写作指导、歌咏、器乐、舞蹈、绘画、书法、摄影、工艺制作等活动，还可以引进陶艺、编织、剪纸、戏曲等活动。

（四）体育活动。开展田径、球类、武术、棋艺、跳绳等活动以及有乡土特色的活动。

（五）游艺活动。开展中小学生喜闻乐见的游戏娱乐活动。

（六）其他活动。结合学校的实际、学生的需求开展有益于身心发展的社会公益活动、社会实践活动。

第四章　发展与管理

第八条　区县级活动站

各区县每年采取财政投入、社会支持等多种形式，依托乡镇中学、中心小学，建设一批区县级活动站。

第九条　市级活动站

（一）市级每年在区县建设活动站的基础上，支持一批市级活动站的建设与发展。

（二）市级活动站的基本条件

1. 市级活动站在区县级活动站中产生。

2. 学校有可供开展课外、校外活动的场地、教室和基础设施，专用教室总面积不低于 $100m^2$。

3. 建立健全规章制度，管理规范，运行有序。

4. 有 2 名专、兼职工作人员，有一支兼职辅导教师队伍和志愿者队伍。

5. 开展课外、校外活动的时间、场地有保证，活动内容丰富。

6. 活动站工作成效显著，受到学生、家长、社会的欢迎。

（三）市级活动站的申报

1. 市级活动站由区县教委按市教委每年的分配名额组织学校进行申报。

2. 学校填写《市级活动站申报表》，区县教委组织初审。

3. 区县教委将符合条件的申报材料报市教委。

4. 申报时间：每年 3 月份。

（四）市级活动站的批准、命名

1. 市教委组织评审小组对申报材料进行审核，对学校进行考察评估。

2. 经考察、评估，确定市级活动站名单并由市教委命名。

第十条　乡村少年宫

首都精神文明办会同市教委、市财政局利用中央专项彩票公益金，根据中央精神文明办下达的指标，从市级活动站中推选、建设乡村少年宫。

第十一条　活动站与乡村少年宫的组织管理

（一）活动站与乡村少年宫由所在学校进行管理，学校要积极支持活动站与乡村少年宫的各项工作。

（二）学校设立活动站和乡村少年宫办公室，由学校校长任主任，分管副校长或主管主任担任副主任，配备 2 名以上专、兼职工作人员，负责活动站的立项管理，设备维护，活动项目实施，辅导员、志愿者队伍建设，财务管理，档案资料管理等工作。

（三）活动站与乡村少年宫购置的器材、设备归学校所有，学校负责管理。

（四）活动站与乡村少年宫要在活动场地、活动教室等处设置标牌，方便学生参加活动，各活动室要制定必要的规章制度。

（五）学校要切实保证活动场地、设施器材的安全性，设置必要的安全警示标志。要加强对学生的安全教育，增强安全防范意识和能力，防止意外事故发生。

（六）学校应投保校方责任险（由各区县保障），提倡学生自愿参加意外伤害保险。

第五章 经费管理

第十二条 乡镇校外活动站建设和运转所需经费纳入区县财政保障范围。市级财政以专项经费形式对市级乡镇校外活动站进行定额补助，所需经费纳入市级财政年度预算。

（一）市级补助标准

1.2013 年市教委对 2012 年命名的市级校外活动站，每个市级活动站给予 10 万元的一次性经费支持。

2. 自 2013 年开始，市教委、市财政局每年下半年组织对已有市级校外活动站工作考核，按 60%的比例给予每个活动站 10 万元经费补助。

3.2013 年至 2015 年，市教委计划每年新建 50 个市级活动站，给予每个市级活动站 30 万元的一次性经费支持。

（二）预算申报程序

市教委根据建设计划及考核结果，按照市级补助标准向市财政局申请市级活动站建设补助专项。专项经费经市财政局批复后，拨付各区县使用。

（三）市级活动站经费使用原则和范围

1. 建设经费使用必须遵守国家有关法律法规和财务制度，坚持专款专用、合理使用、节约开支的原则。

2. 经费使用范围：

修缮场地：改、扩建活动站时，整修改造现有场地、教室或空置房屋，修缮门窗、灯具、平整地面、粉刷墙壁等。

设备器材购置：艺术、科技、体育、特色活动器材及演出、比赛服装的购置等。

运转费用：人员培训、活动消耗品及外聘专家劳务费。运转费用不得超过经费总数的20％，外聘专家劳务费不得超过运转总费用的40％。

第十三条 乡村学校少年宫建设项目的申报、审批、资金使用和监督管理，按照《中央专项彩票公益金支持乡村学校少年宫项目管理办法》及有关文件执行。

第十四条 区县教育、财政行政部门和项目单位必须严格执行国家相关财经法规和本办法规定，遵循勤俭节约办事业的原则，加强对项目经费使用的管理。

第十五条 项目经费必须单独核算、专款专用，不得截留挪作他用。项目经费列支范围要严格执行本办法规定的列支范围。

第十六条 各级教育、财政行政部门要加大项目经费监管力度，指导项目实施单位做好项目预算、相关项目招标、设备采购等工作，确保资金安全高效使用。

第十七条 项目实施过程中形成的国有资产应严格按照国家和北京市国有资产管理有关规定执行，相关单位要加强管理，防止国有资产流失。

第十八条 项目单位要严格按照政府采购相关规定实施政府采购。

第十九条 项目单位执行中形成的项目结余资金要按照市、区县政府关于结余资金管理的有关规定执行，加强对项目结余资金的管理。

第二十条 市教委、市财政局共同组织项目验收，验收注重对项目的整体建设水平评价。

第六章 辅导员与志愿者队伍

第二十一条 活动站与乡村少年宫的辅导员，由学校有关教师担任，学校要充分发挥现有教师的作用，依据个人特长、兴趣，担任活动项目辅导员。

第二十二条 活动站与乡村少年宫要组建志愿者队伍，积极招募思想政治素质高、责任心强，有能力承担课外、校外活动辅导工作的大学生、先进人物、文体骨干、民间艺人及“五老”人员担任志愿辅导员。

第二十三条 区县少年宫、青少年活动中心负责安排教师定期到活动站与乡村少年宫进行业务指导。

第二十四条 学校要将辅导工作纳入教师工作量，对担任辅导员的教师进行业绩考核，考核结果与教师评优、评先挂钩。

第七章 保障措施

第二十五条 各区县教委、财政局要加强对活动站与乡村少年宫的领导，在人、财、物上给予保障，按照有关要求做好项目申报、初评工作，保证资金及时拨付到位，组织好项目的实施，开展业务培训，指导活动站开展工作，不断提高工作质量。区县教委要组织好区县少年宫、青少年活动中心的教师到活动站开展辅导工作和教师培训工作。

第二十六条 各区县教委要将活动站与乡村少年宫建设、管理、使用情况的考核结果，纳入学校教育管理评估体系，与学校和校长的评优、评先挂钩。

第八章 附则

第二十七条 市政府教育督导室要把对活动站的工作情况纳入教育督导内容。

第二十八条 本办法由市教委、首都精神文明办、市财政局负责解释。

第二十九条 本办法自2013年9月20日起施行。

北京市教育委员会

关于进一步规范中小学校饮食管理工作的通知

京教勤〔2013〕8号

各区县教委：

中小学校饮食工作，特别是学生在校饮食卫生安全及饭菜质量、价格关系到广大中小学生切身利益和学校稳定。近年来，本市中小学校饮食工作在学校和有关部门共同努力下，不断满足广大师生需求，为学校的稳定和发展提供了有力保障。面对新形势和新要求，依据《中华人民共和国食品安全法》及其实施条例、《学校食堂与学生集体用餐卫生管理规定》、《餐饮服务食品安全操作规范》、《北京市食品安全条例》等相关法律和文件精神，现就进一步规范中小学校饮食管理工作通知如下：

一、强化行政管理与服务

区县教委要明确并完善师生在校就餐管理与服务的工作机构、牵头部门及岗位责任。牵头部门联合体卫、财务、基建、人事、后勤、保卫、审计、监察等部门，重点做好以下工作：

（一）规划学校饮食的基础设施建设，制定有关经费配套和人员配备等鼓励政策，完善有关管理制度，开展业务培训。

（二）规范承包食堂准入管理制度，统一合同文本。

（三）根据学校和季节特点定期研究部署、定期检查指导学校饮食工作；加强学校内商品部（小卖部）的管理。

（四）积极推进区域定点集中采购优质食品原材料。

（五）做好本区县学校各类与饮食相关的合同备案工作。

二、强化学校的主体责任

要建立健全管理监督体系，学生在校集体就餐工作领导小组应定期研究本校饮食工作，制定岗位职责，开展日常监督并解决出现的问题。学校饮食工作要主动争取并积极配合专业执法部门检查，主动接受家长委员会的监督和学生营养膳食宣传教育作用，争取家长支持。

（一）规范学校食堂管理

1. 学校食堂要坚持安全第一原则，把食品安全放在首位，食堂供餐前必须取得《餐饮服务许可证》；坚持非营利性原则，学校食堂应以服务师生为宗旨，加大对食堂的投入，不断规范学校食堂经营行为，加强成本核算，切实维护学生正当权益；坚持质量原则，从学生健康成长出发，充分考虑学生的身体特点，努力提供品种多样、结构合理、数量充足、营养丰富的饭菜。

2. 提倡有条件的学校自行经营食堂，暂时无法自行经营食堂的学校可引入企业承包。无论是自办还是外包，学校管理主体不变，学校不能以包代管。

自办食堂要加强食堂管理和从业人员队伍建设，不断完善食堂各项管理制度，充分利用自行开办食堂免税和不盈利的成本优势，为学生在校就餐提供更优质的服务。

委托承包食堂要严格执行区教委制定的资格准入和日常监管制度。学校要制定餐饮经营准入方案，坚持集体研究，择优选定的原则，确保引入有实力、声誉好的社会餐饮企业承包经营。引入企业应做到：食品安全管理规范，保障食品安全；坚持微利原则，确保餐品质量，社会效益和经济效益并重。学校必须与承包方签订规范合同和食品安全责任书，明确双方权益和责任。

学校食堂严禁承包给个人经营。严禁社会餐饮企业将所承办的学校食堂转包。

3. 为保证食品质量，学校的食堂必须到合法经营单位采购食品原材料，或参与学校所在地政府部门组织的学校食堂物资直供，并按照国家有关规定查验动物检疫部门出具的检验合格证明，严格索票索证制度，严禁无生产日期、无质量合格证、无生产厂家的产品及其他不符合国家食品标准的产品进入食堂。学校对引入企业经营的食堂采购的食品原材料具有监督职责，其选择的定点供货单位及采购品种应报学校管理部门备案。

为减少采购中间环节，降低成本，提倡各区县有关部门通过招标确定定点供货单位，选择规模大、信誉好、质量优、责任感强的企业供学校选择，组织学校食堂主要原材料实行集中定点采购。

4. 推行学校食堂菜谱公开制度。各学校要根据学生年龄和身体特点，针对其身体发育过程中的营养需求，合理制定科学、营养的菜谱，并通过校园网、信息平台等途径公布执行。加强对食堂从业人员营养学、烹饪方法等方面的知识和技能培训。

（二）确保学校外供营养餐的质量

各区县学生营养餐工作办公室应该严格按照《关于调整完善本市中小学生营养餐管理工作的通知》要求，对本区县学校选择学生营养餐供餐服务单位进行监督管理。

（三）确保学校商品部（小卖部）商品的质量

除寄宿制学校外，中小学原则上不得在校内开办商品部（小卖部）。

学校内开办的商品部（小卖部）应以服务寄宿学生为目的，价格合理；要严格索证索票和进货台账制度；以供应文具和生活日用品为主，严格控制和管理汉堡包、方便面等食品，不得出售碳酸饮料等不利于健康的食品饮料，预防小卖部食品造成的食品安全事故；严禁出售无质量安全保障的产品；严禁出售有碍学生身心健康的商品。

（四）确保学生饮用水安全

学校要确保饮用水达到有关卫生标准，建立饮用水管理制度。饮水设施由专人负责，必须做好定期清洗消毒，并记录备案。自备井或二次供水应按规定质检。

三、加强领导，完善考核，做好教育和培训

（一）区县教委与卫生、食药监等部门建立联席会议制度，定期研商，分析形势，指导学校工作。实行信息共享，将预警、通报、培训作为提高防范能力的重要手段。

（二）区县教委应进一步完善学校饮食卫生安全管理制度，把学生饮食管理列入学校评价指标体系，加强对学校饮食工作的考核。学校食堂的建设、卫生、经营、消防安全等工作要严格遵照法律、法规和有关部门要求。建立健全岗位责任制和责任追究制，做到责任到人，奖惩到位。

（三）加强宣传教育，加强从业人员的培训。要制定具体方案，充分利用各种宣传平台，采取多种形式，加强正面宣传，营造全社会关心学生在校饮食工作的良好氛围。各学校要充分发挥学生在校集体就餐工作领导小组、家长委员会、学生会和社团等组织的作用，普及食品安全常识，开展营养健康教育，培育科学的饮食习惯。

二〇一三年十月二十二日

北京市教育委员会

进一步规范高校引入社会餐饮企业承办学生食堂管理的意见

京教勤〔2013〕9号

各高等学校：

为落实教育部等五部门《关于进一步加强高等学校学生食堂工作的意见》（教发〔2011〕7号）中“各地、各高校要尽快完善市场准入、退出及日常管理制度，制订相关标准和规范，采取有效措施督促落实”的要求，现就进一步规范高校引入社会餐饮企业承办学生食堂的管理提出如下意见：

一、准入管理

1. 学校食堂是否需要引入社会餐饮企业承办，应经学校有关会议集体讨论决定。

2. 学校整体食堂引入社会餐饮企业承办，应按《中华人民共和国招标投标法》、《政府采购货物和服务招标投标管理办法》规范引入。

学校招标组要对投标企业进行资质审查、实地考察、用户走访、答辩评审，审查其资质信誉、资金保障、人员素质、实际经营管理能力及在其他学校经营业绩等情况，对其进行综合评审，招标结果按规定公示。

必要时，学校在引入社会餐饮企业承办食堂工作中可向北京高校后勤研究会伙食专业委员会有关专家进行业务咨询。

3．招标时应注重审查企业的经营管理能力。要重点查看以下内容：

（1）企业是否持有国家规定的从事食品生产、餐饮服务的相关证照，如营业执照、组织机构代码、认定机构的认证证书和从业人员健康证明等。查看企业是否具有健全的运营管理制度和食品安全管理制度。

（2）企业工商税务年检记录。对有过承办学校食堂经历的企业，要向有关部门了解该食堂当年工作检查情况和成绩，在所服务的学校是否具有良好口碑信誉。

（3）企业是否熟悉高校特点和规律，注重社会效益，积极履行服务育人职责；是否具备丰富餐饮管理经验，诚信度高，安全意识强，管理团队稳定等。

（4）承办民族餐饮的企业是否熟知少数民族学生饮食习惯。

4．学校要依法与引进餐饮企业签订合同。内容包括：

（1）双方的权利和义务；

（2）承办管理学生食堂的范围、卫生、安全、质量、价格、品种及服务标准；

（3）食堂经营管理的考核办法和措施，所承办食堂不得转包他人的规定；

（4）违约责任；

（5）企业退出的具体程序和办法等；

（6）学校管理方和社会企业可根据具体情况协商确定合作期限，初次合作期限不宜过长，单期合同最长不宜超过5年。

5．提倡中标企业在营业前购买相关责任保险。

二、日常监管和服务

6．高校引入社会餐饮企业承办本校食堂后，对食堂仍负有主要责任，严禁以包代管。引入后，食堂经营管理权在企业，监管权在学校，由合同规定的学校管理部门负责具体日常监管工作。

7. 高校对引入企业进行监督应设立监管部门，配备数量足够的懂业务、高素质的监管人员，依据本校制定的监管办法，认真履行监督、检查等职责，做到监管到位。

8. 高校应当根据合同为引入企业提供必要的营业场所、基础设施和大型设备，保证水、电、气、暖设备的有效使用。引入企业经营“基本伙”的，其经营准则和管理应符合国家和北京市高校食堂相关规范性文件要求，与高校自办“基本伙”一致，享受国家、市和学校补贴及其他待遇；同时要做到低价菜数量足够，保证免费汤供应，确保家庭经济困难学生需要。

学校应引导企业参照和执行《北京高校标准化食堂标准》和《北京高校学生食堂成本核算指导标准》等有关文件。

9. 高校应该监督引入企业食堂原材料采购工作。其米、面、油、肉、蛋等主要原材料积极参加市教委“农校对接”直供基地和北京高校食堂联合采购。所有原材料来自正规渠道，坚持索证制度，严禁无生产日期、无质量合格证、无生产厂家的产品及其他不符合国家食品标准的产品进入食堂。

学校有食堂原材料采购部门的，由该部门负责引入企业原材料的采购供应；全部食堂由引入企业承办的，学校相关管理部门应监督其食堂原材料采购符合上述要求。

10. 学校监管部门应监督引入企业遵守《劳动合同法》、依法用工并承担法律责任。监督引入企业对员工定期体检，新进员工经岗前培训并持证上岗，具有良好的个人卫生习惯和服务意识。学校餐饮等相关管理部门应对引入企业的从业人员情况进行审查，将引入企业员工信息在学校餐饮管理部门和保卫部门备案。

11. 学校对引入企业承办食堂应建立职能部门依法监管，学校合同管理，师生员工民主监督的监管机制，重视发挥学生“伙委会”等组织对食堂的民主监督管理作用，使各方了解引入企业承办食堂的管理和运行情况。

12. 学校对本校引入企业考核时，应将市、区（县）和学校对企业承办食堂的日常检查评比结果作为重点考核内容之一。

三、退出管理

13. 合同双方其中一方因故不能履行合同规定时，应按合同约定的时限提前告知对方，以便有序稳妥做好过渡期工作，确保师生餐饮供应。

14. 学校可与引入企业在合同中约定，合同期内因企业自身原因导致出现下列情况之一的终止合同：发生集体性食物中毒或消防等安全生产责任事故的；被食品安全监管部门或其他政府相关管理部门在日常监督检查中发现严重问题进行查处，或被食品安全监管部门处罚且限期整改不力的；因饭菜质量价格、食品卫生、服务态度及民族政策执行等自身原因引起高校学生罢餐、游行等群体事件的；发生转包、分包行为，超范围经营、违法经营，或擅自更换履约人的；因其自身原因导致经营状况较差，不能正常经营或有效履约的；因其雇佣人员的违法违规行为给高校造成重大社会不良影响的；在相关管理部门和高校的安全、卫生、服务等检查或学校组织的满意度测评中成绩较差且问题严重的以及其他应终止合同的情况等。

15. 学校食堂局部引入风味档口的，参照本意见执行。

16. 高校进行校际联营引入其他高校餐饮部门从事餐饮经营的，参照本意见执行。

二〇一三年十月三十日

北京市教育委员会

关于印发《北京市属高等学校提高科技创新能力建设项目管理办法（试行）》的通知

京教研〔2013〕8号

各市属高校：

《北京市属高等学校提高科技创新能力建设项目管理办法（试行）》已经市教委2013年第14次主任办公会审议通过，现印发给你们，自2013年12月5日起施行，请遵照执行。

二〇一三年十一月四日

北京市属高等学校提高科技创新能力建设项目管理办法（试行）

第一章　总　则

第一条　为贯彻落实国家和北京市高等教育发展战略，促进北京市属高等学校（以下简称“高校”）持续提升科技创新能力，完善创新型人才培养模式，深入推动北京区域创新体系建设，根据

《关于进一步提高北京高等学校科技创新能力的若干意见》以及有关文件精神，规范和加强建设项目管理，提高项目经费使用效益，保证项目的顺利实施，特制定本办法。

第二条 北京市属高等学校科技创新项目（以下简称“科技创新项目”）以项目驱动为模式，按照“择优支持、重点建设、提升能力、服务社会”的原则，鼓励高校推进科技创新与人才培养紧密结合，依靠科技创新推动文化传承，通过协同创新提升人才培养水平和科技创新能力，完善高校科技创新服务经济社会发展的本质要求，着力提高高校自主创新成果质量和水平，培养造就一大批拔尖科技创新人才，全面推进北京区域创新体系建设，形成有力支撑、服务国家和北京整体发展与建设的新局面。

第三条 科技创新项目是指由市财政教育经费专项支持，经费管理按照《北京市市级教育经费项目支出预算管理办法（试行）》等有关规定执行。

第四条 本办法适用于北京市属普通高等学校。

第二章 建设内容

第五条 科技创新项目包括：学科建设水平提升项目、科研计划项目、科研基地建设项目、科技成果转化项目四大类。

第六条 学科建设水平提升项目是指为深化学科建设，建设开展科学研究和培养高层次创新人才的科技和学术高地而设立的计划项目，包括：学科群建设、北京市重点学科建设（含重点支持的学科）、北京市交叉学科建设、学科带头人和团队建设、服务国家特殊需求博士点建设项目，主要用于资助学科带头人、科研人员及研究生从事科学研究，进行条件和环境建设，以及学科的运行、管理、培训、调研、交流、检查等工作。

第七条 科研计划项目是指为强化科学研究，培育高水平科研力量而设立的计划项目，包括重大科研专项计划项目、科技计划与社科计划项目、科技领军人才培育项目。主要用于资助开展应用研究和应用基础研究，提升教师教育教学水平和科技创新能力，力求取得拥有自主知识产权的标志性研究成果，为高校学术持续发展培养和储备优秀人才，以及具有国际、国内和首都科技领先地位的科技领军人才。

第八条 科研基地建设项目是指为加强科研基础条件与平台建设，提高协同创新和科技支撑能力而设立的计划项目，包括：北京实验室建设、北京市重点实验室建设、北京市哲学社会科学研究基地建设、文化传承研究中心建设、科技创新平台、协同创新中心等计划项目。基地建设以项目驱动为模式，主要支持基地开展协同创新、自主创新、集成创新的研究工作，持续提升科技创新能力、社会服务能力和文化传承能力，培养高水平创新人才，促进科技资源与学科资源共享。

第九条 科技成果转化项目主要包括重大科技成果转化项目和科技创新能力提升计划项目。主要支持高校密切结合北京发展需要，加强与企业、行业合作，推动具有良好产业化前景的科技成果实现转化，更好地服务区域经济社会发展。同时进一步发挥北京市高校工程研究中心、北京市技术转移中心和北京市大学科技园建设在科技成果转化方面的贡献力，为产业结构调整、行业技术进步提供持续支撑和引领。

第三章 项目组织管理

第十条 科技创新项目实行市教委、高校和项目组三级管理。

第十一条 市教委负责科技创新项目的整体管理工作，负责制定科技创新项目的实施规划、制定预算分配方案和相关管理制度，组织项目立项评审、检查、验收。

第十二条 高校科研管理部门负责日常管理工作，按照本管理办法及有关文件要求，组织好项目的规划和管理，组织项目的申报、论证、中期检查、结题验收和绩效评价，指导科学合理使用建设资金，保证项目工作任务按期完成。

第十三条 项目组负责组织项目的实施。项目负责人全面负责项目的组织和实施，并合理安排使用项目经费，做好项目总结、验收、绩效考核以及项目成果的应用与推广等工作。项目负责人须及时提交项目年度进展报告、中期检查报告、组织结题验收工作等。

第四章 项目申报立项

第十四条 科技创新项目立项要面向首都经济和社会发展需求，结合学校重点建设任务；立项项目要制订明确的绩效考核指标和年度工作目标。

第十五条 根据年度工作要求和项目指南，市教委向学校下达建设项目申报方案。学校根据方案组织各项目组进行项目论证，提出项目工作计划，填写项目建设申报书。

第五章 项目实施

第十六条 项目计划任务书（批准的项目申报书）是项目实施的主要依据，项目计划任务书由市教委批准或备案审核实施。

第十七条 项目所在高校应有专门机构负责本单位项目的规划、论证、管理等工作，并加强对项目的统筹及监督，确保项目建设进度、建设经费和预期目标。项目所在高校作为项目承担单位，对项目任务完成和实施效果负责，主要职责：1. 负责项目经费管理，为项目组织实施提供条件保障；2. 负责对项目执行中形成的国有资产和研究成果管理；3. 协调处理项目执行过程中出现的问题，包括审查项目计划任务书（项目申报书）、调整方案以及项目其他上报材料；4. 接受市教委的指导、检查和验收。

第十八条 项目实行重大事项报告制度。在科技创新项目实施过程中，项目建设目标、内容、进度安排及项目负责人不得随意调整。

第十九条 项目实行年度报告制度。项目负责人年底前应对年度计划执行情况进行检查和总结，并报项目所在学校管理部门，经学校审核后向市教委报项目年度工作总结。

第六章 检查与验收

第二十条 市教委负责科技创新项目的中期检查和结题验收，高校科研管理部门负责年度检查，项目的检查及验收报告报送市教委。

第二十一条 中期检查是对科技创新项目执行的进展情况、标志性成果的阶段进展情况以及经费到位、使用和执行情况进行检查。检查的时间，原则上安排在项目年限中期。

检查内容主要有：1. 项目的进展情况；2. 经费的使用情况；3. 项目建设中的主要问题和改进措施。对于在中期检查中发现的组织实施不力或未经批准自行调整项目主要工作内容的，市教委有权调整或终止计划项目的执行。

第二十二条 科技创新项目资助期限结束后6个月内，项目负责人需将验收总结报告提交学校管理部门，学校管理部门组织自我评估后向市教委汇报，市教委组织专家进行验收。

验收的主要内容是：1. 项目绩效目标和任务的完成情况；2. 取得的标志性成果以及经验分析；3. 项目管理情况；4. 经费使用情况等。

第二十三条 科技创新项目依托高校应接受市教委、市财政局、市审计局等有关部门的检查和监督，接受市教委和市财政局组织的绩效考评。

第七章 成果管理

第二十四条 除合同或协议各方事先约定以外，科技创新项目的研究成果，包括论文、专著、专利、软件、数据库、研究报告、咨询报告等均应明确标注资助项目名称。有关知识产权的归属和使用，以及无形资产使用和经营生产的经济效益按国家有关规定执行。

第二十五条　项目单位应建立项目科学数据库、项目报告档案，按照市教委有关数据共享的要求和项目信息管理规定要求，按时上报项目有关数据。

第八章　附　则

第二十六条　本办法自 2013 年 12 月 5 日起施行。《北京市属高等学校科学技术与研究生教育创新工程建设项目管理办法（试行)》京教财〔2010〕47 号同时废止。学校自主申报的专项项目立项由学校负责，实施和管理参照本办法执行。

第二十七条　本管理办法由市教委、市财政局负责解释和修订。各高校须依据此办法制定相应的实施细则。

北京市教育委员会

关于印发《北京高等学校青年英才计划项目管理办法》的通知

京教人〔2013〕20 号

各高等学校：

《北京高等学校青年英才计划项目管理办法》已经市教委 2013

年第16次主任办公会讨论通过，现印发给你们，自2014年1月1日起施行，请遵照执行。

二〇一三年十二月十七日

北京高等学校青年英才计划项目管理办法

第一章　总　则

第一条　为贯彻落实国家及北京市中长期教育改革和发展规划纲要、国务院《关于全面加强教师队伍建设的决定》（国发〔2012〕41号）和市委办公厅《关于加强和改进高校青年教师思想政治工作的意见》（京办发〔2012〕14号）的精神，进一步加强北京高等学校教师队伍建设，规范和加强北京高等学校青年英才培养项目管理，确保项目建设取得实效，依据有关法律法规和《关于实施北京高等学校“青年英才计划”的通知》（京教工〔2013〕11号），制定本办法。

第二条　本计划在北京地区普通高等学校范围内实施。市教委安排专项经费保证本计划的实施。

第三条　本办法适用于北京地区普通高等学校。

第二章　项目建设内容

第四条　本项目从2013年开始实施，3年为一周期，一次性遴选2000名左右35岁（含）以下的优秀青年教师给予重点支持，每人每年资助5万元，连续资助3年。通过开展教学研究、科学研究、社会实践等方式，帮助青年教师不断提高教学、科研和社会服务的能力，提高职业道德水平和综合素质。

第三章 项目组织与管理

第五条 北京高等学校青年英才计划以项目责任人为基础，以项目所在的院校为依托，市教委统一领导。

第六条 市教委负责制定实施规划、经费预算以及相关管理制度建设，负责项目全过程绩效管理，组织项目申报和绩效考评，并对项目建设过程中的重大问题进行决策。

第七条 高等学校负责对项目的实施、管理和检查，并按照要求组织项目的申报、管理与验收，监督项目经费的使用，接受有关部门对项目实施和结果的检查和经费审计。

第八条 项目责任人严格按经费使用要求组织项目的实施，及时做好项目总结并接受有关部门对项目实施和结果的检查和经费审计。

第四章 项目申报立项

第九条 根据市委教育工委、市教委《关于实施北京高等学校“青年英才计划”的通知》（京教工〔2013〕11号），市教委布置北京高等学校相关申报工作，各高等学校提出申请，报市教委后正式实施。

第十条 项目申报立项程序如下：

（一）市教委发布工作通知；

（二）高等学校根据市教委通知要求组织项目申报；

（三）市教委以文件形式将项目名单下达至项目所在高等学校；

（四）经市财政局审定项目经费方案后，各高等学校组织实施。

第十一条 申报条件

（一）申报人须符合以下条件：

1. 具有良好的职业道德，教育教学思想端正，对教育教学工作满怀热情，敬业爱岗，为人师表。

2. 积极进取，有提升自身专业素养与教育教学能力的强烈意识，有较大的发展潜力。

3. 从事教育教学工作 3 年及以上，年龄在 35 周岁以下，具有硕士及以上学位。

4. 已经取得各类科研项目资助和人才培养项目资助的青年教师不属于本项目的资助范围。

（二）目标明确，内容详实，计划可行。

第五章　项目实施

第十二条　本项目实行学校负责制。

第十三条　项目所在学校应有专门机构负责本单位项目的管理工作，并加强对项目的统筹及监督。学校作为项目承担单位，对项目任务完成和实施效果负责，主要职责：

（一）负责项目经费管理；

（二）负责对项目执行中形成的国有资产和研究成果管理；

（三）协调处理项目执行过程中出现的问题；

（四）接受市教委的检查和验收。

第十四条　项目责任人负责项目的具体实施、经费使用，并及时向所在高等学校提交项目年度总结报告、项目中期总结报告和形成的成果。

第十五条　项目实行重大事项报告制度。项目建设目标、内容及项目责任人不得随意调整。

第十六条　项目实行年度报告制度。项目责任人对年度计划执行情况进行总结，并于次年 3 月底前报项目所在学校管理部门，学校汇总后形成学校工作总结于 4 月底前报市教委。

第十七条　项目实行责任追究制度。

（一）在项目实施过程中，出现玩忽职守、以权谋私、弄虚作假等行为人员，一经查实，视情节轻重给予教育批评，或由纪检监察部门依照有关规定对其给予行政（纪律）处分。

（二）对于在项目申请、执行和验收过程中发现的弄虚作假、徇私舞弊、剽窃他人科技成果等不端行为，以及违规操作或因主观原因未能完成计划任务并造成损失的单位或个人，一经查实，视情节轻重给予通报批评、终止项目任务、在一定时间内不能申请市教委计划任务等处理。构成违纪的，由纪检监察部门依照有关规定对其给予行政（纪律）处分。

（三）对不按时上报年度总结报告，以及不按规定接受监督检查的，市教委采取停拨经费措施，要求项目责任人限期整改。整改不力的，视情节分别给予通报批评，在一定时间内不能参与市教委计划任务等处理。

第六章　项目检查与验收

第十八条　本项目由市教委联合相关部门在项目建设过程中和完成后组织专家进行抽查和验收。

第十九条　项目建设情况检查指在项目建设过程中的不定期随机检查和年度工作完成情况检查。根据项目具体情况，检查采取收取项目年度总结报告和进入项目单位实地验收两种形式进行。

检查的主要内容是：

（一）项目进展情况；

（二）资金的使用情况；

（三）项目建设中的主要问题和改进措施。对于在检查中发现的组织实施不力或未经批准自行调整建设内容的，市教委有权调整或终止项目建设计划的执行。

第二十条　项目验收采用项目单位报送项目总结报告的形式进行。

项目验收主要内容是：

（一）目标和任务的实现情况；

（二）实施效果，取得的标志性成果以及经验分析，对项目实施效果的评价；

（三）项目管理情况；

（四）资金使用情况。

第二十一条 项目验收结果将由市教委在系统内予以公布。

第七章 项目成果管理

第二十二条 项目实施过程中产生的成果归项目所在学校所有，学校应按照有关知识产权保护的法律、法规进行规范管理。

第二十三条 项目单位应建立项目科学数据库、项目报告档案，按照市教委有关数据共享的要求和项目信息管理规定要求，按时上报项目有关数据。

第二十四条 项目实施形成的成果，包括论文、专著、专利、软件和数据库等，均应中英文标注“北京高等学校青年英才计划项目（Beijing Higher Education Young Elite Teacher Project）”。

第八章 附 则

第二十五条 北京高等学校青年英才计划计划项目经费管理办法另行制定。

第二十六条 本办法自 2014 年 1 月 1 日起实施。

第二十七条 本办法由市教委负责解释和修订。

综　合

北京市教育委员会办公室

关于为第二批北京市“百年学校”授牌的通知

京教办发〔2013〕1号

各区县教委：

经专家评议，市教委审批，东城区新开路东总布小学等19所学校入选第二批北京市“百年学校”。现将名单予以公布，并对入选学校予以授牌。

北京市“百年学校”要认真贯彻落实十八大关于“建设优秀文化价值体系、弘扬中华优秀传统文化”的精神，认真做好校史整理与研究等相关后续工作，继续传承学校优秀文化，为促进首都教育科学发展发挥作用。

各区县教委要指导辖区学校积极学习借鉴“百年学校”优秀文化研究成果，探索先进的教育思想和教育理念，传播优秀的教育思想、教育理念，提高学校文化建设水平，为北京率先实现教育现代化和繁荣社会主义文化做出贡献。

附件：第二批北京市“百年学校”名单

二〇一三年一月六日

附件

第二批北京市“百年学校”名单
(19 所)

东城区

北京市东城区新开路东总布小学
北京市东城区西总布小学
北京市东城区新鲜胡同小学
北京市东城区方家胡同小学
北京市第二十一中学
北京市第一二五中学
北京市第一六五中学

西城区

北京市西城区厂桥小学
北京市西城区西单小学
北京市西城区西什库小学
北京市西城区进步小学
北京市西城区长安小学
北京市西城区陶然亭小学
北京市第三十九中学
北京市第一六一中学

丰台区

北京长辛店铁路小学

海淀区

中央民族大学附属中学

通州区

北京市通州区后南仓小学

顺义区

北京市顺义区第九中学

中共北京市委教育工作委员会
北　京　市　教　育　委　员　会

关于印发《重大雪天北京市中小学应急响应工作预案》的通知

京教勤〔2013〕1号

各区县委教育工委、区县教委：

现将《重大雪天北京市中小学应急响应工作预案》印发给你们，请结合实际贯彻执行。

二〇一三年一月九日

重大雪天北京市中小学应急响应工作预案

为应对重大雪天极端天气，保护广大中小学生人身安全，维护社会秩序，做好北京市中小学应急响应工作，根据国家有关法律法规，结合北京市雪天交通保障应急预案和学校实际，制定本方案。

一、政策依据

依据《中华人民共和国义务教育法》、《北京市实施〈中华人民共和国突发事件应对法〉办法》、《北京市雪天交通保障应急预案》等相关法律法规及规定，结合本市教育系统实际，制定本预案。

二、实施原则

按照安全第一、预防为主，分级管理、属地负责的原则实施。

三、实施条件

适用范围：本市辖区内的公办、民办中小学校、幼儿园及外籍人员子女学校。中等职业学校可参照执行。

响应分级：根据气象部门向社会统一发布的灾害性天气警报和气象灾害预警信号，并根据降雪发展过程，决定是否停课及停课时间，原则上不实行全市停课。

特别重大雪天，交通受到严重影响，学生出行安全受到严重影响，报请市雪天交通保障临时应急指挥部决定全市停课一天，后视气象条件决定是否延长停课时间；山区学校视降雪时间、降雪量、气温等情况由区县教委报请区县政府决定停课时间，同时报市教委备案。

重大雪天原则上不采取全市停课措施，山区学校视降雪时间、降雪量、气温等情况由区县教委报请区县政府决定是否停课或调整上下学时间，同时报市教委备案。

四、组织机构

市委教育工委、市教委成立重大雪天应急响应领导小组（以下简称“领导小组”）。领导小组成员由市委教育工委、市教委主管领导任组长，市委教育工委宣教处处长、安全稳定工作处、市教委办公室、学校后勤处、基础教育一处、基础教育二处、学前教育处、职业教育与成人教育处和国际合作与交流处负责人为成员，在市雪天交通保障临时应急指挥部领导下，负责指导协调重大雪天全市教育系统应急响应工作。

领导小组办公室设在市教委学校后勤处。

五、批准程序

在市委市政府统一领导，市雪天交通保障临时应急指挥部组织部署下，实行分级管理。

领导小组办公室在北京冬季期间（寒假除外），会同市气象部门，及时了解天气变化，提出预测意见，保持值守状态。得到天气准确预报或根据实际天气，在1小时内向领导小组提出工作建议，领导小组将应急响应意见报主管市领导及市雪天交通保障临时应急指挥部。

重大雪天、较大雪天、局部地区出现特别重大雪天，影响学生出行安全，由区县教育行政部门向本区县政府提出停课或调整上下学时间的应急响应意见，待批准后以区县或区域学校组织响应并报市领导小组备案。

六、信息发布

在得到批准应急响应意见后，由市委教育工委宣教处与市宣传部门联系，通过公众媒体发布应急信息。教育行政部门通过行政渠道（教育系统信息平台）向区县教育行政部门发布应急信息，同时向营养餐、备案校车企业等有关单位发布信息；区县教育行政部门负责向中小学幼儿园发布信息。

领导小组相关工作安排及时向教育部汇报，及时发布应急响应结束信息。

七、应急响应措施

（一）领导小组及办公室明确职责分工，责任落实到人，各项工作有效衔接并建立工作记录档案。领导小组办公室提前准备请示报告，出现特别重大雪天，立即由领导小组向市雪天交通保障临时应急指挥部提出全市中小学应急响应意见，经批准后组织实施。

（二）应急响应期间，领导小组及办公室及区县教育行政部门、学校实行信息定时通报制度，及时解决有关问题。领导小组办公室随时向市雪天交通保障临时应急指挥部报告学校应急响应进程、效果、建议，直至应急响应结束。

八、相关工作要求

（一）领导小组指导区县教育行政部门、学校做好本区县和学校的应急响应预案和应急响应组织实施工作。应急响应后学校要酌情调整教学安排，完成学期教学任务。

（二）教育行政部门要指导学校在接到雪天预警信息后，启动相关应急预案，做好日常安全管理工作，加强对校内安全隐患的排查整改，及时消除因大雪可能导致的校舍、交通等安全隐患。要加强对广大师生员工雪天安全出行教育；要完成门前三包任务。

（三）教育行政部门和学校应急工作的领导和干部应保持 24 小时通讯畅通。

（四）其他极端天气可参照执行。

中共北京市委教育工作委员会
北　京　市　教　育　委　员　会
北京市人民政府教育督导室

关于印发2013年工作要点的通知

京教工〔2013〕4号

各区县委教育工委、区县教委、区县政府教育督导室，各高等学校，各直管直属单位：

现将市委教育工委、市教委、市政府教育督导室《2013年工作要点》印发给你们，请结合实际，认真贯彻落实。

二〇一三年一月十六日

中共北京市委教育工作委员会
北 京 市 教 育 委 员 会
北京市人民政府教育督导室
2013年工作要点

2013年全市教育工作的总体要求是：认真贯彻落实党的十八大和市十一次党代会精神，以邓小平理论、“三个代表”重要思想、科学发展观为指导，全面实施教育规划纲要和“十二五”规划，坚持教育优先发展、科学发展，按照“建首善、创一流”标准，深化改革，加强统筹，凝聚力量，攻坚克难，大力推进基本公共教育服务均等化，全面提高各级各类教育质量，充分激发教育发展生机活力，切实加强国内外教育合作与交流，加快推进首都教育现代化，努力办好人民满意的教育，为建设中国特色世界城市提供智力支持和人才保证。

一、把立德树人作为教育的根本任务，全面推进素质教育

1. 坚持德育为先。坚持将社会主义核心价值体系融入国民教育全过程，大力培育和弘扬“北京精神”，深入推进中小学德育工作行动计划，实施课堂德育构建、学校文化示范、综合素质提升等8项工程，推动中小学德育每月有主题、全年成系列。完善德育管理制度，继续开展中小学生思想道德发展测评。加强德育队伍建设，开展第二届中小学班主任基本功展示交流活动。深入推进民族团结教育。

2. 促进学生健康成长。深入贯彻落实《国家学生体质健康标准》和四部委关于进一步加强学校体育工作的若干意见，制定实施《北京市学校体育卫生工作三年行动计划》。大力推进“阳光体育”活动，保证学生每天锻炼一小时，提高锻炼实效性。加强中小学生

防近视、控肥胖工作。完善学生心理危机预防和应对工作体系，推进心理素质教育全覆盖，建立中小学心理教师教研制度。严格执行课程方案，严格控制作业量，切实减轻学生过重课业负担。

3. 提升学生综合素养。以实施学生教育计划书、中小学博物馆月、公共服务周等为抓手，加强社会大课堂的常态化应用。组织学生艺术节、科技节等系列活动，继续打造“金帆”、“金鹏”等素质教育品牌。贯彻实施校外教育机构办学条件标准，加强远郊区县校外活动站的建设与管理。加强学生军训基地建设，开展好国防教育和学生军训工作。

二、着力加强教育资源建设，继续提高教育供给能力

4. 总体完成学前教育三年行动计划。继续推进幼儿园的新建、改扩建和改善办园条件，支持100所村办园建设，新增2.4万个幼儿园学位，全面完成三年新增7.5万个学位的任务。加大干部教师培训力度，分层分类培训5000人次。探索建立支持非教育部门办园的长效机制。

5. 深入推进中小学三年行动计划。继续实施“北京市中小学建设三年行动计划”，开工建设30个项目，支持23所小区配套学校二次改造，加快推进三年200所现代化中小学的建设。

6. 继续加强高校基本建设。继续加大投入，落实市属高校三年建设规划项目建设，进一步改善市属高校办学条件。积极推进市属高校新校区建设。继续支持教育部5所在京高校新校区建设。进一步提高良乡、沙河两个高教园区建设水平。

7. 加快职业教育资源建设。建设一批职业教育国家示范校、骨干校和现代化标志校、示范专业和骨干特色专业。建设17个职业教育工作过程导向课程改革专业教学资源库。加快推进实训基地、亦庄职教园区建设。

三、完善基本公共教育服务体系，全面提高各级各类教育质量

8. 提升幼儿园办园质量。开展园所工作指导、分级分类验收工作，促进园所整体水平提高。新建43个社区儿童早教基地，支持81个优秀早教基地开展活动，加强早教示范基地评审。开展示范幼儿园与农村幼儿园手拉手活动。贯彻落实《3～6岁儿童学习与发展指南》，推进学前教育课程改革、实践探索，提高幼儿园教育教学质量和科研能力，防止和纠正小学化倾向。

9. 推进义务教育优质均衡发展。贯彻《国务院关于深入推进义务教育均衡发展的意见》，建立市级奖励机制，完成部分区县义务教育基本均衡的评估。支持城乡结合部、新城等地区30所城乡一体化学校建设。做好小学规范化建设工程总结推广。开展九年一贯制、学区化、集团化办学模式调研推广。深入推进基础教育精品化教材建设工程。总结并推广高效课堂模式。研究制定义务教育公共服务标准、初中质量管理框架体系和中小学衔接指导意见。

10. 促进普通高中多样化发展。修订普通高中学校办学条件标准细则，启动办学条件达标工程。继续支持70所左右特色高中学校建设，推进自主课程设置试验，支持开设自主研修课程、选修课程，探索开设大学先修课程。实施高中创新教育支撑条件建设工程，重点建设25个市级高中开放式重点实验室。规范对国际课程实验学校的管理。启动民族教育学校建设工程。

11. 加快发展现代职业教育。探索完善职教集团体制机制，进一步深化校企合作、校校合作。继续开展职业教育分级制度改革和“3＋2”中高职衔接试验。加强中等职业教育的招生管理和学籍管理。开展高职院校职业教育本科试点和高职院校“携手发展计划”。开展学生职业技能大赛和文明风采大赛。继续加强农村成人学校建设，推进农民成人学历教育，积极开展各类农村实用技术培训。

12. 推动高等教育内涵发展。实施《关于进一步提高北京高等学校人才培养质量的若干意见》，全面推动“质量工程”二期建设。继续加强专业群建设，积极推动专业和课程综合改革试点，完善特色专业和精品课程优质资源网络共享平台。完善实践教学体系，重点开展校内创新实践基地和校外人才培养基地建设。促进市级教师教学发展示范中心建设。以教学共同体、高校结对共建、高校自主性联盟发展为基础，完善区域性高等教育一体化发展合作框架。

13. 推进学习型城市建设。推进全市学习型机关、企事业单位和学习型学校创建工作。开展数字化学习社区、示范性社区学院建设。拓展北京学习型城市网服务功能，开发网络学习资源。办好北京开放大学。继续开展“首都市民学习品牌”认定，树立终身学习先进典型。筹办第九届全民终身学习活动周和首届全球学习型城市大会。

四、努力促进教育公平，积极化解热点难点问题

14. 保障来京务工人员随迁子女受教育权利。通过专项资金拨付和使用，探索政府委托办学、购买服务等多种方式保障随迁子女在京接受义务教育。制定来京务工人员自办学校管理意见。制定具体实施办法，落实随迁子女义务教育后在京升学考试工作方案。

15. 提高特殊教育服务水平。实施《北京市特殊教育学校办学条件标准》，研制标准细则。启动特教学校建设工程，投入1亿元促进主要项目达标。加快特殊教育支持中心建设和融合教育示范区创建。进一步加强随班就读工作，重点支持示范性资源教室建设。新建17个学前特教基地。加强特教干部教师培训。

16. 完善各级各类教育资助体系。全面落实学前教育资助政策、义务教育阶段免费政策以及中等学校奖助学金等资助政策，进一步完善高校家庭经济困难学生资助政策体系，提高资助水平，切实保证学生不因家庭经济困难而失学。落实研究生国家奖学金和职业教育免费政策。

17. 强化学校后勤服务保障。落实《进一步加强北京高校后勤工作的意见》，推动建立北京学校后勤事务中心。改造100所中小学校食堂，进一步扩大食堂供餐比例。支持高校食堂直供基地建设，完善学生食堂饭菜价格平抑机制，强化学校食品卫生工作。贯彻落实《校车安全条例》，协同相关部门保障校车安全。

18. 做好大学毕业生就业工作。以研究生群体为重点，加大对就业困难学生群体扶持力度。加强大学生就业指导服务，确保就业率不低于95%。加强培训和研讨，打造专业化就业工作队伍。促进大学生自主创业。开展高校毕业生就业工作督查。加大就业特色工作项目建设力度，组织开展中期检查。

19. 进一步规范办学行为。规范公办中小学校办学行为，加大对高校违规办学的治理力度，维护教育秩序。进一步完善相关制度，规范收费和代收费行为，开展教育收费专项检查，坚决遏制教育乱收费行为。规范义务教育入学办法，严禁各类培训与入学挂钩；有针对性地加大对各级各类学校招生工作的执法监察力度。

五、深化教育领域综合改革，充分激发教育发展活力

20. 深入推进教育体制改革试点。进一步完善教育体制改革协同推进机制，持续推进20项国家教育改革试点项目，不断提高改革的系统性、整体性和协同性。加强对试验区县、学校的分类指导，跟踪了解进展情况，及时总结改革成果，深入挖掘典型经验，加强工作交流和宣传推广。

21. 深化人才培养模式改革。深入推进翱翔计划、雏鹰计划，加大拔尖创新人才培养试验。不断完善教学质量和学业质量评价体系，强化综合素质评价在育人过程和升学考试中的作用。推广职业教育工学结合、校企合作的人才培养模式和“工作过程导向”课程改革成果。启动高校人才培养模式综合改革试点，推进卓越人才教育培养计划、大学生科研与创业行动计划。加强培养基地建设，深入推进产学研、国内外联合培养研究生。

22. 创新基本公共教育服务方式。全面推进中小学数字化教育资源共享工程，扎实推进“北京数字学校”体制机制建设，录制2000节高中阶段名师课程，更新20%义务教育名师同步课程。整合网络、热线电话、电视等教育信息资源，建设面向社会的信息服务平台，打造首都教育信息化服务品牌。启动数字校园建设二期，完成30至40所市级数字校园实验校评选。推动家长委员会建设，继续办好“网上家长学校”。

23. 提高高校科技创新能力。实施《关于进一步提高北京高等学校科技创新能力若干意见》。支持重点学科、交叉学科、新兴学科的建设。加强北京实验室、高校工程中心、北京市重点实验室等科研基础条件与平台建设。完善部市校协同创新机制，促进科技创新体系建设，积极培育一批“协同创新中心”。实施科技成果转化与产业化工程，充分发挥大学科技园、北京市技术转移中心的作用，支持高校与中关村企业开展深度合作。

24. 加大文化传承与创新力度。构建多学科交叉研究平台，建立文化传承研究中心，繁荣中华民族优秀文化。建设一批哲学社会科学研究基地，发挥智囊团和思想库作用。加强校园文化建设，启动学校文化示范校评选。支持高校建好“博物馆联盟”、“图书馆联盟”等资源并向社会免费开放。

25. 引导民办教育健康发展。加大民办教育分类指导和管理力度，引导民办非学历高等教育机构向职业培训、继续教育转型，重点扶持一批特色品牌学校。鼓励民间资金进入教育领域，继续实施民办教育发展促进项目。引导民办学校完善法人治理结构，规范学校内部管理；继续开展民办高等教育机构评估、民办学校招生简章和广告备案及招生活动监测。

26. 扩大首都教育对外交流与合作。全面实施“留学北京行动计划”，扩大规模，提高层次。大力推进汉语国际教育。积极引进海外优质教育资源和高层次人才。加快推进高水平中外合作办学试点项目。加大对学生交流的支持力度，继续实施高校学生公派境外学习奖学金项目，举办中华文化小使者项目和第三届国际学生北京夏令营等活动。加强与友好城市、港澳台的教育交流与合作。做好对口支援和帮扶。

六、落实全国教师工作会议精神，努力打造高素质专业化教师队伍

27. 进一步加强师德建设。加强教师职业理想和职业道德教育。研究制定《北京市中小学教师职业道德规范》。开展优秀教师和优秀教育工作者评选表彰。发行《教师周刊》，树立和宣传师德模范。加强日常管理，依法规范教师校外兼课行为，严惩学术不端行为。

28. 提高教师专业化水平。继续实施高层次人才引进与培养三年行动计划、创新团队建设与教师职业发展计划、青年英才计划和“职业院校教师素质提高工程”。深入实施《北京市“十二五”期间中小学教师培训实施意见》，重点实施“名师名校长教育家发展工程”、“农村教师素质提升工程”。开展各级各类教师基本功研究、培训与展示活动。

29. 深化教育人事制度改革。配合有关部门落实教师绩效工资工作。推动中小学教师职称制度改革试点。进一步完善区域内中小学教师、校长交流制度，深入推进义务教育优质学校干部教师向普通学校流动。保障教师待遇，完善激励机制，加大对农村、边远山区、特教学校的教师在工资、职务（职称）等方面倾斜力度。

七、坚持服务导向，进一步加强教育管理和督导

30. 进一步加强机关和直属单位建设。完善领导班子议事规则，落实重大行政事项决策风险评估和跟踪反馈制度，推进科学、民主、依法决策。制定改进工作作风、密切联系群众的具体办法，大兴调查研究之风，切实改进文风、会风、学风、工作作风。培育教育机关特色文化，努力建设学习型、创新型、服务型机关。加强干部培训和交流，建设高素质干部队伍。研究制定直属事业单位分类管理改革意见，加强直属单位建设。

31. 全面加强教育督导。贯彻《教育督导条例》，召开市第七次教育督导工作会议，深化教育督导体制改革，加强教育督导机构、队伍、制度建设。开展教育法律法规执行情况督导检查。对学前教育、义务教育均衡发展状况进行督导监测。完善义务教育阶段学生综合素质评价方案、监测工具并组织试测。做好校外教育、特殊教育、职业教育和区县教育督导工作的专项督导。研制中小学建设三年行动计划督导评估指标体系。开展区县教育工作满意度调查。开展教育“十二五”规划执行情况中期监测。

32. 切实推进依法治教。推进教育立法调研。加强规范性文件审查和备案管理。实施依法行政工作规划，落实行政执法责任制。做好师生申诉和行政复议工作。做好第六批行政审批事项取消和承接工作。落实《全面推进依法治校实施纲要》，开展依法治校示范校创建工作。开展市属高校章程建设试点，制定高校章程核准办法。开展“六五”普法中期检查，加强青少年法制宣传教育，办好《法治与校园》和青少年法制教育资源网。

33. 完善教育经费保障和管理机制。全面落实教育投入政策，完善投入机制，增强市级教育经费统筹能力。优化支出结构，集中财力解决主要问题，加大对农村地区、薄弱环节和重点领域以及特殊群体的支持力度。完善经费管理办法，实施全部预算支出绩效考评，着力提高经费使用效益，促进产学研用结合。贯彻《北京市内部审计基础工作规范》，加强全市教育内部审计工作。

34. 加强语言文字工作。开展落实通用语言文字法及本市规定的执法检查和宣传教育活动。发布北京市实施国家语言文字事业中长期规划纲要的意见。组织“第十六届推广普通话宣传周”活动。做好语言文字规范化示范创建评估认定工作。推进公务员和高校语言文字测试工作。加强语言文化资源数据库建设。举办首届语言文化建设论坛。

八、加强教育系统党的建设，为推进首都教育现代化提供坚强保障

35. 加强理论武装和思想政治工作。深入学习贯彻党的十八大精神，广泛开展主题实践教育活动，用中国特色社会主义理论武装师生员工。加强宣传思想阵地建设和管理。健全青年教师思想政治工作机制，拓展青年教师社会实践的载体与形式，实施“青年先锋工程”。推进铸魂工程、名师工程和骨干教师研修计划，进一步增强思想政治理论课教学效果。推进研究生思想政治教育。加强高校辅导员队伍建设，完善学生指导服务体系。加强“首都百万师生微党课”微博平台建设，积极运用新媒体开展思想教育。

36. 加强高校领导班子和干部队伍建设。加强思想政治建设和作风建设，完善党委中心组学习、领导班子定期务虚、联系群众等多项制度。加强能力建设，强化培训资源、培训基地建设和统筹，落实好组织调训，抓好重点班次和专题培训。做好干部挂职锻炼、交流轮岗工作。深化干部人事制度改革，配齐配强领导班子，落实任期制。加强干部监督与管理。加强教育人才队伍和后备干部队伍建设。

37. 加强基层党组织和党员队伍建设。实施《北京高校党的建设规划（2013～2017）》。继续开展创新项目评选，推进创先争优常态化、长效化。按照中央和市委的部署，开展以为民务实清廉为主要内容的党的群众路线教育实践活动。选优训强基层党组织负责人，加强学习型、服务型、创新型基层党组织建设。开展第七次普通高校党建先进校评选。加强党内民主建设，推进党务公开，扩大“党员评议书记、支部评议党委”试点范围，探索推行院（系）党组织书记公推直选。研究修订《高校院系级党政领导干部职责及工作规则暂行规定（试行）》。研究制定高校发展党员质量保证体系。研究制定加强中小学校党建的意见和中小学校党建基本标准，深化党建示范点创建活动。继续开展民办高校党建评估。

38. 深入推进反腐倡廉建设。强化廉政风险防控体系建设，加强重点领域、关键岗位的防控。加强监督检查，落实高校党风廉政建设责任制。深入开展反腐倡廉教育，加强校园廉政文化建设。严肃查处违纪违法案件，健全标本兼治的长效机制。

39. 扎实做好统战和离退休干部工作。实施《关于加强新形势下北京高校党外代表人士队伍建设工作的意见》。继续做好抵御和防范校园非法传教渗透工作。以创建“五好党支部”、争当“四好老干部”为抓手，加强离退休干部思想政治建设和基层党组织建设，全面落实老干部政治待遇和生活待遇。加强基层关工委建设，充分发挥“五老”作用。

40. 全力维护首都教育系统安全稳定。深入推进“平安校园”

创建工作，完成20所高校的检查验收。推动高校完善敏感期工作机制和网格化校园综合防控体系，做好重大活动、重点时段、敏感节点、重点领域的安保维稳工作。推进涉校矛盾纠纷排查化解工作和校园周边治安综合治理。完成首都教育系统维稳指挥中心二期建设。

北京市教育委员会办公室

关于印发2013～2014学年度各级各类学校校历的通知

京教办发〔2013〕2号

各区县教委，各普通高等学校、普通中等职业学校、成人学校：

现将2013～2014学年度北京市各级各类学校校历印发给你们，请结合本地区、本学校实际情况执行。

一、普通中小学、职业高中（职业中专）

第一学期：

2013年9月1日（星期日）开学；

2014年1月18日（星期六）结束本学期工作，共20周；

2014年1月19日（星期日）至2月16日（星期日）放寒假，共4周零1天。

第二学期：

2014年2月17日（星期一）开学；

2014年7月11日（星期五）结束本学期工作，共20周零5

天；

2014 年 7 月 12 日（星期六）至 8 月 31 日（星期六）放暑假，共 7 周零 2 天。

二、北京市校外教育机构

第一学期：

2013 年 9 月 1 日（星期日）至 2014 年 1 月 19 日（星期日）活动 20 周零 1 天；

2014 年 1 月 20 日（星期一）至 2 月 18 日（星期二）放寒假，共 4 周零 2 天。

第二学期：

2014 年 2 月 19 日（星期三）至 6 月 8 日（星期日）活动 15 周零 5 天（第一段）；

2014 年 6 月 9 日（星期一）至 7 月 11 日（星期五）放暑假，共 4 周零 5 天。

2014 年 7 月 12 日（星期六）至 8 月 12 日（星期二）活动 4 周零 4 天（第二段）；

2014 年 8 月 13 日（星期三）至 8 月 31 日（星期日）放暑假，共 2 周零 5 天。

三、各普通中等职业学校、成人高等学校、成人中等职业学校可根据教育部有关规定和主管部门要求，结合本校实际制定校历或参照上述日期执行。

四、各普通高等学校可根据教育部有关规定，结合本校实际制定校历。

附件：1. 北京市中小学 2013～2014 学年度第一学期校历

2. 北京市中小学 2013～2014 学年度第二学期校历

二〇一三年三月四日

附件 1

北京市中小学 2013～2014 学年度 第一学期校历

星期 月 日 / 周次	一	二	三	四	五	六	日	说明
1							1/9	
2	2	3	4	5	6	7	8	
3	9	10	11	12	13	14	15	
4	16	17	18	19	20	21	22	
5	23	24	25	26	27	28	29	
6	30	1/10	2	3	4	5	6	
7	7	8	9	10	11	12	13	一、2013 年 9 月 1 日开学。 二、本学期自 2013 年 9 月 1 日至 2014 年 1 月 18 日，共 20 周。 三、2014 年 1 月 19 日至 2 月 16 日放寒假，共 4 周零 1 天。
8	14	15	16	17	18	19	20	
9	21	22	23	24	25	26	27	
10	28	29	30	31	1/11	2	3	
11	4	5	6	7	8	9	10	
12	11	12	13	14	15	16	17	
13	18	19	20	21	22	23	24	
14	25	26	27	28	29	30	1/12	
15	2	3	4	5	6	7	8	
16	9	10	11	12	13	14	15	
17	16	17	18	19	20	21	22	
18	23	24	25	26	27	28	29	
19	30	31	1/1	2	3	4	5	
20	6	7	8	9	10	11	12	
21	13	14	15	16	17	18		

附件 2

北京市中小学 2013～2014 学年度
第二学期校历

周次 \ 月日 \ 星期	一	二	三	四	五	六	日	说明
1	2/17	18	19	20	21	22	23	一、2014 年 2 月 17 日开学，并正式上课。 二、本学期自 2014 年 2 月 17 日至 7 月 11 日，共 20 周零 5 天。 三、2014 年 7 月 12 日至 8 月 31 日放暑假，共 7 周零 2 天。
2	24	25	26	27	28	1/3	2	
3	3	4	5	6	7	8	9	
4	10	11	12	13	14	15	16	
5	17	18	19	20	21	22	23	
6	24	25	26	27	28	29	30	
7	31	1/4	2	3	4	5	6	
8	7	8	9	10	11	12	13	
9	14	15	16	17	18	19	20	
10	21	22	23	24	25	26	27	
11	28	29	30	1/5	2	3	4	
12	5	6	7	8	9	10	11	
13	12	13	14	15	16	17	18	
14	19	20	21	22	23	24	25	
15	26	27	28	29	30	31	1/6	
16	2	3	4	5	6	7	8	
17	9	10	11	12	13	14	15	
18	16	17	18	19	20	21	22	
19	23	24	25	26	27	28	29	
20	30	1/7	2	3	4	5	6	
21	7	8	9	10	11			

北京市教育委员会办公室

转发教育部办公厅关于做好 2012～2013 学年度高校信息公开工作年度报告工作文件的通知

京教办函〔2013〕52 号

市属各高等学校：

现将教育部办公厅《关于做好 2012～2013 学年度高校信息公开工作年度报告工作的通知》（教办厅函〔2013〕48 号）转发给你们，请遵照执行。

各高等学校应于 10 月 31 日前在本校网站首页或信息公开专栏向社会公布信息公开工作年度报告，并将纸质版报送市教委政府信息公开工作办公室，同时将电子版发送至指定信箱。

市教委将对各高等学校信息公开年度报告编制和公布情况进行督查，并以适当方式予以通报。

二〇一三年十月十七日

教育部办公厅

关于做好 2012～2013 学年度高校信息公开工作年度报告工作的通知

教办厅函〔2013〕48 号

各省、自治区、直辖市教育厅（教委），各计划单列市教育局，新疆生产建设兵团教育局，有关部门（单位）教育司（局），部属各高等学校：

为深入贯彻落实《政府信息公开条例》和《国务院办公厅关于印发当前政府信息公开重点工作安排的通知》（国办发〔2013〕73 号），根据《高等学校信息公开办法》（教育部令第 29 号，以下简称《办法》）要求，做好 2012～2013 学年度高校信息公开工作年度报告工作，进一步促进高校信息公开工作深入、规范、有序开展，接受师生员工和社会监督，现将有关要求通知如下：

一、各高校要进一步提高对信息公开工作重要性认识，牢固树立“以公开为原则，不公开为例外”的理念，严格按照《办法》的要求，将编制和公布年度报告作为推动信息公开工作的重要抓手，认真及时地做好年度报告的编制和公布工作。

二、年度报告应包括下列内容：

（一）概述（主要反映本学年度学校信息公开工作开展的总体情况）；

（二）主动公开情况（主要反映通过学校网站、校报校刊、新闻发布会、微博、微信等形式主动向校内和社会公开信息的情况及相关统计数据）；

（三）依申请公开和不予公开情况（主要反映学校受理、答复师生和公众信息公开申请的情况以及依申请公开的收费、减免情况及相关统计数据）；

（四）对信息公开的评议情况（主要反映本校师生员工和社会公众对学校信息公开工作进行的评价情况）；

（五）因学校信息公开工作遭到举报的情况；

（六）信息公开工作主要经验、存在的问题和改进措施；

（七）其他需要报告的事项。

三、年度报告应重点对本校招生信息和财务信息的公开情况和特色做法进行详细说明。其中，招生信息公开要逐一说明学校招生章程、招生计划，招收保送生、具有自主选拔录取资格考生、高水平运动员、艺术特长生等特殊类型招生办法，分批次、分科类录取人数和录取最低分，招生咨询、监督渠道和违规事件查处等信息的公开情况；财务信息公开要逐一说明高校预算决算、教育收费项目及标准等信息的公开公示情况。

四、年度报告的编制应注重内容的丰富性和条理性，数据资料的真实性和完整性。报告中统计数据的时间为 2012 年 9 月 1 日至 2013 年 8 月 31 日。

五、年度报告应于 10 月 31 日前在学校网站首页或信息公开专栏向社会公布。部属各高校需将报告电子版和加盖学校公章的纸质版报送至教育部备案。其他高校需报学校所在地省级教育行政部门或主管部门备案。

六、各省级教育行政部门负责组织本地高校年度报告工作，对各高校信息公开工作开展督查，并于 11 月 30 日前将上一学年本地高校信息公开工作总体情况报送教育部备案。

七、教育部办公厅将于 11 月初组织开展高校信息公开工作专项督查（具体安排另行通知），并将结果予以通报。

二〇一三年九月二十六日

北京市教育委员会

关于印发《北京市教育委员会空气重污染应急预案（试行）》的通知

京教办〔2013〕24 号

各区县教委，燕山教委：

《北京市空气重污染应急预案（试行）》已经市政府专题会、市委常委会审议通过，并于近日发布实施。按照市委、市政府的工作部署和要求，市教委研究制定了《北京市教育委员会空气重污染应急预案（试行）》（以下简称《应急预案》），现印发给你们，请认真贯彻执行。

做好空气重污染应对工作，事关全市中小学生和幼儿园儿童的身体健康。各区县教委要高度重视，成立应急工作领导小组，落实工作职责；尽快研究制定分预案，指导所属学校、幼儿园做好预案制定工作；督促检查应急工作落实情况，及时反馈有关工作信息；加强宣传动员，确保此项工作的顺利实施。

请各区县教委于 11 月 4 日（星期一）17：00 前将领导小组成员名单及联系方式（手机、办公电话、传真、邮箱）、分预案上报市教委。

二〇一三年十月三十一日

北京市教育委员会空气重污染应急预案（试行）

为应对空气重污染，保护中小学生及幼儿园儿童身体健康，依据《北京市空气重污染应急预案》（试行）有关规定，制定本预案。

一、适用范围

本预案适用于本市辖区内所有中小学校及幼儿园（含中等职业学校、外籍人员子女学校、驻华使馆学校）。

二、预警分级

本市将空气重污染分为四个预警响应级别，由轻到重顺序依次为预警四级（蓝色）、预警三级（黄色）、预警二级（橙色）、预警一级（红色）。

预警一级（红色）为最高级别。

三、应急措施

（一）预警四级（蓝色）

小学、幼儿园减少户外运动。

（二）预警三级（黄色）

小学、幼儿园避免户外运动；中学减少体育课等户外运动。

（三）预警二级（橙色）

小学、幼儿园停止户外运动；中学可以停止室外体育课、早操、课间操、课外体育活动、业余训练；停止校级、区县级、市级组织的体育考试和运动会，并延期举行。

（四）预警一级（红色）

中小学、幼儿园停课，停止露天体育比赛活动。停课期间，中小学、幼儿园应按照“停课不停学”的原则，通过网络、通讯等途径与家长和学生保持联系，提出可参考的合理化学习建议；教师要合理调整教学方式，灵活安排学习内容，指导学生充分利用北京数字学校、北京市中小学数字德育网等网络平台和数字化资源开展自主学习。提示家长对孩子进行在家生活和安全教育。

四、预警发布与解除

市教委空气重污染应急领导小组办公室接收市空气重污染应急专项指挥部预警发布与解除指令后，报领导小组副组长、组长，并按照领导小组要求，通过市教委门户网站、信息安全传输平台、电话传真等方式向区县教委发布与解除预警信息。

区县教委负责组织辖区内中小学、幼儿园（含职业高中、外籍人员子女学校、驻华使馆学校）启动预警响应预案。

五、工作职责

（一）市教委职责

1. 办公室

负责接收市空气重污染应急专项指挥部预警发布与解除指令；负责组织发布与解除预警信息；负责信息报送及有关协调工作。

2. 宣教处

负责与市宣传部门联系，通过公众媒体和教育政务微博发布预警信息。

3. 体育卫生与艺术教育处

负责指导区县、学校、幼儿园制定减少户外活动、停止体育课及比赛活动预警响应预案；负责全市中小学、幼儿园有关户外室外运动、活动、体育课、早操、课间操、业余训练、体育考试和运动会应对安排的预警响应，提出预警信息发布内容，并督查预警响应落实情况；负责协调处理群众和媒体举报事项并收集反馈有关信息。

4. 基础教育一处、基础教育二处

负责指导区县、学校、幼儿园制定停课预警响应预案；负责全市中小学、幼儿园停课应对安排的预警响应，提出预警信息发布内容，并督查预警响应落实情况；负责协调处理群众和媒体举报事项并收集反馈有关信息。

5. 职业教育与成人教育处

负责指导中等专业学校制定预警响应预案；负责中等专业学校预警响应，并督查预警响应落实情况；负责协调处理群众和媒体举报事项并收集反馈有关信息。

6. 国际合作与交流处

负责指导外籍人员子女学校、驻华使馆学校制定预警响应预案；负责督查预警响应落实情况；负责协调处理群众和媒体举报事项并收集反馈有关信息。

（二）区县教委职责

1. 区县教委应根据《北京市教育委员空气重污染应急预案（试行）》制定分预案，指导所属中小学（职业高中）、幼儿园，做好预案制定工作，确保预案的可操作性，并在接到预警指令后组织实施。

2. 区县教委应在预警响应期间督促检查所属中小学（职业高中）、幼儿园预案落实情况，统筹协调停课后课程调整和本级组织的学生体育竞赛、体育考试延期调整等工作，努力降低因天气情况对学生学习和锻炼的影响。

3. 区县教委应在预警响应期间确保主管领导、主责部门负责人 24 小时通讯畅通，并及时收集汇总有关情况上报市教委办公室。

（三）学校（幼儿园）职责

1. 学校（幼儿园）应在区县教委指导下，制定空气重污染应急预案，并在接到预警指令后启动实施。

2. 学校（幼儿园）应根据预警级别减少或停止学生户外运动，组织学生在室内上好体育课或开展体育活动，并通过布置家庭体育作业指导学生开展体育锻炼。

3. 学校（幼儿园）应在停课期间，及时开通校园网、班级博客、校讯通、手机短信平台等相应内容，为家长提供学生在线学习指导，并提示家长控制学生上网时间，做好学生看护，保证学生在家安全。

4. 学校（幼儿园）应在预警响应期间确保领导干部、教师 24 小时通讯畅通，注意了解掌握有关情况并及时上报区县教委。

附件：北京市教育委员会空气重污染应急领导小组名单

附件

北京市教育委员会
空气重污染应急领导小组名单

组　长：郑　萼　市教委副主任
　　　　付志峰　市教委副主任
副组长：李　奕　市教委委员
成　员：王东江　市教委体育卫生与艺术教育处处长
　　　　张凤华　市教委基础教育一处处长
　　　　邵和平　市教委职业教育与成人教育处处长
　　　　邱晓平　市教委国际合作与交流处处长
　　　　王达品　市委教育工委宣教处处长
　　　　武怀海　市教委办公室副主任

领导小组办公室设在市教委办公室。

北京市教育委员会办公室

关于做好北京教育年鉴 2014 卷编纂工作的通知

京教办函〔2013〕69 号

各区县教委、各高等学校、市教委直属单位、机关各处室、有关社会团体：

《北京教育年鉴》（以下简称“年鉴”）是市教委主持编纂的年度性大型资料工具书。为做好 2014 卷年鉴编辑组稿工作，现将有关要求通知如下：

一、年鉴编纂组织工作在市委教育工委、市教委的领导下，由北京教育年鉴编辑部（以下简称“编辑部”）主持。编辑部负责稿件的审定、编辑、出版和总发行，各单位办公室或综合管理部门指派专人负责提供年鉴文字、图片、影像以及年鉴的发行工作，市教委办公室负责协调、检查。

二、2014 卷年鉴编纂工作仍坚持“稳定规模、精选内容、精编文字、规范管理”的原则，突出“全、新、特”的选材标准，全面、客观、真实记录全市各级各类教育改革发展情况。

三、2014 卷年鉴出版形式仍为纸质图书、数据库形式的光盘版和视频资料的光盘版。光盘版与纸质版同时出版。纸质图书的出版规模仍然控制在 150 万字以内。

四、2014 卷年鉴进一步加大随文图片尺寸的调整，各单位、各部门要全面提高报送图片的质量。图片要求为原始版，分辨率在300DPI以上，像素不低于1800×1200，格式为JPEG或者TIFF，图片内容要突出工作场景。

五、控制文字数量、提高文字质量，是本年组稿工作的重点。各单位、各部门要努力将稿件的数量优势转化为质量优势，全面提高稿件质量。

六、进一步提高年鉴条目写作水平，要做到重点突出、资料翔实、层次清晰。条目既要体现先进的教育教学理念，反映某一领域、某一单位的全局情况，又要通过局部细节记载，生动反映改革创新的具体内容。

七、各单位、各部门要以概况、条目、图片、影像资料4种形式报送稿件。上报稿件需经各单位年鉴特约编辑审改，并经领导审核后于2014年3月15日前报送编辑部。

请各单位、各部门严格落实年鉴编纂方案要求，按时完成2014卷年鉴组稿和编纂工作。编写工作中的有关具体问题请及时与编辑部联系。

二〇一三年十二月四日

法制建设

北京市教育委员会文件选编
(2013)

北京市教育委员会

关于印发2013年教育法治工作要点的通知

京教策〔2013〕1号

各区县教委，各高等学校，各直管直属单位，各处室：

为全面推进北京教育系统依法行政、依法治教、依法治校工作，市教委制定了《北京市教育委员会2013年教育法治工作要点》。现印发给你们，请紧密结合工作实际，认真抓好贯彻落实。

二〇一三年五月二十日

北京市教育委员会
2013年教育法治工作要点

2013年教育法治工作的总体要求是：认真贯彻落实党的十八大和市十一次党代会精神，按照国家和本市法治工作的要求和部署，紧密围绕教育中心工作，以服务保障首都教育科学发展为主题，以全面提高教育法治化水平为目标，以宪法和法律为政府工作的根本准则，发挥法律的引导和推动作用，以制度建设、机制健全、工作规范为着力点，全面推进依法行政，大力推进依法治校，深入推进“六五”普法规划的落实，为推动首都教育科学发展、办好人民满意的首都教育提供法治保障。

一、切实加强领导干部和公务员培训学习，提高运用法治思维和法治方式的能力

按照市法宣办关于开展领导干部法制宣传教育活动的整体部署，落实市委教育工委、市教委、市政府教育督导室领导干部学法制度，以“学法用法、依法行政”为主题，制订领导干部年度学法计划，深入学习以宪法为核心的中国特色社会主义法律体系以及教育法律法规，切实提高领导干部运用法治思维和法治方式深化教育领域改革、推动教育科学发展、维护和谐稳定的能力。落实机关公务员依法行政能力轮训计划，组织实施两委一室机关干部依法行政第二期培训班，培训参与率计划达到40%以上。

二、坚持依法科学民主决策，加强规范性文件全过程管理

落实市教委《重大教育行政事项决策制度》和市委教育工委、市教委《重大决策社会稳定风险评估实施细则》要求，认真开展随迁子女接受义务教育后在京参加升学考试实施方案等重大决策的风险评估、合法性审查工作。加强对市教委签署合同、中外合作办学协议、依申请信息公开和信访疑难案件答复等工作的合法性审查。落实《党政机关公文处理工作条例》，严格落实行政规范性文件的相关规定，确保合法性审查率、集体讨论率、按时公布率、按时报备率均达到100%。遵循法制统一原则，做好主体、权限、程序、内容、依据等方面合法性审查，落实权限法定、程序合法等基本要求。及时组织修改、废止与上位法抵触的规范性文件。

三、切实加强教育制度建设，着力提高制度建设质量

积极配合国家教育法律立法工作，组织做好教育法律一揽子修订和职业教育法等征求意见工作。围绕本市教育中长期规划纲要提出“到2020年，建成先进的学习型城市”战略目标的要求，组织开展《北京市终身学习促进条例》立法研究。贯彻落实《国家教育督导条例》，结合北京实际，开展《北京市教育督导条例》立法论证。完善教育立法调研工作协调机制，组织专家开展课题研究，注意征询各方意见，不断提高教育立法质量。完善法律法规草案意见征询工作的处室协作共商机制，做好回复工作，提高建议的合理化水平。

四、做好教育行政审批项目清理，积极促进政府职能转变

按照国务院第六批行政审批清理决定和市行政审批制度改革工作部门联席会议办公室以及教育部的工作要求，落实合法、合理、效能、责任和监督的原则，对接国务院第六批取消和调整的行政审批项目，做好衔接和落实工作，对市教委现有13项行政许可和25项非行政许可项目，逐项开展依据、实体、程序、责任等方面的审核论证和清理工作。进一步规范行政审批行为，推进行政审批标准化管理，完善后续监管机制，提高行政审批效率。

五、依法化解教育矛盾纠纷，不断提高办案能力

健全委内政策法制处与有关处室合议办理案件的工作机制，进一步规范案件办理流程和工作责任，确保办理意见符合法律法规和政策规定，做到“案结事了、定纷止争”，依法纠正相关单位出现的违法和不当行为。认真落实市政府《关于进一步加强本市行政复议工作规范化建设的意见》，切实保证办案所需的接待室等办公场所和工作经费，落实双人办案制度。对涉及人数较多、影响较大、可能影响社会稳定的纠纷，完善突发案件快速反应机制，注重加强与市政府法制办、法院等相关部门沟通，做好案情法理分析和论证研判，充分运用调解、协商等方式和各种社会资源，积极稳妥办理重大敏感涉诉案件。

六、落实行政执法责任制，加强教育行政执法工作

落实《北京市人民政府关于治理无证无照经营行为维护市场经营秩序的意见》要求，加大对民办教育、中外合作办学等领域办学行为的监管力度。根据《北京市教育行政处罚裁量基准适用办法（试行）》和《北京市教育行政处罚裁量基准（试行）》，依法履行行政执法职责，处罚违反法律法规的行为。做好市教委行政执法人员执法资格管理和定期培训，认真落实行政执法案卷评查制度，进一步规范调查取证等执法程序和工作文书。加强与有关部门工作协调，探索推进教育领域“两法衔接”工作。完善行政执法情况报告机制，做好对区县教育行政执法工作指导。

七、大力推进政务公开，提高行政效率和服务水平

贯彻落实《政府信息公开条例》，依法主动公开政务信息，提高公众知晓度和信息透明度。继续加强教育行政机关工作人员政府信息公开全员培训，切实增强政府信息公开意识。加强电子政务建设，进一步丰富市教委网站信息资源，构建便民服务网络平台，方便公众查询和使用教育信息。进一步加强和规范行政综合服务大厅建设，继续办好“96391”教育咨询服务热线，提高行政效率和服务水平。积极推进北京地区高校信息公开工作，组织部分市属高校试运行“北京教育系统信息公开管理平台”，加强对区县教委信息公开工作的指导。

八、加快现代学校制度建设，扎实推进依法治校

按照“依法办学、自主管理、民主监督、社会参与”的要求，贯彻落实教育部《全面推进依法治校实施纲要》，研究制定全面推进依法治校实施意见和中小学依法治校评估指标体系。贯彻落实《高等学校章程制定暂行办法》（教育部31号令）和《北京市属高等学校章程建设工作实施方案》，全面启动市属高校章程建设工作，组织试点高校开展课题研究，率先完成章程制定工作。拟制《北京市属普通高等学校章程核准办法（试行）》，成立章程核准委员会，及时启动市属高校章程核准工作。

九、深入推进“六五”普法规划实施，增强青少年法制教育实效性

分类指导各级学校法制教育工作，推动“法律进校园”、“法律进课堂”，组织高校优秀法治短剧视频作品评选，开展法官、检察官中职学校法制巡回宣讲，编写《中小学模拟法庭教育指导手册》，分区县组织优秀模拟法庭观摩展示现场活动，鼓励有条件的高中校开设法制教育选修课。加强北京青少年法制宣传教育资源网站建设，进一步提升《法治与校园》刊物质量，扩大刊物对学生的影响力。启动全市中小学法制教育优秀教师培养计划，组织法制课骨干教师培训。开展"六五"普法中期检查，推动普法任务全面落实。

十、加强教育法治工作研究与交流，提高法治工作水平

围绕依法行政、依法治校工作中面临的难点、重点问题，组织开展课题研究和实地调研。分专题、分区域组织开展区县、高校的工作交流，提高认识，更新观念，及时推广好的经验和做法。根据法律法规规章制定、修改和废止的最新进展，修订《教育法律读本》。定期编印《教育法治动态》，提供教育法律信息服务。

北京市教育委员会

印发《北京市教育委员会行政复议工作规范化建设实施方案》的通知

京教策〔2013〕3号

各区县教委，北京教育考试院，各处室：

为进一步提升市教委行政复议工作水平，充分发挥行政复议在建设法治政府、维护首都教育和谐稳定中的重要作用，贯彻落实市政府法制办《关于进一步加强本市行政复议工作规范化建设的意见》和《北京市行政复议工作规范化建设考核办法》的有关工作要求，我委研究制定了《北京市教育委员会行政复议工作规范化建设实施方案》。现印发给你们，请认真贯彻落实。

二〇一三年八月二十日

北京市教育委员会
行政复议工作规范化建设实施方案

为切实提升市教委行政复议工作水平，充分发挥行政复议在建设法治政府、维护首都社会和谐稳定中的重要作用，根据《中华人民共和国行政复议法》及其实施条例、市政府法制办《关于进一步加强本市行政复议工作规范化建设的意见》（京政办发〔2012〕52号）和《北京市行政复议工作规范化建设考核办法》（京政法制发〔2013〕5号），现就市教委行政复议工作规范化建设制定以下实施方案：

一、进一步畅通受理渠道，积极受理行政复议案件

（一）规范行政复议案件受理工作。政策研究与法制工作处为市教委行政复议案件的受理部门。行政复议申请人向政策研究与法制工作处以外的其他处室递交行政复议申请的，相关处室应当在收到申请当日将复议申请书转交政策研究与法制工作处。对符合行政复议法及其实施条例规定的受理条件的行政复议申请，应当依法及时受理，并出具受理文书。规范复议申请补正程序，一次性告知申请人需要补正的内容和合理的补正期限。不予受理文书应当载明不予受理的事实、理由和法律依据。

（二）认真落实行政复议权利告知制度。各处室作出行政许可、行政处罚等具体行政行为，应在决定文书中告知公民、法人或者其他组织享有向市政府或教育部申请行政复议的救济权利以及申请期限，并依法送达。

（三）规范接待行为，增强服务意识。完善行政复议接待制度，实行首问责任制，做到依法办事、认真负责、态度诚恳、举止得当。要进一步简化申请手续，最大限度地为当事人申请行政复议创造便利条件。

（四）加强复议机构与信访机构的协调与配合。行政复议机构与信访机构在受理环节及时沟通情况，交流案件受理标准等情况，便于信访机构引导当事人申请行政复议。对信访机构转送的行政复议申请材料，复议机构要依法及时审查。对于向复议机构反映的信访事项，要告知当事人进行信访或者转送信访机构办理。

二、以有效解决行政争议、化解矛盾为目标，依法公正审理案件

（一）规范行政复议答复工作。复议被申请人应当在行政复议答复书中完整、真实表述具体行政行为合法、合理的有关情况，针对申请人陈述的事实、理由和特定诉求，作出解释、说明。应当提交当初作出具体行政行为的全部证据、依据和其他有关材料。严格按照行政复议法的规定在收到答复通知后10日内提交答复。

（二）落实案件审理合议制度。政策研究与法制工作处与案件有关的职能处室对行政复议案件进行审查和合议，以事实为依据、以法律为准绳，既审查实体性问题，也审查程序性问题；既审查具体行政行为的合法性，也审查其适当性。在审查基础上，提出维持、责令履行、撤销、变更、确认违法、责令重新作出具体行政行为等处理意见。

（三）规范和创新行政复议案件审理方式。按照公开、透明、效能的原则，增加听证、实地调查等方式的应用，确保案件事实认定准确客观。建立繁简分流机制，针对案件的复杂程度采取不同的审理方式，提高案件审理效率。积极运用调解、和解等手段，在确保公平正义前提下高效率化解行政争议。

（四）创新审理体制机制。以政府主导、专业保障、社会参与、民主决策为主要内容，深化专家等外部力量参与案件审理的途径，重大、复杂或者专业性较强的案件，可以邀请有关专家、技术人员参与，提升行政复议审理组织的权威性、专业性和公信力。

（五）依法规范行政复议决定。依照法定时限作出行政复议决定。在案件办理过程中，坚决纠正违法或者不适当的具体行政行为，增强行政复议权威性和公信力。增强行政复议决定的说理性，注重以法明理、以理服人。规范行政复议决定文书，依法告知当事人法律救济权利。强化监督，确保行政复议决定的履行。

（六）发挥行政复议对依法行政的促进作用。要及时通过制发行政复议意见书、建议书，纠正被申请人相关违法行政行为和管理中普遍存在的问题，促进行政机关完善有关制度，改进行政执法，提高依法行政水平。督促被申请人及时反馈落实情况，对不按照要求反馈落实情况的，要予以通报，并纳入相关考核。接到上级行政机关的行政复议意见书时，应当认真研究，切实落实行政复议意见书的要求。

三、加强和规范行政复议基础性工作

（一）认真做好行政复议、行政应诉案件的统计分析工作。严格按照国务院法制办、市政府法制办关于做好案件统计工作的要求，认真填写案件统计报表，做好年中年底的行政复议、行政应诉案件统计分析报告，做到统计数据真实、准确和上报及时。

（二）加强行政复议宣传工作。积极利用市教委网站、教育法治动态等平台，宣传行政复议法律及相关知识和典型案例。要注重宣传的针对性和实效性，使人民群众知晓而且愿意选择复议渠道合法表达利益诉求，也为区县教委和北京教育考试院推进依法行政工作、学校推进依法治校工作提供参考。

（三）抓好行政复议培训工作。抓好市教委和区县教委、北京教育考试院工作人员的培训，将行政复议法律知识作为公务员依法行政考试和行政执法人员资格认证考试的重要内容。抓好领导干部的培训，通过培训使领导干部熟悉行政复议法律知识，增强运用法治思维和法治方式解决行政争议的能力。

（四）做好行政复议工作保障。与承担的复议工作任务相适应，落实从事接待、立案审查、案件办理的人员配备，落实双人办案制度。保证办案所需的办公场所，配置必要的办公设备，保障工作经费，行政复议经费列入本行政机关的财政预算，切实保障复议工作需要。

学前教育

北京市教育委员会文件选编

（2013）

北京市教育委员会

关于认定第八批北京市示范幼儿园的通知

京教函〔2013〕361号

各区县教委、燕山教委：

2013年4月至7月，我委组织了第八批北京市示范幼儿园的评审工作。经幼儿园申报、区县教委核准和市教委组织评审等程序，认定东城区大方家民族幼儿园等32所幼儿园为北京市示范幼儿园。

各区县教委要认真总结、推广示范幼儿园的办学经验和特色，发挥其示范作用，促进办园质量不断提高。

附件：第八批北京市示范幼儿园名单

二〇一三年七月十八日

附件

第八批北京市示范幼儿园名单

东城区（2所）

东城区大方家民族幼儿园

东城区崇文回民幼儿园

西城区（3所）

西城区和平门幼儿园

西城区名苑幼儿园

西城区民族团结幼儿园

朝阳区（4所）

朝阳区水碓北里幼儿园

朝阳区福怡苑幼儿园

朝阳区亚运村第二幼儿园

朝阳区九龙幼儿园

海淀区（12所）

北京航空航天大学幼儿园

中国人民解放军海军机关幼儿园

明天幼稚集团第八幼儿园

明天幼稚集团第二幼儿园

明天幼稚集团第七幼儿园

中国石油集团科学技术研究院幼儿园

明天幼稚集团第十幼儿园

明天幼稚集团第五幼儿园

明天幼稚集团第九幼儿园

明天幼稚集团第三幼儿园

明天幼稚集团第四幼儿园

明天幼稚集团第六幼儿园

丰台区（3所）

丰台区方庄第一幼儿园

丰台区嘉园一幼

丰台区第五幼儿园

大兴区（1所）

大兴区第八幼儿园

顺义区（2所）

顺义区怡馨幼儿园

顺义区港馨幼儿园

平谷区（2所）

平谷区第四幼儿园

平谷区第一幼儿园

昌平区（1所）

昌平区回龙观镇幼儿园

密云县（1所）

密云县第四幼儿园

延庆县（1所）

延庆县第一幼儿园

北 京 市 教 育 委 员 会
北 京 市 财 政 局
北京市人力资源和社会保障局
北京市机构编制委员会办公室

关于加强北京市学前教育三年行动计划中村办园建设工程项目的管理指导意见

京教学前〔2013〕3号

各区县教委、财政局、人力社保局、编办：

为贯彻落实国务院《关于当前发展学前教育的若干意见》和《北京市学前教育三年行动计划（2011～2013年）》提出的“保基本、广覆盖”的发展目标，建立和完善县、乡、村三级学前教育服务网络，加快农村及城乡结合部地区学前教育发展，在解决适龄儿童入园需求的同时加强对无证办园的治理，自2012年始，市教委启动了村办幼儿园建设工程并列入政府工作实事。为促进村办幼儿园健康持续发展，现就加强村办幼儿园管理提出如下意见：

一、办园性质

由市、区两级财政支持的新建村办幼儿园（以下简称“新建村办幼儿园”）必须举办为公办性质幼儿园，严禁以各种形式将新建村办幼儿园承包或转租给其他机构、组织或者个人。

新建村办幼儿园的办园形式可根据区域实际举办为以下形式：

（一）新建村办幼儿园纳入教育行政部门管理，形式可作为乡镇中心幼儿园的分园、分址、分部，村级小学附属幼儿园，教育部门办园的分园等。

（二）新建村办幼儿园采取镇办镇管的形式，由新建村办幼儿园所在乡镇统一管理。

二、管理要求

（一）人员管理

教育部门所属的新建村办幼儿园，需由区县机构编制部门按照编制标准核定编制总额，区县教育行政部门在核定的编制总额内，按照生源情况、寄宿方式等，具体分配各园人员编制，并报区县机构编制部门备案。教师可采取公开招聘的方式向社会公开招聘，工资待遇按照现行绩效工资方案执行。没有满编的幼儿园，可在空余编制内面向社会聘用符合条件的临时工作人员，其相应待遇按照国家有关规定执行。

镇办镇管的村办幼儿园，其配备的管理干部和教师参照《北京市托儿所、幼儿园办园（所）条件标准》执行。其工资待遇等由乡镇统筹解决。

（二）经费管理

我市村办幼儿园的管理职责在各区县。按照事权和财权相匹配原则，村办幼儿园经费保障以各区县为主。教育部门所属的村办幼儿园所需经费纳入各区县财政年度预算予以保障；镇办镇管的村办幼儿园，各区县按照现行财政管理体制和预算管理要求，足额保障其运转所需各项费用。市级财政按照《北京市扶持学前教育事业发展经费管理办法》、《关于调整我市基础教育公用经费定额标准的通知》等管理办法给予补助。

村办幼儿园保育教育费按照市发展改革委、市教委、市财政局《关于规范本市幼儿园收费有关问题的通知》（京发改规〔2012〕4号）相关规定收取，收费收入按照市财政局《关于将预算外资金管理的收入纳入预算管理的通知》（京财预〔2010〕2978号）要求进行管理。

（三）业务管理

各区县教委负责对村办幼儿园进行业务指导与管理，指导并督促村办幼儿园在适当时机晋级晋类。

1. 认真贯彻国家教育方针，全面实施《幼儿园工作规程》、《幼儿园教育指导纲要》（试行）和《3～6 岁儿童学习与发展指南》，重视学前教育教研和科研工作。坚持保教并重的原则，以幼儿为本，把幼儿的安全和健康放在首位，尊重幼儿的人格尊严和基本权利，为幼儿提供安全、健康、丰富的生活和活动环境，满足幼儿多方面发展的需要。

2. 按照国家《幼儿园工作规程》的有关规定，做好幼儿入园和编班工作。幼儿园每年秋季招生，平时如有缺额，可随时补招。幼儿入园除进行体格检查外，严禁任何形式的考试或测查。幼儿园班级规模小班不得超过 25 人，中班不得超过 30 人，大班不得超过 35 人，混合班不得超过 30 人。

3. 充分利用农村丰富的环境资源和乡土材料，以游戏为基本活动形式，寓教育于各项活动之中。要积极探索学前教育的新方法，注重幼儿全面发展和个性发展，做好学前教育与小学教育衔接，切实防止学前教育“小学化”倾向。

（四）安全管理

强化幼儿园安全管理，高度重视幼儿园安全保障工作，加强安全设施建设，配备保安人员，健全各项安全管理制度和安全责任制，落实各项措施，严防各类安全事故发生。

三、督导考核

各区县教委要将村办园纳入到政府督导评估工作中，加强督导检查，确保村办园建设又好又快发展。

二〇一三年九月十六日

北京市教育委员会

关于进一步加强北京市学前教育名师工作室建设的意见

京教学前〔2013〕4号

各区县教委：

2007年，我市启动了学前教育名师工作室建设工作，有力地促进了北京市幼儿园高层次人才队伍建设。为适应学前教育的快速发展对高层次人才的迫切需求，现就进一步加强学前教育名师工作室的工作提出如下意见：

一、基本原则

全面贯彻落实国家和北京市中长期教育改革发展规划纲要、《首都中长期人才发展规划纲要（2010～2020年）》和《首都教育人才发展中长期规划纲要（2011～2020年）》，加大北京市幼儿园教师队伍和园长队伍的培养力度，以“研究引领、学术涵养”为培养理念，造就一批师德高尚、思想先进、视野开阔、善于研究、勇于创新，在北京市乃至全国有较高知名度、具有广泛影响力的名教师名园长队伍。

二、任务与目标

（一）名师发展工程

2014年到2020年期间，在2007年名师工作室的基础上，继续扩大名教师的培养规模，力争培养300名左右师德高尚、专业素养较强和发展潜力较大的中青年教师，使其成为掌握国际国内前沿理论，在学科专业、教学改革实践中具有突出的教学和研究能力，能参与国际教育交流，在北京学前教育领域具有较高知名度的教师。

（二）名园长发展工程

2014 年到 2020 年期间，在 2007 年名师工作室的基础上，继续扩大名园长的培养规模，力争培养 100 名左右爱岗敬业、专业素养较强和发展潜力较大的园长，使其成为具有国际视野，掌握系统的园长管理理论，具有先进的办学思想和较高研究能力，在北京学前教育领域具有较高知名度的园长。

通过名师、名园长的培养，逐步使他们成长为本领域的行家里手。

三、培养方式

北京市幼儿园名教师、名园长培养采取依托我市科研院所、知名幼儿园设立名师工作室，为名教师、名园长培养对象配备导师的方式进行，并制定个性化的培养方案，通过理论学习、基地培养、课题研究、教育思想研讨、海外培训、论文撰写等多种方式加强对培养对象的培养。名教师和名园长培养对象的培养周期为 5 年。

四、选拔条件

（一）名教师培养对象选拔条件

1. 热爱教育事业，教书育人，为人师表；事业心强，有奉献精神和较强的开拓创新精神。

2. 有较扎实的教育教学理论功底和较丰富的教育教学经验，人文社科知识比较丰富。

3. 教育教学能力比较强，有研究意识和研究能力，在本学科建设中能发挥重要作用，担任过市或区级骨干教师或者学科带头人。

4. 年龄在 45 岁以下，大学学历（或在读），有 5 年以上工作经历。

5. 身心健康，能坚持正常的教育教学工作。

（二）名园长培养对象选拔条件

1. 热爱教育事业，教书育人，为人师表；事业心强，有奉献精神和较强的开拓创新精神。

2. 有较扎实的教育教学理论功底和较丰富的管理工作经验，人文社科知识比较丰富。

3. 管理能力比较强，具有研究意识和研究能力，担任园长或者副园长职务，或者进入园所领导后备。

4. 一般具有3年以上幼儿园管理工作经验；年龄一般不超过45岁；属于园所领导后备的要有8年幼儿园工作经验。

5. 身心健康，能坚持正常的教育教学管理工作。

五、组织管理

（一）工作室组成人员及职责

工作室由1名主持人，10～15名工作室成员（培养对象）组成，成员数量可根据学科特点有所增加。

主持人一般由具有市级及以上称号的优秀园长、特级教师、学科带头人担任。有丰富的教育教学和管理的理论知识和实践经验，具有较强的研究能力，并能营造良好的研究氛围，带动教师不断成长。身体健康，师德高尚，具有奉献精神。

主持人负责制定年度培养计划，建立工作室成员的成长档案。每月采取网络或者会议等方式同工作室成员进行一次互动，每个季度至少进行一次观摩互动，互动要做到有计划、有记录、有考勤。

（二）工作室实行市、区两级管理

市教委根据全市学前教育发展的需要统筹规划、指导工作室工作，定期检查工作室工作开展情况。

各区县教委学前科具体负责工作室的日常管理。

工作室原则上设在幼儿园，如有特殊情况由所在区县负责协调。

工作室所在幼儿园要积极配合其开展活动，提供必要的场地，并选派1名助手协助主持人工作。

（三）入选对象的培训要求

1. 入选北京市幼儿园名教师、名园长的培养对象要投入充分的时间和精力，确保完成培养任务。

2. 要认真参加培训活动，每年上交1篇工作总结和1篇高质量论文。

3. 年度请假超过3次将取消工作室成员资格。

4. 培养对象的学习时间计入本人继续教育学时。

六、选拔程序

选拔北京市幼儿园名教师、名园长培养对象，采取自下而上、自上而下、上下结合的推荐办法，具体程序是：

（一）各区县教委确定推荐人选，上报市教委学前教育处。

（二）学前教育处组织专家进行综合评议，根据专家综合评议意见，确定培养人选。

七、政策保障

（一）市财政设立北京市学前教育名师工作室专项经费，专项经费由区县在年度内市级拨付的引导资金中统筹安排，纳入引导资金项目管理。

（二）工程给予每名主持人每年3万元的工作补助，指导教师工作补助纳入北京市幼儿园名师专项经费。

（三）工程给予名师工作室每年10～20万元资助经费（根据工作室成员确定经费，15人以下的每年10万元，15人以上的按照人均1万元确定经费），连续资助5年。培养经费将统一划拨到名师工作室所在幼儿园使用，专项经费使用要严格遵守相关财经制度，专款专用。

附件：北京市学前教育名师工作室名单

二〇一三年十月十日

附件

北京市学前教育名师工作室名单

序号	主持人	工作单位	工作室所在地
1	梁雅珠	北京市早期教育研究所	东城区分司厅幼儿园
2	徐明	北京市早期教育研究所	石景山区八角北路幼儿园
3	冯惠燕	北京市第一幼儿园	北京市第一幼儿园（东城区）
4	朱小娟	北京市第五幼儿园	北京市第五幼儿园（东城区）
5	沈心燕	西城区教研室	西城区洁民幼儿园
6	国秀华	北京师范大学实验幼儿园	解放军武警总部机关幼儿园（海淀区）
7	柳茹	北京市北海幼儿园	北京市北海幼儿园（西城区）
8	吴欣萍	宣武区实验幼儿园	宣武区实验幼儿园
9	刘红霞	丰台区教研室	丰台区第六幼儿园
10	刘占兰	中央教科所	朝阳区枣营幼儿园
11	张燕	北京师范大学	延庆县第三幼儿园
12	郝建秋	东城区东华门幼儿园	东城区东华门幼儿园
13	李岩	东城区崇文第二幼儿园	东城区崇文第二幼儿园
14	连玉华	东城区教委学前科	北京市第二幼儿园（东城区）
15	魏糞	东城区学前教育教研室	东城区卫生局一幼
16	李建丽	西城区棉花胡同幼儿园	西城区棉花胡同幼儿园

续表1

序号	主持人	工作单位	工作室所在地
17	陈立	西城区幼教教研室	西城区曙光幼儿园
18	申桂红	西城区槐柏幼儿园	西城区槐柏幼儿园
19	于渊莘	朝阳劲松第一幼儿园	朝阳区劲松第一幼儿园
20	胡华	中华女子学院附属幼儿园	中华女子学院附属幼儿园（朝阳区）
21	刘燕	北京市六一幼儿院	北京市六一幼儿院（海淀区）
22	汪锦生	海淀本真双语幼儿园	海淀本真双语幼儿园
23	卢姗姗	西城区幼教教研室	空直蓝天幼儿园（海淀区）
24	姚兵岳	北京市早期教育研究所	海军机关幼儿园（海淀区）
25	黄姗	北京师范大学实验幼儿园	北京师范大学实验幼儿园（海淀区）
26	赵红梅	北京大学幼教中心	北京大学幼教中心（海淀区）
27	凌桂枝	首都师范大学	丰台区第二幼儿园
28	范惠静	丰台区进修学校学前教研室	丰台区嘉园第一幼儿园
29	马炳霞	石景山区学前教研室	北师大石景山附属幼儿园
30	赵兰香	怀柔区教研中心	怀柔区教研中心
31	王素梅	解放军总后五一幼儿园	门头沟区幼儿园
32	吴晓燕	朝阳区向日葵艺术幼儿园	朝阳区向日葵艺术幼儿园
33	孔震英	丰台区方庄第二幼儿园	丰台区方庄第二幼儿园
34	王建平	首都师范大学	北京幼师西红门幼儿园

续表 2

序号	主持人	工作单位	工作室所在地
35	白玛琳	伊顿国际教育集团	密云县伊顿绿地幼儿园
36	程淮	西城区幸福泉幼儿园	西城区幸福泉幼儿园
37	张澜	红黄蓝教育集团	丰台区红黄蓝紫芳园
38	朱继文	丰台区第一幼儿园	丰台区第一幼儿园
39	姚丽红	蓝天宇峰幼儿园	蓝天宇峰幼儿园（西城区）
40	马春杰	东城区教研中心	东城区教研中心

基础教育

北京市教育委员会文件选编

（2013）

北　京　市　教　育　委　员　会
北　京　市　妇　女　联　合　会
首都社会管理综合治理委员会办公室
共　青　团　北　京　市　委　员　会
北京市关心下一代工作委员会

转发教育部等5部门关于加强义务教育阶段农村留守儿童关爱和教育工作文件的通知

京教基一〔2013〕3号

各区县教委、妇联、综合办、团委、关工委：

现将教育部等5部门《关于加强义务教育阶段农村留守儿童关爱和教育工作的意见》（教基一〔2013〕1号）转发给你们，请结合区域实际，认真贯彻执行。

二〇一三年三月十三日

教育部
中华全国妇女联合会
中央社会管理综合治理委员会办公室
共青团中央
中国关心下一代工作委员会

关于加强义务教育阶段农村留守儿童关爱和教育工作的意见

教基一〔2013〕1号

各省、自治区、直辖市教育厅（教委）、妇联、综治办、团委、关工委，新疆生产建设兵团教育局妇联、综治办、团委、关工委：

为贯彻落实党的十八大精神和《国家中长期教育改革和发展规划纲要（2010～2020年）》、《国务院关于深入推进义务教育均衡发展的意见》、《中国儿童发展纲要（2010～2020年）》，进一步加强义务教育阶段农村留守儿童（以下简称留守儿童）工作，促进广大留守儿童平安健康成长、不断增强其生活幸福感，提出如下意见。

一、高度重视留守儿童工作

近年来，随着我国工业化、城镇化深入发展，进城务工人员不断增多，一些夫妻同时外出务工，把孩子留在家乡，出现了大量留守儿童。党中央、国务院十分关心留守儿童，要求从民族未来、经济发展、社会和谐的高度认真做好留守儿童工作。各地教育部门大力发展农村教育事业，改善农村寄宿制学校办学条件，充分发挥了学校在留守儿童工作中的重要作用。妇联组织发挥自身优势，积极推动出台相关措施，加强关爱服务载体建设，强化家庭教育指导，优化了留守儿童的成长氛围。综治组织创新社会管理，统筹各方力量，为留守儿童创造了成长的良好社会环境。共青团组织实施并长期坚持开展志愿服务行动，促进了留守儿童的品行培养。关工委组织悉心关爱留守儿童成长，注重结对帮扶，为促进留守儿童身心健康做出了贡献。社会各界共同协作，奉献爱心，初步形成了关爱留守儿童的良好社会氛围。但是，由于留守儿童数量多，分布在广大农村，有的与父母长期分离，在亲情关怀、生活照顾、家庭教育和安全保护等方面还面临一些突出问题，必须切实加以解决，进一步做好留守儿童教育和关爱工作。

加强留守儿童工作，是贯彻落实科学发展观的生动体现，是推进城乡协调发展、加强和创新社会管理、构建社会主义和谐社会的重要措施，是解决进城务工人员后顾之忧的有效手段。加强留守儿童工作，给予广大留守儿童多方面的关爱服务，弥补亲情缺失，使其具有阳光心态和健康体魄，促进德智体美全面发展，具有重大现实意义和深远历史意义。各级综治组织、教育部门、妇联组织、共青团组织和关工委组织要进一步增强责任感和紧迫感，在党委、政府的领导下，发挥各自职能、协调相关部门、动员全社会切实把留守儿童工作抓实抓好。

二、明确留守儿童工作的基本原则

政府主导、统筹规划。强化政府主导，把留守儿童工作纳入地方经济社会发展总体规划和社会管理创新体系之中，根据地域环境特征、经济社会状况、留守儿童分布及工作进展情况，统筹规划、分类指导，积极开展探索实践，形成有效的留守儿童关爱服务模式。

家校联动、形成合力。充分发挥学校和家庭在关爱留守儿童成长中的重要作用，共同关注留守儿童在校学习期间和家庭生活中的各方面需求，及时相互沟通，对单亲家庭、特殊困难家庭留守儿童给予更多关爱，形成学校与家庭亲情接力、密切配合、有机联动、合力推进的良好局面。

社会参与、共同关爱。鼓励、动员和组织社会各部门、各界人士参与关爱留守儿童工作，营造全社会共同关爱留守儿童的良好氛围。开展多种形式的关爱活动，建立全社会立体式关爱服务网络，逐步形成长效机制，促进留守儿童健康成长。

三、切实改善留守儿童教育条件

优先满足留守儿童教育基础设施建设。留守儿童集中的地区，要通过科学规划建设农村寄宿制学校，优先满足留守儿童寄宿需求。努力实施好农村义务教育薄弱学校改造计划和初中校舍改造工程，使农村寄宿制学校的教室、宿舍、食堂、厕所、浴室等办学条件得到明显改善，有安全卫生的饮用水，确保每名寄宿生有一个标准床位。提高义务教育阶段农村寄宿制学校公用经费，加快建立农村寄宿制学校经费保障机制。为寄宿制学校配备必要的生活教师。不断健全各项管理制度，提高基础设施的利用水平。

优先改善留守儿童营养状况。集中连片特殊困难地区及其他留守儿童集中地区，在国家组织实施的农村义务教育学生营养改善计划和地方组织实施的营养改善项目中，要建立留守儿童用餐登记台账和营养状况档案，优先保障留守儿童用餐需求，合理安排膳食结构，切实改善留守儿童营养状况。还未实施营养改善计划的地区，要积极创造条件，优先解决好留守儿童在校吃饭问题。

优先保障留守儿童交通需求。留守儿童集中的地区，要充分考虑留守儿童数量和分布状况等因素，合理设置学校或教学点，优先保障留守儿童能够就近走读入学，减少上下学交通风险。对于确实难以保障就近入学的地区，要合理规划公共交通，为留守儿童上下学提供交通条件。对于公共交通难以满足的地区，要创造条件提供校车服务，加强安全管理，保障留守儿童优先乘坐。

四、不断提高留守儿童教育水平

加强留守儿童受教育全程管理。地方教育行政部门和学校在新学期学生报到时，要认真做好留守儿童入学管理工作，全面了解留守儿童学籍变动情况，将保障留守儿童按时入学作为控辍保学工作的重要内容。全面建立留守儿童档案，将父母外出务工情况和监护人变化情况逐一进行登记并及时更新，准确掌握留守儿童信息，为有针对性地开展管理服务工作提供支持。将留守儿童关爱和教育纳入教师培训内容，重点提高班主任照料留守儿童的能力。注重发挥少先队和共青团组织作用，将关爱留守儿童成长纳入各项活动。

加强留守儿童心理健康教育。学校要重视留守儿童心理健康教育，将其作为重要内容纳入教育教学计划。在举办体育、艺术、社会实践等活动时，要引导留守儿童积极参与，缓解其孤独情绪，营造关爱留守儿童的校园氛围。班主任和心理教师要密切关注留守儿童思想动向，主动回应留守儿童心理诉求，不断加强师生情感沟通交流，努力弥补留守儿童家庭温暖的缺失。对学习困难的留守儿童进行有针对性地辅导，激发其学习兴趣，不断提高自主学习能力。在学校工作的各个环节中，要注意方式方法，避免将留守儿童标签化。

加强留守儿童法制安全教育。学校要加强安全教育，组织安全演练，提高防范意识，增强留守儿童自救自护、应急避险能力，预防溺水、煤气中毒、食物中毒等意外事故对留守儿童的伤害。推进保护留守儿童的法制建设。进一步完善和深入贯彻未成年人保护法。开展法制宣传，普及法律知识，增强法制意识，及早发现和纠正个别留守儿童的不良行为，预防留守儿童违法犯罪现象发生。预防和打击侵害留守儿童人身财产权利的违法犯罪行为，保护留守儿童合法权益。加强人防、物防、技防，切实维护学校周边秩序，保障学生人身安全。

加强家校联动组织工作。留守儿童集中的学校和班级组建家长委员会时，要遴选热心留守儿童工作的家长或监护人参加。家长委员会要引导外出务工家长以各种方式关心留守儿童，协助学校加强留守儿童教育，支持、推动学校对学习和生活困难的留守儿童进行特殊帮扶，努力化解留守儿童成长中遇到的困难和烦恼。要发挥家长学校的作用，加强对留守儿童家长、监护人的家庭教育指导服务，增强其做好家庭教育的意识和能力。会同有关部门通过建立家庭责任监督制度、减少父母同时长期务工、督促父母定期回家探望等形式，强化留守儿童父母监护责任，逐步从根本上缓解留守儿童家庭环境缺失问题。

五、逐步构建社会关爱服务机制

支持做好留守儿童家庭教育工作。各级妇联组织、关工委组织要充分发挥在家庭教育指导服务工作中的独特优势，协调有关方面大力宣传家庭教育在留守儿童成长中的重要作用，促进家庭教育、学校教育和社会教育的有机衔接。综治组织、教育部门、共青团组织要协调配合妇联组织和关工委组织面向不同年龄阶段家长、不同类型家庭，围绕留守儿童健康状况监测、生活习惯养成、学习兴趣培养等方面开展富有特色的家庭教育指导服务活动。

支持做好留守儿童社区关爱服务。在留守儿童集中的社区和村组，要充分发挥妇女儿童之家、文化活动站、青少年校外活动中心、乡村少年宫、“七彩小屋”等在关爱留守儿童工作中的重要作用，完善管理制度，促进其规范运行。通过设立留守儿童之家、托管中心等形式，聘请社会工作者和社会公益人士参与，开展经常性的活动。倡导邻里互助，认真选择有意愿、负责任的家庭，采取全托管或半托管的形式照料留守儿童。避免出现个别留守儿童生病无人过问和照看的情况。建立 16 周岁以下学龄留守儿童登记制度，以保证将其纳入教育等基本公共服务体系。

支持做好留守儿童社会关爱活动。鼓励创新工作方式和手段，利用现代信息技术设备和网络通讯手段开展活动，方便外出务工家长和留守儿童的联系。推广“代理家长”模式，广泛动员社会力量，开展行之有效的关爱活动。有条件的地方，要利用寒暑假组织开展冬令营、夏令营等活动，创造机会让留守儿童与父母团聚。教育部门要协助中国下一代教育基金会实施好留守儿童教育帮扶公益项目。妇联组织、共青团组织要主动承担关爱留守儿童的政府公共服务项目，发挥所属基金会的作用。加大妇联组织做好留守儿童关爱服务体系试点工作的力度，探索符合当地实际的留守儿童关爱服务新机制、新模式和新途径。加大共青团关爱农民工子女志愿服务行动实施力度，深化结对机制，加强骨干志愿者队伍建设，加强阵地建设，推进工作常态化，动员更多青年以志愿服务方式关爱留守儿童。

教育部门、妇联组织、综治组织、共青团组织和关工委组织要在党委、政府领导下，进一步明确各部门责任，建立健全工作推进机制，定期开展专项督查，推广典型经验，整改突出问题，不断提升留守儿童关爱服务水平。

二〇一三年一月四日

北京市教育委员会办公室

转发教育部办公厅关于开展义务教育阶段学校“减负万里行”活动文件的通知

京教基一办〔2013〕1号

各区县教委：

现将教育部办公厅《关于开展义务教育阶段学校“减负万里行”活动的通知》（教基一厅〔2013〕13号，以下简称《通知》）转发给你们，结合我市工作实际，提出如下要求，请一并贯彻执行：

一、要组织有关部门认真学习《通知》精神，及时召开专题会议动员部署，将文件内容和要求传达到中小学校。

二、进一步完善减负工作实施方案，健全工作机制和制度，加大考核、检查及奖惩力度，采取切实措施有效减负。

三、要根据《通知》要求，与辖区内义务教育学校签订规范办学行为、落实“减负”要求的责任书，确定任务，明确责任，推动减负增效。

四、总结经验，树立典型，宣传推广，引导辖区内中小学科学减负，积极营造减负氛围，争取家长和社会的支持。

五、根据《通知》要求开展区县及所属各义务教育学校规范办学行为自查，市政府教育督导室和市教委将组织开展专项督导和随机抽查。

六、4月24日前，将《区县规范义务教育学校办学行为自查报告》及《义务教育学校规范办学行为专项督查自查参考表（地市或县级）》加盖公章后分别报送一式1份至市教委基教一处（北京奥运大厦1108房间）。《区县规范义务教育学校办学行为自查报告》电子版请发送至 bjjianfu@163.com。

二〇一三年四月二日

教育部办公厅

关于开展义务教育阶段学校“减负万里行”活动的通知

教基一厅函〔2013〕13号

各省、自治区、直辖市教育厅（教委），新疆生产建设兵团教育局：

为贯彻落实党的十八大精神和教育规划纲要，努力减轻义务教育阶段学生过重课业负担，在继续采取均衡发展九年义务教育、加快招生考试制度改革和加强教师队伍建设等治本之策的同时，根据教育部2013年工作要点，定于2013年3月起，在全国范围内开展以“宣传典型经验、规范办学行为、更新教育观念、营造良好氛围”为主题的义务教育阶段学校“减负万里行”活动。现就该活动的具体内容和工作要求通知如下：

一、开展专项督查，规范办学行为。各省级教育行政部门在2013年4月1日至5月10日期间，从省、地（市）、县（区）、学校等不同层面，组织开展规范义务教育学校办学行为自查工作（自查项目和自查表见附件），并于5月15日前将自查报告报教育部。在各地自查的基础上，教育部将从5月中旬起组成督查组对部分省份进行抽查，抽查情况将以适当方式向社会公布。

二、加强招生管理，规范入学秩序。各地教育行政部门要依法坚持免试就近入学原则，指导学校依法有序做好招生入学工作，科学划定本行政区域内每一所义务教育学校的招生范围并向社会公布，明确招生时间，推进网上招生，主动公开信息，自觉接受社会监督。探索建立区域内小学和初中对口招生制度，提高优质高中招生名额分配到区域内各初中的比例。要加强监管，及时纠正违规行为，严禁义务教育学校举办任何形式的选拔生源考试，严禁将“奥数”及其他变相培训与入学挂钩，严禁将各类竞赛、考级、奖励证书作为入学依据，严禁公办学校举办或参与举办“占坑班”。要设立举报电话或其他举报平台，认真受理举报信息，及时核查，依法依纪严肃追究违规单位和个人的责任，并对查实的问题进行公开曝光。

三、完善培训管理，推动行业自律。各地教育行政部门要会商工商等部门探索加强对各类校外培训机构的监管措施。校外培训机构不得以各类培训成绩与义务教育入学挂钩为名进行虚假宣传，不得举办与入学挂钩的培训班，不得超出批准的业务范围开展学科培训，不得有上新课、赶进度等加重学生学习负担的培训行为。鼓励和提倡更多培训机构加入《中小学生校外培训机构自律公约》，规范培训机构的资质、服务、质量和收费，履行社会责任，开展绿色培训。

四、创新工作方式，推介“身边的好学校”。各地教育行政部门要通过新媒体拓展方式，丰富内容，深入开展“身边的好学校”主题介绍活动。介绍素材要以学生、家长、亲属、教师、校长的亲身经历和感受为主，以客观、生动地反映被宣传学校的鲜明办学特色、办学理念和办学成果，引导家长形成“适合孩子的学校就是最好的学校”的正确观念，理性安排子女就近入学。教育部将通过设在新浪网、腾讯网的官方微博“微言教育”推出专栏对各地报送的“身边的好学校”进行报道，同时也将开展“身边的好学校”微话题及微活动等。

五、探索科学评价，完善考评体系。各地教育行政部门要结合实际，研究制订中小学教育质量综合评价改革方案，组织开展中小学教育质量综合评价改革研究、试点工作，积极探索以完成本学段国家规定教育目标为基本标准、以学业水平测试和学生综合素质等为主要指标的综合评价体系，科学评价中小学教育质量，逐步扭转单纯以考试成绩和升学率评价教育质量的倾向。积极开展中考制度改革，推进综合素质评价，鼓励用等级制呈现中考成绩，扩大优秀初中毕业生保送人数。

六、及时总结经验，全面推广典型。各地教育行政部门要认真做好本行政区域内义务教育学校“减负”经验的收集、整理工作，科学论证、深入挖掘、及时总结先进典型，并采取新闻发布会、采访、专栏、微话题、综述等多种形式，积极开展先进经验的总结交流与推广工作，以点带面，努力把“减负”的各项要求落实到每一所学校。各地要将“减负”的有关规定、解决问题的进展情况予以公告，主动接受学生、家长、社会各界和舆论监督。要协调有关媒体大力宣传“减负”的先进典型和成功经验。对一些“减负”工作不力，甚至加重学生课业负担的地区和学校予以曝光。

七、加强组织领导，务求取得实效。各地教育行政部门要将

“减负万里行”活动作为回应人民群众关切、推动行风建设、维护教育良好形象的大事，精心组织，周密部署，细化措施，切实把“减负万里行”活动各项工作抓紧抓好。各地教育部门要制订对下一级教育部门“减负”工作的考核目标，县级教育部门要与义务教育学校签订规范办学行为落实“减负”要求责任书，建立对本行政区域内所有义务教育学校“减负”工作的考评制度。义务教育学校要将“减负”工作纳入学校日常管理考核，做好对教师的日常考核和学生的综合素质评价。各地在开展“减负万里行”活动期间要坚决贯彻中央转变工作作风的有关规定，深入基层、厉行节约，避免影响正常的教育教学秩序。

附件：义务教育学校规范办学行为专项督查项目及自查参考表（略）

二〇一三年三月十九日

北京市教育委员会

转发教育部关于印发《中小学书法教育指导纲要》的通知

京教基二〔2013〕10号

各区县教委：

现将教育部《关于印发〈中小学书法教育指导纲要〉的通知》（教基二〔2013〕1号）转发给你们，并提出如下要求，请一并贯彻落实。

一、为落实好《纲要》，我委制定了《落实教育部〈中小学书法教育指导纲要〉实施方案》，一并印发。

二、请各区县高度重视，并结合本地区实际制定具体实施办法，鼓励在推进素质教育，继承与弘扬中华民族优秀文化，创新中小学书法教育模式等方面，积极探索，完善机制，不断创新，促进我市中小学书法教育整体水平不断提高。

附件：北京市落实教育部《中小学书法教育指导纲要》实施方案

二〇一三年五月二十日

教育部

关于印发《中小学书法教育指导纲要》的通知

教基二〔2013〕1号

各省、自治区、直辖市教育厅（教委），新疆生产建设兵团教育局：

为贯彻《国家中长期教育改革和发展规划纲要（2010～2020年）》，适应新时期全面实施素质教育的要求，继承与弘扬中华民族优秀文化，我部组织专家研究制定了《中小学书法教育指导纲要》（以下简称《指导纲要》），经教育部基础教育课程教材专家工作委员会审议，现印发给你们，请于2013年春季开始执行。现将有关要求通知如下：

1. 加强书法教育工作的指导和管理。地方各级教育行政部门要按照《教育部关于中小学开展书法教育的意见》（教基二〔2011〕

4 号）和本通知的要求，结合本地实际，制订切实可行的实施方案，力求区域性整体推进书法教育。

2. 加强书法教师队伍建设。要逐步形成以语文教师为主体、专兼职相结合的书法教师队伍。要加强书法教师的培训，组织教师研学《指导纲要》，把握其基本要求，提高教师的书法教育教学专业能力。中小学语文教师应逐步达到能兼教书法。师范院校要重视培养师范生的书法教育能力。

学校要充分发挥本校优秀书法教师的专长，指导和引领学校全体教师提高书写水平，为整体提高学校书法教育教学水平创设条件。要充分发挥书法教育学术团体的作用。学校可以聘请书法家、书法教育工作者、有书法专长的家长等作为兼职指导教师。

3. 提供必需的保障。学校图书馆要为书法教育置备相应的碑帖、挂图、书籍、电子出版物等必需资料。有条件的学校可设置专用书法教室。

4. 各级教研部门要把书法教育纳入教学研究工作的范围。要配备专职或兼职书法教研员，研究中小学书法教育的教学规律和评价方法，及时组织经验交流，指导学校和教师开展书法教学工作。

5. 加强督导评估。书法课开设情况要纳入教育督导的专项内容。教育行政部门不组织、不鼓励学生参加各类书法考级活动。

6. 要对书法教育学生用书进行审查。义务教育 3 至 6 年级《书法练习指导》、普通高中书法选修课教材须经教育部审定通过后使用。义务教育其他年级的书法教育学生用书由省级教育行政部门审定通过后使用。现有未经过审查的学生用书逐步退出使用。

附件：中小学书法教育指导纲要

二〇一三年一月十八日

附件

中小学书法教育指导纲要

汉字和以汉字为载体的中国书法是中华民族的文化瑰宝，是人类文明的宝贵财富。书法教育对培养学生的书写能力、审美能力和文化品质具有重要作用。为推进中小学书法教育，传承中华民族优秀文化，特制定本纲要。

一、基本理念

中小学书法教育以语文课程中识字和写字教学为基本内容，以提高汉字书写能力为基本目标，以书写实践为基本途径，适度融入书法审美和书法文化教育。

1. 面向全体，让每一个学生写好汉字。识字写字，是学生系统接受文化教育的开端，是终身学习的基础。中小学书法教育要让每一个学生达到规范书写汉字的基本要求。

2. 硬笔与毛笔兼修，实用与审美相辅。中小学书法教育包括硬笔书写和毛笔书写教学。书法教育既要重视培养学生汉字书写的实用能力，还要渗透美感教育，发展学生的审美能力。

3. 遵循书写规范，关注个性体验。中小学书法教育要让学生掌握汉字书写的基本规范和基本要求，还要关注学生在书法练习和书法欣赏中的体验、感悟和个性化表现。

4. 加强技能训练，提高文化素养。中小学书法教育要注重基本书写技能的培养，不断提高书写水平。同时在教学活动中适当进行书法文化教育，使学生对汉字和书法的丰富内涵及文化价值有所了解，提高自身的文化素养。

二、目标与内容

（一）书法教育总体目标与内容

1. 学习和掌握硬笔、毛笔书写汉字的基本技法，提高书写能力，养成良好的书写习惯。

2. 感受汉字和书法的魅力，陶冶性情，提高审美能力和文化品位。

3. 激发热爱汉字、学习书法的热情，珍视中华优秀传统文化，增强文化自信与爱国情感。

（二）硬笔学习的目标与内容

1. 掌握执笔要领，书写姿势正确，不急不躁，专心致志。学习正确的运笔方法，逐步体会起笔、行笔、收笔的运笔感觉，逐步感受硬笔书写中的力度、速度变化，逐步体会铅笔、钢笔书写的特点。养成“提笔就是练字时”的习惯。懂得爱惜文具。

2. 小学低年级学习用铅笔写正楷字，掌握汉字的基本笔画、常用的偏旁部首和基本的笔顺规则；会借助习字格把握字的笔画和间架结构，书写力求规范、端正、整洁，初步感受汉字的形体美。小学中年级开始学习使用钢笔，能用钢笔熟练地书写正楷字，做到平正、匀称，力求美观，逐步提高书写速度。小学高年级，运用横线格进行成篇书写练习时，力求行款整齐、美观，有一定速度；有兴趣的学生可以尝试用硬笔学写规范、通行的行楷字。初中阶段，学写规范、通行的行楷字。高中阶段，可以学习用硬笔书写行书，力求美观。

（三）毛笔学习的目标与内容

小学 3～4 年级

1. 掌握毛笔的执笔要领和正确的书写姿势，了解笔、墨、纸、砚等常用书写用具的常识，学会正确使用与护理。注意保持书写环境的整洁。

2. 学习用毛笔临摹楷书字帖，掌握临摹的基本方法。学会楷书基本笔画的写法，初步掌握起笔、行笔、收笔的基本方法。注意利用习字格把握字的笔画和间架结构。

3. 开始接触楷书经典碑帖，获得初步的感性认识。尝试集字练习。

小学 5～6 年级

1. 继续用毛笔写楷书。比较熟练地掌握毛笔运笔方法，能体会提按、力度、节奏等变化。借助习字格，较好地把握笔画之间、部件之间的位置关系，逐步做到笔画规范，结构匀称，端正美观。保持正确的书写姿势和良好的书写习惯。

2. 尝试临摹楷书经典碑帖，体会其书写特点，逐步提高临摹能力。在临摹或其他书写活动中，养成先动脑再动手的习惯。

3. 学习欣赏书法作品。了解条幅、斗方、楹联等常见的书法作品幅式。留意书法在社会生活中的应用。通过欣赏经典碑帖，初识篆、隶、草、楷、行五种字体，了解字体的大致演变过程，初步感受不同字体的美。

4. 有初步的书法应用意识，喜欢在学习和生活中运用自己的书写技能。

初中阶段

1. 继续用毛笔临摹楷书经典碑帖，力求准确。有兴趣的学生可以尝试学习隶书、行书等其他字体，了解篆刻常识。

2. 了解一些最具代表性的书家和作品。学习从笔画、结构、章法以及内涵等方面欣赏书法作品，初步感受书法之美，尝试与他人交流欣赏的心得体会。

3. 愿意在班级、学校、社区活动及家庭生活中积极运用自己的书写技能。

高中阶段

1. 巩固提高义务教育阶段书法学习成果，继续用毛笔临摹经典碑帖。

2. 结合语文、历史、美术、艺术等相关学科的学习，认识中国书法的丰富内涵和文化价值，提升文化修养。

3. 可以通过书法选修课深入学习，发展特长；可尝试书法作品的创作。

三、实施建议与要求

（一）教学建议与要求

1. 合理安排书法教育的教学时间。义务教育阶段书法教育以语文课为主，也可在其他学科课程、地方和校本课程中进行。其中，小学 3～6 年级每周安排 1 课时用于毛笔字学习。普通高中可开设书法选修课。

2. 注重培养学生的书法基本功。临摹是书法学习的基本方式，临摹过程包括读帖、摹帖、临写、比对、调整等阶段。在临写的初始阶段，要充分发挥习字格在读帖和临写过程中的重要作用，引导学生观察范字的笔画、部件位置和比例关系。在临摹的过程中，养成读帖的习惯，形成“意在笔先”的意识。学生用毛笔临摹楷书经典碑帖，力求准确。部分书写水平较高的学生可尝试较准确的背临。

3. 重视养成良好的书写习惯和态度。在书法教学过程中，尤其是学习的初始阶段，教师要对学生的书写态度、书写姿势、书写用具的使用和保持书写环境整洁进行指导，严格要求。

4. 遵循书法学习循序渐进的规律。小学生初学书写首先学用铅笔，随着年龄增长，逐步学习使用钢笔和毛笔。书法教学要以书写笔画为起点，一般应从结构简单的字到结构复杂的字，从单字练习到篇章练习，从观察例字、描红、仿影、临帖到独立书写。教师要科学、合理、系统地安排教学进程，使学生逐步掌握基本技法，不断提高书写能力。硬笔书写教学要贯穿中小学书法教育的全过程。

5. 强化书写实践。要通过课堂练习、书写作业和各学科书面作业等多种方式保证学生的书写实践活动。各学科教师要注重对学生书写实践的指导，对日常作业要有明确的书写要求。努力把练字与应用有机结合起来，避免加重学生课业负担。

6. 明确书法教学中文字的使用要求。按照《中华人民共和国国家通用语言文字法》有关规定，硬笔教学应使用规范汉字，毛笔临帖要以经典碑帖为范本。

7. 发挥教师的示范作用。各科教师都要在板书、作业批改和日常书写中发挥表率作用，成为学生认真书写的榜样。

8. 倡导多样化的教学方式方法。书法教学可采用书写实践、作业展示、欣赏评价、讨论交流等形式，激发学生学习兴趣，提高教学效率。鼓励学校、教师、学生通过互联网获取丰富的书法教育资源，加强交流，构建开放的网络书法教学平台，充分利用现代信息技术进行生动活泼的书法教学。

9. 重视课内外结合。要引导学生在生活中学书法、用书法，积极开展书法教育实践活动。通过社团活动、兴趣小组、专题讲座、比赛展览、艺术节、文化节等多种形式，创设书法学习环境和氛围。充分利用少年宫、美术馆、博物馆、名胜古迹等资源，拓展书法学习空间。有条件的地区、学校还可开展校际、地区以及国际书法教育交流活动。鼓励学生在学习、生活中应用书法学习成果，发展实践能力。

（二）评价建议

1. 评价目的。中小学书法教育评价要发挥评价的发展性功能，旨在激励学生学习书法的兴趣，养成良好的书写习惯，提高书写水平和审美情趣。

2. 评价重点。小学低、中年级的书写评价，要重视对基本笔画、结构的正确把握；关注认真的书写态度和良好书写习惯的养成。小学高年级还要关注书写的美观与流利。中学要关注书写练习的坚持和书写水平的持续提高。

3. 评价方式与方法。中小学书法教育评价应结合教学需要，灵活采用多种评价方法，可以采用圈点法、批注法、示范法以及作业分析法，也可以采用展示激励、反思总结以及建立成长记录袋等方法。评价过程中要综合采用自评、他评、互评等方式。提倡在各学科考试中设置卷面分。

中小学书法教育不举行专门的考试，不开展书法等级考试。

（三）教学用书编写建议

1. 中小学书法教学用书包括学生用《书法练习指导》和教师用《书法教学指导》。教学用书的编写应该依照《义务教育语文课程标准（2011 年版）》、高中语文、美术、艺术等相关课程标准和本纲要的有关要求，循序渐进地安排教学内容，设计教学活动，落实教学目标；要体现书法教育的基础性、实践性、阶段性和规范性。

2. 义务教育阶段《书法练习指导》应符合学生的身心发展特点，以书写练习为主体，编入精要的书写技法指导的内容，适当融入书法审美和书法文化的内容。容量适当，难易适度，注意激发学生的学习兴趣，提高学习效率。

小学低年级《书法练习指导》的编写，要参照《义务教育语文课程标准（2011 年版）》附录 4 “基本字表”，参考同学期语文教科书的识字、写字内容，以硬笔书写的范例和书写练习为主体，适当编入精要的书写姿势和书写习惯的指导内容。

小学中、高年级《书法练习指导》的编写，以硬笔楷书、行楷和毛笔楷书为主体，重视书写练习，适当编入精要的书写姿势、书写习惯、书写技法的指导内容，适当融入书法审美和书法文化的内容。

初中《书法练习指导》的编写，以硬笔行楷字书写练习和毛笔楷书经典碑帖临摹为主体，适当编入精要的书写技法指导内容，适当融入书法审美和书法文化的内容。

高中阶段可以按照相关课程标准要求编写书法选修教材。

3. 教师用《书法教学指导》可分学段编写，在教学内容、教学方法、书法文化和书法欣赏等方面为书法教师提供典范资料和方法指导。

附录：1. 汉字笔画名称

2. 汉字笔顺基本规则

3. 临摹范本推荐

4. 欣赏作品推荐

附录 1

汉字笔画名称

笔画	名　称	例字	笔画	名　称	例字
丶	点	六	𠄌	竖提	民
一	横	十	乛	横钩	农
丨	竖	中	𠃍	横折	口
丿	撇	八	𠃌	横折钩	月
㇏	捺	人	㇇	横撇	水
㇀	提	虫	𡿨	撇折	去
亅	竖钩	小	㇛	撇点	好
㇁	弯钩	子	㇈	横折弯钩	九
㇂	斜钩	我	𠃊	竖折	山
㇃	卧钩	心	㇉	竖折折钩	马
㇄	竖弯	四	㇅	横折折撇	边
乚	竖弯钩	儿	㇌	横撇弯钩	那
㇊	横折提	话	㇡	横折折折钩	奶
㇍	横折弯	船	㇋	竖折撇	专

附录 2

汉字笔顺基本规则

为了方便、流畅地书写汉字，根据汉字结构特征、常用书写工具、书写姿势、书写时的肢体动作及书写笔程，人们从历代书写经验中总结归纳出了汉字笔顺基本规则。该基本规则适用于绝大部分汉字的书写，有少数汉字的书写笔顺不尽一致，教师可以灵活把握。行书、草书的书写笔顺变化较多，但也有规律可循，教学中需结合经典碑帖予以指导。

规则	例字	笔顺
先横后竖	十	一 十
	下	一 丁 下
先撇后捺	八	ノ 八
	天	チ 天
从上到下	三	一 二 三
	尖	⺌ 尖
从左到右	地	土 地
	你	亻 你
从外到内	月	⺆ 月
	向	冂 向
先里头后封口	日	冂 冃 日
	国	冂 国 国
先中间后两边	小	亅 亅 小
	水	亅 刁 水

附录3

临摹范本推荐

临摹经典碑帖是毛笔学习的重要内容和基本途径。据历代书法教育的经验，推荐下列临摹范本，供教师、学生从中选择使用。教师也可以结合教学实际，自行推荐其他经典碑帖作为临摹范本。

（一）楷书

欧阳询《化度寺碑》《九成宫醴泉铭》

褚遂良《雁塔圣教序》《大字阴符经》（传）

颜真卿《多宝塔碑》《颜勤礼碑》

柳公权《玄秘塔碑》《神策军碑》

赵孟頫《三门记》《妙严寺记》

（二）行书

王羲之《兰亭序》（“神龙本”）

颜真卿《祭侄文稿》

苏轼《黄州寒食诗帖》

赵孟頫《洛神赋》

（三）隶书

《乙瑛碑》

《礼器碑》

《史晨碑》

《曹全碑》

附录 4

欣赏作品推荐

为便于教师指导学生初识篆、隶、草、楷、行五种字体，了解字体的大致演变过程，了解最具代表性的书家和作品，学习欣赏书法，特推荐下列作品，供教师根据教学需要选用。教师也可以根据教学实际自行推荐其他优秀作品。附录 3 推荐的临摹范本也属欣赏作品。

《泰山刻石》
皇象《急就章》
《石门颂》
《西狭颂》
《张迁碑》
钟繇《宣示表》
陆机《平复帖》
王羲之《得示帖》
王献之《中秋帖》
王珣《伯远帖》
《张猛龙碑》
智永《真草千字文》
《等慈寺碑》
孙过庭《书谱》
《灵飞经》
张旭《古诗四帖》（传）
怀素《自叙帖》
黄庭坚《松风阁》
米芾《蜀素帖》
赵孟頫《道德经》
王铎作品
吴昌硕作品
于右任作品
鲁迅作品
沈尹默作品
郭沫若作品
毛泽东作品
林散之作品
沙孟海作品
启功作品

附件

北京市落实教育部《中小学书法教育指导纲要》实施方案

为落实好教育部《中小学书法教育指导纲要》（以下简称《纲要》），在总结我市贯彻教育部《关于中小学开展书法教育的意见》（教基二〔2011〕4 号）基础上，结合实际，特制定《北京市落实教育部〈中小学书法教育指导纲要〉实施方案》。

一、进一步提高对书法教育重要性的认识

书法是中华民族文化瑰宝，准确地书写和运用汉字是现代中国公民必备的基本素质，是基础教育的重要内容。开展书法教育对于提高中小学生书写技能，提高审美情趣和艺术欣赏能力具有重要作用；对于弘扬中华民族优秀传统文化，培养学生爱国情怀、艺术修养，促进全面发展具有积极意义。开展好书法教育是教育行政部门、中小学校和教师的共同责任。各区县教育行政部门和中小学校要认真学习领会贯彻《纲要》精神，全面提升我市书法教育整体水平。

二、切实加强书法课程建设

（一）基本原则

面向全体，激发热情；软硬（笔）兼修，书写规范；陶冶情操，提高品位。

（二）主要内容

中小学书法教育以语文课程中识字和写字教学为基本内容，以提高汉字书写能力为基本目标，以学习并掌握硬笔、软笔书写技法为落脚点，培养中小学生的良好书写习惯，提高审美能力和文化品位，增强文化自信与爱国情感。有关具体标准见《纲要》。

（三）课程安排

按照《北京市实施教育部〈义务教育课程设置实验方案〉的课程计划（试行）》（京教基〔2004〕13号）和市教委办公室《转发教育部关于中小学开展书法教育意见的通知》（京教基二办〔2011〕1号）要求，本市九年义务教育阶段书法课按小学、初中两个阶段在地方和校本课时中安排。其中用于毛笔字学习的课时要求为："六三制"学校，小学3～6年级每周安排1课时；"五四制"学校，小学3、4年级每周安排1课时，小学5年级每周安排2课时；初中1年级每周安排1课时。义务教育阶段其他年级书法教育以语文课为主，也可在其他学科课程、地方和校本课程中进行。普通高中可开设书法选修课。硬笔书法教学贯穿于中小学书法教育的全过程。

三、不断加强书法教师队伍建设

（一）加强书法教育师资培养

市属师范院校要注重培养师范生的书法教育能力，通过开设书法教育公共必修课等方式，加强对师范生钢笔字、毛笔字、粉笔字的教学，引导师范生学习书法文化知识，提高书法鉴赏能力。

（二）加强书法教师培训

要逐步形成以语文教师为主体、专兼职相结合的书法教师队伍。可以聘请书法家、书法教育工作者、有书法专长的家长等作为兼职书法指导教师。要充分发挥书法教育学术团体的作用。市、区县教育行政部门和学校要通过多种途径指导全体教师提高书写水平，加强书法教师培训，认真研学《纲要》，把握基本要素，提高教师的书法教育教学专业能力。中小学语文教师应逐步达到能兼教书法。

四、积极完善书法教育保障机制

（一）提供必要保障

各区县应规范选用纳入北京市普通中小学教学用书目录的书法教材。各区县要因地制宜，在有条件的学校设置专用书法教室。学校图书馆要为书法教育配备相应的碑帖、挂图、书籍、电子出版物等必需的教学辅助资料。

（二）加强教研指导

市、区县教研部门要把书法教育纳入教学研究工作的范围，配备专职或兼职书法教研员，加强对中小学书法教育教学规律与方法、考核与评价等方面的研究，组织教学交流，指导学校和教师开展书法教学工作。

（三）创设外部环境

学校要充分利用少年宫、美术馆、博物馆、名胜古迹等资源，拓展书法学习空间；要充分借助书法教育学术团体力量，帮助培训教师等。鼓励区县、学校组织书法社团、兴趣小组、专题讲座、比赛展览、艺术节、文化节等多种形式的书法活动，创设书法学习的良好环境和氛围。有条件的区县、学校还可开展校际、地区以及国际书法教育交流活动。

（四）形成教育合力

各学科教师都要注重对学生书写实践的指导，对日常作业要有明确的书写要求。各学科教师都要在板书、作业批改和日常书写中发挥表率作用，成为学生认真书写的榜样。要引导学生在生活中学书法、用书法，积极开展书法教育实践活动，努力把练字与应用有机结合。

（五）强化督促检查

书法课开设情况纳入市、区县教育督导的专项内容。教育行政部门不得组织、鼓励学生参加各类书法考级活动，坚决避免加重学生课业负担。

各区县教委按照此方案结合辖区的实际情况制定具体实施方案。进一步明确责任，认真规划，完善措施，加强管理，不断提高书法教育工作整体水平。

本方案自 2013 年秋季开始执行。

北京市教育委员会
北京市人民政府教育督导室

关于评选北京市小学规范化建设工程先进集体和先进个人的通知

京教基一〔2013〕6号

各区县教委、区县政府教育督导室：

在市委、市政府的领导和市、区县、学校及各有关部门的通力合作下，本市2007年启动的小学规范化建设工程顺利完成。为进一步总结经验、树立典型，激励全市小学持续发展，市教委、市政府教育督导室决定联合开展北京市小学规范化建设工程先进集体和北京市小学规范化建设工程先进个人评选活动。现将有关事项通知如下：

一、评选范围及名额分配

（一）评选范围

1. 北京市小学规范化建设工程先进集体评选范围是区县教研、科研、培训、条件技术保障等事业单位及全市小学。

2. 北京市小学规范化建设工程先进个人评选范围是区县教育行政管理人员、教育督导人员、教研科研人员、条件技术保障人员、校长及教师等。

（二）名额分配

北京市小学规范化建设工程先进集体和个人名额根据各区县所

属小学数量以及区县小学教师人数，按比例分配给各区县（详见附件1）。

二、评选条件

（一）先进集体

1. 全面实施素质教育，自觉把小学规范化建设工程作为重要任务来抓。工作目标明确，思路清晰，有切实可行的措施，小学规范化建设工程的任务与职责得到有效落实。

2. 小学规范化建设工程工作有特色，形成了符合实际需要、切实可行的制度，促进管理的规范化、制度化，得到社会广泛认可。

3. 坚持内涵发展，积极推进三级课程建设，大力推动教育教学改革，两支队伍建设成效明显，教育质量显著提升，努力促进学生全面健康发展和教育科学发展。

4. 在区域内积极发挥辐射带动作用，在区域内有一定影响力，所积累的经验在区县或全市具有示范作用。

（二）先进个人

1. 积极投身小学规范化建设工程，高质量完成所承担的小学规范化建设任务，高标准履行工作职责，取得突出成绩。

2. 品德高尚、业务素质强，积极探索管理创新，积极开展教育教学改革，取得显著成果。工作过程中目标明确、思路清晰，工作有新思路、新举措、新经验，在区县或全市有一定影响。

3. 在工程实施中做出积极贡献，工作受到社会各方面的广泛好评，事迹突出，获得过区县以上表彰，具有典型示范作用。

三、评选程序

（一）区县推荐。各区县教委、政府教育督导室根据评选条件和分配名额，组织学校和有关单位进行申报和推荐，统筹考虑辖区内名额分配，充分听取各方面的意见后，确定本区县先进集体和先进个人的推荐名单。

（二）市级审核。市教委、市政府教育督导室组织有关部门及专家对各区县先进集体和先进个人推荐名单进行初审。

（三）领导审定。评审领导小组审定先进集体和先进个人推荐名单，最终确定先进集体和先进个人名单。

四、组织领导

市教委、市政府教育督导室成立北京市小学规范化建设工程先进集体和先进个人评选领导小组，领导小组办公室设在市教委基础教育一处，具体负责本次评选工作的实施。

五、报送材料要求

（一）各区县教委应组织推荐的先进集体和个人认真填写《北京市小学规范化建设工程先进集体申报表》及《北京市小学规范化建设工程先进个人申报表》，并签署区县教委意见。

（二）各区县教委应以区县为单位统一报送先进集体及先进个人申报表，并填写《北京市小学规范化建设工程先进集体推荐名单》以及《北京市小学规范化建设工程先进个人推荐名单》一同报送，所有表格均需加盖公章。

（三）各区县教委应于6月9日前将申报表及推荐名单一式1份报送至市教委基教一处。

六、工作要求

（一）高度重视，加强领导。各区县要把评选推荐工作作为小学规范化建设工程总结的一项重要任务，指定专人负责，组织有关部门认真研究，落实到位。

（二）精心组织，广泛宣传。各区县要把推荐评选先进作为广泛调研、树立典型、推广学习先进、深入总结经验的过程，要通过多种形式征求多方意见。

（三）坚持原则，严格程序。各区县要认真学习市教委、市政府教育督导室《关于实施小学规范化建设工程的意见》（京教基〔2007〕38号）及评选活动相关文件，严格按要求开展评选活动；评选工作要坚持实事求是、激励为主的原则，严格按评选程序、条件做好组织、推荐及统筹工作，切实评选出小学规范化建设工程中的先进集体、个人典型，发挥典型、先进的榜样作用。

附件：1. 北京市小学规范化建设工程先进集体、先进个人推荐名额分配表

2. 北京市小学规范化建设工程先进集体申报表（略）

3. 北京市小学规范化建设工程先进个人申报表（略）

4. 北京市小学规范化建设工程先进集体推荐名单（略）

5. 北京市小学规范化建设工程先进个人推荐名单（略）

二〇一三年五月二十四日

附件 1

北京市小学规范化建设工程先进集体、先进个人推荐名额分配表

区域	先进集体数量	先进个人数量
东城区	6	22
西城区	7	23
朝阳区	13	37
丰台区	9	24
石景山区	3	9
海淀区	11	37
房山区	10	17
燕山	1	3
通州区	8	19

续表

区域	先进集体数量	先进个人数量
顺义区	4	15
昌平区	10	18
大兴区	9	18
门头沟区	4	8
怀柔区	3	10
平谷区	4	13
密云县	4	11
延庆县	3	8
总计	109	292

北 京 市 教 育 委 员 会
北京市民族事务委员会

关于命名北京市民族团结教育示范学校的通知

京教基二〔2013〕11号

各区县教委、民委（民宗办）：

为深入贯彻国家和北京市中长期教育改革和发展规划纲要、

《国务院关于深化改革加快发展民族教育的决定》和《学校民族团结教育指导纲要（试行）》精神，总结、宣传本市民族团结教育典型经验，促进中小学民族团结教育工作的深入开展，进一步提高首都民族教育总体水平，根据市教委、市民委《关于开展北京市民族团结教育示范学校评选工作的通知》（京教函〔2011〕760 号）和市教委办公室、市民委办公室《关于开展北京市民族团结教育示范学校检查评估工作的通知》（京教办函〔2012〕71 号），经北京市民族团结教育示范学校评选活动考评工作小组评审，市教委和市民委决定命名东城区和平里第一小学等 22 所学校为“北京市民族团结教育示范学校”。

希望受表彰的学校以十八大精神为指导，全面贯彻党的教育方针和民族政策，解放思想，开拓创新，在民族团结教育工作中再创佳绩，切实发挥示范、辐射作用，进一步推动本市民族团结教育工作的深入开展。

各区县教委和民委（民宗办）要全面深入总结、推广民族团结教育示范学校的经验，大力推进民族团结教育工作的深入开展，切实做好民族教育工作，促进首都民族教育事业持续、健康、协调发展，为建设中国特色世界城市做出应有贡献。

附件：北京市民族团结教育示范学校名单

二〇一三年六月二十七日

附件

北京市民族团结教育示范学校名单

东城区和平里第一小学　　北京市第十五中学

北京市第六十五中学　　北京市第三十五中学

北京市民族学校
北京市第八十中学
北京市和平街第一中学
海淀区中关村第三小学
海淀区双榆树中心小学
北京农业大学附属中学
丰台区第五小学
北京市第九中学
门头沟区大峪第二小学
房山区窦店民族小学
通州区张家湾镇中心小学
通州区于家务中学
北京市顺义牛栏山第一中学
昌平区第二中学
大兴区黄村镇狼各庄民族小学
北京师范大学大兴附属中学
首都师范大学附属红螺寺中学
密云县檀营满族蒙古族小学

北京市教育委员会

关于进一步加强北京市中小学班主任校本培训工作的意见

京教基一〔2013〕10号

各区县教委：

根据教育部《中小学班主任工作规定》、《全国中小学班主任培训计划》和市教委《北京市中小学班主任工作管理规程》的要求，结合本市中小学班主任工作实际，为进一步推进中小学班主任校本培训工作，提高校本培训的科学性、针对性和实效性，促进班主任专业发展，现提出如下意见。

一、指导思想

以班主任校本培训规范化、制度化、系统化为目标，以解决班主任工作中的实际问题为突破口，充分利用校内外资源，紧密结合学校实际，为促进班主任专业发展、提升班主任育人能力、展示班主任工作成果提供支持和服务。搭建平台，创造机会，让班主任在促进学生全面发展的过程中体验教育价值，享受教育的幸福感。

二、工作目标

建立和健全中小学班主任校本培训制度，构建有利于班主任校本培训开展的保障机制。引导班主任树立现代教育理念和自主发展意识，不断提高班主任的教育、研究、实践和创新能力，为建立一支师德高尚、结构合理、业务精良、充满活力的中小学班主任队伍奠定基础。

三、基本原则

（一）统筹规划。中小学校长应充分发挥第一责任人的作用，将班主任校本培训纳入教师继续教育整体规划之中，结合实际，制定切实可行的校本培训计划并负责组织实施。

（二）因校制宜。各中小学校应立足本校实际，灵活选择校本培训的时间、内容和方式，着力提高校本培训的针对性和实效性。

（三）以需定训。建立班主任校本培训需求调研制度，以班主任的实际需求为立足点，增强班主任在校本培训中的参与意识，激发班主任自主发展的动力。

（四）自主创新。充分发挥各中小学校的主动性和积极性，不断完善培训内容，创新培训方式、方法和手段，拓展培训途径。

四、培训对象及学时要求

（一）培训对象

培训对象为中小学现任班主任、副班主任和新入职的青年教师，其他任课教师可自愿参加。

（二）学时要求

将班主任校本培训纳入教师校本培训计划。原则上每月至少进行1次，每次不少于1小时。各中小学校可灵活安排，每学年累计培训时间不少于10小时。

五、培训内容和方式

（一）培训内容

中小学班主任校本培训应把提高班主任的师德修养、政治修养和班主任的班级管理能力、自主发展能力、反思研究能力、创新实践能力等作为校本培训的重要内容。

（二）培训方式

通过行动研究、经验分享和反思实践，积极探索讲座对话、问题（案例）研讨、实践观摩、课题研究、网络研修、活动拓展及自学反思等培训方式。

六、保障机制

（一）组织保障。各区县应成立由主管主任任组长，中小教科、人事、财务、督导和培训部门参与的班主任校本培训工作领导小组，并指定日常工作分管部门，负责本区县校本培训工作的宏观指导和监督管理，为班主任校本培训的实施和推进提供政策支持和业务支撑。

（二）制度保障。各区县应将班主任校本培训工作纳入学校考核评估体系，建立校本培训工作经验和成果展示交流制度。将班主任参加校本培训的情况与继续教育学分挂钩，参加班主任校本培训的教师在5年内累积40学时，可获得不少于2学分。

（三）经费保障。各中小学校应为班主任校本培训提供必需的经费保障。班主任校本培训专项经费不低于教师校本培训经费总额的三分之一，主要用于专业学习、考察活动、资料购买等。

（四）师资保障。各区县、各中小学校应做好班主任校本培训师资队伍建设，建立专家资源库、优秀班主任工作室、资源共享平台，为班主任校本培训提供师资保障。

（五）督促指导。各区县中小教科和相关教师培训部门应定期到学校了解校本培训的开展情况，帮助学校解决校本培训中存在的问题，督促、指导中小学校落实校本培训计划，提高校本培训的质量和效益。

二〇一三年八月二十一日

北京市教育委员会办公室

关于在我市中小学开展学校文化建设示范校创建活动的通知

京教基一办〔2013〕3号

各区县教委：

为落实《北京市“十二五”时期教育改革和发展规划》关于“加强校园文化建设，评选500所中小学校园文化建设示范校”的要求，市教委决定在全市中小学中开展学校文化建设示范校创建活动。现将有关事项通知如下：

一、高度重视

中小学学校文化建设是社会主义先进文化建设与发展的重要组成部分，是建设社会主义和谐社会的重要内容，也是学校内涵发展的重要环节。学校文化建设示范校创建活动有利于将社会主义核心价值体系融入教育教学全过程，为学生健康成长创设良好氛围；有利于推动学校文化的传承与发展，提升学校办学品质，带动和辐射学校周边社区文化建设。

各区县要切实提高对学校文化建设重要性的认识，广泛动员各中小学积极参与，明确学校文化示范校创建活动的重点。区县教委要对学校创建活动给以分类指导，给予必要的经费支持。

二、以建促改

各区县要做好区域内学校文化建设示范校创建工作的整体规划，引导学校对照创建标准查找学校文化建设过程中存在的问题和薄弱环节，并制定出有针对性的改进措施，切实推动学校文化建设持续发展。

三、推广经验

在创建活动中，要认真总结、梳理和提炼已有的好做法、好经验，通过多种形式加以推广，充分发挥示范校的辐射作用，推动学校文化建设整体发展和水平的提高。

四、严格推荐

市教委计划在2013年至2015年培育和推出500所中小学学校文化建设示范校，2013年计划推出100所。

各学校要根据北京市中小学学校文化建设示范校验收标准进行自评，根据自评结果向所在区县教委自荐。各区县要对自荐学校进行初审，并在推荐名额内择优向市教委推荐名单。各区县教委于11月10日前将推荐相关材料的文本及电子版（申报书电子版以学校名称命名）统一报送市教委。市教委将适时组织验收。

附件：1. 北京市中小学学校文化建设示范校验收标准

2. 各区县2013年推荐名额

3. 北京市中小学学校文化建设示范校申报书（略）

二〇一三年十月十日

附件 1

北京市中小学学校文化建设示范校验收标准

一级指标	二级指标	三级指标	评价等级				
学校文化建设的认识和思路	准确性	1. 对学校文化建设内涵和意义有比较准确和深刻的理解；	5	4	3	2	1
	整体性	2. 将学校文化建设纳入学校整体工作中加以规划与实施；	5	4	3	2	1
	融合性	3. 学校文化建设与学校各项具体工作密切结合；	5	4	3	2	1
	可行性	4. 学校文化建设工作思路清晰、可操作性强；	5	4	3	2	1
	共识性	5. 学校文化建设工作得到广大师生赞同和支持；	5	4	3	2	1
学校的观念文化建设	核心价值观	6. 学校核心价值观能够体现素质教育的理念；	5	4	3	2	1
	办学目标	7. 学校的办学定位和目标清晰，体现学校特色；	5	4	3	2	1
	育人目标	8. 立德树人，将社会主义核心价值体系教育贯穿到学校教育教学活动的方方面面；	5	4	3	2	1
		9. 促进学生全面、和谐与多样发展，突出社会责任感、创新精神、实践能力等核心素质以及珍惜生命、爱护环境、勤俭节约、自由、民主、公平、公正等价值品质的培养；	5	4	3	2	1
	校训精神	10. 学校的校训精神得到系统阐释，为广大师生广泛认同和践行；	5	4	3	2	1

续表1

一级指标	二级指标	三级指标	评价等级				
学校的制度文化建设	依法办学	11. 依法办学，依法治校，认真执行党和国家的教育方针政策；	5	4	3	2	1
	校长负责	12. 实行校长负责制，完善校务会议制度，决策科学民主；	5	4	3	2	1
	民主监督	13. 建立健全教职工代表大会制度与学代会或少代会制度，维护师生员工对于学校事务的知情权、参与权和监督权；	5	4	3	2	1
	家长参与	14. 建立健全家长教师协会制度，发挥家长对于学校教育的积极作用；	5	4	3	2	1
	社区合作	15. 学校与社区、企事业单位、大学等机构建立良好的合作关系；	5	4	3	2	1
学校的活动文化建设	管理活动	16. 学校各级各类管理以人为本、公平公正、注重绩效、追求卓越；	5	4	3	2	1
	课程与教学	17. 以学生的全面、和谐和多样发展为导向，基于国家课程标准建立科学、合理与灵活的课程体系；	5	4	3	2	1
		18. 尊重每一个孩子的学习权利，课堂教学面向全体，因材施教；	5	4	3	2	1
		19. 应用多种评价标准、工具或手段，对学生的学习和发展进行全方面综合评价；	5	4	3	2	1

续表 2

一级指标	二级指标	三级指标	评价等级				
	教师发展	20. 师德建设常抓不懈，注重实效；	5	4	3	2	1
		21. 为每一位教师的专业成长提供支持性的环境与条件保障；	5	4	3	2	1
		22. 关心教师，及时帮助解决他们生活和工作中遇到的困难和问题；	5	4	3	2	1
	学生发展	23. 尊重和平等对待每个学生，对家庭和学业困难的学生给以特殊关爱；	5	4	3	2	1
		24. 指导和支持学生开展丰富多彩的团队、学生会及社团活动；	5	4	3	2	1
		25 切实减轻学生过重课业负担，开展丰富多彩的社会实践和志愿者活动；	5	4	3	2	1
	师生关系	26. 尊师爱生，有良好的教风、学风和校风；	5	4	3	2	1
学校的环境文化建设	自然环境	27. 校园自然环境整洁、美丽、宜人；	5	4	3	2	1
	工作环境	28. 学校办公和教学环境安全、健康、有品位；	5	4	3	2	1
	环境利用	29. 学校环境区划和布置优先满足教师工作和学生发展需求；	5	4	3	2	1
学校的历史文化建设	历史文化	30. 注重历史文化建设，继承和弘扬学校的优良传统；	5	4	3	2	1
学校文化建设的特色	文化特色	31. 学校文化建设在以上若干方面具有较为鲜明的特色和优势。	5	4	3	2	1

附件 2

各区县 2013 年推荐名额

区县	推荐名额	区县	推荐名额
东城区	6	顺义区	4
西城区	7	昌平区	8
朝阳区	12	大兴区	7
海淀区	11	平谷区	4
丰台区	7	怀柔区	3
石景山区	3	密云县	4
门头沟区	3	延庆县	3
房山区	9	燕山地区	2
通州区	7	**合计**	**100**

北京市教育委员会

关于进一步提升小学教育品质的意见

京教基一〔2013〕11 号

各区县教委：

通过实施小学规范化建设工程，我市小学教育整体办学水平得到明显提高，小学教育进入了新的发展阶段。为贯彻落实中央对“两基”工作的总体要求，促进小学教育内涵发展和质量提升，按照市委市政府的工作部署和北京市中长期教育规划纲要的阶段任务，现就下一阶段进一步提升我市小学教育品质提出以下意见：

一、深化认识，准确把握小学教育面临形势

（一）必须高度重视小学入学生源持续增长的态势。“十二五”、“十三五”期间正处于小学入学生源的高峰期，预计在较长时期内，小学入学适龄儿童增长的趋势和小学在校学生总数增长的趋势将会持续。生源持续波峰的到来给北京市小学的承载能力带来巨大的压力和挑战。面临生源急剧增长的新形势，小学教育如何在保障量的同时实现质的持续提升，将成为未来发展面临的紧迫任务。

（二）必须加快推进基本教育公共服务均等化。基本教育公共服务均等化是教育改革和发展的时代要求，建立相应的标准体系是推进基本公共教育服务均等化的前提和基础。小学教育作为基本教育公共服务体系的重要组成部分，必然也要建立和完善相应的小学教育服务标准体系。在实现办学条件基本达标后，要加快探索建立小学教育质量标准、校长和教师专业标准以及学生综合素质评价标准等体系。

（三）必须积极回应人民群众对优质小学教育的需求。未来一个时期，人民群众对“上好学”的需求更加迫切，现有优质教育资源相对不足，与人民群众日益增长的需求之间的矛盾将更加突出。在保障“有学上”的基础上，如何实现小学高品质发展、丰富小学教育发展形态、增加小学教育多样化供给等问题成为新时期小学教育发展的重要课题。

二、明确思路，科学谋划小学教育整体发展

小学教育是义务教育的重要组成部分，在国民教育体系中处于基础性地位，无论是学习年限、学生规模、学校数量还是教师总量都是基础教育的主体和重中之重，是为学生今后继续学习、全面发展、幸福生活奠基的重要阶段。这个阶段学科门类较少，课程综合性强，教育活动丰富，为全面实施素质教育提供了广阔的时空。因此，发展好小学教育，对基础教育乃至整个国民教育的科学发展都有着十分重要的意义。

今后一个时期，全市小学教育结合中小学建设、德育工作、体育工作、融合教育等四个行动计划的实施，从小学教育的基础性、儿童性和发展性特点出发，围绕全面实施素质教育的战略主题，把握小学教育品质提升的工作主线，按照“育人为本、尊重规律、转变方式、提升品质”的工作要求，更加突出公平、优质、特色、和谐的工作导向，着力推动自主学生培养、卓越教师发展、魅力学校建设和品质教育提升，促进小学教育科学发展，创造适合学生的教育，努力办好每一所学校，让每一个学生都健康快乐成长。

三、突出重点，着力提升小学教育办学品质

今后，推进小学教育品质提升，将重点从公共服务保障、育人质量提升、文化品质培育、和谐生态建设等四个方面加大工作力度。

（一）强化公共服务保障。重点推进标准化建设、强化供给保障、创新供给方式。研究制定义务教育公共服务标准，推动办学条件、教育质量、综合评价的标准化，构建与完善基本公共教育服务体系。整体提高小学教育的保障水平和服务水平，进一步满足小学入学高峰带来的教育增量需求，提高对随迁子女平等接受小学教育的保障能力。以数字学校为重点积极推动数字化教育资源应用，丰富供给方式，优化供给结构，多种方式促进优质教育更大范围共享。

（二）注重育人质量提升。重点推进学生自主发展、多彩课程构建、智慧课堂实施和卓越教师建设。转变教育发展方式和育人模式，建立减负长效工作机制，切实提高育人质量。着重培养学生良好习惯，引导学生自主发展，更加关注体质健康，全面提升综合素质。探索实施多彩课程，提高小学课程的多元性、适应性、综合性与选择性。推进智慧课堂实践，着力提升学生的学习能力和教师的实践智慧。加强骨干教师梯队建设，加大名优教师和领军人物的培养力度，造就智慧型、专业化的卓越教师团队。加强校长队伍建设，发挥优秀校长的示范和带动作用，整体提高校长队伍的领导力和专业素质。

（三）着力文化品质培育。重点推进校章制定、学校文化和魅力学校建设。深入推进小学校章制定与实施，完善学校管理，逐步建立起现代学校制度。大力推动学校文化建设，倡导文化育人、文化立校，积极培育学校文化特色，推出一批学校文化建设示范校。以“课程深受学生好评、教师深受学生爱戴、学校深受学生喜欢”为基本标准，引导学校争创“魅力学校”，提升首都小学教育的影响力、认同度和竞争力。

（四）推动和谐生态建设。重点推进可持续发展教育、家校社协同、中小幼衔接，构建教育发展良好生态。积极推进可持续发展教育，引导学生树立可持续发展所需要的价值观、行为习惯与生活方式，推动首都基础教育的可持续发展。建设小学发展的良好教育生态，纵向上加强不同学段的课程统筹与教育融通，促进各学段有序衔接与系统培养；横向上通过学校、家庭和社区资源整合与互动，形成教育的良性循环与优势互补。加大教育理念、政策和成果的宣传，提高公众对教育的认知度和满意度，积极营造有利于少年儿童健康成长的支持性环境。

四、采取措施，积极保障各项工作取得实效

（一）加强领导，落实责任。各区县要围绕小学教育品质提升的总要求、总思路、总目标，结合区域工作实际和发展需求，制定区县实施方案，进一步细化工作目标和具体任务，明确主管领导和责任部门。

（二）优化投入，注重绩效。各区县要根据小学教育发展需求，在加大教育总体投入的情况下，不断优化投入结构，注重绩效管理，引导学校把经费更多用于校本教研科研、学校文化建设、教师专业发展等学校软实力的提高以及广大师生直接受益受惠的工作上。

（三）科研引领，加快发展。各区县要充分发挥科研的引领和支撑作用，加强区县科研、教研机构和队伍建设，密切与在京高校、科研机构的合作关系，通过实施一批重大区域研究项目推进教育改革和发展，带动小学教育的内涵发展和质量提升。

（四）过程监控，优化管理。各区县要加强项目实施过程中的监测和跟踪，对阶段任务和重点项目进展情况、相关政策落实情况开展督导，强化过程管理，提高管理效益。

二〇一三年十月十六日

北京市教育委员会

关于做好小学初中学段衔接工作的意见

京教基一〔2013〕13 号

各区县教委，燕山教委：

为深化基础教育领域综合改革，坚持育人为本，适应教育规律和学生身心发展规律，推进小学、初中有机衔接，加强义务教育阶段人才培养的系统性、整体性和协同性，全面提升育人水平，促进义务教育优质均衡发展，现就做好北京市小学初中学段衔接工作（以下简称“中小衔接”）提出以下意见。

一、明确方向，充分认识中小衔接工作的重要意义

（一）是落实国家和北京市中长期教育改革和发展规划纲要的必然要求。深化基础教育改革，要树立系统培养观念，着眼于构建终身教育体系，系统设计义务教育学段学生培养目标、内容和形式。落实“德育为先、能力为重、全面发展、面向人人”的教育战略部署，促进学生健康成长。

（二）是推进义务教育优质均衡发展，提供适合每个学生教育的有效途径。中小衔接工作着眼于教育过程公平，倡导学校面向全体，关注差异，因材施教，既关注学生的学业进步，更关注学生综合素质，特别是身体、心理健康素质的发展。

（三）是深化课程与教材改革，有效落实课程标准的重要体现。课程标准着眼于未来社会对人才培养的要求，提出国民素质在各学科或领域中的具体要求。学校要着眼于学生持续发展、终身学习，把握本学段育人目标，担当教育责任与使命，为高一级学校教育培养合格人才。

（四）是坚持育人为本，促进学生自主发展的现实需求。要充分尊重学生发展主体地位，以激发学生主动发展意愿、提升学生主动适应能力、服务学生主动发展需求为出发点，加强学生学习和生活指导，引导学生主动适应不同学段的学习要求，并给予学生及时适当的发展支持，促进学生身心和谐，实现自主发展。

二、突出重点，准确把握中小衔接工作的关键环节

（一）学校环境认知。重点是帮助学生尽快熟悉新的校园自然与人文环境，包括校园布局、设施设备、历史文化、规章制度，以及校长、教师、同学等社交群体。小学应有意识地加强小学生对初中的了解和认识，通过宣传册、网站、中小学互访或协同活动等多种形式为小学生提供感知初中学校的机会。初中学校应制定新生指导手册，帮助学生尽快融入学校。设计主题活动增进新生与教师、学长以及新生之间的情感交流，建立良好的人际环境。

（二）课程学习适应。重点是帮助学生养成良好的学习习惯，培养学习兴趣，提高学生的自主学习能力。市、区教研部门应对学科知识与能力的系统化培养制定出更为细致、科学、可行的实施方案。小学高年级阶段加强学法指导，逐渐培养自主学习习惯。初中学校在学科教学中要更加注重学生学习过程与方法的指导，促进学生学习方式优化，加强思维能力培养，关注学法的比较与选择，使学生在理解学习内容意义的基础上主动选择适合的学习方法。

（三）管理方式融入。重点是帮助学生主动适应初中学校的管理方式，引导学生自主安排好学习生活，提高自我规划、自我管理、自主发展的能力。初中学校要不断完善学生管理制度，做到制度明晰、指导性和操作性强、便于学生了解与执行，使学生对学校的要求心中有数。加强班集体建设和班级管理，引导每个学生、每个班级制定长短结合的发展目标和计划，积极培育班级文化和学生文化。同时，学校充分考虑学生的独立自主需求，为学生自主安排学习活动留有空间。

（四）自我心理调适。重点是帮助学生适应青春期的身心变化，学会情绪管理和心理调节。初中学校应本着全员育人的宗旨，在教育教学过程中更加关注学生所思、所想、所需。通过团体和个体心理辅导引导学生学会心理调适，建立积极心态，减少负面情绪。通过活动、课程以及环境布置等途径指导学生认识自我、悦纳自我、发展自我。充分发挥心理咨询室的功能，为有特殊需求的学生提供有效帮助。区县相关部门要加强对于特殊群体心理诊断与调适的研究与指导。

三、创新方式，积极探索中小衔接工作的有效途径

（一）开发中小衔接的相关课程。丰富小学毕业年级课程与活动体系，确保学生在正式离校之前全程享受充分而有意义的课程供给，为初中学习生活做好心理及知识、能力和学习方法的准备。鼓励初中学校开发具有实践性、指导性、激励性和发展性的初中入学前准备课程与活动，通过系列课程及实践活动使学生了解学校文化与行为规范，增强亲近感、归属感。

（二）加强中小学段的学生交流。在学区内、区域内，通过手拉手、结对子、游学体验等方式加强小学和初中的交流合作。通过互访交流、同伴教育、网络交流、社团活动、兴趣小组等形式推动中小学生的广泛交流，加强小学生对初中学校学习生活的了解。

（三）开展中小衔接的联合教研。积极推动小学、初中的教师开展跨学段交流，加强小学、初中在教研、科研方面的交流，围绕义务教育课程标准就教学目标、教学内容、教学方法等的学段衔接问题开展研究；加强中小学学科教学成果、经验与问题的交流；开展教师培训，引导教师关注学生的系统化培养和持续性发展。

（四）加强初一新生适应性指导。初中学校应重视新生基础调研与分析，建立初一学生个人基础档案，加强教学起点研究和适应性指导研究。丰富学生校园文化生活，根据学生需求开设选修课程，大力发展学生社团，为学生提供个性化发展的时空。针对初中阶段学生心理发展特点，探索初中学生自我管理新机制。

四、积极探索，建立健全中小衔接工作的长效机制

（一）加强市、区县各部门统筹协调。在推进国家教育体制改革试点项目、深化基础教育领域综合改革中，建立统筹协调机制，协调行政、教研、科研和学校等单位和部门，统筹做好中小衔接工作，确立牵头单位和部门，明确工作职责，保障工作落实。

（二）加强中小衔接工作的管理与服务。制定区域中小衔接工作规划和计划，将其纳入年度工作重点，研究确定本区域和学校工作重点，结合区域实际和学校特点确定具体内容和目标要求。广泛调动学校主动性、积极性和创造性，同时，充分发挥教师家长协会、家长委员会等组织的积极作用，加强家校协同的指导与服务，为学校做好中小衔接工作创造环境、搭建平台、提供支持。

（三）积极总结推广学区化管理和九年一贯制学校的办学经验。研究借鉴九年一贯制学校在中小衔接方面的经验、成果，积极推进九年一贯制学校建设。加强学区化管理，探索办学体制、机制创新，整合、融通学区内现有小学与初中优质教育资源，探索有利于中小有效衔接、学生系统培养的办学体制、机制，促进义务教育的协调、科学、持续发展。

（四）推进中小衔接工作的交流、展示和宣传。各区县要细化任务目标，责任到人，抓好工作落实，加强督导评估，并及时发现中小衔接工作的先进经验和典型案例，搭建研讨交流平台，组织推进性总结、交流和展示等活动，加强宣传推广，营造学生健康快乐成长的支持性环境和氛围。

二〇一三年十二月三十一日

高等教育

北京市教育委员会文件选编

（2013）

北京市教育委员会

关于公布2013年度本市新增及撤销普通高等职业教育专业名单的通知

京教高〔2013〕4号

各有关高等职业学院：

依据有关规定，经北京市高等学校专业设置评议委员会评议并报教育部备案，现将2013年度新增普通高等职业教育专业名单及依申请撤销普通高等职业教育专业名单予以公布。

新设专业原则上应该有2年的试办期，试办期间年招生规模控制在60人以内。各有关学校要采取有效措施，切实加强对新增专业的建设和管理，及时总结专业建设的经验，积极推进专业教学改革，不断提高人才培养质量。市教委将组织专家对试办专业进行检查验收。

附件：2013年度新增及依申请撤销普通高等职业教育专业名单

二〇一三年三月四日

附件

2013年度新增及依申请撤销普通高等职业教育专业名单

一、新增普通高等职业教育专业名单

序号	学校名称	专业代码	专业名称	修业年限
1	北京财贸职业学院	640101	旅游管理	3
2	北京财贸职业学院	590129	物联网应用技术	3
3	北京农业职业学院	610302	食品营养与检测	3
4	北京农业职业学院	640107	会展策划与管理	3
5	北京信息职业技术学院	620105	金融与证券	3
6	北京政法职业学院	650302	老年服务与管理	3
7	北京政法职业学院	660114	文化事业管理	3
8	北京青年政治学院	660101	汉语	3
9	北京京北职业技术学院	670317	舞台影视技术	3
10	北京京北职业技术学院	620203	会计	3
11	北京交通职业技术学院	580201	机电一体化技术	3
12	北京现代职业技术学院	580403	汽车电子技术	3
13	北京现代职业技术学院	580202	电气自动化技术	3
14	北京现代职业技术学院	520605	报关与国际货运	3
15	北京交通运输职业学院	520303	城市轨道交通工程技术	3
16	北京交通运输职业学院	520107	公路监理	3
17	北京交通运输职业学院	600303	安全技术管理	3

续表

序号	学校名称	专业代码	专业名称	修业年限
18	北京北大方正软件职业技术学院	630201	护理	3
19	北京北大方正软件职业技术学院	550301	发电厂及电力系统	3
20	北京北大方正软件职业技术学院	640101	旅游管理	3
21	北京吉利大学	560301	建筑工程技术	3
22	北京吉利大学	650302	老年服务与管理	3
23	北京经贸职业学院	620106	金融保险	3
24	北京经济技术职业学院	660109	旅游英语	3
25	北京经济技术职业学院	640101	旅游管理	3
26	北京科技经营管理学院	590302	移动通信技术	3
27	北京科技经营管理学院	650204	人力资源管理	3
28	北京培黎职业学院	590222	数字媒体技术	3
29	北京培黎职业学院	580405	汽车技术服务与营销	3
30	首钢工学院	640101	旅游管理	3
31	首钢工学院	580108	焊接技术及自动化	3
32	首钢工学院	670104	电脑艺术设计	3

二、依申请撤销普通高等职业教育专业名单

序号	学校名称	专业代码	专业名称	修业年限
1	北京农业职业学院	550106	建筑装饰材料及检测	3
2	北京农业职业学院	620302	经济信息管理	3
3	北京信息职业技术学院	590103	计算机多媒体技术	3
4	北京交通运输职业学院	520113	公路工程管理	3

北京市教育委员会

转发教育部关于公布2012年度普通高等学校本科专业设置备案或审批结果文件的通知

京教高〔2013〕3号

各市属高等学校：

现将教育部《关于公布2012年度普通高等学校本科专业设置备案或审批结果的通知》（教高〔2013〕4号）转发给你们，希望有关学校切实加强新增专业建设和管理，确保教育教学质量。

二〇一三年四月十八日

教育部

关于公布2012年度普通高等学校本科专业设置备案或审批结果的通知

教高〔2013〕4号

各省、自治区、直辖市教育厅（教委），新疆生产建设兵团教育局，有关部门（单位）教育司（局），部属各高等学校：

根据《国务院对确需保留的行政审批项目设定行政许可的决定》（国务院令第 412 号）和《普通高等学校本科专业目录（2012年）》、《普通高等学校本科专业设置管理规定》等文件精神，以及教育部学科发展与专业设置专家委员会的评议意见，经研究，现将 2012 年度普通高等学校本科专业设置备案或审批结果予以公布。

本次公布的 2610 个经教育部备案的专业（见附件 1），以及 53 个经教育部审批同意设置的国家控制布点的专业（见附件 2）和 7 个经教育部审批同意设置的新专业（见附件 3），可自 2013 年开始招生（注明需考察的专业除外），需考察的 4 个医学类专业，待考察合格后方可安排招生。其专业名称、专业代码、修业年限、学位授予门类等均以公布的内容为准。258 个经教育部审批不同意设置的专业（见附件 4），不得安排招生。

望各部门（学校）充分利用高校现有的办学条件，加强新增本科专业建设，合理控制招生规模，切实保证人才培养质量。

附件：1. 2012 年度经教育部备案的普通高等学校本科专业名单（北京）

2. 2012 年度经教育部审批同意设置的国家控制布点的普通高等学校本科专业名单（北京）

3. 2012 年度经教育部审批同意设置的普通高等学校本科新专业名单（北京）

4. 2012 年度经教育部审批不同意设置的普通高等学校本科专业名单（北京）

二〇一三年三月二十八日

附件 1

2012 年度经教育部备案的普通高等学校本科专业名单（北京）

学校名称	专业代码	专业名称	修业年限	学位授予门类	备注
北京理工大学	050205	西班牙语	四年	文学	
北京理工大学	082101	武器系统与工程	四年	工学	
中央民族大学	050261	翻译	四年	文学	
中央民族大学	130406T	中国画	四年	艺术学	
中国人民大学	020104T	资源与环境经济学	四年	经济学	
中国人民大学	050304	传播学	四年	文学	
中国人民大学	060103	考古学	四年	历史学	
中国人民大学	080902	软件工程	四年	工学	
中国人民大学	120211T	劳动关系	四年	管理学	
中国人民大学	120503	信息资源管理	四年	管理学	
北京交通大学	080102	工程力学	四年	工学	
北京交通大学	082802	城乡规划	五年	工学	
北京化工大学	050103	汉语国际教育	四年	文学	
北京中医药大学	100701	药学	四年	理学	
北京中医药大学	100805T	中药制药	四年	理学	
北京师范大学	130501	艺术设计学	四年	艺术学	
北京外国语大学	050211	梵语巴利语	四年	文学	
北京外国语大学	050240	普什图语	四年	文学	

续表 1

学校名称	专业代码	专业名称	修业年限	学位授予门类	备注
北京语言大学	050202	俄语	四年	文学	
中央财经大学	020402	贸易经济	四年	经济学	
中央财经大学	070102	信息与计算科学	四年	理学	
中央财经大学	120205	国际商务	四年	管理学	
中央财经大学	120208	资产评估	四年	管理学	
中央财经大学	120405	城市管理	四年	管理学	
中央财经大学	130405T	书法学	四年	艺术学	
对外经济贸易大学	020102	经济统计学	四年	经济学	
对外经济贸易大学	020202	税收学	四年	经济学	
对外经济贸易大学	020307T	经济与金融	四年	经济学	
对外经济贸易大学	050208	波斯语	四年	文学	
中央美术学院	082803	风景园林	五年	工学	
中央美术学院	130101	艺术史论	四年	艺术学	
中央美术学院	130506	公共艺术	四年	艺术学	
中央美术学院	130508	数字媒体艺术	四年	艺术学	
华北电力大学	080204	机械电子工程	四年	工学	
华北电力大学	080206	过程装备与控制工程	四年	工学	
华北电力大学	080905	物联网工程	四年	工学	
华北电力大学	082202	辐射防护与核安全	四年	工学	
北京体育大学	050303	广告学	四年	文学	
北京体育大学	130204	舞蹈表演	四年	艺术学	

续表 2

学校名称	专业代码	专业名称	修业年限	学位授予门类	备注
北方工业大学	080301	测控技术与仪器	四年	工学	
北方工业大学	080401	材料科学与工程	四年	工学	
北方工业大学	080906	数字媒体技术	四年	工学	
北京服装学院	050262	商务英语	四年	文学	
北京服装学院	050304	传播学	四年	文学	
北京服装学院	130403	雕塑	四年	艺术学	
北京服装学院	130506	公共艺术	四年	艺术学	
北京印刷学院	050301	新闻学	四年	文学	
北京印刷学院	050307T	数字出版	四年	文学	
北京印刷学院	120601	物流管理	四年	管理学	
北京建筑工程学院	082803	风景园林	五年	工学	
北京石油化工学院	082901	安全工程	四年	工学	
北京石油化工学院	120601	物流管理	四年	管理学	
北京农学院	020304	投资学	四年	经济学	
北京农学院	090105	种子科学与工程	四年	农学	
首都师范大学	050102	汉语言	四年	文学	
首都师范大学	130508	数字媒体艺术	四年	艺术学	
首都体育学院	040206T	运动康复	四年	理学	
首都体育学院	120212T	体育经济与管理	四年	管理学	
北京工商大学	080905	物联网工程	四年	工学	
北京物资学院	080905	物联网工程	四年	工学	
北京物资学院	120211T	劳动关系	四年	管理学	

续表 3

学校名称	专业代码	专业名称	修业年限	学位授予门类	备注
北京电影学院	120210	文化产业管理	四年	艺术学	
北京电影学院	130303	电影学	四年	艺术学	
北京信息科技大学	050306T	网络与新媒体	四年	文学	
北京信息科技大学	080204	机械电子工程	四年	工学	
北京信息科技大学	080905	物联网工程	四年	工学	
北京联合大学	050306T	网络与新媒体	四年	文学	
北京联合大学	080906	数字媒体技术	四年	工学	
北京联合大学	130508	数字媒体艺术	四年	艺术学	
北京城市学院	040106	学前教育	四年	教育学	
北京城市学院	082702	食品质量与安全	四年	工学	
北京城市学院	082801	建筑学	四年	工学	
北京城市学院	100701	药学	四年	理学	
北京工商大学嘉华学院※	020302	金融工程	四年	经济学	
北京工商大学嘉华学院※	020304	投资学	四年	经济学	
北京工商大学嘉华学院※	120205	国际商务	四年	管理学	
北京工商大学嘉华学院※	120207	审计学	四年	管理学	
北京工商大学嘉华学院※	120210	文化产业管理	四年	艺术学	
北京邮电大学世纪学院※	050304	传播学	四年	文学	
北京邮电大学世纪学院※	080204	机械电子工程	四年	工学	

续表 4

学校名称	专业代码	专业名称	修业年限	学位授予门类	备注
北京邮电大学世纪学院※	080905	物联网工程	四年	工学	
北京工业大学耿丹学院※	082702	食品质量与安全	四年	工学	
北京第二外国语学院中瑞酒店管理学院※	130503	环境设计	四年	艺术学	

注： 专业代码加有“T”者表示特设专业；
专业代码加有“K”者表示国家控制布点专业；
专业代码加有“H”者表示中外合作办学专业；
学校名称加有“※”者为经教育部批准和确认的独立学院。

附件 2

2012 年度经教育部审批同意设置的国家控制布点的普通高等学校本科专业名单（北京）

学校名称	专业代码	专业名称	修业年限	学位授予门类	备注
对外经济贸易大学	020201K	财政学	四年	经济学	
北京警察学院	030613TK	涉外警务	四年	法学	
北京警察学院	083103TK	交通管理工程	四年	工学	
中国人民公安大学	083105TK	公安视听技术	四年	工学	

附件 3

2012 年度经教育部审批同意设置的普通高等学校本科新专业名单（北京）

学校名称	专业代码	专业名称	修业年限	学位授予门类	备注
北京外国语大学	050263T	阿姆哈拉语	四年	文学	
北京外国语大学	050264T	吉尔吉斯语	四年	文学	

附件 4

2012 年度经教育部审批不同意设置的普通高等学校本科专业名单（北京）

学校名称	专业代码	专业名称	修业年限	学位授予门类	备注
中国人民公安大学		警察法学	四年	法学	
北京大学		航空科学与技术	四年	工学	
中国人民大学		古典学	四年	文学	
北京交通大学		铁道与城市轨道工程	四年	工学	
北京语言大学	120201K	工商管理	四年	管理学	
中国传媒大学		演艺工程与舞台技术	四年	工学	
中央财经大学		精算学	四年	经济学	

续表

学校名称	专业代码	专业名称	修业年限	学位授予门类	备注
对外经济贸易大学	120406TK	海关管理	四年	管理学	
北京体育大学	100405TK	全球健康学	四年	理学	
北京体育大学		高尔夫产业管理	四年	管理学	
北京警察学院	030610TK	公安情报学	四年	法学	
北京警察学院	030614TK	国内安全保卫	四年	法学	
北京警察学院	083108TK	网络安全与执法	四年	工学	

注： 无专业代码者表示未同意设置的新专业。

北京市教育委员会

关于公布2013年度北京市属高等学校学历继续教育新增设专业的通知

京教高〔2013〕8号

各有关普通高等学校、独立设置成人高等学校：

为进一步深化北京高等学校继续教育教学改革，主动适应北京社会经济发展和产业结构调整对各类人才的需求，不断优化高等学校学历继续教育专业结构，促进继续教育专业建设，保证人才培养质量。根据市教委《关于进一步加强北京成人高等教育和继续教育管理提高教育质量的意见》（京教高〔2008〕23号），按照北京高等学校学历继续教育新增设专业相关规定，在有关学校申报基础上，经北京高等学校学历继续教育专业设置评议委员会评议、我委批准，现将2013年度北京市属高等学校学历继续教育新增设专业予以公布（见附件）。

各高等学校要根据社会需求和专业教学条件，进一步采取措施，把学历继续教育的专业结构调整逐步纳入学校整体专业建设，不断总结专业建设经验，不断加强对学历继续教育新增设专业管理，有计划地加强继续教育教学团队建设和学科带头人培养，制定切实可行有效的教学质量保障监管措施，不断提高学历继续教育的教学质量。

附件：2013年度北京市属高等学校学历继续教育新增设专业

二〇一三年五月二十一日

附件

2013年度北京市属高等学校学历继续教育新增设专业

学校名称	专业序号	专业名称	专业代码	学历层次	学习形式	修业年限
首都师范大学	1	会计学	120203K	专升本	业余	2.5
	2	小学教育	040107	专升本	业余	2.5
北京工商大学	3	人力资源管理	120206	高起本	业余	5
	4	物流管理	120601	专升本	业余	2.5
	5	物流管理	620505	专科	业余	2.5
北京石油化工学院	6	生化制药技术	530301	专科	业余	3

续表 1

学校名称	专业序号	专业名称	专业代码	学历层次	学习形式	修业年限
北京农学院	7	食品加工技术	610301	专科	业余	3
北京联合大学	8	制药工程	081302	专升本	业余	2.5
中国戏曲学院	9	戏剧影视文学	130304	专升本	业余	2.5
	10	法律事务	690104	专科	业余	2.5
北京电影学院	11	影视制作		专科	业余	2.5
	12	表演	130301	高起本	业余	5
北京舞蹈学院	13	表演	130301	高起本	函授	5
	14	公共事业管理	120401	高起本	函授	5
中国音乐学院	15	音乐学	130202	高起本	业余	5
	16	音乐表演	130201	高起本	业余	5
北京财贸职业学院	17	工商企业管理	620501	专科	业余	2.5
北京教育学院	18	英语	050201	高起本	业余	5
	19	汉语国际教育	050103	高起本	业余	5
北京市石景山区业余大学	20	建筑工程管理	560501	高职	业余	2.5
	21	工商企业管理	620501	高职	业余	2.5
北京市朝阳区职工大学	22	餐饮管理与服务	640201	高职	业余	2.5
	23	烹饪工艺与营养	640202	高职	业余	2.5
北京市崇文区职工大学	24	连锁经营管理	620504	专科	业余	2.5
	25	人力资源管理	650204	专科	业余	2.5
北京市东城区职工业余大学	26	酒店管理	640106	高职	脱产/业余	2/2.5
	27	物业管理	560702	高职	脱产/业余	2/2.5

续表 2

学校名称	专业序号	专业名称	专业代码	学历层次	学习形式	修业年限
首都联合职工大学	28	物流管理	620505	高职/专科	脱产/业余	2/2.5
北京医药集团职工大学	29	医药营销	620404	专科	业余	2.5

北京市教育委员会办公室

转发教育部高等教育司关于公布地方所属高校“本科教学工程”大学生校外实践教育基地建设项目文件的通知

京教办函〔2013〕22 号

各有关高等学校：

现将教育部高等教育司《关于公布地方所属高校“本科教学工程”大学生校外实践教育基地建设项目的通知》(教高司函〔2013〕48 号）转发给你们，请按照文件要求，积极进行学校教学改革，完善校企双方共同制定人才培养方案、共同建设课程体系、共同组建教师队伍等教学体系，创新大学生校外实践教育基地教育模式，认真做好大学生校外实践教育基地的建设工作。

二〇一三年六月四日

教育部高等教育司

关于公布地方所属高校“本科教学工程”大学生校外实践教育基地建设项目的通知

教高司函〔2013〕48号

各省、自治区、直辖市教育厅（教委）：

根据《关于做好地方所属高校“本科教学工程”大学生校外实践教育基地建设工作的通知》（教高司函〔2012〕170号）精神，现公布北京工业大学－北京裕兴软件有限公司工程实践教育中心等538个地方所属高校国家级大学生校外实践教育基地（以下简称实践基地）名单（见附件）。

各省级教育行政部门要按照《教育部关于开展“本科教学工程”大学生校外实践教育基地建设工作的通知》（教高司函〔2012〕7号）要求，落实相关政策措施。加强经费保障，按照每个实践基地一般不低于200万元的标准落实省级财政支持，鼓励共建实践基地的地方高校和企事业单位共同投入建设经费。指导推进改革，创新校外实践教育模式，推动校企双方共同制定校外实践教育的教学目标和培养方案、共同建设课程体系和教学内容、共同组织实施培养过程、共同评价培养质量，组建由高校教师和企事业单位的专业技术人员、管理人员共同组成的教师队伍，促进地方高校与科研院所、行业、企业建立联合培养人才的新机制。规范基地管理，建立可持续发展的管理模式和运行机制，督促实践基地建设单位完善教学运行、学生管理、安全保障等规章制度，促进实践基地开放共享。要统筹规划，充分发挥国家级大学生校外实践教育基地的引领示范作用，积极开展省级大学生校外实践教育基地建设工作。

附件：地方所属高校“本科教学工程”大学生校外实践教育基地建设项目名单（北京）

二〇一三年五月七日

附件

地方所属高校“本科教学工程”大学生校外实践教育基地建设项目名单（北京）

序号	基地名称	学科门类
1	北京工业大学—北京裕兴软件有限公司工程实践教育中心	工学
2	北方工业大学—中关村科技园区石景山园工程实践教育中心	工学
3	北京建筑工程学院—中国新兴建设开发总公司工程实践教育中心	工学
4	北京石油化工学院（牵头）、北京工业大学—北京第二机床厂有限公司工程实践教育中心	工学
5	北京工商大学—北京天利海香精香料有限公司工程实践教育中心	工学
6	北京信息科技大学—中国电子科技集团公司第十五研究所工程实践教育中心	工学
7	北京邮电大学世纪学院—北京邮区中心局工程实践教育中心	工学
8	北京工业大学耿丹学院—北京升华电梯有限公司工程实践教育中心	工学

续表

序号	基地名称	学科门类
9	北京联合大学—北京首都旅游集团有限责任公司管理学实践教育基地	管理学
10	北京城市学院—中共北京市委社会工作委员会管理学实践教育基地	管理学
11	首都经济贸易大学—德勤华永会计师事务所有限公司北京分所管理学实践教育基地	管理学
12	北京第二外国语学院中瑞酒店管理学院—中国国际贸易中心有限公司中国大饭店管理学实践教育基地	管理学
13	首都师范大学教育学实践教育基地	教育学
14	北京物资学院——德期货有限公司经济学实践教育基地	经济学
15	北京农学院—北京首都农业集团有限公司农科教合作人才培养基地	农学
16	北京印刷学院—中国科技出版传媒股份有限公司文学实践教育基地	文学
17	北京第二外国语学院—中国外文出版发行事业局文学实践教育基地	文学
18	首都医科大学临床技能综合培训中心	医学
19	首都体育学院—北京老年医院临床技能综合培训中心	医学
20	北京服装学院—北京爱慕内衣有限公司艺术学实践教育基地	艺术学
21	中国戏曲学院—北京人民艺术剧院艺术学实践教育基地	艺术学
22	北京电影学院—横店集团控股有限公司艺术学实践教育基地	艺术学

北京市教育委员会

关于开展2013～2015年北京高等学校教育教学改革立项工作的通知

京教函〔2013〕338号

各高等学校：

为贯彻落实国家和北京市中长期教育改革和发展规划纲要、教育部《关于全面提高高等教育质量的若干意见》（教高〔2012〕4号）、市教委《关于进一步提高北京高等学校人才培养质量的意见》（京教高〔2012〕26号），经研究，市教委决定2013至2015年连续三年分年度开展北京高等学校教育教学改革立项工作。现将有关事项通知如下：

一、项目立项方式

（一）2013至2015年北京高等学校教育教学改革立项项目包括重点项目及面上项目，拟立项目1200项左右，其中重点项目30项左右，高校间联合项目60项左右。

（二）市教委发布《2013～2015年北京高等学校教育教学改革立项指南》，根据各单位申报情况，审定立项项目并予以公布。

（三）各校每年申报教育教学改革立项限额为：

1. 面上项目：211院校以及国家高职示范校原则上不超过5项，其他本科院校（含独立学院）以及北京市高职示范校原则上不超过3项，其他高职院校及独立设置的成人高校原则上不超过1项；

2. 重点项目：每校可在限额内申报1项；

3. 联合项目：指各高校之间或高校与行业学会等机构联合申报的教改立项，包含重点项目和面上项目的立项范围，每校可限额外牵头申报1项；

各校每年限申报1项重点项目或联合项目。

（四）各高校应对获得立项的面上项目给予经费支持。经费来源于每年市教委拨付给各高等学校的教育教学改革专项经费，没有专项经费的单位原则上由学校自筹经费支持。获得立项的重点项目和联合项目，市教委将单独给予经费支持，各校申报重点项目和联合项目经费应不超过10万元。鼓励各高校积极筹措经费配套支持获得立项的教学改革项目。

（五）项目研究周期一般为2～3年。

二、项目申请要求

（一）各高校按要求填写《北京高等学校教育教学改革立项申请书》（其中面上项目提交一式2份原件、重点项目提交一式5份原件）和《北京高等学校教育教学改革立项申请汇总表》（一式2份原件），加盖学校公章后报秘书处。

表格电子版可登陆 http：//gjc. bjedu. gov. cn（市教委高等教育处网页）下载。

（二）2013～2015年每年受理申请材料时间为：9月10日至9月15日。申请材料报送地点为：北京市朝阳区平乐园100号北京工业大学第二教学楼214室。

附件：1. 北京高等学校教育教学改革立项指南

2. 北京高等学校教育教学改革立项申请书（略）

3. 北京高等学校教育教学改革立项申请汇总表（略）

二〇一三年七月十一日

附件 1

2013～2015 年北京高等学校教育教学改革立项指南

根据国家和北京市中长期教育改革和发展规划纲要、教育部《关于全面提高高等教育质量的若干意见》（教高〔2012〕4 号）、北京市教育委员会《关于进一步提高北京高等学校人才培养质量的意见》（京教高〔2012〕26 号）等文件要求，着力推动和深化首都高等学校教育教学改革，促进人才培养模式创新，优化教育资源结构，加速首都高等教育现代化进程，提高高等教育质量，特制定 2013～2015 年北京市高等学校教育教学改革立项指南。

一、指导思想

（一）以邓小平理论和“三个代表”重要思想为指导，全面落实科学发展观，全面贯彻党的教育方针，坚持育人为本、德育为先，实施素质教育，培养德、智、体、美全面发展的社会主义建设者和接班人，办好人民满意的高等教育；

（二）坚持“巩固、深化、提高、发展”的方针，遵循高等教育的基本规律，不断更新教育思想观念，牢固树立人才培养是高校的根本任务、质量是高校的生命线、教学是高校的中心工作的理念；

（三）按照“统筹规划，分类指导；优化结构，内涵发展；突出特色，注重创新；提高质量，服务社会”的原则，坚持服务于建设创新首都、绿色首都、和谐首都，开创北京高等教育教学研究工作的新局面；

（四）进一步优化教育结构、强化教学管理、深化教学改革，努力提高大学生的学习能力、创新能力、实践能力、交流能力和社会适应能力，满足首都特殊的城市功能定位对高素质人才的需求，全面提高北京高等学校的人才培养质量，实现北京高等教育又好又快发展。

二、基本原则

（一）体现首都高等教育适应中国特色世界城市建设的时代特征，研究高等教育适应城市建设中人才培养的新问题，探索、实践提高教育教学质量的新思路、新方法、新模式；

（二）从北京高等教育的特点出发，适应首都社会经济发展的需要，适应北京高等教育的发展。切实推动北京高等学校与北京经济社会发展的紧密结合，推动中央高校与地方高校的紧密结合，推动北京高校与国外知名大学的紧密结合，推动产学研相结合，推动人才培养与科学研究的紧密结合，推动学生工作与教学工作相结合；

（三）有利于实现学生专业素质培养与创新能力提升兼顾，学生全面发展与个性发展并重，课堂教学改革与实践体系完善同步，学生学习能力增强与教师教学水平提高互促，全面推动高等学校教育教学改革和人才培养模式创新；

（四）有利于促进各级各类高等教育的衔接与沟通，推进高等教育的“立交桥”建设，满足学习者在知识、职业、文化、健康等多方面终身学习的要求；

（五）有利于形成有效的高等教育管理理念、管理制度、管理方法，提高高等教育质量，推进首都高等教育的健康发展；

（六）注重教学改革项目的实践性，教学改革成果应是研究、实践的总结，能产生可预期成果，成果具有理论指导意义或实际应用价值；

（七）已经成为北京市精品教材建设立项、精品课程建设等方面的项目，原则上不再重复立项。市级教育教学改革立项项目原则上应从学校的教育教学改革项目当中推荐上报。

三、立项范围

北京高等学校教育教学改革立项项目（以下简称“教改立项项

目”）面向北京地区普通高等学校、高等职业学校以及独立设置的成人高等学校，开展高等教育综合研究、专业设置与建设研究、人才培养模式改革、教学手段与教学方法改革、教学管理制度改革与创新、教学质量监控保障体系等方面的研究。

教改立项项目包括重点项目与面上项目。重点项目侧重围绕北京市建设学习型城市和创新型城市的主题，以科学发展观为指导，以教育理论重大创新和教育改革与发展的重大现实问题为重点，强调跨学科、多层次合作进行综合研究，通过项目研究促进北京高等教育教学水平整体提高，在全国高等教育领域发挥引领作用，产生具有示范性的教育教学成果和经验。面上项目围绕北京高等学校人才培养模式改革创新的各个方面，引导学校开展教育教学改革的研究。市教委鼓励各高校之间或高校与行业学会等机构联合申报教改立项项目。

1. 重点项目

1.1 北京地区高校的专业建设研究

不同层次高校依据学校的定位和特色，不断调整专业结构、类型、层次，加强专业平台建设和高素质的师资队伍建设，适应国家和北京市经济社会发展需要，满足人民群众的多样化需求，形成专业建设与社会需求之间的良性互动机制；

1.2 部属和市属高校协同创新机制研究

从北京经济建设与社会发展的角度出发，充分发挥部属和市属高校的各自优势，不断研究探索部属与市属高校之间共建共享的长效机制，通过政策和项目引导，大力推进协同创新机制研究。逐步形成部属与市属高校共建共享的制度化、特色化和科学化；

1.3 北京地区高校教育资源统筹利用与有效管理研究

研究不同层次高校在推进学校教育改革和构建学习型社会中的作用，深化教育资源建设和共享机制研究，促进学校间互相学习、互相交流、资源共享、共同提高，建立北京地区教学资源统筹利用与有效管理的制度；

1.4 北京高等学校的教育国际化研究

在国际化、全球化背景下，鼓励各高校积极开展校际交流和合作培养，支持中外高校间学生互换、学分互认、学位互授联授，深入研究课程、管理、制度、机制等方面的国际化，全面提高北京高校的国际化水平；

1.5 北京高等学校内部质量评价与保障体系研究

以促进高等学校教育质量为核心，建立学校教学基本状态数据常态监测数据库和教学质量年度报告发布制度，加强高校自我评估，逐步形成政府、学校、专门机构和社会多元评价相结合的教学评估制度，健全校内外质量保障体系，从而实现高质量人才的培养；

1.6 建设创新型国家与和谐社会背景下的素质教育研究

从深化素质教育基本理论，素质教育的实施现状分析和案例研究，学生科学文化、思想道德和生理心理素质状况综合调查分析，学生创新精神和实践能力的评价体系，相关国家提高学生综合素质的经验，区域和学校素质教育可持续发展的制度环境、推进目标、发展阶段、实践模式与评价机制等方面进行深入研究。

2. 面上项目

按照分类指导的原则，重视不同层次高校依据学校定位、特色，加快国家及北京市紧缺人才培养、推动与国外知名大学的紧密结合，探索与之相适应的本科教育教学改革，提升不同类型学校在全国同类院校中的竞争力，促进北京高校更好地服务社会，不断提高教育教学质量，实现北京高等教育又好又快发展。各高校可结合自身实际情况，围绕学校的发展战略、人才培养模式改革与创新、专业结构调整与专业建设、课程体系改革与教学资源建设、教学团队与高水平师资队伍建设、大学生实践能力与创新精神培养、教学管理制度与质量监控体系建设等教育教学改革的相关方面开展研究与实践。

四、项目申请及立项

（一）教改立项项目的申请工作由学校统一组织，项目负责人填写《北京高等学校教育教学改革立项申请书》，经学校审核批准后报北京高等学校教育教学改革立项工作秘书处；

（二）市教委委托秘书处负责对学校申报的重点项目和联合项目进行资格初审，并组织专家组对通过初审的项目进行评议，必要时可采取组织现场考察或答辩的方式。未评上重点项目将不再列入当年市级面上项目。面上项目采取学校遴选推荐、秘书处资格初审、报市教委备案的方式；

（三）市教委根据初审意见和专家意见，审定并批准立项项目并予以公布。

五、项目管理

（一）各项目以学校为单位申请，应为学校规划重点支持的项目。各高校申请的项目应具备一定的教学改革基础和相应条件，在人员、财力、政策上应有相应的保证。项目所在学校应有专门机构负责本校立项项目的规划、论证、管理等工作，并加强对项目的统筹及监督，确保项目建设进度、建设经费和预期目标；

（二）教改立项项目实行学校统一领导下的项目负责人负责制，项目负责人仅限一人，项目负责人负责项目的具体实施、协调、经费使用，并及时向所在院校提交项目年度进展报告、项目中期进展报告、项目总结报告等。承担有北京市级以上教改立项课题研究任务者，必须通过结题后方可申请；

（三）教改立项项目实行重大事项报告制度。项目建设目标、内容、进度安排及项目负责人不得随意调整。项目实施过程中如确需调整或变更的，项目所在学校应提交书面申请，经市教委批准后方可调整变更；

（四）项目建设期间由学校每年进行年度检查验收，并以学校为单位提交学校市级教改项目年度进展报告。市教委及秘书处将在教改项目实施期间不定期对项目进展情况开展中期检查，中期检查采取专家组听取汇报、到校实际检查、召开座谈会等方式进行；

（五）项目建设期满，市教委将对结题项目进行验收。面上项目由各校自行组织专家鉴定，重点项目由市教委会同相关高校组织专家进行结题验收。验收结束后一个月内，各校应向秘书处提交书面报告、成果鉴定以及项目经费使用情况报告；

（六）2013～2015年北京市高等学校教育教学改革立项项目管理需按照市教委和市财政局相关项目管理办法和经费管理办法执行。

北京市教育委员会办公室

转发教育部高教司关于公布“本科教学工程”地方高校第一批本科专业综合改革试点文件的通知

京教办函〔2013〕32号

各市属高等学校：

现将教育部高教司《关于公布“本科教学工程”地方高校第一批本科专业综合改革试点的通知》（教高司函〔2013〕56号）转发给你们，请按照文件要求，做好相关建设工作，充分发挥项目的示范作用。

二〇一三年七月十五日

教育部高等教育司

关于公布“本科教学工程”地方高校第一批本科专业综合改革试点的通知

教高司函〔2013〕56号

各省、自治区、直辖市教育厅（教委）：

根据《教育部财政部关于“十二五”期间实施“高等学校本科教学质量与教学改革工程”的意见》（教高〔2011〕6号）和《关于启动实施“本科教学工程”“专业综合改革试点”项目工作的通知》（教高司函〔2011〕226号），在各省级教育行政部门推荐基础上，严格执行项目建设规划中确定的分省（区、市）名额，经研究，现批准北京工业大学新能源科学与工程等550个专业点为本科专业综合改革试点（名单见附件）。

实施“专业综合改革试点”项目，旨在充分发挥高校的积极性主动性创造性，结合办学定位、学科特色和服务面向等，明确专业培养目标和建设重点，优化人才培养方案。按照准确定位、注重内涵、突出优势、强化特色的原则，通过自主设计建设方案，推进培养模式、教学团队、课程教材、教学方式、教学管理等专业发展重要环节的综合改革，促进人才培养水平的整体提升，形成一批教育观念先进、改革成效显著、特色更加鲜明的专业点，引领示范本校其他专业或同类高校相关专业的改革建设。

各地教育行政部门要对所属高等学校本科专业综合改革试点项目给予必要的政策和经费支持，并负责指导、检查、监督等建设工作。我司将在项目执行中期对项目实施情况进行抽查、考核、评价，抽查结果将作为下一批滚动实施的依据。

高等学校本科专业综合改革试点项目的承担学校应在学校网站设立专栏，对外公布项目的建设内容、实施方案和进展程度等相关信息，加强有关建设成果的宣传推广，充分发挥项目的示范作用。

附件：地方高校第一批本科专业综合改革试点名单（北京）

二〇一三年六月三日

附件

地方高校第一批本科专业综合改革试点名单（北京）

序号	省份	学校名称	专业名称
ZG0001	北京市	北京工业大学	新能源科学与工程
ZG0002	北京市	北方工业大学	机械设计制造及其自动化
ZG0003	北京市	北京工商大学	金融学
ZG0004	北京市	北京服装学院	服装与服饰设计
ZG0005	北京市	北京印刷学院	印刷工程
ZG0006	北京市	北京建筑工程学院	测绘工程
ZG0007	北京市	北京石油化工学院	环境工程
ZG0008	北京市	北京农学院	园艺
ZG0009	北京市	首都医科大学	临床医学
ZG0010	北京市	首都师范大学	地理信息科学
ZG0011	北京市	首都体育学院	体育教育
ZG0012	北京市	北京第二外国语学院	日语

续表

序号	省份	学校名称	专业名称
ZG0013	北京市	北京物资学院	物流管理
ZG0014	北京市	首都经济贸易大学	劳动与社会保障
ZG0015	北京市	中国音乐学院	音乐表演
ZG0016	北京市	北京电影学院	摄影
ZG0017	北京市	北京信息科技大学	自动化
ZG0018	北京市	北京联合大学	历史学

北京市教育委员

转发教育部　中宣部关于加强高校新闻传播院系师资队伍建设实施卓越新闻传播人才教育培养计划的意见的通知

京教高〔2013〕11号

各市属高等学校：

现将教育部、中宣部《关于加强高校新闻传播院系师资队伍建设实施卓越新闻传播人才教育培养计划的意见》（教高〔2013〕7号）转发给你们，请结合学校实际情况，研究制订具体实施方案，贯彻落实文件要求，并做好本校申报方案的准备工作。

市教委将根据工作进展情况，适时制订具体管理办法。

二〇一三年七月三十一日

教　　育　　部
中共中央宣传部

关于加强高校新闻传播院系师资队伍建设实施卓越新闻传播人才教育培养计划的意见

教高〔2013〕7号

各省、自治区、直辖市教育厅（教委）、党委宣传部，新疆生产建设兵团教育局、党委宣传部，有关部门（单位）教育司（局），教育部直属各高等学校：

为深入贯彻党的十八大精神，落实《国家中长期教育改革和发展规划纲要（2010～2020年）》要求，教育部、中宣部决定联合实施卓越新闻传播人才教育培养计划，不断深化高等新闻传播教育综合改革、提高新闻传播人才培养质量。现提出意见如下。

一、总体要求

高举中国特色社会主义伟大旗帜，以邓小平理论、“三个代表”重要思想、科学发展观为指导，深入贯彻党的十八大精神，加强高校新闻传播院系师资队伍建设，加强马克思主义新闻观教育，创新人才培养模式，强化实践教学环节，努力造就一大批政治立场坚定、业务能力精良、作风素质过硬的新闻传播后备人才，为推进我国新闻事业健康发展提供强有力的人才保障和智力支撑。

二、主要任务

1. 加强马克思主义新闻观教育。以马克思主义新闻观统领高等新闻传播教育，把马克思主义新闻观教育融入新闻传播人才培养全过程各环节，深入推进马克思主义新闻观进教材进课堂进头脑，引导学生始终坚持新闻工作党性原则，坚持正确政治立场政治方向。加强新闻职业精神职业道德教育，引导学生秉持新闻职业操守，履行新闻工作社会责任，增强做好党的新闻工作责任感使命感。

2. 加强人才培养基地建设。适应新闻事业发展需要，选择若干高校建设人才培养基地，实施卓越新闻传播人才教育培养计划。选择 30 所高校建设应用型、复合型新闻传播人才教育培养基地，培养具有全媒体业务技能的应用型、复合型新闻传播人才。选择 10 所高校建设国际新闻传播人才教育培养基地，培养具有国际视野和跨文化传播能力的国际新闻传播人才。入选高校根据人才培养类型，按照更加注重马克思主义新闻观统领、更加注重学科交叉融合、更加注重职业道德培养、更加注重现代技术运用的原则，制定实施科学的人才培养方案。

3. 推动高校与新闻单位从业人员互聘。实施高校与新闻单位从业人员互聘“千人计划”，逐步推动新闻教学与新闻实践的结合。2013 年 9 月至 2017 年 7 月，教育部、中宣部从新闻单位选聘 500 名优秀编辑记者到计划实施高校新闻传播院系兼职或挂职任教；从相关高校新闻传播院系选派 500 名骨干教师到新闻单位兼职或挂职。

教育部、中宣部根据高校与新闻单位从业人员互聘情况，公布年度互聘结果，颁发《高校与新闻单位从业人员互聘“千人计划”入选证书》。互聘人员在聘用单位工作期间，在派出单位保留职务级别、岗位，工资、福利待遇不变，专业技术职务年限连续计算，工作量互相冲抵。派出单位在互聘人员职级晋升、职称评定等方面予以政策倾斜。

教育部及有关高校主管单位，各省（区、市）教育部门、党委宣传部门，结合实际参照制订具体办法，推动所属各高校新闻传播院系骨干教师与新闻单位优秀编辑记者互聘工作，确保此项工作全面覆盖、整体推进。

4. 推动人才培养模式改革创新。积极探索高校与宣传部门、新闻单位联合培养新闻传播人才的新模式，共同制定培养目标、设计课程体系、开发优质教材、组织教学团队、建设实践平台。强化实践教学，确保新闻传播学类本科专业实践教学不少于总学分（学时）的15%。支持实施卓越新闻传播人才教育培养计划的中央部属高校与新闻单位共建30个国家级新闻传播学类专业大学生校外实践平台。鼓励计划实施高校新闻传播院系与境外高水平大学新闻传播院系开展交流合作，积极利用境外优质教育资源，形成灵活多样、以我为主、优势互补的人才培养模式。

5. 推动优质教学资源共建共享。整合计划实施高校优质课程资源，建设新闻传播学类优质课程资源共建共享平台，打造一批新闻传播学类国家级精品资源共享课。加强马克思主义理论研究和建设工程新闻传播学类重点教材的推广使用，组织计划实施高校与新闻单位联合编写一批反映中国特色社会主义新闻传播实践的案例教材。推进计划实施高校教师互聘、学生互换、课程互选、学分互认。

三、组织保障

1. 加强组织领导。成立由教育部牵头，中宣部、中央外宣办、国家新闻出版广电总局及有关新闻单位、高校共同参与的全国卓越新闻传播人才教育培养指导委员会，负责制订教育培养规划和具体组织实施。成立由新闻传播领域专家学者、资深编辑记者组成的专家委员会，负责培养标准、评审标准的制定，及高校申报方案评审、实施情况评估等。各省（区、市）参照建立各地卓越新闻传播人才教育培养指导委员会和专家委员会。

2. 完善申报评估机制。卓越新闻传播人才教育培养计划实施周期为10年，分期实施，首期为5年（2013～2017年）。相关高校就建设卓越新闻传播人才培养基地提交申报方案，经专家委员会评审后，教育部会同中宣部研究确定入选高校。专家委员会定期对入选高校工作进展情况进行评议，不合格的高校调整出培养计划。

3. 加强政策保障。教育部、中宣部对入选的中央部委所属高校给予经费支持；各省（区、市）给予入选的地方高校经费支持。支持计划实施高校在招生、培养模式、课程体系、学制设置等方面进行综合改革。鼓励具有推荐优秀应届本科毕业生免试攻读硕士学位研究生资格的计划实施高校，在本校推免名额内重点支持新闻与传播硕士专业学位的发展。

各地各部门各高校要认真贯彻落实本意见精神，结合实际，研究制订具体实施方案，确保卓越新闻传播人才教育培养计划各项任务落到实处。

请各省（区、市）教育部门、党委宣传部门和有关部门（单位）将本意见转发至所属高等学校和新闻单位。

二〇一三年六月九日

北京市教育委员会

关于开展北京高等学校示范性校内创新实践基地建设工作的通知

京教函〔2013〕466号

各有关高等学校：

为适应国家和首都社会经济发展对高等学校创新人才培养的要

求，创新实践教学培养模式，深化实践教学改革，根据市教委《关于进一步提高北京高等学校人才培养质量的若干意见》（京教高〔2012〕26 号）和《关于开展北京高等学校校内创新实践基地建设的通知》（京教函〔2011〕702 号）要求，经研究，市教委决定开展北京高等学校示范性校内创新实践基地建设工作。现将有关事宜通知如下：

一、建设目标

北京高等学校示范性校内创新实践基地（以下简称“示范性校内创新基地”）建设工作坚持“突出创新、注重特色、开放共享”的原则，通过建设学生自主实践平台，探索高校创新性人才培养的有效模式，构建学生自主实践的长效机制，为培养学生的自主创新能力和创新意识营造良好的环境和氛围，为高等学校创新性人才培养工作提供示范经验，提高北京高等学校人才培养质量。“十二五”期间，市教委拟分批重点建设 100 个左右示范性校内创新实践基地，其中 2013 年将立项建设 30 个左右。

二、建设内容

（一）基地依托单位。基地依托单位应是北京地区高等学校内部的教育教学资源。在充分整合、利用现有资源（包括各类实验教学中心、实验室、学生活动中心、校内实习实训基地等）的基础上，拓展、开发其创新活动功能，在场地、设施、师资等方面较好地满足学生开展创新活动需要，能够为学生实践创新活动和创新成果的推广应用提供良好的政策环境和氛围。

（二）建设理念。基地建设思路清晰，理念先进。能够结合学校定位和人才培养目标，确立以培养学生实践能力、创新精神为核心的建设理念，突出学生的主体性和个性化培养，有针对性地进行人才培养模式改革试验，形成各具特色的改革创新发展经验，具有示范辐射作用。

（三）运行机制。基地管理制度健全，管理模式先进，建立可持续发展的政策、经费、人事等组织保障和合作机制，形成有利于激励学生学习和提高学生能力的有效管理机制。建设完善的信息管理平台，充分发挥资源优势和特色优势，逐步实现开放运行、资源共享。

（四）创新实践队伍。要有一支专兼结合，学历、年龄、学科（专业）和职称结构合理、实践教学能力强、创新活动经验丰富的师资队伍。每个基地原则上至少要有1名高级职称专职人员作为校内创新实践基地的负责人，并有足够数量的教师指导学生开展创新实践活动；基地依托单位应有足够数量的专业技术人员指导、管理学生创新实践活动并参与校内创新实践基地的建设；建立比较完善的激励机制和政策措施，引导高水平教师参与校内创新实践基地建设和指导学生开创性地开展创新实践活动。

（五）活动成效。创新实践活动效果显著，成果丰富，受益面广。有效激发学生参与创新实践活动的兴趣和积极性，学生自主学习能力、实践能力、创新能力明显提升。

三、组织与管理

（一）各高等学校在分配限额内申报，申报学校应认真填写《北京高等学校示范性校内创新实践基地申报书》及相关支撑材料。原则上2013年每校限报1个，申报书及相关表格可登陆高教处网站 http：//gjc. bjedu. gov. cn 下载。

（二）市教委将根据各校申报情况组织专家采用会议评审、现场考察等方式，择优遴选理念先进、特色鲜明、管理规范、运行良好的创新实践基地，并授予"北京高等学校示范性校内创新实践基地建设单位"称号。对批准立项的示范性校内创新基地建设单位，市教委将给予一定的经费和政策支持。基地建设周期一般为2年，市教委将根据项目建设情况进行检查和验收。

（三）示范性校内创新基地建设工作秘书处设在中国地质大学（北京）。请2013年申报的高校将纸质版申报书（一式6份）、基地基本情况汇总表（1份）、相关支撑材料（可根据实际情况提供，1份）于11月1日前报送秘书处，同时上交申报书和基地基本情况汇总表电子版。逾期申报不予受理。

（四）倡导建设资源节约、环境友好型社会，建议各高校制作纸质版材料时，采用A4纸双面打印，简单装订即可。

附件：1. 北京高等学校示范性校内创新实践基地申报书（略）
2. 基地基本情况汇总表（略）

二〇一三年九月二十五日

北京市教育委员会

关于批准2013年度北京高等学校教育教学改革立项项目的通知

京教函〔2013〕521号

各高等学校：

根据市教委《关于开展2013～2015年北京高等学校教育教学改革立项工作的通知》（京教函〔2013〕338号），经学校申请和专家评议，市教委批准"北京大学本科人才培养国际化研究"等256个项目为2013年度北京高等学校教育教学改革立项面上项目，"基于人才培养质量提升的研究型大学内部质量保障体系建设"等13个项目为2013年度北京高等学校教育教学改革立项重点项目，"构建大学生人文知识竞赛平台充实高校文化素质教育内涵"等20个项目2013年度北京高等学校教育教学改革立项联合项目。

获得立项的各项目负责人要合理安排工作进度，加强项目的实施与协调，及时总结和推广项目成果，确保取得预期成效。各高校要充分认识教改立项工作的重要意义，加强对教改立项项目的统筹与管理，从配套经费、政策等方面给予必要的支持和帮助。

附件：2013 年度北京高等学校教育教学改革立项项目

二○一三年十月三十一日

附件

2013 年北京高等学校
教育教学改革立项项目

序号	项目名称	项目负责人	项目申请学校	类别
重点项目				
1	基于人才培养质量提升的研究型大学内部质量保障体系建设	冯文全	北京航空航天大学	重点
2	“知能并重”的高校教学质量全面评价与监测体系的构建	李和章	北京理工大学	重点
3	面向专业的教学基本状态数据库构建及应用研究	张跃	北京科技大学	重点
4	学校内部质量评价与保障体系的研究与实践	陈标华	北京化工大学	重点
5	以学生满意度为核心的人才培养质量动态监控反馈系统的研建与实践	骆有庆	北京林业大学	重点

续表

序号	项目名称	项目负责人	项目申请学校	类别
6	构建“四位一体”素质教育体系促进学生全面发展	郝英杰	华北电力大学	重点
7	面向石油工业重大战略需求，构建以校内教育国际化为主体的国际化人才培养体系	张士诚	中国石油大学（北京）	重点
8	面向首都电子信息人才大类培养体系的探索研究	冯士维	北京工业大学	重点
9	全科医学人才培养体系与培养模式研究	线福华	首都医科大学	重点
10	面向首都区域发展需要的市属高校本科专业结构调整及优化策略研究	王德胜	首都师范大学	重点
11	基于应用能力口语测试的大学英语课程改革研究	邱鸣	北京第二外国语学院	重点
12	北京都市农业职业教育集团运行模式研究与实践	杜晓林	北京农业职业学院	重点
13	中国加入《华盛顿协议》背景下首都高等工程教育专业认证与建设研究	郭广生	首都高等工程教育研究中心	重点

（联合项目、面上项目略）

北京市教育委员会

关于成立高校专业群专家委员会及教学协作委员会的通知

京教高〔2013〕14号

各有关高等学校：

为进一步深化专业建设内涵，提高高等教育质量，市教委分两批试点启动10个专业群的建设。其中，第一批包括计算机与信息类、机械类、英语类、经济与贸易类、会计学类5个专业，第二批包括电子信息类、工商管理类、新闻出版类、法学类、管理科学与工程类5个专业。市教委决定在首批专业群成立专家组织，即专业群专家委员会和专业群教学协作委员会。现将名单予以公布（见附件），并就关事项通知如下：

一、职能与组成

北京高校专业群专家委员会和专业群教学协作委员会是在市教委领导下的专家组织，负责对本专业群涉及的北京高校相关本科专业的教学工作进行研究、指导、评估、服务等。

专业群专家委员会，设主任委员、副主任委员各1名，设秘书长2名。

专业群教学协作委员会，设主任委员、副主任委员各1名，设秘书长2名。

专业群专家委员会及专业群教学协作委员会委员任期一般为5

年。

二、主要工作任务

（一）专业群专家委员会

1. 研究专业建设内涵，就专业定位与特色发展，教学资源、实践教学与实验室建设、专业教学改革、体制机制创新以及专业评估等方面向市教委提出咨询意见和政策建议。

2. 组织开展本专业群相关教学领域的理论与实践研究，定期对本专业群涉及的相关专业建设的基本方针、整体规划、建设思路等方面进行研讨。

3. 研究制定本专业群规范化的专业建设标准、培养方案、课程体系建设标准，指导开展核心课程资源共享课建设。

4. 完成市教委委托的其他任务。

（二）专业群教学协作委员会

1. 开展本专业群相关教学领域的理论与实践研究，搭建群内高校专业建设的合作交流平台。

2. 落实专业群建设实施方案，探索推动群内高校教师队伍、课程体系、实践教学和教育资源合作共享等的合作机制。

3. 实施专业群核心课程资源共享课建设工作。

4. 完成市教委委托的其他任务。

三、工作要求

各高校要为专业群专家委员会及教学协作委员会开展工作提供必要条件，切实专业群及其专家组织在提高学校教学和人才培养质量方面的重要作用。

附件：1. 计算机与信息类专业群专家委员会及教学协作委员会名单

2. 机械类专业群专家委员会及教学协作委员会名单

3. 英语类专业群专家委员会及教学协作委员会名单

4. 经济与贸易类专业群专家委员会及教学协作委员会名单

5. 会计类专业群专家委员会及教学协作委员会名单

二〇一三年十一月二十二日

附件 1

计算机与信息类专业群专家委员会及教学协作委员会名单

一、计算机与信息类专业群专家委员会名单

主 任 委 员：马殿富　北京航空航天大学
副主任委员：蒋宗礼　北京工业大学
委　　　员：李凤霞　北京理工大学
陈　钟　北京大学
胡世民　清华大学
王移芝　北京交通大学
杜小勇　中国人民大学
陈　明　中国石油大学（北京）
邝　坚　北京邮电大学
周明陶　北京中科希望软件股份有限公司
陈尚义　百度技术委员会
秘 书 长：刘建丽　北京工业大学
高小鹏　北京航空航天大学

二、计算机与信息类专业群教学协作委员会名单

主 任 委 员：蒋宗礼　北京工业大学
副主任委员：马殿富　北京航空航天大学
委　　　员：李凤霞　北京理工大学
郑　军　北京理工大学

陈　明　中国石油大学（北京）
卞佳丽　北京邮电大学
陈志泊　北京林业大学
吴敏华　首都师范大学
王月海　北方工业大学
解　凯　北京印刷学院
张仰森　北京信息科技大学
杨　璐　中国农业大学
钱丽萍　北京建筑大学
郑雪峰　北京科技大学
何　渝　北京工商大学
于双元　北京交通大学
高敬阳　北京化工大学
李哲英　北京联合大学
徐　慧　中国矿业大学（北京）
赵建丰　中国传媒大学
郭庆栓　北京日立北工大信息系统有限公司
赵　粮　北京神州绿盟信息安全科技股份有限公司

委员兼秘书长：高小鹏　北京航空航天大学
　　　　　　　刘建丽　北京工业大学

附件 2

机械类专业群专家委员会及教学协作委员会名单

一、机械类专业群专家委员会名单

主任委员：张　杰　北京科技大学

副主任委员：黄　民　北京信息科技大学
委　　　员：李言祥　清华大学
钱才富　北京化工大学
张彦华　北京航空航天大学
王晓力　北京理工大学
余跃庆　北京工业大学
单忠德　机械科学研究总院
秘　书　长：陈　平　北京科技大学
米　洁　北京信息科技大学

二、机械类专业群教学协作委员会名单

主任委员：张　杰　北京科技大学
副主任委员：黄　民　北京信息科技大学
委　　　员：房海蓉　北京交通大学
何亚东　北京化工大学
王春洁　北京航空航天大学
唐水源　北京理工大学
范晋伟　北京工业大学
孙德辉　北方工业大学
黄志刚　北京工商大学
杨建伟　北京建筑大学
程光耀　北京印刷学院
陈家庆　北京石油化工学院
程　光　北京联合大学
穆东辉　北京京城机电控股有限责任公司
秘　书　长：陈　平　北京科技大学
米　洁　北京信息科技大学

附件 3

英语类专业群专家委员会及教学协作委员会名单

一、英语类专业群专家委员会名单

主 任 委 员：孙有中　北京外国语大学
副主任委员：封一函　首都师范大学
委　　　员：程朝翔　北京大学
刘世生　清华大学
司显柱　北京交通大学
程晓堂　北京师范大学
钟美荪　北京外国语大学
文秋芳　北京外国语大学
李佐文　中国传媒大学
王立非　对外经济贸易大学
文　军　北京航空航天大学
郭英剑　中央民族大学
金立群　中国投资有限公司
黄友义　中国外文局
秘 书 长：金利民　北京外国语大学
赵秦岭　首都师范大学

二、英语类专业群教学协作委员会名单

主 任 委 员：封一函　首都师范大学
副主任委员：张　剑　北京外国语大学
委　　　员：梁　虹　北京第二外国语学院
宁一中　北京语言大学
许德金　对外经济贸易大学

孙吉胜 外交学院
周俊英 北京工业大学
杨增成 北京工商大学
郝钦海 首都经济贸易大学
王朝晖 北京信息科技大学
童孝华 中央编译局
秘 书 长：赵秦岭 首都师范大学
李莉文 北京外国语大学

附件4

经济与贸易类专业群专家委员会及教学协作委员会名单

一、经济与贸易类专业群专家委员会名单

主任委员：赵忠秀 对外经济贸易大学
副主任委员：王文举 首都经济贸易大学
委 员：王跃生 北京大学
杨瑞龙 中国人民大学
沈 越 北京师范大学
唐宜红 中央财经大学
张晓棠 北京工商大学
张连城 首都经济贸易大学
赵 娴 北京物资学院
陈 伟 北京对外经贸控股有限责任公司
邵祥林 中国外商投资企业协会
秘 书 长：洪俊杰 对外经济贸易大学
郎丽华 首都经济贸易大学

二、经济与贸易类专业群教学协作委员会名单

主任委员：王文举　首都经济贸易大学
副主任委员：赵忠秀　对外经济贸易大学
委　　员：王跃生　北京大学
　　　　　聂辉华　中国人民大学
　　　　　唐宜红　中央财经大学
　　　　　洪　涓　北京工业大学
　　　　　郑兰平　北京工商大学
　　　　　李雁玲　北京信息科技大学
　　　　　张　琦　北京物资学院
　　　　　王海文　北京第二外国语学院
　　　　　陈德宏　中储粮油脂公司
　　　　　彭易清　北京南北天地科技股份有限公司
秘书长：洪俊杰　对外经济贸易大学
　　　　郎丽华　首都经济贸易大学

附件 5

会计类专业群专家委员会及教学协作委员会名单

一、会计类专业群专家委员会名单

主任委员：孟　焰　中央财经大学
副主任委员：杨有红　北京工商大学
委　　员：陆正飞　北京大学
　　　　　夏冬林　清华大学
　　　　　王化成　中国人民大学
　　　　　郭雪萌　北京交通大学

张新民　对外经济贸易大学
崔也光　首都经济贸易大学
李明高　立信会计师事务所
马王军　中粮集团有限公司
秘　书　长：毛新述　北京工商大学
袁　淳　中央财经大学

二、会计类专业群教学协作委员会名单

主任委员：杨有红　北京工商大学
副主任委员：孟　焰　中央财经大学
委　员：吴联生　北京大学
陈　晓　清华大学
支晓强　中国人民大学
雷光勇　对外经济贸易大学
陈宋生　北京理工大学
杨松令　北京工业大学
刘婉立　北方工业大学
李百兴　首都经济贸易大学
张继东　北京第二外国语学院
陈　娟　北京物资学院
李明高　立信会计师事务所
马王军　中粮集团有限公司
秘　书　长：毛新述　北京工商大学
袁　淳　中央财经大学

北京市教育委员会办公室

转发教育部办公厅关于公布卓越工程师教育培养计划第三批学科专业名单文件的通知

京教办函〔2013〕65号

各市属高等学校：

现将教育部办公厅《关于公布卓越工程师教育培养计划第三批学科专业名单的通知》（教高厅函〔2013〕38号）转发给你们，请根据文件要求，做好相关工作。

二〇一三年十一月二十二日

教育部办公厅

关于公布卓越工程师教育培养计划第三批学科专业名单的通知

教高厅函〔2013〕38号

各省、自治区、直辖市教育厅（教委），新疆生产建设兵团教育局，有关部门教育司（局），部属有关高等学校：

按照《教育部关于实施卓越工程师教育培养计划的若干意见》（教高〔2011〕1号）精神，经学校自愿申请，专家组论证，现批准北京交通大学交通工程等433个本科专业、清华大学集成电路工程等126个研究生层次学科领域加入卓越计划（名单见附件）。

请各高校在本校网站上公开实施卓越计划的专业、学科领域的培养方案，按照卓越计划相关文件要求并结合本校培养方案，精心筹划，周密安排，狠抓落实，不断改进相关专业、学科领域的人才培养工作。

附件：卓越工程师教育培养计划第三批学科专业名单（北京）

二〇一三年十月十七日

附件

卓越工程师教育培养计划
第三批学科专业名单（北京）

一、本科专业名单

序号	学校	本科专业代码	本科专业名称
1	北京交通大学	081802	交通工程
2	北京航空航天大学	082006T	飞行器质量与可靠性
3	北京航空航天大学	082601	生物医学工程
4	北京理工大学	080701	电子信息工程
5	北京理工大学	080902	软件工程
6	北京理工大学	081301	化学工程与工艺
7	北京理工大学	081302	制药工程

续表

序号	学校	本科专业代码	本科专业名称
8	北京科技大学	080501	能源与动力工程
9	北京科技大学	080801	自动化
10	北方工业大学	080202	机械设计制造及其自动化
11	北京建筑大学	080501	能源与动力工程
12	北京建筑大学	081003	给排水科学与工程
13	北京信息科技大学	080903	网络工程
14	中国地质大学（北京）	081102	水文与水资源工程
15	中国地质大学（北京）	081403	资源勘查工程

北京市教育委员会办公室

关于普通高等学校编制发布 2012 年《本科教学质量报告》的通知

京教办函〔2013〕66 号

各普通高等学校：

为建立高等学校质量年度报告发布制度，根据教育部办公厅《关于普通高等学校编制发布 2012 年〈本科教学质量报告〉通知》（教高厅函〔2013〕33 号），我委决定组织普通高校编制发布 2012 年《本科教学质量报告》。现将有关事项通知如下：

一、各高校要高度重视本科教学质量报告编制工作，实行主要领导负责制，认真总结深化教学改革、提高教学质量的有效经验，并以此为契机切实提高人才培养质量。本科教学质量报告将作为学校本科教学工作评估专家考察的重要依据。

二、各高校可在参考本校年初根据《关于开展2012年度高等学校本科教育教学质量调研工作的通知》（京教办函〔2013〕2号）提交的《2012年度教学质量分析报告》以及《北京高等学校本科教学质量状态核心数据采集表》的基础上，按照2012年度本科教学质量报告基本要求（附件1），结合本校的实际情况，认真编制本科教学质量报告。本科教学质量报告内容要详略得当，格式可灵活多样，报告中要完整、如实体现相应支撑数据，字数一般不超过1.5万字。

三、2012年度本科教学质量报告须加盖学校公章，并于2013年12月18日前将纸质材料（一式2份）报送至市教委高教处。

附件：1. 普通高等学校2012年度本科教学质量报告基本要求

2. 普通高等学校2012年度本科教学质量报告支撑数据

二〇一三年十一月二十二日

附件1

普通高等学校2012年度
本科教学质量报告基本要求

各普通高等学校应根据各自办学特点，在充分分析和认真总结提炼的基础上，紧扣本科教学工作，分析教学基本状态，突出教学改革亮点、成就和经验，准确把握存在的问题，面向公众读者撰写质量年度报告，全面展示本科人才培养状况和教学质量。

本科教学质量报告应重点体现以下内容：

（一）本科教育基本情况。包括本科人才培养目标及服务面向、本科专业设置情况，各类全日制在校学生情况及本科生所占比例，本科生源质量情况等。

（二）师资与教学条件。描述学校师资队伍数量及结构情况、生师比、本科生主讲教师情况、教授承担本科课程情况，教学经费投入情况，教学用房、图书、设备、信息资源及其应用情况等。

（三）教学建设与改革。揭示教学过程各主要方面和关键环节，包括专业建设、课程建设、教材建设、教学改革等。特别是培养方案特点、开设课程门数及选修课程开设情况、课堂教学规模、实践教学、毕业论文（设计）以及学生创新创业教育等。

（四）质量保障体系。阐述学校人才培养中心地位落实情况、校领导班子研究本科教学工作情况、出台的相关政策措施，教学质量保障体系建设、日常监控及运行情况，本科教学基本状态分析，开展专业评估、专业认证、国际评估情况等。

（五）学生学习效果。呈现学生学习满意度、应届本科生毕业情况、学位授予情况、攻读研究生情况、就业情况、社会用人单位对毕业生评价、毕业生成就等。

（六）特色发展。总结学校在本科教育教学工作中的特色和经验。

（七）需要解决的问题。针对影响教学质量的突出问题，分析主要原因，提出解决问题的措施及建议。

附件 2

普通高等学校 2012 年度
本科教学质量报告支撑数据

1. 本科生占全日制在校生总数的比例
2. 教师数量及结构
3. 当年本科招生专业总数

4. 生师比
5. 生均教学科研仪器设备值
6. 当年新增教学科研仪器设备值
7. 生均图书
8. 电子图书、电子期刊种数
9. 生均教学行政用房
   其中生均实验室面积
10. 生均本科教学日常运行支出
11. 本科专项教学经费（自然年度内学校立项用于本科教学改革和建设的专项经费总额）
12. 生均本科实验经费（自然年度内学校用于实验教学运行、维护经费生均值）
13. 生均本科实习经费（自然年度内用于本科培养方案内的实习环节支出经费生均值）
14. 全校开设课程总门数（学年度内实际开设的本科培养计划内课程总数，跨学期讲授的同一门课程计一门）
15. 实践教学学分占总学分比例（可按学科门类）
16. 选修课学分占总学分比例（可按学科门类）
17. 主讲本科课程的教授占教授总数的比例（不含讲座）
18. 教授授本科课程占课程总门次数的比例（一门课程的全部课时均由教授授课，计为1，由多名教师共同承担的，按教授实际承担学时比例计算）
19. 应届本科生毕业率
20. 应届本科生学位授予率
21. 应届本科生初次就业率
22. 体质测试达标率
23. 学生学习满意度（调查方法与结果）
24. 用人单位对毕业生满意度（调查方法与结果）
25. 其它与本科教学质量相关数据

注：

1. 数据的计算方法参照教育部关于《印发〈普通高等学校基本办学条件指标（试行）〉的通知》教发〔2004〕2号文件。

2. 第10项数据参照教育部办公厅《关于开展普通高等学校本科教学工作

合格评估的通知》教高厅〔2011〕2号文件，是指学校开展普通本科教学活动及其辅助活动发生的支出，仅指教学基本支出中的商品和服务支出（302类）（不含教学专项拨款支出），具体包括：教学教辅部门发生的办公费（含考试考务费、手续费等）、印刷费、咨询费、邮电费、交通费、差旅费、出国费、维修（护）费、租赁费、会议费、培训费、专用材料费（含体育维持费等）、劳务费、其他教学商品和服务支出（含学生活动费、教学咨询研究机构会员费、教学改革科研业务费、委托业务费等）。取会计决算数。

3. 第23、24两项数据本次可视本校此项工作基础酌情公布。

北京市教育委员会办公室

关于做好2013年北京高等学校继续教育质量年度报告工作的通知

京教办函〔2013〕67号

各普通高等学校、独立设置成人高等学校：

为进一步完善北京高等学校继续教育质量年度报告制度，加强对高等学校继续教育的规范管理，保证教育教学质量，实现继续教育的科学发展，根据市教委《关于建立北京高等学校继续教育质量年度报告制度的通知》（京教高〔2010〕1号）要求，现将有关事项通知如下：

一、2013年是实施北京高校继续教育质量年度报告制度的第5年，各校要以党的十八届三中全会精神为指导，在认真梳理和回顾5年来高校继续教育改革发展的基础上，重点总结2013年度继续教育取得的成果和存在的主要问题，进一步明确学校继续教育工作方向，突出办学特色，加强规范管理，提高教育教学质量，整体筹划并推进北京高校继续教育综合改革。

二、各高等学校报送的 2013 年继续教育质量年度报告和相关数据，要客观、准确地反映学校 2013 年继续教育工作整体进展，重点反映学校继续教育在适应社会发展需求和服务首都建设方面的实践探索、改革措施和实际成效，认真分析学校继续教育工作中存在的问题，进一步明确继续教育定位、完善体制机制，推进继续教育改革创新。报告文字要简明扼要，重点、特色突出，原则上不超过 4000 字。

三、各高等学校在报送 2013 年继续教育质量年度报告和相关数据时，可以根据教育教学、办学管理、资源开发、队伍建设、合作办学等方面情况，同时报送学校继续教育的特色成果，编委会将择优编入质量年度报告汇编。

四、各高等学校要进一步完善本校继续教育质量年度报告工作机制，切实健全由主管校长牵头的继续教育质量年度报告责任人制度，统筹协调学校继续教育各有关部门和单位，确定年度报告工作的责任部门和主要负责人，按时完成本校继续教育质量年度报告和数据汇总、报送工作。

五、市教委聘请专家组成工作组（成员名单见附件 2），负责《北京高校继续教育质量年度报告 2013》的相关工作，各有关高校要为专家工作组成员开展工作给予积极支持。

六、北京高等学校继续教育状态数据平台开放时间为 2014 年 1 月 6 日至 2014 年 3 月 6 日。2014 年 1 月 10 日前，各高等学校要通过北京高等学校继续教育状态数据平台填报并打印《北京高等学校继续教育质量年度报告责任人情况表》（附件 3），同时加盖校章报送市教委高教处。2014 年 3 月 6 日前，各高等学校要通过北京高等学校继续教育状态数据平台上传并打印本校 2013 年继续教育质量年度报告及状态数据信息，同时以正式行文方式报送市教委高教处。我委将适时通报各校完成情况。

附件：1. 关于报送2013年北京高等学校继续教育特色成果的说明
2. 2013年度北京高校继续教育质量年度报告工作组成员（略）
3. 北京高等学校继续教育质量年度报告责任人情况表（略）

二〇一三年十一月二十八日

附件1

关于报送2013年度北京高等学校继续教育质量报告和特色成果报告的说明

一、继续教育质量报告基本要点

（一）学校继续教育办学定位和管理体制；

（二）学校学历继续教育基本情况和工作进展，重点突出教育教学改革、规范管理等质量保障体系建设方面的举措、效果和基本经验；

（三）学校非学历继续教育基本情况和工作进展，重点突出在办学模式、服务对象、体制机制等服务学习型社会建设方面的成效和基本经验；

（四）实施北京高等学校继续教育质量年度报告制度以来，对学校继续教育工作的作用和影响；

（五）（当前和今后3～5年）学校继续教育工作有待解决的主要问题以及成因分析；

（六）2014年度学校继续教育工作基本思路和重点。

二、特色成果专题

各校根据本校实际，可参考以下内容，对高校继续教育具有示范和推广作用的特色成果，形成专题报告。

（一）学校继续教育贯彻党的“十八大”精神和《国家中长期教育改革和发展规划纲要（2010～2020年）》的主要举措和取得的重要成果；

（二）本年度学校推进继续教育质量保障体系建设方面的新举措、成效和经验等；

（三）学校继续教育在人才培养模式、专业建设、培养方案等方面的改革探索成效和经验；

（四）学校继续教育在课程、教材、数字化资源、信息化平台建设和资源开放等方面所取得的进展和经验；

（五）队伍建设的举措、成效和经验；

（六）实习实训基地及产学研合作项目的举措、成效和经验；

（七）提升继续教育国际化水平的新进展；

（八）继续教育研究论文和调研（科研）报告。

以上特色成果要有别于常规性工作成效，应突出本校继续教育在改革发展中的新思路、新进展、新举措，尤其在突破性、创新性和实效性方面。成果项目的标题和内容要体现特色，突出重点。成果可作为主报告附件上传。

三、格式要求

（一）纸张及装订：A4纸打印，左侧装订，封面加盖学校公章；

（二）字体：题目用小二号黑体，一级标题用3号黑体，二级标题用小3号黑体，正文用4号仿宋体；

（三）行距：正文行距25磅。

北京市教育委员会

关于公布2013年高等学校在京成人高等教育校外教学站检查评估结果的通知

京教函〔2013〕608号

各高等学校，各在京高等学校函授教育、业余教育校外教学站：

根据教育部对成人高等学历继续教育工作以及进一步加强对高等学校设立校外教学站规范管理的相关要求，按照评估指标体系和工作程序，我委组织北京高等学校继续教育方面专家，组成检查评估工作组，对各类高等学校在京设立的近150个函授教育辅导站、业余教育校外教学点（本文件以下统称“校外教学站”）进行了检查评估。经我委确认批准，现将2013年校外教学站检查评估结果通知如下：

一、检查评估结果

（一）合格校外教学站

北京师范大学北京宣武红旗业余大学校外教学点等86个校外教学站的检查评估结果为合格。

北京语言大学北京市东城区职工大学校外教学点等14个申请设立的校外教学站通过评估。

（二）不合格校外教学站

长江大学北京市西城区实用信息培训学校函授教育辅导站等2

个校外教学站的检查评估结果为不合格。

（三）暂缓通过校外教学站

华北电力大学北京翻译研修学院校外教学点等 25 个校外教学站的检查评估结果为暂缓通过。

（四）自行撤销校外教学站

中央民族大学北京市房山区名师职业技能培训学校教学站等 18 个校外教学站在本次检查评估期间，因主办学校调整办学布局等原因自行撤销。

（五）有办学特色的校外教学站

中国农业大学北京市房山区农业机械化学校校外教学站、北京石油化工学院中芯国际集成电路制造有限公司校外教学点等 30 个校外教学站形成了各自办学特色，予以鼓励。

二、工作要求

（一）对检查评估不合格的校外教学站，建议主办高校及时予以撤销。主办高校应从维护首都教育办学秩序、保证高校继续教育质量的大局出发，认真落实撤销建议。我委将持续监督落实情况。

（二）暂缓通过的校外教学站，要在主办高校指导下及时自行整改。整改后，可在 2014 年 2 月底以前，由主办高校向市教委高教处提出书面复检申请，我委将适时组织复检。逾期未提出复检申请的，视为自动放弃。

对自动放弃复检或复检仍不合格的校外教学站，建议主办高校在 2014 年上半年内及时予以撤销，自 2014 年起，不得在京招收成人高等学历教育学生。

（三）已经自行撤销的校外教学站，自 2014 年度起，不得再招收成人高等学历教育学生。相关主办高校及其校外教学站要切实做好相关后续工作。

（四）未通过申请建站评估的校外教学站，建议在综合办学条件明显改善后，再行申请。在通过评估前，不得擅自进行任何形式的成人高等学历教育招生和办学。

（五）各有关高校及其在京的校外教学站，要严格按照教育部和市教委的相关规定，切实落实专家组对各校外教学站检查评估的书面反馈意见和建议，由主办高校牵头指导、组织认真整改，制定行之有效的对校外教学站教学指导和质量监督措施，坚决纠正各种不规范办学行为，自觉维护校外合作办学秩序，实现以评促改、以评促建，切实保证成人高等学历教育教学质量，以实际行动维护其办学信誉。

根据工作需要，我委将适时组织对高校在京成人高等教育校外教学站进行不定期检查。

附件：1. 检查评估合格校外教学站

2. 检查评估暂缓通过校外教学站

3. 检查评估不合格校外教学站

4. 主办学校自行撤销的校外教学站

5. 有办学特色的校外教学站

二〇一三年十二月六日

附件 1

检查评估合格校外教学站

1. 中国人民大学继续教育学院北京市海淀区教育考试培训中心教学工作站

2. 中国人民大学继续教育学院书资教育培训中心校外教学站

3. 中国人民大学继续教育学院北京市西城区教育考试中心培训学校校外教学站

4. 北京交通大学北京汽车工业控股有限责任公司干部学校校外教学点

5. 北京交通大学东城区职工大学校外教学点

6. 北京交通大学北京市顺义区社区教育中心校外教学点

7. 北京交通大学北京宣武红旗业余大学校外教学点

8. 北京航空航天大学北京市海淀区金航教育培训学校校外教学点

9. 北京航空航天大学成人高等教育北京市顺义区现代人职业技能培训学校校外教学点

10. 北京理工大学北京宣武红旗业余大学校外教学点

11. 北京科技大学北京市顺义区社区教育中心校外教学点

12. 北京科技大学北京国际青年研修学院教学站

13. 北京化工大学北京工业技师学院校外教学点

14. 北京化工大学北京市昌平区成人学校教学站

15. 北京化工大学中国石化集团北京燕山石油化工有限公司教育培训中心教学站

16. 中国农业大学北京农业职业学院校外教学点

17. 中国农业大学北京市房山区农业机械化学校教学站

18. 中国农业大学北京市海淀区达德职业技能培训学校校外教学站

19. 中国农业大学北京市顺义区社区教育中心校外教学点

20. 中国农业大学北京水利水电学校教学点

21. 中国农业大学南城教学点

22. 北京林业大学北京广播电视大学房山分校校外教学点

23. 北京林业大学北京市昌平区农业机械化学校校外教学点

24. 北京林业大学北京市海淀区向导学校校外教学点

25. 北京师范大学昌平函授站

26. 北京师范大学东城区现代远程教育培训中心夜大学教学站

27. 北京师范大学北京宣武红旗业余大学校外教学点

28. 北京师范大学首都联合职工大学校外教学点

29. 北京师范大学通州区教师研修中心校外教学点

30. 北京语言大学西城教学站

31. 北京语言大学北京市东城区职工大学校外教学点

32. 北京语言大学北京市海淀区向导学校校外教学点

33. 中国传媒大学北京金航新媒技术培训中心校外教学点

34. 中国传媒大学北京西城经济科学大学校外教学点

35. 中国传媒大学北京现代音乐研修学院校外业余教育教学中心

36. 对外经济贸易大学北京市昌平区成人学校校外教学点

37. 对外经济贸易大学首都联合职工大学校外教学点

38. 对外经济贸易大学北京市海淀区向导学校校外教学点

39. 北京体育大学国家体育总局训练局校外教学点

40. 中央民族大学北京广播电视大学房山分校校外教学点

41. 中央民族大学北京西城经济科学大学校外教学点

42. 中央民族大学北京市音乐舞蹈学校教学站

43. 华北电力大学北京供电培训学校校外教学点

44. 华北电力大学北京市海淀区达德职业技能培训学校校外教学点

45. 中华女子学院继续教育学院房职教学站

46. 中国石油大学（北京）大兴教学点

47. 中国石油大学（北京）丰台教学点

48. 中国石油大学（北京）朝阳教学点

49. 中国石油大学（北京）东城教学点

50. 中国石油大学（北京）崇文教学点

51. 中国地质大学（北京）北京翻译研修学院校外教学点

52. 中国地质大学（北京）北京市商业学校校外教学点

53. 中国青年政治学院北京市海淀区向导学校校外教学点

54. 北京工业大学北京建工集团党校校外教学点

55. 北京工业大学北京劳动保障职业学院校外教学点

56. 北京工业大学北京信息职业技术学院校外教学点

57. 北京工业大学北京市西城区财贸管理培训学校教学站

58. 北方工业大学北京广播电视大学昌平分校校外教学点（成人）

59. 北方工业大学房山职业学校校外教学站（成人）

60. 北方工业大学北汽集团培训中心校外教学站（成人）

61. 北方工业大学门头沟区社区学院校外教学站（成人）

62. 北京石油化工学院中芯国际集成电路制造有限公司校外教学点

63. 首都经济贸易大学朝阳区教学点

64. 中国音乐学院北京现代音乐研修学院校外教学站

65. 北京舞蹈学院北京现代音乐研修学院校外教学站

66. 北京信息科技大学北京市工贸技师学院校外教学站

67. 北京信息科技大学北京信息职业技术学院校外教学点

68. 北京联合大学应用文理学院夜大学通州区教学点

69. 北京信息职业技术学院北京市顺义区社区教育中心校外教学点

70. 北京电子科技职业学院北京密云职业学校校外教学点

71. 首钢工学院首钢矿业公司校外教学点

72. 北京农业职业学院平谷区建筑职业技能培训学校教学站点

73. 北京农业职业学院北京市昌平区成人学校校外教学点

74. 北京农业职业学院北京市通州区东大文化培训学校校外教学点

75. 北京经济管理职业学院北京广播电视大学房山分校校外教学点

76. 北京经济管理职业学院继续教育学院商务分部

77. 北京经济管理职业学院北京密云职业学校校外教学点

78. 北京市总工会职工大学金隅集团北京金隅科技学校教学站

79. 北京市总工会职工大学北京现代汽车有限公司校外教学点

80. 北京市总工会职工大学北汽福田汽车股份有限公司校外教

学站

81. 北京市总工会职工大学燃气集团校外教学点

82. 北京市总工会职工大学中国石化集团北京燕山石油化工有限公司教育培训中心教学站点

83. 北京教育学院北京平谷教育培训中心校外教学点

84. 北京教育学院北京市昌平区教师进修学校校外教学点

85. 北京教育学院北京市密云县教师培训中心校外教学点

86. 北京教育学院通州区教师研修中心校外教学点

87. 北京教育学院延庆县教育科学研究中心校外教学点

88. 北京广播电视大学北京市东城区现代远程教育培训中心工作站

89. 北京广播电视大学供销学校工作站

90. 北京广播电视大学北京一商干校校外教学点

91. 北京广播电视大学房山分校校外教学点

92. 北京广播电视大学首都图书馆校外教学点

93. 北京市西城经济科学大学北京市实美职业学校校外教学点

94. 长江大学北京市海淀区向导学校函授辅导站

95. 长沙理工大学北京交通运输职业学院函授站

96. 重庆大学中建一局北京技术培训中心函授教育辅导站

97. 华东交通大学北京铁路电气化学校函授站

98. 沈阳药科大学继续教育学院北京分院

99. 武汉大学北京市测绘设计研究院函授教育辅导站

100. 中国民航大学北京函授教育辅导站

附件 2

检查评估暂缓通过校外教学点

1. 华北电力大学北京翻译研修学院校外教学点
2. 华北电力大学北京文理研修学院校外教学点
3. 北京交通大学京煤集团党校校外教学点
4. 北京科技大学华大研修学院校外教学站
5. 北京林业大学北京市海淀区思德培训学校校外教学点
6. 北京师范大学继续教育与教师培训学院北京市新东方烹饪职业技能培训学校夜大学教学站
7. 北京体育大学国家体育总局冬季运动管理中心函授辅导站
8. 中央民族大学北京旅游专修学院校外教学点
9. 中央民族大学北京市海淀区职工大学教学站
10. 中央民族大学北京市通州区东大文化培训学校校外教学点
11. 中央民族大学北京市西城区实用信息培训学校教学站
12. 中国政法大学北京吉利大学校外教学点
13. 中华女子学院继续教育学院北京民族大学教学站
14. 中华女子学院北京市西城区实用信息培训学校教学站
15. 中国劳动关系学院北京市西城区实用信息培训学校教学站
16. 北京印刷学院北京市新媒体技师学院校外教学点
17. 北京石油化工学院北京市新媒体技师学院校外教学点
18. 北京物资学院住总集团党校校外教学点
19. 北京信息科技大学北京应用技术大学教学点
20. 北京联合大学继续教育学院现代管理大学校外教学站
21. 北京信息职业技术学院北京市应用高级技工学校校外教学点
22. 北京信息职业技术学院北京市新媒体技师学院校外教学点

23. 北京经济管理职业学院北京市机械工业管理局党校校外教学点

24. 北京劳动保障职业学院北京市新媒体技师学院校外教学点

25. 北京广播电视大学金融学院工作站

附件 3

检查评估不合格校外教学站

1. 长江大学北京市西城区实用信息培训学校函授教育辅导站

2. 北京石油化工学院北京市西城区实用信息培训学校校外教学点

附件 4

主办学校自行撤销的校外教学站

1. 中央民族大学北京市房山区名师职业技能培训学校教学站

2. 中央民族大学北京新亚研修学院校外教学点

3. 中国人民大学继续教育学院北京经济管理职业学院校外教学点

4. 中国人民公安大学北京警察学院校外教学点

5. 北京体育大学北京爱德斯培训学校校外教学点

6. 中国地质大学（北京）崇文财贸干部学校校外教学点

7. 中国青年政治学院继续教育学院北京市西城区教育考试中心培训学校夜大教学点

8. 北京物资学院北京翻译研修学院校外教学站

9. 北京物资学院北京市顺义区社区教育中心校外教学点

10. 北方工业大学石景山区委党校校外教学点

11. 北京石油化工学院北京市通州区东大文化培训学校校外教学点

12. 北京石油化工学院丰台区电子商务培训学校校外教学点

13. 北京信息科技大学北京快达通讯设备有限公司校外教学点

14. 北京联合大学北京东方大学教学站

15. 北京联合大学北京人文大学校外教学站

16. 北京联合大学北京应用技术大学教学点

17. 北京联合大学北京翻译研修学院校外教学点

18. 北京劳动保障职业学院北京理工大学房山分校校外教学点

附件 5

有办学特色的校外教学站

1. 中国农业大学北京市房山区农业机械化学校校外教学站

2. 中国农业大学北京农业职业学院校外教学点

3. 中国人民大学继续教育学院北京市海淀区教育考试培训中心教学工作站

4. 北京交通大学东城区职工大学校外教学点

5. 北京交通大学北京汽车工业控股有限责任公司干部学校校外教学点

6. 北京交通大学北京宣武红旗业余大学校外教学点

7. 北京理工大学北京宣武红旗业余大学校外教学点

8. 北京林业大学北京市海淀区向导学校校外教学点

9. 北京师范大学昌平函授站

10. 北京师范大学北京宣武红旗业余大学校外教学点

11. 北京体育大学国家体育总局训练局校外教学点

12. 华北电力大学北京供电培训学校校外教学点

13. 中国石油大学（北京）东城教学点

14. 中国石油大学（北京）朝阳教学点

15. 北京石油化工学院中芯国际集成电路制造有限公司校外教学点

16. 北京工业大学北京劳动保障职业学院校外教学点

17. 北方工业大学北京广播电视大学昌平分校校外教学点（成人）

18. 北方工业大学北汽集团培训中心校外教学站（成人）

19. 北方工业大学房山职业学校校外教学站（成人）

20. 首都经济贸易大学朝阳区教学点

21. 北京市总工会职工大学中国石化集团北京燕山石油化工有限公司教育培训中心教学站

22. 北京市总工会职工大学燃气集团校外教学点

23. 北京教育学院北京平谷教育培训中心校外教学点

24. 北京教育学院延庆县教育科学研究中心校外教学点

25. 北京广播电视大学房山分校校外教学点

26. 北京广播电视大学北京一商干校校外教学点

27. 北京广播电视大学北京市东城区现代远程教育培训中心工作站

28. 华东交通大学北京铁路电气化学校函授站

29. 沈阳药科大学继续教育学院北京分院

30. 中国民航大学北京函授辅导站

北京市教育委员会

关于公布2013年北京高等学校示范性校内创新实践基地建设单位名单的通知

京教函〔2013〕650号

各有关普通高等学校：

根据市教委《关于进一步提高北京高等学校人才培养质量的若干意见》（京教高〔2012〕26号）、《关于开展北京高等学校校内创新实践基地建设的通知》（京教函〔2011〕702号）以及《关于开展北京高等学校示范性校内创新实践基地建设工作的通知》（京教函〔2013〕466号），我委组织开展了2013年北京高等学校示范性校内创新实践基地立项评审工作。经学校申报、专家评审、答辩考察、市教委审核，决定认定北京大学生物医学创新实践基地等25个基地为2013年北京高等学校示范性校内创新实践基地建设单位。现将名单予以公布。

北京高等学校示范性校内创新实践基地建设单位要按照“突出创新、注重特色、开放共享”的原则，进一步加强建设，加大经费投入，完善运行机制，积极探索创新性人才培养的有效模式，为高校创新人才培养工作起到示范和辐射作用。各高校要不断推进校内创新实践基地建设，加大投入力度，完善配套政策，深化实践教学综合改革，为培养学生的自主创新能力和创新意识营造良好的环境和氛围。

二〇一三年十二月二十日

附件

2013年北京高等学校示范性校内创新实践基地建设单位名单

序号	学校名称	基地名称
1	北京大学	生物医学创新实践基地
2	清华大学	校内工程创新实践基地
3	北京交通大学	校内创新实践基地
4	北京航空航天大学	经济管理创新实践基地
5	北京理工大学	基础教育阶段创新实践基地
6	北京科技大学	工程实践创新基地
7	北京邮电大学	电子信息创新实践基地
8	中国农业大学	信息与电气工程创新实践基地
9	中国传媒大学	中传网络电视台创新实践基地
10	中央财经大学	商业领袖实训营校内创新实践基地
11	对外经济贸易大学	“国际商贸人才”校内创新实践基地
12	中国政法大学	校内创新实践基地
13	华北电力大学	电力之光创新实践基地
14	中国地质大学（北京）	物理技能实践创新基地
15	北京工业大学	大学生校内综合创新实践基地
16	北京服装学院	基于工作室协作机制的时尚创新校内实践基地
17	北京印刷学院	数字艺术设计创新实践基地
18	北京建筑大学	大学生实践创新基地
19	北京农学院	种植类专业校内创新实践基地

续表

序号	学校名称	基地名称
20	首都医科大学	基础医学校内创新实践基地
21	首都师范大学	教师教育校内创新实践基地
22	首都经济贸易大学	文法类卓越人才培养创新实践基地
23	北京电影学院	电影创新实践基地
24	北京信息科技大学	大学生创新实践教学基地
25	北京联合大学	普通与特殊教育相结合的校内创新实践基地

北京市教育委员会

关于印发北京高校专业群专家委员会教学协作委员会章程的通知

京教高〔2013〕15号

各有关高等学校：

为进一步推进北京高校专业群建设，深化专业内涵，促进专业群专家委员会、教学协作委员会开展工作，现将《北京高校专业群专家委员会、教学协作委员会章程》予以印发。

二〇一三年十二月二十七日

北京高校专业群专家委员会教学协作委员会章程

总　则

第一条　为推动高校间同类专业、高校内相近专业之间的合作建设，深化专业建设内涵，提高专业培养方案和课程体系设计的规范化程度，实现资源共享、优势互补，形成专业集群合力，提高高等教育质量，市教委开展北京高校专业群建设。

第二条　为顺利推动北京高校专业群建设，市教委对每个专业群指定牵头高校，并聘请专家组成专业群专家委员会和教学协作委员会。

第三条　北京高校专业群专家委员会和专业群教学协作委员会是在市教委领导下的专家组织，负责对本专业群涉及的北京高校相关本科专业的教学工作进行研究、指导、评估、服务等。

组织机构

第四条　专业群专家委员会，一般设 10～15 名委员，由北京高校中相关专业教育部教学指导委员会成员、领域知名教授、相关知名企业负责人组成，代表该专业领域较高水平；委员会设主任委员、副主任委员各 1 名，一般为牵头高校学科专业带头人；设秘书长 2 名，为牵头高校专业负责人。

第五条　专业群教学协作委员会，应为开设专业群涉及相关专业、且愿意参与专业群建设的北京高校专业负责人；委员会设主任委员、副主任委员各 1 名，一般为牵头高校学科专业教学负责人；

设秘书长 2 名。

第六条　专业群专家委员会及专业群教学协作委员会组成由各专业群牵头高校提名，经征询相关高校意见、市教委审核后正式聘请并颁发聘书。

第七条　委员任期一般为 5 年。

工作职责

第八条　专业群专家委员会主要职责是：

（一）研究专业建设内涵，就专业定位与特色发展，教学资源、实践教学与实验室建设、专业教学改革、体制机制创新以及专业标准和评估等方面向市教委提出咨询意见和政策建议。

（二）组织开展本专业群相关教学领域的理论与实践研究，定期对本专业群涉及的相关专业建设的基本方针、整体规划、建设思路等方面进行研讨。

（三）研究制定本专业群规范化的专业建设标准、培养方案、课程体系建设标准，指导开展核心课程资源共享课建设。

（四）完成市教委委托的其他任务。

第九条　专业群教学协作委员会主要职责是：

（一）开展本专业群相关教学领域的理论与实践研究，搭建群内高校专业建设的合作交流平台。

（二）落实专业群建设实施方案，探索推动群内高校教师队伍、课程体系、实践教学和教育资源共享等合作机制。

（三）实施专业群核心课程资源共享课建设工作。

（四）完成市教委委托的其他任务。

工作方式

第十条　专家委员会一般每年至少召开一次全体会议，教学协作委员会根据工作需求，不定期召开全体会议。

第十一条 专家委员会及教学协作委员会决议，一般需有三分之二以上委员到会，二分之一委员同意方可有效。

第十二条 各专业群专家委员会、教学协作委员会按计划开展工作，在主任委员的带领下，每年形成年度工作计划，开展有关工作，并及时将工作计划、有关材料、工作总结报至市教委。

第十三条 各高校应提供必要条件积极支持专业群专家委员会和教学协作委员会的工作。

附 则

第十四条 对本章程条款的增加、修正和废除，需经各专业群专家委员会及教学协作委员会全体会议讨论通过，报市教委批准后实施。

职业与成人教育

北京市教育委员会文件选编

（2013）

北京市教育委员会

关于同意部分中等职业学校2013年新设专业备案的通知

京教职成〔2013〕1号

各区县教委，各有关中等职业学校：

根据《北京市中等职业学校专业设置管理办法实施细则（试行）》（京教职成〔2010〕13号），本着加强宏观调控、优化资源配置、服务产业发展、促进技能型人才培养和鼓励特色专业建设的原则，我委组织专家对部分中等职业学校申报备案的2013年拟招生新专业（技能方向）进行了评议。经研究，同意北京市商务科技学校等23所学校“数字媒体技术应用”等38个专业（技能方向）备案（详见附件1），从2013年起列入招生计划。

2013年有新增专业的公立学校要及时填写《北京地区中等职业学校收取学费标准申报表》（详见附件2），办理收费许可手续；民办中等职业学校收费按相关规定办理。

附件：1. 北京市中等职业学校2013年新设专业一览表

2. 北京地区中等职业教育学校收取学费标准申报表（略）

二〇一三年一月二十一日

附件 1

北京市中等职业学校 2013 年新设专业一览表

一、普通中专

序号	学校名称	专业类别	专业代码	专业名称	专业（技能）方向	学制
1	北京市商务科技学校	公共管理与服务类	180800	产品质量监督检验	纺织品检测＊★	四年
2	北京市商务科技学校	信息技术类	090200	数字媒体技术应用＊	数字影音后期制作	四年
3	北京市商务科技学校	信息技术类	091900	物联网技术应用＊★	物流管理	四年
4	北京金隅科技学校	加工制造类	053100	机电技术应用＊	工业机器人应用与维护★	四年
5	北京水利水电学校	土木水利类	041200	市政工程施工＊	市政轨道交通工程施工	四年
6	北京水利水电学校	土木水利类	041400	铁道施工与养护＊	城市轨道施工与养护	三年
7	北京市园林学校	旅游服务类	130500	景区服务与管理＊	景区导游、休闲旅游服务	三年
8	北京市经济管理学校	文化艺术类	140400	影像与影视技术＊	影视技术、摄影艺术	三年
9	北京市经济管理学校	公共管理与服务类	180300	商务助理＊		三年
10	北京市供销学校	财经商贸类	120100	会计	企业会计	四年
11	北京市国际艺术学校	文化艺术类	142200	美术设计与制作＊	舞台美术设计与制作★	三年

续表 1

序号	学校名称	专业类别	专业代码	专业名称	专业(技能)方向	学制
12	首都铁路卫生学校	加工制造类	052600	医疗设备安装与维护 *		三年

二、职业高中

序号	区县	学校名称	专业类别	专业代码	专业名称	专业(技能)方向	学制
1	东城	北京现代职业学校	信息技术类	090200	数字媒体技术应用 *		三年
2	东城	北京现代职业学校	信息技术类	091100	计算机与数码产品维修 *		三年
3	东城	北京市东城区中央音乐学院鼎石实验学校	文化艺术类	140800	音乐 *	声乐表演、器乐表演	三年
4	西城	北京市外事学校	文化艺术类	181600	文化场馆服务与管理 * ★	剧院综合服务	三年
5	西城	北京市实美职业学校	财经商贸类	120500	保险事务 *	社会保障	三年
6	西城	北京市实美职业学校	司法服务类	170100	法律事务 *	司法文秘	三年
7	西城	北京市实美职业学校	信息技术类	90200	数字媒体技术应用 *	数字影像拍摄	三年
8	西城	北京市财会学校	财经商贸类	120200	会计电算化 *	在线会计 ★	三年

续表 2

序号	区县	学校名称	专业类别	专业代码	专业名称	专业(技能)方向	学制
9	朝阳	北京市电气工程学校	交通运输类	080700	城市轨道交通运营管理＊		三年
10	海淀	北京市商务管理学校	旅游服务类	130700	中餐烹饪与营养膳食		三年
11	海淀	北京市商务管理学校	财经商贸类	120100	会计	企业会计、金融业会计＊	三年
12	海淀	北京市商务管理学校	财经商贸类	121100	电子商务	商务网站建设＊★	三年
14	门头沟	北京市门头沟区中等职业学校	旅游服务类	130600	会展服务与管理＊		三年
15	门头沟	北京市门头沟区中等职业学校	公共管理与服务类	180700	物业管理＊	社区物业管理	三年
16	通州	北京新城职业学校	交通运输类	082500	汽车运用与维修＊	汽车机修	三年
17	顺义	北京市顺义区水木年华艺术学校	文化艺术类	142000	工艺美术＊		三年
18	顺义	北京市顺义区水木年华艺术学校	文化艺术类	140900	舞蹈表演＊	中国舞表演、芭蕾舞表演	三年
19	大兴	北京市大兴区第一职业学校	轻纺食品类	070200	平面媒体印制技术＊		三年

续表 3

序号	区县	学校名称	专业类别	专业代码	专业名称	专业(技能)方向	学制
20	昌平	北京市昌平职业学校	休闲保健类	110100	美容美体*		三年
21	密云	北京市密云县职业学校	信息技术类	091100	计算机与数码产品维修*		三年
22	密云	北京市密云县职业学校	农林牧渔类	10700	果蔬花卉生产技术*		三年

三、独立设置的成人中职学校

序号	学校名称	专业类别	专业代码	专业名称	专业(技能)方向	学制
1	北京市农业广播电视中等专业学校	农林牧渔类	010400	循环农业生产与管理*	农村新能源利用技术★	三年
2	北京市农业广播电视中等专业学校	农林牧渔类	010200	现代农艺技术*		三年
3	北京市农业广播电视中等专业学校	农林牧渔类	013100	农村经济综合管理*	农民专业合作社★	三年
4	九华旅游职业学校	体育与健身	150200	休闲体育服务与管理*		三年

注：表中标注*的为新增的专业或专业（技能）方向，标注★的为《目录》外的专业或专业（技能）方向。

北京市教育委员会

关于建立北京市职业院校物流服务与管理专业共享型实训基地的通知

京教函〔2013〕55号

各区县教委，各有关职业院校：

为贯彻落实《北京市“十二五”时期教育改革和发展规划》要求，创新职业教育实训基地建设运行管理模式，优化资源配置，进一步提高投资使用效益，经研究，决定依托北京市商务科技学校开展“北京市职业院校物流服务与管理专业共享型实训基地”建设运行试点，现将有关事项通知如下：

一、从2013年3月开始，北京市商务科技学校“物流服务与管理”专业实训基地面向本市开设同类专业的中、高等职业院校学生实训服务，积极开展相关技术技能培训。

二、北京市商务科技学校负责物流服务与管理专业共享型实训基地的日常运行与管理，建立健全有关章程和管理规范；负责做好需求调研，培训项目开发，制定和发布年度培训计划，落实和完成年度培训任务；负责做好相关后勤服务和保障工作。

三、各开设物流类专业的职业院校要加强与北京市商务科技学校的联系与合作，应于每年年初根据本校实际提出培训需求，积极协助制定和落实培训计划，选派专业教师参与协助指导学生实训，并对共享型实训基地的运行管理提出意见和建议。

四、各有关学校要密切合作，协同创新，积极探索共享型实训基地的运行管理规律，加强校企合作，充分发挥基地开展教育教学和服务社会的功能，将基地建设成为多功能、开放式、合作型的职业教育实训基地。

二〇一三年一月二十五日

北京市教育委员会

转发教育部关于开展国家级农村职业教育和成人教育示范县创建工作文件的通知

京教职成〔2013〕2号

各有关区县教委：

现将教育部《关于开展国家级农村职业教育和成人教育示范县创建工作的通知》（教职成〔2013〕1号）转发给你们，请按照文件要求，进一步加强对职业教育与成人教育工作的领导，结合各自实际积极开展示范县创建工作。我委将适时组织开展评估工作。

二〇一三年二月二十六日

教育部

关于开展国家级农村职业教育和成人教育示范县创建工作的通知

教职成〔2013〕1号

各省、自治区、直辖市教育厅（教委），新疆生产建设兵团教育局，各有关单位：

为深入贯彻《国家中长期教育改革和发展规划纲要（2010～2020年）》，落实教育部等九部门联合印发的《关于加快发展面向农村的职业教育的意见》（教职〔2011〕13号）关于组织开展国家级农村职业教育和成人教育示范县创建活动要求，引导地方各级政府切实履行好发展面向农村的职业教育职责，推动县域职业教育和成人教育又好又快发展，现就示范县创建工作有关事项通知如下。

一、指导思想和目标任务

紧紧围绕教育规划纲要确定的战略目标和任务要求，通过示范县创建活动，落实县级政府发展职业教育和成人教育责任，强化职业教育和成人教育资源的统筹协调和综合利用，深化改革创新，提升农村职业教育和成人教育基础能力，为县域经济社会发展、产业发展提供人力支撑。树立一批农村职业教育和成人教育典型，充分发挥示范县引领辐射作用，推动全国农村职业教育和成人教育改革发展。

二、创建范围

县、市及涉农区人民政府。

以县、市为主，兼顾涉农区及新疆生产建设兵团、黑龙江农垦总局下辖县级单位。涉农区系指区内常住人口中农业常住人口所占比例超过30%的区，包括地级市的区、副省级城市所辖区、直辖市所辖区。

示范县创建工作向农、林、牧、副、渔、水利、粮食等大县（市、区）以及农业社会化服务开展较好的县（市、区）倾斜。

三、组织实施

5年内创建300个国家级农村职业教育和成人教育示范县。分年度创建工作的组织实施将另文通知。

1. 有意愿参加创建工作的县（市、区）以县级人民政府名义向省级教育行政部门申报。参与申报的县（市、区）要加强对县域职业教育和成人教育工作的组织领导，健全组织管理、运行机制、体系建设、经费筹措等方面制度，切实解决制约职业教育和成人教育改革发展的重大问题。

2. 省级教育行政部门对自愿申报的县（市、区）开展评估，并将评估意见报送到教育部职业教育与成人教育司。省级教育行政部门负责本地区示范县创建工作，要依据《国家级农村职业教育和成人教育示范县工作要求》，结合本地实际研究制定具体实施办法，深入开展宣传推广活动，充分发挥示范县的辐射作用，推动当地农村职业教育和成人教育迈上新台阶。

3. 教育部组织对省级教育行政部门评估意见进行审核并公布国家级示范县名单。

示范县创建涉及面广、政策性强，各地要高度重视，做好组织实施工作。在示范县创建过程中有任何问题和建议，请及时与职业教育与成人教育司联系。

附件：1. 国家级农村职业教育和成人教育示范县工作要求

2. 国家级农村职业教育和成人教育示范县创建申报书（略）

二〇一三年一月五日

附件 1

国家级农村职业教育和成人教育示范县工作要求（试行）

<table>
<tr><th colspan="3">示范要求</th></tr>
<tr><td rowspan="11">组织领导</td><td rowspan="6">政府统筹</td><td>职业教育和成人教育纳入县域经济社会发展总体规划。</td></tr>
<tr><td>县域产业发展规划明显体现职业教育和成人教育人力支撑作用。</td></tr>
<tr><td>制定县域职业教育和成人教育中长期发展规划。</td></tr>
<tr><td>开展三农人才需求预测，科学规划三农人才培养培训工作。</td></tr>
<tr><td>促进农科教结合，有机整合县域职业教育培训资源。</td></tr>
<tr><td>加强基础教育、职业教育和成人教育统筹，保持高中阶段在校生职普比大体相当，保障成人教育与其他类型教育协调发展。</td></tr>
<tr><td rowspan="2">体制机制</td><td>成立由政府主要领导任组长，相关部门为成员的职业教育部门联席会议（或相应职成教育领导机构），明确相关部门促进和保障职成教育发展的职责，下设专门办事机构，统筹县域职业教育和成人教育发展。</td></tr>
<tr><td>完善管理制度，建立督促检查、考核奖惩和问责机制，职成教育发展纳入政府相关部门工作考核。</td></tr>
<tr><td rowspan="3">政策措施</td><td>贯彻落实国家、省加快发展农村职成教育要求有政策，有措施。</td></tr>
<tr><td>对农村职业学校改革发展及开展涉农培养培训工作给予政策倾斜。</td></tr>
<tr><td>职业教育和成人教育纳入县乡年度工作计划，并进行督导考核。</td></tr>
</table>

续表 1

示范要求		
条件保障	队伍建设	职业学校教师队伍数量充足、结构合理、专兼结合、相对稳定。职教生师比不超过 20∶1，“双师型”教师占专任教师比例不低于 60%。教师队伍培养培训规划落实。
		乡镇成人文化技术学校按不低于乡镇常住人口万分之一的比例配备专职人员，且每校不得少于 3 人，编制落实。
	经费投入	县级政府设立职业教育专项经费，统筹用于县域职业教育培训。城市教育费附加用于职业教育比例不低于 30%，职业教育免学费和助学金政策地方配套经费足额到位，督促企业落实按照职工工资总额的 1.5%～2.5%足额提取职工教育培训经费。
		县级政府设立成人教育专项经费，按县域常住人口人均不少于 1 元筹措，纳入年度财政预算。
		中等职业学校生均公用经费标准不低于普通高中。财政安排专门的教师培训经费，专项经费不低于职成教育教师工资总额的 1.5%。
		职业教育和成人教育经费使用情况监测制度完善、执行有力。经费使用的绩效评估方法科学、软硬件投入比例合理。
	网络构建	构建起以县级职业教育中心为龙头，乡镇成人文化技术学校为骨干，村级成人文化技术学校为基础的县域职业教育培训网络，网络运行机制良好。乡村成人文化技术学校覆盖率达到相当比例。
		加强职业教育和成人教育资源库建设，开展远程教育，不断提升信息化水平。
		推动职业教育集团化办学，提高职业教育办学质量。广泛开展校企合作，社会效益显著。
	实训条件	加强职业学校实训基地建设，实训设备总值不少于 2000 万元，生均仪器设备值高于 4000 元，能满足校内教学和“三农”人才培养培训要求。

续表 2

<table>
<tr><th colspan="3">示范要求</th></tr>
<tr><td rowspan="6">发展水平</td><td rowspan="2">规模结构</td><td>职业学校数量与当地人口和经济社会发展要求适应。中等职业教育与普通高中招生比例大体相当。</td></tr>
<tr><td>注重培训成果，职业学校积极开展各种类型的社会培训，人次达到学历教育学生数 2 倍以上。</td></tr>
<tr><td rowspan="4">质量效益</td><td>县域内至少有 1 所国家级中等职业教育改革发展示范学校或国家级重点中等职业学校。</td></tr>
<tr><td>实施分类培训，基本满足群众就业创业、增收致富和社会文化生活需求。农村实用人才数量基本满足现代农业发展需求。</td></tr>
<tr><td>专业设置与县域主导产业、特色产业和现代农业紧密对接，服务地方经济发展能力强，满足本地经济社会发展需要。</td></tr>
<tr><td>每个农户家庭至少有一名劳动力通过培训掌握 1～2 项实用技术，人民群众对职业教育和成人教育满意度较高。</td></tr>
<tr><td colspan="2" rowspan="3">特色（创新）</td><td>创建示范县过程中，在组织管理、运行机制、体系建设、经费筹措、产教结合、人才培养、社会培训等方面有创新举措，效果显著，在省市内有较大影响，具有示范推广价值。</td></tr>
<tr><td>县域设立涉农专业发展专项经费，对涉农专业教师的配备与培训有倾斜政策，在农业生产主产区建有稳定、一定规模的涉农专业校内外实训基地，产教结合成果突出。</td></tr>
<tr><td>县域乡镇成人文化技术学校具有独立法人地位，实现独立建制、独立校园。</td></tr>
</table>

北京市教育委员会

关于继续开展中高等职业教育衔接办学工作试点的通知

京教职成〔2013〕3号

各有关区县教委，各有关职业院校：

为贯彻《国家中长期教育改革和发展规划纲要（2010～2020年）》，落实教育部国家教育体制改革试点工作任务，加快建设适应首都经济发展方式转变和产业结构调整要求、体现终身教育理念的中等和高等职业教育协调发展的现代职业教育体系，系统培养高技能人才，我委决定在2012年试点的基础上，继续开展以“3＋2”为主体的中高职衔接办学试验及相关招生考试试点。现将有关事项通知如下：

一、根据我市重点产业和重点区域发展对高技能人才的实际需求，拟在17所中高等职业院校、10个专业试点的基础上，适当增加试点学校和试点专业（见附件）。

二、招生计划控制在1360人左右，一般每个试点专业两个教学班（人数控制在70至80人）。

三、各学校要按照市教委《关于开展中高等职业教育衔接办学工作试点的通知》（京教职成〔2012〕3号）和《关于“3＋2”中高职衔接办学试点人才培养方案制定中相关问题的通知》（京教函〔2012〕379号）的要求，建立、健全工作协调机制，统筹管理力量、教育资源、师资力量组织开展试验工作，做好中高职衔接办学试验招生、培养方案制定、教育教学管理等工作，确保试验工作顺利、健康进行。

附件："3+2"中高职衔接试验2013年试点学校和专业

二〇一三年三月七日

附件

"3+2"中高职衔接试验2013年试点学校和专业

序号	高等职业学院	中等职业学校	中职试验专业
1	北京吉利大学	北京市昌平职业学校	汽车制造与检修
2	北京北大方正软件技术学院	北京市信息管理学校	计算机网络技术
3	北京汇佳职业学院	北京市求实职业学校	学前教育
4	北京电子科技职业学院	北京市金隅科技学校	数控技术应用
		北京铁路电气化学校	电气运行与控制
		北京市电气工程学校	电子信息技术
5	北京财贸职业学院	北京市商业学校	市场营销（珠宝玉石营销）
		北京市商务科技学校	物流服务与管理
		北京市国际职业教育学校	旅游服务与管理

续表

序号	高等职业学院	中等职业学校	中职试验专业
6	北京农业职业学院	北京市园林学校	园林技术
7	北京工业职业技术学院	北京市自动化工程学校	模具制造技术
8	北京劳动保障职业学院	北京铁路电气化学校	城市轨道交通运营管理
		北京昌平职业学校	航空服务
9	北京交通运输职业学院	北京市电气工程学校	城市轨道交通车辆运用与检修
		丰台职业教育中心学校	汽车运用与维修
10	北京信息职业技术学院	北京市商务科技学校	物联网技术应用（物流管理）
		北京市信息管理学校	动漫游戏

北京市教育委员会办公室

转发教育部职成司关于印发《社区教育工作者岗位基本要求》文件的通知

京教办函〔2013〕15号

各区县教委：

现将教育部职成司《关于印发〈社区教育工作者岗位基本要

求〉的通知》(教职成司函〔2013〕35号)转发给你们，请结合本区县社区教育工作实际认真贯彻执行，切实加强社区教育工作者队伍建设，为推进首都学习型城市建设提供人才支持和保障。

二〇一三年四月十八日

教育部职成司

关于印发《社区教育工作者岗位基本要求》的通知

教职成司函〔2013〕35号

各省、自治区、直辖市教育厅（教委)，各计划单列市教育局，新疆生产建设兵团教育局：

为深入贯彻党的十八大精神，落实教育规划纲要和全国继续教育工作会议精神，推进学习型社会建设，我们研究制定了《社区教育工作者岗位基本要求》，现印发给你们，请结合各地实际执行。在执行过程中发现的情况和问题，请及时反馈我司成人教育培训处。

附件：社区教育工作者岗位基本要求

二〇一三年三月十四日

附件

社区教育工作者岗位基本要求

一、工作分类

社区教育工作者是指社区教育的管理人员和专职教学人员。

（一）管理人员。

指社区教育机构、街道（乡镇）及相关部门主要从事社区教育管理的工作人员。

（二）专职教学人员。

指在社区教育机构中专职从事社区教育的教学、研究和辅导等工作的专业人员，包括社区教育中心（社区学院）、社区学校、市民学校等机构在职教师。

二、岗位职责

（一）管理人员的岗位职责。

1. 贯彻执行党和国家的教育方针、政策和法规，宣传、普及社区教育、终身教育、学习型社会理论和知识。

2. 负责社区教育的管理工作，主持或参与制定社区教育发展规划、年度计划及工作管理制度。

3. 组织社区教育调查研究，依据社区发展需要和社区成员学习需求，开发社区教育项目和资源，制订社区教育培训计划。

4. 指导和推进社区的学习、教育活动和各类学习型组织的创建。

5. 定期组织对社区教育教学质量进行督查评估。

6. 组织社区教育工作者的教育培训，不断提高他们的思想品德修养和专业素质。

7. 对社区教育志愿人员进行组织管理和表彰激励。

8. 组织开展社区教育理论研究，总结、交流、推广社区教育管理工作经验和理论研究成果。

（二）专职教学人员的岗位职责。

1. 贯彻落实党和国家的教育方针、政策和法规，宣传、普及社区教育、终身教育、学习型社会理论和知识。

2. 承担社区教育培训、辅导和教学组织等日常教学工作，保证教育教学质量。

3. 积极参与社区教育调查研究，主持或参与教学计划的制订、培训项目与课程资源的开发。

4. 积极参与社区教育教学改革，更新教学内容，创新教学模式，改进教学方法，提高教学水平。

5. 负责对社区教育志愿人员和学习团队进行业务指导并协助组织管理。

6. 开展社区教育教学理论研究，做好教育培训的个案研究和经验总结。

三、岗位要求

（一）管理人员的岗位要求。

1. 任职资格。

应具备大学专科（含）以上学历（或相当学力）；具有一定的管理工作经验。

2. 基本素质。

（1）具有良好的思想政治素质和职业道德，践行社会主义核心价值观；热爱社区教育事业，具有较强的事业心和责任感；树立“教育大计，教师为本”理念，尊重教学人员劳动，维护教学人员权益；尽责完成本职工作。

（2）掌握党和国家教育方针政策，遵守教育法律法规，熟悉国家和本地区相关法律法规和现行重要政策。

（3）具有基本的社区教育理论知识，掌握社区教育管理的基本理论和方法。

（4）具备组织管理、社会调研、沟通协调、发展策划以及较强的语言文字表达等能力，能够熟练使用计算机。

(5) 身体健康，心理素质好，具有亲和力，善于与他人沟通交流；具有较强的心理承受能力，善于自我调节情绪，保持平和心态。

(二) 专职教学人员的岗位要求。

1. 任职资格。

(1) 社区学校专职教学人员应具有大学专科（含）以上学历（或相当学力）；社区教育中心（社区学院）专职教学人员应具有大学本科（含）以上学历。

(2) 持有相应的教师资格证书。

2. 基本素质。

(1) 具有良好的思想政治素质和职业道德，践行社会主义核心价值观；热爱社区教育事业，具有职业理想和敬业精神；树立“学习者为本，师德为先”的理念；关心和爱护学习者，尊重学习者人格。

(2) 掌握党和国家方针政策，遵守教育法律法规，了解国家和本地区相关法律法规和现行重要政策。

(3) 具备一定的社区教育专业理论知识，并掌握一至两门适合社区培训的专业理论、知识和技能，掌握现代化教育教学手段。

(4) 具备与教学层次相应的专业业务能力和教学研究能力，具有较强的教育教学组织、社会调查研究、课程开发、语言文字表达和计算机应用等能力，普通话水平达到二级乙等。

(5) 身体健康，心理素质好，具有亲和力，善于与学习者沟通交流；善于自我调节情绪，保持平和心态。

北京市教育委员会办公室

转发教育部办公厅关于印发《中等职业学校公共艺术课程教学大纲》文件的通知

京教职成办〔2013〕1号

各区县教委，各有关中等职业学校：

现将教育部办公厅《关于印发〈中等职业学校公共艺术课程教学大纲〉的通知》（教职成厅〔2013〕2号）转发给你们，并提出如下要求，请一并贯彻落实。

一、要将公共艺术课程作为公共基础课程，从2013年起纳入专业人才培养方案（教学计划），认真组织实施。

二、要积极开展师资培养培训和教研活动，确保公共艺术课程教学大纲的顺利贯彻实施。

三、实施过程中如有问题和建议，请及时反馈我委职业教育与成人教育处。

二〇一三年四月二十八日

教育部办公厅

关于印发《中等职业学校公共艺术课程教学大纲》的通知

教职成厅〔2013〕2号

各省、自治区、直辖市教育厅（教委），各计划单列市教育局，新疆生产建设兵团教育局：

为贯彻党的十八大精神，落实教育规划纲要，加强中等职业学校艺术教育工作，提升学生的人文修养与艺术鉴赏水平，提高职业教育人才培养质量，我部组织制定了《中等职业学校公共艺术课程教学大纲》(以下简称教学大纲)。现将教学大纲印发给你们，请认真组织实施。

公共艺术课程是中等职业学校实施美育、培养高素质劳动者和技术技能人才的重要途径，是素质教育不可或缺的重要内容，是中等职业学校学生必修的一门公共基础课。各地教育行政部门要及时组织开展师资培训和教研活动，提高运用教学大纲的能力。要为教学大纲的实施提供必要的条件保障，确保教学改革工作顺利进行。对教学大纲实施过程中存在的问题，要认真研究解决，并将有关意见和建议及时报我部职业教育与成人教育司。

附件：中等职业学校公共艺术课程教学大纲

二〇一三年三月二十一日

附件

中等职业学校公共艺术课程教学大纲

一、课程性质与任务

公共艺术课程是以学生参与艺术学习、赏析艺术作品、实践艺术活动为主要方法和手段，融合多种艺术门类和专业艺术特色的综合性课程，是中等职业学校实施美育、培养高素质技术技能人才的重要途径，是素质教育不可或缺的重要内容。

公共艺术课程是中等职业学校学生必修的一门公共基础课。本课程的任务是：通过艺术作品赏析和艺术实践活动，使学生了解或掌握不同艺术门类的基本知识、技能和原理，引导学生树立正确的世界观、人生观和价值观，增强文化自觉与文化自信，丰富学生人文素养与精神世界，培养学生艺术欣赏能力，提高学生文化品位和审美素质，培育学生职业素养、创新能力与合作意识。

二、课程教学目标

1. 使学生了解不同艺术类型的表现形式、审美特征和相互之间的联系与区别，培养学生艺术鉴赏兴趣。

2. 使学生掌握欣赏艺术作品和创作艺术作品的基本方法，学会运用有关的基本知识、技能与原理，提高学生艺术鉴赏能力。

3. 增强学生对艺术的理解与分析评判的能力，开发学生创造潜能，提高学生综合素养，培养学生提高生活品质的意识。

三、教学内容结构

本课程的教学内容由基础模块和拓展模块两部分组成。

1. 基础模块是所有学生必修的基础性内容和应该达到的基本要求，教学时数为 36 学时。

2. 拓展模块是针对不同专业学生学习或学生个性化发展需要而设置的限定选修内容，教学时数为 36 学时。

四、教学内容与要求

(一) 基础模块

与九年义务教育相衔接，将有利于提高学生艺术鉴赏能力、培养学生创新能力和合作精神，且学生普遍具有一定认知基础、喜闻乐见的音乐和美术作为主要内容。

基础模块（36 学时）

系列内容实施	内容 1	内容 2
课内	音乐	美术
	18 学时	18 学时
课外	参加艺术第二课堂和社团实践活动，参观艺术展览、观摩艺术活动等。	

1. 音乐教学应通过中外不同体裁、特点、风格和表现手法的音乐作品，使学生在情感体验中进一步学习音乐基础知识、技能与原理，掌握音乐欣赏的正确方法与音乐表现的基本技能，提高音乐欣赏能力和音乐素养。要重点选择旋律优美，具有经典性、代表性和时代感的名曲佳作，分析音乐与生活、音乐与社会、音乐与文化、音乐与情感之间的联系，加深学生对不同时期、不同地区、不同民族音乐所蕴涵的文化内涵与精神品质的理解。

2. 美术教学应通过不同美术类型（绘画、书法、雕塑、工艺、建筑、摄影等）的表现形式与发展演变进程，使学生了解美术的基础知识、技能与原理，熟悉基本审美特征，理解作品的思想情感与人文内涵，感受社会美、自然美和艺术美的统一，提高审美能力。要重点选择具有经典性、代表性和时代性的各种美术佳作，指导学生从自然、社会、文化和艺术等角度进行比较欣赏，更好地理解各民族文化内涵，使学生了解并尊重中西方文化差异，拓展审美视野，形成积极健康的审美观。

3. 组织、引导学生参加艺术第二课堂和社团实践活动，通过学习观摩、比较分析、感受体验、创作表现，熟悉不同艺术类型，学会欣赏、理解形式美与内涵美的统一，提高审美能力。要引导学生尊重不同的审美价值取向，发掘学生表现潜能，体验创造乐趣，激发想象力和创造力，提高分析、评价和判断能力。

（二）拓展模块

适应不同专业、不同个性特点学生需要，主要内容既可以是基础模块的专项拓展，也可以是与基础模块不同的艺术门类；既可以是与专业相结合的艺术拓展，也可以是具有地方特色的民间艺术。

学生在完成基础模块学习后，应当选择拓展模块中的任意两个模块进行学习。

拓展模块——限选内容（36 学时）

系列 内容 实施	模块 1	模块 2	模块 3	模块 4
课内	艺术特色课程 1	艺术特色课程 2	艺术特色课程 3	艺术特色课程 4
	18 学时	18 学时	18 学时	18 学时
课外	参加艺术第二课堂与社团实践活动，参观艺术展览、观摩艺术活动等。			

1. 拓展模块举例

与基础模块相关联的艺术特色课程，如：“舞蹈”“诗歌”“摄影”“影视”“戏剧”等。

与专业学习相关联的艺术特色课程，如：“旅游文学”“动漫艺术”“园林建筑”“艺术设计”等。

具有地方特色的民间艺术课程，如：“京剧”“剪纸”“蜡染”“皮影”“苏绣”等。

2. 拓展模块教学要求

要注重情感体验，使学生积累审美经验，掌握审美方法，提高审美能力。通过独立思考、合作学习、讨论分享等多种形式，培育学生良好的人际沟通能力与团队合作精神。要注重结合学生生活经验和专业学习，开展实践创作活动，激发学生的学习兴趣，发展创新思维，提高创新能力。要注重结合不同学生个性和专业特点加强学习指导与课外辅导，拓展学习领域，提高学生人文素养与职业素质。要注重课程之间的拓展和延伸，有机整合文化艺术资源，精心选择教学内容和设计教学过程。

五、教学实施

（一）教学实施建议

1. 遵循艺术规律，注重感知体验

要遵循艺术感知规律与学生认知特点，以学生为主体，注重其情感体验。要探索行之有效的教学策略与方法，积极创设开放的教学情境，营造浓郁的艺术教学氛围，激发学生学习兴趣，引导学生主动参与艺术实践，开展合作学习，感受艺术魅力，愉悦身心。

2. 加强课程建设，注重衔接融合

教师应善于把握课程要求，按照模块化的教学思路合理选择课程内容，组织教学。要指导与鼓励学生主动学习探究，关注艺术与自然、社会、文化之间的有机联系。要注重不同模块间、不同艺术门类间的交叉融合，加强艺术课与产业文化、职业文化的衔接，突出职业教育特色。

3. 运用信息技术，创新教学方法

教师在教学过程中应重视现代教育技术与课程的整合，收集开发数字化教学资源，合理应用网络与多媒体技术，创新教学方式，活跃课堂教学，努力推进信息技术在教学中的应用，提高教学质量。

4. 充分利用资源，拓展教学领域

教师要密切关注教学与社会生活的联系，关注现代艺术发展的新动态，利用本地区具有地域特点和民族特色的文化优势和艺术资源，不断充实教学内容与教学资源。鼓励教师开展教学创新，改革教学方法与手段，灵活运用现代教育技术，整合各种文化、艺术资源，创设具有研究性、启发性的教学情境，拓宽学生学习视野，激发学习热情。

（二）教学设施建议

1. 学校应配备相应的图书、报刊和数字化教学资源，为教师提高业务水平和学生拓展学习创造条件。

2. 学校应根据艺术教育设施设备国家基本标准以及公共艺术课教学和艺术活动的实际需要配备专用教室、活动场地和相关器材设备。

（三）教材编写建议

教材编写应以本教学大纲为依据，按照教学目标要求，突出多样性、灵活性及实效性特点。教材要遵循艺术感知规律，以学生为本，适应中职学生的认知特点，考虑不同地区、学校和学生的实际情况，密切结合学生的生活经验。

教材内容的选取要坚持社会主义先进文化导向，弘扬中华民族优秀文化，兼顾传统与现代、经典与通俗、国内与国外、基础与拓展，富有生活气息、积极意义与人文内涵，体现经典性、代表性和综合性。

教材的呈现方式要符合艺术特点和学生的认知规律，配备数字化教学资源，图、文、声、像并茂，激发学生学习热情。

六、考核与评价

本课程的考核评价要充分发挥评价的激励导向和质量监控作用，促进学生的进步与发展。

1. 评价原则与内容

要在对学生基础知识与技能考核的同时，注重考察学生的学习态度、参与程度及合作能力；注重考察学生对艺术的感受能力、表现能力、评价能力等综合素养。

要关注学生整体水平，尊重学生个体差异，鼓励学生形成富有个性的欣赏感受与表达方式，促进学生的个性发展。

2. 评价方式与方法

要将过程性评价与总结性评价相结合；定性评价与定量评价相结合；自评、互评及他评相结合。要注意评价的客观性与可操作性，提倡简便有效的评价方法。

要充分发挥评价的激励作用，让每个学生都感受到自信和成功。要采用激励性的语言，对学生艺术能力和人文素养等方面的进步做出积极评价。应将学生参加文化艺术活动情况纳入考核和评价范围。

北京市教育委员会

关于开展创建国家级农村职业教育和成人教育示范县工作的通知

京教职成〔2013〕5号

各区县教委：

根据教育部《关于开展国家级农村职业教育和成人教育示范县创建工作的通知》（教职成〔2013〕1号）要求，现就开展国家级农村职业教育和成人教育示范县创建工作有关事项通知如下：

一、各区县要对照《北京市创建国家级农村职业教育和成人教育示范县评估指标体系》，结合职成教育工作实际，自主申报参加北京市创建国家级农村职业教育和成人教育示范县评审工作。

二、各申报区县要对近三年来职成教育工作情况进行全面总结和自查。在此基础上填报示范县创建申请书，并以区县政府名义于

9月30日前报送市教委职成处。

三、各申报区县要做好各项迎评准备工作。市教委将于10月组织专家对申报区县进行评审；10月底前，将评审意见上报教育部。

四、各区县要以创建工作为契机，进一步在政府统筹、政策支撑、资金投入、建立农村成人教育管理、运行、督捡、考评、奖励长效机制等方面取得实效。区县教委要不断深化职成教育改革，创新工作机制，进一步完善教育服务，以评促建，推动我市农村职成教育工作取得新进展、新突破。

二〇一三年七月十二日

附件

北京市创建国家级农村职业教育和成人教育示范区（县）评估指标

一级指标	二级指标	三级指标	分值	主要信息采集方式				信息采集或测评要点
				听取报告	查阅资料	座谈访谈	考察调研	
1. 政府职能 39分	1.1 政府统筹 16分	1.1.1 区（县）成立由政府主要领导任组长，相关部门为成员的职业教育和成人教育（建设学习型区县）领导小组，负责统筹协调各级各类教育及学习型社会建设等工作；定期召开专题会议，研究解决职业教育和成人教育发展建设存在的问题。	3	√	√	√		创建示范区（县）的报告；会议纪要；专题议题及解决方案

续表 1

一级指标	二级指标	三级指标	分值	主要信息采集方式				信息采集或测评要点
				听取报告	查阅资料	座谈访谈	考察调研	
		1.1.2 区（县）领导结合区域经济社会发展实际，充分认识推进农村职业教育和成人教育的必要性和创建示范区（县）的重要性，思路清晰、目标明确。	2	√	√	√		创建示范区（县）的报告和相关资料
		1.1.3 将职业教育和成人教育工作纳入区（县）经济和社会发展总体规划；积极开展人才需求预测，科学规划“三农”人才培养培训工作。	2	√	√	√		区（县）经济和社会“十二五”发展规划，人才需求报告和“三农”培训规划
		1.1.4 区（县）教育“十二五”发展规划中职业教育和成人教育发展目标明确，措施得力。	2	√	√	√		区（县）教育“十二五”发展规划
		1.1.5 统筹区域内各类培训工作。明确牵头部门，各部门依照职责开展工作，保障职业教育和成人教育培训工作有序进行。	2	√	√	√		统筹方案及相关文件
		1.1.6 统筹基础教育、职业教育和成人教育工作，促进区（县）域内各类教育协调发展。在政策、资金、师资、校舍、设备等方面满足职业教育和成人教育改革与发展需要。	4	√	√	√		政策、资金、师资、校舍、设备等相关材料

续表 2

一级指标	二级指标	三级指标	分值	主要信息采集方式				信息采集或测评要点
				听取报告	查阅资料	座谈访谈	考察调研	
	1.2 运行机制 5分	1.2.1 形成政策集成、部门联动、资源整合、资金聚焦的职业教育和成人教育发展运行机制。	2	√	√	√		制度文本及督导考核相关材料
		1.2.3 建立健全职业教育和成人教育的督导、评估和检查制度；职业教育和成人教育工作纳入区（县）政府年度综合考核体系。	2	√	√	√		提供文件、会议记要、执行情况
	1.3 政策支撑 10分	1.3.1 贯彻落实教育部等九部门联合下发的《关于加快发展面向农村的职业教育的意见》，结合区域实际制定促进农村职业教育和成人教育发展的相关政策文件和措施。	4	√	√	√		提供近5年文件和资料
		1.3.2 职业教育和成人教育各项教学、管理和工作制度健全。	2	√	√	√		查阅相关制度文本
		1.3.3 对农村职业学校改革与发展、招生与就业、开设涉农专业和成人学校针对农民开展学历教育给予政策支持。	4	√	√	√		提供近5年相关文件和资料
	1.4 经费投入 10分	1.4.1 区（县）财政教育附加经费的30%用于职业教育和成人教育，并逐年有所增加。	2	√	√	√	√	提供相关材料

续表 3

一级指标	二级指标	三级指标	分值	主要信息采集方式				信息采集或测评要点
				听取报告	查阅资料	座谈访谈	考察调研	
		1.4.2 区（县）级政府常住人口人均不少于 5 元标准的设立和筹措成人教育经费，并纳入区（县）年度财政预算。	4	√	√	√		提供相关文件和经费拨付相关材料
		1.4.3 企业按照职工工资总额的 2.5％足额提取职工教育培训经费；用于培训经费比例不低于 70％。	2	√	√	√	√	企业访谈
		1.4.4 区（县）政府对职业教育和成人教育经费的使用情况进行监测、审计，相关管理制度完善，执行有力。	2	√	√	√	√	监测、审计报告
2. 条件保障 34 分	2.2 体系建设 12 分	2.2.1 构建终身教育体系，形成以区（县）社区教育中心（或成人教育中心）为龙头，职业学校、农广校分校为依托，乡镇、街道成人文化技术学校为骨干，村级成人文化技术学校、市民学校为基础，其它教育培训机构为补充的终身教育培训网络，运行状态良好。	3	√	√	√	√	运行机制支撑材料
		2.2.2 整合区域教育资源，搭建多功能教育学习平台，开展社区教育，满足居民终身学习需求。	2	√	√	√	√	社区教育相关材料

续表 4

一级指标	二级指标	三级指标	分值	主要信息采集方式				信息采集或测评要点
				听取报告	查阅资料	座谈访谈	考察调研	
		2.2.3 乡镇成人学校达到“五有”（有机构设置、有人员编制、有办公经费、有培训经费、有独立办学场地）。	5	√	√	√	√	相关文件和材料
		2.2.4 建立职业教育和成人教育的教育教学研究机构，完善支撑服务体系，提高教育与培训质量。	2	√	√	√		教研室的设置、教研成果及开展工作情况
	2.3 队伍建设 13分	2.3.1 职业学校的教师队伍结构合理、专兼结合、相对稳定，生师比20：1；双师型教师达到80%；高级职称达到20%；企业聘任兼职教师不低于10%。	2	√	√	√		相关材料
		2.3.2 抓好成人教育专干队伍和专职教师队伍建设；建有满足培训需求的兼职教师师资库；有对成人教育干部、教师的管理、培训、考核、奖励等制度。	3	√	√	√		相关文件及材料
		2.3.3 乡镇成人学校专职教师按乡镇常住人口的万分之二配备，且每校不得少于5人。	3	√	√	√		专职教师配备情况

续表5

一级指标	二级指标	三级指标	分值	主要信息采集方式				信息采集或测评要点
				听取报告	查阅资料	座谈访谈	考察调研	
		2.3.4 对职业教育和成人教育的教师有计划有组织的进行培训，培训经费每人每年不低于1000元。	2	√	√	√		近5年教师培训规划、年度规划、培训情况和经费支出情况；教师座谈
		2.3.5 依据职业教育教学特点，对职业学校的文化课教师进行针对性培训；组织专业课教师进行企业实践，每两年不低于2个月；对专业课教师进行专业技能培训并参加市区（县）级职业技能大赛。	3	√	√	√	√	教师专项培训、企业实践、专业技能培训相关材料，区县组织职业技能大赛相关材料
	2.4 资源条件 9分	2.4.1 加强现代信息服务网络建设和教学资源库建设，利用开放大学、网络学院、广播电视等远程教育资源，大力开展职业教育和成人教育服务，努力满足居民多样化、个性化学习需求，不断提升职成教育信息化水平。	2	√	√	√		提供有关资料
		2.4.2 加强三教统筹，职普融通，学校体育健身场所要向社会开放。	1	√	√	√		实地考察

续表 6

一级指标	二级指标	三级指标	分值	主要信息采集方式				信息采集或测评要点
				听取报告	查阅资料	座谈访谈	考察调研	
		2.4.3 各职业学校积极推进专业建设、课程开发、教材建设工作；各成人学校大力优化培训项目、开发教学课件、编写实用教材；充分利用媒体教学资源，提供便捷、多样和有效的教育服务。	2	√	√	√		教改、课改成果，教学课件、自编教材，培训项目等材料
		2.4.4 加强职业学校实训基地建设，校内实训设备总值不少于 2000 万元，生均仪器设备值高于 4000 元，能满足校内教学和职业技能培养培训要求。	2	√	√	√	√	提供相关资料
		2.4.5 成人学校建有一定规模，能满足居民、农民教育培训需求的实践、实训专业教室；校外有一产培训所需的实训基地。	2	√	√	√	√	实习实训基地和学校所签协议和基地接收安排农民实习实训情况。
3. 发展水平 27 分	3.1 规模结构 9 分	3.1.1 职业学校适应当地经济社会发展要求，稳定办学规模，完成年度招生计划；成人学校学历教育在校生规模稳定在 3000 人以上，其中每年农民参加成人中专学历教育人数达到 300 人以上。	2	√	√	√		近 5 年招生和在校生情况

续表 7

一级指标	二级指标	三级指标	分值	主要信息采集方式				信息采集或测评要点
				听取报告	查阅资料	座谈访谈	考察调研	
		3.1.2 职业学校每年开展社会职业技能培训人次达到学历教育学生数2倍以上；成人学校全年开展各类教育培训和学习活动的总人数达到区县常住人口的40%以上；加强对流动人口的教育和培训。	3	√	√	√		提供培训相关材料
		3.1.3 区（县）内有国家级中等职业教育改革发展示范学校或国家级重点中等职业学校。	2	√	√	√		提供相关材料
		3.1.4 区（县）乡镇成人学校建校率达到100%，其中市级示范性乡镇成人学校数占50%以上；村校建校率达到100%；市民学校建校率100%。	2	√	√	√	√	提供相关材料
	3.2 质量效益 18分	3.2.1 在推进学习化社会进程中，广泛开展学习型乡镇和各类学习型组织建设，学习的积极性普遍提高，效果显著，形成特有的学习品牌。	2	√	√	√		提供文件和相关材料
		3.2.2 推动职业教育集团化办学，广泛开展校企合作，提高职业教育办学质量；校镇（乡）、村结合办学，送教下乡，教育培训社会效益显著。	2	√	√	√		提供相关材料

续表 8

一级指标	二级指标	三级指标	分值	主要信息采集方式				信息采集或测评要点
				听取报告	查阅资料	座谈访谈	考察调研	
		3.2.3 职业学校面向区（县）主导产业、特色产业办学，学生职业资格取证率达到 98%以上、就业率达到 95%以上、专业对口率达到 80%以上；参加区（县）级以上职业技能大赛取得优异成绩。	3	√	√	√		毕业生分配情况和企事业录用情况及相关材料
		3.2.4 职业教育和成人教育在推进城市化进程、促进产业发展、提升社会文化生活等方面提供人才智力支持，作用明显。	3	√	√	√		提供相关材料
		3.2.5 大力开展非学历教育培训，培育出一批市级农民教育优秀培训项目；85%从事农业生产的农户家庭至少有一名劳动力通过培训掌握 1～2 项实用技术，实现增收致富；培养一批实用型人才。	3	√	√	√		相关材料及典型案例
		3.2.6 社区教育形式多样，活动丰富多彩，居民素质明显提高，民风村风明显改善，社会和谐稳定。	3	√	√	√	√	相关材料及典型案例

续表 9

一级指标	二级指标	三级指标	分值	主要信息采集方式				信息采集或测评要点
				听取报告	查阅资料	座谈访谈	考察调研	
		3.2.7 人民群众对职业教育和成人教育的社会满意度处于全市领先水平；职业教育和成人教育获得市级、国家级表彰。	2	√	√	√	√	市督导评价结果。获得的荣誉、奖励及媒体报道的相关材料
4. 特色与创新 10 分		示范区（县）创建过程中，在政府统筹、政策支撑、体制机制、经费筹措、终身教育体系建设、产教结合、人才培养、社会培训等方面有明显的创新与突破、效果显著，在本市具有示范推广价值。	10					

北京市教育委员会

关于公布 2013 年认定的北京市中等职业学校示范专业名单的通知

京教函〔2013〕366 号

各区县教委，各有关中等职业学校，各有关委办局（总公司）教育培训处：

根据市教委《关于中等职业学校示范专业建设的意见》（京教职成〔2011〕2号）精神，在学校申报和自评的基础上，我委组织专家于2013年5月至6月对10所学校11个专业建设情况进行了入校评估，同时对4所学校4个专业进行了复评。综合专家组评估意见，现认定北京舞蹈学院附中等13所学校的“舞蹈表演（中国舞芭蕾舞）”等15个专业为市级示范专业（学校及专业见附件1），予以公布。

各学校要结合评估专家组的回复意见（附件2），不断完善专业建设，深化教育教学改革、创新人才培养模式，进一步凝炼专业特色、提高人才培养质量，充分发挥示范专业的引领示范作用。

附件：1. 2013年认定的北京市中等职业学校示范专业名单

2. 评估专家组回复意见（略）

二〇一三年七月十九日

附件1

2013年认定的北京市中等职业学校示范专业名单

序号	专业名称	专业类别	学校名称
1	舞蹈表演（中国舞 芭蕾舞）	文化艺术类	北京舞蹈学院附属中等舞蹈学校
2	杂技与魔术表演	文化艺术类	北京市国际艺术学校
3	戏曲表演（京剧表演）	文化艺术类	中国戏曲学院附属中等戏曲学校
4	美容美发与形象设计	休闲保健类	北京市实美职业学校
5	中医康复保健	医药卫生类	北京市盲人学校

续表

序号	专业名称	专业类别	学校名称
6	汽车运用与维修	交通运输类	延庆县第一职业学校
7	文秘	公共管理与服务类	北京市求实职业学校
8	金融事务	财经商贸类	北京市求实职业学校
9	动漫游戏	文化艺术类	大兴区第一职业学校
10	生物技术制药	医药卫生类	大兴区第二职业学校
11	旅游服务与管理	旅游服务类	北京市黄庄职业高中
12	美容美发与形象设计	休闲保健类	北京市黄庄职业高中
13	金融事务	财经商贸类	北京市财会学校
14	旅游服务与管理	旅游服务类	北京国际职业教育学校
15	产品质量监督检验（食品质量监督检验）	公共管理与服务类	北京商贸学校

北京市教育委员会办公室

转发教育部办公厅关于做好成人教育培训服务等三项国家标准贯彻实施有关工作文件的通知

京教办函〔2013〕36号

各区县教委，北京市成人教育学会，有关教育培训机构：

现将教育部办公厅《关于做好成人教育培训服务等三项国家标

准贯彻实施有关工作的通知》（教职成厅函〔2013〕2号）转发你们，并就北京市开展三项国家标准贯彻实施工作的有关事项通知如下：

一、宣传贯彻《成人教育培训服务术语》、《成人教育培训工作者服务能力评价》和《成人教育培训组织服务通则》等三项国家标准，鼓励各地开展试点工作是教育部落实教育规划纲要和全国继续教育会议精神的举措，是一项涉及面广、政策性很强的工作，各区县教委、市区县成人教育学会和有关教育培训机构要高度重视，加强组织领导，充分认识实施成人教育培训服务三项国家标准的重要意义，切实把该项工作作为当前和今后一个时期成人教育的重点工作抓紧抓好，积极推进完成有关试点工作任务。

二、认真贯彻通知精神，扎实开展学习宣传工作，利用媒体、简报和宣讲会等多种宣传手段广泛宣传三项国家标准，积极营造推进实施三项国家标准的良好氛围。通过宣传，增强我市广大培训教育工作者的责任感和使命感，提升他们的专业水平和服务能力，推进北京市成人教育培训服务的标准化和规范化建设。

三、各区县教委、北京市成人教育学会要按照教育部职成司厅函〔2013〕2号文件的要求，确定本地区具有代表性的单位开展试点。重点选择教育行政部门批准成立的教育培训机构（包括民办学校），也可以选择部分由行业、企业及高等学校设立的教育培训机构和经营性的社会教育培训机构。从事教育服务的中介机构在自愿原则下也可参与试点。

四、市、区县教委与市、区县成人教育学会要根据试点工作要求，组织成立试点协调指导机构，安排专人负责。根据教育部办公厅通知精神，成立北京市成人教育培训服务等三项国家标准试点领导小组，并委托北京市成人教育学会组织与指导各区县、各行业、各试点单位的试点工作。开展三项标准的学习、宣传、实施工作中遇到的问题，由北京市成人教育学会负责协调。

五、各区县教委、各区县成人教育学会、有关教育培训机构要按照《通知》的试点要求，确定试点时间，将确定的试点单位名单、实施计划于8月31日前上报北京市试点工作领导小组办公室(北京市成人教育学会秘书处)。

附件：1. 北京市成人教育培训服务等三项国家标准试点领导小组职责及成员名单

2. 北京市成人教育培训服务等三项国家标准试点单位名单

二〇一三年八月二十三日

教育部办公厅

关于做好成人教育培训服务等三项国家标准贯彻实施有关工作的通知

教职成厅函〔2013〕2号

各省、自治区、直辖市教育厅（教委），各计划单列市教育局，新疆生产建设兵团教育局：

2012年10月12日，国家质量监督检验检疫总局、国家标准化管理委员会批准发布了《成人教育培训服务术语》《成人教育培训组织服务通则》《成人教育培训工作者服务能力评价》等三项国家标准，决定于2013年2月1日起实施。为做好三项国家标准的贯彻实施工作，现就有关事项通知如下：

一、实施《成人教育培训服务术语》等三项国家标准，是全面贯彻党的十八大精神，落实教育规划纲要和全国继续教育工作会议精神的重要举措。大力推进教育培训服务的标准化建设和规范化管理，有利于不断提高继续教育的质量和水平，有利于促进我国继续教育的健康发展。

二、《成人教育培训服务术语》等三项国家标准的贯彻实施，既是一项政策性、规范性很强的工作，也是一项艰巨、复杂的系统工程，涉及面很广，希望各地加强领导，统筹规划。各地可运用地方教育系统报刊、电视、简报、网络媒体等宣传阵地开辟专栏，还可组织宣讲会、专题研修班等活动开展宣传。

三、为进一步做好三项标准的贯彻实施，各地可先行开展试点工作。请各地教育行政部门确定本地区试点单位，重点选择教育行政部门批准成立的教育培训机构（包括民办学校），也可以选择部分由行业、企业设立的教育培训机构和经营性的社会教育培训机构。同时，从事教育服务中介的机构在自愿原则下也可参与试点。力争通过试点并逐步推开，用3至5年时间，初步建立起成人教育培训服务标准体系（即非学历继续教育质量标准和评价体系）。我部委托中国成人教育协会负责协调指导各地试点工作。

附件：1. 成人教育培训服务术语（略）

2. 成人教育培训工作者服务能力评价（略）

3. 成人教育培训组织服务通则（略）

二〇一三年一月十七日

附件1

北京市成人教育培训服务等三项国家标准试点领导小组职责及成员名单

根据教育部办公厅《关于做好成人教育培训服务等三项国家标准贯彻实施有关工作的通知》（教职成厅函〔2013〕2号）和《中

国成人教育协会关于落实教职成厅函〔2013〕2号文件精神，做好成人教育培训服务等三项国家标准宣传、试点工作的通知》（中成协〔2013〕3号）要求，我委成立北京市成人教育培训服务等三项国家标准试点领导小组，负责组织协调全市成人教育培训服务等三项国家标准试点工作。

一、主要职责

市成人教育培训服务等三项国家标准试点工作领导小组主要职责是：贯彻落实教育部办公厅及中成协有关成人教育培训服务等三项国家标准的宣传、试点工作，组织实施本市成人教育培训服务等三项国家标准的工作目标和实施方案以及政策性文件，研究解决成人教育培训服务等三项国家标准中的重大问题，组织检查落实成人教育培训服务等三项国家标准试点工作的情况。

二、组成人员

组　长：赵国森　北京市成人教育学会会长

副组长：张有声（常务）　北京市成人教育学会副会长兼秘书长

邱勇　清华大学副校长

张少刚　国家开放大学党委副书记

陈蓓　北京市人力资源与社会保障局副局长

刘淑华　昌平区副区长

成　员：陈敬文　北京市教委职成处副调研员

邓丽曼　清华大学培训管理处处长

高勤丽　北京开放大学继教学院院长

杨志广　北京市人力社保局职业培训指导中心副主任

宋辉　北京市医药集团培训中心主任

沙云龙　北京新东方学校校长

张志萍　东城区教委副主任

刘忠　西城区教工委副书记

刘丽彬　朝阳区教委副主任

赵建国　海淀区教委副主任

钟灵　丰台区教委副主任
袁成钧　石景山区教委副主任
王东升　门头沟区教委副主任
顾成强　房山区教委副主任、成人教育学会会长
丁久库　顺义区教委副主任、成人教育学会会长
袁静华　通州区教委副主任
徐成响　昌平区教委副主任
扈岩江　大兴区教委副主任
刘百清　平谷区教委副主任
王占军　怀柔区教委副主任
刘彦红　密云县教委副主任
郑世永　延庆县教委副主任、成人教育学会会长
车丽梅　燕山地区教委副主任

三、办公机构

市成人教育培训服务等三项国家标准试点工作领导小组办公室设在市成人教育学会。主要职责是：在领导小组的领导下，研究提出本市成人教育培训服务等三项国家标准试点工作的具体措施和工作建议，组织开展成人教育培训服务等三项国家标准调查研究，监督检查领导小组会议议定事项的落实情况，协调解决工作中遇到的问题，承担领导小组的日常工作。

办公室主任：张有声　北京市成人教育学会副会长兼秘书长
办公室副主任：陈敬文　北京市教委职成处副调研员
成　员：郭大勇　清华大学培训管理处副处长
李轶　北京市人力社保局职业培训指导中心
何小菲　北京开放大学继教院副院长
崔晓光　北京市成人教育学会培训部主任（拟）
崔莹　北京市医药集团培训中心办公室主任
胡俊军　北京新东方学校校长办公室主任
薛家树　东城区社区教育协会会长

付春婷　东城区教委社区教育科科长
杜文生　西城区成人教育学会会长
李建英　西城区教委社区教育科主任科员
王岚　朝阳区成人教育学会会长
韩斌　朝阳区教委社区教育科科长
王德勇　海淀区成人教育学会会长
程洪莉　海淀区教委职成科科长
孟海军　丰台区教委职成科科长
王松　石景山区成人教育学会会长
倪晓辉　石景山区教委职成科科长
郑富龙　门头沟区教委职成科科长
贾国华　房山区教委职成科科长
单增安　顺义区教委职成科科长
秦刚　通州区教委职成科科长
张汉夫　昌平区成人教育学会会长
郭连生　昌平区教委职成科科长
张凤全　大兴区成人教育学会会长
王启囤　大兴区教委职成科科长
路宝银　平谷区教委职成科科长
张春霞　怀柔区成人教育学会会长、区教委职成科科长
王笑怡　密云县成人教育学会会长
邢朝利　密云县教委职成科科长
张永利　延庆县教委职成科科长
迟晓丽　燕山地区教委职成科科长

附件2

北京市成人教育培训服务等三项国家标准试点单位名单

清华大学继续教育学院
北京开放大学继续教育学院
北京市医药集团教育培训中心
朝阳社区学院
海淀区中关村社区学院
北京新东方学校
北京市石景山区业余大学培训中心
北京非凡培训学校
昌平成人教育中心
房山区成人教育中心
房山区阎村镇社区成人职业学校

学习型城市建设

北京市教育委员会文件选编

(2013)

北京市建设学习型城市工作领导小组

关于认定第五批首都市民学习品牌的决定

京学习〔2013〕1号

各区县人民政府，市建设学习型城市工作领导小组各成员单位，各高等院校、中等专业学校：

经各部门推荐、专家评审、社会公示，市建设学习型城市工作领导小组认定“京华读书会”等20个项目为第五批“首都市民学习品牌”，现予以公布。

希望各品牌项目单位认真总结经验，进一步完善学习服务制度，拓展学习服务内容，创新学习服务方式，突出学习特色，充分发挥示范引领作用，把品牌项目建设成为广大市民学习服务基地，为建设中国特色的学习型城市做出新的贡献。

附件：第五批“首都市民学习品牌”名单

二〇一三年十月十四日

附件

第五批“首都市民学习品牌”名单

（排名不分先后）

序号	品牌名称	推荐单位 （区县、系统、院校）	主（承）办单位
1	京华读书会	市委宣传部	京华时报社
2	出版原创推新工程	市委宣传部	市新闻出版局
3	的士司机外语学堂	市委宣传部	北京电台
4	电影学苑	市委宣传部	中国电影博物馆
5	女性·社会·家庭大讲堂	市直机关工委 市委宣传部	市妇联
6	城建科技安全讲坛	市民政局	北京城建科技促进会
7	四时五行话养生讲堂	东城区教委	北京东城社区学院（北片）
8	“学茶艺，品生活”学习馆	西城区学习办	老舍茶馆
9	陶然地书	西城区学习办	陶然亭街道办事处
10	家庭服务训练营	朝阳区教委	朝阳区职工大学
11	东岳书院	朝阳区教委	北京民俗博物馆及朝阳区各街乡传承基地
12	中关村学院体验学堂	海淀区学习办	海淀区职工大学

续表

序号	品牌名称	推荐单位（区县、系统、院校）	主（承）办单位
13	“智慧社区”加油站	石景山区学习办	石景山区业余大学
14	市民心理健康教育工程	门头沟学习办	门头沟教师进修学校
15	乡村文明孵化园	学习型房山建设工作领导小组	房山区阎村镇人民政府
16	“绿港红盾”讲堂	顺义区学习办	市工商行政管理局顺义分局
17	大兴区“农民观念提升工程”	大兴区学习办	大兴区农村工作委员会
18	绿谷蜂农学习港	平谷建设学习型平谷工作领导小组	北京绿谷蜂农养蜂专业合作社
19	泉河“文化大观园”	怀柔区学习办	怀柔区泉河街道北园居委会
20	北外名师之窗	北京外国语大学	北京外国语大学网络与继续教育学院

北京市建设学习型城市工作领导小组

关于公布第四批首都市民学习之星名单的决定

京学习〔2013〕2号

各区县人民政府，市建设学习型城市工作领导小组各成员单位，各高等院校、中等专业学校：

在个人自荐、社会举荐、部门推荐的基础上，经专家评审，社会公示，市建设学习型城市工作领导小组认定邢鹏等100人为第四批“首都市民学习之星”，现予以公布。

希望荣获第四批“首都市民学习之星”的同志发扬成绩、珍惜荣誉、践行终身学习理念，争做学习型城市建设的表率和榜样。

附件：第四批“首都市民学习之星”名单

二〇一三年十月十四日

附件

第四批“首都市民学习之星”名单

（100 人，排名不分先后）

市委宣传部：12 人

邢　鹏　首都博物馆

张树伟　北京艺术博物馆

郜雪梅（女）　北京市新闻出版局出版物鉴定中心

黄峻雄　北京市国有文化资产监督管理办公室

吴云艳（女）　北京零极限科技有限公司

吴　玮（女）　北京电视台

程　宏　北京电视台

黄　炜　北京电视台

谢先进　北京人民广播电台

王春美（女）　北京人民广播电台

傅珊珊（女）　北京人民广播电台

姚　博（女）　北京人民广播电台

市直机关工委：7 人

刘小丰　中共北京市委干部理论教育讲师团

石维新　北京市水利规划设计研究院

杨全合　北京市地质勘察技术院

王金花（女）　北京出入境检验检疫局

孙　京（女）　北京市第二中级人民法院

朱燕南（女）　北京市统计局

张　锦　北京市工会干部学院

市委社会工委：3 人

张　江　北京市委社会工委、市社会建设工作办公室

张大勇　北京新奥特集团有限公司

安　娜（女）　北京市西城区仁助社会工作事务所

市民政局：5 人

唐世海　北京市建设工程造价管理协会

张　鹏　北京同仁堂参茸有限责任公司（北京博物馆学会）

石洪喜　北京市天主教爱国会

何权瀛　北京医师协会

陈冬亮　北京工业设计促进会

市文化局：1 人

顾伯岳　北京市曲剧团

市国资委：6 人

赵　斌　北京奔驰汽车有限公司

陶建伟　北京北安时代电梯安装工程有限公司

邢建华　北京住总第二开发建设有限公司

赵惠民　京煤集团长沟峪煤矿

田振勇　北京市首发集团京沈高速公路分公司

马海龙　京煤集团北京市昊华能源股份有限公司大安山煤矿

市政府研究室：1 人

王　磊　北京市人民政府研究室

市总工会：1 人

娄　敏（女）　北京职工书画协会

团市委：4 人

李　超　北京市水政监察大队

张国亮　北京市琉璃河水泥有限公司

张必民　京煤集团鑫华源公司

赵彦伟　燕山石化公司

市妇联：3 人

王淑敏（女）　朝阳区首都机场街道西平街社区

吕德龙　海淀区曙光街道

马　震　北京航天三院　北京航天工业学校

东城区：4人

李　芳（女）　东城区天坛街道永内东街中里社区

荣景甡　北京芳草地国际学校

谢　亮　东城区东直门街道十字坡社区

张德光　北京建材机械厂

西城区：5人

尹智君（女）　北京老舍茶馆有限公司

颜秉新　西城区月坛街道

时永进　西城区大栅栏街道三井社区

李连元　西城区广内街道办事处

成秉亮　西城区红莲中里社区

朝阳区：6人

李　黎（女）　朝阳区旅游发展委员会

杨　兵　朝阳区人民法院

李雪柏（女）　北京彩虹桥尚智国际教育咨询有限公司

李建军　朝阳区团结湖外语交流协会

王　伟　朝阳区南磨房地区东郊社区软陶工作室

王　燕（女）　朝阳区管庄地区办事处

海淀区：3人

李登彪　北京赛科世纪数码科技有限公司

潘四发　北京市海淀区职工大学

汪海涛　北京市海淀区私立新东方学校

丰台区：3人

赵国才　丰台区长辛店街道

赵祥泉　丰台区丰台街道

贾胜锁　丰台区新村街道

石景山区：4人

苗天娥（女）　石景山区文化馆

董宝晔（女） 石景山区国有资产经营公司
陈 彤（女） 石景山区行政服务中心
王海霞（女） 石景山区苹果园街道
门头沟区：2人
白 璐 中共门头沟区委组织部
杨立娟（女） 门头沟区人民法院
顺义：5人
郭立芸（女） 北京燕京啤酒集团公司
胡广星 顺义区文化委员会
胡国卿 顺义区马坡镇石家营村
寇 蕊（女） 顺义区人力资源和社会保障局
王金良 中北华宇建筑工程公司
通州区：3人
徐继福 通州区于家务中学
赵元安 通州区张家湾镇中心小学
苏金良 通州区教师研修中心
昌平区：2人
柏继明（女） 昌平区城关小学
徐继新 昌平爱心图书馆
大兴区：1人
王永庆 大兴区教师进修学校
平谷区：3人
王广胜 北京华裕食品有限公司
刘建军 平谷区黄松峪乡黑豆峪村
彭晓林 平谷区东高村镇农业服务中心
怀柔：1人
刘金荣（女） 北京金荣升商贸有限责任公司
延庆县：2人
桂彩丽（女） 延庆县教育科学研究中心

于海霞（女）　北京富香民奶牛养殖专业合作社

密云县：2人

田金香（女）　密云县教委督学室

王海明　密云县溪翁庄镇石马峪村

燕山地区：2人

贾春斌　北京燕山华龙建筑工程有限公司

刘建平　市公安局燕山分局

院校：9人

黄道秀（女）　中国政法大学

尹斌斌　中国石油大学（北京）

韩振峰　北京交通大学人文社会科学学院

李毓佩　首都师范大学

张佐友　北京科技大学

周海霞（女）　北京经贸职业学院

范晓虹（女）　外语教学与研究出版社有限责任公司

杨焱博　中国戏曲学院附属中等戏曲学校

申　莉（女）　中国杂技团有限公司

北京市建设学习型城市工作领导小组

关于认定通州区为北京市创建学习型城区工作先进区的通知

京学习〔2013〕3号

通州区人民政府：

在你区自评的基础上，市建设学习型城市工作领导小组办公室组织专家于2013年12月5日至12月6日对你区创建学习型城区先进区工作进行了全面评估。经专家组审议，市建设学习型城市工作领导小组认定你区为北京市创建学习型城区工作先进区。

希望你区认真总结创建学习型城区工作先进区的经验，结合全面建成小康社会、建设中国特色世界城市的实际，紧紧围绕建设“首都城市副中心”的区域功能定位，积极探索创建学习型城区工作先进区的新途径、新模式，进一步加强学习型社会理论的学习研究，大力推进各类学习型组织创建工作，构建终身教育和终身学习服务体系，创新学习手段和学习制度，广泛开展市民学习活动，不断深化通州区创建学习型城区先进区工作，为推进首都学习型城市建设做出新的贡献。

附件：关于对通州区创建学习型城区工作先进区评估的回复意见

二〇一三年十二月二十四日

附件

关于对通州区创建学习型城区工作先进区评估的回复意见

通州区人民政府：

为深入贯彻落实党的十八大会议精神，进一步落实国家及北京市中长期教育改革和发展规划纲要及市委、市政府《关于大力推进首都学习型城市建设的决定》（京发〔2007〕7号）的有关要求，根据市建设学习型城市工作领导小组办公室（以下简称市学习办）《关于开展创建学习型城区工作的通知》精神，在你区申报、专家组视导的基础上，市学习办组织专家于2013年12月5日至12月6日对你区进行了全面评估，现将评估意见回复如下：

一、创建学习型城区工作先进区的经验与具体做法

多年来，通州区按照区委、区政府的部署，紧紧围绕建设“首都城市副中心”的区域功能定位，制定了“学习·创新·发展，圆‘美丽通州梦’”的共同愿景。通州区委、区政府、区人大、区政协的领导率先带头学习，提出以学习创新精神推动通州新城建设的思路；积极完善创建工作组织机构，健全创建工作运行机制；初步构建了各类教育相互沟通、相互衔接的终身教育体系；扎实推进了覆盖全区的各类学习型组织创建活动；注重和谐文化建设，传播“北京精神”正能量，使学习和创新成为通州发展的不竭动力，促成了通州区经济建设和社会发展的良好态势。经专家组合议，认为通州区创建工作成效比较突出、经验比较丰富，集中体现在以下三个方面：

（一）领导重视创建，组织措施得力

1. 贯彻《决定》精神，创建工作全面开展。2007年3月市委市政府颁布了《关于大力推进首都学习型城市建设的决定》。通州区的创建工作掀起高潮，进入全面铺开阶段。主要体现在：区委区政府印发了《关于大力推进通州区学习型新城区建设的意见》和《大力推进通州区学习型新城区建设的实施方案》；成立了学习型通州建设的组织管理机构，制定了创建工作的短期目标和长远规划，逐步建立和完善了各项制度和保障措施；进一步加强了终身教育体系和终身学习服务体系的构建，全面推进了各类学习型组织的创建工作。

2. 实行“五个纳入”，促成社会广泛参与。创建学习型通州工作实行“五个纳入”，即纳入党代会、人代会工作报告；纳入通州区国民经济和社会发展规划和年度计划；纳入区人大、区政协视察督导范围；纳入政府折子工作重点工作；纳入争创全国文明区着力点。由于有了“五个纳入”，使通州区初步形成了党政统筹协调、部门齐抓共管、社会广泛参与的创建工作管理机制。在实行“五个纳入”的同时，区委、区政府、区人大、区政协的领导干部率先垂范，以“理论中心组”的学习形式，带头参加学习型社会、学习型组织理论的学习与实践，并结合自己负责的工作撰写学习心得。

3. 适时启动争创，创建工作引向深入。2013 年 3 月通州区争创学习型城区先进区启动大会隆重召开。会议总结回顾了通州区的创建历程，重点部署了今年的迎评促建工作。通州区各级党委、政府和相关部门把今年争创学习型城区先进区工作列入重要议事日程，加强对此项工作的领导，狠抓落实，务求实效。为了以争创先进区为契机，引领学习型通州建设向纵深发展，通州区成立了区委主要领导为组长的迎评工作领导小组，全区各有关单位也成立了相应的领导机构。区领导小组办公室制定了《迎评工作实施方案》，明确了迎评工作的指导思想、总体目标、主要任务、工作步骤和工作要求。

（二）教育工作先行，先导作用突出

1. 区教委率先提出创建任务。早在 2005 年，通州区教委在《关于加快发展社区教育意见的通知》中提出，要“充分利用各种教育资源，针对社区全体居民开展一系列的教育活动。为他们提供个人参加有组织学习活动的计划，形成具有区域特色、能满足社区成员日益增长的精神文化需求的学习型社区。最大限度地提高社区人口素质，为通州率先实现教育现代化和形成学习型新城区提供人才和智力支持”。这份文件至关重要，标志着学习型通州建设正式启动。

2. 夯实创建基础——聚精会神地优先发展教育。通州区在创建中重视发挥教育的基础性、先导性、全局性作用。为了夯实创建基础，聚精会神地优先发展教育，千方百计满足人民群众对优质教育和终身学习的需求。启动创建以来，通州区坚持基础教育、职业教育和成人教育“三教统筹”，强化市民终身学习服务基地建设，建立了与“首都城市副中心”经济社会发展相适应，面向广大社区居民的终身教育体系和终身学习服务体系。通州区不仅建设了一个区级社区教育中心、15 所街道（乡镇）社区教育学校，而且全区 105 个社区建立了文明市民学校，475 个村建立了村民成人文化技术学校，初步形成了区、街道（乡镇）、社区（村）三级市民终身学习服务体系。

3. 区学习办担当重任，在学习型通州建设中发挥重要作用。2007 年，学习型通州建设进入了全面推进阶段。适应工作发展需要，区领导决定成立通州区建设学习型新城区工作领导小组，领导小组办公室设在区教委，负责学习型新城区建设工作的组织、协调和管理。评估组认为，区教委自担当这一重任以来认真履行职责，在区宣传部、区总工会、区民政局、区社会办等兄弟单位配合下，做了大量组织、协调、指导和检查等工作。近年来，通州区以迎评估为抓手、促创建为目的，推动学习型通州建设步步深入，大量的具体工作也是由区学习办组织完成的。

（三）创建求真务实，彰显通州特点

1. 升华创建本质——把文化建设放在重要位置。位于大运河畔的通州，千年积淀形成了灿烂的运河文化。区委、区政府在推进创建中注重发挥这一得天独厚的文化优势，把传承运何文化建设的精髓作为一项战略任务来抓。正像区委书记王云峰所指出的，新城建设，既要外练经济产业的“筋骨皮”，又要内练思想文化的“精气神”。要继承、挖掘、弘扬运河文化博大的包容性和统一性、广阔的扩散性和开放性、强大的凝聚力和向心力，使之成为新城建设的内在动力和精神支撑。共同愿景是组织文化的重要内容，通州区为使传承历史文化与践行共同愿景有机结合进行了深入探索，在营造积极向上的组织氛围，激发组织成员对工作目标和生命价值的追求，提速学习型通州建设和发展方面成效突出。

2. 改造传统学习得到重视，取得进展。在推进创建的几年里，区级、处级单位以“理论中心组”集中学习的形式坚持“领导带头学”。在“学习型通州建设与科学发展观”等若干专题学习后均要求写出相应的学习体会。通州区的领导干部中，不仅反复强调学习的重要意义，而且明确要求探索学习的科学方法。为此，区邮政局等单位以完成任务为主题，提倡“应用式”学习；以解决问题为牵引，提倡“研究式”学习；以实践锻炼为基础，提倡“体验式”学习；以改革创新为重点，提倡“拓展式”学习。由于强调了学习与工作的紧密结合，个人学习基础上的集体讨论，以用促学、学用相长，把学习与提升生命价值相联系等，在改造传统学习方面进行了尝试、取得了进展。

3. 开展丰富多彩、特色鲜明、成效显著的创建活动。例如，在创建学习型城区活动中，通州区以运河艺术节、全民读书月为主要载体，推出了“运河文化节”社区教育特色项目，同时肯定并推出了玉桥街道办事处按照楼门客厅化管理的理念，在辖管社区内探索“文化楼门”的创新举措。时任北京市市长王岐山来通州调研时指出：“在新城建设中，老旧小区管理始终是一个难题，文化楼门建设无疑为这项工作开了个好头，希望街道和居委会要进一步搞好文化楼门建设”。如今，“文化楼门”已在全区得到推广。近年来，玉桥街道办事处接待的参访学习团就有近百个。

二、希望和建议

一是进一步加强创建理论的学习、宣传和应用。通州区部分领导干部尚显薄弱的一环，势必影响引领创建作用的发挥。关于“学习型社会建设”，党和国家已经就大政方针提出了明确要求。党的十八届三中全会落实十八大会议的要求，重点研究部署了全面深化改革问题，是又一次具有里程碑意义的会议，对于指导继续推进学习型城市建设工作，为助推市场经济、民主政治、先进文化、和谐社会、生态文明等建设，为实现我国全面深化改革的总目标做贡献，具有十分重要的意义。这些具有鲜明时代特征和深远战略思考的重大决策，作为牵头创建工作的领导干部需要认真学习，领会其精神实质。创建理论的学习，还应突出“五项修炼”这个重点、难点，因为“五项修炼”作为学习型组织理论的核心内容，为改造传统学习，排除学习智障，树立现代的学习观，提升学习力和创新力指明了方向。通州区人力社保局、玉桥街道办事处、邮政局、教师研修中心、马驹桥镇等少数单位，理论学习比较深入，而且与单位实际紧密结合并取得成效，这是他们勤于学习、勤于思考、学用结合、勇于创新的结果。经验十分可贵，值得其它单位学习。

二是希望通州区的创建工作能够保持当前强劲的发展势头。党的十六大以来，通州区根据党中央、国务院及市委、市政府有关精神，在推进终身教育体系建设、终身学习服务体系建设以及各类学习型组织建设方面，进行了广泛实践和积极探索，取得了显著成效。目前，通州区的创建工作正处在全面推进、不断深化的阶段。通州区的学习型城区建设，经过近十年的努力，尤其是近年来的迎评促建，达到目前的水平实属不易；今后再深入一步，上一个新的台阶就更难。必须看到通州区不仅多数单位启动创建的时间较晚，尚处在搞好教育培训的创建初始阶段，而且创建工作的发展也不够平衡，存在一些薄弱地区、薄弱类型、薄弱单位、薄弱环节。为此，建议评估验收结束后，通州区要保持宣传、学习、投入、推动的强劲态势，要保持在区委、区政府统筹规划下，各地区、各部门齐心协力、齐抓共管的发展态势，认真分析和解决存在的薄弱之处，尤其要在强化过程管理、健全长效机制上下功夫，努力提高创建工作质量和水平，确保学习型通州建设持续、健康、顺利地向前发展。

综上，认定通州区为北京市创建学习型城区工作先进区。

二〇一三年十二月二十三日

民办教育

北京市教育委员会文件选编

（2013）

北京市教育委员会

关于做好2013～2014学年民办高校招生简章和广告备案工作的通知

京教民〔2013〕1号

各民办普通高校、独立学院、民办非学历高等教育机构：

为进一步加强本市民办高校管理，规范招生宣传工作，促进民办高等教育健康发展，根据《中华人民共和国民办教育促进法》、《民办高等学校办学管理若干规定》（教育部令第25号）、国务院办公厅《关于加强民办高校规范管理引导民办高等教育健康发展的通知》（国发办〔2006〕101号）、《北京市民办高等教育机构招生简章和广告备案管理办法》（京教高〔2007〕2号）等法律法规和规范性文件规定，2013～2014学年本市继续实施民办高校招生简章和广告备案工作。现将有关事项通知如下：

一、备案范围

凡经市教委批准设立或管理的，持有效的《办学许可证》和《法人登记证》，2013～2014学年具有招生资格的民办普通高校、独立学院、民办非学历高等教育机构（以下简称“民办高校”），发布招生简章和广告，均须进行备案。

民办高校在本市或外省（自治区、直辖市），通过报刊、广播、电视、互联网、户外广告、未经出版的印刷品及影像资料等媒介，以刊登、播放、张贴、散发、邮寄等方式发布的2013～2014学年秋季及春季招生简章、广告、报考指南、入学通知等各种形式的招生、办学、宣传信息，均为备案内容，须经备案后方可发布。

二、备案内容要求

民办高校招生简章和广告内容必须真实、准确、客观、合法，应符合以下几项要求：

（一）学校总体情况的介绍应明确、具体

1. 学校名称、办学地址、办学类型、办学内容、举办者、校长等信息应与《办学许可证》一致。如发生变更，须到市教委办理变更手续。学校办学类型包括民办普通高校（包括本科院校、高职学院）、民办非学历高等教育机构等，非学历高等教育机构，尤其是学校名称中包含“大学”、“中国”等字样且未包含“研修”、“专修”、“函授”、“培训”等字样的学校，须明确说明本校的办学类型为民办非学历高等教育机构。

2. 有关办学条件、教学活动的图片应采取本校及本校师生员工的实景照片，不得采用电脑合成的图片；不得选用国家领导人及国家机关工作人员的照片；选用人物图片应征得本人同意使用；所选用的图片需有文字说明。

3. 学校的获奖项目应注明获奖时间和评选单位名称，应主要宣传教育行政主管部门或政府其他行政管理部门组织评选的奖项，由非政府部门评选的奖项应主要宣传近三年（2010年以来）获取的，数量上应不超过所宣传获奖项目总数的50％。

4. 不得使用“最大”、“最好”、“第一”、“唯一”等描述性用语，也不得使用“100％考试通过率”、“入学即签订就业协议”、“100％就业率”、“高薪就业，一步到位”等承诺性用语。不得回避、混淆学历教育与非学历教育的区别，不得对学校的办学条件、师资力量及学生就业前景等做虚假、夸大宣传。

（二）招生专业的介绍应明晰、详实

1. 招生类别应明确分为本专科学历教育、自考助学、培训、其他文化教育等。

2. 学习形式应明确分为全日制、业余、短期、函授（或远程）等。

3. 学校应根据招生类别和学习形式，分别介绍计划内统招专业、自考助学专业、学校自设培训专业、资格（等级）证书培训专业、中外合作办学项目专业等（专业介绍一览表参考格式见附件2）。

（三）根据招生类别分别介绍证书类别，应明确说明颁发主体及颁发办法

1. 录取到计划内统招专业学习的学生，学习期满，成绩合格，由学校颁发国家承认学历的普通高校本专科毕业证书。

2. 参加自考助学的学生，由学校组织参加（或自行参加）北京市高等教育自学考试，通过专业考试计划规定的全部课程，由北京市高等教育自学考试委员会颁发国家承认学历的本专科毕业证书。

3. 参加学校自设专业学习的学生，学习期满，成绩合格，由学校颁发结业证书。

4. 参加资格（等级）证书课程培训的学生，经相关部门或行业组织的考试，成绩合格，可获得相应的资格（等级）证书。

5. 学校举办中外合作办学项目，引进国（境）外学校的课程（含知识产权）和师资，颁发国外高校学历、学位证书的，须经教育部或市教委批准。参加中外合作办学项目的学生，取得证书的类别与办法应与有关批准文件一致。

6. 学校设有国内其他高等学校在京成人教育校外教学点（站），或教育部现代远程教育试点高校在京校外学习中心，须经市教委2012年检查评估合格，方可发布相关招生信息。

（四）招生简章和广告应载明的其他内容

1. 收退费标准和办法。学历教育的收费项目和标准须经市发改委批准，非学历教育的收费项目和标准由学校在所属区县发改委

备案。收费项目和标准应与有关部门审批或备案的内容一致，退费办法应符合《北京市民办学校退费指导意见》（京教民〔2012〕1号）的要求。

2. 学校办学许可证编号。

3. 广告备案编号。

4. 同时载明我委指定的两个查证网站：

（1）http：//mbjyc. bjedu. gov. cn；

（2）http：//www. edu111. cn。

三、备案工作要求

（一）举办非学历教育的民办普通高校、独立学院，应将学历教育与非学历教育的招生简章和广告分别制作、备案和发布。非学历教育招生简章和广告在专业设置、证书颁发等项内容上应严格区别于学历教育，不得含有北京教育考试院统一编制的计划内招生“学校代码”、“专业代码”等内容。

（二）民办高校的招生简章和广告不得以内设机构（如二级学院）名义单独进行宣传。

（三）实施短期或业余培训、函授或网络教育等非全日制教育的民办非学历高等教育机构，如本年度招生简章与广告内容与前一年相比未发生变化，可简化备案程序，将上学年备案有效期延长至本学年。

（四）本学年已备案的简章和广告内容需变更时，必须重新办理备案手续，原备案编号不变。

四、备案程序

（一）网络预审

学校登陆上述指定的查证网站下载《2013～2014 学年北京市民办高校招生简章和广告备案表》（以下简称《备案表》，见附件1）。学校根据备案内容及工作要求，将招生简章和广告样稿电子文档发送到指定邮箱，样稿应含文字、图片等内容，应为 word 文档；学校招生宣传内容若包含视频短片，应提供互联网链接地址，接受预审。

我委在收到学校通过网络报送的预审材料5个工作日内，通知学校预审结果。未通过预审的学校应按书面要求对样稿进行修改，并重新接受预审。

（二）纸质备案材料初审

通过预审的学校，按照我委发给的《学校报送纸质备案材料明细表》要求，派本校工作人员报送相关纸质备案材料，接受初审。

1. 学校应提供下列纸质备案材料：

（1）招生简章和广告样稿（一式2份），需加盖学校公章（骑缝章）；学校招生宣传内容若包含视频短片，应报送视频光盘（一式1份）。

（2）《备案表》（一式2份，需加盖学校公章），学校也可根据本校招生宣传工作的实际需要确定报送份数。

（3）有效的《办学许可证》（副本）和《法人登记证》（副本）原件和复印件（各1份），原件经现场审验后由学校保存；如果因为其他原因，无法提供《办学许可证》原件的，应当说明情况。

（4）民办学校学历教育收费标准的批复文件复印件、《民办学校非学历教育收费标准备案表》复印件（一式1份，需加盖学校公章）。

2. 学校应提供下列证明材料，若往年已提供过相同的材料，则无需重复报送。

（1）招生简章和广告内容涉及中外合作办学的，应提交教育部或市教委有关批准文件的复印件；与国（境）外学校开展学分互认、聘请外教进行外语教学，并且没有课程引进的合作交流项目，不属于《中外合作办学条例》规定的中外合作办学项目，应提交相关合作协议（中文）复印件。申请备案的招生简章和广告内容涉及聘请外籍教师的，需提交市外国专家局批件复印件；涉及招收外国留学生的，应提交教育部或市教委有关批准文件的复印件。

（2）招生简章和广告中涉及与用人单位开展联合办学、订单培养、推荐就业等，应提供双方有效合作协议，加盖双方单位公章，合作期限应在招生简章和广告备案有效期内。

(3) 招生简章和广告中涉及到的获奖项目，需提交相关的获奖文件或获奖证书复印件。

(4) 招生简章和广告中涉及聘请具有一定知名度的外单位教师的，需提交聘书或学校聘用文件复印件。

(5) 其他能够证明招生简章和广告内容真实性的合法、有效证明材料。

3. 市教委收到学校报送的初审材料 3 个工作日内，通知学校初审结果。未通过初审的学校应按书面要求补充有关备案材料及证明材料，或修改有关备案内容，重新接受初审。

(三) 备案材料复审

市教委对通过初审的备案材料进行复审，收到学校报送的初审材料的 5 个工作日内，通知学校复审结果。对于符合要求的招生简章和广告备案材料，在《备案表》上签署同意备案的意见，设置备案编号，加盖备案管理专用章，在招生简章和广告附页上加盖骑缝章，并发还学校备案材料。

未通过复审的学校，应按书面要求补充有关备案材料及证明材料，或修改有关备案内容，重新接受复审。

(四) 备案材料公示

学校备案材料经复审通过后，市教委将在指定的查证网站上公示经备案的招生简章和广告内容。学校应在招生简章和广告备案后的 15 日内，在学校网站公示经备案的招生简章和广告内容。

(五) 报送招生简章和广告样刊

学校应在招生简章和广告发布后 15 日内，将所发布的招生简章和广告样刊送备案材料初审办公地点存档备查。

五、备案受理时间

2013 年 3 月 19 日至 2014 年 2 月 28 日；每周一至周五 9：00～12：00，13：30～16：30。

六、备案管理机关和地点

（一）市教委作为北京市民办高校招生简章和广告备案管理机关，负责招生简章和广告的备案管理工作。

（二）备案材料网络预审及初审

办公地点：北京市朝阳区华严北里甲1号A3座三层，北京民办教育协会内。

（三）备案材料复审

办公地点：市教委民办教育处。

附件：1. 2013～2014学年北京市民办高校招生简章和广告备案表（略）

2. 专业介绍一览表参考格式（略）

二〇一三年三月十八日

北京市教育委员会

关于规范民办非学历高等教育机构校名的通知

京教民〔2013〕2号

有关民办非学历高等教育机构：

根据教育部对规范非学历高等教育机构名称问题做出的规定，非学历高等教育机构的名称可以为“＊＊进修（专修、培训、自修、补习）学院或中心”，不称“大学”，不得冠以“中国”、“中华”和“国际”等字样。

为准确体现学校办学类别、办学层次，明确区分非学历高等教育机构与实施学历教育的普通高校的名称，我委结合《民办学校办学许可证》有效期延续工作，继续推动民办非学历高等教育机构名称的规范工作。

在2009年末至2010年初开展的许可证换发工作中，我委根据实际情况，以办学许可证的有效期限为标准，作为学校变更名称的过渡期。已于2010年作出按期变更校名承诺的学校，应根据承诺内容，做好校名变更工作。我委将对按照要求规范名称的学校加大扶持力度，支持发展。学校在变更校名的过程中应制定风险防范预案，稳妥处理可能出现的问题，做好在校生的思想工作。学校可按照“老生老办法”的原则，允许名称变更前入学的学生，在结业时可以选择取得按原来校名颁发的学业证书，实现校名变更的平稳过渡。

变更校名确有困难的学校，可将达到校名规范要求的时间延长至办学许可证的下一个有效期内。学校应制定规范校名的方案并作出书面承诺，在办学许可证下一个有效期内达到校名规范要求。请于2013年5月17日前（或在许可证有效期到期前一周）提交规范校名的方案和书面承诺，并携带办学许可证正副本原件到我委民办教育处办理办学许可证延期手续。

二〇一三年四月二十五日

北京市教育委员会

公布2012年民办高等学校及其他民办高等教育机构办学状况评估及年度检查合格学校名单的通知

京教民〔2013〕3号

各民办普通高校、独立学院、民办非学历高等教育机构：

根据市委教育工委、市教委、市公安局、市卫生局、市财政局、市民政局《关于开展2012年民办高等学校及其他民办高等教育机构办学状况评估及年度检查工作的通知》（京教民〔2012〕6号），市教委会同有关部门开展了办学状况评估及年检工作。现将合格学校名单及有关办学规模的数据资料予以公布，并就有关事项通知如下：

一、评估及年检的总体情况

2012年度，参加评估及年检的民办学校共84所，其中10所民办普通高校、5所独立学院及69所民办非学历高等教育机构；20所民办非学历高等教育机构参加全面评估；17所学校参加办学思想、教育教学、资产与财务等方面以及上年评估后整改情况的专项考察，其中独立学院2所，民办高职学院6所，民办非学历高等教育机构9所。组织专家组对15所学校进行特色项目建设考察指导。对于未进校考察的学校，专家组审核了学校提交的办学状况评估材料及财务年度审计报告。

二、评估和年检合格学校名单（详见附件）

根据市教委2013年第7次主任办公会审定的评估及年检结果，共78所学校达到评估和年检合格标准。其中：民办普通高校10所；独立学院5所；全日制的民办非学历高等教育机构40所；非全日制的民办非学历高等教育机构23所。

三、年检合格盖章的有关事项

评估及年检合格的学校要于5月22日前携带办学许可证副本原件到市教委加盖年检合格印章，办学许可证已到期学校应携带办学许可证正副本原件，同时办理办学许可证有效期延续手续。联系方式如下：

（一）民办非学历高等教育机构将办学许可证送至市教委民办教育处。

（二）民办普通高校和独立学院将办学许可证送至发展规划处。

附件：2012年民办高等学校及其他民办高等教育机构办学状况评估及年度检查合格学校名单

二〇一三年五月十三日

附件

2012年民办高等学校及其他民办高等教育机构办学状况评估及年度检查合格学校名单

一、民办普通高校及独立学院（15所）

学校名称	教职工数（人）	计划内在校学生数（人）	非学历教育在校学生数（人）			
			全日制	业余	函授	短期培训
北京城市学院	1393	20759	0	0	0	0

续表 1

学校名称	教职工数（人）	计划内在校学生数（人）	非学历教育在校学生数（人）			
			全日制	业余	函授	短期培训
北京工商大学嘉华学院	227	5584	0	0	0	0
首都师范大学科德学院	373	4608	1131	0	0	0
北京邮电大学世纪学院	432	5285	350	0	0	0
北京工业大学耿丹学院	523	5681	0	0	0	0
北京第二外国语学院中瑞酒店管理学院	194	3054	210	0	0	0
北京吉利大学	845	5709	8561	0	0	0
北京科技职业学院	375	2471	2672	0	0	0
北京科技经营管理学院	235	2587	982	0	0	0
北京培黎职业学院	280	2863	249	0	0	0
北京汇佳职业学院	218	3028	0	0	0	0
北京北大方正软件技术学院	264	2486	0	0	0	0
北京经贸职业学院	162	1861	299	0	0	0
北京经济技术职业学院	235	1577	0	0	0	0
北京新圆明职业学院	137	511	0	0	0	0

二、全日制民办非学历高等教育机构（40 所）

学校名称	教职工数（人）	计划内在校学生数（人）	非学历教育在校学生数（人）			
			全日制	业余	函授	短期培训
北京现代音乐研修学院	651	0	5929	0	0	0
北京八维研修学院	257	0	2783	0	0	0
北京人文大学	492	0	5331	0	0	0

续表 2

学校名称	教职工数（人）	计划内在校学生数（人）	非学历教育在校学生数（人）			
			全日制	业余	函授	短期培训
北京工商管理专修学院	339	0	4225	0	0	0
北京应用技术大学	70	0	885	0	0	0
北京旅游专修学院	155	0	1769	0	0	0
北京演艺专修学院	84	0	1118	0	0	0
北京金融学院	113	0	716	552	0	1089
北京北大资源研修学院	128	0	1777	0	0	0
现代管理大学	214	0	3338	0	0	0
中国信息大学	113	0	1115	0	0	0
北京财经专修学院	89	0	867	0	0	0
北京黄埔大学	43	0	1800	0	0	0
北京建设大学	96	0	1160	454	0	454
北京美国英语语言学院	211	0	1813	0	0	0
北京翻译研修学院	77	0	741	0	0	0
北京华夏管理学院	88	0	587	0	0	0
北京华嘉专修学院	36	0	526	0	0	432
北京高等秘书研修学院	49	0	784	0	0	0
北京东方大学	103	0	1502	1700	0	0
中国管理软件学院	67	0	382	0	0	174
北京中新企业管理学院	101	0	174	0	0	0
北京明园大学	114	0	1058	0	0	200
北京民族大学	221	0	4007	0	0	0
东方文化艺术学院	63	0	407	50	0	50

续表 3

学校名称	教职工数（人）	计划内在校学生数（人）	非学历教育在校学生数（人）			
			全日制	业余	函授	短期培训
北京国际标准舞研修学院	31	0	42	0	0	0
北京文理研修学院	60	0	738	0	0	0
北京计算机专修学院	15	0	161	0	0	13
北京华大研修学院	3	0	27	0	0	0
北京新亚研修学院	25	0	353	0	0	0
北京影视研修学院	26	0	42	0	0	0
北京国际经贸研修学院	23	0	616	0	0	230
北京珠宝首饰研修学院	9	0	102	0	0	0
北京经济技术研修学院	30	0	57	735	0	0
北京东方研修学院	48	0	711	0	0	0
北京经济研修学院	76	0	976	0	0	0
北京瀚林职业研修学院	13	0	119	0	0	0
北京涉外经济专修学院	81	0	570	0	0	0
北京企业管理研修学院	44	0	281	0	0	359
北京国际商务学院	55	0	189	0	153	0

三、非全日制民办非学历高等教育机构（23 所）

学校名称	教职工数（人）	计划内在校生数（人）	非学历教育在校学生数（人）			
			全日制在校生	业余生	函授生	培训生
中国逻辑与语言函授大学	20	0	0	0	676	1360
中国农民大学	16	0	104	95	124	7181

续表 4

学校名称	教职工数（人）	计划内在校生数（人）	非学历教育在校学生数（人）			
			全日制在校生	业余生	函授生	培训生
北京东方妇女老年大学	14	0	0	0	1500	300
北京彼得·德鲁克管理研修学院	44	0	0	0	0	14560
北京国际汉语学院	31	0	0	0	0	445
北京国际青年研修学院	78	0	55	28	0	236
北京心理学函授学院	9	0	0	0	815	0
北京军地专修学院	96	0	0	0	5142	0
北京摄影函授学院	44	0	0	117	1641	117
北京京海研修学院	44	0	0	950	0	50
蒙代尔国际企业家大学	7	0	0	0	0	0
中关村创新研修学院	40	0	0	0	0	6946
中国教育国际交流研修学院	23	0	0	0	0	812
北京汉语国际推广中心	3	0	0	0	0	78
北京机械工程师进修学院	25	0	0	0	187	3916
北京盛唐研修学院	9	0	0	0	0	0
北京职业资格专修学院	2	0	0	0	0	166
北京礼仪专修学院	9	0	0	0	0	0
北京社会函授大学	12	0	0	0	257	0
北京长城研修学院	30	0	0	0	0	244
北京当代艺术研修学院	3	0	0	0	0	0
北京高等珠宝研修学院	76	0	0	0	0	0

续表 5

学校名称	教职工数（人）	计划内在校生数（人）	非学历教育在校学生数（人）			
			全日制在校生	业余生	函授生	培训生
中国现代教育研修中心	2	0	0	0	0	22

注：1. 以上数据采集的截止日期为 2012 年 12 月 31 日。

2. 短期培训生数指培训时间不足一年的学生数。

北京市教育委员会

关于北京市民办高校 2013 年秋季招生政策的通告

京教民〔2013〕4 号

为规范民办高校招生工作，优化招生环境，维护广大学生的合法权益，促进首都民办教育健康有序发展，根据《中华人民共和国民办教育促进法》及其《实施条例》、《中华人民共和国广告法》和《北京市实施〈中华人民共和国民办教育促进法〉办法》，现将北京市民办普通高校及市教委审批的民办非学历高等教育机构 2013 年秋季招生政策通告如下：

一、民办普通高校

（一）民办普通高校指经教育部或市政府批准、具有颁发普通高等教育本科或专科学历证书资格，并已颁发《民办学校办学许可证》的民办高校（含独立学院，下同）。

北京地区现有民办普通高校15所，其中北京城市学院为本科院校（兼有高职教育、研究生教育招生资格）；北京北大方正软件技术学院、北京经贸职业学院、北京经济技术职业学院、北京汇佳职业学院、北京科技经营管理学院、北京吉利大学、北京科技职业学院、北京培黎职业学院、北京新圆明职业学院等9所学校为专科层次高等职业学院；首都师范大学科德学院、北京工商大学嘉华学院、北京邮电大学世纪学院、北京工业大学耿丹学院、北京第二外国语学院中瑞酒店管理学院等5所学校为本科层次的独立学院。

（二）北京市民办普通高校普通本专科教育的招生，严格执行教育部和北京市关于普通高等院校招生管理规定，一律纳入全国普通高等学校统一考试招生体制内管理。2013年除北京汇佳职业学院和北京北大方正软件技术学院、北京培黎职业学院部分专业经过批准实行高等职业教育自主招生试点外，其余民办普通高校均无学校组织的普通高等学历教育自主招生。

二、民办非学历高等教育机构

（一）根据《中华人民共和国民办教育促进法》及其《实施条例》和国务院《高等教育自学考试暂行条例》等有关规定，民办非学历高等教育机构以开展高等教育自学考试助学等文化教育培训、职业培训为教学内容。

（二）根据《高等教育自学考试暂行条例》，民办非学历高等教育机构招收参加自学考试助学的学生，只有通过国家高等教育自学考试规定的全部课程，考试合格，方可取得加盖主考普通高校及自学考试办公室印章的国家承认的学历文凭。

三、有关招生政策

（一）按照《中华人民共和国民办教育促进法》及其《实施条例》，2013年具有招生资格的民办非学历高等教育机构共66所（学校名单附后）。

（二）民办普通高校在国家招生计划之外自行招收非学历教育学生，在办理入学手续前必须向学生或家长公示获得学历的方式、收费项目、标准和退费办法，并与学生签署退费协议。学校制定的收退费办法不得与教育行政部门或物价管理部门的规定相抵触。

（三）学校开展办学活动所使用的名称必须与《民办学校办学许可证》上核准的名称一致。民办高校的招生简章应载明学校名称、办学性质、办学地点、招生专业、录取标准、取证方式、证书名称、证书性质、收费标准及退费办法等，内容必须真实、准确，不得含糊其词、误导求学者。招生简章和广告应报审批机关备案，学校以各种形式（含报刊、广播、电视、网络等）向社会发布的招生简章或广告的内容应与报审批机关备案的内容一致。

四、录取形式

北京市民办高校的录取通知书分为两类：一类是民办普通高校按全国普通高校招生规定，考生参加当年高考，达到录取分数线后，由省级招生部门办理录取手续，由学校寄发的普通本科、高职（专科）学历教育录取通知书；另一类是由民办普通高校和民办非学历高等教育机构自行组织，招收非学历教育学生，由学校寄发的非学历教育学习通知书。

根据教育部的规定，凡是经省级招生部门办理录取手续的考生，除由学校颁发的录取通知书外，另有省级招生部门颁发的录取考生信息确认表，没有录取考生信息确认表，只有录取通知书的属非学历教育招生。

普通本科、高职（专科）学历教育录取通知书（北京生源）可通过以下三种方式查询：一是登陆北京教育考试院网站，查询录取结果；二是拨打 1606789 或 96000169，查询录取结果；三是与当地区县招办联系，查询录取结果。如录取学校、专业等信息与录取通知书相同，则通知书内容真实有效。

凡未经省级招生部门办理录取手续的考生，均不能注册普通高校学生学籍。请广大考生和家长注意识别普通高等学历教育与非学历高等教育的界限，明确就读学籍身份。

五、民办教育政策咨询信息网站

市教委网站（http：//www. bjedu. gov. cn/）将及时发布关于民办高校的相关政策信息，方便广大考生和家长查阅监督。

附件：2013 年北京市具有招生资格的民办非学历高等教育机构名单

二〇一三年七月八日

附件

2013 年北京市具有招生资格的民办非学历高等教育机构名单

一、全日制民办非学历高等教育机构（41 所）

北京现代音乐研修学院
北京人文大学
北京应用技术大学
北京演艺专修学院
北京北大资源研修学院
中国信息大学
北京黄埔大学
北京美国英语语言学院
北京华夏管理学院
北京高等秘书研修学院
中国管理软件学院
北京明园大学
东方文化艺术学院
北京文理研修学院
北京华大研修学院
北京影视研修学院
北京珠宝首饰研修学院
北京东方研修学院
北京瀚林职业研修学院
北京国际商务学院
北京中国驻颜美容学院
北京八维研修学院
北京工商管理专修学院
北京旅游专修学院
北京金融学院
现代管理大学
北京财经专修学院
北京建设大学
北京翻译研修学院
北京华嘉专修学院

北京东方大学
北京中新企业管理学院
北京民族大学
北京国际标准舞研修学院
北京计算机专修学院
北京新亚研修学院
北京国际经贸研修学院
北京经济技术研修学院
北京经济研修学院
北京涉外经济专修学院
北京兴华大学

二、非全日制民办非学历高等教育机构（25所）

中国逻辑与语言函授大学
北京东方妇女老年大学
北京国际汉语学院
北京心理学函授学院
北京摄影函授学院
蒙代尔国际企业家大学
中国教育国际交流研修学院
北京机械工程师进修学院
北京职业资格专修学院
北京社会函授大学
北京当代艺术研修学院
中国现代教育研修中心
北京民生财富研修学院
中国农民大学
北京彼得·德鲁克管理研修学院
北京国际青年研修学院
北京军地专修学院
北京京海研修学院
中关村创新研修学院
北京汉语国际推广中心
北京盛唐研修学院
北京礼仪专修学院
北京长城研修学院
北京高等珠宝研修学院
北京企业管理研修学院

中共北京市委教育工作委员会
北　京　市　教　育　委　员　会
北　京　市　公　安　局
北　京　市　卫　生　局
北　京　市　财　政　局
北　京　市　民　政　局

关于开展2013年民办高等学校及其他民办高等教育机构办学状况评估及年度检查工作的通知

京教民〔2013〕6号

各民办普通高等学校、独立学院、民办非学历高等教育机构：

为引导本市民办高等教育健康有序发展，促进学校公益办学、规范办学、优质办学、特色办学，提高办学水平和教育质量，根据《中华人民共和国高等教育法》、《中华人民共和国民办教育促进法》、《民办高等学校办学管理若干规定》（教育部令第25号）等有关法律、法规、规章的要求，在总结评估和年检实践经验的基础上，决定2013年继续开展评估和年检工作。现将有关事项通知如下：

一、评估和年检的范围与内容

（一）市教委批准成立或管理的具有合法有效的民办学校办学

许可证、法人证书的民办普通高校及其他民办高等教育机构均应参加年检，年检的内容参照《北京市民办高等教育机构办学状况合格评估方案》（以下简称《方案》，见附件3）。民办非学历高等教育机构和举办高等教育自学考试助学或培训等全日制非学历教育的民办普通高等学校、独立学院应参加评估。

（二）继续坚持分类指导和适当简化的原则，对不同类型的学校，评估的内容有所不同。

1. 对举办全日制教育的民办非学历高等教育机构，按照《方案》进行全面评估；

2. 对不举办全日制教育的民办非学历高等教育机构，评估内容从简，不考察《方案》的第7、8项一级指标，即“安全稳定”与“卫生安全”的内容，根据学校举办非全日制教育的特点，对《方案》的第2、3、4、5项一级指标，即“师资队伍”、“办学条件”、“党建和思想政治教育工作”、“教育教学”的内容做适当调整；

3. 对举办高等教育自学考试助学或培训等全日制非学历教育的民办普通高等学校、独立学院，评估内容按照《方案》第1、5、6项一级指标，即“办学思想”、“教育教学”（非学历教育部分）、“资产与财务管理”进行专项评估。

（三）不举办全日制非学历教育的民办普通高等学校、独立学院不参加评估，年检的内容参照《方案》第1、6项一级指标，即“办学思想”、“资产与财务管理”的要求。

（四）学校可自愿申报特色项目接受专家组进校考察指导。特色项目是指学校在办学实践中积累形成的，对提高办学水平和人才培养质量作用明显，社会公认或在社会上有较大影响的、学校特有的项目。学校应报送《办学特色项目建设报告》，说明项目名称、建设目标、建设规划或计划、已取得的建设成果等。每校限报一项。

二、组织领导

（一）市教委会同有关部门联合成立2013年北京市民办高等学校及其他民办高等教育机构办学状况评估及年检工作领导小组（名单见附件1），确定评估及年检方案，聘请专家，审核专家组考察意见，确定评估及年检结论。其中，市公安局、市卫生局分别负责指导和组织“安全稳定”、“卫生安全”方面的评估和检查工作，市教委负责其他方面的评估及年检工作。评估及年检工作领导小组办公室（见附件2）设在市教委民办教育处。

（二）市评估及年检工作领导小组委托北京民办教育协会（以下简称“协会”）承担评估及年检的具体实施工作。协会应根据评估及年检工作总体部署，安排各校的考察时间和日程，组织专家组实施考察工作，收集并汇总专家组意见，报市评估及年检工作领导小组。

（三）市评估及年检工作领导小组审定评估结论，并向学校反馈评估意见，公布评估及年检结果。

三、实施程序

评估和年检工作由学校自我评估检查、专家组进校考察、学校整改三个阶段组成。

（一）2013年10月至11月，学校开展自我评估。自我评估是评估和年检的重要阶段，是评估和年检工作的基础。学校在认真分析办学状况的基础上，填报《办学状况调查表》（见附件4），撰写自评报告，根据《2013年度审计任务书》（见附件5）的要求，委托会计师事务所进行审计，准备评估材料。自评报告应该简明扼要，内容包括本年度学校事业发展概况、对上次评估中专家组提出问题的整改情况、存在的困难和问题、改进的措施等。学校应结合学校的档案建设工作，按照《方案》的要求提供评估材料，学校要确保评估材料的原始性，并对评估材料及《办学状况调查表》的真实性负责。学校应积极开展学校内部的教育评估和检查工作，将其作为学校内部管理的重要手段和接受外部评估的基础，逐步形成学校内部的自我保障与监控的机制。

（二）2013年11月至12月，市教委根据学校办学情况抽取一部分学校，委托专家组进校考察；有关资产与财务管理的考察安排在2014年3月进行。在学校自评的基础上，市教委委托专家组对自评报告、《办学状况调查表》、审计报告等相关材料进行书面审查。市教委根据不同类型学校的办学情况，派专家组进校进行全面评估或专项评估。进校实地考察内容包括考察校园环境及教学、行政、生活设施，听课，走访，召开座谈会，核查学校有关档案资料等。专家组离校前和学校交流考察意见，重点围绕学校的办学特色及存在的问题提出指导性意见和建议。

参加全面评估的学校，在专家组进校考察时，学校需逐项提供《方案》中列出的查阅材料，每所学校的考察时间为1至2天。参加专项评估的学校，应提供有关专项指标情况的档案、资料，每所学校的考察时间为1天。申请特色项目建设指导的学校，应提供有关特色项目建设情况的档案、资料，安排有关特色项目建设成果展示，每所学校的考察时间为1天。专家组进校考察学校名单及考察内容另行通知。

专家组根据书面审查及进校考察的情况，提出评估和年检的考察意见、结论建议，报市评估及年检工作领导小组办公室。

（三）学校应认真研究专家组考察意见中提出的问题与建议，制定整改方案并认真进行整改，在次年的自评报告中报告整改的情况。

四、评估和年检结论

（一）评估和年检结论分为合格、暂缓通过和不合格三种。经领导小组审批后生效，有效期为一年。市教委将以适当的方式向社会公布评估和年检结论。

（二）评估和年检合格的学校由市教委根据办学条件核定办学规模，准予在下一学年招生。

（三）结论为暂缓通过的学校，应在一年内限期整改，整改期间停止招生活动，若在下一年的评估和年检中达到合格要求，准予恢复招生；若在下一年的评估和年检中仍然达不到合格要求，结论为不合格。

（四）评估和年检结论为不合格的学校，有关部门将在各自职权范围内依法作出处理。

（五）大力宣传坚持内涵发展、规范办学、特色明显的学校的办学经验，树立典型，从正面引导学校规范办学、内涵发展。

五、工作要求

（一）学校应积极配合专家组工作，提供有关资料、档案，并提供必要的工作条件及人力、物力支持。学校提供的有关评估资料、档案应如实反映学校的办学状况，杜绝各种形式主义、铺张浪费及弄虚作假的现象。如发现弄虚作假，一经查实，评估结论即为不合格。

（二）学校不得向专家和工作人员赠送礼品、礼金，应安排专家组在学校食堂就餐或安排快餐。专家组应遵守评估纪律，廉洁自律，平等待人，不得接受学校的礼品、礼金，不得接受学校超标准接待。

（三）协会应提前一周通知有关学校专家组进校考察的时间、考察内容，确定考察的日程安排。

（四）请学校于2013年11月15日前送交自评报告、《办学状况调查表》，申报办学特色项目的学校还应送交《办学特色项目建设报告》。请送交A4纸打印文稿一式6份，加盖学校公章。2014年1月27日前送交审计报告，一式1份，应贴有会计师事务所防伪标。上述纸质材料请送交协会，《自评报告》、《办学状况调查表》、《办学特色项目建设报告》、《审计报告附表》的电子文档发送至协会指定电子邮箱。

有关评估及年检的文件及表格等材料可登陆市教委或北京民办教育协会网站下载。

网址：http：//mbjyc. bjedu. gov. cn

http：//www. edu111. cn

附件：1. 北京市民办高等学校及其他民办高等教育机构办学

状况评估及年检工作领导小组成员名单

2. 北京市民办高等学校及其他民办高等教育机构办学状况评估及年检工作领导小组办公室成员名单
3. 北京市民办高等教育机构办学状况合格评估方案
4. 办学状况调查表（略）
5. 2013年度审计任务书

二〇一三年十月十日

附件1

北京市民办高等学校及其他民办高等教育机构办学状况评估及年检工作领导小组成员名单

组　长：线联平　市教委主任

副组长：唐立军　市委教育工委副书记

郑登文　市教委副主任

高　煜　市公安局副局长

雷海潮　市卫生局副局长

杨慕彦　市财政局副局长

温庆云　市社团办主任

徐宝力　北京教育考试院副院长

刘　林　北京民办教育协会执行会长

秘书长：李开发　市教委民办教育处处长

成　员：张学平　市公安局文保总队总队长

李晓娅　市公安局文保总队第六大队原调研员

李德娟　市卫生局法制监督处处长

李亚京　市卫生监督所所长

徐亚东　市卫生监督所执法一队副队长
李红娜　市财政局教育事业处处长
高　卓　市社团办民办非企业单位管理处处长
周　彤　市教委发展规划处处长
黄　侃　市教委高等教育处处长
张　龙　市教委学校后勤处处长
刘占军　市教委基本建设处处长
李丽晖　市教委民办教育处副处长
张树刚　市教委高等教育处副处长
丁　建　市教委发展规划处副调研员
贠　新　北京教育考试院自学考试办公室主任
戴书菲　市教委审计处原调研员

附件 2

北京市民办高校及其他民办高等教育机构办学状况评估及年检工作领导小组办公室成员名单

主　任： 李开发（兼）　市教委民办教育处处长
副主任： 杨桂元　北京民办教育协会
李丽晖（兼）　市教委民办教育处副处长
李晓娅（兼）　市公安局文保总队第六大队原调研员
臧燕军　市公安局文保总队第六大队科长
徐亚东（兼）　市卫生监督所执法一队副队长
丁　建（兼）　市教委发展规划处副调研员
张树刚（兼）　市教委高等教育处副处长
闫晓强　市社团办民办非企业单位管理处副处长

崔　晶　市教委民办教育处干部
马学雷　北京民办教育协会秘书长
胡丽雷　北京民办教育协会副秘书长

附件 3

北京市民办高等教育机构办学状况合格评估方案

一、评估指标体系

一级指标	二级指标	三级指标	分值
1. 办学思想* 100 分	1.1 学校定位 20 分	1.1.1 服务面向	8
		1.1.2 人才培养目标*	12
	1.2 机构与运行 15 分	1.2.1 章程执行	5
		1.2.2 举办者与办学者	5
		1.2.3 机构设置与行政队伍管理	5
	1.3 核准与备案 15 分	1.3.1 审批备案	6
		1.3.2 办学责权*	9
	1.4 招生与证书发放 20 分	1.4.1 招生简章与广告*	8
		1.4.2 招生工作	6
		1.4.3 证书发放	6
	1.5 投诉与纠纷处理 10 分	1.5.1 投诉处理	5
		1.5.2 协议纠纷处理	5
	1.6 权益保障 20 分	1.6.1 教职工权益保障*	12
		1.6.2 学生权益保障	8

续表 1

一级指标	二级指标	三级指标	分值
2. 师资队伍 100 分	2.1 教师数量 40 分	2.1.1 专职教师数量*	15
		2.1.2 兼职教师数量	15
		2.1.3 有专业实践经验的教师数量	10
	2.2 教师水平 30 分	2.2.1 教师学历与专业技术职务	10
		2.2.2 教学水平	10
		2.2.3 师德师风状况	10
	2.3 教师培养与教学研究 30 分	2.3.1 教师培养	15
		2.3.2 教学研究	15
3. 办学条件 100 分	3.1 办学场所 40 分	3.1.1 校园面积*	12
		3.1.2 校舍面积	10
		3.1.3 生活设施及运动场所	10
		3.1.4 校舍安全	8
	3.2 教学设备 25 分	3.2.1 教学仪器设备值	15
		3.2.2 教学用计算机与多媒体教室	10
	3.3 图书馆 15 分	3.3.1 图书资料	4
		3.3.2 图书资料利用	7
		3.3.3 阅览环境	4
	3.4 实习实训场所 20 分	3.4.1 实习实训场所	20
4. 党建和思想政治教育工作 100 分	4.1 党组织自身建设 22 分	4.1.1 组织机构设置*	8
		4.1.2 党组织领导班子及党务工作人员	8
		4.1.3 工作制度和工作计划	6

续表 2

一级指标	二级指标	三级指标	分值
	4.2 党组织政治核心作用发挥 22 分	4.2.1 确保办学方向	4
		4.2.2 参与重大问题决策，引导监督学校依法办学*	8
		4.2.3 发挥团结凝聚作用	4
		4.2.4 开展群团与统战工作	6
	4.3 党员队伍建设 17 分	4.3.1 党员管理工作*	6
		4.3.2 党员教育工作	4
		4.3.3 党员服务工作	3
		4.3.4 发展党员工作	4
	4.4 思想政治教育工作 17 分	4.4.1 工作体系	2
		4.4.2 工作队伍	4
		4.4.3 师德建设	4
		4.4.4 学生思想政治教育工作	5
		4.4.5 校园文化建设	2
	4.5 工作保障 22 分	4.5.1 行政支持*	10
		4.5.2 办公条件	4
		4.5.3 经费保障	8
5. 教育教学 100 分	5.1 教学管理队伍 10 分	5.1.1 教学管理队伍	10
	5.2 管理制度 25 分	5.2.1 教学管理制度	10
		5.2.2 基本教学文件*	15
	5.3 教学检查 10 分	5.3.1 教学检查	10

续表 3

一级指标	二级指标	三级指标	分值
	5.4 素质养成与学风 25 分	5.4.1 素质养成*	15
		5.4.2 学风	10
	5.5 教学效果 30 分	5.5.1 考试及成绩分布	6
		5.5.2 基本技能	9
		5.5.3 就业情况	9
		5.5.4 毕业生跟踪调查	6
6. 资产与财务管理* 100 分	6.1 经费的筹集及使用 40 分	6.1.1 举办者出资*	10
		6.1.2 法人财产权的落实	5
		6.1.3 办学资金筹措*	10
		6.1.4 专项经费	5
		6.1.5 教学经费	10
	6.2 制度建设及会计工作 20 分	6.2.1 财务管理制度	3
		6.2.2 银行账户	7
		6.2.3 会计基础工作	8
		6.2.4 人员资质	2
	6.3 收费管理 10 分	6.3.1 收费备案	4
		6.3.2 收费票据	6
	6.4 财务状况 30 分	6.4.1 净资产	5
		6.4.2 提取发展基金与回报	10
		6.4.3 资产与负债*	15
7. 安全稳定* 100 分	7.1 内部安全 60 分	7.1.1 保卫组织	10
		7.1.2 校内矛盾纠纷排查化解	5
		7.1.3 保卫工作制度建设	2

续表 4

一级指标	二级指标	三级指标	分值
		7.1.4 信息采集及预警	10
		7.1.5 技术防范	20
		7.1.6 安全检查	5
		7.1.7 安全教育	3
		7.1.8 平安高校	5
	7.2 消防安全 40 分	7.2.1 消防基础设施	20
		7.2.2 消防安全隐患排查及整改	10
		7.2.3 消防演练	5
		7.2.4 消防安全制度	5
8. 卫生安全* 100 分	8.1 食品安全 40 分		40
	8.2 生活饮用水 20 分		20
	8.3 医疗机构与传染病管理 25 分		25
	8.4 教学及生活环境 15 分		15
学校特色项目建设 100 分			

注： 标注 * 的指标为重要指标

二、评估指标及标准

一级指标	二级指标	分值	三级指标及合格标准	查阅材料
1. 办学思想* 100分	1.1 学校定位 20分	8	1.1.1 服务面向　为北京市经济社会发展服务的思想明确，专业设置符合区域经济社会发展的需要，教育思想先进，专业结构有特色，北京市生源有一定的比例。	学校发展规划、年度工作计划和总结、专业设置情况、生源情况
		12	1.1.2 人才培养目标*　培养高素质技能型、应用型人才的目标清晰，并在教学计划中有充分体现。	各专业的教学计划
	1.2 机构与运行 15分	5	1.2.1 章程执行　董（理）事会章程及学校章程执行认真，董（理）事会能够依法行使职权（注1），专职校长能够依法独立行使教育教学和行政管理职权（注2）。	董（理）事会章程、学校章程、董（理）事会及校长办公会会议纪要
		5	1.2.2 举办者与办学者　举办者与办学者稳定，没有频繁变动的情况。	近3年举办者与办学者基本情况一览表
		5	1.2.3 机构设置与行政管理队伍　学校行政管理机构健全；主要管理人员（注3）稳定，具有大专以上文化程度，熟悉业务，明确职责，服务意识强，管理与服务效果好，师生员工满意。	学校各行政管理部门、二级教学单位负责人一览表（载明姓名、性别、年龄、职务、学历、职称、任职年份等）

续表 1

一级指标	二级指标	分值	三级指标及合格标准	查阅材料
	1.3 核准与备案 15 分	6	1.3.1 审批备案　学校章程、董（理）事会成员、校长、办学形式、层次、类型如有变化，能按照规定报相关部门审批或备案；办学地点与主管部门批准的一致，没有未经批准自行增设、变更的办学地点。	主管部门审批备案文件、办学许可证
		9	1.3.2 办学责权*　二级机构的行政、财务、人事、教学、考试等有关工作由学校统一管理，没有挂靠本校具有承包性质的办学机构，没有以联合办学名义转让、出租办学许可证。	
	1.4 招生与证书发放 20 分	8	1.4.1 招生简章与广告* 招生简章和广告真实、准确、合法，与备案内容一致，无虚假、模糊、夸大的内容；招生简章和广告的承诺能落实，无夸大的就业承诺，对学业证书的性质有明确说明。	招生简章、广告、学校网站、社会网站上有关办学等招生宣传信息，以及经备案的宣传材料，招生的机构设置、人员配置和管理规定，招生工作总结
		6	1.4.2 招生工作　招生活动合法有序，符合上级有关文件规定；没有委托中介机构或招收中介人员代为招生，没有组织在校学生参加招生；学校统一组织招生工作，没有以学校二级学院（机构）的名义单独组织招生。	

续表 1

<table>
<tr><th>一级指标</th><th>二级指标</th><th>分值</th><th>三级指标及合格标准</th><th>查阅材料</th></tr>
<tr><td rowspan="5"></td><td></td><td>6</td><td>1.4.3 证书发放　依照《高等教育法》的规定，建立并严格执行颁发学业证书的程序、标准；实施非学历教育的，按照国家有关规定颁发培训证书或者结业证书，并在学校公告证书发放办法，无违规发放学历证书性质的毕业证书现象。</td><td>校内公示证书发放办法、证书样本、证书发放记录</td></tr>
<tr><td rowspan="2">1.5 投诉与纠纷处理
10 分</td><td>5</td><td>1.5.1 投诉处理　学校建立了投诉调解制度和机构，处理投诉事件认真负责、妥善及时，投诉率低。</td><td>投诉处理的机构设置、制度以及处理投诉的原始材料</td></tr>
<tr><td>5</td><td>1.5.2 协议纠纷处理　学校履行与社会有关单位签订的合同、协议情况良好，妥善处理有关协议的纠纷，保障学校合法权益。</td><td>处理协议纠纷的原始材料，与外单位签订的合同、协议</td></tr>
<tr><td rowspan="2">1.6 权益保障
20 分</td><td>12</td><td>1.6.1 教职工权益保障*
学校依法保障教职工的合法权益，依法保障教职工的工资、福利待遇，并按劳动法规定为教职工缴纳社会保险相关费用。教职工的聘任和解聘应根据国家有关规定执行，聘任教师、职员，招用工作人员，应当签订劳动合同或聘任协议，明确双方的权利、义务等，聘任外籍人员应遵守国家有关规定。</td><td>教职工劳动合同或聘任协议、外籍教师资质证明及聘任协议，工资及社保（失业、养老、医疗、工伤、生育保险及住房公积金等）的支付凭证</td></tr>
<tr><td>8</td><td>1.6.2 学生权益保障　依法保障学生的各种合法权益，有规范的退费制度并认真执行。</td><td>退费原始财务凭证等退费制度执行情况的有关材料、学校与实习、就业单位签订的协议等材料</td></tr>
</table>

续表 2

一级指标	二级指标	分值	三级指标及合格标准	查阅材料
2. 师资队伍 100 分	2.1 教师数量 40 分	15	2.1.1 专职教师（注 4）数量* 专职教师数量能适应专业建设、课程建设、教学研究、教学改革的需要，各专业设有专业负责人。	专职教师一览表、兼职教师一览表（一览表内容包括教师姓名、性别、年龄、专业技术职务、所学专业、目前所在专业、承担的课程及学时等），学校与教师签订的劳动合同或聘任协议，专业负责人和教师的资质情况、学历、专业技术职务或职业资格证书复印件，课程表，学生实习实践安排表等
		15	2.1.2 兼职教师（注 5）数量 有一定数量的兼职教师，能保证教师总数与学校的专业数量及在校学生人数相适应。	
		10	2.1.3 有专业实践经验的教师数量 有专业实践经验的教师数量能适应培养高素质技能型与应用型人才的需要。	
	2.2 教师水平 30 分	10	2.2.1 教师的学历与专业技术职务 专兼职教师均应具有大学本科以上学历，专职教师中具有副高级及以上专业技术职务或高等级职业资格人员的比例应不低于 20%。	
		10	2.2.2 教学水平 基础课教师与主要专业课的教师稳定，具有较高的教学水平，学生满意率高。	教学任务书与课表，教学运行表，学生及督导、同行、领导的评教表，调课情况表及教师上课的必备资料等
		10	2.2.3 师德师风状况 教师坚持教书育人，认真遵守教学纪律，保证正常的教学秩序；备课认真，精心组织教学；高自考课程任课教师实行教考分离。	

续表 3

一级指标	二级指标	分值	三级指标及合格标准	查阅材料
	2.3 教师培养与教学研究 30分	15	2.3.1 教师培养 有教师培养和评聘制度，教师培养经费有保证并落实，效果良好。	教师培养和评聘制度、教师培训笔记或记录、培训经费支出凭证
		15	2.3.2 教学研究 积极开展教学研究活动，教学研究活动应以具有副高级以上专业技术职务的教师为骨干，以专职教师为主体，对提高教学质量、推进课程建设与教学改革有一定作用。	教学研究活动记录、报告、论文、教学改革成果
3. 办学条件（注 8）100 分	3.1 办学场所 40分	12	3.1.1 校园面积* 位于农村地区的校园占地面积不少于50亩，位于城镇地区的校园占地面积不少于30亩，并与学校的专业门类、在校生规模相适应。	有效的土地证或土地租赁合同
		10	3.1.2 校舍面积 校舍建筑总面积不低于2万平方米，且生均面积不低于5平方米，并与学校的专业门类、在校生规模相适应（注 6）。	有效的房产证或房屋租赁合同
		10	3.1.3 生活设施及运动场所 有满足教学和学生需要的学生宿舍、学生食堂等生活设施及运动场所。	生活设施及运动场所一览表
		8	3.1.4 校舍安全 校舍建筑物要满足结构安全和抗震设防标准的要求，用电、上下水、电梯、锅炉、避雷设施能满足安全使用要求，无安全隐患。	建筑物工程竣工验收报告、房屋安全鉴定报告、抗震鉴定报告、防雷装置验收合格证、电梯安全检查合格证、锅炉的特种设备使用登记证、锅炉管理人员上岗资格证

续表 4

<table>
<tr><th>一级指标</th><th>二级指标</th><th>分值</th><th>三级指标及合格标准</th><th>查阅材料</th></tr>
<tr><td rowspan="6"></td><td rowspan="2">3.2 教学设备
25 分</td><td>15</td><td>3.2.1 教学仪器设备（注 7）值　教学仪器设备总值不低于 500 万元，且生均教学仪器设备值不低于 1000 元（专业仅限于哲学、经济学、法学、文学、教育学、历史学、管理学等七个学科范围内的学校，教学仪器设备总值应不低于 300 万元且生均教学仪器设备值不低于 800 元），能满足教学要求。</td><td>教学仪器设备台帐</td></tr>
<tr><td>10</td><td>3.2.2 教学用计算机与多媒体教室　教学用计算机、多媒体教室、语音教室等能满足教学要求。</td><td></td></tr>
<tr><td rowspan="3">3.3 图书馆
15 分</td><td>4</td><td>3.3.1 图书资料　图书资料与学校专业设置相适应，生均纸质图书册数不低于 20 册，能满足教学需要；学校每年根据学生规模购置一定数量的新书。</td><td>图书清单、当年购置图书的发票</td></tr>
<tr><td>7</td><td>3.3.2 图书资料利用　有图书馆开放制度并认真执行，图书资料流通及运用情况良好，能满足教学需要。</td><td rowspan="2">图书馆管理制度、师生借阅图书记录、阅览记录</td></tr>
<tr><td>4</td><td>3.3.3 阅览环境　图书馆生均阅览座位数不低于 0.05 个，阅览环境良好。</td></tr>
<tr><td>3.4 实习实训场所
20 分</td><td>20</td><td>3.4.1 实习实训场所　具备符合开设专业教学计划和课程要求的实验及技能训练条件，有校内外实习实训场所。</td><td>校内外实习实训场所一览表、校外实习实训场所协议、实习实训安排与记录表</td></tr>
</table>

续表 5

一级指标	二级指标	分值	三级指标及合格标准	查阅材料
4. 党建和思想政治教育工作 100 分	4.1 党组织自身建设 22 分	8	4.1.1 组织机构设置* 校级党组织、院系级党组织健全，各级党组织设置合理、规范。	各级党组织的设置及组织机构概况材料；校级党组织设置的批复文件
		8	4.1.2 党组织领导班子及党务工作人员 各级党组织按时换届选举。书记兼任董事长或校长的，应设专职副书记；校级党组织设置为党委、党总支的，副书记应为学校领导班子成员。党务工作队伍健全，党务工作人员数量与学校的规模大小相匹配。	各级党组织人员组成名单，党组织换届选举的会议记录，上级党组织的批复或任命文件党组织负责人发生变动时向上级党组织的请示及上级党组织的批复文件，专职党务工作人员名单及基本情况
		6	4.1.3 工作制度和工作计划 党建工作指导思想明确，工作思路清晰，中心组学习制度规范，每学期召开一次民主生活会；党建基本制度建立健全。	党建工作计划、总结，党务工作活动记录 党务工作各类文件、统计报表，中心组学习记录，党组织民主生活会记录，民主评议党员制度和党风廉政建设制度等相关材料
	4.2 党组织政治核心作用发挥 22 分	4	4.2.1 确保办学方向 积极学习、宣传和执行党的路线方针政策，执行上级党组织的决议、决定，按要求完成上级部署的各项任务，重大问题及时请示报告。	会议记录和学习记录，学校年度工作计划和总结，学校近期发展规划
		8	4.2.2 参与重大问题决策，引导监督学校依法办学* 参与学校重大问题的研究讨论，引导和监督学校依法办学、诚信办学。	学校重大问题研究讨论会议记录、被政府有关部门表彰及通报批评或处罚事项的有关材料

续表 6

一级指标	二级指标	分值	三级指标及合格标准	查阅材料
		4	4.2.3 发挥团结凝聚作用　党组织能较好地团结和凝聚骨干教师，发挥骨干教师在学校的带头模范作用。党内外群众对党组织、党员发挥作用的满意率高，党组织负责人在党员中的满意率高。	党组织与学校骨干教师进行座谈交流的会议记录，党组织及党组织负责人、党员工作满意度测评表
		6	4.2.4 开展群团与统战工作　坚持党建带团建，领导和支持教代会、工会、共青团、学生会工作，对民主党派学校基层组织工作实行政治领导，做好党外高级知识分子、民族和宗教人员的工作。	学校党组织分管共青团工作人员名单，校级团组织专职人员名单，共青团、学生会工作计划总结，学生社团制度及开展活动的材料，教代会、工会、民主党派基层组织材料，党外知识分子工作记录
	4.3 党员队伍建设 17 分	6	4.3.1 党员管理工作*　建立党员登记制度，党员登记和信息统计及时、完整，认真执行党员组织关系转移制度，做好党员组织关系转移工作。按照有关规定，妥善处置不合格党员，党费管理和使用符合要求。	学校党员的登记制度和信息统计资料，党员组织关系转移的制度和执行情况，党员组织关系档案文件，流动党员管理的具体措施和记录，处理不合格党员文件，党费收缴和使用情况的说明
		4	4.3.2 党员教育工作　建立“三会一课”制度，坚持组织生活正常化，及时掌握党员的思想状况并开展教育，加强党风廉政建设，领导干部廉洁自律情况较好。	党员教育计划、总结，“三会一课”记录及学习笔记，党风廉政建设的责任体系

续表 7

一级指标	二级指标	分值	三级指标及合格标准	查阅材料
		3	4.3.3 党员服务工作　党组织为党员提供服务，关心和帮助党员解决实际困难。	党组织为党员和群众加强联系、提供联系途径的措施，学校党组织帮助党员解决实际困难的措施
		4	4.3.4 发展党员工作　重视发展党员工作，党员发展有年度计划；稳步提高在校大学生党员占学生总数的比例，积极吸收优秀骨干教师入党；发展党员程序规范，手续完备。	年度发展党员计划，发展党员的统计材料，培养入党积极分子的计划和执行情况，发展党员的档案材料
	4.4 思想政治教育工作 17分	2	4.4.1 工作体系　学校思想政治教育工作体系完善。	学校思想政治教育工作的计划和总结，学校思想政治教育工作的责任分工体系
		4	4.4.2 工作队伍　配备足够数量的辅导员、班主任、宿管员或生活指导老师，学生工作队伍的选拔、培训、管理和考核机制完善，并能予以落实。学生工作人员具有大专以上学历，政治业务素质高。	辅导员、班主任、宿管员或生活指导老师数量的统计资料，学生思想政治教育工作队伍的选拔、培训、管理和考核的制度和执行情况
		4	4.4.3 师德建设　重视师德建设，对教师提出教书育人的要求并严格管理，对违背职业道德的行为人进行有效处理；了解、掌握教职工思想动态，做好相关问题的处理工作；围绕学校改革发展，做好思想发动工作。	教书育人或师德建设文件，教职工奖惩情况

续表 8

一级指标	二级指标	分值	三级指标及合格标准	查阅材料
		5	4.4.4 学生思想政治教育工作　配备高素质的思想政治理论课教师，有效开展教学工作；将思想政治教育渗透到哲学社会科学以及专业课教学之中，开展形势政策教育活动，建立指导、咨询、资助和助学体系措施，思想政治教育能够与解决学生实际问题相结合；加强推动学生就业指导工作。	思想政治理论课的教学计划，思想政治理论课教师的数量、培养培训计划，学生思想政治状况的调查表、调研报告等学生助学、奖励等制度的具体措施及执行情况，开展学生心理健康教育的做法，开展学生就业指导工作的做法
		2	4.4.5 校园文化建设　有校园文化建设制度和计划，校园文化生活丰富，校园氛围健康向上；有一定数量的学生社团，并能积极开展活动；公寓文化建设积极有成效，学生公寓成为重要的思想政治教育阵地；加强校园网络安全管理，校园网信息内容健康。	校园文化活动记录，社团组织登记表，学生公寓文化建设的做法及成果，校园网络的管理制度
	4.5 工作保障 22分	10	4.5.1 行政支持*　决策机构、校行政领导班子支持党建工作，支持工会、共青团、学生会和教代会工作，校级党组织负责人是学校决策机构组成人员，学校党组织设置为党委的，设置专门的职能工作部门。	学校年度工作计划和总结，学校决策机构组成人员名单，校级党组织设置为党委的，职能部门的设置情况
		4	4.5.2 办公条件　党组织有必要的办公场所和办公设施、设备。	校级和院系党组织的办公场所材料

续表 9

一级指标	二级指标	分值	三级指标及合格标准	查阅材料
		8	4.5.3 经费保障　党建工作经费纳入学校年度预算，党建和思想政治教育活动有必要的经费保障，对兼职的党务工作人员从事的党务工作计算一定的工作量，支持党务干部参加理论培训、业务学习等。	学校财务年度预算，年度党建工作活动经费总额度，思想政治教育活动年度经费总额度，兼职党务工作人员待遇情况
5. 教育教学 100 分	5.1 教学管理队伍 10 分	10	5.1.1 教学管理队伍　教学管理队伍结构合理，具有本科以上学历，能适应教学管理的要求。	分管教学的校长、教务处教学管理人员、二级教学单位教学管理人员一览表
	5.2 管理制度 25 分	10	5.2.1 教学管理制度　教学管理制度健全、规范，执行严格，教学运行有序。	教学管理制度汇编
		15	5.2.2 基本教学文件*　教学计划、教学大纲、国考（市考）考试大纲齐备、规范，并能认真执行。	教学计划、教学大纲、国考（市考）考试大纲
	5.3 教学检查 10 分	10	5.3.1 教学检查　以提高教学质量为核心，有教学检查制度并认真执行，已开展教学评价，效果明显。	教学检查制度和总结，学生及督导、同行、领导的评教表
	5.4 素质养成与学风 25 分	15	5.4.1 素质养成*　学校注重推行素质教育，重视学生职业素质的培养，并将素质教育贯穿于人才培养的全过程；注重文化育人，学生科技、文化、体育活动丰富；重视心理健康教育；学生遵纪守法，校园秩序良好。	学校开展素质教育的文件、规定与总结，开展校园文化、科技、体育活动的原始材料，心理健康教育总结
		10	5.4.2 学风　学生勤奋学习，出勤率高，课堂秩序良好；认真遵守考试纪律，考风好；学校对考试违规与作弊能严肃处理。	学生考勤统计表，学风、考风的总结，学生考试违规与作弊统计及学校处理材料

续表 10

一级指标	二级指标	分值	三级指标及合格标准	查阅材料
	5.5 教学效果 30 分	6	5.5.1 考试及成绩分布 各门课程及教学环节有考核，考试按照教学大纲的要求命题，难度及题量合适；考试实施严格认真，考试成绩分布合理，认真进行考试分析。	学生的部分试卷、成绩表及考试分析材料
		9	5.5.2 基本技能　学生有较好的职业素质，基本技能掌握良好，与专业相关的、受到社会或行业普遍认可的职业资格证书取证率不低于 30%。	职业资格证书取证情况统计，学生专业竞赛获奖证书复印件
		9	5.5.3 就业情况　学校重视毕业生就业工作，有负责就业工作的机构，开展就业指导与就业服务，学生就业率高。	学校关于毕业生就业工作的文件，就业工作总结
		6	5.5.4 毕业生跟踪调查　学校建立了毕业生跟踪调查制度，并认真执行，对改进教育教学工作有一定效果。	毕业生跟踪调查工作的制度，调研报告
6. 资产与财务管理* 100 分	6.1 经费的筹集及使用 40 分	10	6.1.1 举办者出资*　举办者或出资人按时、足额履行出资义务，举办者无侵占、抽逃和挪用办学经费的行为，使用国有资产参与办学符合国有资产监管规定。	学院存续期间，出资者发生变更，或出资数额发生增减变化的验资报告；国有资产监管部门的审批备案表，财务账册，财务审计报告
		5	6.1.2 法人财产权的落实 建立并落实法人财产管理制度，对举办者或出资人投入学校的资产、受赠的资产、国有资产以及办学积累形成的资产分别登记建账。	财产管理制度和固定资产分别登记的账册，财务审计报告

续表 11

一级指标	二级指标	分值	三级指标及合格标准	查阅材料
		10	6.1.3 办学资金筹措* 学校筹措办学资金的渠道合法有效，各项收入全部纳入学校统一管理、核算（注 9）。	财务账册，财务审计报告
		5	6.1.4 专项经费（注 10）学校从各级主管部门取得的指定用途的专项经费，应设立专户管理，按照项目预算执行，专款专用，单独核算；学校重视并加强项目经费购置资产的管理，确保国有资产不流失。	项目批复文件，项目支出情况、专项资金购置资产的标识、财务审计报告
		10	6.1.5 教学经费 年教学经费支出（注 11）不低于学费（培训费）收入总额的 20%，能保障教育教学正常运行。	财务账册和原始凭证，财务审计报告
	6.2 制度建设及会计工作 20 分	3	6.2.1 财务管理制度 建立各项财务和会计制度，并有效实施。	财务管理和会计制度，财务审计报告
		7	6.2.2 银行账户 银行基本账户、一般账户名称与法人登记证书上的单位名称一致，银行账户使用正常，无公款私存或存入其他单位账户的现象。	财务账册，财务审计报告
		8	6.2.3 会计基础工作 会计账簿设置合法，会计核算规范，原始凭证和记账凭证符合规范，期末编制财务会计报告（注 12）。	财务账册和原始凭证，财务审计报告

续表 12

一级指标	二级指标	分值	三级指标及合格标准	查阅材料
		2	6.2.4 人员资质　专职财务人员具有会计从业资格证书，财务部门负责人（主管会计）具有会计师以上的专业技术职务资格，或具有从事会计工作三年以上的经历。	财会人员会计从业资格及专业技术职务资格证书
	6.3 收费管理 10 分	4	6.3.1 收费备案　收取的学费、住宿费标准报价格主管部门备案并公示。	收费备案表及公示栏
		6	6.3.2 收费票据　实施收费时向学生开具税务发票，且一生一票。	财务账册和收费原始凭证
	6.4 财务状况 30 分	5	6.4.1 净资产　期末净资产不低于注册的开办资金。	财务账册和会计报表，财务审计报告
		10	6.4.2 提取发展基金与回报　学校按不低于年度净资产增加额（注 13）或净收益 25%的比例提取发展基金，用于学校的建设、维护和教学设备的添置、更新等。出资人要求取得回报的，从学校的办学结余（注 14）中按国家有关规定提取回报。	财务账册和会计报表，学校章程，董事会决议，财务审计报告
		15	6.4.3 资产与负债*　学校资产负债率不高于 60%（注 15）。	财务账册和会计报表，财务审计报告

续表 13

一级指标	二级指标	分值	三级指标及合格标准	查阅材料
7. 安全稳定* 100 分	7.1 内部安全 60 分	10	7.1.1 保卫组织　单独设置安全保卫工作机构，所使用的保安人员符合国务院保安服务条例相关规定。主管保卫工作校领导、专职保卫干部应取得安委会颁发的资格证书，并达到 1∶1000 的比例。	查看证书及年检情况
		5	7.1.2 校内矛盾纠纷排查化解　切实深入了解掌握师生思想动态，摸排校园内部各类不安定因素，做好各类矛盾纠纷的排查化解工作；及时准确报告并积极协助有关部门稳妥处置各类群体性事件。	
		2	7.1.3 保卫工作制度建设　安全保卫工作制度健全；各类突发事件应急处置预案齐全；执行情况良好。	
		10	7.1.4 信息采集及预警　按照安委会通知要求，每月报送的信息及采用数量达标，及时上报各类预警性信息。	
		20	7.1.5 技术防范　按北京市地方标准（DB11/255—2004）三级风险等级规定的场所、部位安装技术防范设施。有技术防范系统运行维护合同。中控室值守人员具有岗位资格证书，24 小时值班，值班记录齐全，有工作流程和应急预案。监控图像显示清晰、硬盘录像机回放图像清晰，存储时间符合要求。	

续表 14

一级指标	二级指标	分值	三级指标及合格标准	查阅材料
		5	7.1.6 安全检查　定期开展安全检查，检查记录详细、清楚，检查中发现的安全隐患及时进行整改。	
		3	7.1.7 安全教育　加强对学生的法制安全教育，适时开展各类反恐防爆及安全演练，并留有声像资料。切实提高学生法制意识及安全防范意识，提高学生的自我保护和紧急避险能力。	
		5	7.1.8 平安高校　学校应争创“零发案”学校，上一评定年度内学校发生治安、刑事案件及安全生产事故等情况。	
	7.2 消防安全 40 分	20	7.2.1 消防基础设施　单位内建筑应依法取得消防合格验收行政许可或备案。单位应建立消防安全管理组织机构并定期召开工作会议。应根据消防法规的要求建立专职消防队、义务消防队，并开展消防安全专项培训。校内建筑消防设施、灭火器材齐备、有效，并每年进行一次检测。提供《电气防火技术检测报告》、《建筑消防设施检测报告》。单位内部安全出口、疏散通道保持畅通，指示标志设置明显。在明显位置设置平面疏散示意图。	查看会议记录、单位文件、检测报告等，实地检查和抽查

续表 15

一级指标	二级指标	分值	三级指标及合格标准	查阅材料
		10	7.2.2 消防安全隐患排查及整改　应落实每周、每月的防火安全检查，检查次数符合规定。实行火灾隐患整改责任制，发现的火灾隐患应当立即改正。不能立即改正的火灾隐患，应限定整改期限，整改完毕应当组织验收。	查看防火检查记录及火灾隐患整改制度和整改记录
		5	7.2.3 消防演练　单位应制定灭火和应急疏散预案，并定期演练。演练要有声像、文字等记录。	查看演练预案、演练记录等
		5	7.2.4 消防安全制度　单位应按照消防法和公安部“61 号令”等法律法规的要求建立消防安全基本情况档案和消防安全管理情况档案，以及各项消防安全管理制度。	查看文字材料
8. 卫生安全* 100 分	8.1 食品安全 40 分	8	8.1.1 食堂、小卖部许可证在有效期内，无超范围经营*。 8.1.2 食堂未擅自改变已核定的面积、设施与布局*。 8.1.3 食堂供餐未超出已核定的每餐最大允许供应量*。 8.1.4 食堂贮存场所、设备应保持清洁，未存放有毒有害物品。 8.1.5 食堂食品加工过程中未使用腐败变质、超过保质期限及其他禁止生产经营的食品及原料*。	学校食堂《餐饮服务许可证》、小卖部《食品流通许可证》（或卫生许可证）、供餐协议、供餐单位资质证明、近 12 个月辖区卫生行政部门检查记录

续表 16

一级指标	二级指标	分值	三级指标及合格标准	查阅材料
			8.1.6 学生就餐应有固定的食堂或供餐单位（需签订供餐协议），签订供餐协议的供餐单位要符合学校学生的用餐要求*。 8.1.7 食品原料、半成品、成品及用于以上食品的炊用具无交叉污染*。 8.1.8 食堂及小卖部一年内未受到 2 次以上的行政处罚*。 8.1.9 学校 12 个月内未发生食品安全事故的*。 8.1.10 其它：（8.1.1）—（8.1.26）项上年度扣分项本年度未改正的*。	
		2	8.1.11 食堂选址距污染源 25 米以上（污染源指露天坑式厕所、暴露垃圾场所、常年主导风上风向有污染排放的企业等）。	
		2	8.1.12 食品、食品原料和食品添加剂采购索票索证，有验收制度，并建立台帐。	食品、食品原料和食品添加剂采购台账
		2	8.1.13 食品添加剂使用严格执行 GB2760－2011《食品添加剂卫生标准》，并建立使用台帐。	食品添加剂使用台帐
		2	8.1.14 自制火锅底料、饮料、调味料的应向监管部门备案所使用的食品添加剂名称，并在食堂醒目位置或菜单上予以公示。	备案资料
		2	8.1.15 需要熟制加工的食物及熟食品烧熟煮透，中心温度要达到 70℃以上。	中心温度测量记录、中心温度计及消毒措施

续表 17

一级指标	二级指标	分值	三级指标及合格标准	查阅材料
		2	8.1.16 在烹饪后至食用前超过 2 小时存放的食品应当在高于 60℃或低于 10℃的条件下存放，需再次利用应充分加热，加热前应确认食品未变质。	
		2	8.1.17 冷荤间或分餐间设置二次更衣和洗手消毒的相应设施。	
		2	8.1.18 食堂餐饮具采用化学消毒的应用试纸测试消毒剂浓度，采用物理消毒的应有相应的热力消毒设施、设施应能正常运转。	
		2	8.1.19 餐具消毒效果符合 GB14934 食饮具消毒卫生标准规定。消毒后的餐用具应贮存在专用保洁设施内备用，保洁设施应有明显标识。餐用具保洁设施应定期清洁，保持洁净。	
		2	8.1.20 设置食品安全管理机构并配备专职食品安全管理人员。有健全的食品安全管理制度，明确食品安全责任，落实岗位责任制。	食品安全管理机构设置相关文件，食品安全管理人员培训合格证明；卫生制度文字材料包括：从业人员健康管理和培训管理制度，食品、食品添加剂、食品相关产品采购索证索票、进货查验和台账登记制度，关键环节操作规程，餐厨废弃物处置管理制度，食品安全突发事件应急处置方案等

续表 18

一级指标	二级指标	分值	三级指标及合格标准	查阅材料
		2	8.1.21 食堂及小卖部从业人员持有效健康证明；健康状况及个人卫生保持良好；建立晨检制度。	从业人员健康证，从业人员晨检记录
		2	8.1.22 食品原料离地隔墙储存，分类分架，按标识存放。	
		2	8.1.23 厨房内外环境整洁。	
		2	8.1.24 食堂有相应的更衣、盥洗、通风、废弃物存放设施，且能正常运转。	设备是否正常运转、指示灯工作状态
		2	8.1.25 加工间冷藏冷冻设施能正常运转。	设备是否正常运转、指示灯工作状态
		2	8.1.26 每餐次的食品成品应留样，留样食品应按品种分别盛放于清洗消毒后的密闭专用容器内，并放置在专用冷藏设施中，在冷藏条件下存放48小时以上，每个品种留样量应满足检验需要，不少于100g，并记录留样食品名称、留样量、留样时间、留样人员、审核人员等。	食品留样记录、留样冰箱
	8.2 生活饮用水 20分	8	8.2.1 自备水井、二次供水有卫生许可证*。 8.2.2 学校使用的涉水产品有省级以上卫生行政部门颁发的涉水产品批件*。 8.2.3 自备水井30米周围或二次供水水箱2米周围无污染物*。 8.2.4 水质消毒设备正常运转并有巡视检查记录*。	学校自备水井或二次供水卫生许可证、学校使用涉水产品的省级以上卫生行政部门颁发的涉水产品卫生许可批件、水质消毒设备正常运转巡视检查记录、近12个月辖区卫生行政部门检查记录

续表 19

一级指标	二级指标	分值	三级指标及合格标准	查阅材料
			8.2.5 学校近 12 个月内未发生水污染事件*。 8.2.6 其它：(8.2.1)—(8.2.12) 项上年度扣分项列入本年度关键项*。	
		2	8.2.7 学校为学生提供的桶装水应符合卫生标准。	涉水产品批件、检测合格证明
		2	8.2.8 供水设施的管理责任单位应配备专职卫生管理人员。	自备水井及二次供水设施的管理人员的健康证
		2	8.2.9 生活饮用水设施不得与其他管道系统相通。	
		2	8.2.10 自备水井及二次供水设施在投入使用前应清洗消毒。	清洗消毒检验记录、从事清洗消毒等卫生维护工作单位卫生许可证
		2	8.2.11 自备水井及二次供水必须有卫生防护设施。	
		2	8.2.12 自备井及二次供水的水质清澈透明，无异物、异色、异味，水质卫生检测应符合卫生标准。	检测报告（当年度）
	8.3 医疗机构与传染病管理 25 分	12	8.3.1 全日制教育机构应内设校内医疗机构，《医疗机构执业许可证》应在有效期内*。 8.3.2 校内医疗机构及医务人员执业活动应不超出规定的范围*。 8.3.3 医务人员应具备相应的有效的卫生技术专业任职资格；持有效《执业证书》，按《执业证书》的执业地点、范围、类别进行执业*。	《医疗机构执业许可证》、学校医务人员的《卫生技术专业职称证书》和《执业证书》、学校传染病疫情报告登记本、新生入学体检记录、近 12 个月辖区卫生行政部门检查记录

续表 20

一级指标	二级指标	分值	三级指标及合格标准	查阅材料
			8.3.4 学校应有传染病疫情报告制度及记录*。 8.3.5 新生入学应有体检记录*。 8.3.6 学校近 12 个月内未发生传染病爆发事件*。 8.3.7 其它：(8.3.1)～(8.3.11) 项上年度扣分项本年度未改正的*。	
		4	8.3.8 学校有防病管理工作机构及制度，开展传染病防治知识的宣传教育。	学校有关制度及执行情况的文字资料
		4	8.3.9 患病学生休学、退学、复课情况有记录。	患病学生休学、退学、复课登记本
		2	8.3.10 学校发生传染病后，教室、宿舍及其他生活场所消毒情况有记录。	学生患传染病后教室、宿舍及其他生活场所消毒情况登记本
		3	8.3.11 学生预防接种有记录。	学生预防接种原始记录
	8.4 教学及生活环境 15 分	8	8.4.1 校址周边不邻近化学、生物、物理、情景噪声污染源*。 8.4.2 一年内新购进的人造板课桌椅、实验台，应有省级卫生部门出具的甲醛释放量检测报告、且结果符合国家卫生标准*。 8.4.3 其它：(8.4.1) —(8.4.7) 项上年度扣分项本年度未改正的*。	人造板课桌椅、实验台的供货厂家向学校提供的近 12 个月内在省级卫生机构检测报告书的复印件
		2	8.4.4 标准教室照明有效日光灯不低于 40W×9 支，有效黑板灯不低于 40W×2 支。	

续表 21

一级指标	二级指标	分值	三级指标及合格标准	查阅材料
		2	8.4.5 教室定时通风换气，冬季室温不低于16℃。	
		1	8.4.6 教学区、行政区、运动区、生活区互不干扰。	
		2	8.4.7 学生宿舍人均使用面积不低于2.7平方米。	
学校特色项目建设 100分		100	项目名称、建设目标、建设规划或计划、已经取得的建设成果等，每校最多报1项（注16）	

注：标注*的指标为重要指标

三、评估结论标准及有关说明

（一）本方案一级指标共8项，其中“办学思想”、“资产与财务管理”、“安全稳定”、“卫生安全”等4项为重要的一级指标；共有二级指标33项，三级指标143项，其中，重要的三级指标40项。

（二）每项一级指标的总分值为100分。第1项至第6项一级指标中，每一项的得分大于或等于60分且相应的重要的三级指标合格，该一级指标方为合格。第7项一级指标（安全稳定）得分大于或等于85分，此项一级指标可评为合格。第8项一级指标（卫生安全）得分大于或等于80分，且重要的三级指标无扣分的，此项一级指标可评为合格。

（三）学校总体评估结论分为合格、暂缓通过、不合格三种，标准如下：

1. 所有的一级指标均被评为合格，总体评估结论为合格；

2. 所有的重要一级指标均被评为合格，且其他一级指标中只有1项未达到合格，总体评估结论为暂缓通过；

3. 有以下情况之一的，总体评估结论为不合格：

（1）重要一级指标有未达到合格的；

（2）有 2 项及 2 项以上一级指标未达到合格的；

（3）有弄虚作假行为的；

（4）评估年度内发生重大违规办学问题的。

（四）注释

注 1：董（理）事会依法行使下列职权：①聘任和解聘校长；②修改学校章程和制定学校的规章制度；③制定发展规划，批准年度工作计划；④筹集办学经费，审核预算、决算；⑤决定教职工的编制定额和工资标准；⑥决定学校的分立、合并、终止；⑦决定其他重大事项。

注 2：校（院）长的职权包括：①执行学校董事会、理事会或其他形式决策机构的决定；②实施发展规划，拟订年度工作计划、财务预算和学校规章制度；③聘任和解聘学校工作人员，实施奖惩；④组织教育教学、科学研究活动，保证教育教学质量；⑤负责学校日常管理工作；⑥学校董事会、理事会或其他形式决策机构的其他授权。

注 3：主要管理人员指学校领导、主要职能部门和二级教学单位的负责人；如负责人不能全职在校工作，则实际负责人应作为考察对象。

注 4：专职教师是指与学校签订了劳动合同的教师，或学校连续三年聘任的稳定在学校从事教学工作的离退休人员。

注 5：兼职教师是指在本学年内至少独立承担 1 门课程教学任务的教师。

注 6：计算生均值应以折合在校生数作为分母，折合在校生数＝全日制在校生数＋0.3×业余在校生数＋0.1×函授生数＋学习周数/40×培训时间不足一年的培训生数。

注 7：教学仪器设备总值指不包括办公设备在内的单价在 800 元以上的仪器设备总值。

注 8：非全日制高等教育机构教学仪器设备应能够满足教学需要，教学仪器设备值、图书资料、图书馆座位、教学用计算机、多媒体教室、校园面积、校舍面积等项数量不作要求。函授（远程）教育机构应有自编教材、学生自学指导资料。

注 9：纳入学校统一管理、核算的收入主要包括收取学生的学费、住宿费和其它代收代管费用。

注 10：专项经费的管理按照国家相关规定及《北京市民办教育发展促进项目管理办法》（京教财〔2010〕46 号）执行。

注 11：教学经费支出包括：①教学业务费（实验费、实习费、毕业设计或毕业论文费、讲义资料费等教学业务活动费用，不包括教职工工资、课酬及房屋租金）；②教学差旅费（不包括招生费、广告费）；③体育维持费；④教学仪器设备购置费；⑤教学仪器设备维修费；⑥图书资料购置费；⑦校内教学研究费；⑧教师培训费。

注 12：财务会计报告包含会计报表、会计报表附注、财务情况说明书。

注 13：执行《民间非营利组织会计制度》的学校，本年度净资产增加额以本年度《业务活动表》中净资产变动额为准；执行其它会计制度的学校的计算方法为：本年度净资产增加额＝本年度净资产期末数－本年度净资产期初数。

注 14：办学结余是指学校扣除办学成本等形成的年度净收益，扣除社会捐助、国家资助的资产、预留发展基金以及按照国家有关规定提取其他必要费用后的余额。办学结余的计算方法为：办学结余＝学校本年度收入－社会捐助－国家资助的资产－按规定的比例提取的发展基金－本年度的支出费用。

学校董（理）事会在确定出资人取得回报的比例前，应向社会公布与学校办学水平和教育质量有关的材料和学校财务状况。

民办学校有下列九种情形之一的，出资人不得取得回报：①发布虚假招生简章或者招生广告，骗取钱财的；②擅自增加收取费用的项目、提高收取费用的标准，情节严重的；③非法颁发或者伪造学历证书、职业资格证书的；④骗取办学许可证或者伪造、编造、买卖、出租、出借办学许可证的；⑤未依照《中华人民共和国会计法》和国家统一的会计制度进行会计核算、编制财务会计报告，财务、资产管理混乱的；⑥违反国家税收征管法律、行政法规的规定，受到税务机关处罚的；⑦校舍或者其他教育教学设施、设备存在重大安全隐患，未及时采取措施，致使发生重大伤亡事故的；⑧教育教学质量低下，产生恶劣社会影响的；⑨出资人抽逃资金或者挪用办学经费的。

注 15：资产负债率的计算公式为：资产负债率＝（负债总额/资产总额）×100％。

注 16：特色项目是指学校在长期的办学实践中积累形成的，对提高办学水平和人才培养质量作用显著，学校特有的，社会公认或在社会上有比较大的影响的项目。

附件 5

2013 年度审计任务书

一、审计报告格式

在主报告中披露基本情况、审计情况、审计结论及管理建议。

二、审计报告内容

（一）基本情况

在市民政局或编办注册登记日期，业务主管部门，法定代表人，开办资金，业务范围，住所；举办者，出资者及出资比例，出资方式；在校生人数，教职工人数，其中行政人员数、专职教师数、兼职教师数；财务管理机构及财务人员，全部开户行名称、账号及账户的基本情况是否正常，举办者是否按时足额履行出资义务；《办学许可证》与《民办非企业单位（法人）登记证书》、《事业单位法人证书》是否一致，如不一致需说明情况。社会组织评估等级。

（二）审计情况

1．审计截止日学校资产、负债、净资产等情况，包括学校资产负债率情况，如果期末净资产低于开办资金，应说明原因。

2．年度财务收支管理情况

（1）年度收入、支出情况，收入按照政府购买服务、政府补助、社会捐赠、自营收入分类分别表述，支出情况中需说明教学经费支出情况。

（2）收费及使用票据情况，收费情况按照学费、培训费、住宿费收入分类分别表述。

（3）接受、使用境内外捐赠情况，包括捐赠时间、捐赠单位或个人名称、捐赠金额、捐赠用途、捐赠款使用金额及项目完成情况；接受捐赠需要提供相应协议等材料。

（4）接受政府购买服务、政府补助情况，包括购买服务、补助金额、用途、经费使用金额、未使用金额、项目完成情况及是否按项目规定使用资金情况。

（5）纳税情况，包括纳税税种、纳税金额以及享受减免税政策情况。

（6）《民间非营利组织会计制度》、《事业单位会计制度》执行情况。

（7）国有资产、公办学院参与举办民办学校情况。

3．学校筹措办学资金的渠道情况，举办者投入的资产与学校的其他资产是否分别登记建账。

4．非营利性的体现情况，包括盈余是否分红，是否取得合理回报，是否按不低于年度净资产增加额或净收益25%的比例提取发展基金等。

5．资产管理情况

（1）资产依法管理使用情况（有国有资产的列国有资产使用情况）。

（2）固定资产增减变动情况，包括固定资产原价、折旧、在建工程等。

（3）对外投资及取得投资收益的情况。

6. 会计报表主要项目明细（以下各项根据金额大小顺序列示前五位，如有账龄超出一年的需要分别以文字说明原因）

（1）应收账款明细，包括主要债务人名称、金额、款项性质和用途、账龄等。

（2）其他应收款明细，包括主要债务人名称、金额、款项性质和用途、账龄等。

（3）长、短期借款明细，包括债权人名称、金额、性质和担保情况。

（4）应付账款明细，包括主要债权人名称、金额、款项性质和内容、账龄等。

（5）其他应付款明细，包括主要债权人名称、金额、款项性质和内容、账龄等。

（6）预收账款明细，包括主要债权人名称、金额、款项性质和内容、账龄等。

（7）固定资产明细，按二级科目分类，包括类别、原值、累计折旧、年末净值。

（8）在建工程明细，包括项目名称、年末余额等。

（三）审计结论及管理建议

1. 年度审计的总体评价；

2. 存在问题及管理建议。

（四）其他事项说明

三、审计报告附件内容

（一）执行《民间非营利组织会计制度》的学校应填报资产负债表（甲）、业务活动表、固定资产增减变动情况表、现金流量表

(前三张表的表式附后，略)；

执行《事业单位会计制度》的学校应填报资产负债表（乙)、收入支出表、固定资产增减变动情况表（表式附后，略)；

（二）截至12月31日银行对账单；

（三）固定资产中涉及房产的需提交学校房屋产权证明、土地使用证明等相关材料；固定资产中涉及车辆的需提交学校车辆行驶本等相关材料；

（四）办学许可证副本复印件；

（五）会计师事务所营业执照副本复印件。

特殊教育

北京市教育委员会文件选编

(2013)

北京市人民政府办公厅

关于印发北京市中小学融合教育行动计划的通知

京政办函〔2013〕24号

各区、县人民政府，市政府各委、办、局，各市属机构：

《北京市中小学融合教育行动计划》已经市政府同意，现印发给你们，请认真贯彻执行。

二〇一三年三月二十五日

北京市中小学融合教育行动计划

为进一步加快首都特殊教育事业发展，尊重并保障残疾儿童少年拥有平等享受基本公共教育服务的权利，使他们更好地融入社会，推进首都基本公共教育服务均等化，促进和谐社会首善之区建设，依据《中华人民共和国义务教育法》、《国家中长期教育改革和发展规划纲要（2010～2020年）》和《国务院关于深入推进义务教育均衡发展的意见》（国发〔2012〕48号），特制定本行动计划。

一、制定背景

（一）发展现状

“十一五”时期以来，首都特殊教育事业快速发展，整体水平显著提高，特殊教育类别不断增加，学校特色日益凸显，残疾儿童少年入学率始终保持全国领先水平，残疾儿童少年受教育权益得到较好保障。特别是培智教育得到较快发展，视力、听力、智力残疾儿童少年义务教育基本得到满足。以特殊教育学校为骨干，以随班就读为主体、以送教上门为补充的特殊教育办学体系在我市基本形成；特殊教育质量在全国处于领先地位。截止到目前，我市共有基础教育阶段特殊教育学校22所，在校生2988名（其中285名重度和多重残疾学生接受送教上门服务），另有5682名残疾学生在1093所普通中小学随班就读。

（二）面临的问题

随着首都经济社会的快速发展和特殊教育体系的日渐完善，本市特殊教育面临新的问题：一是医疗筛查技术不断提高，残疾分类更加精细，特殊教育学校就读需求明显增加，现有特殊教育学校资源总量明显不足。二是在残疾儿童少年分类增加的背景下，义务教育阶段入学率相对较低，融合教育水平不高。三是全市所有特殊教育学校办学条件无一达到《特殊教育学校建设标准》（建标156—2011）。四是特殊教育学校教师无专门编制标准，仍参照普通中小学编制标准，不适应特殊教育学校发展需求。五是随班就读学生就学质量和规模有待进一步提高。六是全市中小学无障碍环境亟待改善。

（三）政策依据

1.《中华人民共和国义务教育法》明确提出：县级以上地方人民政府根据需要设置相应的实施特殊教育的学校（班）。普通学校应当接收具有接受普通教育能力的残疾适龄儿童、少年随班就读，并为其学习、康复提供帮助。

2.《国家中长期教育改革和发展规划纲要（2010～2020年）》提出：关心和支持特殊教育，完善特殊教育体系，健全特殊教育保障机制。

3.《国务院关于深入推进义务教育均衡发展的意见》（国发〔2012〕48号）要求：重视发展义务教育阶段特殊教育。

4.《北京市实施〈中华人民共和国残疾人保障法〉办法》明确规定：市和区、县人民政府应当将残疾人教育作为本市教育事业的组成部分，统一规划，采取措施，完善残疾人教育体系，加强残疾人学前教育、高级中等以上教育机构建设，开展教育督导和评估，保障残疾人享有平等接受教育的权利。

二、工作原则和建设目标

（一）工作原则

深入贯彻落实党的十八大精神，把握“十二五”时期教育发展趋势，尊重残疾学生的身心特点和特殊需求，尊重特殊教育规律，坚持以人为本、促进融合，落实责任、政策倾斜，项目带动、分步实施的原则，实现首都特殊教育事业科学发展。

1. 以人为本、实现融合。积极创造条件满足残疾学生多样化、个性化需求，实现组织管理常态化、教育教学个性化、支持保障社会化。推进融合教育，实现医教结合、康教结合、社教结合、普特结合。

2. 落实责任、政策倾斜。明确政府在特殊教育中的主体地位，在特殊教育学校建设标准、特殊教育师资保障、特殊教育资金保障、残疾儿童少年受教育权保障和救济等政策制定和落实过程中，加大支持保障力度，实现对残疾儿童少年的特别扶助和支持。

3. 项目带动、分步实施。制定明确目标，抓住重点和关键环节，以项目为引领，分年度实施，集中财力精力办大事。重点是保障残疾儿童少年依法接受义务教育，关键是促进残疾学生融入主流、融入社会，享有快乐童年、幸福生活。

（二）建设目标

到2015年，进一步完善以特殊支持教育中心为指导，以特殊教育学校为骨干，以随班就读为主体，以送教上门为补充的特殊教育办学体系，全面建设符合首都地位的现代化特殊教育。

1. 切实保障残疾儿童少年受教育机会。在全国率先实现残疾儿童“普九”目标，各类残疾儿童少年义务教育入学率达99%以上；对义务教育阶段不能入校就读的重度和多重残疾儿童少年实施送教上门，制定《北京市残疾儿童少年送教上门管理办法》，力争做到零拒绝、全覆盖；通过学校教育、社区教育和社会教育为非义务教育阶段残疾人提供教育服务。

2. 继续加强特殊教育硬件建设。实现特殊教育学校办学条件主要项目达标，加强普通学校资源教室建设和通用无障碍环境建设。

3. 不断提高残疾儿童少年教育质量。以融合教育为指导，以提高素质教育为目标，提高特殊教育的科学性、针对性和实效性。做好残疾学生医疗、康复和教育结合工作。

三、重点工作

（一）特殊支持教育中心引领工程

工作目标：加强北京市特殊支持教育中心建设，各区县至少建1所符合残疾儿童少年身心特点，具有示范性的特殊支持教育中心，引领区域内特殊教育发展。

主要内容：

1. 加大市级特殊支持教育中心建设力度，明确工作职责，合理配备人员编制，充实高素质教科研人员，充分发挥其教学、科研、师资培训和资源开发等功能。

2. 各区县依托原有特殊教育学校建立特殊支持教育中心，明确专兼职工作人员，有条件的区县可根据实际工作需要，在编制总额内为特殊支持教育中心明确专职管理人员和教科研人员。加强对本区域随班就读工作的管理和指导。健全以特殊支持教育中心为核心的随班就读管理体系和服务机制，完善特殊支持教育中心的教学、科研、资源开发和教师培训职能。

3. 保障特殊教育学校达到办学条件标准，远郊区县特殊教育学校应结合实际情况设置寄宿部。

4. 贯彻教育部颁布的《盲、聋、培智学校义务教育课程设置方案（试行）》，编写适合北京地区的特殊教育教材，积极开展特殊教育教学模式、教学策略和方法的改革，加强各类重度残疾儿童少年的个性化教育，努力推进特殊教育与各类康复训练（物理治疗、作业治疗、语言治疗和心理咨询与治疗）的结合，全面提高残疾儿童少年的教育和康复水平。利用现代信息技术，注重潜能开发和缺陷补偿，积极开发优质特殊教育课程资源，建设北京市特殊教育资源库。

5. 实施特殊教育学校学生双学籍制度。学生具有特殊教育学校学籍和户籍所在地就近入学学校学籍。确保每名学生每月至少半天参加普通学校活动。

（二）随班就读主体工程

工作目标：促进全市每一所公办义务教育学校接收随班就读学生，使义务教育阶段有能力的残疾儿童少年均可就近进入普通学校学习。拓展残疾儿童少年义务教育年限，稳步扩大残疾少年高中阶段随班就读规模。积极为逐步实现“同班就读”创造条件。

主要内容：

1. 把发展随班就读教育作为提高残疾儿童少年教育水平的主要形式和重点工作，统筹规划，加强领导，规范建设，强化管理，提升质量，使有能力在普通学校就读的残疾学生能够平等接受义务教育。

2. 本着合理便利、通用设计的原则，对全市所有公办义务教育学校进行无障碍环境改造。开展融合教育示范学校和示范区创建工作，三年内市级支持100所随班就读工作突出的义务教育学校建立软、硬件完备的示范性资源教室，创建20所市级融合教育示范学校。

3. 促进融合教育，提高随班就读教育质量。注重残疾儿童少年生活自理、与人交往、融入社会、劳动和就业等能力的培养，积极发展以职业教育为主的残疾学生高中阶段教育，形成专业特色，打造品牌专业。对随班就读学生的鉴定、教学、考评和管理提出要求，开展发展性评估。为每个随班就读学生建立就学档案、进行有针对性的教育教学和康复训练。

（三）送教上门辅助工程

工作目标：通过送教上门工作，对到校就读有困难的重度和多重残疾儿童少年实施送教上门，力争做到零拒绝、全覆盖。

主要内容：

1. 为有无障碍改造需要的送教上门残疾儿童少年家庭进行必要的无障碍改造。

2. 针对不同残疾类型制定送教上门指导手册，针对每一个残疾儿童少年特点制定个性化送教上门工作方案，通过北京数字学校为残疾儿童少年提供需要的教育资源。

（四）学前特殊教育服务工程

工作目标：积极开展特殊儿童随园就读工作，基本满足残疾儿童接受学前教育的需求。

主要内容：

以幼儿园为依托，建立60个特殊儿童随园就读康复资源中心。每个康复资源中心一般应配备专业教师1名，同时可在特殊教育学校开设学前班，确保特殊儿童及家长的教育与指导。

（五）特殊教育教师队伍建设工程

工作目标：进一步加强特殊教育队伍建设，全面提升特教教师的综合素质和专业化水平。

主要内容：

1. 加强特殊教育教师队伍建设。依托高等学校，推进特殊教育教师师范专业建设，加大特殊教育教师培养。探索特殊教育教师专业证书制度。探索特殊教育教师医教结合、康教结合双学历职前培训制度。研制特殊教育教师基本功标准，开展特殊教育、康复理论知识和专业技能培训，提高特殊教育教师专业水平和综合素养。实施特殊教育名校长、名教师培养工程，培养造就一批具有创新教育思想、教育模式和教育方法的高水平特殊教育师资队伍。按新颁办学条件标准实施特殊教育学校教师编制标准，特殊教育教师中应有一定比例的康复训练教师。

2. 推进巡回指导教师队伍建设。特殊支持教育中心设立专门巡回指导教师，指导区域内随班就读和送教上门等工作。制定岗位条件，加强巡回指导教师培训和定期考核。巡回指导教师享受特教津贴。

3. 加快资源教师队伍建设。建立资源教室的学校配备资源教师，加强特殊教育和医疗康复等方面的培训，促进随班就读工作实现医教结合、康教结合。资源教师享受特教津贴。

4. 完善随班就读教师队伍建设。把随班就读教师的培训纳入教师继续教育培训计划，实施市、区分层培训制度，市特殊支持教育中心组织重点培训，区县负责对随班就读教师全员培训，不断提高随班就读干部教师的专业化水平。完善随班就读教师专业发展标准体系。将承担随班就读教学人员的工作列入岗位绩效考核内容，承担随班就读工作的教师给予一定岗位补助。在现有北京市优秀教师、优秀教育工作者等评选表彰和特级教师、骨干教师、学科带头人评选和职称评定方面对从事随班就读的干部教师给予适当倾斜。

5. 促进送教上门教师队伍建设。送教上门队伍以巡回指导教师为指导，以特殊教育教师为骨干，以热心特殊教育事业的志愿者为补充。制定送教上门志愿者选拔标准和培训标准，发展志愿者参与送教上门工作，做好志愿者培训工作。

（六）特殊教育社会支持工程

工作目标：营造全社会关心、重视和支持特殊教育的浓厚氛围，形成全社会关心、重视和支持特殊教育的良好局面。

主要内容：

1. 建立北京市特殊教育专家咨询委员会，聘请相关领域专家，为本市特殊教育重大决策和重点工作提供咨询。

2. 建立残疾儿童少年定点定标准医学检测制度，各区县成立残疾儿童少年入学咨询委员会，聘请相关领域专家和各界代表，依据全市标准对残疾儿童少年进行检测评估，根据结果建议接受义务教育形式。

3. 依托信息技术，建立残疾儿童少年信息平台和资料库，实施随访和跟踪服务，做好医教结合工作。鼓励企业、个人、社会组织对残疾儿童少年参加融合教育所需的辅助器具进行研发、引进、推广和应用。

4. 逐步对现有社区实施无障碍改造。社区活动室、阅览室等为残疾儿童少年参与活动提供必要的设备设施。

5. 街道、乡镇等有针对性地加强残疾儿童少年文化、卫生、体育和美育工作，根据残疾儿童的个体差异和潜力，广泛开展适合其特点的、多种形式的活动，为残疾儿童少年融入社会提供广阔平台。

四、保障措施

（一）落实政府责任

各级政府要从落实科学发展观、构建和谐社会首善之区的高度，充分认识发展特殊教育事业的重要意义，把各级各类特殊教育纳入经济和社会发展整体规划，把特殊教育发展列入议事日程。确立特殊教育优先发展的地位，强化发展特殊教育的责任。将办好特殊教育作为贯彻落实《中华人民共和国义务教育法》和《北京市实施〈中华人民共和国义务教育法〉办法》，促进义务教育高标准、高质量均衡发展的重要措施。一是要依法保障残疾儿童少年接受义务教育。二是要推进融合教育，支持残疾儿童少年融入社会。三是提高残疾学生生活技能和职业技能水平。

（二）明确部门职责

1. 建立特殊教育联席会议制度，在市政府领导下，建立由市教育、发展改革、民政、财政、人力社保、卫生、机构编制、规划、住房城乡建设、残联等相关部门组成的特殊教育联席会议制度，落实相关责任，定期研究特殊教育发展的重大问题。各区县也应建立相应的联席会议制度。

2. 市教育部门统筹制定本市特殊教育事业发展规划，落实学校教育工作，对家庭教育、社区教育、社会教育进行指导，促进融合教育，加强教师队伍建设。根据全市无障碍设施建设工作的职责分工，在市规划委等有关部门指导下，依据有关规定，由市教育部门牵头会同有关部门共同制定特殊教育学校、普通学校无障碍设施工程的实施方案、年度工作计划，并由涉及的产权主体具体实施，所需资金按照各涉及主体的资金原渠道予以保障。市发展改革部门将特殊教育事业纳入本市国民经济和社会发展战略和中长期规划统筹考虑，大力支持。

3. 民政部门做好社会福利机构内残疾儿童少年特殊教育工作。

4. 财政部门为特殊教育事业发展提供经费保障。

5. 人力社保部门为特殊教育教师待遇、职称评定等方面提供支持。

6. 卫生部门做好残疾儿童少年的检测、筛查、医疗和康复工作，建立信息平台和资料库。

7. 机构编制部门根据有关规定和特殊教育的工作实际，合理确定机构职责和教职工编制。

8. 规划部门配合教育部门做好特殊教育学校建设规划。

9. 住房城乡建设部门做好特殊教育学校、普通学校无障碍设施工程建设管理工作，建设工程质量和施工安全监管工作。

10. 残联配合教育、民政、卫生、人力社保等部门做好残疾儿童少年的筛查、医疗、康复、社会救助及信息平台和资源库建设工作；监测统计义务教育阶段适龄残疾儿童少年的就学情况，适时监控残疾人教育发展的需求，做好残疾儿童少年的入学、康复、毕业就业安置等服务。积极推进、督促，并协助做好无障碍改造工作，切实维护残疾儿童少年教育的合法权益。为有需求的残疾儿童少年提供个性化辅助器具服务和支持。

（三）加大经费投入

将特殊教育全面纳入财政保障范围。各级财政部门应加大对特殊教育的投入力度，按照“市区县政府分担、管理以区县为主”的原则，市本级财政进一步加大对区县特殊教育发展的转移支付力度，强化对特殊教育领域重点支出事项的保障力度。加大市级统筹，新增教育经费主要向农村地区、财力薄弱地区及城市发展新区倾斜，不断缩小区县间教育经费投入水平的差距。区县政府要把特殊教育作为教育支出重点领域予以优先保障，确保各种专项经费的落实，确保生均教育经费水平不低于全市基本标准，满足特殊教育学校正常运转、专项设备、教师培训、课题研究等需求。

根据特殊教育发展需求逐步加大投入规模。按照特殊教育学校实际需求和高于同级普通中小学校生均公用经费的定额标准适时调整生均公用经费定额标准；随班就读、特教班和送教上门学生的生均公用经费定额标准参照特殊教育学校学生标准拨付；落实义务教育阶段残疾学生“三免两补”政策，即免杂费、免教科书费、免住宿生的住宿费，发放伙食补助和助学补助。

进一步拓宽特殊教育经费来源渠道。按照彩票公益金使用宗旨，结合实际情况，支持残疾儿童少年特殊教育。残疾人就业保障金对残疾人参加特殊教育给予适当补贴。积极鼓励企业、个人、社会团体对特殊教育的捐赠和出资举办特殊教育学校及残疾人康复培训机构。

（四）强化督导评价

建立健全对特殊教育的督导和评价制度。对区县政府特殊教育工作进行督导，督促区县政府及其相关部门落实发展特殊教育的职责。对特殊教育学校全面实施素质教育情况进行督导评价，不断提高特殊教育学校办学水平和教育质量。进一步完善对中小学随班就读教育工作的督导检查，督促落实随班就读教育工作的相关规定。逐步建立健全特殊教育质量评价制度。将对区县政府特殊教育工作的督导结果、特殊教育办学水平和教育质量作为评价考核区县教育工作的重要内容；将对特教学校的督导评价结果作为评价考核特教学校工作的重要依据。

德　育

北京市教育委员会文件选编

（2013）

北京市教育委员会

关于授予刘天一等学生第26届北京市中小学生金帆奖银帆奖的通知

京教函〔2013〕40号

东城区教委、西城区教委：

你委关于补充申报第26届北京市中小学生金帆奖、银帆奖的请示收悉。根据市教委关于北京市中小学生金帆奖、银帆奖评选办法，本着对学生负责的原则，经市评审小组审定，并经市教委研究，决定授予北京市第二中学刘天一、北京市第二中学王璐瑶、北京市第五中学刘子豪、东城区史家小学杨安易、东城区史家小学张添天5名学生北京市中小学生金帆奖；授予北京市育才学校学生张继琛北京市中小学生银帆奖。

北京市中小学生金、银帆奖是市教委对品学兼优并在国际和国内科技教育、体育、艺术、学科竞赛活动中取得突出成绩的学生授予的一项荣誉奖，在大力推进素质教育，鼓励广大中小学生、中等职业学校学生不断进取、发奋向上、全面发展并学有特长方面发挥了重要作用。今后，你委要严格按照北京市中小学生金银帆奖评选办法的要求，认真履行职责、加强管理和沟通，避免工作失误。

二〇一三年二月六日

北京市教育委员会

关于在全市中小学深入开展“我的中国梦”主题教育活动的通知

京教函〔2013〕58号

各区县教委：

为深入学习贯彻党的十八大精神，深入开展中国特色社会主义宣传教育，引导广大中小学生为实现国家富强、民族复兴、人民幸福的伟大“中国梦”而发奋学习，根据教育部党组《关于在全国各级各类学校深入开展“我的中国梦”主题教育活动的通知》（教党〔2013〕2号）要求，结合本市中小学实际，市教委决定在全市中小学深入开展“我的中国梦”主题教育实践活动。现将有关事项通知如下：

一、指导思想

高举中国特色社会主义伟大旗帜，以邓小平理论、“三个代表”重要思想、科学发展观为指导，对广大中小学生进行爱国主义、集体主义、社会主义教育，不断增强中国特色社会主义道路自信、理论自信和制度自信。围绕“我的中国梦”主题，充分利用教育平台，以主题宣讲、参观展览、网上畅谈、社会实践、寻找榜样、文化建设、展示交流等多种形式，激励广大中小学生进一步坚定理想、勤奋学习、积极实践，自觉践行北京精神，共同推进社会主义核心价值体系建设。

二、活动内容

（一）举办中学生时事大讲堂。贯彻落实《中宣部教育部关于进一步加强时事教育的意见》，围绕党的十八大会议精神、“我的中国梦”的丰富内涵，联合《中学时事报》举办中学生时事大讲堂，邀请有关专家走进区县开展“我的中国梦”校园巡讲。《中学时事报》同步推出“我的中国梦”系列宣传，11 月作为时事教育月掀起学习高潮，12 月开展中学生时事述评。

（二）组织“博物馆之春”活动。结合综合素质提升工程的推进实施，联合北京市文物局，在 5 月份组织开展“博物馆之春”活动，制作博物馆教育宣传片，推出博物馆系列教育活动，通过引导广大中小学生通过走进博物馆熟悉一段祖国历史，认识一位历史名人，了解一件中华文物，向同伴推荐一个身边的博物馆，让中小学生感受和了解“我的中国梦”的历史底蕴和时代内涵，让中小学生走进博物馆成为一种常态的学习方式。

（三）组织“我的梦·中国梦”网上畅谈活动。利用中小学数字德育平台开展以“我的梦·中国梦”为主题的网上夏令营活动，开辟专栏，供广大中小学生畅谈交流。利用北京市网上家长学校、班级博客以及博客联盟，邀请校长、班主任、家长以及有关专家和中小学生一起开展“我的梦·中国梦”交流活动。

（四）推动学雷锋志愿服务月。3 月作为全市中小学学雷锋志愿服务月，通过《志愿服务》地方课程开展志愿服务精神教育，组织中小学生参观“永远的雷锋”大型展览、走进雷锋小学雷锋纪念馆向雷锋宣誓、走进社会大课堂资源单位开展志愿服务、中小学校校设立校内外志愿服务岗、举办公共服务周、建设志愿服务学生社团、推动高中学生志愿服务者注册等活动，引导学生在学雷锋志愿服务中追寻和实践“我的中国梦”。

（五）寻找身边道德榜样活动。从 3 月份开始持续到 6 月份，在全市中小学生中广泛开展“小人物正能量——寻找身边道德榜样活动”，引导学生发现、感受和了解身边的道德榜样，推出学生身边的学习模范、草根英雄、先进典型，汇编成《感动青春》。在高中阶段评选北京市优秀学生，组织北京市优秀中学生事迹报告会，通过同龄人的“中国梦”推动同伴教育，激发学生的正能量。

（六）开展学校文化示范校评选。积极推进学校文化建设，为学生追寻“我的中国梦”营造良好氛围。通过编写学校文化建设读本、举办学校文化建设研讨会、制定学校建设指标体系、推出学校文化建设样板校，为学校文化建设提供方向引领和专业支持。启动首批学校建设示范校评选，下半年推出100所中小学学校文化建设示范校，开展学校文化建设的展示交流活动，汇编全市学校文化建设的经验和案例。

（七）举办“美丽中国　可爱北京”电子报设计活动。依托北京教科院教研中心，以“美丽中国　可爱北京”为主题，开展电子报设计活动，引导全市广大中学生通过深入学习、精心设计和制作电子报的形式，憧憬和描绘美丽中国的愿景，观察和体验北京生活，用电子报的形式表达爱国、爱北京之情。开展网络投票，评选出学生心目中的优秀作品。

（八）组织“我的中国梦”展示交流活动。向全市中小学生发放《中华美德故事》系列书籍，组织开展阅读分享会。围绕“我的中国梦”，小学通过创编新童谣、藏头诗、新编三字经、讲故事，各中学通过摄影、绘画、征文、动漫设计和演讲活动，开展“我的中国梦”展示交流活动，总结区县和学校好的经验、好的做法。

三、工作要求

（一）高度重视，精心组织。此项主题教育活动由国家教育部直接推动，是深入贯彻落实党的十八大精神的重要举措。各区县和中小学要高度重视，广泛宣传，认真组织实施。

（二）统筹安排，有序推进。各区县和中小学要结合今年全市中小学德育工作总体安排，与日常教育教学紧密结合，确保所有中小学校、中小学生都参与进来、行动起来。

（三）因地制宜，注重实效。要根据区县和学校工作实际，针对不同学段、不同地区学生特点和需求，开展有特色的教育活动，确保活动受欢迎、学生受教育。

活动开展过程中，各区县要及时将推进情况、亮点活动、特色做法等报市教委基础教育一处。

二〇一三年三月四日

北京市教育委员会

关于授予丁安迪等15名学生2012～2013学年“北京市优秀学生”荣誉称号的决定

京教基一〔2013〕4号

各区县教委，各中等专业学校，北京西藏中学：

根据教育部和北京市评选省部级优秀学生的文件精神，今年市教委继续在本市高中阶段（包括普通高中、职业高中、技工学校、中等专业学校）应届毕业生中按照万分之一比例评选北京市优秀学生。按照评选程序规定，经北京市优秀学生评审小组审定，决定授予北京市东直门中学丁安迪等15名学生2012～2013学年度“北京市优秀学生”荣誉称号。

希望各区县和学校加大优秀学生的宣传力度，充分发挥优秀学生的典型示范作用，激励和引导广大中小学生以他们为榜样，坚定理想，全面发展，学有特长，学习和践行“中国梦”，积极为美丽中国建设做贡献。

附件：2012～2013 学年北京市优秀学生名单

二〇一三年四月八日

附件

2012～2013 年度北京市优秀学生名单
(15 人)

北京市东直门中学	丁安迪
北京市广渠门中学	刁旭昊
北京汇文中学	魏思甜
北京师范大学附属中学	杨　森
北京市第四中学	孙　雪
北京市第八十中学	郭　湛
北京市第一零一中学	赵　文
北京市第十二中学	姜一柳
北京市京源学校	王震南
北京市顺义牛栏山第一中学	刘华裕
北京西藏中学	江　巴
北京市劲松职业高中	杨海花
延庆县第一职业学校	刘熠涵
北京市商业学校	牛瑞祺
北京金隅科技学校	曹丽霞

北京市教育委员会

关于开展2013年“我的梦·中国梦”网上夏令营活动的通知

京教函〔2013〕291号

各区县教委：

为深入开展“我的中国梦”主题教育活动，丰富中小学生暑期生活，市教委联合东城区、海淀区和丰台区教委，以“我的梦·中国梦”为主题，组织开展2013年网上夏令营活动。现将有关事项通知如下：

一、指导思想

通过开展丰富多彩、生动活泼的“我的梦·中国梦”网上夏令营活动，教育引导广大中小学生深刻领会实现中华民族伟大复兴是中华民族近代以来最伟大的梦想；深刻领会每个人的前途命运都与国家和民族的前途命运紧密相连；深刻领会空谈误国、实干兴邦的意义；深刻领会“中国梦”的实现需要广大中小学生坚定理想信念，励志刻苦学习，积极投身实践，为把我们的国家建设好、发展好而努力奋斗。

二、主要内容

活动从7月13日至8月31日，依托北京市中小学数字德育平台（http：//www.moral.bjedu.cn），在数字德育网页上设置中小学夏令营专栏，共设置三类栏目：

（一）认知畅想栏目：e网畅谈中国梦、博客共抒中国梦和我的梦想我描绘。

（二）情感升华栏目：身边榜样正能量、美丽中国我来秀、我爱征文我投稿和中学生历史写作大赛。

（三）实践体验栏目：走进社会大课堂、节约粮食我先行和社会实践挑战赛等。

三、工作要求

（一）加强宣传，广泛动员。各区县要面向辖区中小学广泛宣传北京市中小学数字德育网（http：//moral. bjedu. cn），将网上夏令营的具体内容和活动安排宣传达到辖区内的学校、学生，并积极做好组织、动员和协调工作，提升网络夏令营活动育人的实效性，扩大数字德育平台的社会影响力。

（二）加强监管，确保网络安全畅通。网上夏令营活动中，网络安全和信息安全是活动最重要的环节。区县教委和学校要制定应急管理办法，确保网络安全畅通，保证学生网上夏令营活动的顺利进行；落实信息安全管理制度，全力保证网上活动运转安全有序，发布内容健康文明。

（三）精心组织，落实到位。各区县教委和学校要把网上夏令营活动纳入假期工作统筹安排，要用好市、区、校各级平台资源，积极组织学生参与到夏令营活动中来。承担夏令营活动各有关部门和区县要周密部署，落实好网上夏令营各项活动的组织工作，做到暑假期间栏目有人监管、活动组织有序、信息及时更新、页面浏览顺畅。

二〇一三年六月十七日

北京市教育委员会

关于在全市中小学进一步深入开展文明礼仪教育活动的通知

京教基一〔2013〕9号

各区县教委：

根据市委市政府建设世界城市和人文北京的要求，为落实教育部《中小学文明礼仪教育指导纲要》，深入开展文明礼仪教育，培养学生良好行为习惯，提升学生文明素养，市教委决定在全市中小学进一步深入开展文明礼仪教育活动。现将有关事项通知如下：

一、工作思路

学生文明礼仪教育要遵循教育规律、适应学生成长需求，针对我市中小学生文明礼仪教育中存在的突出问题和薄弱环节，积极发挥学校教育主渠道和课堂教学主阵地作用，争取家庭、社会、媒体等各个方面支持，充分运用多种教育手段和载体，形成教育合力，培养广大中小学生的良好行为习惯。

二、活动重点

从2013年新学年开始，各中小学从不同学段教育特点和学生实际出发，在广泛征求教师、家长和学生意见的基础上，确定本校学生每学年重点培养的好习惯，并向所在社区和家长公布，争取家长和社会的支持并接受社会各方面的检验和监督。

三、主要内容

（一）查找问题，确定目标。学校组织干部、教师、学生和家长开展文明习惯大家谈等活动，找出文明习惯养成教育中的薄弱环节，分析原因，确定本学年学生文明习惯养成的突破点及最需要培养的文明习惯。

（二）细化要求，形成共识。学校组织学生和教师将确定的工作目标细化成师生日常学习、生活中的各项具体行为要求，宣传到每一位教师、学生和家长，形成共同努力方向。

（三）积极行动，示范引领。学校要让广大教师和家长积极主动参与进来，以教师和家长的一言一行带动学生良好文明习惯的养成和发展。通过“晒一晒我的好习惯”、“开展文明之星评选”等形式，交流和展示好习惯，树立学生榜样。

（四）力求实效，接受监督。学校要主动邀请家长及社区等方面的有关人员走进校园，感受学生文明风貌。文明礼仪教育的效果要体现在每个学生的行为举止上、学校的校风校貌上，工作效果要得到教师、学生、社区和家长的认可。

四、工作要求

（一）高度重视，充分认识做好学生文明礼仪教育工作的重要性。各区县和中小学校要增强工作紧迫性，明确世界城市建设对学生文明礼仪教育提出的工作要求，明确近年来学生思想道德发展状况监测中反映的突出问题，把文明礼仪教育作为学校教育的重要内容常抓不懈。

（二）有效指导，不断探索学生文明礼仪教育的有效途径和方法。各区县要指导学校坚持上好新学年文明礼仪第一课，认真总结2004年以来“文明礼仪伴我行”主题教育活动积累的好经验、好做法，反思和查找影响工作实效性的原因，做好此次活动的整体策划和系统推进，针对工作中存在的问题，积极探索新途径和新方法。

（三）加强管理，不断完善学生文明礼仪教育工作的长效机制。市教委将建立学校文明礼仪教育的评价导向机制，把学生文明行为习惯培养效果作为学校文化建设示范校评选的重要内容之一。各区县和学校要建立社会监督机制，通过多种形式将每年文明礼仪教育工作重点向社会公布，主动争取社会监督。积极探索建立学生文明行为习惯养成激励机制，将评价结果纳入学生综合素质评价，作为评优评先的重要内容。

二〇一三年八月二十一日

北京市教育委员会

关于公布第27届北京市中小学生金帆奖、银帆奖获奖名单的通知

京教函〔2013〕627号

各区县教委，各中等职业学校：

北京市中小学生金、银帆奖是市教委对品学兼优并在国际和国内科技、体育、艺术、学科竞赛活动中取得突出成绩的学生授予的一项荣誉奖，在大力推进素质教育，鼓励广大中小学生、中等职业学校学生不断进取、奋发向上、全面发展并学有特长方面发挥了重要作用。

根据市教委关于中小学生金帆奖、银帆奖评选办法，经市评审小组评选，并经2013年市教委第16次主任办公会通过，授予北京市第五十中学刘嘉欣等23名学生北京市中小学生金帆奖，北京市第二中学高盎等154名学生北京市中小学生银帆奖。

希望各区县、各学校加大宣传力度，全面推进素质教育，加强对学生实践能力与创新能力的培养，引导广大中小学生德智体美全面发展。

附件：第 27 届北京市中小学生金、银帆奖获奖名单

二〇一三年十二月十二日

附件

第 27 届北京市中小学生金、银帆奖获奖名单

一、北京市中小学生金帆奖（23 名）

刘嘉欣　北京市第五十中学
陈菲凡　北京市第五十中学
王昕玥　北京市第五十中学
杨婧男　北京市第五十中学
董李云卿　北京市第六十五中学
罗雅晗　北京市第六十五中学
俞蔚然　北京师范大学附属实验中学
刘昀松　北京师范大学附属实验中学分校
闫雨鑫　北京师范大学附属实验中学分校
黄伟喆　北京市第五十七中学
付佳艺　北京市第五十七中学
韩潞尧　北京市第五十七中学
曹馨雨　北京市第五十七中学
于荣辉　北京市中关村中学
柴健旭　北京市中关村中学
申培言　北京市中关村中学

王新哲　北京市中关村中学
魏麟璎　清华大学附属中学
朱永琦　清华大学附属中学
张心悦　海淀区五一小学
黄　腾　海淀区五一小学
范若彤　海淀区五一小学
王泽诚　海淀区五一小学

二、北京市中小学生银帆奖（154名）

高　盎　北京市第二中学
胡晓璞　北京市第二中学
李涵仪　北京市第二中学分校
张笑辰　北京市第五中学分校
王宇澄　北京市第五十五中学
尹伯超　北京市第一零九中学
张　帆　北京市第一零九中学
赵雅琪　北京市第一零九中学
张雨凝　北京市第一零九中学
江　帆　北京市第一六六中学
刘元洋　北京市第一六六中学
李福成　北京市第一六六中学
郭睿诚　北京市第一六六中学
肖孟涵　北京市第一七一中学
狄心悦　北京市第一七一中学
李　昱　北京市第一七一中学
乔大漠　北京市东直门中学
刘雨鑫　北京景山学校
李　峥　北京景山学校
张义飞　北京景山学校
殷铭悦　东城区史家胡同小学

程凯琪　东城区史家胡同小学
王子芊　东城区分司厅小学
朱宣颖　东城区分司厅小学
覃　思　北京市汇文第一小学
石瑀诺　北京市汇文第一小学
吕欣蔚　北京市汇文第一小学
孙萌泽　北京市汇文第一小学
赵嘉珩　北京市第四中学
赛罕娜　北京市第八中学
孙　尧　北京市第八中学
李嘉东　北京市第三十五中学分校
李嘉岳　北京市第六十六中学
王天歌　北京师范大学附属中学
刘宏一　北京师范大学附属实验中学
李博洁　北京师范大学附属实验中学
马西薇　北京师范大学附属实验中学分校
乔中天　北京师范大学附属实验中学分校
苏　宇　北京师范大学附属实验中学分校
袁　玥　北京师范大学附属实验中学分校
侯雨杉　北京师范大学附属实验中学分校
李啸晨　北京师范大学附属实验中学分校
王　妍　北京师范大学附属实验中学分校
王可含　北京师范大学第二附属中学
赵恒一　北京师范大学第二附属中学
桑雨菲　北京市育才学校
谭安生　北京市育才学校
杨博识　北京市育才学校
吴昊龙　北京第二实验小学
吴斯婕　北京第二实验小学

王轩昊　北京第二实验小学
刘子辰　北京第二实验小学
戚可舒　北京小学
王嘉仪　北京小学
杨子溪　北京小学
朱　珠　北京小学
李　程　北京市第八十中学
常一鸣　北京市第八十中学
李英俊　北京市第八十中学
杨思晓　北京市第八十中学
杨东麟　北京市第八十中学
石雅宁　北京市第八十中学
白云鹏　北京工业大学附属中学
赵天祚　北京工业大学附属中学
蒋知达　朝阳区定福庄第二小学
杨可欣　朝阳区安慧里中心小学
关　典　朝阳区安慧里中心小学
吴家一　朝阳区安慧里中心小学
王雪翎　朝阳区安慧里中心小学
王梓轩　朝阳区花家地实验小学
马嘉凯　朝阳区花家地实验小学
王鹏月　朝阳区花家地实验小学
祁佳雨　朝阳区花家地实验小学
高贺然　朝阳师范学校附属小学
刘清扬　朝阳师范学校附属小学
付旭雯　朝阳师范学校附属小学
王思佳　朝阳师范学校附属小学
李天赐　北京市十一学校
王　诣　北京市十一学校

胡雯萱　北京市十一学校
田晓田　北京市十一学校
穆心怡　北京市十一学校
温浩然　北京市八一中学
于德明　北京市八一中学
王子铭　北京市八一中学
张艺群　北京市八一中学
王兆宇　北京市八一中学
罗含艺　北京市第一零一中学
韩江雪　北京市第一零一中学
张睦諴　北京市第一零一中学
孙超然　北京市第一零一中学
李竹轩　北京市第一零一中学
陈子龙　北京市第一零一中学
张孟熹　北京市第一零一中学
闵　萌　北京市第一零一中学
王真乙　北京市育英学校
龙依璇　中国人民大学附属中学
高昕瑜　中国人民大学附属中学
张浩博　中国人民大学附属中学
江健瑞　中国人民大学附属中学
王怡聪　中国人民大学附属中学
桑　霓　中国人民大学附属中学
赵若辰　中国人民大学附属中学
傅　彤　中国人民大学附属中学
辛　琦　中国人民大学附属中学
荣之昊　中国人民大学附属中学
孟舜英　中国人民大学附属中学
曾　睿　清华大学附属中学

张楚莹　清华大学附属中学
杜心邈　清华大学附属中学
张　典　清华大学附属中学
于海涛　清华大学附属中学
方丽伟　清华大学附属中学
董　耕　清华大学附属中学
杜洪昌　清华大学附属中学
杨陆晨宏　清华大学附属中学
谌　玥　清华大学附属中学
王少杰　清华大学附属中学
潘熙文　清华大学附属中学
王　谈　清华大学附属实验学校
何淼格　清华大学附属实验学校
戎成文　清华大学附属实验学校
金　橦　北京航空航天大学附属中学
赵辰阳　北京航空航天大学附属中学
苏曦轮　北方交通大学附属中学
张博文　北京市盲人学校
汪子馨　海淀区实验小学
王若卿　海淀区实验小学
殷梓哲　海淀区中关村第一小学
黄昊祥　海淀区中关村第一小学
陶美辰　海淀区中关村第二小学
付婧瑶　海淀区中关村第二小学
张博同　海淀区中关村第二小学
张润东　海淀区中关村第三小学
曹诗其　海淀区中关村第三小学
冯尤嘉　海淀区中关村第三小学
杨　述　海淀区银燕小学

宋梓霂　清华大学附属小学
龚近琦　清华大学附属小学
邱云中　清华大学附属小学
李佳祎　清华大学附属小学
邓　冉　北京市第十二中学
任　铄　北京市第十二中学
王　颐　北京市第十二中学
张晶晶　北京市第十二中学
李双兵　北京市大兴区第一中学
程子超　北京市牛栏山一中实验学校
阿布都热哈提·奴力　顺义区杨镇第一中学
肖天龙　顺义区杨镇第二中学
李晨赛　北京舞蹈学院附属中等舞蹈学校
董家铭　北京舞蹈学院附属中等舞蹈学校
张洪志　北京市商业学校
崔京燕　北京市商业学校
陆兰云　北京市商业学校

体育·卫生

北京市教育委员会文件选编

（2013）

北京市教育委员会

转发教育部关于印发《中小学心理健康教育指导纲要（2012年修订）》文件的通知

京教基一〔2013〕1号

各区县教委：

现将教育部《关于印发〈中小学心理健康教育指导纲要（2012年修订）〉的通知》（教基一〔2012〕15号）转发给你们，并提出以下意见，请结合区县实际认真贯彻落实。

一、科学定位，准确把握中小学心理健康教育的目标、内容和任务。强化学校心理健康教育在服务学校整体工作和学生全面发展中的重要作用，重点是促进学生健康人格培养、积极潜能开发，辅以必要的心理辅导和危机干预。

二、完善机制，积极推动中小学心理健康教育的广泛开展。重点要加强区县和学校心理健康教育的管理机制、交流平台、活动载体、辅导渠道建设，推动心理健康教育方面的科研、教研、辅导和活动的开展。

三、建好队伍，整体提升中小学心理健康教师专业能力和水平。重点是加强区县心理研究室的建设，加大学校心理教师的专业力量引进和现有人员的系统培训力度，逐步建立起有效的心理教研制度。

四、关注需求，不断提高中小学心理健康教育的实效。学校心理健康教育要关注随迁子女融入、独生子女教育、青春期教育、考前辅导、生涯指导等学生成长和发展中容易出现的各种现实问题，提高教育的针对性。

五、总结经验，认真梳理区县和学校推动心理健康教育的有效做法。重视总结和梳理区域经验，倡导通过主题日、交流周、教育月等形式进行展示交流，鼓励通过论文、案例征集评选发现好经验、好做法，并进行积极宣传和推广。

近期，围绕纲要的落实，市教委将做好五个方面的工作：一是修订和完善现有北京市有关心理健康教育的政策文件；二是推动建立心理教师教研制度；三是继续举办心理观摩交流周，总结展示区县和学校好经验；四是促进心理教师专业化，推动高中心理教师定编定岗；五是定期开展心理健康教育论文和活动案例征集评选。

二〇一三年一月九日

教育部

关于印发《中小学心理健康教育指导纲要（2012年修订)》的通知

教基一〔2012〕15号

各省、自治区、直辖市教育厅（教委)，新疆生产建设兵团教育局：

2002年，我部印发了《中小学心理健康教育指导纲要》（以下简称《纲要》)，对各地中小学开展心理健康教育起到了指导和推动作用。为进一步科学指导和规范中小学心理健康教育工作，促进心理健康教育工作深入发展和全面普及，在认真总结各地心理健康教育工作经验的基础上，我部组织专家对《纲要》进行了修订完善。现将修订后的《纲要》印发给你们，请各地结合实际，认真组织实施，并将落实情况、问题和意见及时报我部。

附件：中小学心理健康教育指导纲要（2012 年修订）

二〇一二年十二月七日

附件

中小学心理健康教育指导纲要（2012 年修订）

中小学心理健康教育，是提高中小学生心理素质、促进其身心健康和谐发展的教育，是进一步加强和改进中小学德育工作、全面推进素质教育的重要组成部分。中小学生正处在身心发展的重要时期，随着生理、心理的发育和发展、社会阅历的扩展及思维方式的变化，特别是面对社会竞争的压力，他们在学习、生活、自我意识、情绪调适、人际交往和升学就业等方面，会遇到各种各样的心理困扰或问题。因此，在中小学开展心理健康教育，是学生身心健康成长的需要，是全面推进素质教育的必然要求。为深入贯彻党的十八大精神，落实《中共中央国务院关于进一步加强和改进未成年人思想道德建设的若干意见》和《国家中长期教育改革和发展规划纲要（2010～2020 年）》要求，进一步科学地指导和规范中小学心理健康教育工作，在认真总结近些年来全国各地心理健康教育工作经验的基础上，制定本纲要。

一、心理健康教育的指导思想和基本原则

1. 开展中小学心理健康教育工作，必须高举中国特色社会主义伟大旗帜，以邓小平理论、“三个代表”重要思想和科学发展观为指导，学习践行社会主义核心价值体系，贯彻党的教育方针，坚持立德树人、育人为本，注重学生心理和谐健康，加强人文关怀和心理疏导，根据中小学生生理、心理发展特点和规律，把握不同年龄阶段学生的心理发展任务，运用心理健康教育的知识理论和方法技能，培养中小学生良好的心理素质，促进其身心全面和谐发展。

2. 开展中小学心理健康教育，要以学生发展为根本，遵循学生身心发展规律，必须坚持以下基本原则：——坚持科学性与实效性相结合。要根据学生身心发展的规律和特点及心理健康教育的规律，科学开展心理健康教育，注重心理健康教育的实践性与实效性，切实提高学生心理素质和心理健康水平。——坚持发展、预防和危机干预相结合。要立足教育和发展，培养学生积极心理品质，挖掘他们的心理潜能，注重预防和解决发展过程中的心理行为问题，在应急和突发事件中及时进行危机干预。——坚持面向全体学生和关注个别差异相结合。全体教师都要树立心理健康教育意识，尊重学生，平等对待学生，注重教育方式方法，关注个别差异，根据不同学生的特点和需要开展心理健康教育和辅导。——坚持教师的主导性与学生的主体性相结合。要在教师的教育指导下，充分发挥和调动学生的主体性，引导学生积极主动关注自身心理健康，培养学生自主自助维护自身心理健康的意识和能力。

二、心理健康教育的目标与任务

3. 心理健康教育的总目标是：提高全体学生的心理素质，培养他们积极乐观、健康向上的心理品质，充分开发他们的心理潜能，促进学生身心和谐可持续发展，为他们健康成长和幸福生活奠定基础。

心理健康教育的具体目标是：使学生学会学习和生活，正确认识自我，提高自主自助和自我教育能力，增强调控情绪、承受挫折、适应环境的能力，培养学生健全的人格和良好的个性心理品质；对有心理困扰或心理问题的学生，进行科学有效的心理辅导，及时给予必要的危机干预，提高其心理健康水平。

4. 心理健康教育的主要任务是：全面推进素质教育，增强学校德育工作的针对性、实效性和吸引力，开发学生的心理潜能，提高学生的心理健康水平，促进学生形成健康的心理素质，减少和避免各种不利因素对学生心理健康的影响，培养身心健康、具有社会责任感、创新精神和实践能力的德智体美全面发展的社会主义建设者和接班人。

按照“全面推进、突出重点、分类指导、协调发展”的工作方针，不同地区应根据本地实际情况，积极做好心理健康教育工作。

全面推进。要普及、巩固和深化中小学心理健康教育，加快制度建设、课程建设、心理辅导室建设和师资队伍建设，积极拓展心理健康教育渠道，建立学校、家庭和社区心理健康教育网络和协作机制，全面推进中小学心理健康教育科学发展，在学校普遍建立起规范的心理健康教育服务体系，全面提高全体学生的心理素质。

突出重点。地方教育行政部门和学校要利用地方课程或学校课程科学系统地开展心理健康教育；要加强心理辅导室建设，切实发挥心理辅导室在预防和解决学生心理行为问题中的重要作用；加强心理健康教育师资队伍建设，建立一支科学化、专业化的稳定的中小学心理健康教育教师队伍。

分类指导。大中城市和经济发达地区，要在普遍开展心理健康教育工作的基础上，继续推进和深化心理健康教育工作，努力提高质量和成效，率先建立成熟的心理健康教育服务体系；其他地区，要尽快完善心理健康教育工作机制，建立心理健康教育辅导室和稳定的心理健康专业教师队伍，普遍开展心理健康教育工作。

协调发展。坚持公共教育资源和优质教育资源向农村、中西部地区倾斜，逐步缩小东西部、城乡和区域之间中小学心理健康教育的发展差距，以中西部地区和农村地区发展为重点，推动中小学心理健康教育全面、协调发展。按照“城乡结合，以城带乡”的原则，加强城乡中小学心理健康教育的交流与合作，实现心理健康教育全覆盖和城乡均衡化发展。同时，着力提高中小学心理健康教育质量和成效，促进学生的心理素质和德智体美全面协调发展。

三、心理健康教育的主要内容

5. 心理健康教育的主要内容包括：普及心理健康知识，树立心理健康意识，了解心理调节方法，认识心理异常现象，掌握心理保健常识和技能。其重点是认识自我、学会学习、人际交往、情绪调适、升学择业以及生活和社会适应等方面的内容。

6. 心理健康教育应从不同地区的实际和不同年龄阶段学生的身心发展特点出发，做到循序渐进，设置分阶段的具体教育内容。

小学低年级主要包括：帮助学生认识班级、学校、日常学习生活环境和基本规则；初步感受学习知识的乐趣，重点是学习习惯的培养与训练；培养学生礼貌友好的交往品质，乐于与老师、同学交往，在谦让、友善的交往中感受友情；使学生有安全感和归属感，初步学会自我控制；帮助学生适应新环境、新集体和新的学习生活，树立纪律意识、时间意识和规则意识。

小学中年级主要包括：帮助学生了解自我，认识自我；初步培养学生的学习能力，激发学习兴趣和探究精神，树立自信，乐于学习；树立集体意识，善于与同学、老师交往，培养自主参与各种活动的能力，以及开朗、合群、自立的健康人格；引导学生在学习生活中感受解决困难的快乐，学会体验情绪并表达自己的情绪；帮助学生建立正确的角色意识，培养学生对不同社会角色的适应；增强时间管理意识，帮助学生正确处理学习与兴趣、娱乐之间的矛盾。

小学高年级主要包括：帮助学生正确认识自己的优缺点和兴趣爱好，在各种活动中悦纳自己；着力培养学生的学习兴趣和学习能力，端正学习动机，调整学习心态，正确对待成绩，体验学习成功的乐趣；开展初步的青春期教育，引导学生进行恰当的异性交往，建立和维持良好的异性同伴关系，扩大人际交往的范围；帮助学生克服学习困难，正确面对厌学等负面情绪，学会恰当地、正确地体验情绪和表达情绪；积极促进学生的亲社会行为，逐步认识自己与社会、国家和世界的关系；培养学生分析问题和解决问题的能力，为初中阶段学习生活做好准备。

初中年级主要包括：帮助学生加强自我认识，客观地评价自己，认识青春期的生理特征和心理特征；适应中学阶段的学习环境和学习要求，培养正确的学习观念，发展学习能力，改善学习方法，提高学习效率；积极与老师及父母进行沟通，把握与异性交往的尺度，建立良好的人际关系；鼓励学生进行积极的情绪体验与表达，并对自己的情绪进行有效管理，正确处理厌学心理，抑制冲动行为；把握升学选择的方向，培养职业规划意识，树立早期职业发展目标；逐步适应生活和社会的各种变化，着重培养应对失败和挫折的能力。

高中年级主要包括：帮助学生确立正确的自我意识，树立人生理想和信念，形成正确的世界观、人生观和价值观；培养创新精神和创新能力，掌握学习策略，开发学习潜能，提高学习效率，积极应对考试压力，克服考试焦虑；正确认识自己的人际关系状况，培养人际沟通能力，促进人际间的积极情感反应和体验，正确对待和异性同伴的交往，知道友谊和爱情的界限；帮助学生进一步提高承受失败和应对挫折的能力，形成良好的意志品质；在充分了解自己的兴趣、能力、性格、特长和社会需要的基础上，确立自己的职业志向，培养职业道德意识，进行升学就业的选择和准备，培养担当意识和社会责任感。

四、心理健康教育的途径和方法

7. 学校应将心理健康教育始终贯穿于教育教学全过程。全体教师都应自觉地在各学科教学中遵循心理健康教育的规律，将适合学生特点的心理健康教育内容有机渗透到日常教育教学活动中。要注重发挥教师人格魅力和为人师表的作用，建立起民主、平等、相互尊重的师生关系。要将心理健康教育与班主任工作、班团队活动、校园文体活动、社会实践活动等有机结合，充分利用网络等现代信息技术手段，多种途径开展心理健康教育。

8. 开展心理健康专题教育。专题教育可利用地方课程或学校课程开设心理健康教育课。心理健康教育课应以活动为主，可以采取多种形式，包括团体辅导、心理训练、问题辨析、情境设计、角色扮演、游戏辅导、心理情景剧、专题讲座等。心理健康教育要防止学科化的倾向，避免将其作为心理学知识的普及和心理学理论的教育，要注重引导学生心理、人格积极健康发展，最大程度地预防学生发展过程中可能出现的心理行为问题。

9. 建立心理辅导室。心理辅导室是心理健康教育教师开展个别辅导和团体辅导，指导帮助学生解决在学习、生活和成长中出现的问题，排解心理困扰的专门场所，是学校开展心理健康教育的重要阵地。在心理辅导过程中，教师要树立危机干预意识，对个别有严重心理疾病的学生，能够及时识别并转介到相关心理诊治部门。教育部将对心理辅导室建设的基本标准和规范做出统一规定。

心理辅导是一项科学性、专业性很强的工作，心理健康教育教师应遵循心理发展和教育规律，向学生提供发展性心理辅导和帮助。开展心理辅导必须遵守职业伦理规范，在学生知情自愿的基础上进行，严格遵循保密原则，保护学生隐私，谨慎使用心理测试量表或其他测试手段，不能强迫学生接受心理测试，禁止使用可能损害学生心理健康的仪器，要防止心理健康教育医学化的倾向。

10. 密切联系家长共同实施心理健康教育。学校要帮助家长树立正确的教育观念，了解和掌握孩子成长的特点、规律以及心理健康教育的方法，加强亲子沟通，注重自身良好心理素质的养成，以积极健康和谐的家庭环境影响孩子。同时，学校要为家长提供促进孩子发展的指导意见，协助他们共同解决孩子在发展过程中的心理行为问题。

11. 充分利用校外教育资源开展心理健康教育。学校要加强与基层群众性自治组织、企事业单位、社会团体、公共文化机构、街道社区以及青少年校外活动场所等的联系和合作，组织开展各种有益于中小学生身心健康的文体娱乐活动和心理素质拓展活动，拓宽心理健康教育的途径。

五、心理健康教育的组织实施

12. 加强对中小学心理健康教育工作的领导和管理。各级教育行政部门要切实加强对心理健康教育工作的领导，制定规章制度，明确责任部门和负责人，支持和指导中小学开展心理健康教育工作。各地和学校要通过多种途径和方式，结合教育教学实际，保证心理健康教育时间，课时可在地方课程或学校课程中安排。各级教育行政部门要将心理健康教育工作列入年度工作计划，纳入学校督导评估指标体系之中，教育督导部门应定期开展心理健康教育专项督导检查。教育部将适时开展中小学心理健康教育示范校创建活动。

13. 加强心理健康教育教师队伍建设。心理健康教育是一项专业性很强的工作，必须大力加强专业教师队伍建设。各地各校要制订规划，逐步配齐心理健康教育专职教师，专职教师原则上须具备心理学或相关专业本科学历。每所学校至少配备一名专职或兼职心理健康教育教师，并逐步增大专职人员配比，其编制从学校总编制中统筹解决。地方教育行政部门要健全中小学心理健康教育教师职务（职称）评聘办法，制订相应的专业技术职务（职称）评价标准，落实好心理健康教育教师职务（职称）评聘工作。心理健康教育教师享受班主任同等待遇。

14. 大力开展心理健康教育教师培训。教育部将组织专家制订教师培训课程标准，分期分批对中小学心理健康教育教研员和骨干教师进行国家级培训。各省级教育行政部门要将心理健康教育教师培训纳入教师培训计划，分期分批对区域内心理健康教育教师进行轮训，切实提高专、兼职心理健康教育教师的基本理论、专业知识和操作技能水平。要在中小学校长、班主任和其他学科教师等各类培训中增加心理健康教育的培训内容，建立分层分类的培训体系。

15. 要重视教师的心理健康教育工作。各级教育行政部门和学校要关心教师的工作、学习和生活，从实际出发，采取切实可行的措施，减轻教师的精神紧张和心理压力。要把教师心理健康教育作为教师教育和教师专业发展的重要方面，为教师学习心理健康教育知识提供必要的条件，使他们学会心理调适，增强应对能力，有效地提高其心理健康水平和开展心理健康教育的能力。

16. 加强心理健康教育材料的管理。各种有关心理健康教育的教育材料的编写、审查和选用要根据本指导纲要的统一要求进行。自 2013 年春季开学起，凡进入中小学的心理健康教育材料必须经省级以上教育行政部门组织专家审定后方可使用。

17. 加强心理健康教育的科学研究。各级教育行政部门要加强指导，增加经费投入，将心理健康教育纳入教育科学研究规划，积极组织相关课题申报和优秀成果评选。要积极引导高等学校、科研机构的研究人员开展相关研究，为心理健康教育实践提供理论基础和科学依据。要建立中小学心理健康教育教研制度，各级教研机构应配备心理健康教育教研员。要坚持理论与实践相结合，组织专家学者、教研人员、一线教师和学校管理人员结合实际情况积极开展心理健康教育教学研究，在实践中丰富完善心理健康教育理论，不断提高心理健康教育科学化水平。

北京市教育委员会办公室

转发教育部办公厅关于做好当前传染病防控工作文件的通知

京教体艺办〔2013〕1号

各区县教委，各高等学校、中等职业学校，各民办教育机构：

现将教育部办公厅《关于做好当前传染病防控工作的通知》

（教体艺厅〔2013〕1号）转发给你们，并根据我市实际情况提出以下要求，请一并遵照执行。

一、高度重视，落实防控责任

春季是呼吸道和肠道传染病高发期，我国部分地区还出现了人感染H7N9禽流感病例，因此，各级各类学校要高度重视学校传染病防控工作，加强公共卫生管理，落实防控责任，确保学校正常的教育教学秩序。

二、加强宣传，提高学生自我防控能力

以市疾控中心印发的《学生人群应该如何预防禽流感》（附件）为宣传要点，全面开展健康教育宣传活动。加强对学生健康教育和行为指导，注意学习和生活环境的卫生，提高学生自我保护意识。引导学生科学地开展户外运动，增强体质。

三、坚持晨午检制度，严格按规定做好疫情上报工作

严格执行2009年市卫生局、市教委印发的《北京市学校传染病防控工作管理指导意见》（京卫疾控字〔2009〕54号）精神，开展好全市各级各类学校传染病防控工作。中小学、幼儿园班主任、教师、校（园）医要切实发挥作用，认真做好晨午检工作，发现疫情按规定及时上报，并认真落实复课检诊制度。高等学校、中等专业学校、民办教育机构要加强对学生宿舍的管理，注意宿舍的环境卫生。辅导员对本班学生每天因病缺课情况进行检查记录，发现疫情及时通过学校疫情上报系统进行上报。校医院要进一步落实本校学生生病记录、处理措施等制度。

四、加强学校食品安全管理，关注炊管人员健康状况

要加强学校食堂就餐区域和后厨的通风换气，饭菜加工中心温度要达到卫生安全要求。要定期对食堂炊管人员进行健康体检，定期检查炊管人员是否具备有效健康证件。学校对食堂炊管人员每日上岗前须进行身体晨检并有记录。晨检内容包括询问从业人员的健康情况如：发烧、感冒、腹泻、咳嗽等。食堂从业人员及集体餐分餐人员在出现咳嗽、腹泻、发热、呕吐等有碍于食品卫生的病症时，应立即脱离工作岗位，待查明病因，排除有碍食品卫生的病症或治愈后，方可重新上岗。食堂炊管人员每日上岗操作前后须洗手，售饭时使用售货工具并配戴口罩手套。

附件：学生人群应该如何预防禽流感

二〇一三年四月九日

教育部办公厅

关于做好当前传染病防控工作的通知

教体艺厅〔2013〕1号

各省、自治区、直辖市教育厅（教委），新疆生产建设兵团教育局，部属各高等学校：

近期，我国部分地区出现人感染 H7N9 禽流感病例，个别学校还发生了甲型 H1N1 流感、肠道传染病等疫情。为切实做好学校防控工作，保障师生身体健康，现通知要求如下。

一、高度重视，及时对学校防控工作做出部署。各地教育行政部门和各级各类学校要增强防控意识，高度重视流感等春季传染病防控工作，主动加强与卫生部门的沟通和联系，及时了解本地疫情和防控工作部署，在当地政府的统一领导和卫生部门的具体指导下，结合学校实际和特点，采取有针对性的措施，切实落实各项防控要求。

二、宣传普及防控知识，提高学生自我防护能力。各级各类学校要把流感等春季传染病防控知识作为当前学校卫生防病宣传教育重点，通过健康教育课及其他多种宣传形式向师生、家长普及科学防控知识，重点教育并督促学生保持良好个人卫生习惯，包括经常用肥皂和流水洗手；咳嗽或打喷嚏时应用纸巾遮住口鼻；避免接触禽类（家禽、野禽）、牲畜等易于携带禽流感病毒的动物，一旦接触过禽鸟或禽鸟粪便，要立刻用肥皂和清水彻底清洁双手；保持居住及学习场所的经常开窗通风；加强体育锻炼，注意膳食营养，提高自身免疫力；减少或避免前往人群稠密场所；如出现流感样症状要及时到医院看病，留在家中休息等。

三、加强校园环境卫生管理，保证学校食品安全。要坚持经常性的卫生扫除，强化卫生检查，消除卫生死角，保持校园环境整洁。要切实落实食品安全和饮用水安全管理制度，学校食堂和农村义务教育学生营养改善计划食品供应单位，要按照规定严格食品采购、加工、供应、贮存等关键环节的安全管理，不得购买无检疫证明的鲜、活、冻禽及其产品，未经检疫的家禽、家畜不得自行宰杀加工，加工食品时要确保煮熟煮透。有自备水源、二次供水设施、食堂蓄水池的学校要在卫生部门的指导下做好相关供水设施的清洁、消毒等管理工作，定期请当地卫生部门进行水质检测，确保饮水安全。

四、加强监测报告，强化早期处置。各地中小学校和托幼机构要切实落实晨检、因病缺勤病因追查与登记制度，一旦发现师生有流感样症状（如发热、流涕、咽痛、咳嗽、头痛、呕吐、腹泻等），要督促其及时就医，并依照有关规定报告当地疾病预防控制机构和教育行政部门。高校校医院要严格按照有关规定，做好流感疫情监测、排查和报告工作，落实预检分诊、消毒隔离、医疗废物处置等管理制度，确保做到传染病疫情早发现、早报告、早处置。

二〇一三年四月六日

附件

学生人群应该如何预防禽流感

一、注意个人卫生，保持勤洗手、室内勤通风换气、注意营养，保证充足的睡眠和休息，加强体育锻炼。尤其在接触禽畜后及时彻底洗手。

二、尽可能减少与禽畜不必要的接触，特别注意尽量避免接触病死禽畜。食用禽肉蛋时要充分煮熟。

三、生熟食物要分开处理，当手部有破损处理肉类时，建议佩戴手套。

四、出现打喷嚏、咳嗽等呼吸道感染症状时，要用纸巾、手帕掩盖口鼻，预防感染他人；出现发热、咳嗽、咽痛、全身不适等症状时，应及时告诉班主任或校医。

五、如果病情较重，应及时向学校请假，并向班主任或校医反映相关情况。到医院发热门诊就医时应佩戴口罩，并告之医生近七天有无禽类接触，以及去过禽流感疫区。

六、外出踏青时，应尽量避免接触野生禽鸟或进入野禽栖息地。

七、应尽量减少去空气不流通和人群拥挤的场所。到医院就诊时应戴口罩。

八、家中饲养雀鸟，应避免它们与野禽接触。一旦接触后，要及时给鸟笼消毒，必要时还要到动物防疫部门进行防疫。

九、在养鸟或者观鸟时要尽可能避免接触禽类以及其粪便，处理它们的粪便时应戴上手套；接触它们或它们的粪便后，必须用皂液和清水彻底清洁双手。

十、观鸟过程中不捡死鸟，不吃野生禽鸟。发现病死野禽，不要接触，并报告当地动物防疫部门。

北京市教育委员会办公室

关于开展北京市中小学校体育课运动负荷监测与评价研究工作的通知

京教体艺办〔2013〕2号

各区县教委：

为落实《学校体育工作条例》“体育课教学应当遵循学生身心发展的规律，教学内容应当符合教学大纲的要求，符合学生年龄、性别特点和所在地区地理、气候条件的要求”，以及《学校卫生工作条例》“运动项目和运动强度应当适合学生的生理承受能力和体质健康状况，防止发生伤害事故”要求，切实保证中小学生的健康安全，市教委委托市疾控中心在全市开展中小学校体育课运动负荷监测与评价研究工作，并制定了《北京市中小学校体育课运动负荷评价与监测方案》（以下简称《方案》）。现将有关工作要求通知如下：

一、高度重视，充分认识开展中小学体育课运动负荷监测与评价的重要意义

本次中小学校体育课运动负荷监测与评价研究工作，是我市建国以来第一次针对中小学校体育活动运动负荷开展的全市性的研究工作。

本项目由市疾控中心与市教育学会学校卫生保健研究分会共同完成。

项目在对中小学校体育课和课外活动的运动强度和频率进行监测与评价的基础上，研究制定我市中小学体育课卫生监测与评价方案，进一步探讨有效提高学生体质健康水平、机能素质的方法和手段，指导学校科学有效的上好体育课。各区县要高度重视，确保各项工作顺利实施。

二、认真组织实施，保质保量完成调查与监测任务

（一）各区县教委要协调中小学卫生保健机构、疾病预防控制中心等有关部门成立项目组，并指派专人负责项目的实施工作。

（二）区县项目组要根据《方案》要求，结合本区县实际情况，制定辖区内项目实施方案、落实项目学校、开展项目培训，按时完成现场调查与监测，并按要求上报调查和监测数据。

（三）参与监测的工作人员要树立责任意识，以科学严谨、认真负责的态度对待监测工作。按照《方案》要求，进行各项指标的调查与监测，及时核实、录入数据，保证监测信息的可靠性和准确性。

（四）现场监测完成后，各区县项目组要认真组织研究监测结果，及时出具评价报告，并对此项工作提出改进建议，以书面形式上报市项目组。

三、各项目学校要积极配合，支持区项目组开展监测工作

按照工作方案要求，为项目调查与监测做好充分的准备工作。在保证正常的教育教学的前提下，确定被调查班级和学生，确定监测时间和课程，并提供必要的支持。

附件：北京市中小学校体育课运动负荷评价与监测工作方案

二〇一三年六月十四日

附件

北京市中小学校体育课运动负荷评价与监测工作方案

一、背景

体育锻炼是保证儿童少年生长发育、提高身体素质、促进身心健康的重要手段；学校体育是贯彻全面发展教育方针的重要部分。中共中央国务院2007年7号文件要求，“通过5年左右时间，是我国青少年普遍达到国家体质健康的基本要求，不断提高青少年乃至全民族的健康素质。”北京市政府也在2008年6号文件也指出，“各级政府和教育行政部门、教育督导机构要进一步加强对体育卫生工作的督导检查力度，特别要加大对学生每天一小时体育锻炼、学校体育卫生条件达标、学生体质健康标准的实施及经费保障等落实情况的督促检查力度。”同时提出了“要通过3年左右的时间，使本市85%以上的大中小学生达到国家学生体质健康标准及格等级以上，并能掌握至少两项体育技能，全市青少年学生耐力、力量、速度等体能素质明显提高，肥胖、近视的发生率明显下降，营养不良的现象基本消除”的要求。

2010年全国学生体质与健康调研调查结果显示，学生肺活量水平出现上升拐点，与2005年相比，城市男生、城市女生、乡村男生、乡村女生7～18岁年龄组分别平均提高89、84、94、81毫升；19～22岁年龄组分别平均提高137、102、185、123毫升；中小学生身体素质下滑趋势开始得到遏制，7～18岁中小学生爆发力、柔韧性、力量、耐力等身体素质指标持续下滑趋势开始得到遏制，与2005年相比，有了不同程度提高。

但是，现阶段中小学生的健康状况仍然不容乐观，学生肥胖和超重检出率继续增加。2010年全国学生体质与健康调研调查结果显示，7～22 岁城市男生、城市女生、乡村男生、乡村女生肥胖检出率分别为 13.33％、5.64％、7.83％、3.78％，比 2005 年分别增加 1.94、0.63、2.76、1.15 个百分点；超重检出率分别为 14.81％、9.92％、10.79％、8.03％，比 2005 年分别增加 1.56、1.20、2.59、3.42 个百分点。

二、目标

为进一步落实《学校体育工作条例》和《学校卫生工作条例》，通过对全市 16 个区县 108 所中小学校体育课、课外活动进行问卷调查和现场监测评估，掌握中小学校体育课和课外活动的运动强度和频率情况，研究制定体育课卫生监测与评价方案，进一步探讨有效提高学生体质健康水平、机能素质，指导学校科学有效地上好体育课。

三、工作内容及要求

（一）调查中小学校每天体育锻炼 1 小时落实情况

对监测学校学生进行学校每天体育锻炼 1 小时问卷调查。内容包括学校每天 1 小时体育锻炼时间落实情况、日常体育锻炼情况以及学生对体育锻炼的态度等内容。通过对调查问卷的分析，了解全市中小学校体育活动安排的基本情况、学生运动的时间、频率以及与运动强度相关的主观感受、行为和态度。

（二）评估中小学校体育课运动负荷，并提出卫生学评价报告及建议

通过仪器监测，在体育课上对学生进行全程连续的心率监测和能量消耗监测，记录体育课 4 个阶段（即开始部分、准备部分、基本部分和结束部分）中的心率水平、安静心率、最高心率、平均心率、有效运动时间和总耗能，并折算运动步数，以评价体育课运动负荷强度、效果以及学生体育课能量消耗情况。在项目调查结束后，对全市中小学校体育课运动负荷情况进行总结、分析和评估，并提出卫生学报告及今后的工作建议。

（三）制定相关的体育课卫生监测方案，指导学校逐步开展体育课卫生监测

通过对问卷调查和现场监测情况的总结和分析，掌握全市中小学校体育课运动负荷状况，并对运动效果进行评价。同时制定中小学校体育课卫生监测与评价方案，指导督促校医履行体育卫生监测职责，提高体育课的效果和安全性，确保体育课卫生监测工作的规范性和持续性。

四、项目学校抽样方法

本项目考虑到学校的代表性，在全市16区县（东城区、西城区分南北片独立抽取样本）中根据学校规模大小每区分层抽取2所小学，2所初中，2所高中，共108所学校作为项目监测学校。其中，规模较大的小学、初中、高中各1所，规模中等或较小的小学、初中、高中各1所。

五、调查方法及内容

本项目分为中小学校体育锻炼课程设置情况问卷调查、学生每天体育锻炼1小时情况问卷调查和学校体育课运动负荷现场评估三部分。

（一）中小学校体育锻炼课程设置情况调查

1. 调查对象及样本量

调查对象为项目学校体育教师，每学校调查1人。

2. 调查内容

主要调查学校体育锻炼的设置情况，内容包括学校每年级体育课课时安排、大课间等学生课外体育锻炼的设置情况。

3. 调查方法

由项目学校中较熟悉学校体育锻炼设置情况的体育教师按学校实际情况填写《北京市中小学校体育锻炼课程设置情况调查问卷》，现场回收问卷。

4. 调查工具

《北京市中小学校体育锻炼课程设置情况调查问卷》

（一）中小学生每天体育锻炼1小时情况问卷调查

1. 调查对象及样本量

调查对象为项目学校被抽样班级内的所有学生及学校体育课运

动负荷现场监测 5 名被监测对象。

每所项目学校以班级为最小抽样单位。小学 3～6 年级每个年级随机抽取 1 个班；初中初一至初三年级每个年级随机抽取 1 个班；高中高一至高三年级每个年级随机抽取 1 个班。

按照抽样班每班 40 人计算，共调查约 14400 名学生。其中，小学每区调查 320 人，共调查 5760 人；初中每区调查 240 人，共调查 4320 人；高中每区调查 240 人，共调查 4320 人。

2. 调查内容

本次调查的主要内容包括学校每天 1 小时体育锻炼时间落实情况、学生日常体育锻炼情况以及学生对体育锻炼的态度等内容。

3. 调查方法

在学校教师的组织下，由学生现场填写《北京市中小学生每天体育锻炼 1 小时情况调查问卷》，独立完成，现场回收。由区县调查员、校医负责回收、核查问卷。核查时，注意检查问卷的完整性和逻辑性，发现错误，应尽量弥补。

4. 调查工具

《北京市中小学生每天体育锻炼 1 小时情况调查问卷》

（二）中小学校体育课运动负荷现场评估

1. 调查对象

被抽样学校小学 3～6 年级、初中、高中每年级 2 节体育课。

2. 样本的选择

在所选项目学校内，小学 3～6 年级每年级监测 2 节体育课，男女生各半。初中初一至初三年级、高中高一至高三年级每年级监测 2 节体育课，男女生各一节。

在健康学生①中，根据学生体育成绩，从全班成绩前 5 名学生

---

①根据《中小学生体育锻炼运动负荷卫生标准 WS/T101～1998》中定义，健康学生指能按体育课教学大纲要求上体育课，并经常进行体育锻炼的学生。

中抽取1名学生，从后5名学生中抽取1名学生，中间抽取3名学生。每节体育课监测不少于5人。

每区监测40节体育课（小学16节、初中12节、高中12节），全市共监测体育课720节（小学288节；初中216节；高中216节），监测学生3600人。

3. 监测工具

运动心率表（Polar FT4型、Polar RS400型）、计步器、秒表、手表、标记背心、文件夹、《中小学校体育课运动负荷卫生评价课堂原始记录（表1）》、《中小学校体育课运动负荷卫生评价班级汇总表（表2）》。

4. 评价内容及指标

（1）心率

①心率曲线

方法：观察记录学生安静时、体育课开始部分结束后、准备部分每项运动后、基本部分每项运动后、结束部分每项运动后、体育课结束时运动心率表中显示即时心率值。以时间为横坐标，心率为纵坐标绘制成曲线图。根据曲线图变化评价体育课的运动负荷是否合适。

评价：曲线高峰应出现在基本部分的中间段，达到160～180次/分，并在课后10分钟恢复到安静水平，可认为负荷适宜；若曲线太高，达200次/分以上，课后10分钟不能恢复到安静水平，可认为负荷过大；若曲线不高，结束时即恢复到安静水平，表明运动负荷过小。

②平均心率

方法1：通过运动心率表直接读取。

方法2：通过公式利用间接法计算得出。

公式：平均心率＝安静心率＋（最大心率－安静心率）×50％

评价：平均心率维持在130～170次/分，提示运动负荷适宜。

③心率指数

方法：通过计算得出。式中平均心率由②得出，安静心率通过监测开始前测定10s心率（脉搏），换算成1分钟心率得出。

公式：心率指数=平均心率÷安静心率

评价：心率指数达到1.6～1.8，提示运动负荷适宜。

（2）体育课结构和密度

方法：通过用秒表连续测量体育课各部分的实际持续时间和每个学生实际运动练习时间，记录并计算得出。

公式：体育课运动密度（%）=（学生实际运动时间min/体育课总时间min）×100%

评价：体育课的运动密度在30%～40%之间为适宜。

（3）自我感觉

方法：体育课后用Borg量表测量学生对本节体育课的自我感觉，记录疲劳强度。

评价：利用量表中0～9级对应的运动自觉强度进行评价，分别为：0没有感觉、1非常弱、2弱、3适度、4有些强、5强、6～7非常强、8～9非常非常强。

5. 监测流程

本评价主要通过使用运动心率表监测体育课时学生心率状态及耗能情况；使用计步器监测学生每节课运动步数；使用秒表记录体育课实际持续时间和体育课学生的实际运动时间。

选择一个城区和一个郊区作为POLAR RS400型运动心率表监测区县，其他区县作为POLAR FT4型运动心率表监测区县。

建议选择上午大课间后体育课和下午第一节体育课进行监测，以便于课前有充足的准备时间，便于进行佩戴心率表等课前准备工作。监测过程中建议由每节课5名区县调查员对5名被监测学生进行1对1监测。

调查流程：

第一步　提前确定被监测学生

（1）各区县项目学校与抽样班级确定后，确定监测体育课节次，制定全区体育课监测的时间安排。

（2）校医与体育教师沟通，按照样本选择方法确定5名被监测学生，收集学生个人信息（学籍卡号、姓名、班级、年级、性别、生日、身高、体重、学生体育成绩等内容），复印本节被监测体育课教案并收集课程安排相关内容（体育课类型、各部分教学内容、计划用时等内容）。

（3）由区项目工作员或校医根据收集学生信息填写《中小学校体育课运动负荷卫生评价课堂原始记录（表1）》——基本信息部分，根据收集体育课教案填写《中小学校体育课运动负荷卫生评价班级汇总表（表2）》——体育课课程安排部分。

第二步　课前准备

佩戴心率表、计步器

区调查员利用课前时间在心率表上分别输入学生个人信息（生日、性别、身高、体重），并为被监测学生1对1佩戴心率表，调整心率范围。注意佩戴时，每个学生之间至少间隔3米，以免心率表互相干扰。戴好心率表后，为学生佩戴计步器，并根据学生编号穿好标记背心（1号～5号）。

安静心率的测定

学生佩戴好心率表后，区调查员要求学生安静5～10分钟，观察记录心率表上即时心率值，填写《中小学校体育课运动负荷卫生评价课堂原始记录（表1）》。如果没有充足的时间让学生处于安静状态，也可以在确定监测班级和学生后，在学生文化课刚下课未进行任何体育活动时（即安静状态下），分别测定5名学生10s心率（脉搏），换算成1分钟心率得出学生安静心率，填写《中小学校体育课运动负荷卫生评价课堂原始记录（表1）》。

培训学生使用心率表

区调查员根据工作经验告知被监测学生监测过程中应注意哪些内容，并指导学生如何使用心率表，课上如何及时报告心率等内容。

第三步 体育课课堂监测

监测开始

体育课开始，由区调查员1对1统一启动5名学生的心率表，计步器归零，开始监测。

体育课每部分实际运动时间的测定

由1名区调查员根据课前填写的《中小学校体育课运动负荷卫生评价班级汇总表（表2）》——体育课课程安排部分内容，用秒表或手表测定每项内容的实际持续时间。填写《中小学校体育课运动负荷卫生评价班级汇总表（表2）》。

学生实际运动时间的测定

由区调查员按照教学内容用秒表1对1分别测定5名被监测学生整节体育课的实际运动时间，填写《中小学校体育课运动负荷卫生评价课堂原始记录（表1）》。

体育课各部分心率的测定

区调查员在开始部分结束后、准备部分每项运动后、基本部分每项运动后、结束部分每项运动后、体育课结束时分别观察并记录运动心率表中显示即时心率值，同时记录时间，填写《中小学校体育课运动负荷卫生评价课堂原始记录（表1）》。

监测停止

体育课结束时，由区调查员1对1统一停止5名学生的心率表、取下计步器。观察记录计步器中显示的步数，填写《中小学校体育课运动负荷卫生评价课堂原始记录（表1）》。

第四步 课后整理

测量学生疲劳程度

体育课下课后，用Borg量表测量学生对本节体育课的自我感觉，记录疲劳强度，填写《中小学校体育课运动负荷卫生评价课堂原始记录（表1）》。

课后10分钟心率的测量

体育课下课后，安排学生在操场边休息10分钟，观察记录运动心率表上学生课后10分钟的即时心率，填写《中小学校体育课运动负荷卫生评价课堂原始记录（表1)》。

为学生卸下监测仪器，安排学生继续上课或休息。

记录心率表中数据

区调查员分别记录监测学生运动心率表中数据，填写《中小学校体育课运动负荷卫生评价课堂原始记录（表1)》。数据包括平均心率、最大心率、心率在120～200次/分范围内的时间、总耗能。

整理课堂监测数据

整理5张《中小学校体育课运动负荷卫生评价课堂原始记录（表1)》、按照原始记录中数据汇总《中小学校体育课运动负荷卫生评价班级汇总表（表2)》，注意填表字迹要清晰，不要遗漏数据。

第五步　数据整理、初步分析、评价报告

区调查员回到单位后，应尽快整理、录入当天监测数据，绘制体育课心率曲线，对监测体育课进行评价，汇总上报表格及评价报告。每节体育课应整理资料如下，并装订成册。

(1)《中小学校体育课运动负荷卫生评价班级汇总表（表2)》1张；

(2)《中小学校体育课运动负荷卫生评价课堂原始记录（表1)》5张；

(3) 被监测学生心率曲线5张；

(4) 评价报告1份。

(5) 本节体育课教案1份。

六、职责分工

(一) 市教委负责项目的总体管理和对项目进度实施督导。

(二) 由北京市疾病预防控制中心学校卫生所、北京市教育学会学校卫生保健分会成立市项目组，具体职责如下：

1. 制订项目方案及调查问卷、调查表。

2. 开展预调查、发现问题及时修改。

3. 项目手册的印刷及发放；监测仪器的购置及发放。

4. 全市项目实施前对区县项目工作人员进行统一培训及现场培训。

5. 对学校项目现场进行督导和质量评估。

6. 汇总各区县调查问卷，完成数据录入核查。

7. 汇总各区县现场监测数据及评价报告，完成数据核查。

8. 对全市中小学校体育课运动负荷进行评价。

9. 制定相关的体育课卫生监测方案，指导学校逐步开展体育课卫生监测。

10. 召开全市项目工作总结会，对项目成果进行反馈。

（三）各区县中小学卫生保健所、疾病预防控制中心成立区项目组，确定项目负责人专人负责。具体职责如下：

1. 制订上报辖区内项目工作方案、计划，负责落实项目学校，做好组织工作。

2. 开展项目二级培训，落实所有项目调查员及现场监测人员的培训工作。

3. 完成项目现场调查、质量控制、数据收集，并按时上报调查、监测数据。

4. 负责对辖区内现场监测数据的录入、统计和分析，撰写每节体育课现场监测的评价报告并负责向学校反馈，撰写辖区项目工作报告。

5. 负责辖区内项目工作的组织实施。

（四）各项目学校负责配合区项目组完成项目各项内容。

七、技术路线

以下是本项目的技术流程。

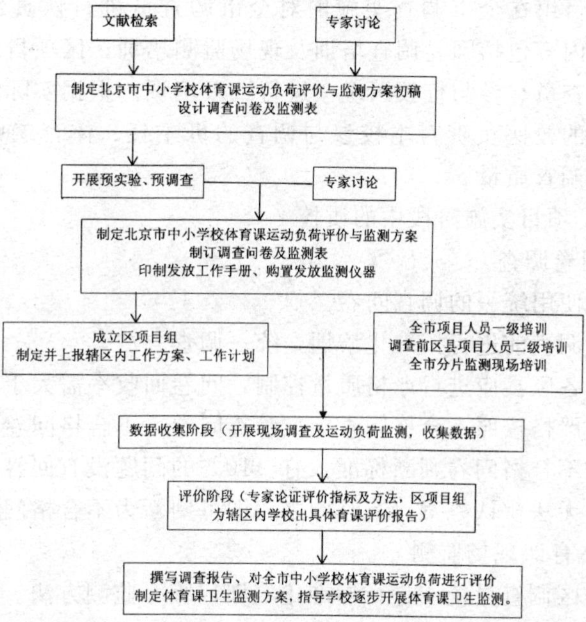

八、质量控制

为了保证项目质量，从问卷设计到统计分析，均采取了相应的质控措施，以保证研究结果的可靠性，具体质控措施包括：

（一）项目设计

为保证问卷的可靠性和有效性、监测的可操作性，在正式调查开始前进行预调查、预监测，以测试问卷的合理性和体育课卫生评价的可操作性，以便对项目方案、问卷等内容进行修改和调整。

（二）督导评估

成立市专家组对项目全程进行督导，特别是项目学校启动第一天下校督导。区项目组要确定项目总负责人、辖区内二级培训、监测仪器的保管使用、监测数据的收集录入要专人负责。区项目组对辖区内项目全程进行督导。

（三）人员培训

市项目组在全市调查实施前对全市调查员进行认真细致的培训，培训内容包括问卷调查培训及现场监测培训；区项目组对辖区内项目调查员、参与校校医统一进行二级培训。根据实际情况，由经过培训的校医负责对本校参与调查的班主任、体育老师进行培训，确保调查质量。

（四）项目实施阶段中的质控

1. 问卷调查

（1）使用统一的调查问卷。

（2）调查前进行标准化培训，统一调查方法。

（3）各区县应进行严格质量控制，问卷回收率需大于90％。

（4）严格按照不合格问卷标准筛查问卷，不合格问卷需退回重新填写。不合格问卷判断标准：有≥10％的问题没有回答；字迹过于潦草，无法辨认答案。有其中之一即可判断为不合格问卷。

2. 体育课现场监测

（1）区调查员统一进行标准化培训，统一监测方法。掌握所有仪器的使用方法。

（2）监测前，所有测量的仪器要求确认无技术故障，为被监测学生佩戴后，要测试其是否运行良好。

（3）监测过程中遇到突发问题，及时处理，保证监测数据完整。

3. 资料整理录入分析阶段

（1）对回收的问卷进行清理，剔除不合格的问卷，录入完毕后，随机抽10％，进行双录入，确保数据的准确和可靠。

（2）储存完整的仪器测量信息，确保不丢失数据。

（3）采取专业软件进行统计分析。

（五）建立通讯录，完善信息交流机制

九、时间进度安排

2013年1～3月　文献检索、撰写项目工作手册。

2013年4～5月　开展预实验、预调查；专家论证，确定工作方案。

2013 年 6 月　印制并发放项目手册；购买并发放监测仪器；开展全市培训。

2013 年 7～8 月　成立区项目组，制定并上报辖区内工作方案、工作计划；开展区县二级培训。

2013 年 9～11 月　开展全市分片现场监测培训；开展问卷调查和体育课现场监测等数据收集工作（9 月 15 日后开展问卷调查工作，9 月 30 日前回收调查问卷）；问卷数据库录入；调查数据整理、分析。

2013 年 10～12 月　专家论证体育课运动负荷具体评价方法；开展全市体育课运动负荷评价工作。

2014 年 1～2 月　制定体育课卫生监测方案。

2014 年 3～4 月　完成全市体育课运动负荷现场监测与评价补测及数据录入。

2014 年 5 月　回收全市体育课现场监测数据及评价报告，整合数据库。

2014 年 6～9 月　数据整理、分析；撰写报告。

北京市教育委员会
北京市卫生局
北京市人民政府教育督导室

关于进一步加强北京市中小学校和托幼机构防近视、控肥胖工作的意见

京教体艺〔2013〕8号

各区县教委、卫生局、教育督导室：

为贯彻落实市政府办公厅《转发市教委等部门关于推进中小学校体育工作三年行动计划（2013～2015年）的通知》（京政办发〔2013〕34号），进一步加强我市儿童青少年的健康管理，遏制儿童青少年肥胖和视力不良的增长趋势，现就进一步加强中小学、托幼机构防近视、控肥胖工作提出如下意见：

一、高度重视儿童、青少年视力保护和肥胖控制工作

党和政府历来高度重视儿童青少年视力保护和肥胖控制工作。中共中央、国务院印发了《关于加强青少年体育增强青少年体质的意见》（中发〔2007〕7号），教育部印发了《中小学生近视眼防控工作方案》（教体艺〔2008〕7号），市委、市政府印发了《关于加强青少年体育增强青少年体质的实施意见》（京发〔2008〕6号），市教委、市卫生局、市政府教育督导室印发了《关于加强本市中小学生肥胖及视力低下防控管理工作的意见》（京教体美〔2011〕13号）和《北京市中小学校卫生防病工作规划（2011～2015年）》等

文件。相关文件明确提出了降低中小学生近视眼和肥胖发生率、控制视力不良和肥胖检出率上升趋势的防控目标，并对控制我市青少年视力不良和肥胖工作进行了整体部署，对视力不良和肥胖控制的工作原则、工作措施及学校的岗位职责提出了具体要求。

在各方的共同努力下，我市儿童、青少年视力保护和肥胖控制工作不断加强，但是现状仍不容乐观。2010 年北京市学生体质调研结果显示，我市中小学生视力不良检出率接近 60%，各学段学生视力不良率均有所上升。且随年龄增加视力不良检出率明显升高。特别是小学生视力不良检出率增长明显，比 2005 年提高 12.40 个百分点，其中小学一年级新生的视力不良率从 20%上升到了近 40%。学生肥胖检出率为 14.06%，高于全国平均水平，乡村学生肥胖率持续上升。学生视力不良和肥胖已成为严重影响我市青少年体质健康和综合素质的社会卫生问题，必须引起高度重视。

二、建立健全北京市中小学校和托幼机构防近视、控肥胖专项工作体系

充分发挥北京市青少年体育卫生工作局际联席会的作用，成立由市政府领导，市教委、市卫生局、市政府教育督导室领导和相关专家组成的北京市中小学校和托幼机构防近视、控肥胖专项工作领导小组、专家指导组和专项督导检查组。

（一）北京市中小学校和托幼机构防近视、控肥胖专项工作领导小组

组　　长：线联平　方来英

副 组 长：郑萼　赵春惠　刘莉

办公室主任：王东江

副 主 任：张小红　谢辉　郗淑艳　李德娟　张士佐　曾晓芃

办公室成员：宋玉珍　李国荣　王艳春　罗培林　朱建华　段佳丽　王德文　潘勇平

（二）北京市中小学校和托幼机构防近视、控肥胖专项工作专

业指导及组织干预机构

首都医科大学、北京疾病预防控制中心、北京妇幼保健院、市卫生督导所、首都儿科研究所、北京市同仁医院、北京市教育学会学校卫生保健研究分会，各区县中小学卫生保健所、疾病预防控制中心、妇幼保健院。

相关专业指导部门：中国疾病预防控制中心、中国关心下一代工作委员会健康体育发展中心。

（三）北京市中小学校和托幼机构防近视、控肥胖专项工作督导检查组

市政府教育督导室牵头，由部分市级督学、相关行政领导和市级防控专家组成。

三、建立三级管理、多方合作、综合干预的防控机制

（一）形成市、区、校（托幼机构）三级管理的架构

1. 市级管理：在北京市中小学校和托幼机构防近视、控肥胖工作领导小组的领导下，市领导小组办公室统筹监管学生、儿童防近视、控肥胖工作的实施，组织协调专家和督导检查人员制定防近视、控肥胖综合防控方案并组织实施和督导检查，完成政府交办的任务。

专家技术指导工作组根据《北京市中小学校卫生防病工作规范》、《托儿所幼儿园卫生保健管理办法》、《托儿所幼儿园卫生保健工作规范》及相关国家标准培训各类人员，指导区县及学校开展视力屈光和体重检测，建立儿童、学生健康档案。开展相关科学研究，普及健康教育，推进健康促进工作。定期对区县、学校开展防近视、控肥胖工作的检查、指导。

2. 区级管理：各区县成立与市级相对应的区县级领导小组，制定本级学校卫生防病工作的相关政策、方案及实施计划。组织区级专业机构进行学生健康监测、校园视觉环境监测与行为干预，提供专业性规范的终端服务。定期对学校和托幼机构开展防近视、控肥胖工作的检查、指导，及时了解各学校和托幼机构开展工作的情况，收集科学有效的干预措施并上报领导小组办公室。

3. 学校、托幼机构管理：学校、托幼机构应按照国务院和市政府对近视眼、肥胖防控工作的要求，依据国家有关标准改善学习生活环境，加强对学生、儿童的健康管理。根据学生、儿童的健康状况制定防控工作方案，按照教育部《中小学学生近视眼防控工作方案》要求明确责任，保证干预措施的实施。托幼机构应特别加强教育教学管理，对教师进行健康教育，掌握科学保护视力、控制肥胖的健康知识和技能；严格执行幼儿教学大纲，避免超前教授小学教学内容；注意培养儿童正确读书写字姿势、健康饮食和运动锻炼的行为习惯。

（二）建立多方合作、齐抓共管的防控模式

1. 教育行政部门要加强学校、托幼机构卫生队伍建设，按规定配足配齐校医和卫生保健人员，并发挥其应有的作用。加强对日常学校、托幼机构卫生防病工作的管理，将近视、肥胖防控工作纳入综合评价指标。

2. 中小学卫生保健机构要加强健康监测，建立健康档案、保证体检质量，做好校医管理培训，指导学校开展防控工作。

3. 学校应采取措施减轻学生课业负担，保证体育锻炼时间和运动质量，培养良好学习生活习惯。配合教育、卫生有关部门做好学生健康监测和学校卫生监测工作，对监测中发现的问题及时进行改进，为学生提供符合卫生要求的学习生活环境。要与区县各相关部门共同担负起对儿童青少年家长进行组织培训的责任，指导家长进行家庭健康管理。

4. 卫生行政部门组织协调疾控部门、妇幼保健机构、卫生监督机构等各级专业防病机构研究制定防控工作措施，组织开展对学校校医（保健教师）的专业技术培训，加强对日常学校卫生防病工作的指导。

5. 疾病预防控制中心要协助辖区卫生行政部门制订辖区防控工作计划和实施方案。组织开展辖区内学校卫生监测。协助区县教育、卫生行政部门开展学校卫生技术人员的技术培训。指导学校开展防控工作，落实防控措施。

6. 卫生监督机构作为卫生行政部门的执法机构，依据相关法律法规，对辖区学校、托幼机构内影响学生健康的教学与生活环境卫生、学校卫生工作开展情况进行监督指导，对于发现的健康问题指导改进。

7. 妇幼保健机构将开展幼儿健康监测、保护幼儿视力、控制幼儿肥胖工作纳入常规工作内容，制定有效的防控措施并指导落实。

8. 教育督导部门要在教育、卫生部门密切配合开展工作的基础上对学校卫生防病工作进行专项督导检查。

各部门要积极发挥协同作用，通过监测发现问题，通过综合干预解决问题，通过多方共管调动服务对象的自觉性与主动性，使学生、儿童视力不良、肥胖防控工作主要环节上不出现空档，保障防控工作措施能落实到位，取得持续有效的防控效果。

四、加强健康监测与健康教育，全方位开展防近视、控肥胖工作

（一）开展定期监测，加强健康管理与评估

1. 各区县中小学卫生保健机构、社区卫生服务机构每年对学生儿童进行一次健康体检并建立健康档案，将监测数据做为基础性指标，进行统计分析后向学校和家长进行反馈。对重点学生、儿童进行视力、体重的定期监测。

2. 疾控部门、妇幼保健机构应做好对学校幼儿园教学生活环境的定期监测，指导学校、托幼机构做好改进工作。

3. 卫生监督机构应依据学校卫生相关法律、法规。对辖区学校、托幼机构的教学与生活环境进行监督指导。对发现的问题依法处理。

4. 学校要定期开展学校体育卫生监督，切实提高体育课、课外活动的运动质量，增强锻炼效果。

5. 各级教育、卫生部门要不断探索科学有效的防近视、控肥胖的干预措施。要加强对学生的体质检测数据和体质健康标准测试结果的统计分析和研究，及时评估防控措施的干预结果，有针对性的调整干预决策。

（二）广泛开展健康教育，丰富公众健康知识、树立健康观念和改变不健康行为

1. 各级教育、卫生行政部门及各相关机构要充分利用官方网站、微博、媒体等信息网络平台，积极开展“防近视、控肥胖”健康知识宣传，面向学校、学生和家长传播膳食营养、运动锻炼、疾病控制等健康知识，加强对控制视力不良、超重肥胖等学生常见病适宜技术的培训，推广综合干预的有效措施。

2. 区县教委、卫生局要定期发布相关健康信息和健康教育宣传咨讯，深入开展健康校园大讲堂活动。要每年根据学校的需求组织专业医生深入学校对学生、教师和家长进行“防近视、控肥胖”健康知识和技能巡讲。也可通过其他方式向学生传授爱眼护眼、控制肥胖及慢病、营养膳食、体育锻炼等方面的知识和技能。指导学校制定防近视、控肥胖的干预方案，提高师生及家长的健康知识知晓率。同时，要通过建立“社区学校、托幼机构卫生监督协管员制度”、“学校、托幼机构卫生视导制度”、“健康体检结果反馈制度”，形成专业机构、学校、托幼机构、家庭、学生、儿童“防近视、控肥胖”联动机制，建立社会、家庭、学校、社区全覆盖的学生健康教育网络。

3. 各学校和托幼机构每年要利用学生营养日、爱眼日等各种卫生宣传日，组织中小学生“防近视、控肥胖”健康教育宣传活动。特别要在新学期开学初上好健康教育第一课，指导学生掌握健康技能，提高自我保健的能力。

（三）加强对家长的健康指导，充分发挥家长对孩子的健康监护作用

1. 学校、托幼机构要通过校园网、健康大讲堂、家长会、家长学校、家长信、家庭健康作业等多种形式，指导家长了解健康相关知识、掌握健康技能，履行保护学生健康的职责，真正成为孩子健康的保护者。

2. 各区县中小学卫生保健机构、疾控中心、妇幼保健机构要

协助学校、托幼机构指导家长了解孩子的健康状况，并进行有针对性的健康管理。

（四）开展知己健康行动，提高学生自我保护能力

各级卫生防病机构、各学校、托幼机构要采取多种形式开展学生、儿童健康教育、健康宣传活动，通过开展“健康作业”、“爱眼日记”、“健康自测”等活动，指导学生学习、掌握健康知识和技能，引导学生关注自身健康进行自我管理，践行健康行为习惯。

同时，要指导学生和家长建立科学的作息制度，养成健康的生活方式。正确使用眼保健操和家庭护眼按摩操，养成爱锻炼的好习惯。

（五）全面推进健康促进学校工作，保护学生健康成长

健康促进学校工作是我市开展学校卫生工作的抓手。各级教育、卫生行政部门要通过健康促进学校的培训、推广、创建、督导、验收和复验等活动，推进学校健康教育和卫生防病工作。促进学校健康政策、措施和环境建设，保护学生健康，控制视力不良率、肥胖率的上升趋势。

学校要加强对体育课、课间操、眼保健操的管理，认真落实每天1小时体育锻炼时间。要做好体育卫生监督，加强对眼保健操穴位和动作的指导，提高两操一课的准确性和实效性。要上好健康教育课，并通过多渠道、多角度传播健康知识和技能，倡导学生做健康的主人的健康生活理念。

学校要指定专人负责学生健康管理工作，要将每年的学生体检结果及时告知学生和家长。对于体检结果异常的学生要追踪医院复查结果，进一步完善学生健康档案。对于超重、肥胖、视力不良和边缘视力的学生，学校进行分类管理，进行追踪监测。在专业机构的指导下，有针对性的制定干预方案，以控制肥胖和视力不良的发展。

学校要组织全校教职员工进行健康相关知识的培训，将对学生的健康教育和行为指导融入日常教学管理活动中。教师要积极组织参与学生开展的各项锻炼活动，示范健康生活方式。根据《中小学生营养午餐供给量标准》和《中国居民膳食指南》为师生提供结构

合理、营养均衡的膳食，指导学生和教师建立健康饮食习惯。

五、探索科学有效的干预措施，促进防近视、控肥胖工作的深入开展

各区县教育、卫生行政部门要充分利用现有的医疗、卫生、教育资源，特别是要调动高校、医院、科研机构的专家、学者共同建立临床—卫生—学校三位一体的科研攻关团队，针对近视、肥胖防控难点问题开展深入的调查研究，探索有效预防控制近视、肥胖的综合防控措施。

重点开发近视和肥胖防控工作中群体干预措施、个体干预方案和家庭防控适宜技术，探索学生、儿童健康检查（尤其是视觉检查和肥胖筛查）、健康追踪的方法和健康档案动态管理模式。完善监测、检测方法，形成学校、家庭、医疗三方筛查、诊断、干预、评估的一条龙健康管理干预模式，做到早发现、早干预、早治疗、早管理。

加强学生营养评测与健康教育科研活动，开发推动学生合理膳食、科学锻炼的网络评测系统和健康教育模式，研究适用于学校群体健康教育和家庭个体教育的适宜技术，指导学校和家长正确评价学生健康，正确指导学生日常健康饮食与运动行为的养成，争取尽早预防控制学生视力不良和肥胖的发生和发展。

开展学生体育锻炼与体质健康的研究工作，逐步建立健全学校运动锻炼卫生监测与评价机制，进一步完善适于学校群体实施的体育锻炼与户外活动模式，探索实施学生家庭锻炼计划，全面增强学生体质，提高健康水平。

六、开展专项行动，落实6个工作方案

市教委、市卫生局、市政府教育督导室制定了专家进校园、学校卫生标准普及、中小学生健康月活动、小学新生家长健康指导、北京市中小学生视力分段管理工作和中小学生家庭健康管理等6个工作方案。各区县要按照方案要求落实好相关工作。

七、加强督导检查，保障防近视、控肥胖专项工作落到实处

市政府教育督导室将学生近视、肥胖的防控工作做为今后一个时期的工作重点，会同市教委、市卫生局对学校和托幼机构防近视、控肥胖工作进行专项督导检查。进一步完善对学校卫生工作的督导评价制度，加大对学校评价指标体系中的权重，并作为评价学校工作的重要依据。对成绩突出的地方、政府相关部门、学校和个人进行表彰奖励。

附件：1. 专家进校园工作方案

2. 学校卫生标准普及工作方案

3. 中小学生健康月活动工作方案

4. 小学新生家长健康指导工作方案

5. 北京市中小学生视力分段管理工作方案

6. 中小学生家庭健康管理工作方案

二〇一三年八月二十日

附件1

专家进校园工作方案

一、活动目的

（一）提高教职员工、家长和学生的健康知识水平。

（二）指导学校和家庭开展视力保护、肥胖控制干预工作。

（三）向社会宣传“6个健康工作方案”。

二、活动时限

2013年7月～2015年12月

三、授课内容

爱眼护眼、预防控制肥胖、慢病控制、营养膳食、体育锻炼等方面的知识和技能。

四、活动内容和安排

（一）第一阶段：筹备阶段（2013年9月～2013年12月）

1. 各区县制定辖区校园大讲堂活动方案。

2. 组建市、区两级专家队伍。

3. 落实校园大讲堂场地和时间。

（二）第二阶段：组织实施阶段（2014年1月～2015年10月）

1. 各区县组织专家开展校园大讲堂活动，每所中小学校至少组织一场校园大讲堂，授课对象应包括学生、教师和家长。

2. 各区县现场录制校园大讲堂的授课内容，每年评选出优秀课程10堂，并于12月15日前上报市级防近视、控肥胖专项工作领导小组办公室。

3. 市级防近视、控肥胖专项工作领导小组办公室汇总各区县上报的优秀课程，组织评选精品课程。

（三）第三阶段：评估总结阶段（2015年11～12月）

1. 市卫生局、市教委对各区县大讲堂开展情况实施进行督导，了解工作进展、需求，提出下一阶段任务要求。

2. 市卫生局、市教委组织专家和学校、家长、学生代表对大讲堂录相进行评审，评出精品课程，制成光盘，发放到所有学校，供学校开展学生、教师、家长健康教育使用。

3. 各区县对校园健康大讲堂活动效果进行评估，提出下一阶段活动计划。

五、专家组成

建立市区两级专家组。

市级专家组由中国疾病预防控制中心、北京市疾病预防控制中心、市卫生监督所、市防盲办、各慢病防控办公室的学校卫生、眼科、营养、体育、慢病控制等方面专家组成。

区级专家组由各区县所辖范围内医院、疾控中心、卫生监督所、中小学卫生保健所、各防病办公室的学校卫生、眼科、营养、体育、慢病控制等方面专家组成。

六、组织结构和责任分工

（一）专家校园大讲堂活动由市卫生局、市教委牵头组织。市疾控中心、市教育学会负责协助两局制定总体活动方案、落实市级大讲堂的场地和专家、开展现场督导；负责汇总校园大讲堂课程，组织评选精品课程并制作光盘，向全市所有学校发放。

（二）各区县卫生局、教委负责牵头制定辖区工作方案，组织落实校园大讲堂工作。

（三）各区县疾控中心、中小学卫生保健所负责协助两局制定辖区内活动方案、落实大讲堂场地和专家、录制校园大讲堂课程；评估大讲堂活动效果；发放大讲堂精品课程光盘，并组织辖区所有学校利用多种场合、渠道向学生、家长、教师播放，开展健康教育。

（四）大讲堂所在学校负责组织好大讲堂现场工作；各中小学校做好精品课程光盘的播放和健康教育工作。

附件2

学校卫生标准普及工作方案

一、目的

（一）全市教职员工了解并掌握学校卫生法规、标准。

（二）全市教职员工运用学校卫生法规、标准开展学生防病工作。

二、工作内容及安排

（一）各区县每年利用组织学校卫生工作会、各类培训和继续教育等形式对辖区内所有中小学校校长、校医和保健教师进行学校卫生相关法规、标准培训。

（二）各中小学校每学期开学初组织教职员工进行学校卫生法规、标准专项培训，向全校教职员工普及学校卫生规范、标准，并指导教职员工将所学的健康知识和技能融入到日程教学活动和学生健康管理工作中，指导学生养成健康行为习惯，保护学生健康。

三、责任分工

（一）区县中小学卫生保健所和疾控中心负责将市级下发的学校卫生法规、标准发放至全区所有中小学校；负责组织对学校校长、校医和保健教师的培训；指导辖区内学校开展学校卫生法规、标准普及培训，并负责督导检查培训效果。

（二）各中小学校负责制定学校培训计划，将学校卫生法规、标准宣贯到所有教职员工；负责组织教职员工实施学校卫生相关法规、标准，并定期检查各项学校卫生相关标准落实情况。

四、检查、督导

（一）各区县教育督导部门将各学校此项工作的落实情况纳入学校卫生工作督导检查，并做好检查记录，检查覆盖率应达100%。

（二）各学校对教师学习、落实学校卫生相关法规、标准情况进行定期检查。

（三）市级防近视、控肥胖专项工作领导小组办公室适时对此项工作进行督导检查。

附件3

中小学生健康月活动工作方案

一、目的

（一）普及肥胖防控、视力保护知识，培养学生养成自觉体育锻炼和科学用眼习惯。

（二）预防学生近视眼的发生，降低学生肥胖检出率。

二、活动时间

确定每年9月为健康宣传月，要上好健康教育第一课。同时，学校要围绕“5.20学生营养日”、“6.6爱眼日”、“9.20爱牙日”

的主题日，开展主题宣传活动。

三、活动内容

（一）肥胖防控宣传活动

肥胖防控宣传月的重点工作是开展三个一活动，即："一堂课、一个承诺、一项运动"活动。

1. "一堂课"即上好一堂以"预防学生肥胖"为主题的健康教育课。各小学要结合健康教育课在所有班级上一堂以"平衡膳食、预防肥胖"为主题的健康教育课。各中学可根据本校情况采取上健康课或上大课、讲座、广播等方式，进行一次有关预防肥胖的专题教育活动。

2. "一个承诺"是开展一次"健康饮食，我承诺"活动。帮助学生结合学到的健康饮食知识，制定一份健康饮食建议，并承诺在活动月中坚持健康饮食。如坚持每天吃早餐、不喝碳酸饮料、不吃洋快餐等。

3. "一项运动"即开展"喜爱的运动，我坚持"活动：让学生找出一项适宜在学校开展的最喜爱的体育运动，并在活动月每天坚持该项运动半小时。

（二）爱眼宣传活动

爱眼宣传月的重点是开展一次全方位的爱眼宣传教育活动和二项护眼行为评比。

1. 爱眼宣传教育：各学校结合学校的实际情况，开展广泛的爱眼宣传教育活动，利用广播、宣传栏、健康作业、校园网、现场活动、讲座、主题班会、知识竞赛等多种形式，向学校师生及家长宣传科学用眼、预防近视等眼保健知识。

2. 眼保健操比赛：各校要里开展一次眼操比赛活动，按照评选标准，评出优秀班级及优秀学校，适时开展表彰活动。

3. 开展坐姿评比：以班级为单位，开展学生读写姿势评比活动，在每个班推出读写姿势小标兵。

四、活动要求

（一）各区县根据辖区工作安排确定健康教育宣传的内容。

（二）各学校根据辖区要求制定本校实施计划并组织落实。活动要覆盖全校 90%以上学生。

（三）活动结束后，各区县、各学校要留有文字、影像等档案资料。

附件 4

小学新生家长健康指导工作方案

一、目的

（一）提高家长对学生健康管理与学生防病工作法规、制度、知识、技能的知晓率。

（二）引导家长积极主动地参加学生健康管理和疾病防控工作，形成家校携手保护学生健康的防病工作模式。

（三）培养训练孩子的良好的生活卫生习惯，保证孩子身体和心理健康成长。

二、对象

小学一年级新生及其家长。

三、活动内容及具体安排

（一）利用家长会对新生家长进行相关知识的宣教，宣传此活动的重要性并向每个新生家长发放《小学新生家长健康必读》及相关材料。

（二）通过多种途径例对家长进行健康知识和技能培训，内容包括合理的用眼卫生习惯、传染病防控相关知识、合理膳食及健康运动等。

（三）利用家长联系本指导家长在家督促学生养成良好的卫生习惯，例如坐姿、握笔姿势、刷牙等

（四）利用“中国学生营养日”、“爱眼日”、“爱牙日”、“世界无烟日”等健康宣传日的健康教育活动，采取小手拉大手的方式向家长传递健康相关知识。

（五）建立教师和家长的沟通机制，利用家长会、校园网、手机短信等形式建立家长交流平台，交流家庭健康管理与防病工作经验。

四、活动要求

（一）要求各小学90%以上的一年级学生及家长参加。

（二）学校活动结束后，要留有文字、影像等电子档案。

附件5

北京市中小学生视力分段管理工作方案

一、目的

（一）健全学生视力档案，规范学校对视力不良及近视高危学生的健康管理。

（二）建立针对不同视力等级的学生采取不同防控措施的视力保护模式。

二、原则

（一）按照不同的学生视力分段，学校有针对性地制定管理措施。

（二）做到学校群体防控与个体干预相结合，学校的管理指导与家庭配合相结合的原则。

三、学生视力分段标准

将学生双侧裸眼视力中较低一侧的远视力检查值作为评价指标，将学生划分为正常视力和视力不良。

正常视力：双眼裸眼视力均大于或等于5.0。

视力不良：轻度　裸眼视力等于4.9；

中度　裸眼视力在4.8至4.6之间；

重度　裸眼视力小于或等于4.5。

四、工作内容及安排

（一）建立学生视力分段档案

1. 每学期依据学生体检视力检查的结果统计各视力段学生分布，按视力检查结果进行归类，逐级汇总班级、年级、学校学生视力分段管理统计表。

2. 根据学生视力变化情况，及时调整分段管理档案。

3. 建立班级5.0视力段学生台账和监测档案。

（二）针对不同视力的学生采取不同防控措施

1. 加强对5.0视力段学生的监测与管理

校医每学期将5.0视力段学生名单汇总成表，发给各班主任。班主任要重点指导并督促5.0视力段学生每月开展一次视力自我监测，记录监测结果，跟踪视力变化。班主任与家长建立联系，查找不利于学生视力保护的因素，共同鼓励学生坚持良好用眼卫生习惯，督促改善不良用眼行为和用眼环境，保持良好视力。

在监测时发现5.0段学生视力下降时，要联合班主任、家长、学生共同查找原因，制定并实施改进措施。

2. 指导视力不良的学生及时到医院进行确诊和矫治

对于体检中发现的视力不良的学生，学校要及时通知家长带学生到医院眼科进一步的检查和确诊，根据检查结果在医生的指导下开展相应的矫治。

视力不良的学生应加强对视力的监测，根据监测结果及时到医院复查，调整矫治方案。

家长和老师、学生共同查找可能引起视力下降的不良行为习惯和环境因素，并指导学生加以改进，控制或减缓视力下降的速度。

（三）分级开展防治效果评价

1. 北京市疾控中心认真分析各区县每年学生健康体检结果，按照“北京市中小学视力不良分级警示工作标准”对各区县视力不良防控效果进行分级评估，重点指导视力不良率增长幅度大的区县查找原因，制定防控措施。评估标准为：视力不良检出率增长幅度在1～3个百分点的为Ⅰ级警示，3～5个百分点的为Ⅱ级警示，超过5个百分点的为Ⅲ级警示。

2. 各区县要制定辖区视力不良分级预警方案，加强对学生视力检查数据的分析利用，及时掌握各学校视力不良率变化情况。对于视力不良率增长较快的学校，重点开展调研，并指导学校落实视力保护措施。

3. 各学校要根据各班级视力不良率变化情况进行分级管理，并将视力不良防控措施落实情况纳入教师年度考评。

附件6

中小学生家庭健康管理工作方案

一、目的

（一）提高中小学生健康技能，指导学生开展健康自我管理。

（二）引导家长关注学生健康，参加学生健康管理，促进家校联合开展视力保护、肥胖防控工作。

二、对象

北京市所有在校中小学生、家长。

三、具体内容和时间安排

（一）学校在每年学生健康体检完成后，及时将学生的健康状况通知家长，并督促家长针对孩子存在的健康问题及时带孩子到医院进行进一步诊治，并将诊断结果和治疗情况反馈给学校。

（二）家长和学生每天一起开展0.5小时户外活动或运动锻炼，每个月自测一次视力，定期自测身高、体重，关注学生视力、体重变化，及时纠正不健康的行为习惯。

（三）根据卫生部门和学校的健康指导，家长和学生一起改善家庭学习生活环境，合理使用照明设施和健身设施，培养良好的卫生习惯和健康生活方式，促进学生健康成长。

（四）寒暑假期间，各学校根据不同学龄段学生的健康特点，布置假期健康作业，指导学生在寒暑假期间开展健康自评、饮食管理、每日锻炼等活动。学生认真完成假期健康作业并上交学校。

北京市教育委员会办公室

关于做好2013年国家学生体质健康标准测试工作的通知

京教办函〔2013〕41号

各区县教委，各普通高等学校、中等职业学校：

为继续做好本市《国家学生体质健康标准》（以下简称《标准》）测试与数据上报工作，充分发挥《标准》在加强本市学校体育工作、促进学生健康成长中的引领和辐射作用，按照教育部有关要求，经市教委2013年第12次主任办公会研究，决定将在2012年相关要求基础上进行政策微调，以确保《标准》实施工作在我市做到面向全体、科学统筹、平稳过渡。现就有关要求通知如下：

一、开展覆盖全体学生的《标准》测试与数据上报工作

2013年继续按照《标准》实施要求，做好全市普通中小学、中等职业学校和普通高等学校，覆盖全体学生的《标准》测试和数据上报工作。

（一）各区县教委、各级各类学校要高度重视《标准》的宣传和教育工作，让家长和学生了解测试相关程序和政策，切实做好《标准》的测试、补测、公示与数据上报等各项工作。要把《标准》测试、数据上报、结果公告等作为学校工作的重要任务，制定详细的工作方案，确保上报数据真实、准确。对弄虚作假、虚报误报者，要追究相关人员和学校的责任。各区县工作方案中要明确本区县《标准》测试工作的领导小组成员、具体负责人、测试项目、不及格学生的登记备案和补测时间，并将方案于10月10日（星期四）前报市教委体卫艺处备案。

（二）各区县教委要全面部署本地区测试与数据上报工作，召开《标准》测试工作布置大会，对体育教师及相关工作人员进行专门培训，由区县统一选择各年级的选测项目，选测项目原则上不得与上一年重复。要采取有效措施加强对工作的推动和督促，逐级、逐校明确工作目标和责任，确保本地区数据上报学校率达到100％；指导学校按学生年级、班级、性别等不同类别在学校内公布学生体质健康测试的结果，并将有关情况及时向学生和家长通报。普通高等学校，中等职业学校参照执行。

（三）《标准》的测试应与学生的健康体检工作相结合，身高、体重、肺活量等项目使用同一结果，不重复测试。但共享数据必须是学生2013年9月1日至12月20日期间的体检结果；其他学生的测试数据以各校自行组织的测试为准。

（四）为准确统计各区县应该上报的中小学数量，减少因统计口径不一而造成的误差，请将本区县所有具有CMIS号（具有法人资格）的学校名单加盖区县教委公章后上报市教委体卫艺处。上报时间为2013年10月10日（星期四）。

（五）普通高等学校根据《标准》及实施办法的要求自行制定测试方案，确定选测项目；普通中小学及中等职业学校由所在区县统一做出规定。评分标准及未尽事宜按照教育部、国家体育总局《关于实施国家学生体质健康标准的通知》（教体艺〔2007〕8号）要求执行。

（六）2013年，本市各级各类学校开展《标准》测试及数据上报的时间为9月1日至12月20日，逾期不予受理。学校的测试数据只报送至北京市国家学生体质健康标准服务网，不再向教育部中国学生体质健康网上报。上报程序和要求如下：

1. 数据的测试和上报程序仍按教育部、国家体育总局《关于实施国家学生体质健康标准的通知》（教体艺〔2007〕8号）要求执行。

2. 全市普通小学、普通初中、普通高中、中等职业学校和普通高等学校上报操作流程，请登录国家学生体质健康标准测试数据管理与报送系统（http：//tzjc. ichzh. com）查看“用户使用手册”（系统将于9月20日之后开通）。各学校要确保数据上报的及时性和准确性，确保本地区数据上报学校率达到100%。做到“不漏报，不报重”。

3. 市教委将于10月中旬组织开展数据上报工作专项培训。具体培训时间及地点另行通知。

二、配合教育部开展《标准》抽测及取样工作

（一）2013年11月1日至30日期间，教育部将按每省（区、市）从小学一年级至大学本科四年级每年级1000名学生的数量（含中等职业学校），组织对各地数据进行抽查。届时，测试项目将按照教育部《关于2013年〈国家学生体质健康标准〉测试和上报工作的通知》（教体艺司函〔2013〕13号），文件规定的项目进行测试。请各区县教委、各级各类学校提前做好准备，让学生了解、熟悉测试项目，并根据测试项目组织全体学生进行有针对性的锻炼，确保抽测工作顺利完成。具体测试项目如下：

1. 小学一、二年级测试：身高、体重、视力、坐位体前屈、50米跑、1分钟跳绳

2. 小学三、四年级测试：身高、体重、视力、坐位体前屈、50米跑、1分钟跳绳、1分钟仰卧起坐

3. 小学五、六年级测试：身高、体重、视力、肺活量、坐位体前屈、50米跑、400米跑（50米×8往返跑）、1分钟跳绳、1分

钟仰卧起坐

4. 初中、高中、大学各年级测试：身高、体重、视力、肺活量、50米跑、1000米跑（男）、800米跑（女）、坐位体前屈、立定跳远、引体向上（男）、1分钟仰卧起坐（女）

5. 凡测试项目后未注明性别的，男、女生均应测试。

（二）各区县教委和各级各类学校要提前筹备《标准》测试项目调整后的各项工作。要提高测试工作保障水平，加大经费投入，加强测试场地设施条件建设，按照新的测试项目配置相关测试器材设施，确保在2014年9月1日前各项设施及仪器设备，能够达到新标准的测试要求，并正常投入使用。

三、做好第七届北京市中小学生《国家学生体质健康标准》测试赛筹备工作

为贯彻落实市政府办公厅《转发市教委等部门关于推进中小学校体育工作三年行动计划（2013～2015年）的通知》（京政办发〔2013〕34号）精神，实施学生体质健康监测与干预工程，本市将依托首都体育学院建立北京市学生体质健康监测和分析中心，每年举办《标准》测试赛，对上报数据及测试赛数据等进行科学分析，形成《北京市学生体质健康状况年度报告》，并向社会公布。同时，将进一步完善对区县政府的绩效考核指标体系中《标准》实施状况评价办法。

为使本市《标准》实施工作与教育部新修订的《标准》实现平稳过渡，本届测试赛测试项目将按照教育部有关要求适当增加。其中，小学增加跳绳项目，初中及高中男生增加引体向上，女生增加1分钟仰卧起坐测试项目，学生参加新增测试项目的成绩将不计入区县整体成绩。请各区县提前做好相应准备工作，组织学生开展练习。

（一）完成在籍学生的学籍核对工作

1. 各区县教委要督促学校及时更新数据，特别是拟抽测年级（小学五年级、初中二年级、高中二年级）的数据变更工作，包括在校学生的数据信息更改和不在校学生的学籍异动等，并向市、区信息中心同步数据，数据同步截止时间为10月18日（星期五）。10月下旬抽签时被抽到参加测试的学校将以市级学籍数据库的信息为准，不再更改。

2. 各区县教委相关部门要相互配合，特别是信息部门要及时做好数据更新、数据同步以及学生卡（学籍IC卡）制发等技术支持工作，并向学籍部门通报学校数据和同步情况。

3. 各学校要确保本校数据的完整准确，要保证学生学籍号、学生照片、学生姓名等信息的准确，确保抽测年级的学生人手一卡（学籍IC卡），无卡学生要及时上报补卡。

（二）测试赛的抽签工作

1. 本届测试赛测试年级不变，即：小学五年级（2009年入学）、初中二年级（2012年入学）、高中二年级（2012年入学）的学生。测试学校及班级统一由抽签决定，并现场从市教委学籍数据库中提取相关学生名单。

2. 小学、初中、高中三个学段，抽签办法与2012年相同，均执行统一的抽签办法。即在同一学段内，先按照抽测年级的在册学生数量，将学校分为三类，从每类学校中抽取1所，再从每校随机抽取22人。抽签完毕后，各区县每学段抽取3所学校66名学生，其中6人为替补学生（3名男生，3名女生），60人正式参加测试。最终各区县各有9所学校180人参加测试赛。

（三）测试赛的其他工作

1. 10月22日（星期二）9：00在首都体育学院学生服务中心四层第二会议室召开各区县教委领队会，同时进行测试赛参赛学校抽签。

2. 10月26日、27日（星期六、日）举行第七届北京市中小学生国家学生体质健康标准测试赛。

3. 测试赛地点

首都体育学院田径馆（海淀区北三环西路11号）

4. 测试项目

（1）常规测试项目（同2012年相同）：

身高、体重

肺活量

台阶试验

立定跳远、握力（男）、坐位体前屈（女）

学生视力

（2）新增加测试项目：

小学生（男、女）1分钟跳绳

初中、高中男生引体向上，女生1分钟仰卧起坐

5. 各区县教委要按照全市统一要求，认真做好组织工作，保证测试活动顺利举办。测试赛的各有关具体活动要求会陆续补发在市教委体卫艺处网页上，请注意查收并落实。

附件：北京市各区县中小学校基本情况统计表（略）

二〇一三年九月二日

北京市教育委员会
北 京 市 体 育 局

关于做好2014年本市高中运动员技术等级测试工作的通知

京教函〔2013〕553号

各区县教委、体育局：

为贯彻落实教育部有关体育特长生招生政策，保障考生的合法权

益，严肃考试纪律，保证高校招收体育特长生工作的顺利进行，根据教育部《2004 年普通高等学校招生工作规定》，以及教育部、国家民委、公安部、国家体育总局、中国科学技术协会《关于调整部分高考加分项目和进一步加强管理工作的通知》（教学〔2010〕10 号），市教委、市体育局、市民委、市公安局、市科协《关于调整本市部分高考加分项目的通知》（京教计〔2012〕16 号）对本市高中毕业生中规定项目国家二级运动员进行测试和高考加分提档政策作了调整。

为贯彻落实京教计〔2012〕16 号文件，根据市教委、市体育局《关于贯彻落实高中毕业生中国家二级运动员测试政策的通知》（京教体艺〔2012〕17 号）要求，2014 年本市将开展高中运动员技术等级测试工作。现将有关事宜通知如下：

一、资格条件

凡符合《北京市 2014 年普通高等学校招生报名通知》（京考高招〔2013〕16 号）中规定的报名条件，并且在高中阶段获得二级以上（含二级）运动员技术等级称号的应届高中毕业生。其中：

（一）运动员技术等级称号，是国家体育总局根据制定颁布的各项目《运动员技术等级标准》（体竞字〔2010〕18 号），对达到相应运动成绩标准运动员的一种称谓，由高到低依次为：国际级运动健将、运动健将、一级运动员、二级运动员、三级运动员。

（二）北京市关于运动员技术等级的申请、审核、审批、授予等工作，严格按照国家体育总局颁布的《关于印发新修订的〈运动员等级管理办法〉的通知》（体竞字〔2009〕63 号）和《北京市运动员技术等级管理办法实施细则》（京体竞技字〔2011〕3 号）等相关文件执行。

（三）在外地获得等级证书时是外地户口及学籍的学生，须出示所在省（直辖市、自治区）级教育行政部门、体育局成绩证明，由市教委、市体育局共同确认（报名考生所获运动技术等级以国家体育总局官方网站中“运动员技术等级综合查询系统”为准）。北京户籍的学生持有非北京市颁发的运动员等级证书不予承认。

二、测试项目和标准

（一）项目：田径、游泳、足球、篮球、排球、乒乓球、羽毛球、武术（含套路、散打）、跆拳道和健美操，共10项。

（二）标准：各项目测试具体标准由测试专家委员会研究制定（已经在北京教育考试院网站公布，网址：http：//www.bjeea.cn/）。

三、测试工作的程序

高中运动员技术等级测试工作包括学生申请及资格审核、测试报名、测试、成绩公布四个阶段。

（一）学生申请及资格审核

测试资格审核采取三级审核制度：学校初审、区县复审、市级终审。市、区县两级的审核由其教育、体育部门共同进行，市级终审不合格者不能报名参加测试。

2014年测试的资格审核工作将分两次进行。第一次审核2011年9月1日至2013年9月1日期间符合条件的学生资格；第二次审核2013年9月1日至2014年3月10日期间符合条件的学生资格。第一次审核工作的具体要求如下：

1. 学校初审

学校接到学生申请后，对其是否符合资格条件进行审核，初审合格后将名单在校内公示一周，无异议后，各学校于2013年12月18日前登陆体育优胜者与等级运动员成绩管理系统（tys.tmc.bjedu.gov.cn），统一将学生个人及竞赛成绩等相关信息录入《北京市高中毕业生体育优胜者与等级运动员成绩管理系统》（具体办法详见网站tys.tmc.bjedu.gov.cn），并将学生成绩证明（等级证书、秩序册、成绩册、获奖证书等复印件）上报区县。

2. 区县复审

区县教委和体育局根据各学校的上报情况，在审核期内对学校的送审材料进行复审，并将审核结果通知学校。

区县完成复审后，将自动生成的汇总表，直接打印，加盖区县教委、体育局公章，并于2013年12月31日前上报市教委和市体育局（各一式一份）。

3．市级终审

市教委和市体育局对区县复审后的材料进行联合终审认定，并于2014年1月20日前完成终审。

第二次审核工作将于2014年3月上旬进行，各学校于3月14日前完成初审和上报，区县于3月18日前完成复审，市级在3月20日前完成终审。资格审核程序同上。

4．资格审核结果公示

市级终审完成后，市教委、市体育局和市教育考试院分别将资格审核结果上网公示一周。

5．报送要求

各区县严格按照通知规定时限进行复审并及时报送复审材料，过时不予补办。相关材料由区县统一报送，不受理学校和个人报送材料。如遇特殊情况确需补办的，必须由区县教委和体育局共同正式行文申请，并盖（委或局）章上报方予以受理。

（二）测试报名及测试办法

资格审核通过的考生可报名参加北京市高中运动员技术等级测试。测试报名及测试办法具体由北京教育考试院制定并下发。考生可于2014年3月下旬以后登录北京教育考试院网站（http：//www.bjeea.cn/）了解相关信息，在指定的时间完成报名和测试。

（三）成绩公布

根据考生的测试成绩，对测试合格学生再次进行审核确认后，市教委、市体育局和市教育考试院分别将测试合格学生名单在规定时间内上网公示一周，公示期结束后正式公布最终结果。

未参加测试或测试不合格者均不能享受相应的体育特长生高考录取加分政策。未能按规定时间测试的考生一律不予补测。

四、其他事项

（一）对于测试中出现的违纪行为，依据相关文件规定处理，并追究相关部门责任。

（二）市教委是测试工作的主管部门，具体测试工作由北京教育考试院负责组织实施。

（三）具体实施过程中的有关问题，最终由市教委负责解释。

附件：1. 北京市 2014 年高中运动员技术等级市级体育竞赛范围

2. 北京市 2014 年高中运动员技术等级测试申报系统项目代码（略）

3. 等级运动员上报申请材料要求（略）

二〇一三年十一月六日

附件 1

北京市 2014 年高中运动员技术等级市级体育竞赛范围

项目	竞赛名称	主办单位	承办单位
田径	北京市中学生田径运动会	北京市教育委员会 北京市体育局	北京学生活动管理中心
	“北京奥林匹克教育学校体育后备人才培养基地”田径运动会	北京市教育委员会 北京市体育局	奥林匹克基地校中心教研组
	北京市传统校田径比赛	北京市体育局 北京市教育委员会	传统校教研组
	北京市运动会田径比赛	北京市政府	北京市体育局
	北京市青少年田径锦标赛	北京市体育局	北京市竞赛管理中心 各区县体育局
	北京市业余体校田径锦标赛	北京市体育局	各区县体育局
	北京市青少年室内田径锦标赛	北京市体育局	各区县体育局

续表 1

项目	竞赛名称	主办单位	承办单位
游泳	北京市运动会游泳比赛	北京市政府	北京市体育局
	北京市青少年游泳锦标赛	北京市体育局	北京市竞赛管理中心 各区县体育局
	北京市业余体校游泳锦标赛（冠军赛）	北京市体育局	各区县体育局
足球	金帆杯北京市中学生足球比赛	北京市教育委员会 北京市体育局	北京学生活动管理中心
	北京市传统校足球比赛	北京市体育局 北京市教育委员会	传统校教研组
	北京市运动会足球比赛	北京市政府	北京市体育局
	北京市青少年足球锦标赛	北京市体育局	北京市足球管理中心 各区县体育局
	北京市业余体校足球锦标赛	北京市体育局	各区县体育局
篮球	金帆杯北京市中学生篮球比赛	北京市教育委员会 北京市体育局	北京学生活动管理中心
	北京市传统校篮球比赛	北京市体育局 北京市教育委员会	传统校教研组
	北京市运动会篮球比赛	北京市政府	北京市体育局
	北京市青少年篮球锦标赛	北京市体育局	北京市竞赛管理中心 各区县体育局
	北京市业余体校篮球锦标赛	北京市体育局	各区县体育局
排球	金帆杯北京市中学生排球比赛	北京市教育委员会 北京市体育局	北京学生活动管理中心
	北京市传统校排球比赛	北京市体育局 北京市教育委员会	传统校教研组
	北京市运动会排球比赛	北京市政府	北京市体育局
	北京市青少年排球锦标赛	北京市体育局	北京市竞赛管理中心 各区县体育局

续表 2

项目	竞赛名称	主办单位	承办单位
	北京市业余体校排球锦标赛	北京市体育局	各区县体育局
乒乓球	北京市运动会乒乓球比赛	北京市政府	北京市体育局
	北京市青少年乒乓球锦标赛	北京市体育局	北京市竞赛管理中心 各区县体育局
	北京市业余体校乒乓球锦标赛	北京市体育局	各区县体育局
羽毛球	北京市运动会羽毛球比赛	北京市政府	北京市体育局
	北京市青少年羽毛球锦标赛	北京市体育局	北京市竞赛管理中心 各区县体育局
	北京市业余体校羽毛球锦标赛	北京市体育局	各区县体育局
武术	北京市运动会武术（套路、散打）比赛	北京市政府	北京市体育局
	北京市青少年武术（套路、散打）锦标赛	北京市体育局	北京市竞赛管理中心 各区县体育局
	北京市业余体校武术（套路．散打）锦标赛	北京市体育局	各区县体育局
跆拳道	北京市运动会跆拳道比赛	北京市政府	北京市体育局
	北京市青少年跆拳道锦标赛	北京市体育局	北京市竞赛管理中心 各区县体育局
	北京市业余体校跆拳道锦标赛	北京市体育局	各区县体育局

科技与艺术教育

北京市教育委员会文件选编

(2013)

北京市教育委员会

关于公布北京大学生艺术团验收及评审结果的通知

京教函〔2013〕14号

各有关高校：

为贯彻落实《学校艺术教育工作规程》（教育部令第13号）以及《北京市中长期教育改革和发展规划纲要（2010～2020年）》，进一步促进北京高校艺术教育工作，提高艺术教育教学质量和艺术活动水平，根据市教委“每三年对北京大学生艺术团进行申报并复检一次”的规定，2012年12月，我委组织专家组对原10所承办高校的12个艺术团进行了验收，对新申报的17所高校的艺术团进行了评审。

经2013年第1次市教委主任办公会议审议通过，清华大学等14所高校的22个艺术团通过验收与评审，被命名为北京大学生艺术团；北京交通大学等7所高校的7个艺术团命名为北京大学生艺术团建设单位。现将名单予以公布。

各高校要以此为契机，认真总结经验，明确发展思路，坚持服务经济社会发展，推进文化传承创新的工作理念，充分发挥北京大学生艺术团的示范、辐射和引领作用，不断提高全市高校艺术教育工作整体水平。

附件：1. 北京大学生艺术团名单
　　　2. 北京大学生艺术团建设单位名单

二〇一三年一月十四日

附件 1

北京大学生艺术团名单

1. 北京大学生艺术团清华大学交响乐团、民乐团
2. 北京大学生艺术团北京大学合唱团
3. 北京大学生艺术团中国人民大学舞蹈团、民乐团
4. 北京大学生艺术团北京师范大学戏剧团、管乐团
5. 北京大学生艺术团北京科技大学民乐团
6. 北京大学生艺术团北京交通大学交响乐团
7. 北京大学生艺术团中国农业大学合唱团、管乐团
8. 北京大学生艺术团北京林业大学民乐团
9. 北京大学生艺术团北京航空航天大学舞蹈团、行进管乐团
10. 北京大学生艺术团北京理工大学合唱团、交响乐团
11. 北京大学生艺术团中央民族大学舞蹈团
12. 北京大学生艺术团北京工业大学舞蹈团、合唱团
13. 北京大学生艺术团首都师范大学管乐团、行进管乐团
14. 北京大学生艺术团北京物资学院管乐团

附件 2

北京大学生艺术团建设单位名单

1. 北京交通大学　　民乐团
2. 北京联合大学　　曲艺团
3. 中国传媒大学　　合唱团
4. 北京语言大学　　合唱团
5. 北京外国语大学　　合唱团
6. 华北电力大学　　合唱团
7. 首都经济贸易大学　　合唱团

北京市教育委员会

关于北京市中小学艺术教育特色学校评选认定工作的通知

京教函〔2013〕71 号

各区县教委：

为进一步落实《学校艺术教育工作规程》（教育部令第 13 号）以及《北京市中长期教育改革和发展规划纲要（2010～2020 年）》，加强本市学校艺术教育工作，市教委决定开展北京市中小学艺术教育特色学校评选认定工作，现将有关事项通知如下：

一、评选认定范围及名额

（一）范围

全市各中小学、职业高中，含民办学校。

（二）名额

每个区县不超过 8 所，小学不少于 2 所。其中，全国中华优秀文化艺术传承学校、北京市学生金帆艺术团承办学校将直接命名为北京市中小学艺术教育特色学校，不再另行申报。

二、评选认定条件

（一）全面贯彻党的教育方针，落实学校艺术教育工作规程，学校重视艺术教育工作，将其作为实施素质教育的一项重要内容并纳入整体工作，具有较高的整体办学水平；

（二）学校校园文化有整体设计与规划，具备良好的育人环境，体现学校的文化品位，文化氛围浓郁；

（三）学校从领导到教师各个层面，对艺术教育具有较高的认识，思想与行动高度统一；

（四）学校有艺术教育管理机构、规章制度健全、管理规范，有切实可行的艺术教育发展规划和工作计划；

（五）学校能够开足开齐艺术课程，并有较高的教学水平；学校艺术社团有稳定的、高水平的专兼职教师队伍；

（六）学校开展艺术教育工作有场地、有时间、有经费、有人员、有条件，有效果；

（七）学校重视艺术教育的教科研工作，有课题、有研究，有成果；

（八）学校艺术教育工作特色突出且鲜明。学校艺术教育活动有特点，能够在全市中小学起到示范作用；

（九）学校艺术教育普及程度较高，重视艺术社会实践活动，在各级各类艺术活动中有成绩。

三、评选认定程序及时间安排

（一）学校填写《北京市中小学艺术教育特色学校申报表》，同时，提交近 2 年来的学校艺术教育工作总结。

（二）各区县教委于3月底前将《北京市中小学艺术教育特色学校申报表》、《北京市中小学艺术教育特色学校汇总表》，并签署意见后与学校艺术教育工作总结（一式1份）及电子版一并交市教委体卫艺处。

（三）4月中旬，市教委公布北京市中小学艺术教育特色学校名单，原北京市中小学艺术教育特色学校称号同时废止。

四、工作要求

（一）各区县要充分认识此项评选工作对促进学校艺术教育工作深入开展，推进素质教育工作的重要意义，防止走过场。

（二）各区县要把评选工作作为进一步总结艺术教育工作，梳理艺术教育思路，树立艺术教育典型的良好契机，全面推进我市中小学艺术教育工作水平的提高。

附件：1. 北京市中小学艺术教育特色学校申报表（略）

2. 北京市中小学艺术教育特色学校汇总表（略）

二〇一三年三月六日

北京市教育委员会

关于公布北京市中小学艺术教育特色学校评选认定结果的通知

京教体艺〔2013〕3号

各区县教委：

2013年3月，市教委对北京市中小学艺术教育特色学校重新进行了评选和认定。北京市第二中学等235所中小学被授予北京市中小学艺术教育特色学校称号，现将学校名单予以公布，原北京市中小学艺术教育特色学校称号同时废止。

各区县要以此次验收评审工作为契机，总结艺术教育工作经验，梳理艺术教育工作思路，树立艺术教育工作典型，同时，进一步加强对北京市中小学艺术教育特色学校的管理，充分发挥以点带面作用，全面推进我市中小学艺术教育工作水平的提高。

附件：北京市中小学艺术教育特色学校名单

二〇一三年四月二十七日

附件

北京市中小学艺术教育特色学校名单

东城区

北京市第二中学
北京市第五中学
北京市第二十二中学
北京市第二十七中学
北京市第六十五中学
北京市第一六六中学
北京市第一七一中学
北京市东直门中学
北京景山学校
北京汇文中学
北京市第一零九中学
北京市广渠门中学
北京市第二中学分校
北京市第五中学分校
北京市第五十中学
北京市第五十五中学
北京市第九十六中学
北京市文汇中学
北京市第二十五中学
北京市第十一中学
东城区地坛小学
东城区分司厅小学
东城区府学胡同小学
东城区灯市口小学
东城区史家胡同小学

北京光明小学
东城区革新里小学
东城区和平里第一小学
东城区回民实验小学
东城区东四九条小学
北京第一师范学校附属小学

西城区

北京市第四中学
北京市第八中学
北京市第十五中学
北京市第三十五中学
北京市第六十六中学
北京育才学校
北京市回民学校
北京师范大学附属中学
北京师范大学附属实验中学
北京师范大学第二附属中学
北京市第三中学
北京市华夏女子中学
北京市第一五六中学
北京市第一六一中学
北京市第四十三中学
北京市第一五九中学
北京师范大学亚太实验学校
北京市西城外国语学校
北京师范大学附属实验中学分校
北京市第八中学分校
北京小学
北京第一实验小学
北京第二实验小学
北京市宣武师范学校附属第一小学
北京市西城区青龙桥小学
北京市西城区进步小学
北京市西城区展览路第一小学
北京市西城区五路通小学
北京市宣武回民小学
北京市西城区育民小学
北京市西城区银河小学

朝阳区

北京市第八十中学
北京市陈经纶中学
北京市日坛中学
北京市陈经纶中学分校
北京工业大学附属中学
北京信息工程学院附属中学
首都师范大学附属实验学校
北京青年政治学院附属中学
清华大学附属中学朝阳学校
北京市和平街第一中学
中国人民大学附属中学朝阳学校
北京市朝阳区望京实验学校
北京市芳草地国际学校
北京市第八十中学管庄分校
朝阳区安慧里中心小学

北京市朝阳区劲松第四小学
北京市朝阳区师范学校附属小学
北京市朝阳区定福庄第二小学
北京市朝阳区兴隆小学
北京市朝阳区安华里第一小学
北京市朝阳区花家地实验小学
北京市朝阳区白家庄小学

海淀区

清华大学附属中学
北方交通大学附属中学
北京市十一学校
北京市第十九中学
北京市八一中学
北京市中关村中学
北京市育英学校
北京理工大学附属中学
北京市第一零一中学
中国人民大学附属中学
北京市海淀区教师进修学校附属实验学校
北京市育英中学
北京市第五十七中学
北京大学附属中学
北京市立新学校
北京市第二十中学
首都师范大学第二附属中学
北京师范大学第三附属中学
首都师范大学附属育新学校
北京市陶行知中学
首都师范大学附属中学
北京市海淀区实验小学
北京市海淀区翠微小学
北京市海淀区万泉小学
北京市海淀区五一小学
中国农业科学院附属小学
北京市海淀区中关村第二小学
北京大学附属小学
北京市海淀区西颐小学
清华大学附属小学
北京市海淀区中关村第三小学
北京市海淀区中关村第一小学
中国人民大学附属小学
北京市海淀区七一小学
北京石油学院附属小学
北京医科大学附属小学

丰台区

北京市第十二中学
北京市丰台区丰台第二中学
北京市赵登禹学校
北京市芳星园中学
北京市第十八中学

北京市太平桥中学
北京市大成学校
北京市首都师范大学附属丽泽中学
北京市丰台区东高地第二小学
北京市丰台区翠林小学
北京市丰台区长辛店中心小学
北京市丰台区丰台第一小学
北京市丰台区丰台第五小学

石景山区

北京市第九中学
北京师范大学励耘实验学校
北京市同文中学
北京市京源学校
北京市苹果园中学
北京市石景山区实验中学
北京景山学校远洋分校
北京市石景山区电厂路小学
北京市石景山区银河小学

门头沟区

北京市大峪中学分校
北京市门头沟区育新学校
北京市三家店铁路中学
北京市门头沟区新桥路中学
北京市大峪中学
首都师范大学附属中学永定分校
北京市育园中学
北京市门头沟区大峪第二小学
北京市门头沟区大峪第一小学

大兴区

北京市大兴区第七中学
北京市大兴区第一中学
北京市大兴区德茂中学
北京小学翡翠城分校
北京市大兴区第七小学
北京市大兴区滨河小学
北京市大兴区长子营镇第一中心小学
北京市大兴区第三小学
北京市大兴区第五小学

房山区（含燕山）

北京师范大学良乡附属中学
北京市房山区良乡第二中学
北京市房山区良乡行宫园学校
北京市房山区房山第五中学
北京市房山区良乡第二小学
北京市房山区城关第二小学
北京市房山区良乡第四小学
北京市房山区良乡镇良乡中心小学
北京市燕山向阳小学
北京市燕山前进第二小学

顺义区

北京市顺义区第一中学

北京市顺义区杨镇第一中学

北京市顺义区第三中学

北京市顺义区第八中学

北京市牛栏山一中实验学校

北京市顺义区光明小学

北京市顺义区东风小学

北京市顺义区石园小学

北京市顺义区杨镇中心小学

通州区

通州区潞河中学

通州区中山街小学

北京市通州区第二中学

北京市通州区第四中学

北京市通州区第六中学

北京市育才学校通州分校

北京市通州区东方小学

北京市通州区运河小学

北京市通州区永顺镇中心小学

北京市通州区梨园镇中心小学

昌平区

北京市昌平区回龙观中学

北京市昌平区前锋学校

北京市昌平区沙河中学

北京市昌平实验中学

北京市昌平区第二中学

北京市昌平区二毛学校

北京市昌平区巩华中心小学

北京市昌平实验小学

北京市昌平第二实验小学

北京市昌平区马池口中心小学

平谷区

北京市平谷区第四中学

北京市平谷区第三中学

北京师范大附属平谷中学

北京市平谷区黄松峪中学

北京绿谷小香玉艺术学校

北京市平谷区大兴庄学区

北京市平谷区大华山学区

北京市平谷区第三小学

北京市平谷区金海湖第二小学

怀柔区

首都师范大学附属红螺寺中学

北京市怀柔区第二中学

北京市怀柔区第三中学

北京市怀柔区第五中学

北京市怀柔区第一小学

北京市怀柔区第二小学

北京市怀柔区第三小学

北京市怀柔区实验小学

北京市怀柔区九渡河镇中心小学

密云县

北京市密云县第二中学

北京市密云县第六中学

北京市密云县第一小学

北京市密云县第二小学

北京市密云县第三小学

北京市密云县果园小学

北京市密云县檀营满族蒙古族中心小学

北京市密云县太师屯镇中心小学

北京市密云县东邵渠镇中心小学

延庆县

北京市延庆县第一中学

北京市延庆县第四中学

北京市延庆县第五中学

北京市延庆县第一小学

北京市延庆县第二小学

北京市延庆县第三小学

北京市延庆县第四小学

北京市延庆县左所屯中心小学

北京市延庆县康庄中心小学

北京市教育委员会

关于开展北京市中小学科技教育示范学校评审和认定工作的通知

京教函〔2013〕293号

各区县教委：

为贯彻落实《北京市中长期教育改革和发展规划纲要（2010～2020年），以及市教委每三年对北京市中小学科技教育示范学校进行重新评审和认定的相关要求，市教委定于2013年10月至12月对北京市中小学科技教育示范学校（以下简称“市级示范校”）进行评审和认定。现将具体事宜通知如下：

一、指导思想

深入贯彻党的教育方针，落实《北京市十二五科学技术普及发展规划纲要》精神，促进市级示范校的规范化建设和科学性管理，培养和提高广大中小学生科学素养，大力发展现代科技教育。

二、组织机构

市教委成立市级示范校评审及认定工作领导小组，负责协调、统筹相关工作。领导小组办公室设在北京学生活动管理中心。

三、评选条件

（一）全面贯彻党的教育方针，学校重视科技教育工作并纳入整体工作之中，具有较高的办学水平。

（二）学校高度重视科技教育工作，设有科技教育管理机构，规章制度健全、管理规范，有切实可行的科技教育发展规划和工作计划。

（三）学校能够将科技（类）校本课程纳入选修课或必修课中，且至少在一个年级开设，并有正式的校本教材或读本。学校特色科技项目社团有稳定的、高水平的专兼职教师队伍。学校重视科技教育的教科研工作，有研究、有成果，有总结。

（四）学校开展科技教育工作有场地、有时间、有经费、有人员，有效果。

（五）学校科技教育工作特色突出且鲜明。学校科技教育活动有特点，能够在全市中小学起到示范和引领作用。学校鼓励学生参与国家级以上科技交流活动，各级各类科技活动有成绩。

（六）学校科技教育普及程度较高，能够配合或承接区级以上的科技竞赛或科技实践活动。

（七）学校科技教育氛围浓厚，将科技教育与校园文化建设相结合。

四、评审程序及时间安排

4月，市教委已经召开了市级示范校评审认定工作会，布置评审工作要求并印发评审标准。后续程序的安排如下：

（一）6月中旬，印发评审文件。

（二）2013年7月20日前，各区县根据相关要求，制定本区县评审实施方案，并报送市领导小组办公室备案。

（三）9月30日前，学校根据《北京市中小学科技教育示范学校评价表》（见附件2）进行自评，自评分数达到90分以上的向区县教委进行申报。

（四）10月30日前，区县根据申报学校上交材料，依据评审实施方案组织本区县评审。区县评审后，将本区县评审结果按照《北京市中小学科技教育示范学校各区县名额分配一览表》（见附件1）规定的数额上报市领导小组办公室，同时报送《北京市中小学科技教育示范学校申报表》、《北京市中小学科技教育示范学校区县汇总表》和各申报学校评审报告，区县评审工作总结。

（五）11月，市领导小组办公室组织专家对区县上报的市级示范校按15%～20%的比例随机进行抽查，对抽查不合格的学校不予认定。

（六）12月，公示和授牌。金鹏科技团承办学校直接认定为市级示范校。不占各区县名额。原北京市中小学科技教育示范学校称号同时废止。

五、工作要求

（一）市级示范校评审和认定工作是加强中小学科技教育的重要举措，各区县要高度重视，认真组织实施，工作要细致有实效，防止走过场。

（二）各区县要成立市级示范校评审工作小组，由主管领导牵头，负责本区县市级示范校的申报及评审和认定等工作。

（三）各区县要通过市级示范校的评审和认定工作，进一步总结工作经验，梳理工作问题，提高解决问题的能力，加强科学管理，不断提高本区县中小学科技教育工作水平。

附件：1. 北京市中小学科技教育示范学校各区县名额分配一

览表

2. 北京市中小学科技教育示范学校评价表

3. 北京市中小学科技教育示范学校申报表（略）

4. 北京市中小学科技教育示范学校区县汇总表（略）

二〇一三年六月十七日

附件1

北京市中小学科技教育示范学校各区县名额分配一览表

区县	名额（含金鹏团）	区县	名额（含金鹏团）
东城区	26（10）	顺义区	9（1）
西城区	26（8）	昌平区	14（0）
朝阳区	25（4）	大兴区	14（1）
丰台区	15（2）	门头沟区	5（0）
石景山区	7（1）	怀柔区	6（1）
海淀区	26（8）	平谷区	7（1）
房山区（含燕山1）	16（0）	密云县	7（1）
通州区	12（0）	延庆县	6（0）

未含校外系统金鹏团

附件 2

北京市中小学科技教育示范学校评价表

一级指标	二级指标	三级指标	备注
组织管理15分	组织建设3分	学校成立由校长牵头的科技教育工作领导小组，成员构成合理。（2分）	【提交】学校科技教育领导小组名单
		有专门机构（如科技教育中心）并有专人负责整合相关部门开展科技教育工作。（1分）	【提交】专门机构的名称和负责人
	制度建设6分	有科技教育工作制度、内容完备、可操作性强。（3分）	【提交】包括职责、保障、实施、奖励等方面
		重视档案管理，资料完整、规范，能按要求上报科技教育材料。（3分）	【提交】科技活动相关档案资料
	工作管理6分	根据市、区科技教育规划和本校实际情况，制定学校3年科技教育规划，内容全面、体例规范。（2分）	【提交】学校3～5年科技教育工作规划（或学校3～5年整体规划）
		有科技教育年度工作计划，能有效实现规划任务，落实市、区教委组织的各项科技教育工作。（2分）	【提交】近三年年度科技教育工作计划
		认真开展科技教育工作的年度总结与反思，注重经验的生成和提升。（2分）	【提交】近三年年度科技教育工作总结
支持保障20分	师资力量5分	有科学和技术学科的教师具体落实学校科技教育工作，形成梯队。（2分）	【提交】专（兼）职科技教师（辅导员）名单（需注明工作年限）
		为专（兼）职科技教师提供科技教育方面的培训进修、交流学习的机会。（2分）	【提交】教师进修、交流学习情况汇总表
		开展面向全体教师的科技教育培训。（1分）	【提交】科技教育培训实录

续表 1

一级指标	二级指标	三级指标	备注
	物质条件 5分	有开展科学学科教育的物质条件(科学教室、实验室等)。(1分)	【提交】学校科技教育物质条件一览表
		有开展科技教育活动的物质条件(科技活动教室、场地、设备),并有效利用。(2分)	【提交】学校科技教育物质条件一览表
		有开展特色科技教育的基本物质条件(气象站、天文台等),并能充分、有效地利用。(2分)	【提交】学校科技教育物质条件一览表
	经费保障 5分	科技教育经费纳入学校预算,学生活动费及特色建设费中有明确的立项。(3分)	【提交】学校近三年年度科技教育经费的投入和使用情况表 【提交】学校利用学校科技教育的校外资源一览表 【提交】校外科技辅导员一览表
		专项经费落实到位,能有效支持科技教育工作的实施。(2分)	
	校外资源 5分	有效利用校外资源单位的场地、设施、经费等,开展面向各类学生的科技教育活动。(3分)	
		聘请校外科技辅导员,有效指导学校开展科技教育工作。(2分)	
实施途径 35分	学科渗透 6分	学校对各学科教学中渗透科学思想、培养科学精神有明确要求,整理出案例集,举办过专题教育交流活动。(3分)	【提交】在多学科渗透科技教育的教案
		能够按照科学与人文相结合的原则,鼓励和支持学科教师引导学生开展自主探究,培养创新意识。(3分)	
	校本课程 8分	开设科技类校本课程,纳入学校教学计划。(3分)	【提交】科技类校本课程开设及实施情况一览表 校本教材展示
		科技类校本课程教学有完整、规范的教案。(3分)	
		科技类校本课程有正式出版的教学资源。(2分)	

续表 2

一级指标	二级指标	三级指标	备注
	科技活动13分	开展多种形式的科技活动，每年举办科技节活动，师生全员参与。(5分)	【提交】科技活动相关影像资料
		有计划地组织学生开展科技兴趣小组活动，有固定时间和场所，活动有记录、有小结。(4分)	【提交】科技节方案、实录及参与情况统计表
		有稳定的学生科技社团组织，组织学生开展高水平的科技实践活动。(4分)	【提交】社团活动记录表
	环境建设8分	科技教育环境建设与校园文化建设相结合，科技氛围浓厚。(3分)	【提交】校园文化建设项目一览表
		充分利用校园电台、电视台、宣传栏、网站等宣传科技知识和科技教育成果。(3分)	
		在科技教育为主题的文化建设中，教师和学生的参与度高。(2分)	
探索与特色10分	工作探索5分	结合地域特点和学校优势，在科技教育工作中探索创新的做法，效果明显。(3分)	【提交】学校科技教育创新经验总结
		积极开展科技教育课题研究，在科技教育的内容、途径和形式等方面进行积极的探索。(2分)	【备查】课题研究资料（包括申报书、研究记录、结题证书）
	特色培育5分	在某些科技项目上成绩突出，形成特色。(3分)	【提交】特色项目工作总结
		特色科技项目有人员、资金和制度的保障，建立起特色项目发展的长效机制。(2分)	

续表 3

<table>
<tr><th>一级指标</th><th>二级指标</th><th>三级指标</th><th>备注</th></tr>
<tr><td rowspan="8">成绩与效果15分</td><td rowspan="2">学校成效3分</td><td>学校获得市级（含）以上教育行政主管部门颁发的科技教育工作奖励或先进称号。(2分)</td><td>【提交】学校获得奖励或称号一览表</td></tr>
<tr><td>学校科技教育工作和成果受到社会肯定，有媒体宣传报道。(1分)</td><td>学校获得奖励或称号证书原件/复印件</td></tr>
<tr><td rowspan="3">学生成绩8分</td><td>学生积极策划并参与学校的科技教育活动，有丰富的科技作品或成果。(2分)</td><td rowspan="3">【备查】学生作品一览表
【提交】近三年来学生科技成果获奖一览表</td></tr>
<tr><td>学生参加市级以上各类科技竞赛，获得全国二等奖或市一等奖。(3分)</td></tr>
<tr><td>学生参加全国或国际科技竞赛，获得全国一等奖或国际奖。(3分)</td></tr>
<tr><td rowspan="3">教师成绩4分</td><td>教师在市级以上科技竞赛中获得优秀辅导员或优秀指导教师(1分)</td><td rowspan="3">【提交】教师科技教育成果获奖
教师出版物等资料（见实物展出）</td></tr>
<tr><td>教师科技教育工作有成效，获得市级教育行政部门的奖励或成为科技教育工作相关领域的带头人。(1分)</td></tr>
<tr><td>教师在科技教育工作中积极思考，撰写论文、方案、案例等获市级二等奖及以上。(2分)</td></tr>
<tr><td rowspan="2">辐射带动作用5分</td><td rowspan="2">辐射作用5分</td><td>有手拉手学校，能承担其他学校科技教师培训指导工作，工作有成效。(3分)</td><td rowspan="2">【提交】学校与其他学校建立结对关系的相关资料</td></tr>
<tr><td>积极主动承办区级（含）以上科技竞赛及教育活动，效果好。(2分)</td></tr>
</table>

北京市教育委员会

关于开展北京阳光少年艺术团验收和评审的通知

京教函〔2013〕388号

各区县教委，北京学生活动管理中心：

根据《北京阳光少年艺术团管理办法（试行）》第十条“阳光艺术团每三年接受一次新承办团申请并对原有承办团资格进行复审”的要求，市教委定于2013年11月开展北京阳光少年艺术团承办团复审、验收和新承办团申报评审工作。现将有关事项通知如下：

一、阳光少年艺术团的构成

（一）阳光少年艺术团由声乐、器乐、舞蹈、戏曲等分团组成。

（二）各分团由符合条件的市、区县少年宫、青少年活动中心、少年之家等校外教育机构申请承办。

二、验收和评审工作

（一）对北京阳光少年艺术团承办单位进行复审、验收

1. 复审、验收范围

北京阳光少年艺术团承办单位（15个艺术团）。

2. 复审、验收办法

（1）根据《北京阳光少年艺术团分团评价指标体系》（以下简称评价指标体系，见附件3）进行自评，填写《2013年北京阳光少

年艺术团复审验收表》（以下简称复审验收表），并将复审验收表及其中所列上交材料一并报送评审工作办公室。

（2）市教委组织专家组进行现场评审验收。

（二）对新申报北京阳光少年艺术团承办单位进行评审

1. 申办范围

符合申办条件的市、区县少年宫、青少年活动中心、少年之家等校外教育机构。

2. 申办条件

（1）市、区县校外教育机构所申报的项目，在北京阳光少年艺术节（北京市校外艺术节）比赛中连续两次获得一等奖，且按照“评价指标体系”（附件 3）自评成绩在 85 分以上。

（2）未列入北京阳光少年艺术节（北京市校外艺术节）比赛的其它项目，特色突出、成绩显著，且按照“评价指标体系”（附件 3）自评成绩在 90 分以上。

3. 申办程序

（1）单位申报

各校外教育机构根据“评价指标体系”（附件 3），对申办的分团进行自评，并填写《2013 年北京阳光少年艺术团申办登记表》（以下简称“申办登记表”）。

（2）区县报送

区县教委对校外教育机构拟申办的分团及自评材料进行复核和初评，签署意见后送交北京学生活动管理中心活动策划部。

（3）市级评选

市教委组织专家组进行现场评审。

三、组织机构

市教委成立北京阳光少年艺术团验收、评审工作领导小组和专家工作组，市教委副主任郑萼担任组长，体卫艺处处长王东江担任副组长。下设办公室，办公室设在北京学生活动管理中心，负责具体工作的实施。

四、时间安排

（一）2013 年 9 月 30 日前各区县教委组织校外教育机构进行申报。

（二）2013 年 10 月 20 日前，各承办单位开展自评工作。并分别将“复审验收表”、“申办登记表”等相关材料报送评审工作办公室。

（三）2013 年 11 月中下旬，组成专家组进行现场验收和评审。

（四）2013 年 12 月底，公布验收和评审结果。

五、工作要求

（一）北京阳光少年艺术团是市教委加强校外艺术教育工作的一项重要举措，是宣传和展示我市校外艺术教育成果的窗口和平台，各区县教委要高度重视并认真做好组织实施工作，确保验收和评审工作有序开展。

（二）申办北京阳光少年艺术团分团的区县教委要成立申办工作领导小组，由主管主任牵头，体美科或校外办组织实施，按时提交各种申办材料。

（三）有关区县要以验收和评审阳光艺术团为契机，认真总结校外艺术教育成果和经验，探索校外艺术教育发展的新形式，不断提高校外艺术教育工作水平。

附件：1. 2013 年北京阳光少年艺术团复审验收表（略）

2. 2013 年北京阳光少年艺术团分团申办登记表（略）

3. 北京阳光少年艺术团分团评价指标体系

二〇一三年八月七日

附件 3

2013 年北京阳光少年艺术团复审验收表

一级指标（分值）	二级指标（分值）	三级指标	分值	评价要素（指标解释）	分值	检测点
机构统筹与保障 22	组织保障	机构领导班子成员中有人负责艺术团工作，配备具有一定水平的教师专门负责艺术团的训练与管理，并提出明确要求。	6	机构领导班子成员中有人专管或分管艺术团工作。	1	负责人明确，教职工知晓
				负责艺术团教育活动的教师在编，并具有中级以上教师职称。	1	负责教师在艺术团岗位上履职 3 年以上；具有中级以上教师职称
				设专人担任艺术团日常管理工作。	1	管理人员在编
				对艺术团的指导教师和管理人员明确提出专业化发展要求。	2	对艺术团教师有明确的专业提升、教科研、艺术交流、工作量要求及师德要求
				聘请德艺双馨的专家担任专业训练指导。	1	受聘专家履行职责 1 年以上；每月指导训练平均不少于 2 次

续表1

一级指标(分值)	二级指标(分值)	三级指标	分值	评价要素(指标解释)	分值	检测点
	计划总结	将艺术团的建设和发展纳入单位规划、年度计划和领导班子议事日程。	4	将艺术团的建设和发展纳入单位的发展规划，并有明确的发展目标和有效措施。	1	艺术团的建设发展列入单位十二五规划或三年规划；发展目标明确，有可行的措施
				年度计划中有落实艺术团建设和发展目标的实施办法。	1	单位近三年的年度计划中均有艺术团建设和发展的具体内容
				领导班子每学期研究艺术团工作，解决具体问题。	1	领导班子将艺术团建设和发展列入议事日程，每学期至少研究一次
				做好年度工作总结，每年向区县教委、市阳光艺术团秘书处提交工作总结。	1	近三年的年度或学期工作总结中有艺术团建设和发展内容；向区县教委、秘书处提交工作总结

续表 2

一级指标(分值)	二级指标(分值)	三级指标	分值	评价要素(指标解释)	分值	检测点
	建章立制	接受区县教委的领导，认真执行区县教委制定的有关艺术团的规章制度，结合单位实际制定具体实施办法，保障艺术团运行。	4	按照区县教委的相关规章制度制定艺术团的实施办法。	1	机构按照区县教委的规定制定实施办法
				建立协调机制，有效协调解决艺术团和机构其它部门的工作合作问题。	1	已经形成明确的协调机制，解决艺术团及其它部门的合作问题
				建立与学校的联系制度，定期协商研究艺术团的建设和发展。	1	建立与艺术团相关学校的联系制度；定期研究艺术团的建设和发展
				明确各艺术团的建制，确定规模人数，符合市区规定。	1	艺术团规模、人数、建制明确
	场地保障	艺术团活动场地符合要求，设备设施满足活动需要。	4	活动场地固定，基本条件符合《办学条件标准》，满足艺术团活动需求。	2	有固定或相对固定的艺术团活动场地；场地符合《办学条件标准》，或能满足艺术团活动需要
				各项设施安全有效，设备满足活动需要。	1	各项设施安全有效；有明显标志；活动所需设备能满足活动需要

续表 3

一级指标（分值）	二级指标（分值）	三级指标	分值	评价要素（指标解释）	分值	检测点
				环境布置有艺术团特点，体现教育特征。	1	环境布置与艺术团相协调；凸显教育特点
	经费保障	有稳定的活动经费投入，保障艺术团的正常活动和发展需要。	4	市、区下拨的艺术团经费专款专用。	1	遵守财务管理规定；市区下拨的专项经费及时到位
				机构每年投入的经费稳定，能保证艺术团正常开展活动。	2	近 3～5 年机构投入的经费稳定或逐年增加；经费能保证艺术团正常开展活动
				有一定的经费投入用于艺术团的发展。	1	近 3～5 年投入用于艺术团发展的经费
艺术团管理 30	制度建设	根据市区及机构对艺术团的管理办法、规章制度制定相应的管理制度，促进艺术团的建设和发展。	6	制定艺术团章程。	1	艺术团章程规范、实用
				制定艺术团岗位职责、财产管理、安全保障、业务管理、活动组织等方面的制度。	2	艺术团岗位职责、财产管理、安全保障、业务管理、活动组织等主要制度完备
				各项制度科学、有效、便于操作。	2	规章制度有艺术团特点，有用、有效
				按照规定使用艺术团的团旗、团徽。	1	按照市里规定使用团旗、团徽

续表 4

一级指标(分值)	二级指标(分值)	三级指标	分值	评价要素(指标解释)	分值	检测点
	团员管理	按照条件和规定选拔和招收艺术团成员，并对艺术团团员进行有效管理和评价。	10	制定艺术团团员选拔条件和招收办法。	2	①将“艺术特长突出、全面发展”的基本条件具体化；②有艺术团招收团员的规范程序并按条件和程序招收团员；③有正式团员花名册和登记表；④有不同层次艺术团梯队名单⑤有艺术团团员管理办法和考评办法；⑥有管理和考评记录
				依照规定程序选拔和招收艺术团成员。	2	
				依据综合条件形成和建立不同层次的艺术团梯队。	2	
				艺术团成员正式注册登记。	1	
				制定艺术团团员的管理和考评办法。	1	
				依照管理办法对团员进行有效管理。	2	
	教师管理	履行岗位职责，积极开展教育活动研究，参加教科研活动、艺术交流活动、业务培训，认真总结工作经验。	10	按照岗位职责和工作规范完成工作量。	1	按照岗位职责开展工作，完成工作量，取得成绩
				参加教科研活动和相关领域的课题研究。	2	按要求参加教研活动，参加课题研究，有考核记录
				总结教育活动经验，撰写教科研论文。	2	形成完整的经验材料；有已经发表、获奖或上交的论文

续表 5

一级指标(分值)	二级指标(分值)	三级指标	分值	评价要素(指标解释)	分值	检测点
				参加艺术交流活动。	2	参加不同领域的艺术交流活动或参加相应专业领域的培训
				按规定参加教师考核。	1	定期参加市、区县和机构的教师考核
				按学期或学年度撰写工作计划和总结。	1	完成工作计划和工作总结
				按照聘用程序聘请辅导教师并及时签订协议。	1	聘用辅导教师按规定程序进行；及时签订协议
	档案管理	按照艺术团管理项目内容和档案保管的规范要求保存艺术团档案。	4	建立艺术团档案管理制度。	2	制定了艺术团档案管理制度
				定期、及时收集档案资料、建档、归档。	2	每年或每学期及时收集档案，按规定建档、归档
教育活动 25	教育活动计划	有计划地开展教育活动，并按照规范要求撰写活动计划和《活动方案》。	4	按学期或学年制定训练计划和开展实践活动计划。	2	每年或学期及时制定训练计划；计划中包括专业实践和社会实践活动内容
				每次活动应规范撰写《活动方案》或《训练方案》。	2	《活动方案》或《训练方案》规范，齐全

续表 6

一级指标(分值)	二级指标(分值)	三级指标	分值	评价要素(指标解释)	分值	检测点
	教育活动内容选择	按照艺术团的实际情况和艺术规律、教育规律选择和创编活动内容，确定训练计划。	3	曲目选择、创编和活动内容符合艺术团的实际情况，符合艺术规律和教育规律。	2	根据实际选编或创编训练曲目或教材；内容符合艺术规律和教育规律
				曲目选择、创编和活动内容有利于艺术团特色发展。	1	选编和创编的曲目和艺术团特色相统一
	教育活动开展	教育活动目的明确，组织有序，体现校外教育特点。	10	按照计划和《活动方案》或《训练方案》开展教育活动。	4	执行活动方案
				教育活动体现校外教育特点。	2	活动具有校外教育特点
				教育活动有利于兴趣发展和综合能力提高。	3	活动注重学生的兴趣发展、品德教育和综合能力的提高
				不参加商业性演出；不占用学生上课时间参加各种社会性演出。	1	没有参加商业性演出和占用上课时间参加社会性演出的记录
	实践性活动开展	积极参加北京阳光少年艺术节等艺术实践活动和社会公益活动，不断提升艺术团的专业水平和学生的综合能力。	8	按计划参加北京阳光少年艺术节，提升艺术团的专业水平。	4	每年按计划参加专场演出、艺术节比赛和汇报演出；有演出记录

续表 7

一级指标（分值）	二级指标（分值）	三级指标	分值	评价要素（指标解释）	分值	检测点
				有计划地开展文化和艺术交流活动及公益性演出活动，开阔学生视野，提高文化艺术素养。	2	按计划开展不同领域、不同层次的艺术和文化交流活动、公益性演出活动，有交流记录
				有计划组织开展社会实践活动，锻炼和提升学生的综合能力。	2	每年按计划走进社区、街道、军营、乡村、敬老院等，开展社会实践活动；学生的综合能力得到锻炼和提升
绩效与特色23	艺术团质量和水平	在北京阳光少年艺术节展演和具有一定权威机构主办的比赛或文化交流中获得优异成绩。	8	在北京阳光少年艺术节中两次获得一等奖。	4	取近三届艺术节比赛中的最高成绩
				参加具有一定权威机构主办的全国或国际比赛或文化交流活动，获得三等以上（或同等）奖励。	4	

续表 8

一级指标(分值)	二级指标(分值)	三级指标	分值	评价要素(指标解释)	分值	检测点
	艺术团示范作用	艺术团在校外艺术教育工作中发挥引领、示范和辐射作用。	9	艺术团建设和管理的经验在市、区有关会议上介绍、交流。	3	①有现成的经验材料②会议的名称明确，时限为近三年③书面交流的有专集材料
				艺术团建设和管理的经验在全国有关会议上介绍、交流。	3	①有现成的经验材料②会议的名称明确，时限为近三年③书面交流的有专集材料
				专业指导教师或管理人员关于艺术团建设和发展的教科研论文（课题）获奖。	3	有论文获奖证书或证明；论文颁发机构具有合法资质和一定权威性
	艺术团特色	艺术团在自身建设和发展中形成稳定的、具有机构或地域特点的运行模式或管理模式，艺术表演形成独特风格。	6	艺术团在展示艺术教育成果、提高学生艺术修养、陶冶学生思想情操、推动校外文化建设、促进校外教育发展等方面形成独特的运行模式或管理模式。	2	有完整清晰的表述，有具有一定权威的新闻媒体的相关报道；在全市或全国形成影响力
				艺术表演形式、内容、风格等方面形成一定特色。	2	
				成果特点稳定，得到专家及社会认可。	2	

北京市教育委员会

关于公布2013年北京金鹏科技奖评选结果的通知

京教函〔2013〕618号

各区县教委、各相关单位：

为鼓励本市中小学和校外教育机构积极开展科技教育工作，进一步发挥北京金鹏科技团和北京市中小学科技教育示范学校的引领、示范作用，根据市教委《关于做好2013年北京金鹏科技奖申报工作的通知》（京教函〔2013〕244号），在学校申报、区县初选的基础上，经过市级评定和公示程序，决定授予北京市东城区回民实验小学等60所中小学及校外教育机构2013年北京金鹏科技奖，现将评选结果予以公布（名单见附件）。

希望各单位及时总结经验，发挥优势项目，进一步扩大科技教育的社会影响力，不断提升本市中小学科技教育工作质量和水平，为培养具有创新精神、实践能力的社会主义合格建设者和接班人奠定坚实的科技基础。

附件：2013年北京金鹏科技奖获奖名单

二〇一三年十二月十日

附件

2013 年北京金鹏科技奖获奖名单

北京市东城区回民实验小学

北京市东城区史家胡同小学

北京景山学校

北京市第二中学

北京市第二中学分校

北京市文汇中学

北京市东城区青少年科技馆

北京市东城区崇文青少年科技馆

北京市东城区明城青少年活动中心

北京市西城区宣武师范学校附属第一小学

北京市西城区青年湖小学

北京市第八中学

北京市回民学校

北京市第十五中学

北京育才学校

北京师范大学附属实验中学

北京市第四中学

北京市宣武青少年科技馆

北京市朝阳区定福庄第二小学

北京市朝阳区白家庄小学

北京市朝阳区安贞里第二小学

北京市日坛中学

北京工业大学附属中学

北京市第八十中学

中国人民大学附属中学朝阳学校
北京市陈经纶中学
北京市朝阳区青少年活动中心
北京市朝阳区垂杨柳教育辅助中心
中国人民大学附属小学
北京市海淀区五一小学
北京大学附属小学
北京市海淀区中关村第一小学
北京市海淀区中关村第二小学
北京市海淀区中关村第三小学
北京市十一学校
中国人民大学附属中学
北京理工大学附属中学
北京市第一零一中学
北京市海淀外国语实验学校
北京医学院附属中学
清华大学附属中学
北京市上地实验学校
北京市第五十七中学
北京市育英学校
北京市海淀区教师进修学校附属实验学校
中国人民大学附属中学西山学校
北京航空航天大学附属中学
首都师范大学附属中学
北京市八一中学
北京市中关村中学
北京市第十九中学
北京农业大学附属中学
北京市盲人学校

北京市海淀区羊坊店青少年活动中心

首都师范大学附属丽泽中学

北京市第十八中学

北京市京源学校

北京市顺义牛栏山第一中学

北京市顺义区杨镇第一中学

北京学生活动管理中心

校外教育

北京市教育委员会文件选编

（2013）

北京市教育委员会
北　京　市　文　物　局

关于开展“博物馆之春”活动的通知

京教函〔2013〕142 号

各区县教委、文委，北京地区各博物馆：

为进一步推动博物馆资源与学校教育的融合，使广大中小学生走进博物馆常态化，市教委、市文物局决定在全市中小学、北京地区各博物馆开展“博物馆之春”活动，现将有关事项通知如下：

一、总体思路

北京市拥有全国最丰富的博物馆资源，2008 年北京市中小学生社会大课堂启动以来，许多博物馆纳入社会大课堂，服务中小学教育的功能越来越好地得到发挥。今年，以 5·18 国际博物馆日为契机，以社会大课堂为平台，以首都丰富的博物馆资源为依托，集中一个月的时间，通过“博物馆之春”活动大力推进社会大课堂的持续发展和常态应用，推进社会资源与教育资源的有机结合。

通过“博物馆之春”活动，推动博物馆资源单位积极制定和实施“学生教育计划书”，推出更多结合课程、适合学生的教育活动，提高社会大课堂资源单位的教育能力；推动中小学校开放办学，引导教师常态化利用博物馆资源开展教育教学，推进文化育人、实践育人，提升学生综合素质；引导更多的中小学生主动走进博物馆进行体验学习，学思结合，知行结合，把走进博物馆作为一种常态的学习方式和休闲方式；提升社会大课堂和博物馆资源的社会影响力，推动全社会都来关注和支持博物馆教育。

二、主要安排

2013年5月，以“博物馆之春 青少年之梦”为主题，大力推动博物馆资源主动服务中小学教育，大力推动中小学生积极走进博物馆，开展体验式学习。

（一）正式启动：5月初，市教委、市文物局联合举办“博物馆之春”活动启动仪式，拉开“博物馆之春”活动序幕，宣传和推介北京地区各博物馆系列教育活动，组织中小学生、教师开展博物馆体验活动。

（二）全面开展：启动后至5月底，各博物馆面向中小学生推出系列特色教育活动，区县和学校结合实际，有选择地组织中小学生走进博物馆体验式学习，引导广大中小学生通过走进博物馆熟悉一段祖国历史，认识一位历史名人，了解一件中华文物，向同伴推荐一个身边的博物馆。

（三）展示交流：5月18日国际博物馆日，举办学生走进博物馆展示活动。通过多种形式展示博物馆开发的中小学生教育课程与特色活动，展示学生走进博物馆体验式学习的感想与收获，展示教师开展博物馆教育活动的体验与成果，交流各区县、各中小学、各博物馆好的做法和经验。

（四）活动总结：5月底，社会大课堂办公室组织召开“博物馆之春”育人研讨会，交流博物馆育人的工作经验，研讨下一步工推进计划，努力将“博物馆之春”活动形成长效机制，每年5月作为中小学生走进博物馆月。

为配合此次活动的开展，市教委、市文物局、社会大课堂办公室将做好各类博物馆资源教育活动安排、区县和学校组织学生走进博物馆等统筹协调工作。北京地区各博物馆将面向中小学生推出特色教育活动。北京市中小学数字德育网、社会大课堂网站同步推介博物馆系列教育活动，开通“博物馆之春”活动交流平台。

三、工作要求

（一）高度重视，精心组织。各区县制定“博物馆之春”活动计划，做好学校组织活动的统筹安排。区县社会大课堂办公室做好本辖区内各类博物馆资源的协调组织，同时做好辖区中小学校和博物馆资源的有效衔接。各博物馆制定教育活动方案，推出适合中小学生的丰富多彩的教育活动。

（二）明确要求，积极落实。活动期间，各区县要结合实际，对学校、对学生提出有针对性的具体要求，积极组织学生走进博物馆开展大课堂活动，每个区县至少组织一次学生走进博物馆观摩展示活动，组织一次专题研讨会。

（三）结合实际，统筹安排。区县大课堂网站和学校宣传媒体开通“博物馆之春”交流平台，宣传学生走进博物馆活动成效。各区县可结合市教委“减负”精神、“我的中国梦”学习教育活动和学生综合素质提升工程进行统筹安排。

（四）确保安全，注重实效。区县和学校要制定落实活动安全预案，根据各博物馆的接待能力、预约情况、教育内容、学生需求，安全有序组织学生走进博物馆，同时确保学生、教师在走进活动有收获、有实效。

二〇一三年四月十七日

北京市教育委员会

关于进一步建好家长教师协会的意见

京教基一〔2013〕5号

各区县教委：

2005年，市教委在部分区县和中小学校开展家长教师协会试点工作。目前，北京市已有400多所中小学校建立了家长教师协会组织。这些家长教师协会组织不同程度地参与了学校的教育活动和管理，保证了家长对学校教育的知情权、监督权和参与权，规范了家长参与学校教育的内容、形式和途径，使家校合作逐步走上了制度化的轨道。

根据教育部《关于印发〈全面推进依法治校实施纲要〉的通知》（教政法〔2012〕9号）、教育部《关于建立中小学幼儿园建立家长委员会的指导意见》（教基一〔2012〕2号）以及市教委转发《教育部关于建立中小学幼儿园家长委员会的指导意见的通知》（京教基一〔2012〕3号），为进一步在全市中小学广泛建立、深入推进家长教师协会建设，现就进一步建好家长教师协会提出以下意见：

一、深化建立家长教师协会重要意义的认识

（一）建立家长教师协会是建立现代学校制度的重要内容

现代学校制度以学生发展为核心，强调学校利益相关者在制度构建和发展中的作用，不仅关注学校内部的运作过程，也重视学校与家长和社会的互动过程。家长教师协会作为家校协作的新型组

织，可以有效协调和整合影响学生发展的各种力量，促进学校科学决策、民主管理和制度完善，是推进依法治校的重要举措。

（二）建立家长教师协会是推动家校协作育人的客观要求

育人是一项系统工程，需要学校、家庭和社会通力协作，承担起各自职责，发挥不同的教育功能，实现“不同的努力，同一个目标”。建立家长教师协会，将家校协作、合力育人纳入了制度化的轨道，既充分保障家长对学校教育的知情权、监督权和参与权，又充分发挥家长、社区的教育优势，有利于家长、社区主动承担起教育的职责。

（三）建立家长教师协会是符合北京教育实际的策略选择

探索有效的家校合作模式，不仅是社会发展对学校教育改革提出的要求，也是家长关注孩子的迫切愿望，更是学生健康成长的内在要求。近年来，在继续发挥家长学校、家长委员会作用的同时，北京市吸收借鉴国外经验，积极开展家长教师协会试点工作，使广大家长以组织的形式积极、有序、规范地参与到学校教育与管理中来，成为学校教育的重要资源和协作力量。结合“十一五”期间试点经验和实践成果，在中小学建立家长教师协会更符合目前北京市学校工作的基本状况和现实需求。

二、明确家长教师协会的职责和功能

（一）参与学校管理

对学校工作计划和重要决策，特别是事关学生和家长切身利益、在校安全和健康等事项提出意见和建议。监督学校开展的教育教学活动，帮助学校改进工作。

（二）支持学校建设

对学校教育教学和管理工作予以支持，在维护学生权益方面，如果学校无力承担，或不是学校一方的责任，由家长教师协会承担责任。

（三）参与学校教育

发挥家长的专业优势，调动家长的教育资源，既为学校教育教学活动提供辅助性支持，又为学生开展社会实践等活动提供教育资源和志愿服务。

（四）指导家庭教育

发挥家长自我教育的优势，传播正确的教育理念和科学的教育方法，引导家长树立科学的教育观、育人观和成才观。

（五）沟通家校关系

定期向家长通报学校的重要工作，听取并转达家长对学校工作的意见和建议。向学校及时反映家长的意愿，听取并转达学校对家长的希望和要求，达成学校和家庭的相互理解。

三、厘清家长教师协会与以往家校组织的关系

家长教师协会是由政府部门倡导，在中小学内建立的民间组织，由家长代表、教师代表和社区代表组成，是家长和教师行使权利、履行义务、参与学校教育管理的重要且有效的途径。家长教师协会组织形式、人员构成、功能职责等方面不同于家长委员会、家长学校以及其他家校合作形式。

（一）家长教师协会不同于家长委员会

家长教师协会必须有教师的参与，其人员构成可以促进教师和家长的团结与平等沟通，深化双向交流，增进理解与信任。

（二）家长教师协会不同于家长学校

家长学校是在教育行政部门的组织下，以中小学校为创办主体，由家长委员会负责，吸收学生家长参加的一种指导家庭教育的群众性业余组织。家长教师协会应该承担起家长学校的工作。

（三）家长教师协会工作不同于以往的家校合作工作

以往的家校合作工作由学校直接执行，面对家长个体，而家长也是以个体身份参与学校的教育和管理。家长教师协会是家长和教师通过加入组织参与学校的教育和管理，它应该承担起以往家校合作的所有工作。

（四）建立家长教师协会比家长委员会、家长学校有更强的现实意义和更加深远的历史意义

建立家长教师协会，直接目的是构建民主开放的现代学校管理

制度，学校的管理工作不仅要向教师让渡权利，也向家长让渡权利；终极目的是家长和教师团结起来，排除社会对学生健康、安全、幸福的不利影响，形成常态化沟通，营造协同育人的和谐环境，共同维护学生的利益。

家长教师协会不仅可以促使各方正视家校冲突，进一步改善学校、家庭和社会的关系，尊重家长权利，重视家长利益，反思自己的教育行为，对缓解目前的家校矛盾和纠纷具有很强的现实意义；还可以培育和提高教师、家长的公民意识、公民美德、公民能力，这对于建立起民主法治的公民社会具有深远的历史意义。

四、积极推进各级家长教师协会的建立

（一）规范家长教师协会的组建程序

发挥学校主导作用，落实学校组织责任，纳入学校日常管理工作。依据一定的民主程序，本着公正、公平、公开的原则，在自愿的基础上进行，产生家长和教师代表，选好家长教师协会的负责人，树立家长教师协会的公信力。从实际出发，确定家长教师协会的规模、成员分工。

（二）完善家长教师协会的运行机制

积极探索各级家长教师协会的工作职能，制定协会章程，培养家长教师协会的独立工作能力，形成运行机制。班级、年级家长教师协会是基础，侧重教育活动的参与和组织。校级家长教师协会则更多体现在参与学校管理，履行监督和参与决策。要以家长教师协会建设为切入，推进学校民主管理、科学决策和依法治校，在此基础上逐步建立起现代学校管理制度。

（三）分步推进家长教师协会的建设

尚未广泛建立家长教师协会的区县，可选择1～3所学校作为种子学校，逐步推广实现区域覆盖；家长教师协会组织发展较好、覆盖面较大的区县，可以适时建立区级家长教师协会。已经有家长委员会的学校在进行换届和改选的适当时候，建立家长教师协会。2015年底，全市所有中小学校都建立起班级、年级、校级三级家

长教师协会，培育家长教师协会的组织文化。

（四）及时总结家长教师协会建设经验

在推进家长教师协会建设过程中，要注意总结经验，发现问题，树立典型，以点带面，推动家长教师协会组织的广泛建立。要通过科研引领、行政推动、广泛宣传，充分调动学校、社区和家长建设家长教师协会的主动性和积极性，切实地参与进来。

五、努力为家长教师协会组建提供保障

（一）市教委加强工作指导

为保证以上工作的顺利进行，市教委将委托北京教育科学研究院德育中心指导各区县开展此项工作，制定和出台《北京市家长教师协会管理办法》和《家长教师协会手册》，作为区县和学校开展此项工作的重要参考。定期组织区县和学校开展展示交流活动，推出一批家长教师协会建设的典型。同时，把家长教师协会建设工作纳入学校整体建设，联合多个部门，从班主任培训、德育工作管理、家庭教育指导、学校文化建设、教育督导评价等多个方面予以推动。

（二）各区县要加强对家长教师协会工作的领导

区县教委要切实加强对家长教师协会组建工作的领导，把该项工作列入工作议事日程，制订发展规划、工作计划和具体的实施意见和管理办法。要把建设和组织家长教师协会作为教育行政干部和中小学校长、班主任的培训内容之一。要深入调查研究，及时总结和推广家长教师协会组建和运行的好经验、好做法，协调解决出现的问题和遇到的困难，促进和保障家长教师协会的健康发展。

（三）各中小学校要为家长教师协会开展工作提供必要条件

中小学校要安排专门的房间作为家长教师协会工作室，定期召开例会，开放教育教学活动，保障家长教师协会参与教育工作。建立学校与家长教师协会联席会议制度，定期通报情况，保障沟通渠道畅通，确保家长教师协会依法、规范、有序、有效地开展工作。

二〇一三年四月二十八日

北京市教育委员会

关于公布北京市中小学生社会大课堂第四批市级资源单位名单及首批退出名单的通知

京教函〔2013〕391号

各区县教委：

根据市委宣传部、首都文明办、市委社会工委、市委教育工委、市发展改革委、市教委、市财政局、市人力社保局、市文化局、市文物局、市政府教育督导室、团市委《关于进一步加强中小学生社会大课堂工作的意见》（京教工〔2011〕68号）和《北京市中小学生社会大课堂资源管理办法》（京教德〔2008〕5号）精神，经过资源单位自主申报，区县社会大课堂办公室审查推荐，北京市中小学生社会大课堂办公室组织专家实地考察，已完成第四批市级中小学生社会大课堂资源单位的审核工作。根据以上考察及审核结果，按照工作程序，市教委征求市委宣传部等12家社会大课堂合作建设部门的意见，确定中国美术馆等21家单位为北京市中小学生社会大课堂第四批市级资源单位。

各区县应加强对新加入的市级资源单位培训，指导他们做好教育资源开发，课程研制和活动设计。同时，把好新增资源单位审核关。社会大课堂资源单位的扩展，不仅要关注数量，更应强调质量，突出教育性和特色性。从2014年起，社会大课堂资源单位申报工作原则上每两年组织一次。申报单位需经区县教委审核并提出推荐意见。各区县推荐申报市级资源单位要保证质量，注重资源类型布局合理，兼顾不同学段学生对资源单位类型需求，做到同类推优。所推荐的资源单位需成立两年以上，应是本区县社会大课堂资源单位，有较好的工作基础以及较为成熟的学生活动组织经验。

为切实加强北京市中小学生社会大课堂市级资源管理，提升市级资源平台应用质量，建立市级大课堂资源单位退出机制。对由于各种原因不能正常为学校和学生社会实践活动提供服务，履行市级社会大课堂资源单位职责的单位和部门，且经过三个月整改，未达到要求的，应劝其或建议其退出市级资源单位。

市教委根据社会大课堂合作建设部门的意见，确认北京科育葡萄技术研究中心等 6 家单位退出北京市中小学生社会大课堂市级资源单位。

附件：1. 北京市中小学生社会大课堂第四批市级资源单位名单

2. 退出北京市中小学生社会大课堂市级资源单位名单

二〇一三年八月九日

附件 1

北京市中小学生社会大课堂第四批市级资源单位名单

中国美术馆

首钢总公司

中影电影数字制作基地

北京明城墙遗址公园

北京国际鲜花港

北京园博园

北京农业职业学院农事教育体验基地

北京国际露营公园
青少年阅读体验大世界
北京天福茶文化中心
北京阳光少年教育实践基地
朝阳区图书馆
大兴区中小学综合实践活动基地
通州区金福艺农番茄联合国
通州区瑞正园农庄
通州区金胜强花卉创意园
怀柔区花园村花卉蔬菜实践基地
房山世界地质公园博物馆
怀柔区安全教育体验馆
平谷区挂甲峪山庄
爱斐堡生态农庄

附件2

退出北京市中小学生社会大课堂市级资源单位名单

北京科育葡萄技术研究中心
北京现代汽车有限公司
通州区体育局游泳运动中心
通州区永乐店中学
电力科普园和松下电器（中国）有限公司北京展示分公司

北京市教育委员会

关于公布2013年市级乡镇校外活动站名单的通知

京教函〔2013〕491号

各有关区县教委：

根据《北京市乡镇校外活动站及乡村学校少年宫管理办法（暂行）》，经各有关区县教委组织学校申报，并经市教委组织评审小组考察审核，确定了39所学校为市级乡镇校外活动站，现将名单予以公布（见附件）。

请各有关区县教委要严格按照《北京市乡镇校外活动站及乡村学校少年宫管理办法（暂行）》的要求，加强对本区域内市级乡镇校外活动站的建设和管理，充分发挥活动站的辐射作用，开展丰富多彩的校外活动，不断提高校外活动站的工作质量和水平。

附件：2013年市级乡镇校外活动站名单

二〇一三年十月十五日

附件

2013年市级乡镇校外活动站名单
(共39所)

门头沟区实验二小永定分校
门头沟区潭柘寺小学
门头沟区军庄中学
门头沟区龙泉雾小学
房山区良乡三中
房山区葫芦垡中学
房山区长阳中心校
房山区青龙湖中学
房山区琉璃河中学
通州区宋庄镇中心小学
通州区牛堡屯学校
通州区潞城镇中心小学
大兴区长子营镇第一中心小学
北京二中亦庄学校
大兴区礼贤民族中学
大兴区青云店镇第一中心小学
顺义区大孙各庄中心小学
顺义区李各庄中心小学
顺义区高丽营第二小学
昌平区南邵中心小学
昌平区城北中心小学
昌平区铁道北小学
昌平区十三陵中心小学

昌平区马池口中心小学
怀柔区宝山镇中心小学
怀柔区庙城学校
平谷区峪口中心小学
平谷区南独乐河学区
平谷区第七小学
平谷区熊儿寨学区
密云县密云镇中心小学
密云县巨各庄镇中心小学
密云县古北口镇中心小学
密云县大城子中心小学
密云县溪翁庄镇中心小学
延庆县永宁学校
延庆县第三小学
延庆县井庄中心小学
延庆县千家店学校

教育研究·教材

北京市教育委员会文件选编

(2013)

北京市教育委员会

关于印发北京市教育科学“十二五”规划2013年度课题指南的通知

京教策〔2013〕2号

各区县教委，各高等学校，市教委直管直属单位：

2013年度课题申请评审工作自5月24日起启动，课题管理的具体工作由北京市教育科学规划领导小组办公室负责。《北京市教育科学“十二五”规划2013年度课题指南》经北京市教育科学规划领导小组审批通过，现印发给你们，并将申请工作的有关事项通知如下：

一、选题要求

（一）北京市教育科学“十二五”规划2013年度课题分为重大课题、重点课题（包括优先关注课题）、青年专项课题、校本研究专项课题、一般课题五大类别。

（二）重大课题实行招标制度，申请者不得随意更改研究题目。重大课题的研究内容应具有创新性，取得的研究成果应具有较高理论价值或实践价值。

（三）优先关注课题为本年度重点研究项目，隶属于重点课题类别，申请者不得随意更改研究题目，可以根据自己的专长和基础，选取独特的切入点进行研究设计。

（四）北京市教育科学规划面向中小学（含职业学校）、幼儿园设立校本研究专项课题，资助中小学、幼儿园和中等职业学校的现任校（园）级领导主持的以学校为基本单位、与学校改革实践紧密相关、具有较高的组织程度、来源于学校改革和发展的实际、解决学校现实问题、教师群体参与的课题。

（五）重点课题（不包括优先关注课题）、青年专项课题、校本研究专项课题、一般课题的申请者可根据自己的研究兴趣和研究基础，依据《北京市教育科学"十二五"规划 2013 年度课题指南》设立的"十一个研究领域"自行设计课题名称和研究内容申请课题。

二、资助标准

（一）北京市教育科学规划 2013 年度课题对重大课题、重点课题（包括优先关注课题）、青年专项课题、校本研究专项课题予以经费资助。重大课题最高资助额度为 10 万元。

（二）优先关注课题最高资助额度为 8 万元；重点课题（不包括优先关注课题）最高资助额度为 5 万元。

（三）青年专项课题最高资助额度为 3 万元。

（四）校本研究专项课题最高资助额度为 4 万元。

申请者须根据研究工作的实际需要，参考资助标准，提出拟申请的资助额度，并进行合理的经费预算。实际资助经费额度以最终评审结果为准。一般课题全部为单位资助的规划课题，其研究经费由申请者单位负责。

三、申请人条件

（一）北京市教育科学规划课题申请人须具有副高级以上专业技术职务（或相当于副高级以上专业技术职务）。

（二）不具备副高级以上专业技术职务的，须由 2 名具有副高级以上专业技术职务的同行专家推荐。

（三）申请重大课题者应具有正高级专业技术职务，有深厚的学术研究功底与学术造诣，能有效组织研究团队，调动各种资源开展研究。

（四）申请青年专项课题者（包括课题组成员）年龄不得超过 40 岁（1973 年 5 月 31 日之后出生）。

（五）为避免重复立项，浪费资源，特作如下规定：

1. 课题负责人只能申请一项课题。

2. 正在承担北京市教育科学规划课题的课题负责人不能申请课题。

3. 已获得全国教育科学规划、北京市哲学社会科学规划立项的课题负责人不得以同类课题申请北京市教育科学规划课题。

4. 在北京市教育科学规划获得立项的课题，不得以同类课题申请全国教育科学规划、北京市哲学社会科学规划课题。

四、完成时限

（一）本年度北京市教育科学立项课题要求在1～3年内完成，最迟在5年内完成。

（二）研究期限自课题批准立项之日起计算，课题延期或调整人员须经北京市教育科学规划领导小组办公室批准。

五、课题成果

不同类别课题的成果要求具体为：

（一）重大课题应在国家一级出版社出版20万字专著一部、在北京大学图书馆版核心期刊发表3篇系列论文。

（二）高校及研究机构人员承担的重点课题（优先关注课题）应出版20万字以上学术专著1部，或者在北京大学图书馆版核心期刊上发表3篇系列论文。

中小学、幼儿园、中等职业学校教师承担的重点课题应在北京大学图书馆版核心期刊上发表1篇论文，或者公开发表3篇系列论文。

（三）高校及研究机构人员承担的青年专项课题应在北京大学图书馆版核心期刊发表2篇系列论文。中小学、幼儿园、中等职业学校教师承担的青年专项课题应公开发表2篇系列论文。校本研究专项课题应公开发表2篇系列论文。

（四）一般课题应公开发表1篇论文。

专著或论文发表必须注明且只能独家注明“课题类别＋课题名称＋课题批准号”，课题负责人均应为专著、论文的第一作者。

六、课题申请要求

2013 年课题申请采取网上申请与文本申请两种形式，重大课题不进行网上申请。申请书文本要求一律用计算机填写。

（一）重大课题实行公开招标制度，评审采取课题申请、资格审查、会议答辩、领导小组审批方式进行。申请者填写《北京市教育科学“十二五”规划重大课题申请书》，签署所在单位、二级管理单位意见后，密封投标文件，递交二级管理单位报送至北京市教育科学规划领导小组办公室。

（二）其他类别课题实行网上申请与文本申请。

1. 网上申请流程参见北京市教育科学规划领导小组办公室网站相关文件。文本申请采取二级申请制度，按照所在单位隶属关系，经所在单位审查盖章后，分别通过各区县或各单位的科研管理机构报送至北京市教育科学规划领导小组办公室。北京市教育科学规划领导小组办公室不直接受理个人申请。

2. 网上申请网址为：http：//www. gh. bjedu. cn。课题申请所需的各种材料，包括《北京市教育科学“十二五”规划 2013 年度课题指南》、《北京市教育科学规划课题管理办法（2011 年 4 月 26 日修订）》、《北京市教育科学“十二五”规划重大课题申请书（2013 年度）》、《北京市教育科学规划课题申请书》、《活页论证》及《2013 年北京市教育科学规划课题申请流程》等均可从市教委网站（http：//www. bjedu. gov. cn）、北京教育科研网（http：//www. bjesr. cn）、北京市教育科学规划网（http：//www. gh. bjedu. cn）下载。

（三）本年度网上申请截止日期为 6 月 21 日，逾期不再受理新项目申请。未参加网上申请的单位和个人不得进行文本申请。市教育规划办反馈申请书材料检查意见时间为 6 月 17 日至 6 月 24 日。

本年度课题文本申请受理时间从 6 月 24 日起至 6 月 28 日止。请各区县及各单位相应的科研管理机构务必按期报送，逾期不予受理。

七、报送材料要求

（一）重大课题文本材料报送至北京市教育科学规划领导小组

办公室，具体要求为：

1. 将《重大课题申请书》封皮复印9份，分别贴在9个档案袋正面，以便识别。

2. 请将《申请书》封底“投标材料袋背面粘贴表”的课题组成员名单复印9份，分别贴在9个档案袋背面，以便选择评审专家时回避。

3. 报送文本材料时需同时报送申请材料电子版及加盖公章的《课题申请汇总表》。

（二）其他类别课题文本材料报送至北京市教育科学规划领导小组办公室，具体要求为：

1. 审查合格的《课题申请书》一式9份（原件1份，复印件8份），活页论证2份（单独装档案袋），汇总后连同本区县或本单位加盖公章的《课题申请汇总表》一起上报至市教育规划办。

2. 每项课题请装入一个档案袋内，将《课题申请书》的封面页打印后贴在档案袋正面，原件请在首页的右上角注明，以便识别。

3. 申请书和活页要求统一用A4纸双面印制，左侧装订。

八、工作要求

（一）要将本通知及时传达到所属单位及教育科研人员和教师，并按《北京市教育科学规划课题管理办法》（2011年4月26日修订）》，认真组织好北京市教育科学“十二五”规划2013年度课题的申请工作。

（二）各区县、各学校和各单位要加强对本年度课题申请工作的宣传、组织、管理和指导，既要积极鼓励，又要严格把关。要依据《北京市教育科学规划课题管理办法（2011年4月26日修订）》的相关规定和本通知的要求对申请人进行资格审查，对申请人的信誉、申请书所有栏目填写的内容、前期研究成果、课题组的研究实力和必备条件等进行认真审核，签署明确意见，确保申请工作的质量。

附件：北京市教育科学“十二五”规划2013年度课题指南

二〇一三年五月二十七日

附件

北京市教育科学“十二五”规划 2013 年度课题指南

为贯彻落实《国家中长期教育改革和发展规划纲要（2010～2020年)》与《北京市中长期教育改革和发展规划纲要（2010～2020 年)》的任务要求，回应首都教育改革发展过程中的重点、难点、热点问题，促进首都教育科研事业繁荣发展，制定本年度规划课题指南。

一、重大课题

1. 北京市城乡中小学校一体化建设研究
2. 北京教育基本公共服务水平评价研究

二、优先关注课题

为充分研究首都教育改革发展中的重点、难点、热点问题，保持教育科学“十二五”规划的延续性，本年度部分优先关注课题与 2012 年度优先关注课题关联密切，研究者可选择恰当的视角进行申请。

1. 首都基础教育教学改革典型案例研究
2. 2020～2030 年基础教育学龄人口变化预测研究
3. 北京市特殊学生融合教育支持保障体制的研究
4. 北京市义务教育学校标准化建设研究
5. 中小学生人文素养培养研究
6. 中小学现代学校制度建设研究
7. 校本课程体系的协作构建与学校特色发展
8. 中小学公共安全教育研究
9. 北京市中小学生学习方式系统变革实验研究
10. 大、中、小学衔接的创新人才培养研究
11. 首都学习型社会建设行动策略研究
12. 北京市中等职业教育质量评价和提升研究

13. 首都教育科研队伍现状调查及共同发展机制研究

14. 新媒体在中小学家校合作方面的模式及效果研究

15. 中小学校信息化建设策略研究

三、自由选题领域

北京市教育科学规划课题设十一个研究领域，分别为教育政策与综合问题、基础教育、学前教育、高等教育、职业教育与终身教育、德育、体育美育与校外教育、教育管理与评价、教师教育、教育信息化发展、学校党建研究。

本年度十一个研究领域不设具体指南。鼓励研究者根据自身关注点与兴趣点自主确定研究题目，鼓励基本理论问题研究、教育实践问题研究，校本研究专项课题鼓励进行实验研究。

北京市教育委员会

关于印发2013年秋季北京市普通中小学教学用书目录的通知

京教基二〔2013〕13号

各区县教委、燕山教委：

现将《2013年秋季北京市普通中小学教学用书目录》印发给你们，请按照教育部办公厅《关于做好义务教育课程标准实验教材选用工作的通知》（教基厅〔2005〕2号）、教育部办公厅《关于2013年中小学教学用书有关事项的通知》（教基二厅函〔2013〕13号）和市教委关于教材管理的要求，认真做好2013年秋季中小学教学用书选用工作。

本书目包括三部分内容。目录1是北京市普通中小学自编及实验教学用书目录；目录2是经教育部初审通过、本市选用的普通高中新课程实验教材；目录3为教育部审定通过的义务教育课程标准教学用书目录。

2013年经教育部审定通过的义务教育阶段教材为：数学、英语、俄语、日语、物理、化学、生物、初中科学、历史与社会、地理、音乐、美术、艺术、体育与健康等学科的教材，2013年秋季上述学科的起始年级应使用修订后的教材，非起始年级的教材选用请一并参考教育部办公厅印发的《2011年中小学教学用书目录（变动部分）》（教基二厅函〔2010〕20号）、《2009年基础教育课程标准实验教学用书目录》（教基厅〔2008〕6号）、《关于印发2009年秋季普通中小学教学用书目录的通知》（教基厅函〔2008〕77号）内容。

北京市自2013年起，将原有的专题教育教材（环境与可持续发展教育、安全教育、健康教育、禁毒教育等）合编为《中小学专题综合教材》（一至八册），请各区县在教材选用中予以关注。

各区县在教材选用过程中要严格执行有关规定，进一步加强和规范中小学教学用书管理。需调整教材版本的区县，请将变动申请及时报市教委基教二处同意后更换。为进一步加强首都特色课程教材体系建设，目前使用京版教材的区县，原则上对版本不作调整。教材选用中出现的其他问题，请及时与市教委基础教育二处联系。

附件：1. 目录一：2013年秋季北京市普通中小学自编及实验教学用书目录（略）
2. 目录二：2013年秋季北京市普通高中课程改革实验教材目录（略）
3. 目录三：2013年审定通过的义务教育课程标准教学用书目录（略）

二〇一三年六月七日

北京市教育委员会

关于印发2014年春季北京市普通中小学教学用书目录的通知

京教基二〔2013〕16号

各区县教委、燕山教委：

现将《2014年春季北京市普通中小学教学用书目录》印发给你们，请按照教育部办公厅《关于做好义务教育课程标准实验教材选用工作的通知》（教基厅〔2005〕2号）、《关于2013年中小学教学用书有关事项的通知》（教基二厅函〔2013〕13号）精神和我市有关教材管理相关文件的要求，认真做好2014年春季中小学教学用书选用工作。

对于可跨学期、跨年度使用的教材以及课标版实验教材的征订，均可参看我委印发的2012年、2013年秋季书目。

各区县在教材选用过程中要严格执行有关规定，进一步加强和规范中小学教学用书管理。教材选用中出现的其他问题，请及时与市教委基础教育二处联系。

附件：2014年春季北京市普通中小学自编及实验教学用书目录（略）

二〇一三年九月三十日

北京市教育委员会

关于公布2013年北京高等教育精品教材、经典教材评审结果的通知

京教函〔2013〕524号

各高等学校：

为进一步加强高等教育教材建设工作，更好地保证高等学校对高水平教材的需求，提高人才培养质量，根据市教委《关于2013年北京高等教育精品教材申报与经典教材推荐的通知》（京教函〔2013〕121号），市教委组织了2013年北京市高等教育精品教材、经典教材评审工作。经专家评审，我委确认北京大学《经济学教程——中国经济分析（第二版）》等406项为2013年北京高等教育精品教材，清华大学《模拟电子技术基础（成套）（第四版）》等14项为2013年北京高等教育经典教材。

现将评审结果予以公布（同时公布在市教委高教处网页http：//gjc. bjedu. gov. cn)，并将有关事项通知如下：

一、2013年评出的精品教材、经典教材继续执行市教委教材管理的相关规定。高等学校要进一步加强对学校教材建设工作的统筹和管理。市教委将适时组织检查落实情况。

二、市教委向北京高等教育精品教材、经典教材的主编颁发证书。

三、根据京教函〔2013〕121号文件精神，对相关高等学校项目的资助应在年度预算中予以保障。2013年北京高等教育精品教

材每项资助5000元，经典教材每项资助5万元用于建设。市属高等学校的建设经费纳入学校年度预算，中央部委高等学校的建设经费纳入共建经费管理。

四、各精品教材、经典教材主编所在单位和出版单位应充分利用信息网络系统和渠道，不断加大对北京高等教育精品教材、经典教材的宣传和推荐，不断提高高等教育教材建设水平，更好地满足教学需求，使精品教材、经典教材在高等学校人才培养中发挥更大作用。

附件：1. 2013年北京高等教育精品教材目录（略）

2. 2013年北京高等教育经典教材目录

二〇一三年十月三十一日

附件2

2013年北京高等教育经典教材目录

序号	教材名称	主编姓名	主编所在单位
1	金融学（第三版）［货币银行学（第五版）］	黄达	中国人民大学
2	刑事诉讼法（第四版）	陈光中	中国政法大学
3	经济法概论（第七版）	刘隆亨	北京联合大学
4	世界史（古代卷、近代卷、现代卷、当代卷）	齐世荣	首都师范大学
5	结构化学基础（第四版）	周公度 段连运	北京大学
6	理论力学	谢传峰 王琪	北京航空航天大学
7	模拟电子技术基础（成套）（第四版）	童诗白 华成英	清华大学

续表

序号	教材名称	主编姓名	主编所在单位
8	数字电子技术基础（成套）（第五版）	阎石	清华大学
9	家畜繁殖学（第5版）	朱士恩	中国农业大学
10	神经病学（第6版）	贾建平	首都医科大学
11	管理运筹学（第三版）	韩伯棠	北京理工大学
12	中国美术简史（增订本）	薛永年 罗世平	中央美术学院
13	新概念物理教程—力学（第二版）	赵凯华	北京大学
14	现代心理与教育统计学（第三版）	张厚粲 徐建平	北京师范大学

北京市教育委员会办公室

关于开展中小学教材教辅选用检查整治工作的通知

京教基二办〔2013〕3号

各区县教委：

根据市委党的群众路线教育实践活动总体安排，为推进整改在教育事业发展中损害群众利益的行为，坚决杜绝利用职务插手教材教辅选用的现象，现就开展中小学教材教辅选用检查整治工作通知如下：

一、关于中小学教材选用工作

各区县要按照教育部办公厅《关于做好义务教育课程标准实验教材选用工作的通知》（教基厅〔2005〕2号）、《关于做好普通高中新课程实验教材选用工作的通知》（教基厅〔2005〕8号）、北京市教委《关于规范北京市普通中小学教学用书选用工作的通知》（京教基〔2004〕3号）要求，全面检查本区域2011年以来中小学教材选用工作。

一是执行书目管理制度的情况。各区县以《北京市普通中小学教学用书目录》（以下简称《书目》）作为中小学教材选用依据，严格在《书目》范围内选用，未列入《书目》的教材不得擅自使用。

二是执行教材选用工作机制的情况。各区县要加强教材选用委员会建设，完善教材选用工作程序。严格执行教材选用情况备案制度。更换教材版本应按程序报市教委。加强教材征订渠道和程序的管理，各区县、学校选购教材应从具有教材发行资质的单位统一征订。

二、关于中小学教辅材料选用工作

各区县要根据教育部、新闻出版署、国家发展改革委、国务院纠风办《关于加强中小学教辅材料使用管理工作的通知》精神（教基二〔2012〕1号）和市教委《关于中小学教辅材料使用规范的通知》（京教基二〔2012〕14号）精神，全面检查2011年以来本区域中小学教辅材料选用工作。

一是关于规范教辅材料选用的情况。市、区县不统一推荐中小学教辅材料，凡确属教育教学所需的课堂练习、同步练习、寒暑假作业、考试试卷及复习资料等，学校应免费提供。各中小学向学生提供的资料费用统一由学校公用经费定额中安排解决。

二是关于加强教辅材料使用管理的情况。各区县要认真清理现行教辅使用中的不规范行为。严格禁止任何单位和个人以任何形式强制或者变相强制学校或学生购买任何教材。严格禁止学校和教师向学生推荐和推销教辅材料，不得为学生购买教辅材料提供服务。杜绝任何单位和个人进校宣传、推荐和推销任何教辅材料。

三、加强组织领导和问题整改

各区县教委主任是本区域规范教材教辅选用工作的第一责任人，各中小学校校长对本校规范选用工作负总责。各区县要健全对教材教辅选用违规行为的监督举报机制和责任追究机制。

各区县要高度重视，将规范教材教辅选用工作，特别是杜绝利用职务插手教材教辅选用的现象，作为深化党的群众路线教育实践活动的重要举措，迅速行动起来，查找问题，制定措施，推动整改。各区县要在 2014 年 1 月 15 日前将检查整治情况形成报告，盖章后报送市教委基础教育二处。

二〇一三年十二月三十一日

科 研

北京市教育委员会文件选编
(2013)

北京市教育委员会

转发教育部关于进一步加强高校科研项目管理意见的通知

京教研〔2013〕1号

有关市属高校：

现将教育部《关于进一步加强高校科研项目管理的意见》（教技〔2012〕14号）转发给你们，并提出如下要求，请一并贯彻落实：

一、各高校要高度重视，认真学习领会，在本单位的科研管理工作中贯彻执行教育部文件精神。

二、各高校要根据市教委有关科研项目管理的要求，明确高校在科研管理与监督工作中的主体作用，高校各部门应积极协调配合，做好相关管理及监督工作。

三、科研管理部门应重视对科研项目的监督和管理，做好科研项目、合同和经费的管理，负责项目立项、预算编制、执行、结题和监督管理工作。并要协调管理好不同部门下达的各类科研项目，避免同一课题重复申请、同一科研成果在不同项目验收中重复使用等现象发生。从而营造风清气正的良好学风和科研风气。

四、高校学院（具体项目承担部门）要负责科研项目实施管理。按照学校科研、财务部门要求具体指导项目负责人进行项目申报、执行及结题工作，不断完善项目申报环节的竞争机制，负责科研项目立项审核，并要对科研项目研究内容的真实性、技术可行性、资源配置的合理性及项目组完成项目的能力做出明确评价。认真组织好项目结题验收工作。负责对科研经费的执行进度及合理性进行指导和监督，对科研项目资金使用的全过程进行跟踪。

五、各高校要根据教育部文件精神和市教委有关科研项目管理规定，结合实际，制定相应实施办法和细则，切实将科研项目管理工作落到实处。

二〇一三年一月九日

教育部

关于进一步加强高校科研项目管理的意见

教技〔2012〕14号

为贯彻党的十八大精神，落实《中共中央国务院关于深化科技体制改革加快国家创新体系建设的意见》和《国家中长期教育改革和发展规划纲要（2010～2020年）》要求，充分发挥高校在自身科研管理与监督工作中的主体作用，提高科研管理水平，推动高校科技体制改革，促进高校科研事业健康可持续发展，现就进一步加强高校科研项目管理工作提出如下意见：

一、完善科研管理体系，增强科学管理能力

1. 强化学校管理责任。学校是科研项目管理的责任主体，应认真履行法人责任。要转变观念，扭转科研项目管理“重争取、轻管理”的倾向，以保障科研活动健康顺利开展作为科研管理与监督工作的根本出发点和落脚点，坚持申请立项和过程管理并重、服务支撑与管理监督并重的原则，建立健全过程管理制度，完善涵盖校、院（系）、项目负责人的分级管理体制；监督项目严格执行国家管理规定，提供相应支撑服务，组织开展科研管理工作的指导、宣传、培训，加强对各级行政领导科研管理绩效考核。各高校主要负责人要将科研项目管理工作列入学校重要议事日程，高度重视，加强领导，切实做好统筹协调。

2. 强化管理部门职责与协同。高校科研项目管理是一项政策性、系统性强的工作，涉及校内多部门。学校要统筹领导，相关部门分工负责，形成多部门协同、分级管理的机制，明确学校科研、财务、人事、资产、档案、纪检监察和审计等职能部门和院（系）以及项目负责人的权责，强化院（系、所）和国家认定的各类研究机构（重点实验室、工程研究中心等）等二级单位管理，加强分工与合作，将责任落到实处，形成"统一领导、协同合作、责任到人"的管理机制。

3. 严格规范项目负责人的责权。项目负责人对科研项目实施负有直接责任，要按照国家各级各类科技计划和经费管理的有关规定和项目合同（任务书）要求开展科学研究和使用经费，对项目实施全过程进行科学规范管理。要确保项目研究的科学性和合理性，经费支出的真实性和规范性，并对科研成果的真实性承担相应责任，自觉接受国家有关部门和学校的监督和检查。

4. 健全科研项目管理制度。学校要在严格遵守国家各级各类科研计划管理规定和相关法律法规基础上，结合纵向和横向科研项目不同特点和管理要求，强化对纵向和横向各类科研项目的管理责任。经费来源性质属于中央或地方财政资金，属于纵向项目，经费来源性质属于社会资金，属于横向项目。对纵向项目要严格按照国家各类计划项目管理办法进行管理，保障国家、学校、委托方和科研人员的合法权益。同时，结合科研管理工作的新形势、新特点和新要求，逐步完善涉及学校科研活动全过程及人财物各方面的管理办法、制度以及科学合理的工作流程，最终形成既有利于充分协调科研人员积极性，又具有约束力，界限分明、程序规范、简洁易行、覆盖纵向横向项目的分级分类管理制度体系。

二、加强科研项目全过程管理，保障科研任务顺利实施

5. 组织做好项目申报的指导。学校应面向国家战略和经济社会发展要求，结合自身优势特色，集成校内、校外优势资源，遴选、推荐基础好、水平高且符合相关规定要求的项目申报各级各类科研计划项目。要综合考虑申请人和研究团队科研项目执行能力，加强统筹协调，扭转重申报、轻质量的现象。指导和协助科研人员科学规范地做好项目申请书、经费预算书、合同（协议）等编制和签订工作，完善和规范项目推荐申报程序，确保申报项目研究的质量和材料的真实性。

6. 严格合作（外协）项目的审核把关。学校应结合项目研究任务目标的需要，强化对合作（协议）真实性、可行性和合规性的审核。要对纵向项目的合作（外协）单位资质、履行合作（协议）任务能力、业务相关性、经济合理性等内容进行审核把关。要严格区分界定校内科研活动与个人公司业务范围，加强对项目负责人和参与人员本人及其亲属或有直接利益关系人员所成立或参与公司承担合作（外协）项目的严格审查，确保关联交易的公允性，项目负责人要主动申明与合作（外协）方的关系，提供相关信息，接受监督。严格防止虚假资源匹配和虚假合作，严禁利用科研项目和国有资产为参与科研项目的个人及其亲属谋取利益，坚决杜绝假借合作名义骗取国家和社会资源。

7. 加强项目研究过程的监督管理。学校要依据项目合同（任务书）的预期目标和要求，督促科研人员按进度完成各项研究内容，了解项目执行进度和进展情况，及时发现和解决研究过程中的困难和问题，确保项目顺利实施。要引导科研人员合理统筹安排科研与教学活动，将科研优势转化为教学优势，鼓励、支持研究生参与科研项目，加强对研究生参与科研工作的规范管理和指导，注重创新能力培养。

8. 严肃纵向项目计划任务的调整。纵向项目合同（任务书）一经批复应认真履行，任务目标原则上不予调整，确需调整并符合国家规定调整范围的，应依据相关管理要求履行有关程序。对于涉及项目实施过程中研究目标、研究内容、研究进度和执行期、主要研究人员、合作单位等重大事项的变更，要组织专家论证，学校严格审核把关，并按照项目组织单位或计划主管部门规定的相关程序、要求办理和执行。防止利用任务调整降低研究目标、水平或造假。对任务调整造成的不良后果，学校和项目负责人要承担相应的责任。

9. 严格科研项目经费管理。学校要将各类科研项目经费纳入学校财务统一管理，严格按照国家有关规定、办法要求以及合同（任务书）和预算批复，组织科研人员合理使用科研项目经费。认真做好转拨和外协经费的审核，严格按照相关规定加强对劳务费、间接使用费用和结存结余经费等的管理，规范预算调整程序，加强对横向项目经费的规范管理，完善科研项目经费支出、报销审核监督制度。

10. 切实做好科研项目结题验收工作。学校要按照有关管理办法和项目合同（任务书）要求，及时组织项目负责人做好课题验收准备，认真审核验收材料，保证按期完成结题验收工作。对纵向项目要防止同一科研成果在不同项目验收中重复使用，对横向项目要按照合同约定进行验收。对未能通过验收的项目，学校要加强督促与监管，按照有关管理方法履行相关程序和手续，并采取有效措施，提供相应的帮助和支持。

11. 加强科研项目涉密工作的管理。严格执行《科学技术保密规定》等国家相关保密规定，建立完善科研项目和科研成果相关保密工作管理制度，落实保密工作管理责任制，完善保密防护措施，规范涉密信息系统、载体和设备等的管理，加强对从事涉密科研项目的科研人员和学生的管理、教育和培训。在项目申报、立项和验收时，及时提出定密建议。对于泄露国家秘密、商业秘密和个人隐私的，依法追究其法律责任。

12. 注重成果与知识产权管理。学校要最终成果完成人的责献，积极创造条件，鼓励科研项目成果的保护、转化、应用及申报知识产权。科研项目产生的知识产权归属依据国家法律、法规规定以及科研合同的约定确定。学校要建立健全知识产权申报、转让、使用信息登记制度，保障学校和研究人员的合法权益，不得以任何方式隐匿、私自转让、非法占有或谋取私利。

13. 发挥科研成果的科学普及功能。学校要引导科研人员树立科研项目成果服务社会的意识，积极创造条件，扩大科研项目成果效益，大力推进学校相关科研资源向全社会开放和共享，鼓励科研人员积极面向社会和学生开展科学普及及宣传教育活动，为培养学生科学精神、提升全社会科学素养做出贡献。

三、建立科研服务体系，提高科研项目管理水平

14. 提供项目全过程指导服务。建立形成涵盖立项申报、项目实施、预算执行、结题验收、成果保护及推广应用的全方位科研资讯服务体系，指导科研人员按照相关法律法规发展科研活动、依照预算合理使用经费，确保科研项目执行进度，逐步建立和完善科研管理分级、分类的常态化宣传培训制度，是科研人员熟悉掌握科研管理的相关政策规定。

15. 加强科研服务队伍建设。学校要根据科研工作发展新形势的需要，强化科研管理队伍建设。形成结构和规模合理、专职于辅助相结合的专业化、高素质科研服务队伍，组织和引导院（系）及科研团队设立专职的的科研项目服务岗位，配合项目负责人开展科研项目的全过程管理。加强科研服务人员的培训和管理，提升科研管理队伍的政策水平和业务能力。

16. 提高科研项目管理信息化水平。整合现有的科研管理系统，建立全面涵盖科研项目管理相关的项目、人员、设备、经费等信息的管理和共享机制，注重完善各学校信息库的建设，实现校内科研项目实施过程及科研成果的动态监管，提高科研项目管理效率，方便科研和管理服务人员及时了解科研项目的动态信息。

17. 规范科研项目资料档案管理。项目资料档案管理的是科研管理过程中一项重要的基础性工作，学校要重视科研项目资料的积累，完备归档工作，按规定对各类档案资料（包括项目技术资料和管理资料等）进行整理、立卷、归档，确保科研项目资料档案的完整性、准确性和系统性。科研项目形成的各类资料要按照国家相关规定，在遵守国家相关保密制度、维护知识产权和保障委托人权益的前提下，建立公共查询机制，实现资源共享。

四、优化考核与监督机制，促进科研工作健康发展

18. 创新考核评价机制。学校要充分发挥评价导向作用，正确引导和调动科研人员开展科研工作的积极性，改革评价体制，推行分类评价和开放评价的新体制，建立以创新质量和贡献为导向的科研项目考核、评价和奖励制度，鼓励科研人员面向国家需求，潜心研究，为国家科技事业发展做出更多的创新性贡献。建立和完善科研绩效档案，并将其作为科研人员年度考核、专业技术职务评聘和项目推荐的重要依据。

19. 建立科研诚信档案。学校要加强科研诚信建设，将维护科研诚信、弘扬科学道德作为重要职责，加强组织建设，完善科研诚信相关的科研管理制度建设，健全教育、制度、监督并重的科研诚信体系，建立科研人员科研诚信档案，引导科研人员遵守相关法律法规，恪守科学道德准则，有效遏制科研不端行为。

20. 强化监督管理职责。学校要充分发挥监督职能，加强校内监督和相互制约，要根据各类科研项目的研究周期、任务要求和研究特点，有计划地开展科研项目全过程监督检查，对重大科研项目要实行全过程的跟踪审计，强化风险意识，加强预警和防范，提高监管能力。逐步建立项目基本信息和绩效以及违法违规行为等情况的公开、公示制度，接受公众监督。

21. 建立有效奖惩制度。学校要研究建立有效的奖惩制度，对于管理成效好、经费管理规范、使用效益高的科研团队和个人予以表彰和奖励，并在项目申报或经费分配等方面加大支持力度。对于项目执行不力、出现违规行为的团队和个人，给予相应的惩处。对于发生学术造假、违纪违法行为的单位和个人，应按照国家相关规定，给予严肃处理或依法移送司法机关追究刑事责任。对于发现的问题，学校有责任组织调查和按照相关规定进行相应处理。重大问题应及时上报。

高校主管部门对重视程度不够、管理制度不健全、出现重大管理失误的学校，将会商国家相关部门，视情节轻重，采取约谈警示、暂停项目经费拨付、限制项目申报资格等处罚。

二〇一二年十二月十八日

北京市教育委员会办公室

转发教育部办公厅关于印发高等学校人文社会科学重点研究基地建设计划实施办法文件的通知

京教研办〔2013〕1号

有关市属高等学校：

为做好高等学校人文社会科学重点研究基地建设计划的实施工作，教育部制定了《高等学校人文社会科学重点研究基地建设计划实施办法》（教社科厅〔2012〕2号），现转发给你校，该文件的电子版可登陆教育部网站（www. moe. edu. cn）首页重要文件栏目下载。

二〇一三年一月十日

教育部办公厅

关于印发《高等学校人文社会科学重点研究基地建设计划实施办法》的通知

教社科厅〔2012〕2号

各省、自治区、直辖市教育厅（教委），新疆生产建设兵团教育局，有关部门（单位）教育司（局），部属各高等学校：

贯彻落实《中共中央办公厅国务院办公厅转发〈教育部关于深入推进高等学校哲学社会科学繁荣发展的意见〉的通知》（中办发〔2011〕31号）精神，做好高等学校人文社会科学重点研究基地建设计划的实施工作，我部制定了《高等学校人文社会科学重点研究基地建设计划实施办法》，现印发给你们，请参照执行。

附件：高等学校人文社会科学重点研究基地建设计划实施办法

二〇一二年十二月二十六日

附件

高等学校人文社会科学重点研究基地建设计划实施办法

根据高等学校人文社会科学重点研究基地建设计划（以下简称建设计划），特制定本实施办法。

一、总体要求

高等学校人文社会科学重点研究基地（以下简称重点研究基地）建设总体目标是，从全面建设小康社会，全面提高高等教育质量，促进高等教育事业改革发展实际需要出发，按照立足创新、提高质量、增强能力、服务国家的总体要求，以强化特色、打造品牌为目标，深化科研体制改革，到2020年，基本建成特色鲜明、优势突出、结构合理、协调发展的重点研究基地体系，为建设高等学校哲学社会科学创新体系提供强有力的支撑。主要任务包括：

1. 进一步深化改革，建设学术示范区，激发科研活力，建立与中国特色现代大学制度相适应的现代科研体制机制。

（1）深化科研体制机制改革。通过政策引导和重点支持，打破学科、院系、机构间的壁垒，鼓励开放、流动、竞争、合作，促进优质科研资源的有效配置和各种创新要素的有机集合，完善符合哲学社会科学研究规律的新型科研组织模式，形成集成优势，努力营造包容差异、鼓励协同、联合攻关的科研氛围。

（2）推进分类建设。尊重规律，突出特色，按照不同类型重点研究基地建设要求，实行分类指导和评价，强化目标管理。

（3）促进开放合作。鼓励重点研究基地与政府部门、企事业单位、高校外科研机构、国际一流研究机构建立长期稳定的合作关系，拓展合作领域，积极参与国家重大项目研究，充分发挥重点研究基地在“2011协同创新中心”和“985哲学社会科学创新基地”的支撑作用，形成重大创新体系的核心力量。

2. 进一步提高质量，增强理论创新和人才培养能力。

（1）聚焦经济社会发展中的重大理论和现实问题，瞄准国际学术前沿，进一步凝炼学术方向，总体设计并组织实施重大研究项目，推出代表国家水准、具有世界影响、经得起实践和历史检验的精品力作。

（2）统筹基础研究和应用研究，着力推动跨学科研究，推进综合研究和战略预测研究，大力提高研究质量和创新能力。

（3）坚持培养和引进相结合，造就一批各学科和研究领域的具有国际影响力的名家大家和学术带头人；坚持科学研究与人才培养相结合，加强科研实践基地建设，吸收研究生、本科生参与重大科研项目，重点培养一批中青年学术骨干队伍；适应全民学习和终身学习的社会需要，有针对性地开展各类高层次专题培训。

3．进一步促进理论联系实际，增强社会服务能力。

（1）主动适应国家重大需求，有针对性地开展各种学术活动，努力融入社会主义现代化建设的伟大实践，提高研究回答重大现实问题的综合能力。

（2）聚焦国家重大政策，加强应用对策研究，建设一批经济、政治、社会、外交、法律、国防等方面的国家级“智库”和“思想库”，大力提高决策咨询水平。

（3）推进产学研用结合，促进科研成果的转化应用。与有关部委和地方政府合作建设一批部部和部省共建重点研究基地，为行业、区域和地方经济社会发展提供智力支持。

4．进一步扩大学术交流，推动“走出去”，增强国际影响力。

（1）推动重点研究基地的开放性建设，与国内外相关学术机构开展实质性的长期稳定合作。

（2）积极发挥重点研究基地在本研究领域的引领和协调作用，组织有重大影响的国际学术会议，参与和设立国际学术组织、国际科学计划，选拔推荐优秀人才参与国际组织的招聘，加强国际职员和复合型人才培养储备。

（3）探索国际合作新机制，在海外合作建立一批学术研究机构。

（4）继续加强重点研究基地外文网站和期刊建设。

5．进一步加强资料和信息化建设，增强基础保障能力。

（1）进一步加强图书资料和专业学术网站建设，努力使重点研究基地成为本研究领域的信息中心。

（2）提高重点研究基地的办刊水平，打造一批有重大影响力的中外文专业学术期刊。

（3）推进各种专业数据库、研究案例库等建设。

6. 进一步优化结构，完善整体布局，形成适应哲学社会科学繁荣发展的创新平台体系。

（1）主动适应国内国际新形势新变化，开展全面建设小康社会中的重大战略性、前瞻性、公益性问题研究，大力推进国际问题研究，逐步新增一批以重大现实问题研究为导向的高水平综合型重点研究基地，争取在重要的研究领域做到基本覆盖。

（2）推动哲学社会科学与自然科学深度交叉融合，重点支持一批立足新兴交叉研究领域的社会科学实验室，促进研究方法创新，提升高校哲学社会科学的科学化水平。

（3）综合考虑地区、行业、学科布局，加强部部和部省共建重点研究基地建设，支持各省（区、市）和高等学校的重点研究基地建设，形成国家、省级和高等学校的纵向重点研究基地体系。

二、新增重点研究基地的规模

从 2012 年至 2015 年分二批组织实施新增重点研究基地的申报和评审，新增总体规模为：教育部基地 100 个左右，社会科学实验室 20 个左右，部部共建基地 20 个左右，部省共建基地 60 个左右。

三、申报和入选条件

1. 现有重点研究基地的入选条件。

2009 年评估合格的教育部重点研究基地直接进入本期建设计划；未能达到标准的，经整改达标后申请进入本期建设计划。

现有部省共建重点研究基地：要在评估工作的基础上进行整改，达标后由所在省（区、市）教育行政部门提出本地区的共建方案和进入本期建设计划的申请，并承诺切实承担实质性的管理和支持，给予长期稳定的经费投入，并与教育部签署共建协议。

2. 新增重点研究基地的申报条件。

（1）申报重点研究基地的科研机构及其教学科研活动，必须坚持以马克思主义为指导，坚持正确的政治方向。

（2）申报重点研究基地的科研机构必须是隶属学校的实体性研

究机构，正式批准成立一年以上。

（3）申报教育部重点研究基地，其研究方向应符合新增重点研究基地的目标定位，即必须以国家重大需求为导向或处于新兴交叉研究领域，申报机构要在本研究领域居全国领先水平。申报部部和部省共建重点研究基地，其研究方向应立足行业和地方重大需求，在国家政策指导下，服务行业产业和地方经济社会发展，在本领域或本省（区、市）处于领先地位。

（4）申报教育部重点研究基地，其研究方向须有相关国家级重点学科支撑，其中申报新兴交叉研究方向或社会科学实验室可以是文或理工相关的重点学科支撑。申报部部和部省共建重点研究基地，须有相关研究领域的博士点支撑。对有些尚不具备重点学科支撑的新兴或空白研究领域，且又是国家重大需求，可根据特色优势和已有的研究基础先期提出申请，说明理由，经充分考虑整体布局后确定是否同意申报。

（5）申报社会科学实验室应在文理工交叉学科领域有明显的优势和特色，充分利用现代实验技术、信息技术和网络技术，通过创新方法和手段填补哲学社会科学研究领域的空白，拓宽研究领域，引领学术发展。

（6）申报机构已完成科研体制改革和资源优化整合，并按照重点研究基地管理办法运行。

（7）所在高等学校设有独立的人文社科研究管理部门。

（8）现有重点研究基地的高等学校，要在2009年评估整改工作总体达标的基础上，方能提出新增重点研究基地的申请。

3. 合作共建重点研究基地。

（1）部省共建重点研究基地。

原则上每省增设1～2个部省共建重点研究基地。各省（区、市）教育行政部门负责组织申报，由教育部组织专家评审。

（2）部部共建重点研究基地。

部部共建重点研究基地由相关合作部委提出整体共建方案，明确合作机制和合作内容，提出合作共建的研究机构，再由所在高等学校（非部属高等学校通过主管部门）向教育部提出申请，由教育部组织专家评审。

提出共建申请的相关部委应承诺切实承担实质性的管理和服务，给予长期稳定的经费投入。

四、设置培育期和试运行期

本期建设计划设置培育期和试运行期。现有重点研究基地未能通过第二次评估的，将进入培育期。新增重点研究基地经批准后进入试运行期。培育期和试运行期为1～2年，在此期间由教育部指导建设，期满后由教育部组织专家复核决定是否入选建设计划。

五、申报和评审

1. 申报工作。

教育部部属高等学校以学校为单位，其他部委院校以部委教育主管部门为单位，地方院校以省（区、市）教育行政部门为单位(以下简称申报单位)，统一组织推荐和申报。新增重点研究基地采取稳步推进的方式，严格质量标准，成熟一个建设一个。各申报单位在组织申报新增重点研究基地时要整合优势，突出特色，合理规划，认真组织，加强建设。各申报单位按照申报通知要求组织推荐和申报，教育部社会科学司（以下简称社科司）对推荐申报的研究机构进行资格审查，符合申报条件的，由社科司统一配发“中国高校人文社会科学重点研究基地管理系统”户名和密码，申报单位按要求填写并生成申报评审书，由社科司组织专家进行评审。

2. 评审原则和标准。

（1）新增重点研究基地评选工作坚持公平、公正、公开，注重质量和宁缺勿滥的原则。

（2）研究方向的设置：已进行充分的整合和凝炼，主攻方向明确，符合建设计划设定的目标要求。

（3）研究机构的现状：已按照重点研究基地的要求进行管理和运行，在本研究领域已形成独有的特色，且具有较强的学术竞争优势。

（4）研究机构的发展潜力：申报的研究方向已具有扎实的学术积累，较强的影响力，有知名的学术带头人和高水平的研究团队，已形成现代科研组织运作模式和创新、竞争与合作的机制。

（5）社会科学实验室应具备的条件，包括实验仪器设备和相应的实验环境、实验技术和专用软件、实验规范和标准，以及完善的管理制度和良好的运行模式。

3．评审程序。

（1）通讯评审。经审查合格的申报材料，由社科司组织7位相关学科或研究领域知名专家进行通讯评审。根据评审专家建议，确定是否进行实地调研考察。

（2）实地考察。组织专家评审组进行实地考察，每组专家不少于5人，本校专家回避。实地考察的主要内容包括：申报机构论证答辩、实地考察机构设施、专家讨论评估，最后以无记名投票表决，至少应有4位专家同意方可提出入选建议。

（3）社科司对专家评审组提出的重点研究基地入选机构建议名单进行审核后，由教育部社会科学委员会全体会议提出新增重点研究基地建议名单，经综合评议并公示后，报教育部批准。

4．评审纪律。

申报和评审过程坚持公开透明，公平公正，严格执行评审工作纪律和保密制度。在整个申报和评审过程中，如有拉关系，走后门，营私舞弊，弄虚作假，谎报数据等，一经查实，即取消其入选资格。

六、经费资助和管理

教育部重点研究基地建设由教育部、主管部门和高等学校共同负责经费投入；合作共建重点研究基地建设由教育部、合作共建主管部门和高等学校共同负责经费投入。重点研究基地各方的投入经费应在共建协议中明确规定，用于科研项目、学术会议、学术交流、资料建设、学术期刊、网络和数据库建设，以及日常办公开支等。

重点研究基地建设经费使用需按照国家和教育部有关财务管理制度执行。所有收入和支出必须单独立帐，以备审计检查；购置的图书资料和仪器设备必须统一造册登记，纳入学校财产管理。

七、管理和检查评估

1. 重点研究基地日常工作按照《高等学校人文社会科学重点研究基地管理办法》运行。

2. 社科司负责重点研究基地建设计划具体实施。其主要职责是：负责建设计划和实施细则的制定；组织重点研究基地的申报、专家评审、检查评估和监督指导；负责重点研究基地重大项目，重要学术会议，经费预算等审批和备案；审核下拨由教育部负责的建设经费。

3. 重点研究基地建设工作，地方院校以省（区、市）教育行政部门为单位，其他部委院校以部委教育主管部门为单位，教育部属高等学校以学校为单位（以下简称实施单位）。实施单位要明确主管领导，各有关高等学校的人文社科管理部门负责具体实施。主要职责是：制定本单位入选重点研究基地的具体建设计划，并负责落实；提供相应的条件和经费；组织或支持重大学术活动；向上级主管部门定期报告工作。

4. 各实施单位每年检查一次本单位重点研究基地建设情况，并向社科司提交总结报告。

5. 社科司依托“中国高校人文社会科学重点研究基地管理系统”进行日常管理和检查，并根据《高等学校人文社会科学重点研究基地管理办法》的规定，每四年组织一次全面评估，对重点研究基地建设提出指导性意见。对连续两次评估为优秀的重点研究基地，将给予一次免检和其他奖励。在检查和评估中未达到建设标准的，可视具体情况给予警告、减少拨款、停止拨款限期整顿、撤销资格等处理。

北京市教育委员会
北京市哲学社会科学规划办公室

关于公布北京市哲学社会科学研究基地建设验收结果及启动新一期建设的通知

京教研〔2013〕3号

各有关高等学校：

根据市教委《普通高等学校北京市哲学社会科学研究基地建设项目管理办法》和北京市哲学社会科学规划办公室（以下简称“市社科规划办”）《北京市哲学社会科学研究基地项目管理办法》的规定，2012年底，市教委和市社科规划办组织了北京市哲学社会科学研究基地（以下简称“研究基地”）建设项目的验收。首都大学生思想政治教育研究基地等5个研究基地验收结果为优秀，马克思主义研究基地等2个研究基地验收结果为合格。现将验收结果予以公布。

以上研究基地全部进入下一周期的建设。建设周期为3年。

各研究基地要在认真总结建设经验的基础上，依托各自研究优势，在科学研究、学术交流、决策咨询和服务社会等方面做精做强，增强研究基地的影响力，在下一建设周期取得更大的成绩，为经济建设和社会发展作出应有的贡献。

附件：北京市哲学社会科学研究基地建设项目验收结果

二〇一三年三月十九日

附件

北京市哲学社会科学研究基地建设项目验收结果（按学校代码排序）

一、验收结果为优秀的研究基地

首都大学生思想政治教育研究基地（依托单位：北京交通大学）

北京知识产权研究基地（依托单位：北京化工大学）

北京新农村建设研究基地（依托单位：北京农学院）

北京能源发展研究基地（依托单位：华北电力大学）

北京市知识管理研究基地（依托单位：北京信息科技大学）

二、验收结果为合格的研究基地

马克思主义研究基地（依托单位：中国人民大学）

首都高校党建研究基地（依托单位：北京航空航天大学）

北京市教育委员会办公室

转发教育部办公厅关于印发教育部哲学社会科学发展报告项目实施办法文件的通知

京教研办〔2013〕2号

有关市属高等学校：

现将教育部办公厅《关于印发〈教育部哲学社会科学发展报告

项目实施办法〉的通知》（教社科厅〔2013〕1号）转发给你们，请按照项目资助方向，根据自身的特色和优势，有符合条件的积极申报。

二〇一三年四月十日

教育部办公厅

关于印发《教育部哲学社会科学发展报告项目实施办法》的通知

教社科厅〔2013〕1号

各省、自治区、直辖市党委教育工作部门，教育厅（教委），新疆生产建设兵团教育局，有关部门（单位）教育司（局），部属各高等学校：

现将《教育部哲学社会科学发展报告项目实施办法》印发给你们，请遵照执行。

附件：教育部哲学社会科学发展报告项目实施办法

二〇一三年三月二十三日

教育部哲学社会科学发展报告项目实施办法

第一章　总　则

第一条　根据“高等学校哲学社会科学繁荣计划”，设立教育部哲学社会科学发展报告项目（以下简称发展报告项目）。为加强和规范发展报告项目管理，制定本办法。

第二条　设立发展报告项目的宗旨是，促进高校哲学社会科学工作者紧扣时代主题，扎根社会实践，汇聚研究团队，围绕中国特色社会主义建设的重大问题进行长期跟踪研究，形成研究特色和学术品牌，锻造一批为国家和区域经济社会发展服务的咨询型智库。

第三条　发展报告项目要以服务国家战略、满足社会需求为导向，以数据库建设为支撑，以推进协同创新为手段，大力开展对经济社会发展有重要影响的应用对策研究，努力推出一批具有应用价值和社会影响的系列发展报告和政策建议，以扎实有力的研究成果服务于党和政府决策。

第四条　发展报告项目按照“整体规划，滚动实施，定期评估，打造智库”的要求进行动态管理。引入竞争和淘汰机制，公平竞争，择优立项，严格管理，评估合格者持续支持，不合格者淘汰。

第二章　资助范围和建设任务

第五条　发展报告项目重点资助下列重大问题：

1. 国家经济、政治、文化、社会和生态文明建设中的重大问题。

2. 国家推进西部大开发、促进中部崛起、鼓励东部地区率先发展等区域发展战略以及列入国家战略的经济区、示范区、开发开放先导区建设中的重大问题。

3. 对国家外交战略具有重大影响的全球问题、国际区域和重要国别研究重大问题。

4.《国家中长期教育改革和发展规划纲要（2010～2020年）》提出的重大改革和发展任务所涉及的重大问题。

第六条　发展报告项目的建设任务主要包括：

1. 发展报告：围绕和突出研究主题，以原始调研数据为支撑，编写出版体现前瞻性、创新性、权威性和安全性，特色鲜明、影响广泛的研究型系列发展报告。

2. 协同创新：依托高水平科研机构，形成本领域知名专家领衔，结构合理、合作稳定的研究团队。协同政府实务部门、校内外科研机构、重要行业企业，建立以项目为纽带、内外联合、充满活力的科研组织形式。

3. 专题数据库：在长期跟踪调研基础上，建立以原始数据为主要内容的动态专题数据库。数据库更新及时、标准规范、功能完善，在确保数据安全的情况下，做到开放共享。

4. 应用咨询：围绕国家急需和社会关切的重大问题开展应用对策研究，及时报送具有前瞻性、预测性的咨询报告和对策建议，并以多种形式向社会公开发布研究成果，形成畅通的成果报送渠道和高端的成果发布平台。

第三章　项目申报和评审立项

第七条　发展报告项目的申报由教育部统一组织。申报者按申报通知和项目指南要求填写申请评审书，经所在单位审核同意后集中申报。

第八条　申报条件

发展报告项目分为建设项目和培育项目两种，申报者只选择其中一种申报。

1. 建设项目的申报条件：

(1) 申报的发展报告名称与项目指南基本一致，具有连贯性，已连续公开出版 2 年以上。

(2) 申报者须为高校在岗在编专职教师，研究团队内外联合，研究和编写队伍相对稳定。

(3) 发展报告的主题突出，观点鲜明，论据充分，资料翔实，数据准确，逻辑严密，方法科学，具有创新性、科学性和前沿性，得到本领域同行、实际应用部门和社会各界的好评。

(4) 模范遵守科研诚信和学术规范要求，研究成果不存在知识产权等方面的争议。

2. 培育项目的申报条件：

(1) 申报培育项目的发展报告，其名称和研究领域包含但不局限于项目指南。申报者须对项目指南之外的发展报告名称和研究领域做严密的论证说明。

(2) 组建起一支素质优良、结构合理、能进行长期合作的研究团队，在申报领域具有一定的前期积累和较好的发展潜力。

(3) 具有充足的研究经费和建设条件，申报者所在学校给予政策、经费和人员等方面的大力支持。

3. 有下列情形之一的，不得申报发展报告项目：

(1) 译著、工具书、论文及论文集、教材、软件、音像电子制品等形式成果。

(2) 申报内容存在学风问题或知识产权争议。

(3) 申报建设项目不同意统一组织出版。

第九条　发展报告项目由教育部组织同行专家和实际应用部门专家根据建设任务和申报条件进行评审，择优立项。评审标准如下：

1. 政治方向正确。高举中国特色社会主义伟大旗帜，以邓小平理论、“三个代表”重要思想、科学发展观为指导，始终坚持以马克思主义立场观点方法分析问题、解决问题。

2. 需求导向鲜明。研究主题紧密围绕中国特色社会主义建设的总依据总布局总任务，体现为国家区域发展战略、中长期教育发展规划、国家外交战略以及国家重要行业产业服务的明确导向。

3. 团队结构合理。依托高水平的研究机构，拥有一支本领域知名专家学者领衔的研究团队，队伍的年龄、学科、学历和职称结构合理，其中实务部门人员占有一定的比例。

4. 研究方法先进。注重社会调查和统计分析，数据采集和处理科学严谨，形成了一定容量的特色专题数据库。

5. 社会反响显著。提交的咨询报告和对策建议等研究成果被实务部门采纳应用，已产生重要的应用价值和社会影响。

第十条　专家评审推荐的发展报告项目经公示和教育部批准后，下达立项通知。教育部与入选项目责任人和所在学校签订计划合同书，约定立项选题、研究内容、资助金额、出版时间和宣传推广等事项。

第四章　项目实施和管理

第十一条　发展报告项目统一纳入教育部哲学社会科学研究规划，由教育部与所在学校共同管理。教育部负责项目的整体规划、申请评审、检查评估和组织出版。所在学校将发展报告项目列入学校重点科研规划，提供必要经费和所需条件，加强跟踪检查并及时解决存在的问题，对项目的正常运行和高质量成果产出担负主要责任。

第十二条　纳入建设周期的发展报告建设项目，教育部每年资助30万元，培育项目每年资助5万元。第一批拨款在批准立项时拨付，后续拨款视检查评估结果确定。

第十三条 发展报告项目经费应列入学校综合预算统一管理。项目经费专款专用，开支范围和标准参照《教育部人文社会科学研究项目管理办法》规定执行。项目所在学校和责任人须严格执行有关财经法规和财务制度的规定，加强对资助经费的管理，主动接受财务、审计部门的检查、监督。

第十四条 发展报告项目批准立项后，原则上不得更换报告名称、项目承担单位和责任人。凡有下列情形之一者，须经所在学校审核同意并报教育部审批：

1. 变更项目责任人。

2. 变更报告名称。

3. 研究内容有重大调整。

4. 调整发展报告出版周期。

5. 其他重要事项的变更。

第十五条 凡有下列情形之一者，由教育部视情况分别做出减少或暂停拨款、纳入培育期限期整改直至撤销项目等处理：

1. 课题组不具备按原计划完成研究任务的条件和能力，难以取得预期的重大研究成果。

2. 项目责任人或课题组主要成员长期出国或因工作变动、健康等原因不能正常开展研究工作。

3. 研究方向存在重大偏差，观点出现重大错误，造成不良的社会影响。

4. 研究成果存在学术不端或其他违反学术规范行为，或在评估中有弄虚作假、谎报数据等现象。

5. 经专家检查评估确认为不合格项目。

第五章 报告编写和成果推广

第十六条 课题组要在对其研究领域的发展状况、统计数据、研究文献和政策制度等进行深度分析基础上，原则上每年撰写和出版一本高质量的年度发展报告。

第十七条　发展报告的编写原则

1. 方向性。报告必须坚持马克思主义立场观点方法，坚持正确政治方向。凡涉及重大原则问题和敏感问题，必须与中央保持高度一致。

2. 学术性。报告应力求使读者对所涉重点领域的发展现状和动态全面了解和把握；同时要针对核心问题和热点问题进行聚焦研究，有总结、有分析、有预测，体现理论创新、学术观点创新和科研方法创新。

3. 权威性。报告内容要准确，评价要客观，论述要严谨，对策要可行，力求以调查研究得到的第一手资料作为分析基础，提供具有原创性的真实信息。

4. 安全性。报告既要追求资料的全面和时效，又要慎重择取材料，确保学术安全。涉密不宜公开的数据、内部文件资料等，要严格遵守国家有关法律规定。

5. 规范性。报告编写要恪守学术道德和学术规范，不存在知识产权、版权等方面的争议。

第十八条　发展报告的内容结构

1. 报告应包括内容提要、前言（或后记）、目录、正文、附录、参考文献等主要部分。其中“国际问题类”发展报告应有英文内容提要和目录，其他发展报告不做统一要求。

2. 报告正文原则上采取“总——分”式结构，以“全景式”与“主题式”相结合的方式编写，一般要有总报告、专题报告或热点问题报告。根据情况可以附录形式适量增加政策法规、大事记、统计数据、典型案例、国外动态等。

3. 报告篇幅适宜，包括图表等在内，字数一般控制在50万字左右。

第十九条　发展报告的出版要求

1. 发展报告按照“统一标识、统一封面、统一版式、统一标准”的要求，纳入“教育部哲学社会科学系列发展报告”文库，由教育部通过招标方式确定的出版单位负责编辑出版。

2. 项目责任人与出版社签订出版合同。交付出版社的最后书稿应满足“齐、清、定”要求；出版过程中，双方应保持及时沟通，确保发展报告在交齐定稿后 3 个月内成书发行。

3. 纳入培育项目的发展报告自行联系出版，出版时不得使用发展报告文库的统一标识和封面设计。

第二十条 课题组要及时主动地将相关研究咨询报告报送党政机关和相关实务部门。每年向教育部提交 1～2 份 3000 字左右最新研究咨询报告。

第二十一条 课题组要通过举办论坛、报告会、研讨会、成果发布会等形式，每年向社会公开发布研究成果。成果发布要遵守国家法律法规以及教育部有关加强和改进哲学社会科学报告会、研讨会、讲座、论坛等管理的文件要求，由所在学校党委统一管理，党委宣传部门会同科研管理部门具体负责。不适宜公开发表的研究成果或涉密数据等，应通过特定渠道上报或供内部讨论使用，切实把好成果宣传、成果发布、学术交流的出口关。

第六章 检查和评估

第二十二条 发展报告项目实行年度检查制度。课题组须按要求接受年度检查，提交下列检查材料：

（1）年度检查报告书；

（2）已出版的发展报告；

（3）咨询报告及其采纳应用证明，成果发布情况及其社会反响。

第二十三条 发展报告建设项目以 3 年为一个周期，期满后教育部组织专家对项目建设情况进行总体评估，决定是否继续列入建设计划。

1. 评估重点：以质量和贡献为导向，重点考察学术水平、应用价值和社会效益。

2. 评估内容：全面达到立项宗旨和完成建设任务情况。主要包括：①发展报告的编写和出版情况；②成果应用转化和社会影响情况；③特色专题数据库建设情况；④团队合作和协同创新情况等。

项目所在学校在科研条件、经费、政策等方面的支持措施，学校社科（科研）处和项目责任人的管理水平和工作绩效等，纳入评估范围一并考核。

3. 评估方式：采取通讯评审和会议评审相结合的办法进行。综合通讯评审结果和年度检查情况，对排名前20%的优秀项目，给予表彰和重点支持。排名后30%的项目进入会议评审，未获得专家组无记名投票三分之二多数票通过的，为不合格项目；专家组视情况对不合格项目提出暂停拨款、纳入培育期、撤销项目等处理建议，并充分说明理由。

第二十四条　发展报告培育项目的培育建设期为2～3年，培育期满经达标验收合格后，正式列为发展报告建设项目；达标验收不合格的，暂停拨款和限期整改；第二次达标验收不合格的，撤销培育项目资格。

第七章　附则

第二十五条　本办法自发布之日起执行，由教育部负责解释。

北 京 市 教 育 委 员 会
北京市发展和改革委员会
北 京 市 科 学 技 术 委 员 会
北 京 市 财 政 局
北京市人力资源和社会保障局
北 京 市 知 识 产 权 局

关于实施市属高校创新能力提升计划项目的意见

京教研〔2013〕4号

各有关市属高校：

为鼓励市属高校科学研究、人才培养更好地服务于北京经济社会发展，促进高等教育与科技、经济、文化的有机结合，大力提升创新能力和竞争力，市教委、市发展改革委、市科委、市财政局、市人力社保局、市知识产权局决定实施市属高校创新能力提升计划项目（以下简称“提升计划项目”），并提出如下意见：

一、总体思路

紧密围绕北京市“十二五”时期大力发展战略性新兴产业的技术需求，以及社会主义文化建设的迫切需求，本着集中投入、重点支持、整合优势、凝练特色的原则，以需求为导向，以项目为引导，促进成果及其知识产权转化，大幅提升学校创新能力和服务社会贡献力，推进学校特色发展。

二、建设目标

通过实施提升计划项目，密切高校与北京经济社会发展的联系，深化政产学研用合作，进一步增强服务国家、服务北京的能力；强化需求导向意识，以服务求发展，以贡献求支持，加快科技创新和哲学社会科学研究成果转化落地；提高科学研究水平，增强承接北京市和国家重大科技专项的能力，为北京创新驱动发展和社会进步做出应有贡献。

三、实施程序

（一）项目申报

提升计划项目在市属本科院校范围内实施，学校自下而上限额申报，经校学术委员会评审通过后择优推荐。

（二）项目立项

提升计划项目由市教委联合有关委办局组织专家进行评审，择优支持。立项原则如下：

1. 项目切实围绕北京市战略性新兴产业技术需求和社会主义文化建设需求。

2. 项目前期工作基础扎实，技术成熟度高，市场前景好。

3. 项目在实施周期内能转化落地，为北京经济社会发展、产业升级和政府决策提供有力的技术支撑、理论依据和智力支持。

4. 项目能够在行业领域形成技术突破，研究水平处于领先地位，有明确的创新点，将科技创新和成果产业化深度结合。

（三）项目考核

提升计划项目按年度考核，在总结实施经验和评估实施成效的基础上启动后续项目。项目结题时，市教委会同有关部门及专家对提升计划项目建设目标完成情况及在关键技术突破、为社会经济发展及政府决策咨询服务方面所取得的成效进行综合考评。

四、组织管理

（一）提升计划项目纳入北京市属高等学校科技创新能力提升

计划项目管理，按年度投入经费，滚动支持，实施周期一般为2～3年，经费管理参照《北京市属高等学校科技创新能力提升计划经费管理办法》执行，同时鼓励并支持用好用足中关村国家自主创新示范区相关政策。

（二）提升计划项目由学校科研管理部门根据有关要求实行全过程管理，学校科研管理部门应充分发挥引导作用，完善服务体系，强化激励机制，推进项目实施。

（三）提升计划项目由市教委牵头组织、各有关委办局结合职能对项目进行指导和支持，自2013年起实施。

二〇一三年五月十五日

北京市教育委员会办公室

转发教育部高等教育司关于批准北京大学化学基础实验教学中心等500个实验教学中心为“国家级实验教学示范中心”文件的通知

京教办函〔2013〕33号

各有关市属高校：

现将教育部高等教育司《关于批准北京大学化学基础实验教学中心等500个实验教学中心为“国家级实验教学示范中心”的通

知》（教高司函〔2013〕72号）转发给你们，请根据文件精神，继续做好实验教学中心建设工作，推进实验教学改革和创新，促进优质资源建设和共享，充分发挥实验中心的示范辐射作用，为提高首都高等教育质量做出积极贡献。

二〇一三年七月十七日

教育部高等教育司

关于批准北京大学化学基础实验教学中心等500个实验教学中心为“国家级实验教学示范中心”的通知

教高司函〔2013〕72号

各省、自治区、直辖市教育厅（教委），各计划单列市教育局，新疆生产建设兵团教育局，有关部门（单位）教育司（局），部属有关高等学校：

国家级实验教学示范中心建设工作开展以来，各有关高校高度重视，科学规划，精心组织，加大投入，高质量完成“十一五”国家级实验教学示范中心的建设工作。在实验教学、实验队伍、管理模式、设备与环境、示范效应等方面建设成效显著。

为促进全国高校实验室建设和实验教学改革，决定批准北京大学化学基础实验教学中心等500个实验教学中心为“国家级实验教学示范中心”。

希望各国家级实验教学示范中心珍惜荣誉，再接再厉，继续高度重视实验教学中心建设工作，积极推进实验教学改革与创新，加强大学生实践能力和创新精神的培养，加强实验教学信息化建设，促进优质资源建设与共享，更好地发挥示范辐射作用。

附件：国家级实验教学示范中心名单

二〇一三年六月二十五日

附件：

国家级实验教学示范中心名单

北京大学

基础物理实验教学中心

化学基础实验教学中心

生物基础实验教学中心

计算机实验教学中心

经济管理实验教学中心

地球科学实验教学中心

生物医学实验教学中心

考古实验实践教学中心

北京工商大学

经济管理实验中心

北京工业大学

工程力学实验中心

土木工程实验教学中心

北京航空航天大学

计算机学院教学实验中心

工程训练中心

航空航天实验教学中心

北京化工大学

化学化工教学实验中心

北京交通大学

物理实验中心

电工电子实验教学中心

土木工程实验中心

交通运输实验中心

北京科技大学

材料科学与工程学院实验中心

北京理工大学

电工电子教学实验中心

工程训练中心

北京联合大学

应用文科综合实验教学中心

北京师范大学

化学实验教学中心

生命科学与技术实验教学中心

北京体育大学

运动人体科学实验中心

北京协和医学院

基础医学实验教学中心

北京信息科技大学

电子信息与控制实验教学中心

北京邮电大学

电子信息实验教学中心

北京中医药大学

中医学实验教学中心

华北电力大学

工程训练中心

热能与动力工程实验教学中心

清华大学

现代生命科学实验教学中心

实验物理教学中心

基础工业训练中心

力学实验教学中心

计算机实验教学中心

电气工程实验教学中心

机械工程实验教学中心

环境科学与工程实验实践教学中心

艺术与设计实验教学中心

首都经济贸易大学

经济与管理实验教学中心

首都师范大学

地理科学与技术实验教学中心

首都医科大学

基础医学实验教学中心

临床技能中心

中国传媒大学

广播电视与新媒体实验教学中心

中国农业大学

生命科学实验教学中心

食品科学与工程实验教学中心

中国人民大学

经济与管理实验教学中心

新闻传播实验中心

中国人民公安大学

公安执法实验教学中心

中国政法大学

法学实验教学中心

中央音乐学院

乐队教学实训中心

北京市教育委员会

转发教育部等三部门关于深化研究生教育改革意见的通知

京教研〔2013〕5号

各有关市属高校：

现将教育部、国家发展改革委、财政部《关于深化研究生教育改革的意见》（教研〔2013〕1号）转发给你们，并提出如下要求，请一并贯彻落实：

一、请根据文件精神，把立德树人作为研究生教育的根本任务，深入分析改革的重点难点问题，切实推进本校研究生教育综合改革工作。

二、抓紧时间认真制定好单位研究生教育改革实施方案，并于9月30日前上报我委。

我委将根据有关要求适时出台北京市研究生教育改革方案。

二〇一三年七月三十一日

教　育　部
国家发展改革委
财　政　部

关于深化研究生教育改革的意见

教研〔2013〕1号

各省、自治区、直辖市教育厅（教委）、发展改革委、财政厅（局），新疆生产建设兵团教育局、发展改革委、财务局，有关部门（单位）教育司（局），中国社会科学院研究生院，中共中央党校学位评定委员会，中国人民解放军学位委员会，教育部直属各高等学校：

研究生教育是培养高层次人才的主要途径，是国家创新体系的重要组成部分。改革开放以来，我国研究生教育取得了重大成就，基本实现了立足国内培养高层次人才的战略目标。但总体上看，研究生教育还不能完全适应经济社会发展的多样化需求，培养质量与国际先进水平相比还有较大差距。为全面贯彻落实党的十八大精神和《国家中长期教育改革和发展规划纲要（2010～2020年）》，进一步提高研究生教育质量，现就深化研究生教育改革提出以下意见：

一、指导思想和总体要求

1. 指导思想：高举中国特色社会主义伟大旗帜，以邓小平理论、“三个代表”重要思想、科学发展观为指导，全面贯彻党的教育方针，把立德树人作为研究生教育的根本任务。深入实施教育、科技和人才规划纲要，坚持走内涵式发展道路，以服务需求、提高质量为主线，以分类推进培养模式改革、统筹构建质量保障体系为着力点，更加突出服务经济社会发展，更加突出创新精神和实践能力培养，更加突出科教结合和产学结合，更加突出对外开放，为提高国家创新力和国际竞争力提供有力支撑，为建设人才强国和人力资源强国提供坚强保证。

2. 总体要求：优化类型结构，建立与培养目标相适应的招生选拔制度；鼓励特色发展，构建以研究生成长成才为中心的培养机制；提升指导能力，健全以导师为第一责任人的责权机制；改革评价机制，建立以培养单位为主体的质量保证体系；扩大对外开放，实施合作共赢的发展战略；加大支持力度，健全以政府投入为主的多渠道投入机制。通过改革，实现发展方式、类型结构、培养模式和评价机制的根本转变。到2020年，基本建成规模结构适应需要、培养模式各具特色、整体质量不断提升、拔尖创新人才不断涌现的研究生教育体系。

二、改革招生选拔制度

3. 优化人才培养类型结构。基本稳定学术学位授予单位和学位授权学科总体规模，建立学科动态调整机制，鼓励学科交叉与融合，进一步突出学科特色和优势。积极发展硕士专业学位研究生教育，稳步发展博士专业学位研究生教育，重视发展非全日制研究生教育。

4. 深化招生计划管理改革。根据国家发展需要和高层次人才培养规律，合理确定研究生招生规模。加强和改进招生计划管理，对全日制和非全日制研究生招生计划实行统一管理，改革全日制研究生招生计划形式，取消国家计划和自筹经费“双轨制”。加强宏观管理，逐步建立研究生教育规模、结构、布局与经济社会发展相适应的动态调整机制。进一步完善计划分配办法，通过增量安排和存量调控，积极支持优势学科、基础学科、科技前沿学科和服务国家重大需求的学科发展。

5. 建立健全科学公正的招生选拔机制。以提高研究生招生选拔质量为核心，积极推进考试招生改革，建立与培养目标相适应、有利于拔尖创新人才和高层次应用型人才脱颖而出的研究生考试招生制度。优化初试，强化复试，发挥和规范导师作用，注重对考生专业基础、综合素质和创新能力的考察。

6. 完善招生选拔办法。推进学术学位与专业学位硕士研究生分类考试。完善专业学位研究生考试办法，注重选拔具有一定实践经验的优秀在职人员。建立博士研究生选拔“申请——审核”机制，发挥专家组审核作用，强化对科研创新能力和专业学术潜质的考察。建立博士研究生中期分流名额补充机制。对具有特殊才能的人才建立专门的选拔程序。加强对考试招生工作的管理和监督。强化考试安全工作。

三、创新人才培养模式

7. 拓展思想政治教育的有效途径。加强中国特色社会主义理论体系教育，把社会主义核心价值体系融入研究生教育全过程，把科学道德和学风教育纳入研究生培养各环节。广泛开展社会实践和志愿服务活动，着力增强研究生服务国家、服务人民的社会责任感。加强人文素养和科学精神培养，培育研究生正直诚信、追求真理、勇于探索、团结合作的品质。认真组织实施研究生思想政治理论课课程新方案。加强研究生党建工作。加强研究生心理健康教育和咨询工作。

8. 完善以提高创新能力为目标的学术学位研究生培养模式。统筹安排硕士和博士培养阶段，促进课程学习和科学研究的有机结合，强化创新能力培养，探索形成各具特色的培养模式。重视对研究生进行系统科研训练，要求并支持研究生更多参与前沿性、高水平的科研工作，以高水平科学研究支撑高水平研究生培养。鼓励多学科交叉培养，支持研究生更多参与学术交流和国际合作，拓宽学术视野，激发创新思维。

9. 建立以提升职业能力为导向的专业学位研究生培养模式。面向特定职业领域，培养适应专业岗位的综合素质，形成产学结合的培养模式。引导和鼓励行业企业全方位参与人才培养，充分发挥行业和专业组织在培养标准制定、教学改革等方面的指导作用，建立培养单位与行业企业相结合的专业化教师团队和联合培养基地。加强实践基地建设，强化专业学位研究生的实践能力和创业能力培养。大力推动专业学位与职业资格的有机衔接。

10. 加强课程建设。重视发挥课程教学在研究生培养中的作用。建立完善培养单位课程体系改进、优化机制，规范课程设置审查，加强教学质量评价。增强学术学位研究生课程内容前沿性，通过高质量课程学习强化研究生的科学方法训练和学术素养培养。构建符合专业学位特点的课程体系，改革教学内容和方式，加强案例教学，探索不同形式的实践教学。

11. 建立创新激励机制。根据研究生的学术兴趣、知识结构、能力水平，制定个性化的培养计划。发掘研究生创新潜能，鼓励研究生自主提出具有创新价值的研究课题，在导师和团队指导下开展研究，由培养单位提供必要的条件支持。制定配套政策，支持研究生为完成高水平研究适当延长学习时间。加强研究生职业发展教育和就业指导，提高研究生就业创业能力。

12. 加大考核与淘汰力度。加强培养过程管理和学业考核，实行严格的中期考核和论文审核制度，畅通分流渠道，加大淘汰力度。建立学风监管与惩戒机制，严惩学术不端行为，对学位论文作假者取消学位申请资格或撤销学位。完善研究生利益诉求表达机制，加强研究生权益保护。

四、健全导师责权机制

13. 改革评定制度。改变单独评定研究生导师资格的做法，强化与招生培养紧密衔接的岗位意识，防止形成导师终身制。根据年度招生需要，综合考虑学科特点、师德表现、学术水平、科研任务和培养质量，确定招生导师及其指导研究生的限额。完善研究生与导师互选机制，尊重导师和学生选择权。

14. 强化导师责任。导师是研究生培养的第一责任人，负有对研究生进行学科前沿引导、科研方法指导和学术规范教导的责任。完善导师管理评价机制。全面落实教师职业道德规范，提高师德水平，加强师风建设，发挥导师对研究生思想品德、科学伦理的示范和教育作用。研究生发生学术不端行为的，导师应承担相应责任。

15. 提升指导能力。加强导师培训，支持导师学术交流、访学和参与行业企业实践，逐步实行学术休假制度。加强高校、科研院所和企业之间人才交流与共享，建设专兼结合的导师队伍，完善校所、校企双导师制度。重视发挥导师团队作用。

五、改革评价监督机制

16. 改革质量评价机制。发布培养单位质量保证体系建设规范。按照一级学科和专业学位类别分别制定博士、硕士学位基本要求。学术学位注重学术创新能力评价，专业学位注重职业胜任能力评价。研究生教育质量评价要更加突出人才培养质量，人才培养质量评价要坚持在学培养质量与职业发展质量并重。强化质量在资源配置中的导向作用。

17. 强化培养单位质量保证的主体作用。培养单位要加强培养过程的质量管理。按照一级学科和专业学位类别，分别设立研究生培养指导委员会，负责制订培养标准和方案、建设课程体系、开展质量评价等。专业学位研究生培养指导委员会应有一定比例的行业和企业专家参加。定期开展自我评估，加强国际评估。建立毕业生跟踪调查与用人单位评价的反馈机制，主动公开质量信息。

18. 完善外部质量监督体系。加快建设以教育行政部门监管为主导，行业部门、学术组织和社会机构共同参与的质量监督体系。加强研究生教育质量评估，加大学位论文抽检力度，改进优秀博士学位论文评选办法，统筹学科评估。对评估中存在问题的单位，视情做出质量约谈、减少招生计划、停止招生直至撤销学位授权的处理。建立专业学位教育质量认证体系，鼓励培养单位参与国际教育质量认证。

19. 建立质量信息平台。建设在学研究生学业信息管理系统，建立研究生教育质量信息分析和预警机制。加大信息公开力度，公布质量标准，发布质量报告和评估结果，接受社会监督。

20. 规范在职人员攻读硕士专业学位和授予同等学力人员硕士、博士学位工作的管理。进一步强化培养单位办学责任，加强统一管理，建立定期检查机制。将在职人员攻读硕士专业学位纳入研究生学业信息管理系统。同等学力人员申请学位，须将学位论文在研究生教育质量信息平台上公示。研究生培养单位不得以“研究生”和“硕士、博士学位”等名义举办课程进修班。

六、深化开放合作

21. 推进校所、校企合作。进一步加强高等学校与科研院所和行业企业的战略合作，支持校所、校企联合建设拔尖创新人才培养平台，完善校所、校企协同创新和联合培养机制。紧密结合国家重大科研任务，通过跨学科、跨院校、产学研联合培养等多种途径，培养和造就科技创新和工程技术领域领军人才。

22. 增强对外开放的主动性。服务国家对外开放战略，加快建设有利于国际互认的学位资历框架体系，继续推动双边和多边学位互认工作，加强与周边国家、区域的研究生教育合作。完善来华留学研究生政策，适时提高奖学金标准，扩大招生规模，提高生源质量，创新培养方式。扩大联合培养博士生出国留学规模，继续实施“国家建设高水平大学公派研究生”项目。支持有条件的学校建设海外教学实践基地。

23. 营造国际化培养环境。加强国际化师资队伍建设，吸引国外优秀人才来华指导研究生。推动中外合作办学，支持与境外高水平大学合作开展“双学位”、“联合学位”项目，合作开发研究生课程。加大对研究生访学研究、短期交流、参加国际学术会议的资助力度，提高具有国际学术交流经历的研究生比例。提高管理与服务的国际化水平，形成中外研究生共学互融、跨文化交流的校园环境。

七、强化政策和条件保障

24. 完善投入机制。健全以政府投入为主、受教育者合理分担培养成本、培养单位多渠道筹集经费的研究生教育投入机制。培养单位要按国家有关规定加大纵向科研经费和基本科研业务费支持研究生培养的力度，统筹财政投入、科研经费、学费收入、社会捐助等各种资源，确保对研究生教学、科研和资助的投入。

25. 完善奖助政策体系。建立长效、多元的研究生奖助政策体系。强化国家奖学金、学业奖学金和国家助学金等对研究生的激励作用。健全研究生助教、助研和助管制度。提高研究生国家助学贷款年度最高限额，确保符合条件的研究生应贷尽贷。加大对基础学科、国家急需学科研究生的奖励和资助力度。奖助政策应在培养单位的招生简章中予以公开。

26. 加强培养条件和能力建设。在国家高等教育重点建设项目中，突出对研究生教育改革和发展的支持。建立优质资源共享机制，国家各类重大项目投资的仪器设备与平台，应向研究生开放。培养单位要改善培养条件，支持研究生教育教学改革。对生均资源过低的培养单位，减少其招生规模。对参与研究生培养和建设实践基地的企业，按规定落实税收优惠等政策。

27. 鼓励改革试点。着力破除制约研究生教育质量提高的体制机制障碍和政策瓶颈，营造良好的政策环境。鼓励有条件的地区和培养单位开展研究生教育综合改革试点，建设拔尖创新人才和高层次应用型人才培养示范平台，积极探索提高质量的新机制。

八、加强组织领导

28. 深化改革、提高研究生教育质量是贯彻落实党的十八大精神和教育规划纲要的一项重要任务。各级教育部门要转变职能，加强宏观指导和监督，加大地方统筹力度，扩大培养单位的自主权。研究生培养单位要高度重视研究生教育工作，认真制定本单位改革方案，强化改革的主体和责任意识，重视发挥基层学术组织在学科建设、研究生培养和质量评价中的作用。各地区和培养单位要重视宣传引导，加强风险评估，处理好推进改革与维护稳定的关系，保证改革顺利进行。

二〇一三年三月二十九日

北京市教育委员会

转发教育部关于批准北方工业大学综合工程训练中心等120个国家级实验教学示范中心文件的通知

京教函〔2013〕407号

各有关市属高校：

现将教育部《关于批准北方工业大学综合工程训练中心等120个国家级实验教学示范中心的通知》（教高函〔2013〕10号）转发给你们，请认真学习文件内容，根据教育部要求，积极做好国家级实验教学示范中心的建设工作，推进实验教学改革与创新，提高实验教学质量。

二〇一三年八月二十日

教育部

关于批准北方工业大学综合工程训练中心等120个国家级实验教学示范中心的通知

教高函〔2013〕10号

各省、自治区、直辖市教育厅（教委），新疆生产建设兵团教育局，解放军总参谋部军训部：

根据我部开展“十二五”高等学校实验教学示范中心建设工作的有关要求，经学校申报、省级和军队教育行政部门遴选、网上公示，现决定批准北方工业大学综合工程训练中心等120个实验教学中心为国家级实验教学示范中心（以下简称示范中心）。

有关高校要高度重视示范中心的建设，积极推进实验教学改革与创新，为示范中心建设与发展提供有力支持和充分保障。示范中心要以培养学生实践能力和创新精神为根本目标，进一步明确发展思路，完善运行管理机制，优化实验教学队伍，创新实验教学模式，共享优质实验教学资源，提升实验教学信息化水平，充分发挥示范效应。

地方和军队教育行政部门应进一步加大对所属高校实验教学示范体系建设力度，健全配套政策，落实支持措施，积极组织所属高校与其他高校国家级、省级实验教学示范中心开展交流与合作，学习借鉴先进经验，共同探索实验教学改革新思路、新方法，全面提升实验教学中心建设水平。我部将对示范中心的建设成果和经费支持落实情况进行抽查。

我部将于2014年继续开展国家级实验教学示范中心建设工作。

附件：北方工业大学综合工程训练中心等120个国家级实验教学示范中心名单（北京）

二〇一三年七月二十九日

附件

北方工业大学综合工程训练中心等120个国家级实验教学示范中心名单（北京）

北方工业大学

　综合工程训练中心

北京服装学院

服装服饰实验教学中心

北京建筑工程学院

水环境实验教学中心

北京农学院

植物生产实验教学中心

北京物资学院

物流系统与技术实验教学中心

北京市教育委员会

关于下达2013年度市属高校创新能力提升计划资助项目的通知

京教函〔2013〕429号

有关市属高等学校：

根据市教委、市发展改革委、市科委、市财政局、市人力社保局、市知识产权局《关于实施市属高校创新能力提升计划项目的意见》（京教研〔2013〕4号）要求，经过项目申请、学校推荐、专家评审等项目立项工作程序，遴选产生了市教委2013年度市属高校创新能力提升计划（简称“提升计划”）资助项目53项。其中，科技类项目39项，人文社科艺术类项目14项。现予公布（项目名单见附件），各项目的经费额度以财政评审后确定的经费额度为准。

获准立项的提升计划项目需按照财政评审确认的经费额度、研究时限和专家评审意见对项目研究目标和方案进行论证和调整，并请认真填报《市属高校创新能力提升计划任务书》（以下简称《任务书》），于12月31日前报市教委科研处（一式4份，均为原件）。

请各有关高校加强对提升计划项目的管理，提供必要的条件支持并督促项目组开展工作，确保提升计划项目的顺利实施。

本通知可登陆首都高校科研网 http：//www. usrn. edu. cn 下载。

附件：市教委2013年度市属高校创新能力提升计划批准立项项目（略）

二〇一三年九月四日

北京市教育委员会

关于增补中国石油大学（北京）等三所高校为北京高校产学研联合及国内外联合研究生培养基地的通知

京教函〔2013〕606号

有关高等学校：

根据《关于实施北京高校科学技术及研究生教育创新工程的意见》（京教研〔2008〕1号）精神，经学校申请、专家评议、市教委审核，决定增补中国石油大学（北京）、北京印刷学院为北京高校产学研联合研究生培养基地，华北电力大学为北京高校国内外联合研究生培养基地。

希望上述三所高校结合学校及学科实际情况，积极推进培养模式改革，探索高层次人才培养的新途径，为提高北京高校研究生教育质量做出贡献。

二〇一三年十二月六日

北京市教育委员会

关于公布北京市重点学科验收评审结果的通知

京教函〔2013〕662 号

有关学位授予单位：

市教委组织专家组于 2013 年 12 月对 2008 年至 2011 年遴选的 406 个北京市重点学科建设项目进行了验收，最终确定 127 个学科为优秀，271 个学科为良好，8 个学科为合格。现将验收评审结果公布（附件 1、附件 2）。

专家组认为，北京市重点学科项目经过五年的建设，在学术队伍、科学研究、人才培养、条件平台、学术交流等方面都取得了很大进展，取得了一批标志性成果，为国家和北京市经济和社会的发展做出了贡献。

通过验收评审，也发现部分重点学科仍然存在不足。希望各学位授予单位根据本单位北京市重点学科的具体情况，及时发现问题、规范管理，进一步强化北京市重点学科建设的意识、突出学科建设的特色、加强高水平学科带头人的培养、提高科学研究的水平、增强学科的影响力，使北京市重点学科建设水平迈上更高的台阶，为北京市和国家的经济、社会做出更大贡献。

附件：1. 北京市重点学科验收优秀学科名单

2. 北京市重点学科验收良好及合格学科名单（略）

二〇一三年十二月二十五日

附件 1

北京市重点学科建设项目验收优秀学科名单

北京大学

纳米科学与技术

交叉学科北京市重点学科

理论与系统生物学

交叉学科北京市重点学科

外国语言文学

一级学科北京市重点学科

环境科学与工程

一级学科北京市重点学科

基础医学

一级学科北京市重点学科

金融学

二级学科北京市重点学科

马克思主义中国化研究

二级学科北京市重点学科

高等教育学

二级学科北京市重点学科

儿少卫生与妇幼保健学

二级学科北京市重点学科

中国人民大学

政治学

一级学科北京市重点学科

农林经济管理

一级学科北京市重点学科

比较文学与世界文学

二级学科北京市重点学科

社会保障

二级学科北京市重点学科

情报学

二级学科北京市重点学科

清华大学

艺术学

一级学科北京市重点学科

金融学（含保险学）

二级学科北京市重点学科

民商法学

二级学科北京市重点学科

国际关系

二级学科北京市重点学科

社会学

二级学科北京市重点学科

英语语言文学

二级学科北京市重点学科

有机化学

二级学科北京市重点学科

北京交通大学

信息安全学

交叉学科北京市重点学科

思想政治教育

二级学科北京市重点学科

系统分析与集成

二级学科北京市重点学科

电力电子与电力传动

二级学科北京市重点学科

企业管理

二级学科北京市重点学科

北京工业大学

光学工程

一级学科北京市重点学科

材料科学与工程

一级学科北京市重点学科

管理科学与工程

一级学科北京市重点学科

计算机应用技术

二级学科北京市重点学科

防灾减灾工程及防护工程

二级学科北京市重点学科

化学工程与技术

一级学科北京市重点建设学科

机械电子工程

二级学科北京市重点建设学科

模式识别与智能系统

二级学科北京市重点建设学科

计算机软件与理论

二级学科北京市重点建设学科

北京航空航天大学

光学工程

一级学科北京市重点学科

信息与通信工程

一级学科北京市重点学科

流体机械及工程

二级学科北京市重点学科

教育经济与管理

二级学科北京市重点学科

北京理工大学

数字表演与仿真技术

交叉学科北京市重点学科

材料科学与工程

一级学科北京市重点学科

控制科学与工程

一级学科北京市重点学科

管理科学与工程

一级学科北京市重点学科

企业管理

二级学科北京市重点学科

北京科技大学

机械工程

一级学科北京市重点学科

管理科学与工程

一级学科北京市重点学科

工程热物理

二级学科北京市重点学科

控制理论与控制工程

二级学科北京市重点学科

北方工业大学

电力电子与电力传动

二级学科北京市重点建设学科

北京化工大学

清洁能源学

交叉学科北京市重点学科

材料科学与工程

一级学科北京市重点学科

高分子化学与物理

二级学科北京市重点学科

北京工商大学

应用化学

二级学科北京市重点学科

计算机应用技术

二级学科北京市重点建设学科

北京服装学院

设计艺术学

二级学科北京市重点建设学科

北京邮电大学

数字内容传媒学

交叉学科北京市重点学科

管理科学与工程

一级学科北京市重点学科

计算机系统结构

二级学科北京市重点学科

中国农业大学

生物质工程

交叉学科北京市重点学科

食品科学与工程

一级学科北京市重点学科

动物学

二级学科北京市重点学科

水文学与水资源

二级学科北京市重点学科

土地资源管理

二级学科北京市重点学科

北京林业大学

林业工程

一级学科北京市重点学科

生态学

二级学科北京市重点学科

城市规划与设计

二级学科北京市重点学科

北京协和医学院

转化医学

交叉学科北京市重点学科

外科学（普外）

二级学科北京市重点学科

流行病与卫生统计学

二级学科北京市重点学科

首都医科大学

临床医学

一级学科北京市重点学科

生理学

二级学科北京市重点学科

口腔临床医学

二级学科北京市重点学科

公共卫生与预防医学

一级学科北京市重点建设学科

北京师范大学

自然资源

交叉学科北京市重点学科

历史学

一级学科北京市重点学科

外国哲学

二级学科北京市重点学科

电影学

二级学科北京市重点学科

首都师范大学

数学

一级学科北京市重点学科

思想政治教育

二级学科北京市重点学科

文艺学

二级学科北京市重点学科

中国古代史

二级学科北京市重点学科

地图学与地理信息系统

二级学科北京市重点学科

遗传学

二级学科北京市重点学科

教育学

一级学科北京市重点建设学科

基础心理学

二级学科北京市重点建设学科

通信与信息系统

二级学科北京市重点建设学科

首都体育学院

体育教育训练学

二级学科北京市重点学科

北京外国语大学

日语语言文学

二级学科北京市重点学科

比较文学与跨文化研究

二级学科北京市重点学科

中央财经大学

工商管理

一级学科北京市重点学科

政治经济学

二级学科北京市重点学科

对外经济贸易大学

法与经济学

交叉学科北京市重点学科

应用经济学

一级学科北京市重点学科

世界经济

二级学科北京市重点学科

企业管理

二级学科北京市重点学科

首都经济贸易大学

应用经济学

一级学科北京市重点学科

企业管理

二级学科北京市重点学科

外交学院

英语语言文学

二级学科北京市重点学科

中国人民公安大学

公共安全工程与技术

交叉学科北京市重点学科

中国音乐学院

音乐学

二级学科北京市重点学科

中央美术学院

设计艺术学

二级学科北京市重点学科

中央民族大学

民族学

一级学科北京市重点学科

语言学及应用语言学

二级学科北京市重点学科

中国政法大学

法与经济学

交叉学科北京市重点学科

世界经济

二级学科北京市重点学科

华北电力大学

清洁能源学

交叉学科北京市重点学科

电气工程

一级学科北京市重点学科

技术经济及管理

二级学科北京市重点学科

北京信息科技大学

精密仪器及机械

二级学科北京市重点学科

中国矿业大学（北京）

地球探测与信息技术

二级学科北京市重点学科

中国石油大学（北京）

低碳能源工程

交叉学科北京市重点学科

地质资源与地质工程

一级学科北京市重点学科

应用化学

二级学科北京市重点学科

中国科学院研究生院

应用数学

二级学科北京市重点学科

凝聚态物理

二级学科北京市重点学科

人文地理学

二级学科北京市重点学科

大气物理学与大气环境

二级学科北京市重点学科

生物物理学

二级学科北京市重点学科

环境工程

二级学科北京市重点学科

中国社会科学院研究生院

社会学

二级学科北京市重点学科

中国农业科学院研究生院

蔬菜学

二级学科北京市重点学科

装备指挥技术学院

通信与信息系统

二级学科北京市重点学科

装甲兵工程学院

材料加工工程

二级学科北京市重点学科

军事医学科学院

生物化学与分子生物学

二级学科北京市重点学科

药物化学

二级学科北京市重点学科

军医进修学院

外科学

二级学科北京市重点学科

招生·考试

北京市教育委员会文件选编

（2013）

北京市教育委员会

关于2013年北京市进行高等职业教育自主招生工作的通知

京教计〔2013〕3号

有关市属高等学校：

为全面推进素质教育，深化本市高等学校招生考试改革，完善高考制度，探索高等职业教育多元评价、多样化入学方式相结合，本市在不断总结前几年工作经验基础上，按照“总结经验、坚持方向，积极推进、适度扩展，规范程序、稳妥操作”基本思路，2013年将继续在部分高职院校进行高等职业教育自主招生工作。现将有关事项通知如下。

一、院校及招生计划

2013年参加高职自主招生的院校有18所，分别是：首钢工学院、北京电子科技职业学院、北京劳动保障职业学院、北京信息职业技术学院、北京工业职业技术学院、北京农业职业学院、北京财贸职业学院、北京经济管理职业学院、北京政法职业学院、北京体育职业学院、北京北大方正软件职业技术学院、北京汇佳职业学院、北京培黎职业学院、北京京北职业技术学院、北京交通运输职业学院、北京交通职业技术学院、北京现代职业技术学院和北京社会管理职业学院。招生计划总计4480人（分校、分专业招生计划见附件)。

二、有关工作要求

(一)高职自主招生院校须按照“严格程序、加强管理、接受监督”原则,以及“条件明确化、程序规范化、招生办法公开化、录取结果公示化”的要求,制定详细的自主选拔录取方案并向社会公布,认真做好报名、考核、录取、公示等各个环节的工作。

(二)高职自主招生院校应成立由分管校(院)长负责的高校招生工作领导小组,加强对此项工作的领导,并成立由学校招生办和监察部门负责人为主的招生录取小组,凡属考试、录取中的重大问题,须集体研究决定。实行单独命题的院校要加强研究,提高命题水平,并加强对命题工作的组织管理;联合命题的院校要做好命题教师的推荐和组织工作,笔试、面试命题要兼顾各学校特点。加强对面试教师的培训,保证考试的公正规范;要选派政策水平高,工作认真负责,作风正派、秉公办事并经过培训的骨干教师参加录取工作,凡当年有直系亲属报考者不得参与此项招生考试工作。凡从事和参与招生的工作人员,必须遵守国家教育部和本市公布的条例、规定。

(三)高职自主招生计划纳入各校 2013 年总计划数内,已录取的考生不再参加当年普通高等学校招生全国统一考试和录取。

附件:2013 年高职自主招生院校与招生计划表

二〇一三年三月十三日

附件

2013年高职自主招生院校与招生计划表

学校名称	专业名称	学制	招生计划	
			总数	其中：招收农村户籍
	总计		4480	2183
北京工业职业技术学院	合计		240	120
	工程测量技术	三年	40	20
	建筑装饰工程技术	三年	40	20
	安全技术管理（建筑）	三年	40	20
	数控技术	三年	40	20
	动漫设计与制作	三年	40	20
	法律文秘（速录）	三年	40	20
北京信息职业技术学院	合计		320	160
	模具设计与制造（快速原型设计方向）	三年	40	20
	数控技术	三年	40	20
	应用电子技术（广播电视网络方向）	三年	40	20
	电子信息工程技术	三年	40	20
	信息安全技术（网络安全管理方向）	三年	40	20
	软件技术	三年	40	20

续表1

学校名称	专业名称	学制	招生计划	
			总数	其中：招收农村户籍
	汽车电子技术（汽车电脑应用方向）	三年	40	20
	影视动画（动画方向、艺术类）	三年	20	10
	广告设计与制作（艺术类）	三年	20	10
	合计		270	135
北京电子科技职业学院	供热通风与空调工程技术（地铁定向）	三年	40	20
	计算机应用技术（邮政定向）	三年	40	19
	汽车制造与装配技术（奔驰定向）	三年	30	15
	城市轨道交通车辆（地铁定向）	三年	20	10
	模具设计与制造	三年	35	19
	金融保险（邮政定向）	三年	40	20
	导游（英语）	三年	20	10
	人物形象设计（服饰与表演）	三年	25	12
	多媒体设计与制作（传媒艺术）	三年	20	10

续表 2

学校名称	专业名称	学制	招生计划	
			总数	其中：招收农村户籍
北京京北职业技术学院	合计		170	85
	学前教育	三年	60	30
	社区康复	三年	30	15
	会展策划与管理	三年	20	10
	舞台影视技术	三年	40	20
	会计	三年	20	10
北京交通职业技术学院	合计		120	62
	计算机应用技术（3G移动互联方向，中软国际订单班）	三年	25	13
	汽车技术服务与营销（北京现代班）	三年	25	13
	物业管理（华润置地订单班）	三年	35	18
	旅游管理	三年	35	18
首钢工学院	合计		280	140
	环境监测与治理技术（环境保护）	三年	40	20
	建筑装饰工程技术	三年	40	20
	机电一体化技术	三年	30	15
	焊接技术及自动化	三年	20	10
	生产过程自动化技术	三年	40	20

续表 3

学校名称	专业名称	学制	招生计划	
			总数	其中：招收农村户籍
	汽车检测与维修技术	三年	30	15
	计算机多媒体技术（动漫）	三年	40	20
	旅游管理	三年	40	20
北京农业职业学院	合计		285	140
	金融保险	三年	35	17
	实验动物技术	三年	40	20
	建筑装饰工程技术	三年	25	13
	园艺技术	三年	20	10
	环境艺术设计	三年	25	10
	食品营养与检测	三年	35	15
	旅游管理（民俗旅游方向）	三年	25	15
	法律文秘	三年	20	10
	会展策划与管理（农业会展方向）	三年	20	10
	都市农业装备应用技术	三年	40	20
北京政法职业学院	合计		300	130
	法律事务（国际商务法律）	三年	40	20
	劳动与社会保障	三年	30	15
	文秘	三年	40	20

续表 4

学校名称	专业名称	学制	招生计划	
			总数	其中：招收农村户籍
	社区管理与服务	三年	40	20
	司法信息安全	三年	40	20
	电子商务（商务信息与咨询管理）	三年	40	20
	安全保卫（航空安保）	三年	30	15
	安全保卫	二年	40	只招退役士兵
北京财贸职业学院	合计		390	195
	连锁经营管理	三年	50	25
	酒店管理	三年	50	25
	导游	三年	50	25
	文秘（商务秘书）	三年	30	15
	会展策划与管理	三年	25	13
	物流管理	三年	30	15
	人物形象设计（艺术类专业）	三年	35	17
	广告设计与制作（艺术类专业）	三年	50	25
	金融与证券（中外合作）	三年	35	18
	会计（中外合作）	三年	35	17
北京北大方正软件职业技术学院	合计		320	160
	软件技术	三年	40	20

续表5

学校名称	专业名称	学制	招生计划	
			总数	其中：招收农村户籍
	计算机网络技术	三年	40	20
	医用电子仪器与维护	三年	70	35
	电视节目制作（微电影摄制）	三年	40	20
	金融与证券（方正证券班）	三年	60	30
	民航商务	三年	70	35
	合计		420	210
北京汇佳职业学院	学前教育（艺术教育）	二年	100	50
	学前教育（艺术教育）	三年	150	75
	学前教育（科技工艺教育）	三年	20	10
	体育服务与管理（高尔夫球技术与管理）	三年	20	10
	体育服务与管理（休闲体育与俱乐部经营管理）	三年	20	10
	体育服务与管理（马术与俱乐部管理）	二年	20	10
	影视动画（游戏设计）	三年	30	15
	影视多媒体技术（数字媒体设计）	三年	30	15
	老年服务与管理（养老机构运营管理）	三年	30	15

续表6

学校名称	专业名称	学制	招生计划	
			总数	其中：招收农村户籍
北京现代职业技术学院	合计		120	59
	民航商务	三年	20	10
	社区管理与服务	三年	30	15
	汽车制造与装配技术	三年	35	17
	模具设计与制造	三年	35	17
北京培黎职业学院	合计		300	150
	金融与证券（商业银行班）	三年	40	20
	汽车技术服务与营销（利星行汽车公司定向培养）	三年	40	20
	旅游管理（葡萄酒品酒师）	三年	40	20
	工商企业管理（航空服务与管理）	三年	40	20
	商务英语（学前双语教育、枫叶国际学校——蒙特梭利定向培养班）	三年	40	20
	数字媒体技术（网络传媒、移动终端）	三年	40	20
	影视动画	三年	20	10
	社区管理与服务专业（社区法律与物业管理）	三年	40	20
北京经济管理职业学院	合计		300	150
	电子商务	三年	30	15

续表 7

学校名称	专业名称	学制	招生计划	
			总数	其中：招收农村户籍
	市场营销（网络营销）	三年	30	15
	商务英语	三年	50	25
	计算机网络技术（网络管理）	三年	10	5
	电子信息工程技术（移动通信）	三年	30	15
	应用电子技术（物联网技术）	三年	30	15
	旅游管理	三年	30	15
	旅游管理（华远国际旅行佰程网订单班）	三年	30	15
	计算机信息管理	三年	30	15
	机电一体化技术	三年	30	15
	合计		325	162
北京劳动保障职业学院	公共事务管理（劳动关系管理）	三年	40	20
	电子政务（就业服务）	三年	30	15
	酒店管理	三年	40	20
	老年服务与管理（健康管理与老年关怀）	三年	30	15
	机电一体化技术	三年	45	22

续表 8

学校名称	专业名称	学制	招生计划	
			总数	其中：招收农村户籍
	数控技术（数控安装与调试）	三年	30	15
	汽车检测与维修技术	三年	35	17
	楼宇智能化工程技术	三年	35	18
	城市管理与监察（城市设施安全技术）	三年	40	20
北京体育职业学院	合计		70	
	竞技体育	三年	70	
北京交通运输职业学院	合计		200	100
	城市轨道交通运营管理（北京地铁订单班）	三年	50	25
	城市轨道交通车辆（北京地铁订单班）	三年	30（男）	15
	汽车运用技术（中德合作汽车服务与管理）	三年	30	15
	汽车技术服务与营销（宝马汽车订单班）	三年	30	15
	公路运输与管理（公共交通客运）	三年	30	15
	道路桥梁工程技术（路政管理）	三年	30	15
北京社会管理职业学院	合计		50	25
	社会工作	三年	20	10

续表 9

学校名称	专业名称	学制	招生计划	
			总数	其中：招收农村户籍
	婚庆服务与管理	三年	10	5
	老年服务与管理	三年	10	5
	现代殡仪技术与管理	三年	10	5

北京市教育委员会

关于下达 2013 年市属普通高校优秀高职毕业生升本科招生计划的通知

京教计〔2013〕4 号

各有关市属高校：

根据国家和北京市中长期教育改革和发展规划纲要精神，为深化我市高等教育改革，推动高等职业教育体系建设，提升本市高等职业教育发展重心，建立高等职业教育优秀毕业生进入本科阶段继续深造的渠道，构建高等教育"立交桥"，2013 年我市继续开展市属普通高等学校高职毕业生升本科招生工作。现将 2013 年市属普通高等学校优秀高职毕业生升本科招生计划下达给你们，请遵照执行。

一、各校要不断完善推荐选拔程序，在推荐、考试和录取过程中坚持公开、公平、公正的原则，按照高校招生“阳光工程”的要求，做好我市高职优秀毕业生升本科的相关工作。

二、各校要严格执行高等职业教育升本科招生计划，未经批准，任何单位和个人不得擅自变更招生计划。

三、各校不得在其他类型招生过程中以高职升本科为名义进行虚假宣传、不实承诺、招揽生源。同时严格执行学生学费标准，不得借“专升本”名义进行高收费、乱收费。

附件：2013 年市属普通高校高职升本科招生计划表

二〇一三年四月七日

附件

2013 年市属普通高校高职升本科招生计划表

单位：人

<table>
<tr><th rowspan="2">学校代码</th><th rowspan="2">学校名称</th><th rowspan="2">本校推荐人数</th><th rowspan="2">外校推荐人数</th><th colspan="3">招生计划</th></tr>
<tr><th>合计</th><th>其中：接收本校</th><th>其中：接收外校</th></tr>
<tr><td></td><td>合计</td><td>843</td><td>4600</td><td>2751</td><td>433</td><td>2318</td></tr>
<tr><td>10009</td><td>北方工业大学</td><td></td><td>407</td><td>206</td><td></td><td>206</td></tr>
<tr><td></td><td>工商管理</td><td></td><td rowspan="3">301</td><td rowspan="3">151</td><td></td><td rowspan="3">151</td></tr>
<tr><td></td><td>会计学</td><td></td><td></td></tr>
<tr><td></td><td>机械设计制造及其自动化</td><td></td><td></td></tr>
<tr><td></td><td>计算机科学与技术</td><td></td><td>23</td><td>12</td><td></td><td>12</td></tr>
<tr><td></td><td>日语</td><td></td><td>9</td><td>5</td><td></td><td>5</td></tr>
</table>

续表 1

学校代码	学校名称	本校推荐人数	外校推荐人数	招生计划		
				合计	其中：接收本校	其中：接收外校
	通信工程		7	4		4
	英语		19	10		10
	自动化		14	7		7
	法学		26	13		13
	汉语言文学		8	4		4
10015	北京印刷学院	38		20	20	
	包装工程	6		3	3	
	编辑出版学	9		5	5	
	机械工程及自动化	4		2	2	
	艺术设计	3		2	2	
	印刷工程	16		8	8	
10016	北京建筑工程学院		290	148		148
	地理信息系统		18	9		9
	给水排水工程		5	3		3
	工程管理		84	42		42
	工商管理		57	29		29
	环境工程		17	9		9
	计算机科学与技术		2	1		1
	建筑环境与设备工程		13	7		7
	市场营销		9	5		5
	土木工程		83	42		42

续表 2

学校代码	学校名称	本校推荐人数	外校推荐人数	招生计划		
				合计	其中：接收本校	其中：接收外校
	自动化		2	1		1
10017	北京石油化工学院		554	279		279
	电气工程及其自动化		33	17		17
	公共事业管理		180	90		90
	会计学		35	18		18
	机械工程及自动化		83	42		42
	计算机科学与技术		83	42		42
	旅游管理		22	11		11
	市场营销		90	45		45
	信息管理与信息系统		28	14		14
10020	北京农学院	58	63	64	31	33
	动物医学	4	21	13	2	11
	工商管理	9		5	5	
	国际经济与贸易	6		3	3	
	旅游管理	8		4	4	
	农村区域发展	5		3	3	
	农林经济管理		4	2		2
	生物技术		4	2		2
	食品科学与工程		3	2		2
	食品质量与安全		6	3		3

续表 3

<table>
<tr><th rowspan="2">学校代码</th><th rowspan="2">学校名称</th><th rowspan="2">本校推荐人数</th><th rowspan="2">外校推荐人数</th><th colspan="3">招生计划</th></tr>
<tr><th>合计</th><th>其中：接收本校</th><th>其中：接收外校</th></tr>
<tr><td></td><td>市场营销</td><td>9</td><td></td><td>5</td><td>5</td><td></td></tr>
<tr><td></td><td>园林（园林植物）</td><td>9</td><td>12</td><td>11</td><td>5</td><td>6</td></tr>
<tr><td></td><td>园艺</td><td>8</td><td>8</td><td>8</td><td>4</td><td>4</td></tr>
<tr><td></td><td>植物保护</td><td></td><td>5</td><td>3</td><td></td><td>3</td></tr>
<tr><td>10025</td><td>首都医科大学</td><td>70</td><td></td><td>36</td><td>36</td><td></td></tr>
<tr><td></td><td>护理学</td><td>61</td><td></td><td>31</td><td>31</td><td></td></tr>
<tr><td></td><td>临床医学（远郊区县定向班）</td><td>9</td><td></td><td>5</td><td>5</td><td></td></tr>
<tr><td>10038</td><td>首都经济贸易大学</td><td>16</td><td></td><td>8</td><td>8</td><td></td></tr>
<tr><td></td><td>财务管理</td><td>4</td><td></td><td>2</td><td>2</td><td></td></tr>
<tr><td></td><td>国际经济与贸易</td><td>4</td><td></td><td>2</td><td>2</td><td></td></tr>
<tr><td></td><td>计算机科学与技术</td><td>4</td><td></td><td>2</td><td>2</td><td></td></tr>
<tr><td></td><td>旅游管理</td><td>4</td><td></td><td>2</td><td>2</td><td></td></tr>
<tr><td>11232</td><td>北京信息科技大学</td><td></td><td>207</td><td>105</td><td></td><td>105</td></tr>
<tr><td></td><td>工商管理</td><td></td><td rowspan="7">157</td><td rowspan="7">79</td><td></td><td rowspan="7">79</td></tr>
<tr><td></td><td>车辆工程</td><td></td><td></td></tr>
<tr><td></td><td>工业工程</td><td></td><td></td></tr>
<tr><td></td><td>市场营销</td><td></td><td></td></tr>
<tr><td></td><td>网络工程</td><td></td><td></td></tr>
<tr><td></td><td>信息管理与信息系统</td><td></td><td></td></tr>
<tr><td></td><td>传播学（网络传播）</td><td></td><td></td></tr>
</table>

续表 4

学校代码	学校名称	本校推荐人数	外校推荐人数	招生计划		
				合计	其中：接收本校	其中：接收外校
	会计学					
	行政管理		157	79		79
	工业设计					
	英语		12	6		6
	机械设计制造及自动化		15	8		8
	计算机科学与技术		23	12		12
11417	北京联合大学	302	3079	1702	155	1547
	表演	1	14	8	1	7
	档案学	5	45	26	3	23
	电气工程及其自动化	8	50	29	4	25
	电子商务	10	72	41	5	36
	电子信息工程	12	127	70	6	64
	法学		197	99		99
	工商管理	16	282	149	8	141
	工业工程	12	33	23	6	17
	广告学	18	11	15	9	6
	国际经济与贸易	6	106	56	3	53
	会计学	18	285	152	9	143
	机械工程	16	285	151	8	143
	计算机科学与技术	33	233	134	17	117

续表 5

学校代码	学校名称	本校推荐人数	外校推荐人数	招生计划		
				合计	其中：接收本校	其中：接收外校
	计算机科学与技术（听障生）	5	0	3	3	
	建筑环境与能源应用工程	2	19	11	1	10
	金融学	13	192	103	7	96
	酒店管理	16	24	20	8	12
	旅游管理	14	67	41	7	34
	人力资源管理		86	43		43
	日语	10	3	7	5	2
	设计学类	38	339	189	19	170
	生物技术	14	31	23	7	16
	市场营销	8	118	63	4	59
	视觉传达设计（听障生）	6	0	3	3	
	新闻学		57	29		29
	信息管理与信息系统	3	160	82	2	80
	学前教育		34	17		17
	音乐学	4	43	24	2	22
	音乐学（视障生）	7	0	4	4	
	英语	7	166	87	4	83
11418	北京城市学院	359		183	183	

续表 6

学校代码	学校名称	本校推荐人数	外校推荐人数	招生计划		
				合计	其中：接收本校	其中：接收外校
	城市规划	10		5	5	
	传播学	36		18	18	
	电子信息工程	3		2	2	
	法学	3		2	2	
	法语	6		3	3	
	工商管理	50		25	25	
	会计学	44		22	22	
	计算机科学与技术	7		4	4	
	交通工程	15		8	8	
	教育学	25		13	13	
	金融学	28		14	14	
	旅游管理	11		6	6	
	生物技术	12		6	6	
	通信工程	6		3	3	
	土木工程	22		11	11	
	艺术设计	37		19	19	
	英语	16		8	8	
	中药学	28		14	14	

北京市教育委员会

关于公示2013年具有招生资格的高级中等学校名单的通知

京教计〔2013〕6号

各区县教委：

为保障人民群众接受教育的合法权益，完善社会监督机制，维护高级中等学校招生考试工作的正常秩序，确保招生录取工作依法“公开、公平、公正”进行，坚决杜绝违规招生行为，我市2013年继续实行高级中等学校招生资格公示制度。为便于社会监督，现将经市教委、市人力社保局审定的具有招生资格的高级中等学校向社会公示。未经公示的高级中等学校，不得擅自开展招生活动。

附件：1.2013年具有招生资格的普通高中学校名单

2.2013年具有招生资格的普通中专学校名单

3.2013年具有招生资格的职业高中学校名单

4.2013年具有招生资格的技工学校名单

5.2013年具有举办五年制高职资格的高职学院名单

二〇一三年四月十六日

附件1：

2013年具有招生资格的普通高中学校名单

东城区

北京市第一中学
北京市第二中学
北京市第五中学
北京市第二十一中学
北京市第二十二中学
北京市第二十四中学
北京市第二十七中学
北京市第五十四中学
北京市第五十五中学
北京市第六十五中学
北京市第一二五中学
北京市第一四二中学
北京市第一六五中学
北京市第一六六中学
北京市第一七一中学
北京市第一七七中学
中央工艺美术学院附属中学
北京市东直门中学
北京宏志中学
北京景山学校
北京市第二十五中学
北京市翔宇中学
北京市阳光情学校
北京市第十一中学
北京市第五十中学
北京市第五十中学分校
北京市第九十六中学
北京市第一零九中学
北京汇文中学
北京市龙潭中学
北京市广渠门中学
北京市崇文门中学

西城区

北京市第三中学
北京市第四中学
北京市第七中学
北京市第八中学
北京市第十三中学
北京市第三十一中学
北京市第三十五中学
北京市第三十九中学
北京市第四十一中学
北京市第四十四中学
北京市第五十六中学
北京市第一五四中学
北京市第一五六中学
北京市第一五九中学

北京市第一六一中学
北京市第二一四中学
北京市鲁迅中学
北京市月坛中学
北京市二龙路中学
北京市西城区实验学校
北京教育学院附属中学
北京师范大学附属实验中学
北京师范大学第二附属中学
北京市铁路第二中学
北京市西城外国语学校
北京市私立汇才中学
北京市实美职业学校高中部
北京启喑实验学校
北京市第十四中学
北京市第十五中学
北京市第四十三中学
北京市第六十二中学
北京市第六十三中学
北京市第六十六中学
北京市第一四零中学
北京师范大学附属中学
北京市回民学校
北京市育才学校
北京市华夏女子中学
北京市徐悲鸿中学
北京市宣武外国语实验学校
北京教育学院宣武分院附属中学

朝阳区

北京市第十七中学
北京市第八十中学
北京市第九十四中学
北京市第一一九中学
北京市日坛中学
北京市陈经纶中学
北京市三里屯一中
北京化工大学附属中学
北京市和平街第一中学
北京第二外国语学院附属中学
北京工业大学附属中学
北京中医学院附属中学
清华大学附属中学朝阳学校
北京信息工程学院附属中学
北京市垂杨柳中学
北京青年政治学院附属中学
北京市团结湖第三中学
北京市东方德才学校
北京市朝阳外国语学校
北京市私立北方中学
北京世青国际学校
北京市私立新亚中学
中国红十字基金会北京拔萃双语学校
北京爱迪学校
北京市朝阳区爱迪外国语学校
北京市劲松职业高中高中班
北京市华侨城黄冈中学

北京国际艺术与科学学校
北京市力迈外国语学校
中国人民大学附属中学朝阳学校
华中师范大学第一附属中学朝阳学校
北京市实验外国语学校
东北师范大学附属中学朝阳学校

海淀区

北大附中香山学校
北方交通大学附属中学
北京大学附属中学
北京钢铁学院附属中学
北京航空航天大学附属中学
北京矿业学院附属中学
北京理工大学附属中学
北京理工大学附属中学分校
北京农业大学附属中学
北京师范大学第三附属中学
北京石油学院附属中学
北京市八一中学
北京市北外附属外国语学校
北京市翠微中学
北京市第二十中学
北京市第六十七中学
北京市第十九中学
北京市第四十七中学
北京市第五十七中学
北京市第一〇五中学
北京市第一〇一中学
北京市二十一世纪国际学校
北京市海淀区教师进修学校附属实验学校
北京市海淀区尚丽外国语学校
北京市海淀实验中学
北京市海淀外国语实验学校
北京市建华实验学校
北京市科迪实验中学
北京市立新学校
北京市六一中学
北京市明光中学
北京市清华育才实验学校
北京市清华志清中学
北京市师达中学
北京市十一学校
北京市太平路中学
北京市陶行知中学
北京市万寿寺中学
北京市温泉第二中学
北京市一佳高级中学
北京市永定路中学
北京市玉渊潭中学
北京市育英学校
北京市育英中学
北京市知春里中学
北京市中关村外国语学校
北京市中关村中学

北京医学院附属中学
清华大学附属实验学校
清华大学附属中学
首都师范大学第二附属中学
首都师范大学附属育新学校
首都师范大学附属中学
中国地质大学附属中学
中国人民大学附属中学
中国人民大学附属中学第二分校
中国人民大学附属中学分校
中央民族大学附属中学

丰台区

北京市第十中学
北京市第十二中学
北京市第十八中学
北京市丰台区丰台第一中学
北京市丰台区丰台第二中学
北京市首都师范大学附属丽泽中学
北京市丰台区东铁匠营第一中学
首都医科大学附属中学
北京市大成学校
北京市云岗中学
北京市丰台区实验学校
北京市明德中学
北京市丰华中学
北京市中桥外国语学校
北京市第八中学怡海分校
北大附属实验学校
北京市航天中学
北京新桥外国语高中学校

石景山区

北京市第九中学
北京市苹果园中学
北京师范大学励耘实验学校
北京市京源学校
首钢矿山一中
北京市古城中学
北京市礼文中学
北京景山学校远洋分校

门头沟区

北京市大峪中学
北京市育园中学
首都师范大学附属中学永定分校

房山区

北京市房山区房山中学
北京市房山区良乡中学
北京市房山区交道中学
北京市房山区坨里中学
北京市房山区长沟中学
北京市房山区周口店中学
北京市房山区琉璃河中学
北京市房山区南尚乐中学
北京市房山区韩村河中学
北京市房山区实验中学

北京师范大学良乡附属中学
首都师范大学附属房山中学
北京市博文学校

燕山

北京师范大学燕化附属中学

昌平区

北京市昌平区第一中学
北京市昌平区第二中学
北京市昌平区第三中学
北京市昌平实验中学
北京市昌平区前锋学校
北京市昌平区沙河中学
北京市昌平区南口学校
北京市昌平区小汤山中学
北京昌平新东方外国语学校
北京市私立汇佳学校
北京澳华学校
北京市昌平区第二中学分校
首都师范大学附属回龙观育新学校
北京王府学校

大兴区

北京市大兴区第一中学
北京师范大学大兴附属中学
北京市大兴区第五中学
北京市大兴区兴华中学
首都师范大学大兴附属中学
北京市大兴区第八中学
北京市大兴区第三中学
北京市大兴区采育中学
北京市大兴区榆垡中学
北京市大兴区旧宫中学
北京市大兴区魏善庄中学
北京市第二中学亦庄学校
北京市私立君谊中学

通州区

北京市通州区第二中学
北京市通州区第三中学
北京市通州区第四中学
北京市通州区潞河中学
北京市通州区运河中学
北京市通州区永乐店中学
北京市通州区潞州中学
北京市第二中学通州分校
北京市通州区张家湾中学
北京中加学校
北京市剑桥中学
北京市时代中学
北京潞河国际教育学园
北京市私立树人·瑞贝学校

顺义区

北京市顺义区第一中学
北京市顺义区第二中学
北京市顺义区第九中学
北京市第四中学顺义分校
北京市顺义牛栏山第一中学
北京市牛栏山一中实验学校
北京市顺义区杨镇第一中学

北京市新英才学校
北京市顺义区君诚学校

怀柔区

北京市怀柔区第一中学
北京市怀柔区第二中学
首都师范大学附属红螺寺中学

平谷区

北京市平谷中学
北京市平谷区第六中学
北京师范大学附属平谷中学
北京师范大学附属中学平谷第一分校
北京市平谷区育才中学

延庆县

北京市延庆县第一中学
北京市延庆县第二中学
北京市延庆县第三中学
北京市延庆县第五中学

密云县

首都师范大学附属密云中学
北京市密云县第二中学
北京市密云县太师庄中学
北京市密云县巨各庄中学
北京师范大学密云实验中学

附件 2：

2013 年具有招生资格的普通中专学校名单

（一）北京市学校

北京水利水电学校
北京交通运输职业学院中专部
北京市商务科技学校
北京市自动化工程学校
北京市环境与艺术学校
北京市经济管理学校
北京市园林学校
北京金隅科技学校（原北京市建筑材料工业学校）
北京城市建设学校
北京市对外贸易学校
北京市商业学校
北京商贸学校
北京市供销学校
北京市振华旅游学校
北京铁路电气化学校
首都铁路卫生学校
北京市海淀区卫生学校
北京市昌平卫生学校
北京市什刹海体育运动学校
北京市第三体育运动学校

首都体育学院附属竞技体育学校
北京市国际艺术学校
中国戏曲学院附属中等戏曲学校
北京舞蹈学院附属中等舞蹈学校
中国音乐学院附属中等音乐专科学校
北京戏曲艺术职业学院中专部
北京电子科技职业学院中专部
北京卫生职业学院中专部

（二）中央部委在京学校

中央音乐学院附属中等音乐学校
中央美术学院附属中等美术学校
北京体育大学附属中等体育专业学校
北京体育大学附属竞技体育学校

附件3：

2013年具有招生资格的职业高中学校名单

东城区

北京国际职业教育学校
北京市国际美术学校
北京市东城区古城职业高中
北京市育人中等职业学校
北京现代职业学校
北京市第一七九中学
北京市东城区特殊教育学校
北京市东城区中央音乐学院鼎石实验学校

西城区

北京市外事学校
北京市实美职业学校
北京启喑实验学校
北京市财会学校
北京市实验职业学校

朝阳区

北京市求实职业学校
北京市劲松职业高中
北京市电气工程学校
北京市东方职业学校
北京市朝阳区职业技术学校
北京市朝阳区金色河畔高尔夫学校

海淀区

北京市信息管理学校
北京市商务管理学校
北京市盲人学校
北京市军乐艺术学校
北京市健翔学校
北京市海淀区艺术职业学校
北京市海淀寄读学校

昌平区

北京市昌平职业学校
北京少林武术学校

怀柔区

北京市怀柔区职业学校
北京百汇演艺学校

密云县

北京市密云县职业学校

丰台区

北京市丰台区职业教育中心学校
北京新桥外国语高中学校
北京市汽车维修职业学校
北京八一艺术学校
北京市文化艺术职业学校

石景山区

北京市黄庄职业高中
北京市古城旅游职业学校
北京盛基艺术学校

门头沟区

北京市门头沟区中等职业学校

房山区

北京市房山区第二职业高中
北京市房山区房山职业学校
北京辅仁音乐舞蹈学校

燕山

北京市燕山职业学校

大兴区

北京市大兴区第一职业学校
北京市大兴区第二职业学校
北京市国际舞蹈艺术学校
北京市英才文化艺术学校
北京现代艺术学校
中国网球学校
北京市爱莲舞蹈学校

通州区

北京新城职业学校
北京市现代音乐学校
北京中华商科学校

平谷区

北京市平谷区第一职业学校

延庆县

北京市延庆县第一职业学校

顺义区

北京市顺义区汽车技术职业高中
北京市顺义区第一职业学校
北京市顺义区新大方职业学校
北京国际标准舞研修学院中专部

北京市音乐舞蹈学校

北京市顺义区水木年华艺术学校

附件4：

2013年具有招生资格的技工学校名单

北京市工贸高级技工学校（北京市工贸技师学院）

北京市仪器仪表高级技工学校

北京电子信息高级技工学校

北京市汽车工业高级技工学校

北京市工业高级技工学校（北京市工业技师学院）

北京市实用高级技术学校（北京市新媒体技师学院）

北京一轻高级技术学校

北京科技高级技术学校

首钢高级技工学校（首钢技师学院）

北京市应用高级技工学校

北京市工艺美术高级技工学校

北京市经贸高级技术学校

北京市公共交通高级技工学校

北京地铁技术学校

北京市市政管理学校

北京市实验技工学校（北京劳动保障技师学院）

北京二七机车厂技工学校

北京飞机维修工程有限公司航空技工学校

北京市顺义区人力资源和社会保障局技工学校

附件5：

2013年具有举办五年制高职资格的高职学院名单

北京电子科技职业学院

北京信息职业技术学院

北京工业职业技术学院

北京农业职业学院

北京政法职业学院
北京京北职业技术学院
北京体育职业学院
北京交通运输职业学院
首都师范大学学前教育学院
北京卫生职业学院
北京财贸职业学院
北京现代职业技术学院

北京市教育委员会

关于下达2012年北京市属高等学校成人高等教育招生计划的通知

京教计〔2013〕7号

有关市属高等学校：

根据教育部部署，按照规模、结构、质量、效益协调发展的原则，根据首都经济建设和社会发展对人才的需求，结合从业人员特点，确定2012年市属高等学校成人高等学历教育招生计划总数为32405人，其中本科招生计划13636人，专科（高职）招生计划18769人。现将招生计划下达给你们，请遵照执行。

附件：2012年市属高等学校成人高等教育招生计划表（略）

二〇一三年五月九日

北京市教育委员会

关于公布2013年成人中等职业学历教育招生专业的通知

京教职成〔2013〕4号

各区县教委，各有关中等职业学校：

为贯彻落实《北京市中长期教育改革和发展规划纲要（2010～2020年）》，进一步拓展中等职业学校的办学功能，加大职业技能培训的力度，加快职业技能型人才培养，提高劳动者素质，促进就业与再就业，2013年本市中等职业学校成人中专班和独立设置的成人中等专业学校将继续对社会招生。现将招生专业予以公布（附件1），并提出如下要求，请认真贯彻落实。

一、各学校要按照教育部《关于制定中等职业学校教学计划的原则意见》（教职成〔2009〕2号）、《关于中等职业学校德育课课程设置与教学安排的意见》（教职成〔2008〕6号）、《关于印发中等职业学校德育课课程教学大纲的通知》（教职成〔2008〕7号）、《关于印发新修订的中等职业学校语文等七门公共基础课程教学大纲的通知》（教职成〔2009〕3号）和市教委《关于在本市中等职业学校举办成人学历教育有关问题的通知》（京教职成〔2004〕23号）等文件精神进行招生、开展教育教学和收费。

二、各学校要按照市教委《转发教育部关于印发中等职业学校学生学籍管理办法文件的通知》（京教学〔2011〕1号）要求对录取新生的学籍进行备案和管理。

三、各学校要根据成人学习特点制定成人中等职业教育专业教学计划、教学大纲，建立和完善本校成人中等职业教育教学管理制度。深化教育教学改革，积极推行学分制等弹性学习制度，并根据市教委有关学分制管理文件，制定本校学分制实施办法和方案，探索建立“学分银行”制度和学习成果认证制度，鼓励学生终身学习，为成人学生半工半读、工学交替、分阶段完成学业创造条件。

四、根据教育部《关于中等职业学校酒店服务与管理、中餐烹饪专业更名调整的通知》（教职成司函〔2013〕3号）精神，“酒店服务与管理”专业更名为“高星级饭店运营与管理”专业，“中餐烹饪”专业更名为“中餐烹饪与营养膳食”专业，专业简介见附件2和附件3。

附件：1. 2013年北京市成人中等职业学历教育招生专业
2. 高星级饭店运营与管理专业简介（略）
3. 中餐烹饪与营养膳食专业简介（略）

二〇一三年五月二十七日

附件1

2013年北京市成人中等职业学历教育招生专业

北京市商业学校
会计电算化
会计
金融事务
商务助理
高星级饭店运营与管理（国际酒店）
旅游服务与管理
物流服务与管理
物流服务与管理（物流信息管理）
城市轨道交通运营管理
城市轨道交通运营管理（客运场站服务与管理）

计算机应用
计算机网络技术
电子商务
美术设计与制作
动漫游戏（动漫设计制作）
珠宝玉石加工与营销
服装设计与工艺
眼视光与配镜
学前教育（保育员）

北京商贸学校

会计
商务英语
旅游服务与管理
电子商务
物流服务与管理
计算机应用
动漫游戏（游戏设计与制作）
计算机动漫与游戏制作（电脑游戏制作与运营）
广播影视节目制作（影视节目后期制作）
产品质量监督检验（食品质量监督检验）

北京城市建设学校

建筑工程施工
建筑设备安装
工程造价
工程测量
供热通风与空调施工运行
物业管理

北京水利水电学校

建筑工程施工
机电技术应用
计算机应用

北京市昌平卫生学校

药剂

北京市环境与艺术学校

环境治理技术
产品质量监督检验
家具设计与制作
工艺美术（首饰设计与制作）
动漫游戏
皮革制品造型设计

北京市对外贸易学校

国际商务（外贸单证、外贸报检、外贸报关助理、国际货运代理）
商务英语
民航运输
航空服务
学前教育（保育员）
会计（企业会计）
会计（金融业会计）
物流服务与管理（城市配送）
物流服务与管理（国际物流）
会展服务与管理（会展营销与策划）
会展服务与管理（会展设计）

电子商务（商务网站维护）

北京交通运输职业学院（中专部）

汽车运用与维修

汽车车身修复

汽车美容与装潢

汽车整车与配件营销（汽车商务）

物流服务与管理

北京财贸职业学院（中专部）

会计

北京卫生职业学院（中专部）

中医康复保健

中药

北京工业职业技术学院（中专部）

机电技术应用

采矿技术

北京市供销学校

城市轨道交通运营管理

铁道运输管理

学前教育（保育员）

会计

金融事务（证券事务）

旅游服务与管理(旅行社计调)

计算机网络技术

网站建设与管理

计算机应用

物流服务与管理（空港物流）

电子商务

市场营销

文秘（媒体资料管理）

物业管理

北京市园林学校

园林技术

导游服务

景区服务与管理

宠物养护与经营

北京市经济管理学校

经济信息管理

产品质量监督检验（食品安全与质量检验、食品营养与检测）

财经金融类(会计、金融事务)

信息技术类（计算机网络技术、电子商务、计算机平面设计、计算机与数码产品维修）

数字媒体技术应用

影像与影视技术

商务助理

北京金隅科技学校

工程造价

建筑工程施工

建筑与工程材料

数控技术应用

电气运行与控制

机电设备安装与维修

楼宇智能化设备安装与运行
机电技术应用（工业机器人应用与维护）
计算机网络技术
计算机与数码产品维修
物流服务与管理
电子商务
建材装备运行与维护
硅酸盐工艺及工业控制

北京市振华旅游学校

高星级饭店运营与管理
旅游服务与管理
文秘
公关礼仪
导游服务

北京市商务科技学校

物流服务与管理
服装设计与工艺（服装展示与品牌推介）
会计（金融业会计、会计电算化）
电子商务
影像与影视技术（影视技术、摄影艺术）
学前教育（保育员）
产品质量监督检验（纺织品检测）
数字媒体技术应用（数字影音后期制作）
物联网技术应用（物流管理）

北京市自动化工程学校

数控技术应用
模具制造技术
机电技术应用
计算机网络技术
高分子材料加工工艺

北京市求实职业学校

计算机网络技术
戏剧表演
文秘
金融事务
学前教育
航空服务

北京市东方职业学校

观光农业经营

北京市外事学校

公关礼仪
高星级饭店运营与管理
金融事务
旅游服务与管理
中餐烹饪与营养膳食
西餐烹饪
航空服务
文化场馆服务与管理
电子商务
商务英语

北京市财会学校

会计电算化（在线会计）

文秘（商务秘书）
计算机网络技术
会计

北京市实美职业学校
美容美发与形象设计
美术绘画
动漫游戏
学前教育
戏剧表演（影视表演）
服装展示与礼仪
音乐（声乐表演）
舞蹈表演（中国舞、体育舞蹈）
计算机平面设计
休闲体育服务与管理
电子与信息技术（物联网、数字音视频）
计算机网络技术
制冷和空调设备运行与维修
影像与影视技术（影视节目制作）
保险事务（社会保障）
法律事务（司法文秘）
数字媒体技术应用

北京市实验职业学校
中药
药剂
学前教育
计算机平面设计
平面媒体印制技术
计算机应用
电气技术应用
出版与发行

北京市国际美术学校
美术绘画

北京国际职业教育学校
商务英语
国际商务
金融事务
中餐烹饪与营养膳食
服装设计与工艺
服装展示与礼仪
社会保障事务
国际商务
学前教育
航空服务
园林绿化
旅游服务与管理（中文导游）
旅游服务与管理（英文导游）
计算机网络技术
电子商务
会计
金融事务

北京现代职业学校
电子商务
商品经营
物流服务与管理
医学生物技术
数字媒体技术应用

计算机与数码产品维修
会计

北京市第一七九中学
计算机应用
电子技术应用
中餐烹饪与营养膳食
西餐烹饪

北京市东城区古城职业高中
汽车运用与维修
物业管理

北京市育人中等职业学校
汽车运用与维修
供用电技术
模具制造技术
音乐（声乐、器乐）
舞蹈表演
戏剧表演（影视表演）
旅游服务与管理
工艺美术
物业管理

北京市商务管理学校
金融事务
会计
电子商务
商务英语
美术设计与制作
中餐烹饪与营养膳食
西餐烹饪
高星级饭店运营与管理
旅游服务与管理
园林技术
美发与形象设计
美容美体
保安（护卫）
保安（技术防范）

北京市海淀区艺术职业学校
学前教育
动漫游戏
音乐
美术绘画

北京市盲人学校
中医康复保健（针灸推拿）

北京市信息管理学校
计算机应用
计算机网络技术
网站建设与管理
网络安防系统安装与维修（智能楼宇）
金融事务
电子商务
会计
商务英语
数字影像技术
动漫游戏
美术设计与制作
铁路运输管理
航空服务
计算机与数码产品维修

北京市黄庄职业高中

计算机应用
计算机动漫与游戏制作
计算机网络技术
软件与信息服务
美容美体
美发与形象设计
会计
金融事务
电子商务
国际商务
商务英语
戏剧表演
美术设计与制作
服装设计与工艺
服装展示与礼仪
广播影视节目制作
会展服务与管理
义齿设计与制作
家政服务与管理
学前教育

北京市古城旅游职业学校

园林技术
园林绿化
公路运输管理
休闲体育服务与管理
美术绘画
高星级饭店运营与管理
旅游服务与管理
导游服务
景区服务与管理
中餐烹饪与营养膳食
西餐烹饪

北京市顺义区第一职业学校

物流服务与管理
航空服务（空港地面服务）
会计
电子商务
园林技术（插花艺术）
计算机应用
工艺美术
机电技术应用
电气运行与控制
电子与信息技术

北京市大兴区第一职业学校

机电技术应用
航空服务
计算机网络技术
动漫游戏
计算机应用
园林技术
电子商务
汽车运用与维修

北京市大兴区第二职业学校

生物技术制药
物流服务与管理
计算机应用
机械制造技术

北京市昌平职业学校

园林绿化(园林植物栽培养护)

食品生物工艺（食品营养与检测）

汽车运用与维修（汽车机修、汽车电器维修、汽车维修业务接待）

汽车车身修复（汽车钣金、汽车涂装）

城市轨道交通车辆运用与检修（城市轨道交通车辆驾驶、城市轨道交通车辆检修）

汽车制造与检修（汽车装配与调试、汽车钣金与涂装、汽车营销）

数控技术应用（数控车削加工、数控铣削加工、加工中心加工、数控机床装调与维护）

航空服务（航空安全检查、空中乘务、空港地面服务）

城市轨道交通运营管理（城市轨道交通客运服务、车站管理）

美容美体（美容、美体）

旅游服务与管理（旅行社导游、旅行社计调、旅行社外联）

导游服务（普通话导游）

景区服务与管理（景区导游）

学前教育（保育员）

金融事务（银行、证券、投资理财）

中餐烹饪与营养膳食（中餐烹调、中式面点制作）

西餐烹饪（西餐烹调、西式面点制作）

计算机平面设计（桌面排版技术、图文信息处理、平面广告设计与制作、工程效果设计、数码照片艺术处理）

计算机网络技术（综合布线设计与施工、网络设备安装与调试、网络管理与维护、网络产品营销、网站建设与管理、网络与信息安全）

数字影像技术（数字影视艺术制作、数字影视动画制作、数字影像采集、修复与编辑）

计算机动漫与游戏制作（动画片制作、电脑游戏制作与运营）

园林技术（园林规划设计与施工）

北京市怀柔区职业学校

平面媒体印刷技术（印刷工艺方向）

旅游服务与管理（餐饮服务与管理方向）

农村经济综合管理（农村经济方向）

北京市延庆县第一职业学校

中餐烹饪与营养膳食

计算机应用

高星级饭店运营与管理

汽车运用与维修

美容美体

美发与形象设计

园林绿化

建筑工程施工

北京市密云县职业学校

果树花卉生产技术

计算机与数码产品维修

客户信息服务

汽车运用与维修

数控技术应用

计算机应用

旅游服务与管理

美容美体

中餐烹饪与营养膳食

会计

物流服务与管理

计算机平面设计

计算机网络技术

学前教育（保育员）

商务英语

北京市房山区第二职业高中

计算机应用

家政服务与管理

汽车运用与维修

建筑工程施工

北京市丰台区职业教育中心学校

中餐烹饪与营养膳食

西餐烹饪

旅游服务与管理

高星级饭店运营与管理

影像与影视技术

动漫游戏

美术设计与制作

服装设计与工艺

珠宝玉石加工与营销

汽车运用与维修

汽车整车与配件营销

电子与信息技术（物联网设备安装与应用）

计算机网络技术

通信运营服务

学前教育

会计

电子商务

公关礼仪

航空服务
数字影像技术
园林技术
医学生物技术
建筑工程施工

北京市经济贸易学校

机电技术应用
服装制作与生产管理
电子技术应用
计算机应用
计算机网络技术
商品经营
市场营销
电子商务
商务英语
物流服务与管理
高星级饭店运营与管理
会计
美术设计与制作
物业管理
工商行政管理事务

中国煤矿文工团艺术学校

舞蹈表演
音乐（器乐表演）
音乐（声乐表演）
戏剧表演（影视表演）
美术设计与制作

北京市海淀区职业学校

计算机应用
会计

北京市海淀区四季青成人中等专业学校

计算机应用
汽车运用与维修

北京市九华旅游职业学校

计算机应用
商务英语
会展服务与管理
高星级饭店运营与管理
休闲体育服务与管理

北京市农业广播电视学校

果蔬花卉生产技术
园林技术
畜牧兽医
农村经济综合管理
计算机应用
人口与计划生育管理
旅游服务与管理
会计
物业管理
家政服务与管理
法律事务
工商行政管理事务
物流服务与管理
学前教育（保育员）
农产品营销与储运
建筑工程施工
社会文化艺术

循环农业生产与管理

现代农艺技术

农村经济综合管理（农民专业合作社）

北京百年农工子弟职业学校

楼宇智能化设备安装与运行

制冷和空调设备运行与维修

电气技术应用

物业管理

北京市广播电视中等专业学校

会计

计算机应用

工商行政管理事务

机械加工技术

商务英语

汽车运用与维修

机电技术应用

物业管理

北 京 市 教 育 委 员 会
北京市发展和改革委员会

关于下达 2013 年北京市普通中等专业学校招生规模的通知

京教计〔2013〕8 号

各有关委办局（总公司），各普通中等专业学校、有关高等职业学校：

根据《北京市中长期教育改革和发展规划纲要（2010～2020 年）》和《关于做好 2013 年高级中等学校考试招生工作的意见》（京教计〔2013〕1 号）精神，结合首都经济建设与社会发展对中等职业技术人才的实际需求，现将 2013 年本市普通中等专业学校和五年制高等职业教育试点招生规模下达给你们，并就有关招生工作提出如下要求，请认真贯彻执行。

一、各普通中等专业学校和五年制高职试点学校要牢固树立服务首都的意识，围绕首都经济建设与社会发展对职业技术人才的需要和市民对职业教育多样化的需求，通过认真编制和落实招生计划，进一步明确办学定位，突出职业教育特色。

二、各校要进一步调整专业结构，提高人才培养质量，不断提高中等职业教育的吸引力。加强对各类职业技术人才需求的规律性研究，进一步调整、优化专业结构，统筹好招生、培养和就业，提高人才培养的适应性。同时，要不断探索职业教育培养方式和培养模式的改革，提高人才培养的质量。加强实践教学环节，重点培养学生动手能力、实践能力和职业适应性。积极探索深层次校企合作、产教结合，推进人才培养模式改革。

三、进一步规范办学行为和计划、招生管理工作。各校要立足首都教育发展全局，严禁虚假宣传、不实承诺，严格执行招生计划，维护计划工作的严肃性，不得擅自扩大招生规模和招生区域。在招生录取过程中，要严格执行招生工作纪律，自觉维护招生工作秩序，未经批准，任何学校不得擅自到外省招生。

四、艺体类中等专业学校、首都铁路卫生学校、北京铁路电气化学校、北京工业职业技术学院中专部、北京体育职业学院从外省（市、自治区）招收的学生，须经当地教育行政部门或考试招生部门的批准，报北京教育考试院核准备案后，由北京教育考试院统一将录取名单报市公安局人口管理处，学校自行办理北京市城镇集体户口手续。

五、艺体类中等专业学校的学生在校期间户口不得随意转出；应届毕业生在京报考高等学校，艺术类考生只准报考全国统一招生艺术类专业，体育类考生只准报考体育类单独招生。未被高等学校录取或未能择优录用的毕业生，其户口当年必须转回生源所在地。

北京体育职业学院招收的外地生源，在完成三年中专学段教育后，运动成绩达到入队水平，通过校内升学考试后，可升入两年制高职学段学习。未符合升学条件者颁发中等专业学校毕业证书，其户口当年必须转回生源所在地。

六、首都铁路卫生学校、北京铁路电气化学校、北京工业职业技术学院中专部从外省（市、自治区）招收的学生，学生毕业后其户口当年必须转回生源所在地，不能在京报考高等学校。

附件：1. 2013 年北京市普通中等专业学校在京招生规模表（略）

2. 2013 年北京市普通中等专业学校外省招生规模表（略）

3. 2013 年北京市五年制高等职业教育试点招生规模表（略）

二〇一三年六月二十四日

北京市教育委员会

关于下达 2013 年北京市普通高中和职业高中招生规模的通知

京教计〔2013〕9 号

各区县教委：

根据《北京市中长期教育改革和发展规划纲要（2010～2020 年）》和市教委《关于做好 2013 年高级中等学校考试招生工作的意见》（京教计〔2013〕1 号），确定 2013 年北京市普通高中招生计划总规模为 52130 人，其中择校生招生计划 3168 人，示范高中招生计划分配到初中校（以下简称“名额分配”）招生计划 3133 人；

职业高中招生计划总规模 8612 人。现将 2013 年北京市分区县普通高中和职业高中招生计划下达给你们，并就计划执行过程中的有关事项通知如下，请一并遵照执行：

一、各区县要认真学习贯彻国家和北京市中长期教育改革和发展规划纲要精神，充分发挥事业计划在普通高中和职业高中发展中的引导作用，通过认真编制和落实招生计划，统筹区域教育资源，积极推动普通高中多样化发展，优化中等职业教育结构，整体提升高中阶段教育办学水平和教育质量。

二、各区县要继续加强普通高中教育资源的统筹规划和布局调整，不断扩大优质教育资源的覆盖程度，逐步满足人民群众日益增长的对于优质教育资源的需求。

三、各区县要积极引导职业高中进一步调整专业结构，提高人才培养质量，适应社会需求。要不断加强区域内各类职业技术人才需求的规律性研究，进一步调整、优化专业结构，统筹好招生、培养和就业，提高人才培养的适应性。同时，要不断探索职业高中培养方式和培养模式的改革，提高人才培养的质量。

四、进一步加强计划、招生管理工作。各区县要立足首都教育发展全局，对所属普通高中和职业高中提出明确要求，严格执行招生计划，维护计划工作的严肃性，未经我委批准，任何单位和个人不得擅自增减招生计划和变更招收方式。

五、进一步规范择校生录取工作，学校招生计划、收费标准和录取结果要向社会公布，严禁区县和学校擅自提高简章公布的择校生比例、扩大收取择校生的范围和提高收费标准。

六、各区县和普通高中要认真制定“名额分配”招生工作的实施方案，落实好“名额分配”招生计划，确保此项工作公平、公正、公开进行，从而促进义务教育均衡发展、城乡教育协调发展。

附件：2013 年北京市分区县普通高中职业高中招生规模表

二〇一三年七月十日

附件

2013 年北京市分区县普通高中职业高中招生规模表

区县名称	普通高中招生计划	普通高中招生计划中：		职业高中招生计划
		择校生计划	“名额分配”计划	
合计	52130	3168	3133	8612
东城	5565	276	436	1032
西城	7086	496	603	950
朝阳	4247	244	300	1100
丰台	2577	179	132	580
石景山	1580	116	111	370
海淀	11900	837	557	1070
门头沟	710	54	36	150
燕山	270	24	33	80
房山	2450	207	46	400
通州	2260	74	135	220
顺义	3140	141	221	340
昌平	2005	66	87	620
大兴	2360	97	87	400
怀柔	1320	119	65	180
平谷	1610		126	220
密云	1800	145	80	560
延庆	1250	93	78	340

北 京 市 教 育 委 员 会
北京市发展和改革委员会

关于下达2013年市属高等学校普通高等教育招生计划的通知

京教计〔2013〕10号

各市属高等学校：

按照教育部办公厅、国家发展改革委办公厅《关于编报2013年普通高等教育分学校分专业招生计划的通知》（教发厅函〔2013〕36号）和教育部《关于分送2013年全国普通高等学校分省分专业招生计划的通知》（教学司〔2013〕3号）精神，2013年北京市属高校普通高等教育招生计划总规模为84956人，其中本科招生计划47096人，高职（专科）招生计划37860人。现将2013年北京市属高等学校普通高等教育分学校分专业招生计划下达给你们，并就计划执行过程中的有关事项通知如下，请一并遵照执行：

一、各高校要全面落实《国家中长期教育改革和发展规划纲要（2010～2020年）》和《北京市中长期教育改革和发展规划纲要（2010～2020年）》精神，按照《北京市“十二五”时期教育改革和发展规划》确定的任务和要求，充分发挥事业计划在学校发展中的龙头作用和引导作用，通过认真编制和落实招生计划，稳定发展规模，推进内涵发展，改善办学条件，优化学科专业结构，凝练办学特色，提高人才培养质量。

二、统筹考虑学校研究生、普通本专科和成人高等教育协调发展，进一步明确学校发展定位，不断提高高等教育质量。围绕首都经济和社会发展的需求，加强对各类专业人才需求的规律性研究，进一步调整、优化学科专业结构，统筹好招生、培养和就业等各项工作，更好适应经济社会发展新要求。高等职业教育要积极开展订单式培养，通过加强与企业、行业的联系，逐步建立招生专业动态调整机制，有针对性地调整和设置专业，加快培养生产、建设、管理、服务一线急需的技能型人才。

三、要继续加大投入，不断改善办学条件。各校要继续查缺补漏，有针对性地采取措施，不断改善办学条件。高等职业教育要特别加强实习、实训基地建设；独立学院要落实《独立学院设置与管理办法》（教育部令第26号）精神和要求，通过不断加大投入，努力改善办学条件，进一步提高办学水平和培养质量。

四、各校要坚决贯彻执行《高等教育法》和教育部有关规定，依法规范办学行为。除经教育部批准或备案的高等学校、分校办学点外，任何单位或机构不得实施高等学历教育。严格禁止普通高等学校借联合办学的名义，设立分校、校外办学点或在低层次学历教育学校举办高层次学历教育。严格禁止在招生广告中混淆学历教育与非学历教育界限。

五、进一步规范和加强计划和招生管理工作。严禁虚假宣传、不实承诺，严禁私自招揽生源，严禁向考生收取与录取挂钩的任何费用。各校要立足首都高等教育发展全局，严格执行招生计划，维护计划工作的严肃性。在录取过程中，市属高校对生源计划的调整，一律使用教育部“全国普通高校招生来源计划网上管理系统”在网上进行。计划调整必须征得两委和计划调入及调出省级招办同意，方可在学校招生规模内调整计划。对于未经网上审核，擅自增加招生计划的学校，两委将消减该校下年度招生规模，并停止在违规省市招生的资格。按照教育部要求，对于未经核准计划招收的学生，将不予以新生学籍电子注册。

各校要加强对不分省的其它类招生计划和少数民族预科班招生计划的管理。未经两委批准，其它类招生计划不得调整为普通类招生计划，不得随意调整少数民族预科班招生范围和招生规模。

六、各校要重视贫困大学生的资助工作。在新生入学后，按照教育部要求，认真做好贫困家庭学生资助政策的宣传工作，做好新生入学“绿色通道”工作，确保新考入普通高等学校的贫困家庭学生顺利入学。

附件：1. 2013 年市属高等学校普通高等教育招生计划总表（略）

2. 2013 年市属高等学校普通高等教育在京招生计划总表（略）

3. 2013 年市属高等学校普通高等教育分省来源计划总表（略）

4. 2013 年市属高等学校普通高等教育分专业招生计划表（略）

5. 2013 年市属高等学校普通高等教育分专业在京招生计划表（略）

6. 2013 年地方所属高等学校招生来源计划表（含定向，略）

7. 2013 年地方所属高等学校招生来源计划表（其中定向，略）

8. 2013 年地方所属高等学校招生来源计划表（其它类，略）

二〇一三年七月三十一日

北京市教育委员会

关于下达 2013 年北京市属高等学校成人高等教育招生计划的通知

京教计〔2013〕17 号

有关市属高等学校：

根据教育部《关于做好 2013 年全国成人高校分省分专业招生计划编制工作的通知》（教学司〔2013〕5 号），按照规模、结构、质量、效益协调发展的原则，根据首都经济建设和社会发展对人才的需求，综合考虑学校办学条件、报名人数等因素，确定 2013 年市属高等学校成人高等学历教育招生计划总数为 30269 人，其中本科招生计划 13573 人，专科（高职）招生计划 16696 人。现将招生计划下达给你们，并提出如下要求，请一并遵照执行。

一、各高校在招生计划的执行过程中，要严格执行教育部和本市的各项规定，认真学习党的十八大精神和教育规划纲要要求，深入贯彻落实科学发展观，不断提高成人高等教育办学质量和水平，积极发展各种形式的非学历教育，特别是大学后继续教育和高层次岗位培训，为首都学习型城市建设和构建终身教育体系做出积极贡献。

二、独立设置成人高校要根据首都经济建设和社会发展的实际需要和本校办学条件，加快调整成人高等教育学科、专业结构，不断提高成人学历教育的培养质量。同时，积极探索社会培训等各种形式的非学历继续教育，不断拓展为社会教育服务的渠道。

三、普通高校举办成人高等学历教育，应与学校举办的研究生、普通本专科等教育事业发展相协调，统筹安排、综合利用学校各项办学条件，确保必要的办学条件，特别是专任教师的数量和质量。普通高校要坚持面向在职从业人员的办学方向，一律停止举办成人脱产班，同时，普通高校原则上要停止举办高等教育自学考试社会助学脱产班。

四、各校要依法办学。要切实加强管理，加大投入，改善条件，提高办学质量。教育部和我委将加大对高校办学条件的监测和审核力度，对基本办学条件达不到规定要求的学校，将在高等教育计划安排等方面给予适当限制，并通过媒体向社会公布。严禁任何形式的“超前班”；严禁以“联合办学”等名义将招生计划投放到低层次学校和非高等学历教育机构。对在成人高等教育和继续教育中违规招生和违规办学的单位，将按照暂停招生或限制招生进行处理并予以公布。

五、各校在招生录取过程中，要严格执行招生计划，维护招生计划管理的严肃性。未经批准，任何单位和个人不得擅自变更下达的招生计划。

附件：1. 2013 年市属高等学校分学校成人高等教育招生来源计划总表（略）

2. 2013 年市属高等学校分学校成人高等教育招生来源计划（专升本）总表（略）

3. 2013 年市属高等学校分学校成人高等教育招生来源计划（高起本）总表（略）

4. 2013 年市属高等学校分学校成人高等教育招生来源计划（高起专）总表（略）

5. 2013 年市属高等学校分学校分专业成人高等教育招生来源计划表（略）

6. 2013 年市属高等学校分学校分专业成人高等教育招生来源计划（专升本）表（略）

7. 2013 年市属高等学校分学校分专业成人高等教育招生来源计划（高起本）表（略）

8. 2013年市属高等学校分学校分专业成人高等教育招生来源计划（高起专）表（略）

二〇一三年十一月二十八日

北京市教育委员会

转发教育部关于进一步推进高校招生信息公开工作文件的通知

京教函〔2013〕647号

各区县教委、考试中心，市属普通高校，北京地区研究生招生单位、成人高校：

现将教育部《关于进一步推进高校招生信息公开工作的通知》（教学函〔2013〕9号）转发给你们，并结合北京实际提出如下意见，请一并遵照执行。

一、请各市属高校按照教育部要求，认真实施高校招生“阳光工程”，进一步扩大信息公开范围，规范公开程序和内容，提高信息公开时效，切实做到高校招生信息“十公开”。

二、请北京地区各成人高校和研究生招生单位参照“十公开”要求，制定相应的招生信息公开办法。

三、请各区县将本文件转发给所属高级中等教育学校，并指导学校做好高校招生中相关信息的公开工作。

二〇一三年十二月十八日

附件

教育部

关于进一步推进高校招生信息公开工作的通知

教学函〔2013〕9号

各省、自治区、直辖市高校招生委员会、教育厅（教委），新疆生产建设兵团教育局，有关部门（单位）教育司（局），部属各高等学校：

高校招生实施“阳光工程”以来，各级教育行政部门、招生考试机构和高校加大工作力度，以公平公正为核心、制度建设为基础、信息公开为重点、有效监督为保障，逐步建立了更加公开透明的高校招生工作体系，得到社会广泛肯定。为贯彻落实《国务院办公厅关于印发当前政府信息公开重点工作安排的通知》（国办发〔2013〕73号）的有关要求，现就进一步推进高校招生信息公开工作通知如下：

一、扩大高校招生信息公开范围

各省级教育行政部门、招生考试机构和高等学校要按照《教育部关于深入实施高校招生阳光工程的意见》（教学〔2011〕9号）和《教育部关于高等学校招生工作实施阳光工程的通知》（教学〔2005〕4号）有关信息公开工作要求，进一步扩大信息公开范围，规范公开程序和内容，提高信息公开时效，做到高校招生信息“十公开”。

（一）招生政策公开。教育部制定的全国普通高校招生相关政策和规定，各省级高校招生委员会、教育行政部门据此制定的实施细则或办法。

（二）高校招生资格公开。年度具有普通高等学历教育招生资格的高等学校名单，自主选拔录取改革试点院校、试点招收高水平运动队、艺术特长生的高校等具有特殊类型招生资格的院校名单。

（三）高校招生章程公开。高校招生章程应包括学校基本办学情况、学历学位证书发放情况、招生计划编制原则、专业录取原则及实施办法、录取期间的调整计划使用原则和办法、学费标准等。具有特殊类型招生资格的院校还应公布相应招生类型的报考条件、选拔程序、考核方式与内容及录取规则等。

（四）高校招生计划公开。经教育部统一分送的高校招生来源计划、可以不做分省安排的特殊类型招生计划、预留计划和使用原则以及调整计划的使用结果。

（五）考生资格公开。按照国家或省级政策申请加分照顾考生资格，保送生、自主选拔录取学生、高水平运动员、艺术特长生、煤炭企业对口单招等特殊类型考试招生入选考生资格。公示的考生资格信息应包括姓名、性别、所在中学（或单位）、享受照顾政策类别、资格条件、所参加的特殊类型招生测试项目等。

（六）录取程序公开。各地确定的投档规则、填报志愿时间和办法、录取各阶段时间安排，各批次未完成计划和考生志愿征集办法等。

（七）录取结果公开。考生个人录取信息查询渠道和办法，录取信息包括批次、科类、类型、院校、专业等；高校分批次、分科类录取人数和录取最低分等。

（八）咨询及申诉渠道公开。各地、各高校招生咨询及接受考生申诉的办法和联系方式。

（九）重大违规事件及处理结果公开。各地所辖范围内发生的招生重大违规事件及其处理结果。

（十）录取新生复查结果公开。新生复查期间的有关举报情况、调查情况和处理情况。

二、完善多级信息公开制度

建立和完善分级负责、规范有效的国家、地方、高校、中学等多级高校招生信息公开制度。高校招生信息公开工作要做到信息采集准确、公开程序规范、内容发布及时。凡属主动公开的招生信息都要及时、主动公开，并依法依规、积极稳妥开展依申请公开工作。各省级高校招生委员会、各高校要细化本地区、本校高校招生信息公开的具体办法，明确招生信息公开的目录及其属性；加强各级“阳光高考信息平台”建设，发挥其在高校招生信息公开方面的主渠道作用。

三、切实落实高校招生信息公开责任

加强高校招生信息公开是实施高校招生“阳光工程”、办好人民满意教育的重要举措。各省级高校招生委员会、各高校要高度重视，更加自觉地把认真落实好高校招生“十公开”要求作为当前高校招生工作的重要内容之一。要按照“谁公开、谁负责信息审查”的原则，以及高校招生信息公开职责分工目录（见附件），完善各级各部门在信息采集、审核、发布等环节的工作职责。各省级教育行政部门和有关中央部门（单位）教育司（局）要分别加强对本地有关教育行政部门、招生考试机构、中学及所属高校信息公开工作的考核、评议和责任追究，对未认真履行信息公开职责、公开工作不到位的单位，要责令其限时纠正或改进，并依据《中华人民共和国政府信息公开条例》追究有关责任人责任。要按照“谁公开、谁负责解疑释惑”的原则，及时回应处理公众质疑和问题，建立健全舆论引导机制、虚假信息澄清机制和非法招生预警机制。

成人高校及研究生招生单位要参照上述“十公开”要求，制订相应的招生信息公开办法。

请各省级教育行政部门将本通知转发至本地区各级教育行政部门、招生考试机构，所有普通高校、成人高校、研究生招生单位及相关高级中等教育学校。

附件：高校招生信息公开职责分工目录

二〇一三年十月十四日

附件

高校招生信息公开职责分工目录

信息公开项目	信息公开内容	责任主体
招生政策公开	全国普通高校招生相关政策和规定	教育部
	各地高校招生实施细则（或办法）	省级高校招生委员会、教育行政部门
高校招生资格公开	年度具有普通高等学历教育招生资格、特殊类型招生资格的院校名单	教育部、省级招生考试机构
高校招生章程公开	高校招生章程及特殊类型招生办法	高校
高校招生计划公开	经教育部统一分送的高校招生来源计划、可以不做分省安排的特殊类型招生计划、预留计划及使用原则，调整计划的使用结果。	教育部、省级招生考试机构、高校
考生资格公开	保送、自主选拔录取、高水平运动员和艺术特长生招生等特殊类型招生入选考生资格	教育部、省级招生考试机构、高校及有关单位
	申请加分照顾考生资格	省级招生考试机构、中学
录取程序公开	投档规则、填报志愿时间和办法、录取各阶段时间安排，未完成计划及志愿征集办法等	省级招生考试机构
录取结果公开	考生个人录取信息查询渠道和办法，高校分批次、分科类录取人数和录取最低分等	省级招生考试机构、高校
咨询及申诉渠道公开	招生咨询及接受考生申诉的办法和联系方式	各级教育行政部门、招生考试机构、高校
重大违规事件及处理结果公开	本地区发生的招生重大违规事件及其处理结果	省级教育行政部门、招生考试机构
录取新生复查结果公开	新生复查期间的有关举报、调查及处理情况	高校

学生管理

北京市教育委员会文件选编

（2013）

北京市教育委员会办公室

转发教育部办公厅关于加强高校毕业生就业信息服务工作文件的通知

京教学办〔2013〕1号

北京地区各普通高校、研究生培养单位：

现将教育部办公厅《关于加强高校毕业生就业信息服务工作文件的通知》（教学厅〔2013〕5号）转发给你们，请遵照执行。

二○一三年五月二日

教育部办公厅

关于加强高校毕业生就业信息服务工作的通知

教学厅〔2013〕5号

各省、自治区、直辖市教育厅（教委），有关省、自治区人力资源社会保障厅（局），福建省公务员局，部属各高等学校：

当前，正值2013年高校毕业生求职择业的关键时期。为深入贯彻落实党的十八大和全国“两会”精神，全力以赴完成今年高校毕业生就业工作目标任务，按照全国高校毕业生就业工作推进会有关部署，现就做好当前高校毕业生就业信息服务工作通知如下：

一、充分认识做好毕业生就业信息服务工作的重要性。信息服务是就业服务的重要内容，是促进毕业生顺利就业的前提和基础。各地、各高校要进一步增强做好毕业生就业工作的责任感和紧迫感，积极主动地采取有效措施，千方百计征集需求信息，不断加大毕业生就业信息服务力度，努力为高校毕业生就业提供充足的就业信息和良好的招聘服务。

二、大力收集岗位信息，持续开展招聘活动。各地、各高校要把大力收集岗位信息作为当前就业工作的重中之重。各地高校毕业生就业工作部门要积极争取各行各业的支持，努力开辟毕业生到战略性新兴产业、先进制造业、现代服务业等领域就业的新渠道。各高校要带着对学生深厚的感情，以对学生高度负责的态度，采取“走出去，请进来”等多种方式，调动各方面力量，为学生提供多种就业服务，持续为毕业生举办优质高效的招聘活动，确保招聘活动场次和岗位数量进一步增长。要高度重视校园招聘活动的安全工作，切实做好安全预案，坚决防止安全意外事故发生。

三、创新信息服务方式，提高服务质量。各地、各高校要充分发挥网络招聘服务及时、高效、便捷的优势，充分运用“全国大学生就业信息服务一体化系统”及就业网、微博、手机短信等新型传播手段及时发布招聘信息，进一步完善岗位信息收集、发布、查询和更新功能，开展远程视频面试、就业创业模拟实训、网上测评、在线政策咨询、求职帮扶、在线招聘预约等服务，切实降低高校毕业生求职成本。

四、采取针对性措施，着力做好就业帮扶工作。各地、各高校要认真开展摸底排查，把目前尚未就业的少数民族毕业生以及家庭经济困难、就业困难毕业生作为重点服务对象，有针对性地开展专场招聘活动，提供个性化的就业指导。要建立就业困难毕业生数据库，实行“一对一”实名动态援助，通过发放求职补贴、向用人单位重点推荐、优先培训、跟踪服务等方式，帮助他们尽快实现就业。

五、严禁就业歧视，保护毕业生合法权益。各地、各高校要进一步加强对高校毕业生就业双选活动的监管，加强对用人单位资质、招聘信息的核查，切实营造公平就业环境。凡教育行政部门和高校举办的招聘活动，要严格做到“三个严禁”：严禁发布含有限定985高校、211高校等字样的招聘信息，严禁发布违反国家规定的有关性别、户籍、学历等歧视性条款的需求信息，严禁发布虚假和欺诈等非法就业信息，坚决反对任何形式的就业歧视。要加强对毕业生的法制教育，提高毕业生的维权意识，积极创造条件，主动为毕业生提供求职、签约等方面的就业权益保障服务，切实维护毕业生的合法权益。

二○一三年四月十六日

北京市教育委员会

关于开展大学生职业发展与就业指导课程提升项目建设的通知

京教学〔2013〕2号

各高等学校：

近年来，我委将高校毕业生就业工作纳入高等教育“质量工程”，采取建示范性就业中心、评选就业工作特色项目等举措，使北京地区高校毕业生就业工作整体水平有较大提升。为贯彻落实“十八大”对高校毕业生就业工作要求，进一步加强大学生职业生涯规划教育和就业指导工作，推动毕业生实现更高质量就业，市教委决定开展大学生职业发展与就业指导课程提升项目建设。现将有关事项通知如下：

一、建设目标

通过开展大学生职业发展与就业指导课程项目建设，帮助基础较为薄弱的高校加快建设，促进具备一定条件的高校继续提高，从而整体提升北京高校大学生职业发展和就业指导课程水平，并形成一批高品质、有特色的精品课程，更好地激发大学生职业生涯规划的自主意识，掌握学业和职业规划知识，提升就业能力，实现更高质量就业。

二、建设内容

根据教育部办公厅《关于印发大学生职业发展与就业指导课程

教学要求》的通知（教高厅〔2007〕7号）要求，结合北京实际，项目建设提升重点包括：

（一）教学计划。各高校应将职业发展与就业指导课程纳入教学计划，贯穿学生从入学到毕业的整个培养过程，分年级设立相应的学时和学分，建议不少于38学时（或不少于2学分），争取纳入必修课。

（二）教学内容。高校要根据教育部要求，结合本校办学特色、学生特点研究制定教学计划及教学内容，将“树立生涯与职业意识”、“职业发展规划”、“提高就业能力”、“求职过程指导”、“职业适应与发展”、“创业教育”等教学内容落实在相应的课程中，突出教学的实践性。

（三）教学实施。各高校要配备专人负责教学实施，组织集中备课，编写教案，采取灵活多样的教学方法，运用多媒体等现代化教学手段，建立符合实际的考核方式与办法，组织好教学活动，尽可能做到小班教学，有条件的高校可以设立专门教研室。

（四）师资队伍。各高校要选拔建立一支具有敬业精神、专业能力、结构合理的专兼职师资队伍，同时，完善培训机制和培养规划，加强实践锻炼，提升科研能力，提高教育教学水平。担任就业指导课的教师享受学校教学人员相应待遇。

（五）条件保障。高校应高度重视课程建设，建立相关的管理制度，加大经费投入，在设施设备、教学场地、教学资源等方面予以保障。

三、项目申报

各高校要高度重视北京地区高校大学生职业发展与就业指导课程提升项目建设工作，在认真梳理、总结本校开展职业发展与就业指导课程的基础上，结合本校实际，按照合理性、可操作性、可实现性的原则，就以上建设内容的一项或几项提出建设目标和规划，并填写《北京地区高校大学生职业发展与就业指导课程提升项目申报书》，于6月7日前将申报材料（一式10份）报送市教委。市教委将组织有关专家进行评审，确定北京地区高校大学生职业发展与就业指导课程提升项目立项名单。

申报材料报送市教委学生处。

附件：大学生职业发展与就业指导课程提升项目申报书（略）

二〇一三年五月七日

北京市教育委员会
北京市人民政府征兵办公室

关于做好专科学生退役后免试专升本工作的通知

京教学〔2013〕3号

各高等学校、各区县人民政府征兵办公室：

根据国家及北京市有关征集普通高等学校在校生及应届毕业生入伍的政策规定，为进一步做好专科学生退役后免试专升本工作，结合征兵工作实际，现就有关工作通知如下：

一、专科学生退役后免试专升本的条件

（一）应届毕业生符合以下条件的，可以申请免试专升本：

1. 2013年后从本市应征入伍的普通高校全日制专科（高职）应届毕业生；

2. 应届毕业生当年应征入伍；

3. 在服役期间综合表现良好，并被评为“优秀士兵”一次

(含)以上的(进藏兵不受限制)。

(二)在校生符合以下条件的,可以申请免试专升本:

1.2013年后从本市应征入伍的北京地区普通高校全日制专科(高职)在校学生;

2.退役后办理了复学手续,并按照学校有关规定完成专科(高职)学业,取得毕业证书;或在入伍期间取得毕业证书;

3.在服役期间综合表现良好,并被评为"优秀士兵"一次(含)以上的(进藏兵不受限制)。

二、在校生办理复学手续的要求

(一)在校生退出现役后两年内回原就读学校复学,由学生向原就读学校提出复学申请,学校按有关规定尽快为其办理复学手续。

(二)大学生退役后一般应回原学校原专业复学,如原所学专业撤销的,由学校安排转入其他相关专业复学。

(三)如原学校专科(高职)停止招生的,由原学校按照专科教学计划采取灵活的学习方式(如个别辅导等)继续培养,确保在规定的修业年限内完成学业。

(四)如原就读学校撤销的,由市教委根据有关规定安排转入同等学历相关专业高校复学。

三、办理专升本手续的要求

(一)北京高校毕业生退出现役两个月内,向原就读学校提出免试专升本申请,学校按有关规定为其办理相关手续。

(二)北京生源京外高校毕业生退出现役两个月内,向入伍所在地区县兵役机关提出免试专升本申请,入伍所在地区县兵役机关按有关规定为其办理相关手续。

(三)每年4月份,学校将学生获奖情况及相关材料报市教委;区县兵役机关报市征兵办,由市征兵办统一汇总至市教委。

(四)市教委经核准后,根据专科(高职)升本科的有关规定,商北京市教育考试院,协调安排本科学校,为学生办理免试专升本录取手续。

各单位要高度重视征集应届毕业生和在校大学生入伍工作，加强组织领导，按规定落实好优抚政策，鼓励更多的大学生积极应征入伍。

二〇一三年六月十三日

北京市教育委员会

关于进一步做好北京地区普通高等学校在校生和应届毕业生入伍征集工作的通知

京教学〔2013〕4号

各高等学校：

近几年来，在校大学生和高校毕业生已逐渐成为入伍服义务兵役的主要征集对象。为贯彻落实市政府、北京卫戍区《关于2013年征兵的命令》（京政发〔2013〕18号）和市委市政府有关工作要求，结合北京高校实际，现将进一步做好北京地区高校征兵工作通知如下：

一、高度重视，充分认识高校征兵工作的重要性

征集大学生参军入伍，是适应新时期国防和军队现代化建设需要，是优化部队兵员结构，推进征兵工作改革，培养和造就高素质人才的重要举措。市委教育工委市教委高度重视高校征兵工作，成

立了以市教委主任为组长的北京高校征兵工作领导小组。同时，要求将征兵工作纳入高校党建、思政工作体系，作为考评学校工作的一项指标。各高校要充分认识到当前北京市征兵形势及任务的变化，提高对征兵工作的认识，从讲政治、讲大局的高度重视征兵工作，把征兵工作列入学校重要议事日程，切实加强领导，采取有效措施，推进高校征兵工作深入开展。

二、加强组织领导，建立健全高校征兵工作机制

各高校要确定一名校领导主抓征兵工作，并明确征兵工作部门及其职责，要选优、配强征兵工作人员。学校要成立由校领导任组长，宣传、学生、教务、资助、就业、保卫等相关部门负责人组成的征兵工作领导小组，办公室设在征兵工作部门。同时，各院（系）要有专门人员负责征兵工作，辅导员、学生干部要深入学生进行宣传和发动。力争形成并不断完善校领导牵头抓总，征兵工作部门组织协调、相关部门积极配合，院系主动参与的分工明确、职责清晰的工作体系，保证高校征兵工作有效落实。

三、加大宣传力度，鼓励大学生踊跃报名参军

各高校要开展形式多样、深入细致的宣传动员工作。要充分利用校园网、短信、微信等大学生乐于接受的信息化方式加大宣传力度，同时，利用橱窗、板报、横幅、标语及征兵宣传月（周）等活动，广泛宣传《国防法》、《兵役法》、《征兵工作条例》及国家安全形势，强化大学生依法服兵役意识，增强服兵役的光荣感，激发大学生的社会责任感和爱国热情，鼓励他们把个人奋斗同军队建设、国家需要紧密结合起来。

要以征兵政策和当兵典型为重点，大力开展校园宣讲活动。一方面，高校要把国家及北京市制定的鼓励高校大学生入伍服兵役一系列政策，特别是服役期满后的升学、就业（公务员、事业单位、市属国有企业、非公经济组织定向招聘，非京籍退役大学生士兵办理进京落户手续）及各类优待金发放等与大学生切身利益紧密相关的优惠政策讲明、讲透。另一方面，高校要发掘大学生士兵特别是本校学生参军涌现的典型，宣传先进，发挥典型的示范、引领作用，激励大学生积极踊跃报名应征。

四、认真落实政策，解决大学生士兵后顾之忧

各高校要把落实优待政策作为一门“必修课”，抓紧、抓实，重点在解决问题上下功夫。按照“征集好入伍的、服务好在伍的、安置好退伍的”要求，切实保障服役大学生“经济上有优待、政治上有进步、工作上有出路，发展上有前途”。对于报名参军不同阶段的优待政策要及时落实，如优待金、助学金、学费补偿金等，要按照国家政策要求按时、足额发给大学生士兵；对于退役后符合免试升学、考研加分、定向招录就业等政策的，要严格按照政策执行；对于在落实优待政策中出现的新情况、新问题，要向相关部门反映，并积极协调，尽可能予以解决。同时，鼓励高校结合自身实际，制定和完善更具吸引力的优惠政策。

五、积极主动配合，支持兵役机关开展工作

征集大学生入伍是多部门协同配合的一项系统工程，高校必须与相关部门尤其是兵役机关通力协作、密切配合形成工作合力。大学生入伍数量和质量是检验高校征集大学生工作的基本标准，各高校要把征集大学生入伍作为硬指标、硬任务，积极与市征兵办、区县人武部、相关委办局保持沟通，密切联系，及时汇报工作进展情况，保障工作顺利推进。

六、做好相关工作，确保完成征兵任务

今年是实行夏秋季征兵第一年，宣传动员、体检政审及定兵运输等工作都要利用暑期完成，各高校要统一思想和行动，服从大局，克服困难，做好相关工作。一是要科学合理调节工休矛盾，保证征兵部门人员和时间到位；二是要给予经费支持，除正常开支外，还要继续加大投入力度，为高标准完成任务提供保障；三是要加强内部联动，支持各有关部门特别是各院系开展的征兵工作和活动；四是要严格落实工作要求，因工作消极被动出现严重后果的，将追究有关人员和领导的责任。

市教委将继续加大高校征兵工作的研究，进一步制定和完善有关政策规定，持续推进北京地区高校征兵工作。各高校要结合本校实际，制定本校做好征兵工作的意见，确保按时、高质量完成年度工作任务。

二〇一三年七月三十一日

北 京 市 教 育 委 员 会
北京市人民政府征兵办公室

转发教育部、总参谋部关于印发《应征入伍普通高等学校录取新生保留入学资格及退役后入学办法（试行）》文件的通知

京教学〔2013〕5号

各区县教委、区县人民政府征兵办公室，各高等学校：

现将教育部、总参谋部《关于印发〈应征入伍普通高等学校录取新生保留入学资格及退役后入学办法（试行）〉的通知》（教学〔2013〕8号）转发给你们，并结合北京实际提出如下意见，请一并遵照执行。

一、高度重视，认真贯彻执行

《应征入伍普通高等学校录取新生保留入学资格及退役后入学

办法》（以下简称《办法》）是适应我国征兵工作形势，推动征兵工作长远发展的重要举措，是提高兵员质量的有效手段，关系到入伍新生的切身利益，各有关部门、高等学校要高度重视，认真学习《办法》，深入贯彻落实，切实保障应征入伍新生的权益。

二、及时核查，确保无遗漏

各高校要及时准确核查未到校报到的新生情况，属于因入伍未及时报到的，学校要联系新生本人或家长及时补办保留入学资格手续。各区、县征兵办公室在批准适龄青年入伍前，要认真核实其身份，指导和督促其办理相关手续，防止遗留问题的出现。

三、其他有关事项

（一）被北京高校录取的高中毕业生在原籍没有被征集的，入学报到后仍可由学校所在地区、县征兵办公室在规定时间内继续征集，相关程序按照征集在校大学生的方式办理。

（二）本升研、专（高职）升本、中职升高职（三二分段）的学生，确定已被上一层次普通高校录取的，从我市应征入伍后，享受我市大学生参军相关优待政策。

二〇一三年八月十三日

教 育 部
总参谋部

关于印发《应征入伍普通高等学校录取新生保留入学资格及退役后入学办法（试行）》的通知

教学〔2013〕8号

各省、自治区、直辖市教育厅（教委）、征兵办公室，有关部门（单位）教育司（局），各军区、各军兵种，军事科学院，国防大学，国防科学技术大学，武警部队，各省军区（卫戍区、警备区），教育部直属各高等学校：

现将《应征入伍普通高等学校录取新生保留入学资格及退役后入学办法（试行）》印发给你们，请认真贯彻执行。在试行过程中遇到问题望及时反映。

二〇一三年七月十三日

应征入伍普通高等学校录取新生保留入学资格及退役后入学办法（试行）

第一条 为了做好应征入伍普通高等学校录取新生保留入学资格及退役后入学工作，根据《中华人民共和国兵役法》和其他有关规定，制定本办法。

第二条 应征入伍普通高等学校录取新生，是指通过全国普通高等学校统一考试或研究生招生考试、已被普通高等学校或研究生招生单位（以下简称高校）录取但因同时依法应征入伍未到录取高校报到入学的学生（以下简称入伍高校新生）。

第三条 入伍高校新生申请保留入学资格，应当由入伍高校新生本人持高校录取通知书和身份证（户口簿）、高中阶段教育毕业证，到入伍地县（市、区）人民政府征兵办公室（以下简称县级征兵办）领取并填写《应征入伍普通高等学校录取新生保留入学资格申请表》（以下简称《保留入学资格申请表》，一式两份，式样附后）。入伍高校新生本人因故不能前往办理的，可以委托其他人持上述证明材料及受委托人身份证代为办理。县级征兵办应当认真查验入伍高校新生及受委托人有关证件，核实身份。

第四条 县级征兵办应当逐一告知入伍高校新生有关保留入学资格相关政策，协助入伍高校新生本人或受委托人填写《保留入学资格申请表》。

第五条 县级征兵办原则上应当在完成本辖区所有新兵交接手续之后5日内，汇总入伍高校新生《保留入学资格申请表》，加盖县级征兵办公章，连同入伍通知书复印件以公函形式发送至相关高校招生部门。对之后申请办理保留入学资格手续的，县级征兵办应当在录取高校规定新生报到日期前将《保留入学资格申请表》寄送高校招生部门。

第六条 高校接到入伍高校新生申请保留入学资格的有关材料后，依法依规审核录取资格，办理保留入学资格手续，在中国高等教育学生信息网学生个人信息中标注“参军入伍”，出具《保留入学资格通知书》。《保留入学资格申请表》审核加盖学校公章后，一份高校备案，另一份连同《保留入学资格通知书》寄送相关县级征兵办。县级征兵办收到上述材料后，将《保留入学资格申请表》留存备案，并在1周内将《保留入学资格通知书》送交入伍高校新生或受委托人保管。

第七条 入伍高校新生在退役后2年内，可以在退役当年或者第2年高校新生入学期间，持《保留入学资格通知书》和高校录取通知书，到录取高校办理入学手续。入伍高校新生重新报名参加高考或研究生招生考试的，视为自动放弃原入学机会，入学资格不再保留。

第八条 入伍高校新生退役入学时，原录取高校合并、撤销的，由省级教育行政部门安排转入同批次且与高考当年录取分数线相近的高校入学；原报考专业撤销的，由录取高校安排转入其他相近专业学习。

第九条 入伍高校新生在新兵检疫复查期间因身体原因被退回，可以持县级征兵办证明和高校录取通知书到录取高校办理入学手续；因身体原因不宜继续在部队服役而中途退役，可以在退役当年，如错过当年入学期间，可以顺延1年到录取高校办理入学。高校对申请入学的入伍高校新生（被退回及中途退役的）按照有关规定，进行新生入学资格复查，复查合格的办理入学手续，复查不合格的取消入学资格。入伍后因政治原因或拒绝服兵役被部队退回、服役期间受到除名或开除军籍处分的，或者被依法追究刑事责任的，所在部队有关部门负责通报其入伍地县级征兵办，并由县级征兵办告知录取高校。高校应取消其入学资格。

第十条 各级征兵办公室应当建立入伍高校新生登记统计制度，并逐级汇总上报。省级征兵办公室应当将本省（区、市）入伍高校新生情况通报同级教育行政部门备案。省级教育行政部门应当依据高校反馈的自行放弃入学资格考生名单，比对入伍高校录取新生信息，核查其中是否有已入伍尚未办理保留入学资格手续的学生；对未办理保留入学资格手续的，要督促协调有关部门做好手续补办工作。

第十一条 在办理入伍高校新生保留入学资格和退役后入学手续过程中，对故意拖延或不予办理的，上级主管部门应当督促办理并予以通报批评；造成不良影响或者严重后果的，依据有关规定追究相关人员责任。对在办理入伍高校新生保留入学资格和退役后入学工作中，弄虚作假、谋取私利的，依照有关法律法规严肃处理。

附件：应征入伍普通高等学校录取新生保留入学资格申请表（略）

教育信息化

北京市教育委员会文件选编

（2013）

北京市教育委员会

关于印发《北京数字学校名师同步课程资源建设管理及应用指导意见（试行）》的通知

京教基二〔2013〕3号

各区县教委、相关单位：

现将《北京数字学校名师同步课程资源建设、管理及应用指导意见（试行）》印发给你们，并提出如下要求，请一并贯彻落实：

一、做好技术保障工作。各区县教委要组织力量对本区县内所有中小学校信息化设备进行一次全面检查，确保所有学校网络畅通，具备收看名师同步课程和参与网络活动的条件。

二、做好培训工作。在市级骨干培训的基础上，区县教委要组织对一线教师和网管教师的全员培训，使其具备在教学实践中应用北京数字学校资源和环境的初步能力。

三、做好研究工作。名师同步课程是新生事物，各区县教委和相关单位要组织力量加强研究，使其与学校教育教学深度融合，创造性地发挥多种新资源和新环境的效益。

四、做好推广工作。各区县教委要采取措施在全部中小学校推广同步课程的应用，并加强工作指导。组织广大教师和学生在北京数字学校建立实名的网络空间，开展形式多样的自主学习和教学互动。鼓励各相关单位和学校通过课例评选、网络征文等特色活动，在教师、学生和家长中做好北京数字学校的宣传普及工作。

五、继续做好课程开发工作。要在已有工作基础上，确保录课基地和授课教师、技术人员的工作时间和工作条件，保障其顺利完成课程开发工作。

二〇一三年一月二十四日

北京数字学校名师同步课程资源建设管理及应用指导意见（试行）

为贯彻落实党的十八大精神，加强优质教育资源和信息化学习环境建设，推进信息技术与教育教学的全面深度融合，加快提升教育信息化整体水平，适当拓展基本公共教育服务范围和提高服务标准，努力办好人民满意的教育，大力推进北京数字学校（Beijing Digital School）名师同步课程资源建设、管理及应用工作，特制定本指导意见。

一、北京数字学校名师同步课程资源建设、管理及应用（以下简称“同步课程”）是以中小学生和教师为服务主体，同时面向社会公众免费开放的视频教育课程及配套资源。同步课程着力推动基础教育开放，为广大学生提供享受名师教育的机会，满足多层次、多样化的教育需求。

二、本指导意见明确同步课程资源建设、管理及应用的基本原则、组织管理、课程形式、开发标准、传播途径、推广、应用和运行保障等内容。

三、同步课程资源建设、管理及应用的基本原则

（一）同步课程建设要遵照国家和北京市有关法律、法规和政策，遵循基础教育的规律，符合教育教学的特点；

（二）同步课程要具备示范性、科学性和教学适用性；

（三）同步课程本着共享、共建的原则，鼓励学校和名师参与课程的开发；

（四）优先支持同步课程在师资力量相对薄弱的学校推广应用，逐步在全部中小学校普及；

（五）最大限度为学生和家长提供优质的数字化教育服务。

四、市教委负责筹建北京数字学校，全面负责同步课程及相关资源、综合服务平台、播出平台等规划、建设、应用指导、宣传推广及管理，制定课程开发年度计划和授课教师选拔、学科备课、教学模式、课程录制、课程审校等标准。区县教委和中小学校根据北京数字学校课程开发计划，做好参与课程开发的授课教师和技术人员的调配和组织工作，按照标准高质量完成承担的课程开发和录制任务。

五、市教委成立以主管主任为组长的北京数字学校建设领导小组，成员包括市教委相关处室、北京教育科学研究院、北京市教育学会、北京教育网络和信息中心、北京教育音像报刊总社等单位负责人，统筹领导和协调各相关部门和单位的工作。领导小组办公室具体负责北京数字学校同步课程资源的规划、建设、日常管理和应用指导等工作，定期召集相关单位举行工作例会，研究、协调有关工作。区县教委要建立相应的工作小组，负责本区县内同步课程的开发、应用、推广等工作。

六、同步课程开发采取“市级统筹、区县组织、名师主讲、社会参与”的方式进行。北京教育科学研究院负责课程开发的规划、组织和落实。北京教育网络和信息中心负责课程开发的技术支持。区县教委要积极配合，组织协调本区县教研部门、信息中心、中小学校和教师参与课程开发，鼓励本区县有条件的学校建立课程录制基地，支持课程录制相关工作。

七、课程开发在市教委的领导下统一规划，整体建设，分步实施。同步课程涵盖小学、初中和高中全部学科，包括国家课程和具有示范性的地方课程和校本课程。2012 年完成义务教育阶段同步课程的制作，逐步扩展到高中阶段，并且每年按一定比例进行更新。

八、同步课程的内容和呈现形式要利用信息化手段和丰富的教学资源，符合认知规律，着力体现课程的科学性、知识性、生动性和新颖性。

九、市、区县教委在全市范围内建立一批课程录制基地，根据同步课程教师选拔标准、授课标准和课程制作技术标准进行课程开发。北京教育科学研究院和北京教育网络和信息中心负责相关标准的制定。

十、同步课程通过网络、有线电视、光盘等多种渠道，采取广播和点播两种方式传播。北京教育网络和信息中心负责同步课程通过北京数字学校综合服务平台（www.bdschool.cn）推送到学校、课堂，歌华有线负责通过有线电视将课程推送到家庭。

十一、逐步丰富和完善北京数字学校综合服务平台的功能和服务内容，使广大师生拥有实名的网络学习空间环境，方便其开展自主学习和教学互动。利用云计算等先进信息技术和网络技术，面向中小学师生和社会学习者提供具有教、学兼备和互动交流等功能的教育服务。根据实际需要，逐步拓展网络学习、互动交流、测试反馈等功能。

十二、北京教育网络和信息中心负责做好北京数字学校综合服务平台的建设、维护、监控和管理，保证网站的畅通和安全，实现稳定运行、有效传播。区县教委要组织力量进行区域内网络的检查和维护，做好配套支持和服务保障，确保同步课程传播的畅通和综合服务平台功能的实现。

十三、市教委与北京广播电视台签署战略合作协议，通过歌华有线，开辟“公共教育”栏目，使用数字高清交互机顶盒，提供课程直播和点播服务，保障电视传播的畅通。

十四、北京教育音像报刊总社发行《北京数字学校校报》，预告同步课程播出信息，宣传优秀教学设计、课例分析、作业和课件等内容。

十五、北京数字学校建立健全动态监管机制，通过网络评价反馈系统实时统计同步课程使用的情况，汇总师生的评价，定期分析应用的效益和发展趋势，形成同步课程应用研究季报和年报，作为课程开发的参考。

十六、市、区县教委共同探索建立市区两级课表，因地实施，将开学第一课、重大时事教育课、中高考考前辅导课、填报志愿辅导等课程编入全市课表，统一收看。区县教委要根据本地区的教育基础、特点和需求，建立区县课表。

十七、市、区县教委要针对同步课程的应用推广制定专门工作方案，大力宣传，有效组织，加强培训，全员参与，引导辖区内所有学校和中小学师生利用好同步课程。积极推动同步课程在师资力量相对薄弱学校中的优先应用，针对因病在家休养或行动不便学生、接受送教上门服务的学生或者因极端天气等原因停课的学生提供服务。

十八、市、区县教委共同研究，结合工作实际和学校需求，选取一批中小学校作为项目基地，联合高等院校和科研院所指导项目单位开展同步课程应用模式研究和以网络为基础的“虚拟课堂”研究。探索同步课程资源在课堂教学、课程开发、教师教研、家校互动、技术环境等多个方面的多种应用形态，实现现实学校与虚拟学校无缝衔接、融合发展的体制、机制。

十九、市、区县教委和相关单位研究建立同步课程应用的激励机制。鼓励学校结合自身需求积极参与和开展多种应用模式的研究，结合教学计划，制定有效措施，发挥同步课程资源在课堂教学中的作用，调动广大教师充分使用同步课程资源开展教育教学活动的积极性。

二十、北京数字学校定期组织授课教师与中小学生在网络上互动交流，开展面对面讲座、专题报告会、网络征文等多种形式的活动。每学期组织活动一至两次，了解学生对同步课程学习的体会，听取教师对同步课程应用的建议，以进一步加以完善。

二十一、市教委组织开展同步课程应用示范校创建活动，及时总结同步课程应用取得的经验和成果，建立试点示范校建设的推广机制。加强交流，深入广泛开展各类研讨活动，进行先进经验的推广，以发挥其辐射和带动作用。

二十二、本指导意见自公布之日起试行。

北京市教育委员会办公室

关于开展全国教育信息化工作进展地理信息系统数据填报工作的通知

京教办函〔2013〕54号

各区县教委，各相关单位：

为有效落实教育部教育信息化推进办公室《关于开展全国教育信息化工作进展地理信息系统数据填报工作的通知》（教信推办〔2013〕23号），市教委决定启动北京市全国教育信息化工作进展地理信息系统数据填报工作。现将有关事项通知如下：

一、填报范围

北京市所有中小学校、中职校及高职校。

二、组织实施

北京市教育信息化工作办公室负责北京市教育信息化工作进展地理信息系统（以下简称“信息系统”）填报工作的总体部署，北京教育网络和信息中心负责数据填报工作的具体实施。

各区县教委负责辖区内学校填报工作的部署和具体实施，并安排专人负责。

北京教育网络和信息中心协助各有关处室负责所管理学校填报工作的部署和具体实施。

学校负责填报本校教育信息化工作进展情况的数据项，保证数据真实准确。

三、填报内容

（一）基本信息项

学校名称、学校类型、学制、学校地址、邮编、学生数量、教师数量、班级数量。

（二）三通情况

学校是否建有校园网、校园网出口带宽、教室数量、多媒体教室数量、有多媒体且联通互联网教室数量、本校师生是否使用公共服务平台、公共服务平台建设单位、公共服务平台网址、是否在公共服务平台开通学校空间、教师空间数量、学生空间数量。

各区县教委和学校每个月定期更新系统数据，及时反映教育信息化工作进展情况。

四、工作流程

填报系统的学校及区县账号由教育部统一制发，通过市教委通知区县教委以及各相关处室，再由区县、各处室通知到相关学校。

学校登录系统（http：//www.eduyun.cn）右下方“网上填报系统”填报数据，市、区县不能代填学校数据。

五、进度安排

10月30日前，各区县、各处室反馈区县、处室填报联系对接人，完整填写《地理信息数据填报区县、处室联系人表》。

11月初，北京教育网络和信息中心举办区县、中职校、高职校的数据填报负责人集中培训会议，介绍数据填报系统及填报流程，具体会议事宜另行通知。各区县完成区县级账号激活及本区县学校基本信息核对工作。若教育部系统中学校信息与实际情况不符，区县可自行进行增删改操作。

11月下旬，全市完成全部学校初次填报工作，开展每月定期更新系统数据的工作。对于没有完成任务的学校，市教委将采取公开通报、短信通知等方式督促。

附件：地理信息数据填报区县、处室联系人表（略）

二〇一三年十月二十五日

中共北京市委教育工作委员会
北 京 市 教 育 委 员 会

关于调整北京市教育信息化工作领导小组成员和机构职责的通知

京教研〔2013〕7号

各有关直属单位，各有关处室：

为贯彻落实全国教育信息化工作电视电话会议的精神，推进北京市教育信息化进程，经市教委主任办公会研究，决定对北京市教育信息化工作领导小组成员和机构职责进行调整。

现将调整后的《北京市教育信息化工作领导小组成员和机构职责》印发给你们。请按照职责分工，做好相关工作。

附件：北京市教育信息化工作领导小组成员和机构职责

二〇一三年十月三十一日

附件

北京市教育信息化工作领导小组成员和机构职责

一、北京市教育信息化工作领导小组成员名单

组　长：线联平　市教委主任
　　　　刘　建　市委教育工委常务副书记
副组长：叶茂林　市教委副主任
　　　　付志峰　市教委副主任
　　　　李　奕　市教委委员
　　　　张永凯　市教委委员
成　员：市委教育工委办公室主任
　　　　市教委办公室主任
　　　　宣教处处长
　　　　发展规划处处长
　　　　财务处处长
　　　　学前教育处处长
　　　　基础教育一处处长
　　　　基础教育二处处长
　　　　职业教育与成人教育处处长
　　　　高等教育处处长
　　　　科学技术与研究生工作处处长
　　　　北京教育网络和信息中心主任

二、北京市教育信息化工作机构职责

（一）北京市教育信息化办公室

北京市教育信息化工作领导小组下设北京市教育信息化办公室（以下简称“信息办”），设在市教委科学技术与研究生工作处。办

公室成员由科学技术与研究生工作处、市委教育工委办公室、市教委办公室、宣教处、发展规划处、财务处、学前教育处、基础教育一处、基础教育二处、职业教育与成人教育处、高等教育处、北京教育网络和信息中心负责人组成。

主要职责是：

1. 贯彻执行教育部、市委市政府信息化工作的方针和政策，督办完成北京市经济和信息化委员会的工作。

2. 负责制定党务信息化、教育系统电子政务（校务）发展规划、年度计划、方针政策、规章制度和标准，负责教育系统电子政务项目的组织实施和管理。该职责由市委教育工委（市教委）办公室负责实施。

3. 负责制定各级各类教育信息化发展规划、年度计划、方针政策、规章制度和标准。该职责由各级各类教育相关处室分别负责实施。

4. 负责教育信息化重大工程项目的组织实施和管理。该职责由相关项目处室分别负责。

5. 负责市级教育信息化项目技术统筹和项目运维管理，组织市级教育预算单位信息化项目申报，该职责由北京教育网络和信息中心负责实施。

6. 负责北京市教育信息化工作领导小组日常工作。该职责由科学技术与研究生工作处承担。

（二）北京市教育信息化专家委员会职责

1. 研究北京市教育系统信息化发展规划和教育系统信息化的政策和标准，提交信息办审议。

2. 协助信息办对北京市教育信息化重大任务和教育信息化共性问题调研，提供解决方案。

3. 监测评估北京市教育信息化发展水平和质量。

4. 负责北京市教育信息化项目的咨询。

5. 北京市教育信息化专家委员会秘书组设在北京教育网络和信息中心，负责北京市教育信息化专家委员会日常工作。

人事·机构

北京市教育委员会文件选编

(2013)

北京市教育委员会

关于公布北京市中小学教师培训实践基地名单的通知

京教函〔2013〕2号

各区县教委：

为保障中小学教师培训的质量，加强制度性基础性建设，进一步创新以实践为取向的教师培训方式，根据市委教育工委市教委《关于“十二五”时期中小学干部教师培训工作的意见》（京教工〔2012〕55号）和市教委《关于遴选本市中小学教师培训实践基地的通知》（京教函〔2012〕283号）要求，市教委组织了首批“北京市中小学教师培训实践基地”（简称“实践基地”）的评审工作。在学校申报、区县推荐的基础上，市教委组织专家进行了评审，遴选出43所学校（其中19所小学，24所中学）为“十二五”时期北京市中小学教师培训实践基地。现将名单予以公布（见附件）。

各区县教委要按照市教委《关于中小学教师培训实践基地的意见》（京教人〔2012〕8号）要求，加强领导和管理，为教师培训实践基地的建设提供有力支持，使实践基地在教师培训工作中发挥应有的作用。

各教师培训实践基地要切实加强自身建设，不断提升教师培训能力，结合自身的办学特色以及教育、教学、课程、师资等优势基础，积极承担培训任务，在教师培训工作中发挥示范、引领和辐射作用，为推动教师培训工作的创新和发展，建设高素质专业化的中小学教师队伍做出贡献。

附件：北京市中小学教师培训实践基地名单

二○一三年一月四日

附件：

北京市中小学教师培训实践基地名单

小学（19所）

北京小学

北京光明小学

北京市东城区府学胡同小学

北京市朝阳区芳草地国际学校

北京市海淀区中关村第一小学

北京第一师范学校附属小学

北京市朝阳区实验小学

北京市宣武师范学校附属第一小学

北京市朝阳区白家庄小学

北京市东城区和平里第四小学

中国人民大学附属小学

北京市昌平区城关小学

北京市丰台区丰台第五小学

北京市大兴区黄村镇第一中心小学

北京市海淀区五一小学

北京市门头沟区大峪第二小学

北京市怀柔区第二小学

北京市燕山向阳小学

北京市平谷区第二小学

中学（24所）

北京市十一学校

中国人民大学附属中学

北京市第八十中学

北京师范大学附属中学

北京市第一零一中学

北京市第二中学

北京市第一七一中学

北京市陈经纶中学

北京市第十二中学

北京市顺义牛栏山第一中学

北京汇文中学

北京市第五中学
北京市日坛中学
北京市丰台区丰台第二中学
北京市昌平区第二中学
北京市大兴区第一中学
北京市八一中学
北京市昌平区第一中学
北京市密云县第二中学
北京市育才学校
北京市通州区运河中学
北京市第九中学
北京市房山区良乡第二中学
北京市延庆县第一中学

北京市教育委员会

关于进一步做好高等学校教师资格认定工作的通知

京教人〔2013〕4号

各有关高校：

根据国家和北京市中长期教育改革和发展规划纲要的相关要求，为进一步完善教师资格准入制度，规范和加强在京高等学校教师资格认定的各项管理工作，现就有关事项通知如下：

一、北京市春季和秋季各受理一次高等学校教师资格认定申请。

二、除高等学校拟聘任教师职务的人员外，暂不受理其他人员申请认定高等学校教师资格。高等学校人事部门对于本校拟申请认定教师资格的人员要严格把关，须在学校进行为期7天的公示，公示无异议的人员方可申请认定。

三、授权委托认定的高等学校要严格执行高等学校教师资格认定有关政策，按照规定的范围、程序和办法开展工作，要及时调整和完善本校教师资格专家审查委员会人员组成，按照规定的专家条件选拔教师资格审查委员会学科（专业）专家；坚持公平、公开、公正原则，认真做好本校教师资格认定的组织管理、教育教学能力测试等工作。

四、在此期间如遇国家政策调整，以国家相关政策为准。

二〇一三年三月五日

中共北京市委教育工作委员会
北　京　市　教　育　委　员　会

关于实施北京高等学校“青年英才计划”的通知

京教工〔2013〕11号

各高等学校：

为贯彻落实国家及北京市中长期教育改革和发展规划纲要、国务院《关于全面加强教师队伍建设的决定》（国发〔2012〕41号）和市委办公厅《关于加强和改进高校青年教师思想政治工作的意见》（京办发〔2012〕14号）的精神，进一步加强高等学校青年教师队伍建设，提高青年教师教育教学水平、科研创新和社会服务能力，推进首都高等教育事业科学发展，经研究，决定实施北京高等学校“青年英才计划”。现就有关事项通知如下：

一、指导思想

以邓小平理论、“三个代表”重要思想、科学发展观为指导，实施科教兴国战略和人才强国战略，把提高等教育质量作为高等教育改革和发展的核心任务，把高校青年教师队伍建设作为高校教师队伍建设的基础工作。坚持教学、科研和社会实践紧密结合的原则，着力帮助青年教师积极探索和实践教育教学规律，提升政治思想和职业道德素质，增强教书育人的责任感和使命感，努力建设一支政治素质强、业务能力精、学风教风正的青年教师队伍，使其成为教学科研骨干，成为大学生成长成才的良师，成为服务经济社会发展的生力军。

二、目标任务

本项目从2013年开始实施，3年为一周期，每周期一次性遴选2000名左右35岁（含）以下的优秀青年教师给予重点支持。通过开展教学研究、科学研究、社会实践等方式，帮助青年教师不断提高教学、科研和社会服务的能力，提高职业道德水平和综合素质。

三、选拔条件

（一）具有良好的职业道德，教育教学思想端正，对教育教学工作满怀热情，敬业爱岗，为人师表。

（二）积极进取，有提升自身专业素养与教育教学能力的强烈意识，有较大的发展潜力。

（三）从事教育教学工作3年及以上，年龄在35周岁以下，具有硕士及以上学位。

（四）已经取得各类科研项目资助和人才培养项目资助的青年教师不属于本项目的资助范围。

四、实施范围与资助

北京高等学校“青年英才计划”在北京地区普通高等学校范围内实施。

对入选北京高等学校“青年英才计划”的教师，给予每人每年5万元的项目经费资助，连续支持3年。资助经费主要用于教学、科研、社会实践等项目。主要包括：

（一）教育教学类项目：包括开展学科建设、教学改革、教学研究、教材编写等能够提高青年教师教学能力的项目。

（二）科学研究类项目：包括开展学科研究、学术交流等能够提高青年教师科学研究能力的项目。

（三）社会实践类项目：包括到企业、社区、机关事业单位进行实践考察、调查研究以及参加职业资格培训等能够提高青年教师社会实践能力的项目。

五、选拔程序

（一）各高校根据市教委下达的申报名额、本实施意见规定的申报条件和本校实际情况进行遴选推荐，申请人填写《北京高等学校“青年英才计划”申请书》，并按要求提供相关材料。各高校应组织专家对申请人的师德、教学水平、科研能力进行评审，提出推荐意见，并将推荐人员进行公示，公示时间为5天，无异议后上报市教委人事处。

（二）推荐人选经北京高校“青年英才计划”工作领导小组审核同意后，在市教委网站进行公示，公示时间5天，无异议后公布入选北京高等学校“青年英才计划”名单。

六、管理与考核

（一）北京高等学校“青年英才计划”工作由市委教育工委、市教委和各高校共同管理。市委教育工委、市教委成立北京高校“青年英才计划”工作领导小组，负责统筹协调“青年英才计划”。市教委人事处具体负责“青年英才计划”日常工作。各高校负责人员遴选、入选人员考核，并配合市教委做好入选人员的管理工作。

（二）入选人员所在高校应组织专家和相关管理部门，根据申请书的相关要求对入选人员进行年度考核，考核结果于次年3月底报市教委备案。对年度考核合格者，按资金使用计划核拨下年度经费。资助期结束后，对入选人员进行终期考核，考核结果于 2016 年 3 月底报市教委备案。终期考核的结果作为青年教师日后申报市教委各类人才培养项目和科研项目的依据。

（三）项目的建设目标、内容、进度安排及项目负责人不得随意调整。如确需调整或变更的，应向市教委提交书面申请。

（四）对于在项目申请、执行和考核过程中有弄虚作假、徇私舞弊、剽窃他人成果等不端行为的，一经查实，取消其一定时间内申请市教委计划任务的资格。

（五）资助中期，市教委将组织专家对部分入选人员项目执行情况进行抽检。对不按时上报年度报告材料或信息，以及不按规定接受监督检查的项目，市教委将采取缓拨、减拨、停拨经费等措施，要求项目责任人限期整改。对于考核不合格或资助期内调离本校的教师，取消资助资格。

（六）北京市高等学校师资培训中心根据入选人员的情况，制定相关规划，根据入选人员的专业分布情况，设计科学的培训方案，进行相关培训，并将每年培训的绩效报市教委。

二〇一三年三月二十日

北京市教育委员会

关于做好 2013 年春季北京地区高等学校教师资格认定工作的通知

京教函〔2013〕93 号

各高等学校：

根据市教委《关于进一步做好高等学校教师资格认定工作的通知》（京教人〔2013〕4 号），现就切实做好 2013 年春季北京地区高等学校教师资格认定工作的有关事项通知如下：

一、认定范围

北京地区高等学校中专门从事教学工作，拟受聘于高校教师职务的在编在岗教师（含高等学校附属医院临床教学人员、高校专职辅导员）。

二、时间安排

（一）4 月 3 日至 12 日，申请人登录 www. bjtcc. org. cn（北京市教师资格网）进行网上申报；

（二）4 月 15 日至 19 日，高校对申请人员进行公示；

（三）4 月 25 日至 28 日，非授权委托认定高校集体报送申请人员材料；

（四）5 月 3 日前，授权委托认定高校完成申报人员体检、认定材料审核、教育教学能力测试、专家审查委员会表决等相关工作；

（五）5 月 6 日至 8 日，授权委托认定高校集体报送申请人员材料；

（六）5 月 17 日起，非授权委托认定高校申请人员教育教学能力测试准考证下载打印；

（七）5 月底至 6 月初，非授权委托认定高校申请人员教育教学能力测试（以准考证上测试时间为准）；

（八）6 月 9 日，非授权委托认定高校申请人员教育教学能力测试成绩查询；

（九）6 月 20 日至 26 日，教师资格证书发放。

三、报送材料要求

（一）授权委托认定高校

1.《教师资格认定申请表》原件一式 2 份；

2. 北京市申请高等学校教师资格人员情况汇总表一式 1 份；

3. 高校教师资格专家审查委员会组成人员基本情况表；

4. 高校拟申请认定教师资格人员公示名单；

5. 高校拟申请认定教师资格人员公示结果。

（二）非授权委托认定高校

1.《教师资格认定申请表》原件一式 2 份；

2. 修学教育学、教育心理学证明；

3. 学历证明；

4. 体检证明；

5. 普通话水平证明；

6. 身份证明；

7. 证件照；

8. 提供申请人 1 年内列入教学计划的课程安排（加盖教务部门和人事部门公章）；

9. 高校拟申请认定教师资格人员公示名单；

10. 高校拟申请认定教师资格人员公示结果；

遗失和毁损的证书需要补发和换发的，相关材料于春季集体报送认定申请材料时一并受理。

四、工作要求

（一）教师资格认定工作政策性强，涉及面广，工作流程严密。各高校要高度重视教师资格认定工作，加强领导，严格按照全市统一部署和有关政策精神，精心组织，周密安排，确定专职人员，确保春季高校教师资格认定工作顺利开展。

（二）各高校要严格按照相关政策，把好申请人员资格审查关，细致审核申请材料，各授权委托认定高校教师资格专家审查委员会要严格按照市教委制定的测试标准、办法和规定的程序对申请人的教育教学基本素质和能力进行考察，提出审查意见。

（三）各高校应安排专人作为网络系统管理员负责核实和确认本校申请人的网报信息。报送的《教师资格认定申请表》信息应与申请人的实际情况相符，申请人员名单应与网上审核人员信息一致。各系统管理员应妥善保管登录账户和密码，确保申请人信息安全。

（四）各高校要做好申请人申请认定资料整理归档，及时将《教师资格认定申请表》归入个人人事档案。

（五）各高校在开展教师资格认定工作中，严禁弄虚作假。对违反规定，损害申请人利益、甚至影响教师资格制度依法实施，并造成严重后果的，将按照相关法律、法规追究有关人员的责任。

五、联系方式（略）

附件：1. 北京市申请高等学校教师资格人员情况汇总表（略）
2. 高校教师资格专家审查委员会组成人员基本情况表（略）
3. 高校拟申请认定教师资格人员公示名单（略）
4. 高校拟认定教师资格人员公示结果（略）

二〇一三年三月二十五日

北京市教育委员会
北京市人力资源和社会保障局

关于印发《北京市公开招聘农村中小学音体美等学科教师三年行动计划（2013～2015年）》的通知

京教人〔2013〕7号

各区县教委、人力社保局：

为贯彻落实国家和北京市中长期教育改革和发展规划纲要（2010～2020年）、《首都教育人才发展中长期规划纲要（2010～2020年）》和北京市教育工作会议精神，进一步加强我市农村中小学教师队伍建设，经市政府同意，现将《北京市公开招聘农村中小学音体美等学科教师三年行动计划（2013年～2015年）》印发给你们，请协助做好相关工作。

二〇一三年四月三日

北京市公开招聘农村中小学音体美等学科教师三年行动计划（2013～2015年）

教师队伍建设是教育事业发展最重要的基础工作。近年来，北京市不断加强教师队伍建设，教师队伍整体水平不断提高，为教育事业发展提供了有力保障。但是，中小学教师队伍依然存在结构性短缺问题，特别是郊区和农村地区比较突出。为全面实施素质教育，促进城乡教育均衡发展，制定本行动计划。

一、实施范围

门头沟、房山（含燕山）、通州、顺义、昌平、大兴、平谷、怀柔、密云、延庆等十个远郊区县（含城镇中小学）以及朝阳区、海淀区、丰台区的农村地区中小学。

二、招聘范围

面向北京地区全日制普通高等学校应届本科及以上学历毕业生。

三、招聘学科

中小学音乐、体育、美术、历史、地理等学科教师，重点招聘小学相关学科教师。

四、招聘数额

2013年至2015年共招聘1000名左右教师。

五、招聘条件

公开招聘本着公开、平等、竞争、择优的原则，从实际出发，严把质量关。应聘人员需具备岗位所需的专业、技能和身体条件。招聘音体美教师可不受所学专业限制，但需具备较高的专业水平。

六、组织实施

公开招聘工作由市教委和市人力社保局共同组织实施。具体工作由市教委人事处和北京市教育系统人才交流服务中心负责。

（一）3月初区县教委确定岗位需求情况并报北京市教育系统人才交流服务中心；

（二）3月中下旬至4月初面向社会发布招聘公告和进行网上报名；

（三）4月中旬笔试（主要考察基本能力和素质）并公布成绩；

（四）4月下旬各区县教委组织面试并将结果报北京市教育系统人才交流服务中心；

（五）5月上旬进行岗位调剂，各区县教委组织调剂人员面试并将结果报北京市教育系统人才交流服务中心；

（六）5月中下旬完成公开招聘工作。

七、相关政策

公开招聘的非北京生源毕业生引进工作列入专项计划，按照现行引进渠道办理；受聘的毕业生在本学校本岗位服务期不少于5年，具体服务期限由各区县教委根据实际情况确定。

北京市教育委员会

关于开展北京市农村中小学骨干教师评选工作的通知

京教函〔2013〕137号

各有关区县教委：

为贯彻落实国务院《关于加强教师队伍建设的意见》（国发〔2012〕41号）和教育部《关于大力推进农村义务教育教师队伍建

设的意见》（教师〔2012〕9号），进一步加强北京市农村教师队伍建设，促进教育均衡发展，市教委决定在开展北京市幼儿园、中小学、中等职业学校学科教学带头人和骨干教师评选工作的同时，设立专项指标开展北京市农村中小学骨干教师评选工作，以鼓励优秀教师从事农村教育工作，努力成为农村教育专家，提高农村基础教育水平。现将有关事项通知如下：

一、实施范围

北京市农村中小学骨干教师评选范围为朝阳、海淀、丰台三个区的农村中小学以及门头沟、大兴、昌平、怀柔、房山、通州、顺义、平谷、密云和延庆等10个远郊区县乡镇及农村中小学。

二、评选数额及原则

（一）数额

1.2013年全市共评选北京市农村中小学骨干教师200名左右。

2.评选数额依据各区县乡镇和农村中小学校数量分配到区县教委，由区县教委确定设立北京市农村中小学骨干教师的学校与学科岗位，报市教委审核同意后，面向本区县中小学校开展评选推荐工作。

（二）原则

北京市农村中小学骨干教师的设立要坚持以下原则：

1. 坚持公平、公正、公开；

2. 向条件艰苦、边远的农村和山区学校倾斜；

3. 注重学校类别比例和结构合理；

4. 鼓励本区教师跨校申报、推动教师有序流动。

三、评选条件

（一）热爱农村教育事业，长期在农村从事教学工作，把主要精力放在本职岗位上。有良好的师德和奉献精神，关心学生成长，教书育人，团结同志，为人师表。

（二）积极进取，不断探索，勇于创新，在研究农村教育规律和农村学生特点并有针对性地开展教育教学方面取得较大成绩。

（三）中学教师原则上应具有大学本科及以上学历和中学高级教师职务，小学教师具有大专及以上学历和小学高级教师职务。

（四）学科基础理论和基本技能比较扎实，熟悉并掌握学科课程标准（教学大纲），教学效果较好，5年内承担过区级及以上公开课、研究课。

（五）有一定的教育理论修养和教育科研能力。5年内承担或参与区级及以上科研课题取得阶段性成果，并发表相应文章。

（六）有一定的外语水平和学术视野及了解学术前沿的意识，掌握现代教育技术，能够根据社会、经济、科技和教育的发展，不断更新教育观念和知识结构，提高专业化水平。

四、工作程序

（一）根据区县公布的学校和学科岗位，经教师个人申报、所在学校推荐，学校将申报材料报区县教委。

（二）区县教委组织专家对学校推荐人选进行综合评议，将评议推荐人选名单及其教学业绩、科研成果和所获荣誉在其所在学校进行公示，公示期为7天。公示无异议后择优排序向市教委推荐。

（三）市教委组织专家对推荐人选进行综合评议，根据专家综合评议意见，确定候选人。并在市教委网站进行公示，公示期为7天。公示无异议后，经市教委办公会确定人选并颁发证书。

五、工作要求

（一）北京市农村中小学骨干教师纳入北京市骨干教师管理范围，享受北京市骨干教师同等待遇。入选北京市农村中小学骨干教师若为跨校申报的教师，必须到所申报学校任教，其人事关系是否变动由各区县教委结合实际确定。在当选周期内调离的教师取消其北京市农村中小学骨干教师资格。

（二）评选北京市农村中小学骨干教师是实施“人才强教”战略的重要举措，对农村深化教育教学改革，全面推进素质教育和促进城乡教育均衡发展具有重要意义。各区县和相关学校要高度重视，认真做好评选推荐工作，充分发挥农村骨干教师的辐射示范和带头作用。

（三）各区县于7月31日前将推荐名册及个人申报材料报北京市教育系统人才交流服务中心。

1. 个人材料按袋分装，并在材料袋封面注明编号（编号按申报者所在区县、学校类别、申报学科顺序编写，如：北京市农村中小学骨干教师朝阳区中学数学第1号，编号为：农一朝中数1号）、姓名、单位、学科，具体材料包括：

（1）《北京市农村中小学骨干教师申报表》一式5份；

（2）相关获奖、最高学历、专业技术职务证书等证明材料复印件一式1份（原件由区县教委主管部门审核）；

（3）代表本人业务水平的论文或论著不超过5份（均需原件）。

2. 材料袋里的材料需编号归类。

3. 2013年北京市农村中小学骨干教师人选推荐名册一式1份（请用excel制表，并报送电子版）。

4. 区县公示材料电子版。

附件：1. 2013年评选北京市农村中小学骨干教师区县推荐指标

2. 北京市农村中小学骨干教师申报表（略）

3. 2013年北京市农村中小学骨干教师人选推荐名册（略）

二〇一三年四月十九日

附件：

2013年评选北京市农村中小学骨干教师区县评选及推荐指标

区县	北京市农村中小学骨干教师指标	
	评选指标	推荐指标
合计	200	240
朝阳区	3	4
海淀区	3	4
丰台区	3	4
门头沟	8	9
房山区	26	32
通州区	22	26
顺义区	15	18
昌平区	25	30
大兴区	24	29
怀柔区	9	11
平谷区	15	19
密云县	22	26
延庆县	23	28

北京市教育委员会

关于开展“十二五”时期本市职业院校特聘专家、职教名师、专业带头人、专业创新团队、优秀青年骨干教师选拔工作的通知

京教函〔2013〕141号

各区县教委，各有关委、办、局（总公司），各高等职业院校、中等职业学校：

为积极推进本市职业院校专业建设、教师队伍能力建设，根据市教委、市财政局《关于实施“十二五”时期北京市职业院校教师素质提高工程的意见》（京教人〔2011〕7号）及市教委2013年工作安排，市教委制定了《北京市职业院校特聘专家选拔计划》、《北京市职教名师选拔计划》、《北京市职业院校专业带头人选拔计划》、《北京市职业院校专业创新团队选拔计划》、《北京市职业院校优秀青年骨干教师培养计划选拔计划》。现印发给你们，请按文件要求及时开展相关工作。

附件：1. 北京市职业院校特聘专家选拔计划

2. 北京市职教名师选拔计划

3. 北京市职业院校专业带头人选拔计划

4. 北京市职业院校专业创新团队选拔计划

5. 北京市职业院校优秀青年骨干教师培养选拔计划

二〇一三年四月二十二日

附件1：

北京市职业院校特聘专家选拔计划

一、选拔范围及推荐名额

（一）选拔范围

根据学校发展规划、专业建设需要，选聘行业企业对应职业领域的专家或在技能性较强的专业根据实习、实训的需要，选聘高水平的技术型、专家型、能工巧匠型人员。

（二）推荐名额

2013年全市拟选拔特聘专家30～50名。每所院校可推荐1～2名。

二、基本条件

（一）具有本专业或相近专业本科及以上学历或同等学力，身体健康，年龄在55岁以下（有特殊技术才能的专业技术人员可适当放宽条件）。

（二）取得高级工程师职务或国家、行业高级职业资格满5年以上；企业专家应现任或曾任副总（或同级其他系列及以上岗位）。能解决本专业范围内比较复杂的技术技能问题；较系统地掌握本专业的基础理论知识和专业技术知识，熟悉本专业国内外现状和发展趋势。

（三）承担过北京市级及以上大型科技、工程项目，或是国内某专业（行业）领域的管理、技术、技能带头人，专业水平在行业内处于领先地位，在行业中具有很大的影响力（享受政府专家津贴的、获得过市级以上科技进步（科技创新）、发明创造奖项或市级职业技能大赛获得前3名的高技能人才可优先聘任）。

（四）具备一定的教育或培训经验。胜任师资培养、专业教师团队建设等工作；能够推动学校的专业建设或创新。

三、选拔程序

（一）推荐

1. 申报人填写《北京市职业院校特聘专家申报表》（请登录指定网址下载）一式 2 份，提供相关获奖、学历、专业技术职务证书、论文等证明材料原件及复印件各一式 1 份，由学校和上级主管部门审核。

2. 职业院校按照选拔条件推荐特聘专家，经拟聘专家所在单位同意，将以下材料上报市教委。

（1）推荐人选相关获奖、学历、专业技术职务证书、论文等证明材料复印件一式 1 份。

（2）《北京市职业院校特聘专家申报表》电子版报送至 bjxb_1@126. com。

（3）报送材料时请按每人一袋分装，在材料袋封面注明：特聘专家选拔、学校名称、联系人、手机电话。

（4）报送材料时间：5 月 13 日至 15 日（9：00～16：00）。

（5）报送地点：北京教育科学研究院职成教所。

（二）确定特聘专家资助名单

1. 市教委组织专家对申报的特聘专家进行评议，提出特聘专家资助建议名单。

2. 特聘专家资助建议名单在市教委网站公示 5 个工作日，如无异议，经北京市职业院校教师素质提高工程领导小组批准，确定特聘专家名单。

附件 2:

北京市职业院校职教名师选拔计划

一、选拔推荐名额

2013 年全市拟选拔职教名师 25 名左右，每所院校可推荐 1 人。“十二五”期间已入选 2012～2013 年北京市职业院校教师素质提高工程资助的职教名师不能再次申报。

二、选拔资格与条件

（一）资格

1. 职业院校在编在岗专任教师；

2. 大学本科以上学历；

3. 五年以上教龄，副高级以上专业技术职务（或职称）；

4. 专业课教师需要具有相应高级专业技能证书或职业资格证书；

5. 有一定的企业实践或企业工作经历；

6. 年龄不超过 50 岁（1963 年 12 月 31 日以后出生）。

（二）条件

1. 师德高尚，学风优良；

2. 具有先进的职业教育思想何扎实的专业基础，突出的教学改革成果，较强的研究能力和水准，近 3 年至少主持完成 1 项市级以上教科研课题或项目；

3. 善于学习和提高，社会服务能力强，成果突出，并产生了一定的行业或社会影响力（含市级以上技能大赛获奖项目）；

4. 具有良好的团队合作精神，善于沟通、协作，在团队建设中传帮带作用突出。

三、选拔程序

（一）推荐

1. 申请人所在学校填写《北京市职业院校职教名师申请表》一式2份（A4打印稿），提供申请者获奖、学历、专业技术职务证书、职业资格证书等证明材料复印件一式1份（原件由学校和上级主管部门负责审核）。

2. 职业院校按照选拔条件推荐职教名师，将以下材料上报市教委。

（1）推荐人获奖、学历、专业技术职务证书、职业资格证书等证明材料复印件一式1份。

（2）《北京市职业院校职教名师申请表》电子版报送至bjms2012@126.com（文件名注明：学校名称+姓名；“主题”栏注明：职教名师申报+学校名称）。

（3）报送材料时请在材料袋封面注明：学校名称、类型（高职、中专、职高、技校）、性质（民办、公办），申报类型：职教名师，联系人及电话。

（4）报送材料时间：5月13日至15日。

（5）报送地点：北京教育科学研究院职成教所。

（二）确定职教名师资助名单

1. 市教委组织专家对申报的职教名师进行评议，提出职教名师资助建议名单。

2. 职教名师资助建议名单在市教委网站公示5个工作日，如无异议，经北京市职业院校教师素质提高工程领导小组批准，确定职教名师名单。

附件3：

北京市职业院校专业带头人选拔计划

一、选拔范围及推荐名额

（一）选拔范围

在职业院校骨干特色专业及具备发展前景、有一定规模的专业中选拔；重点支持与北京市当前各级各类职教改革与发展项目有关的及紧缺专业。

（二）推荐名额

2013年度全市拟选拔50名左右专业带头人，每所院校可推荐1～2名。学校已接受2012～2013年度北京市职业院校教师素质提高工程专业带头人培养计划资助的专业，原则上不应再次申报。申报者不可兼报专业创新团队建设计划的带头人。

二、选拔条件

1. 北京市职业院校在编在岗专任专业教师；

2. 具有全面的专业建设能力，较高的专业水准，突出的专业成果，较强的应用技术研究推广、市场把握能力和业务指导能力；

3. 在市、区县、行业系统、企业内的同行、同类专业中具有较高知名度和影响；

4. 近三年来承担过1项市级（或以上）教科研课题或项目。有两年以上相关行业企业工作经历或为企业提供技术服务的经历，与行业企业联系紧密；

5. 具有大学本科以上（含本科）学历。原则上具有副高级以上专业技术职务，年龄不超过50岁（1963年12月31日以后出生）。

三、选拔程序

（一）推荐

1. 申报者填写《北京市职业院校专业带头人申报表》2份（A4纸打印），提供相关获奖、学历、专业技术职务证书、论文、著作等证明材料复印件一式1份（原件由学校和上级主管部门负责审核）。

2. 职业院校按选拔条件进行推荐，将以下材料上报市教委。

（1）推荐人获奖、学历、专业技术职务证书、职业资格证书等证明材料复印件一式1份。

（2）《北京市职业院校专业带头人申请表》电子版报送至bjxb_3@126.com（“主题”栏注明：专业带头人申报学校名称）。

（3）报送材料时请在材料袋封面注明：学校名称、类型（高职、中专、职高、技校）、性质（民办、公办），申报类型：职教名师，联系人及电话。

（4）报送材料时间：5月13日至15日。

（5）报送地点：北京教育科学研究院职成教所。

（二）确定专业带头人资助名单

1. 市教委组织专家对申报的专业带头人进行书面评审、现场答辩，提出专业带头人入选建议名单。

2. 专业带头人资助建议名单在市教委网站公示5个工作日，如无异议，经北京市职业院校教师素质提高工程领导小组批准，确定专业带头人名单。

附件4：

北京市职业院校专业创新团队选拔计划

一、选拔条件及名额

（一）选拔范围

1. 专业创新团队一般应在学校重点建设专业内形成，所依托的专业具有一定规模，在全市同类专业中具有领先优势。该专业应具有明确的改革与发展任务与项目；

2. 专业创新团队具有集体攻关、专业创新的实力，在专业建设、课程改革、实训基地建设、技能培训与竞赛、教科研、人才培养等活动中取得突出成绩，具有一定的辐射和示范作用，并对全市职业教育、本校及本专业的发展具有促进和带动作用；

3. 专业创新团队由带头人及核心成员组成，原则上不多于8名，成员结构合理，以本校教师为主，同时吸收行业企业人员加入。成员间具有共事、合作的基础与条件。

（二）专业创新团队带头人的基本条件

1. 具备高尚的师德，扎实的专业基础、一定的企业实践经历、突出的专业建设成果，较强的组织协调、领导、沟通合作与业务指导能力；

2. 近三年来承担过1项市级教科研课题或教改项目，有主持业务工作、带领团队集体攻关并获突出成绩的经历；

3. 为本校专任教师。原则上从事相关专业工作10年以上；

4. 具有大学本科及以上学历。原则上应具副高级以上专业技术职务。年龄不超过50岁（1963年12月31日以后出生）。

（三）选拔名额

2013年拟选拔专业创新团队30个左右，每所院校可推荐1～2个专业创新团队。“十二五”期间已入选2012～2013年北京市职业院校教师素质提高工程资助的专业创新团队不能再次申报。2014～2015年度专业创新团队带头人、专业带头人两计划不可兼报

二、选拔程序

（一）推荐

1. 申报专业创新团队应先向所在院校提出申请，由所在院校进行评议、审核后进行申报；

2. 申报专业创新团队填写《北京市职业院校专业创新团队申报表》一式2份（A4打印稿）并将电子版报送至bjtd2012@

126.com（“主题”栏注明：团队名称学校名称）。同时提供本人相关的获奖、学历、专业技术职务证书、职业资格证书、论文等证明材料复印件一式1份（原件由学校和上级主管部门负责审核）。申报材料由学校或主管部门统一报送。报送材料时请在材料袋封面注明：学校名称、类型（高职、中专、职高、技校）、性质（民办、公办），申报类型：专业创新团队，联系人及手机电话。

（二）确定专业创新团队资助名单

1. 市教委组织专家对申报的专业创新团队进行书面评审、现场答辩，提出专业创新团队入选建议名单。

2. 专业创新团队资助建议名单在市教委网站公示5个工作日，如无异议，经北京市职业院校教师素质提高工程领导小组批准，确定专业创新团队名单。

附件5：

北京市职业院校优秀青年骨干教师培养选拔计划

一、选拔的范围及推荐名额

（一）选拔范围

我市职业院校从事教育、教学、科研工作的在编在岗教师。

（二）基本条件

1. 政治思想素质好，有强烈的事业心和良好的职业道德；

2. 基础理论和专业知识扎实，有较高水平的教学效果；

3. 完成学校规定的教学和科研任务，科研成果显著，具有较大的发展潜力；

4. 大学本科及以上学历；年龄不超过40周岁（1973年12月31日以后出生）；

5. “十一五”期间获得优秀青年骨干教师资助的教师，“十二五”期间可以继续申报。

（三）推荐名额

2013年全市拟选拔培养优秀青年骨干教师250名。原则上每所高职院校推荐名额不超过3名、每所中职学校推荐名额不超过2名。

二、选拔的程序

（一）推荐

1. 申报人填写《北京市职业院校优秀青年骨干教师培养计划申报表》1份（A4纸打印），提供相关获奖、学历、专业技术职务证书、论文等证明材料复印件一式一份（原件由学校和上级主管部门审核）。

2. 职业院校按选拔条件进行审核推荐，将以下材料上报市教委。

（1）推荐人获奖、学历、专业技术职务证书、职业资格证书等证明材料复印件一式1份。

（2）将《北京市职业院校优秀青年骨干教师培养计划申报表》电子版发送至bjxb_2@126.com（“主题”栏注明：骨干教师申报学校名称）。

（3）报送材料时请在材料袋封面注明：学校名称、类型（高职、中专、职高、技校）、性质（民办、公办），申报类型：职教名师，联系人及电话。

（4）报送材料时间：5月13日至15日。

（5）报送地点：北京教育科学研究院职成教所。

（二）确定优秀青年骨干教师培养计划入选人员资助名单

1. 市教委组织专家对申报的优秀青年骨干教师培养计划入选人员评议，提出优秀青年骨干教师培养计划入选人员入选建议名单。

2. 优秀青年骨干教师培养计划入选人员资助建议名单在市教委网站公示5个工作日，如无异议，经北京市职业院校教师素质提高工程领导小组批准，确定优秀青年骨干教师培养计划入选人员名单。

北京市教育委员会

关于开展2013年本市幼儿园中小学中等职业学校学科教学带头人和骨干教师评选工作的通知

京教函〔2013〕144号

各区县教委，各有关中等职业学校，市教委有关直属单位：

为进一步加强我市幼儿园、中小学、中等职业学校骨干教师队伍建设，根据《北京市幼儿园、中小学、中等职业学校学科教学带头人、骨干教师选拔和管理暂行办法》（京教人〔2003〕15号）的规定，现将开展2013年北京市幼儿园、中小学、中等职业学校学科教学带头人和骨干教师评选工作有关事项通知如下：

一、评选范围、对象

（一）评选范围

本市幼儿园、中小学、区县教师培训基地、少年宫（含少年之家、科技馆、站）、中等职业学校的专任教师；教研部门的教研员；兼课每周不少于6课时的行政人员。

（二）评选对象

2013年6月30日在职在岗的符合参评条件的教师。

市级骨干教师选拔对象在区县级骨干教师中产生（普通中等专

业学校在校级骨干教师中产生）；市级学科教学带头人选拔对象在市级骨干教师中产生；2010 年评选的市级学科教学带头人、骨干教师符合条件并继续申报的须取得市级骨干教师培训结业证书。

已评为北京市特级教师的不列入评选范围。

二、选拔条件

（一）北京市级骨干教师选拔条件

1. 热爱教育事业，坚持工作在教学第一线，把主要精力放在本职岗位上。有良好的师德和奉献精神，关心学生成长，教书育人，团结同志，为人师表。

2. 积极进取，具有先进的教育思想和教育理念，不断探索和创新教育教学方法和手段，注重培养学生的创新精神和实践能力，有较强的实施素质教育的能力。

3. 中学、中等职业学校教师具有大学本科及以上学历和中学高级教师或高级讲师职务，幼儿园、小学教师具有大专及以上学历和小学高级教师职务。

4. 学科基础理论和基本技能扎实，熟悉并掌握学科课程标准（教学大纲），在课程教学改革实践中，教学效果显著，5 年内承担过市级以上公开课、研究课或承担区级公开课、研究课并获一等奖。幼儿园教师熟悉并掌握《幼儿园教育指导纲要》，承担过市级及以上半日观摩活动。

5. 有较高的教育理论修养和较强的教育科研能力。5 年内承担或参与市级科研课题有阶段性成果，并在区级及以上刊物发表本人撰写的有关文章；5 年内在市级及以上正式刊物上发表过与专业有关的教育教学文章；5 年内论文获市级及以上奖励。

6. 掌握学生发展规律，具有一定的外语水平，掌握现代教育技术，具有广阔的学术视野及了解学术前沿的意识，能够根据社会、经济、科技和教育的发展，不断更新教育观念和知识结构，提高专业化水平。

（二）北京市级学科教学带头人选拔条件

北京市级学科教学带头人除应具备北京市级骨干教师条件外，还应具备以下条件：

1. 幼儿园及小学教师具有中学高级教师职务。

2. 系统掌握、全面正确理解学科课程标准（教学大纲），精通本专业中学、中等职业学校或幼儿园、小学的全部教材，有丰富的教育教学实践经验，教书育人成绩突出。

3. 有坚实的学科理论基础，3 年内主持或参加过市级及以上教育科研课题的研究工作并取得阶段性成果；3 年内在市级及以上正式刊物上发表过与本专业密切相关的教育教学文章或发表（宣读）过的论文获市教委或中国教育学会、北京教育学会颁发的一等奖及以上奖励；3 年内出版过个人专著（含课外读物及 4 万字以上的中小学教材、教参，不含题解性或升学指导性读物）。

4. 在指导青年教师进行教育教学科学研究、论文写作和指导青年教师课堂教学方面有显著成绩。

5. 有一定的计算机应用水平，能设计并熟练应用本专业常用的教学软件。

6. 能借助工具书，用一种外文阅读本专业的书籍或论文。

（三）各区县教委在学科教学带头人和骨干教师评选时要注重向一线教师倾斜、向一线青年教师倾斜、向农村教师倾斜、向特殊教育教师倾斜；推荐人选要兼顾幼儿园、小学和中学教师的比例，注重学科的均衡，同时向义务教育阶段教师倾斜；具有担任 5 年及以上班主任经历的教师、农村中小学教师城镇研修工作站指导教师、具有城镇教师支援农村教育工作经历和具有城镇教师到农村学校、示范学校教师到一般学校交流经历，并符合申报条件的教师在同等条件下优先考虑。

三、评选名额

（一）全市计划评选市级学科教学带头人 400 名，市级骨干教师 2000 名。

（二）有关直属单位及中等职业学校推荐骨干教师人数原则上

按学校专任教师比例3%推荐，不够2人的可推荐2人，如推荐学科教学带头人则占用骨干教师指标。

（三）幼儿园推荐人选按辖区由区县教委统一推荐。

四、评选程序

评选市级学科教学带头人、骨干教师，按照自下而上逐级推荐选拔的程序进行：

（一）由本人申报或所在单位推荐，区县教委或普通中等专业学校上级主管部门组织评选小组对自荐或推荐人选考核后进行评议推荐，将评议推荐人选名单及其教学业绩和科研成果、所获荣誉等在其所在学校公示，公示期为7天。公示无异议后，区县教委或普通中等专业学校上级主管部门确定推荐人选后，择优排序报市教委。

（二）市教委组织学科专家对各区县教委或普通中等专业学校上级主管部门推荐的人选进行评审。其中，申报市级学科教学带头人需进行答辩，答辩时间另行通知。

（三）市教委根据专家综合评议意见，确定候选人，并在市教委网站进行公示，公示期为7天。公示无异议后，经市教委办公会确定人选并颁发证书。

五、材料报送要求

各区县于7月31日前将推荐名册及个人申报材料按照以下要求报北京市教育系统人才交流服务中心（海淀区增光路45号）：

（一）个人材料按袋分装，并在材料袋封面注明编号（编号按申报者所在区县、学校类别、申报学科顺序编写，如：东城区中学数学第1号，编号为：东中数1号）、姓名、单位、学科，具体材料包括：

1.《北京市幼儿园、中小学校学科教学带头人（骨干教师）申报表》一式5份；

2.相关获奖、最高学历、专业技术职务证书等证明材料复印件一式1份（原件由区县教委主管部门审核）；

3. 代表本人业务水平的论文或论著不超过5份（均需原件）。

（二）以上材料需按照申报表、证明材料、论文论著分类编号。

（三）2013年学科教学带头人和骨干教师人选推荐名册（附件3）一式1份（请用excel制表，并报送电子版）。

（四）区县公示材料的电子版。

附件：1. 2013年评选市级学科教学带头人、骨干教师推荐指标

2. 北京市幼儿园、中小学、中等职业学校学科教学带头人申报表（略）

3. 北京市幼儿园、中小学、中等职业学校骨干教师申报表（略）

4. 2013年评选市级学科教学带头人推荐名册（略）

5. 2013年评选市级骨干教师推荐名册（略）

二〇一三年四月二十二日

附件：

2013年评选市级学科教学带头人、骨干教师推荐指标

单　位	推荐骨干教师指标	推荐学科教学带头人指标
总额	2400	480
东城区	186	37
西城区	222	45
朝阳区	312	62
丰台区	178	35
石景山	72	14
海淀区	340	68
门头沟	48	10
房山区	135	27
通州区	124	25
顺义区	121	24
昌平区	114	23
大兴区	147	30
怀柔区	67	13
平谷区	73	15
密云县	85	17
延庆县	67	13
燕山	15	3
直属单位及中职校	94	19

中共北京市委教育工作委员会
北 京 市 教 育 委 员 会

关于增建校长培训实践基地的通知

京教人〔2013〕9号

各区县委教育工委、区县教委：

为了进一步加强北京市中小学校领导干部培训的能力建设和资源建设，发挥北京市中小学优质学校教育资源的辐射作用，提高研修校长的实践能力，经研究，市委教育工委、市教委决定在原有基础上，增建北京市中小学校长培训实践基地（以下简称“校长培训实践基地”）。经区县遴选、推荐，市教委、北京市普职成教育干部培训中心选定了21所校长培训实践基地。现将有关事项通知如下：

一、校长培训实践基地的任务

校长培训实践基地是中小学教育干部跟岗研修、挂职研修的实践基地，是中小学校长培训院校青年教师下校实习、挂职锻炼的实践基地，是中小学校长培训研究、培训资源建设研发基地。具体承担以下任务：

（一）承担参加市级培训的北京市中小学校长跟岗研修、挂职锻炼等教育教学管理实践环节的培训；

（二）承担教育部委托中小学校长国家级培训的教育教学管理实践培训；

（三）承担市委市政府援助地区委托的中小学校长实践环节的培训；

（四）承担兄弟省市通过市级教育行政部门委托的中小学校长跟岗研修、挂职研修；

（五）承担北京市区两级干部培训院校教师的实习、挂职锻炼；

（六）为中小学校长市级培训研究、培训资源研发、举办校长论坛等提供支持。

二、校长培训实践基地建设与管理

（一）市教委将根据基地学校发挥作用情况，每年投入一定的经费，用于基地学校干部培训能力建设、管理以及承担培训任务的指导费、劳务费、学员食宿费等费用。北京市普职成教育干部培训中心具体负责校长培训实践基地建设以及任务委托、研修指导、检查评估等管理工作。

（二）校长培训实践基地要充分发挥基地学校的作用，做到责任到人，工作到位，为学员提供良好的学习资源和环境。

（三）校长培训实践基地在一定期限内保持相对稳定，并根据其承担任务，发挥作用的实际情况进行调整和补充。

附件：1. 2013 年增建北京市中小学校长培训实践基地名单

2. 北京市中小学校长培训实践基地工作规范

二〇一三年四月二十六日

附件 1：

2013 年增建北京市中小学校长培训实践基地名单

一、小学

1. 北京市东城区和平里第四小学（东城区）
2. 北京第一师范学校附属小学（东城区）
3. 北京市西城区奋斗小学（西城区）
4. 北京市西城区康乐里小学（西城区）
5. 北京市朝阳区白家庄小学（朝阳区）
6. 北京市朝阳区实验小学（朝阳区）
7. 北京市芳草地国际学校（朝阳区）
8. 北京市朝阳区呼家楼中心小学（朝阳区）
9. 北京市海淀区中关村第二小学（海淀区）
10. 北京市海淀区中关村第三小学（海淀区）
11. 北京市丰台区第五小学（丰台区）
12. 北京市石景山区实验小学（石景山区）
13. 北京市史家胡同小学通州分校（通州区）
14. 北京市昌平区城关小学（昌平区）

二、中学

1. 北京广渠门中学（东城区）
2. 北京市中关村中学（海淀区）
3. 北京市十一学校（海淀区）
4. 北京市丰台区第二中学（丰台区）
5. 北京市第九中学（石景山区）
6. 北京市顺义区杨镇第一中学（顺义区）
7. 北京市昌平区第一中学（昌平区）

附件 2：

北京市中小学校长培训实践基地工作规范

为了更好地发挥校长培训实践基地作用，保证基地学校为学员提供优质的学习资源和环境，同时，促进基地学校不断提升办学水平，制定本规范。

一、根据北京市中小学校长的市级培训需求和培训研究需要，积极承担跟岗研修、挂职锻炼等工作任务。

二、明确负责人，负责校长培训实践基地工作的沟通、协调、组织和实施。同时，明确联系人，承担具体工作。

三、安排好学员跟岗研修、挂职研修或教师实习中的专业活动，其中，原则上要有至少一个单元的时间安排校长为学员做学校办学思想或校长办学经验的专题报告，与学员进行座谈交流。同时，协助安排好学员食宿等事项。

四、做好每次接待学员的“研修活动安排”、“学员名单”等材料以及“重大活动”音像资料的备案，并于年终按要求报送统计数据和有关材料。连续 3 年未能发挥作用的基地学校，将被撤销“北京市中小学校长培训实践基地学校”称号。

五、积极参加校长培训实践基地建设过程中各项活动，主动争取研修指导，配合检查评估，利用好校长培训基地学校建设资源，促进自身不断发展。

北京市教育委员会

关于开展市属高校高层次人才引进和特聘教授遴选工作的通知

京教函〔2013〕212号

各市属高校：

为贯彻落实国家和北京市中长期教育改革和发展规划纲要以及《首都教育人才发展中长期规划纲要（2010～2020年）》精神，进一步加强北京市属高校教师队伍建设，落实市教委关于《北京市属高等学校高层次人才引进与培养三年行动计划（2013年～2015年）》（京教人〔2012〕15号）中高层次人才引进计划和特聘教授计划，市教委决定开展2013年高层次人才引进计划和特聘教授计划人选遴选工作。现就有关事项通知如下：

一、遴选条件

（一）高层次人才引进计划

高层次人才引进计划根据北京市属高等学校事业发展需要，在北京市经济社会发展有重大需求的学科领域，设置引进岗位。

引进条件与标准：

1. 在国内外知名高校、科研院所担任相当于教授职务的专家学者，具有一流的研究水平，在相关领域已取得突出学术成就；

2. 系北京市科技、产业发展和学科建设急需、紧缺领域的领军人才或学术技术带头人；

3. 身体健康，年龄原则上不超过50周岁（两院院士除外）；

4. 引进后全职在校工作，签订不少于3年的聘任合同。

（二）特聘教授计划

特聘教授岗位一般应设置在国家级及北京市重点学科、重点实验室、工程技术（研究）中心、重大攻关项目，以及北京市经济社会发展有重大需求的学科领域。

遴选条件与标准：

1. 学术造诣高深，在本学科领域具有较大影响，取得国内外同行公认的学术成就；

2. 两院院士、国家重点实验室和工程技术（研究）中心主要负责人、国内外高水平大学学术带头人等高端领军人才；

3. 聘期为3年，聘期内每年在校工作时间应不少于2个月。

二、遴选程序

（一）本计划以市属高校为单位统一申报，不接受个人申报。市属高校要按照通知要求组织推荐工作，按规定时间向市教委报送推荐材料。

（二）北京市属高校高层次人才引进与培养计划领导小组组织专家对推荐人选进行答辩评议（时间地点另行通知）。

（三）北京属高校高层次人才引进与培养计划领导小组综合专家评议意见，拟定本计划入选者，并在北京市教委网站公示，公示期为7个工作日。确无不良反映后确定本计划入选名单。

三、组织领导

遴选工作由北京属高校高层次人才引进与培养计划领导小组负责组织实施。领导小组下设办公室，办公室设在市教委人事处。

四、申报材料

《北京市属高等学校“高层次人才引进”计划项目申请表》和《北京市属高等学校“特聘教授”计划项目申请表》一式5份，支撑材料一份。

五、遴选工作要求

高层次人才引进计划和特聘教授计划人选计划遴选是一项严肃的工作，各单位要高度重视，切实加强领导。

（一）认真部署推选工作，广泛进行宣传并组织好推选条件的学习。

（二）遴选工作坚持民主推荐、实事求是，好中选优、宁缺毋滥的原则，严格按照推选条件推荐。

（三）遴选人选的推荐材料须在所在学校进行公示，公示期不少于7天。确保推荐工作的公平、公正和透明。

（四）申报材料请于6月10日前报市教委人事处，申报材料电子版发至jqm@bjedu. gov. cn。申请表电子版可从市教委人事处网站下载。

二〇一三年五月九日

北京市教育委员会

关于做好2013年北京市属高校创新团队推选工作的通知

京教函〔2013〕224号

各市属高校：

为贯彻落实国家和北京市中长期教育改革和发展规划纲要以及《首都教育人才发展中长期规划纲要（2010～2020年）》精神，进一步加强北京市属高校教师队伍建设，落实《北京市属高等学校创新团队建设与教师职业发展计划实施意见》（京教人〔2012〕14号）中的“创新团队建设提升计划”，市教委决定开展2013年推选北京市属高等学校“创新团队”工作。现将有关事项通知如下：

一、推选创新团队范围

推选范围为北京市属高等学校的国家级及北京市重点学科、重点实验室、工程技术（研究）中心、重大攻关项目，以及北京市经济社会发展有重大需求的学科领域。

二、推选条件

创新团队推选条件按照市教委《关于北京市属高等学校创新团队建设与教师职业发展实施意见》（京教人〔2012〕14号）相关规定执行。

三、推选名额

2013年计划评选创新团队20个左右，每校可推荐1个，规模大的学校可推荐2个。

四、推选程序

（一）本计划以北京市属高等学校为单位统一申报，不接受个人申报。北京市属高校要按照通知要求组织推荐工作，按规定时间向市教委报送推荐材料。

（二）市教委组织有关专家对申报团队进行答辩评议（时间地点另行通知），北京市属高等学校高层次人才引进与培养计划领导小组综合专家评议意见，拟定本计划入选团队，并在市教委网站公示，公示期为7个工作日，确无不良反映后确定本计划入选团队。

五、组织领导

推选“创新团队”工作由北京市属高等学校高层次人才引进与培养计划领导小组负责组织实施。领导小组下设办公室，办公室设在市教委人事处。

六、申报材料

（一）《北京市属高等学校“创新团队建设提升计划”项目申请

表》一式 5 份；

（二）学校推荐“创新团队”书面报告式 1 份，材料要求准确、翔实。

七、推选工作要求

推选“创新团队”是一项严肃的工作，各单位要高度重视，切实加强领导。

（一）认真部署推选工作，广泛进行宣传并组织好推选条件的学习。

（二）推选工作坚持民主推荐、实事求是，好中选优、宁缺毋滥的原则，严格按照推选条件推荐。

（三）申报材料于 6 月 10 日前报市教委人事处。相关材料的电子版可从市教委人事处网站下载。

二〇一三年五月十三日

中共北京市委教育工作委员会
北京市教育委员会
北京市人力资源和社会保障局
北京市财政局
北京市教育工作委员会

关于认真做好2013年“北京市优秀教师”和“北京市优秀教育工作者”评选表彰工作的通知

京教人〔2013〕12号

各区县委教育工委、区县教委、教育工会，市政府有关委办局（总公司），各高等学校，市教委各直属单位：

党的十八大以来，全市广大教师和教育工作者坚持以邓小平理论和“三个代表”重要思想为指导，全面落实科学发展观，努力办好人民满意的教育，积极促进社会主义和谐建设，在深化教育改革、推进素质教育、实施教育创新等方面做出了突出成绩和贡献。为表彰在教育事业中做出突出成绩的优秀教师，并通过大力宣传优秀教师的先进事迹，营造良好的舆论氛围，形成尊师重教的良好社会风气，从而进一步推动本市教育事业发展，市委教育工委、市教委、市人力资源和社会保障局、市财政局、市教育工会决定开展2013年“北京市优秀教师”、“北京市优秀教育工作者”评选表彰工作。现将有关事项通知如下：

一、表彰数额和评选范围

2013年共表彰奖励“北京市优秀教师”、“北京市优秀教育工作者”700名，其中“北京市优秀教师”630名、“北京市优秀教育工作者”70名。

评选范围为近年来在北京市国民教育序列的各级各类学校、幼儿园和相应的教育机构中从事教育教学、科学研究、管理服务工作并取得显著成绩的在职教师和教育工作者，重点是在教育教学第一线的教师。曾获得过相同称号的人员、局级干部、教育行政部门的公务员不参加评选。

二、评选条件

“北京市优秀教师”、“北京市优秀教育工作者”的基本条件是：具有教师资格和良好的职业道德，热爱社会主义祖国，忠诚党的教育事业，认真实践科学发展观，全面贯彻党的教育方针，模范实施素质教育，依法履行岗位职责，为人师表，具有较好的群众基础，并具备下列条件之一：

（一）坚持在教学第一线工作，坚持以人为本的教育理念，热爱学生，关心学生全面成长，教书育人，在培养学生健康人格、学习能力、实践能力、创新能力等方面成绩突出；

（二）具有较为深厚的学术功底，自觉更新知识，认真完成教育教学工作任务，能够将学科知识与教育理论、现代信息技术等有机结合，在教学改革、教材建设、实验室建设、提高教育教学质量某方面成绩突出；

（三）有较高的政治理论水平，敬业精神强，师德高尚，为人师表，受到师生尊重和信赖，在德育工作或班主任工作方面成绩突出；

（四）在教育教学研究、科学研究、成果技术推广应用等方面能够适应首都经济社会发展需要并取得创造性的成果，具有较大的科学价值或者有显著的经济效益、社会效益；

（五）在学校管理上，办学思想端正，坚持依法治校，勤政廉洁，民主开放，勇于创新，充分发挥群众的积极性，凝聚力强，在维护学校安全、稳定以及学校管理、服务、学校建设方面成绩显著。

三、评选程序

（一）“北京市优秀教师”、“北京市优秀教育工作者”的评选推荐名额按比例进行分配。各有关单位按照不超过本单位专任教师总数的3‰（专任教师数以《北京市教育事业统计资料（2012～2013学年度）》为准，上报人员需排序）根据本通知要求组织评选推荐工作。评选推荐采取本单位自下而上民主推荐的方式，推荐人选经在本系统、本单位内公示（公示期5天）无异议后，按规定的时间向评选表彰工作领导小组办公室报送推荐材料。

（二）市评选表彰领导小组进行审议，确定表彰初步人选，并通过北京教育信息网在全市范围进行公示（公示期5天），公示无异议的，由市评选表彰领导小组确定表彰人选。

（三）分别授予“北京市优秀教师”、“北京市优秀教育工作者”称号并颁发荣誉证书。

四、组织领导

由市委教育工委、市教委、市人力社保局、市财政局、市教育工会有关领导和相关部门的负责同志组成评选表彰工作领导小组。领导小组下设办公室，办公室设在市教委人事处。

五、申报材料

（一）《北京市优秀教师、北京市优秀教育工作者申报表》一式两份。

（二）《2013年北京市优秀教师推荐名册》、《2013年北京市优秀教育工作者推荐名册》一份（附U盘或光盘）。

（三）“北京市优秀教师”、“北京市优秀教育工作者”推荐人选的事迹材料一式一份。材料要求准确、生动、翔实，具有代表性、典型性、时代感，篇幅在1500字左右。

（四）公示相关材料。

六、评选工作要求

各单位要高度重视，加强领导，把评选过程当作宣传和弘扬优秀教师、优秀教育工作者先进事迹及良好师德的过程，激励广大教师、教育工作者献身教育事业，加速推进首都教育事业的改革与发展。评选推荐工作的具体要求如下：

（一）认真部署评选表彰工作，在教职工中广泛进行宣传并组织好评选条件的学习。

（二）评选工作坚持民主推荐、实事求是、好中选优、宁缺勿滥的原则，严格按评选条件进行评选推荐。

（三）基础教育的评选要加大向农村地区学校倾斜的力度，对自愿和长期坚持在农村地区任教并做出优异成绩的教师给予重点倾斜。同时要考虑中学、小学、幼儿园、特殊教育教师合理的比例。

（四）对在城镇教师支援农村教育工作中做出突出成绩的支教教师在同等条件下优先。

（五）认真做好推荐人选的公示工作，保证评选推荐工作的公正性和透明度。

（六）推荐人选的申报材料于2013年6月30日前报评选表彰工作领导小组办公室（市教委人事处1308室）。

《北京市优秀教师、北京市优秀教育工作者申报表》可登录市教委网站（http：//www.bjedu.gov.cn）下载。

附件：1.“北京市优秀教师”、“北京市优秀教育工作者”评选表彰工作领导小组及办公室成员名单

2.北京市优秀教师、北京市优秀教育工作者申报表（略）

3.北京市优秀教师”、“北京市优秀教育工作者”推荐名额分配表

4. 2013年北京市优秀教师推荐名册、2013年北京市优秀教育工作者推荐名册（略）

二〇一三年五月二十三日

附件1：

“北京市优秀教师”、“北京市优秀教育工作者”评选表彰工作领导小组及办公室成员名单

一、领导小组成员

组　长：姜沛民　市委教育工委副书记、市教委主任
　　　　刘　建　市委教育工委常务副书记
副组长：线联平　市委教育工委副书记、市政府督导室主任
　　　　罗　洁　市教委副主任
　　　　付志峰　市教委副主任
　　　　杨晋京　市人力社保局副局长
　　　　吴素芳　市财政局副局长
　　　　郑登文　市教委委员
　　　　叶茂林　市教委委员
　　　　李　奕　市教委委员
　　　　史利国　市教育工会主席
成　员：吴　武　市教委人事处处长
　　　　高永辉　市人力社保局考核奖惩处处长
　　　　李红娜　市财政局教育事业处处长
　　　　刘　欢　市教育工会常务副主席
　　　　张永凯　市教委、市委教育工委办公室主任
　　　　黄　侃　市教委高等教育处处长

邵和平　市教委职业教育与成人教育处处长

张凤华　市教委基础教育一处处长

徐建姝　市教委基础教育二处副处长

张小红　市教委学前教育处处处长

李开发　市教委民办教育处处长

李海燕　市教委师资办主任兼人事处副处长

二、办公室成员

主　任：叶茂林（兼）　市教委委员

副主任：吴　武　市教委人事处处长

高永辉　市人力社保局考核奖惩处处长

李红娜　市财政局教育事业处处长

刘　欢　市教育工会常务副主席

成　员：张永凯　市教委（市委教育工委）办公室主任

黄　侃　市教委高等教育处处长

邵和平　市教委职业教育与成人教育处处长

张凤华　市教委基础教育一处处长

徐建姝　市教委基础教育二处副处长

张小红　市教委学前教育处处处长

李开发　市教委民办教育处处长

李海燕　市教委师资办主任兼人事处副处长

刘国庆　市教委人事处副处长

郭宏伟　市教委人事处副调研员

附件3：

"北京市优秀教师"、"北京市优秀教育工作者"推荐名额分配表

教育类别 \ 推荐名额	合计	优秀教师	优秀教育工作者
	700	630	70
高等学校（含高职、成人院校）	220	198	22
民办高校	10	9	1
基础教育（含部属高校附属中小学）	357	322	35
中等专业学校	22	20	2
技工学校	11	9	2
学前教育	80	72	8

北京市教育委员会

转发教育部关于深化中小学教师培训模式改革全面提升培训质量指导意见的通知

京教人〔2013〕14号

各区县教委：

现将教育部《关于深化中小学教师培训模式改革全面提升培训质量的指导意见》（教师〔2013〕6号）转发给你们，请遵照执行。

二〇一三年六月八日

教　育　部

关于深化中小学教师培训模式改革全面提升培训质量的指导意见

教师〔2013〕6号

各省、自治区、直辖市教育厅（教委），新疆生产建设兵团教育局：

根据教育规划纲要提出的对教师实行每五年一周期的全员培训要求，近年来中央和地方不断加大培训力度，教师培训工作取得明显进展，但也存在着针对性不强、内容泛化、方式单一、质量监控薄弱等突出问题。为主动适应深化基础教育课程改革、全面实施素质教育的现实需求，着力解决存在的突出问题，现就深化中小学教师培训模式改革，全面提升培训质量提出如下指导意见。

一、增强培训针对性，确保按需施训。中小学教师培训要以实施好基础教育新课程为主要内容，以满足教师专业发展个性化需求为工作目标，引领教师专业成长。各地要将上述要求贯穿于培训规划、项目设计、组织实施、质量监控全过程。根据新任教师岗前培训、在职教师提高培训和骨干教师高级研修等教师发展不同阶段的实际需求，开展针对性培训。实行教师培训需求调研分析制度，建立与中小学校共同确定培训项目的新机制。

二、改进培训内容，贴近一线教师教育教学实际。各地要将提高教师教育教学技能作为培训的主要内容，以典型教学案例为载体，创设真实课堂教学环境，紧密结合学校教育教学一线实际，开展主题鲜明的技能培训。实践性课程应不少于教师培训课程的50%。要将中小学教师专业标准、师德教育和信息技术作为通识课程，列入培训必修模块。遵循立德树人的根本要求，增强教师教书育人的责任感和使命感。国家制订教师培训课程标准，建立资源共享平台，促进资源共建共享。各地要加强优质课程资源建设，重点建设典型案例和网络课程资源，积极开发微课程。

三、转变培训方式，提升教师参训实效。各地要针对教师学习特点，强化基于教学现场、走进真实课堂的培训环节。通过现场诊断和案例教学解决实际问题，采取跟岗培训和情境体验改进教学行为，利用行动研究和反思实践提升教育经验，确保培训实效。改革传统讲授方式，强化学员互动参与，增强培训吸引力、感染力。省级教育行政部门要大力推动置换脱产研修，将院校集中培训、优质中小学“影子教师”实践和师范生（城镇教师）顶岗实习支教相结合，为农村学校培养骨干教师。要采取多种培训方式，加大体育、音乐、美术等师资紧缺学科专兼职教师和民族地区双语教师的培训力度。

四、强化培训自主性，激发教师参训动力。省级教育行政部门要探索建立教师自主选学机制，建设“菜单式、自主性、开放式”的选学服务平台，为教师创造自主选择培训内容、时间、途径和机构的机会，满足教师个性化需求。建立培训学分认证制度，学时学分合理转化。建立教师培训学分银行，实现教师非学历培训与学历教育学分互认。将培训学分作为教师资格定期注册、教师考核和职务（职称）聘任的必备条件，激发教师参训积极性。

五、营造网络学习环境，推动教师终身学习。各地要积极推进教师网络研修社区建设，推动教师网上和网下研修结合、虚拟学习和教学实践结合的混合学习；开展区域间教师网上协同研修，促进教师同行交流；培养网络研修骨干队伍，打造教师学习共同体，实现教师培训常态化。要推动网络研修与校本研修整合，推进高等学校、培训机构与中小学结对帮扶，引进优质培训资源，建立校本研修良性运行机制。丰富研修主题，通过集体备课、观课磨课、课题研究等方式，促进教研与培训有机结合，切实发挥校本研修的基础作用。鼓励各地建设教师培训创新实验区，推动培训模式综合改革。

六、加强培训者队伍建设，增强为教师提供优质培训的能力。各级教育行政部门要统筹建设培训专家库，并实行动态调整，建立一支专兼职结合的优秀培训者队伍。要注重遴选一线优秀教师作为兼职培训者，将其承担教育行政部门组织或认定的培训任务计入教学工作量，并建立工作绩效考核机制。高等学校兼职培训者要积极把握基础教育课程改革内容和中小学一线教师培训需求。专职培训者要切实深入中小学校开展研究与实践，原则上每年不少于2个月。国家建立培训专家库信息管理平台，实现各地培训者的信息共享和培训成效评估。培训者团队主要从培训专家库中遴选，一线优秀教师所占比例不少于50%。各地要为专兼职培训者的发展创造良好条件，国培计划和省培计划加大专兼职培训者培训力度，专职培训者每年研修不少于100学时。

七、建设培训公共服务平台，为教师提供多样化服务。培训机构要将为教师提供多样化优质服务作为培训工作的出发点和落脚点，建立灵活、开放、专业的培训公共服务平台。师范院校要大力推进内部教师教育资源整合，建立与中小学合作机制，促进培养、培训、研究、服务一体化，发挥示范引领作用。各地要依托现有资源，加快推进县级教师培训机构与教研、科研和电教等部门的整合，建设县级教师发展中心，发挥其在全员培训的规划设计、组织实施和服务指导等方面的功能。

八、规范培训管理，为教师获得高质量培训提供有力保障。国家建设全国教师培训管理信息系统，加强对国家级培训和各地培训的动态监测。各地要充分利用信息化管理平台，登记教师参训学时学分，加强学员选派管理，建立培训项目招投标机制，对培训经费使用等进行全程监控，确保各项工作落实到位。教师培训食宿安排要厉行节约，不得安排与培训无关的参观考察活动。培训机构要建立学员培训档案制度，及时将学员培训情况反馈所属教育行政部门和学校。

国家制订培训质量标准，定期开展培训质量评估，发布年度监测报告。地方教育行政部门要采取专家评估、网络匿名评估和第三方评估等方式，监测培训质量，公布评估结果，并作为培训资质认定、项目承办、经费奖补的重要依据。培训机构要做好培训绩效评价，跟踪教师参训后实践应用效果，不断改进培训工作。

国家将教师培训作为对各地教育督导的重要内容。省级教育督导部门要加强对市县教师培训的专项督导，定期公布检查结果。县级教育行政部门要将教师培训列入中小学办学水平评估和校长考评的指标体系。各地要将落实培训经费作为教育督导的重要内容，确保培训经费列入同级财政预算，中小学按照年度公用经费预算总额5%安排培训经费，保障经费投入。

二〇一三年五月六日

中共北京市委教育工作委员会
北　京　市　教　育　委　员　会

关于印发《北京市中小学校长任职资格培训指导性教学计划》的通知

京教人〔2013〕16号

各区县委教育工委、各区县教委，各有关中小学干部培训机构：

为了进一步加强对中小学校长任职资格培训的管理，保证培训质量，提高培训的针对性和实效性，市委教育工委市教委制定《北京市中小学校长任职资格培训指导性教学计划》。现印发给你们，请严格贯彻执行。培训工作中出现的新情况、新问题及时报市教委。

中等职业学校校长和幼儿园园长任职资格培训可参考此计划执行。

二〇一三年七月二十三日

北京市中小学校长任职资格培训指导性教学计划

根据教育部《中小学校长培训规定》、《全国中小学校长任职资格培训指导性教学计划》、《义务教育学校校长专业标准》和北京市《关于“十二五”时期中小学干部教师培训工作的意见》等文件精神，结合北京市中小学后备干部培训和校长任职资格培训的实际，制定本计划。

一、培训对象

政府和社会力量举办的全日制普通中小学校级后备干部。

二、培训目标

提高学员的思想政治素质与职业道德修养，帮助其掌握履行校长岗位职责必备的专业知识和专业能力，为其终身学习、不断提高治校理教水平奠定基础。

具体目标：

（一）提高运用马克思主义的立场、观点和方法以及中国特色社会主义理论体系的基本观点指导实际工作的能力，全面理解和深入贯彻党的教育方针，坚持正确的办学方向；提高贯彻执行各项教育政策、法规的自觉性，增强依法治校理教的思想意识和能力。

（二）掌握校长及校级干部岗位职责和基本要求；增强办好学校的责任感和使命感，增强遵守职业道德的自觉性。

（三）掌握教育学、心理学和学校管理学的基本知识，科学理解教育本质以及教育教学、学生身心发展、学校管理的基本规律；了解教育教学改革、学校管理改革的最新动态、先进经验和研究成果，提升科学治校理教能力。

（四）提高人文科学素养，提高履行校长职责所需的综合素质。

（五）增强学习意识，建立合理的专业知识格局，提高终身学习的能力和规划职业发展的能力。

三、培训方式与学时

校长任职资格培训以脱产集中学习为主，也可根据实际情况采用进行分阶段集中学习。必修课程累计不得少于300学时。

四、教学要求

（一）坚持理论联系实际，发挥学员的主体作用，引导学员边学边用、学以致用。

（二）要坚持开放的精神和质量第一的原则，科学选择教学内容，突出重点，做到“少而精”。

（三）整合优质资源，建立专兼职结合的教师队伍，加强集体备课和教研，增强培训的针对性、实效性，保证培训质量。

五、考核与结业

（一）采取过程考核和终结考核相结合的方式，过程考核可以反思笔记、学习札记、考察报告、课堂观察等形式进行，终结考核一般采用考试方式进行。

（二）学习期满，考核合格，颁发“北京市中小学校长任职资格培训合格证书”。所修学时记入中小学教育干部培训继续教育学分。

附件：北京市中小学校长任职资格培训课程

附件：

北京市中小学校长任职资格培训课程

课程与学时：政治思想与职业道德（28 课时）

教学目的：掌握马克思主义基本理论并能够自觉运用其立场、观点和方法分析和解决学校管理工作中的问题；掌握中国特色社会主义理论体系、社会主义核心价值体系，增强政治的坚定性和国家安全意识；提高职业道德修养。

主要内容：

1. 中国特色社会主义理论体系概论

2. 哲学思维方式与领导工作方法

3. 党建基本理论（含“三个意见”）

4. 中小学校长的职业道德修养（含廉政）

课程与学时：教育政策法规（40 课时）

教学目的：了解法律基本知识，熟悉我国现行教育政策、法规，树立依法治校的意识，提高依法治校的能力。

主要内容：

1. 教育政策与教育法律基础知识（包括现行教育政策要点）

2. 学校与师生权益的保护（含《义务教育学校校长专业标准》解读）

3. 学校安全与学生伤害事故的处理

课程与学时：教育理论与实践（56 课时）

教学目的：了解教育的核心概念和基本理论，正确理解学校教育的地位和功能以及教育本质，掌握教育的基本规律，了解教育理论发展动态与教育改革动态，能够用教育理论分析教育现象，把握教育的正确方向。

主要内容：

1. 教育理论与实践课程概述
2. 教育的基本规律
3. 课程基本知识与教学规律
4. 德育规律
5. 教师与学生
6. 实践环节（教育教学观摩、研讨等）

课程与学时：中外教育思想史（40 课时）

教学目的：了解中国和西方发达国家教育思想发展的基本轨迹，建立起有关本门课程知识结构的基本格局，理解和掌握有代表性的、影响深远的教育思想，开阔视野，丰富学养，加深教育理论功底。能够以中外先进教育思想为借鉴，深刻理解教育教学理论，古为今用，洋为中用。

主要内容：

1. 中外教育思想史概述
2. 中国教育思想发展的基本脉络
3. 中国古代教育思想
4. 中国近现代教育思想
5. 外国教育思想发展的基本脉络
6. 外国古代教育思
7. 外国近现代教育思想

课程与学时：学校管理理论与实践（96 课时）

教学目的：了解管理学的发展历程、几大流派和基本观点，掌握学校管理的核心理论，了解学校管理改革动态，掌握学校管理先进经验和研究成果，能够务本求实，科学治校理教。

主要内容：

1. 学校管理理论概述
2. 学校发展规划研制
3. 学校组织机构设置
4. 课程管理的理论与实践
5. 教学管理的理论与实践
6. 德育管理的理论与实践
7. 教师管理的理论与实践
8. 学校评价的理论与实践
9. 学校教育研究中的若干问题
10. 学校总务管理中的若干问题
11. 现代信息技术在学校管理中的应用

课程与学时：心理学基本理论与应用（40 课时）

教学目的：掌握心理学基本知识，了解学生身心发展规律和认知规律，了解教育心理学常识，掌握压力管理与教师积极性激发等管理心理理论，理解学校心理健康教育的基本理念。

主要内容：

1. 心理学基础
2. 发展心理
3. 教育心理
4. 社会心理
5. 管理心理
6. 心理健康

课程与学时：自主选修课程（不少于 60 学时）

教学目的：开阔视野，丰富学养。结合学员实际，有针对性地开设课程

主要内容：

1. 教育考察或跟岗实习

2. 公共关系
3. 资源整合
4. 公文写作
5. 管理实务训练（实习）
6. 教育技术与管理应用
7. 教育名著选读
8. 区域教育

北京市教育委员会

关于公布第九届北京市高等学校教学名师奖获奖名单的通知

京教高〔2013〕12 号

各普通高等学校：

根据市教委《关于做好第九届北京市高等学校教学名师奖评选工作的通知》（京教高〔2013〕5 号），经学校推荐、课堂教学录像评价、现场教学观摩课评价、评审专家组评议、评审委员会投票、市教委审核并公示，决定授予北京大学李彦等 97 名教师第九届北京市高等学校教学名师奖，现将获奖名单予以公布。

各高等学校要深入贯彻落实国家和北京市中长期教育改革和发展规划纲要精神，加强对教学名师奖获得者先进事迹的宣传力度，积极发挥他们的示范榜样作用，发挥他们对年轻教师的传、帮、带作用，激励和帮助年轻教师的成长，增强师资队伍水平；要以评选表彰教学名师奖工作为契机，采取有效措施，完善机制，进一步推进“教授上讲台”工作，不断提高首都高等教育质量。

附件：第九届北京市高等学校教学名师奖获奖名单

二〇一三年七月三十一日

附件：

第九届北京市高等学校教学名师奖获奖名单

北京大学

李　彦　牛　军　董志勇

王　韵

中国人民大学

郭星华　何　平　陈享光

马　中

清华大学

季林红　安　宇　张明楷

白重恩

北京交通大学

李德才　郭雪萌

北京航空航天大学

贾玉红　熊庆旭

北京理工大学

张卫正　金伟其　孙华飞

北京科技大学

林　海

北京化工大学

苏海佳　祁　欣

北京邮电大学

组云霄　刘宝玲

中国农业大学

张　昕　杨海莲

北京林业大学

赵　东　王向荣

北京中医药大学

赵吉平

北京师范大学

赵　烨　包景东　刘永平

沈　越

北京外国语大学

丁　超

北京语言大学

刘谦功

中国传媒大学

柴剑平　潘　桦

中央财经大学

冯秀军　朱建明

对外经济贸易大学

王　军　蒋先玲

外交学院

江国青

中国人民公安大学

李玫瑾

国际关系学院

高红玲

北京体育大学

胡晓飞

中央音乐学院

高建进

中央美术学院

尹吉男

中央戏剧学院

章抗美

中央民族大学

王建民　李鸿宾　黄秀兰

中国政法大学

阮齐林

华北电力大学

王泽忠　林碧英

中国矿业大学（北京）

王　聪　宋彦琦

中国石油大学（北京）

季汉成

中国地质大学（北京）

于炳松

中国青年政治学院

马竹青

北京工业大学

李晓阳　李　静　赵继新

北京工商大学

姜同强

北京服装学院

郑嵘

北京印刷学院

金杨

北京建筑大学

张怀静

北京农学院

刘凤华

首都医科大学

贾建平　吴　瑛

首都师范大学

何书元　张飞雄

首都体育学院

杨铁黎

北京第二外国语学院

杨玲

北京物资学院

吴尚义

首都经济贸易大学

刘文辉　张梦霞

中国音乐学院

姚艺君

北京舞蹈学院
李春华
北京信息科技大学
王红军
北京联合大学
顾　军　葛喜珍
北京城市学院
韩建新
北京工业职业技术学院
朱元忠　李长青
北京信息职业技术学院
汪赵强
北京电子科技职业学院
王冬琳　兰　蓉
北京京北职业技术学院
靳梅媚

北京农业职业学院
肖海峻
北京财贸职业学院
王　琦　滑锡林
北京戏曲艺术职业学院
周志强
北京经济管理职业学院
贾辉艳
北京劳动保障职业学院
姜　宏
北京汇佳职业学院
李毓明
北京吉利大学
刘青波
北京教育学院
迟希新

北京市教育委员会

关于公布2013年北京高等学校继续教育优秀教学团队及教学管理先进个人名单的通知

京教函〔2013〕423号

各高等学校：

根据市教委《关于开展2013年北京高等学校继续教育优秀教

学团队及教学管理先进个人推荐评选工作的通知》(京教函〔2013〕104 号),我委组织了 2013 年北京高等学校继续教育优秀教学团队及教学管理先进个人推荐评选工作。在学校推荐基础上,经专家组评议、评审委员会审议投票、市教委审核,北京大学行政管理学教学团队等 60 个团队被评为 2013 年北京高等学校继续教育优秀教学团队,其中北京协和医学院阜外心血管病医院心内科教学团队等 40 个团队被评为重点建设教学团队;北京大学侯建军等 70 位同志被评为 2013 年北京高等学校继续教育教学管理先进个人,现予公布。

我委将向 2013 年北京高等学校继续教育优秀教学团队和教学管理先进个人颁发证书。对每个重点建设教学团队,将给予一定经费支持,用于教学团队建设项目,并纳入绩效管理。

建议有关高等学校对获得继续教育优秀教学团队和教学管理先进个人并重点建设教学团队给予表彰和相应支持。

各高等学校以本次评选出的北京高等学校继续教育优秀教学团队及教学管理先进个人为榜样,认真总结经验,将继续教育特别是承担学历教育师资队伍和专业(课程)教学团队建设纳入学校建设发展规划和工作计划,并给予一定投入和支持,切实抓好教师队伍及管理队伍的建设工作,不断提高学校继续教育人才培养质量。

我委将适时组织对学校继续教育教学团队建设的落实情况

附件:1. 2013 年北京高等学校继续教育优秀教学团队(略)

2. 2013 年北京高校继续教育重点建设教学团队名单(略)

3. 2013 年北京高校继续教育教学管理先进个人(略)

二〇一三年八月七日

中共北京市委教育工作委员会
北 京 市 教 育 委 员 会
北京市人力资源和社会保障局
北 京 市 财 政 局
中国教育工会北京市委员会

关于表彰北京市优秀教师北京市优秀教育工作者的决定

京教人〔2013〕17号

各区县委教育工委、区县教委、教育工会，市政府有关委办局（总公司），各高等学校，市教委直属单位：

近年来，我市广大教师和教育工作者坚持以邓小平理论、“三个代表”重要思想、科学发展观为指导，以强烈的事业心、责任感和饱满的工作热情，全面贯彻党的教育方针，在深化教育改革、推进素质教育、实施教育创新等方面做出了突出成绩和贡献，涌现出一大批优秀教师和教育工作者。

为表彰他们对教育事业做出的成绩和贡献，弘扬他们的高尚师德，进一步激发广大教师和教育工作者的积极性、创造性，努力开创教育工作的新局面，市委教育工委、市教委、市人力社保局、市财政局、市教育工会决定，授予李伟固等638名同志“北京市优秀教师”称号；授予彭小瑜等79名同志“北京市优秀教育工作者”

称号。希望受到表彰的同志保持荣誉、继续努力，进一步发挥模范带头作用，在教育事业的改革和发展中取得更加优异的成绩。

受到表彰的优秀教师和优秀教育工作者是全市教师和教育工作者的优秀代表，他们在平凡的工作岗位上取得了做出了不平凡的成绩。全市教育战线广大教师和教育工作者要以他们为榜样，保持昂扬向上、奋发有为的精神状态，立足本职，扎实工作，开拓创新，为办好人民满意的首都教育做出更大贡献。

附件：1. 北京市优秀教师名单

2. 北京市优秀教育工作者名单

二〇一三年八月二十日

附件 1：

北京市优秀教师

北京大学

李伟固　裴　坚　唐少强

李小凡　张清敏　龚六堂

王世强　刘玉鑫　胡永华

姜冠潮　乔　杰　李　岩

章　政　王　军

清华大学

肖　杰　吴　霞　陈　巍

宫　鹏　聂建国　殷雅俊

高钟毓　梁曦东　程文浩

戴琼海

中国人民大学

袁济喜　段忠桥　杨凤城

卢小宾　孔祥智　蔡　雯

郭　杰

北京师范大学

张雁云　廖申白　李　实

胡永建　卢建平

中国农业大学

张　宾　邵小明　陈　敏

郭玉海

北京科技大学

朱维耀　李延祥　冯妍卉

张　虹

北京邮电大学

房　鸣　单文锐　门爱东

邝　坚

北京化工大学

励杭泉　杨卫民　祁　欣

北京交通大学

阮秋琦　汪越胜　李德才

王均宏　赵　耀　冯其波

中国传媒大学

赵淑萍　史　萍　李停战

中国地质大学（北京）

张招崇　刘家军

中国石油大学（北京）

隋　岩　宇　波　钱步仁

华北电力大学

付忠广　王学棉　艾　欣

北京林业大学

王向荣　陈建成　曹金珍

赵燕东

北京中医药大学

孙红梅　都立澜　王　玫

北京外国语大学

傅　荣　王　军　李英桃

对外经济贸易大学

金　冰　陈学权

北京语言大学

李　玲　李吉梅

中国矿业大学（北京）

刘　波

中央财经大学

刘红霞　张云起　刘　扬

张礼卿

中国政法大学

丛日云　高健军

中央美术学院

陈文骥

中央音乐学院

唐建平

中央戏剧学院

张庆山

北京理工大学

冯顺山　薛　庆　唐胜景

孙华飞　魏一鸣　郝　群

史庆藩

北京协和医学院

姜玉新　张　学　李　杨

北京体育大学

邹新娴

中央民族大学

扎　巴　杨泽玮

国际关系学院

谢菁菁

北京电子科技学院

冼立勤

中国青年政治学院

吴鲁平

外交学院

何　群

中国人民公安大学

王淑合　李春华

中华女子学院

寿静心

中国劳动关系学院

罗旭华

北京服装学院

陈六汀　董瑞侠

北方工业大学

崔　岩　高建岭

北京工商大学

廉小亲　郭　毅　王鲁娜

北京印刷学院

杨丽珍

北京石油化工学院

蔡晓君　戴　波

北京信息科技大学

李　擎　任维平

北京第二外国语学院

范　军

北京物资学院

赵　娴　尚　珂

中国音乐学院

高佳佳

中国戏曲学院

乔慧斌

北京电影学院

宋　靖

北京舞蹈学院

黄奕华

北京工业大学

杜修力　尹宝才　陈　喆

张汉林　左国玉　唐　军

首都师范大学

王淑芹　郝春文　郭春彦

吴相洲　吴敏华

北京建筑大学

韩　淼　秦红岭

首都医科大学

彭师奇　康　骅　诸欣平

郭秀花　孙莹炜

首都经济贸易大学

纪　宏　纪　韶

首都体育学院

茹秀英

北京农学院

邓　蓉　郭　蓓

北京联合大学

朱传华　曲　欣　薛万欣

孙爱萍　程　光　王美萍

孟宪东

北京警察学院

武　磊

北京青年政治学院

韩凤荣

北京工业职业技术学院

刘业辉　陈　辉

北京财贸职业学院

谭迎春

北京电子科技职业学院

兰 蓉 杨洪雪 崔 健

北京信息职业技术学院

张晓蕾

北京京北职业技术学院

刘婷婷

北京交通职业技术学院

李大泳

北京农业职业学院

徐英岚

北京政法职业学院

孟德花

北京戏曲艺术职业学院

王峤峤

北京劳动保障职业学院

苗金明

北京体育职业学院

李 铂

北京社会管理职业学院

赵淑英

北京卫生职业学院

王春芳

国家开放大学

刘占荣

国家法官学院

胡 岩

国家检察官学院

朱全景

北京城市学院

王培英

北京科技经营管理学院

宋 蔚

北京吉利大学

任广新

北京北大方正软件技术学院

王心环

北京经贸职业学院

周海霞

北京汇佳职业学院

王 静

北京培黎职业学院

李坤明

北京工商大学嘉华学院

韩雨南

北京工业大学耿丹学院

王一诺

北京新圆明职业学院

刘爱婧

北京开放大学

郭 明

北京市东城区职工业余大学

王爱桢

北京市西城经济科学大学

吴慧涵

北京市朝阳区职工大学

赵 宏

北京医药集团职工大学

郑小军

北京市总工会职工大学

王　佳

北京市第二中学

孟　艳

北京市第五中学分校

戴毅新

北京市第一中学

王志伟

北京景山学校

周　群

北京市广渠门中学

魏发团

北京汇文中学

岳　波

北京市第一七一中学

许德昌

北京市第二十二中学

张玉梅

北京市第一四二中学（北京宏志中学）

向　艳

北京国际职业教育学校

金小红

北京市第一六六中学

赵　盈

北京市第五中学分校

郝　臣

北京国际职业教育学校

刘　畅

北京现代职业学校

徐　浒

北京市东城区史家胡同小学

范汝梅

北京市东城区和平里第四小学

高李英

北京市东城区曙光小学

周　霞

北京市东城区分司厅小学

邵　明

北京市东城区府学胡同小学

杨　杰

北京市东城区特殊教育学校

宋　雯

北京景山学校

李云飞

北京市东城区东交民巷小学

许淑一

北京市东城区永生小学

徐靖华

北京市崇文小学

周　静

北京光明小学

夏敬华

北京市东城区灯市口小学

孙　彤

北京市东城区前门小学

赵　岩

北京第一师范学校附属小学

逄 静

北京市第七中学

魏 萌

北京市第八中学

汪 艳

北京市第十三中学

张立燕

北京市第十四中学

许玉蓉

北京市第十五中学

岳 凝

北京市第四十四中学

冯 丽

北京市第五十六中学

段富刚

北京市第六十二中学

李 忻

北京市第六十三中学

计广州

北京市第六十六中学

任廷全

北京市第一六一中学

高 燕

北京市第二一四中学

杨丽丽

北京市铁路第二中学

丁激杨

北京市回民学校

果 征

北京市西城区实验学校

黄玉侠

北京市三帆中学

葛秀丽

北京师范大学附属中学

邓懿姝

北京师范大学附属实验中学

李 艳

北京市外事学校

汪珊珊

北京市西城区教育研修学院

闻 岩

北京小学

李洁玲

北京第二实验小学

胡 雪

北京市西城区宏庙小学

高 巍

北京市宣武回民小学

李 婕

北京市西城区奋斗小学

刘 征

北京第一实验小学

王淑洁

北京市西城区三里河第三小学

郑 祺

北京市西城区康乐里小学

许春燕

北京小学走读部
　陈铁英
北京市西城区西四北四条小学
　杨秋敏
北京市宣武培智学校
　韩雅娜
北京市西城区青少年美术馆
　田冬梅
北京市第八十中学
　王学东
北京市朝阳区芳草地国际学校
　张　龙
北京市劲松职业高中
　向　军
北京市教育学院朝阳分院
　白雪锋
北师大奥林匹克花园实验小学
　芮　莉
北京市求实职业学校
　何　琳
北京市陈经纶中学
　黎　宁
北京市朝阳酒仙桥中心小学
　马　静
北京市第八十中学
　涂　洁
北京市朝阳区教研中心
　蔡　萍
北京市日坛中学
　王　于
北京市朝阳区白家庄小学
　王丽君
北京市第十七中学
　刘玉平
北京市朝阳区实验小学
　曹　京
北京市第八十中学
　吴卫东
北京市朝阳师范学校附属小学
　朱春梅
朝阳区青少年活动中心
　韩　静
北京市朝阳区劲松第三小学
　魏　宇
北京市日坛中学
　张滨滨
北京市朝阳区三里屯小学
　刘建昌
人大附中朝阳学校
　韩　东
北京市朝阳区康静里小学
　杨春生
首师大学附属实验学校
　张　燕
北京市朝阳区花家地实验小学
　闫海权
北京市民族学校
　佟桂玲

北京市朝阳区定福庄第一小学
王惠芳
北京市第十六中学
王春英
北京市朝阳区呼家楼中心小学
孙　宇
北京市朝阳区教研中心
朱丽萍
北京市朝阳区安慧北里小学
赵玉琤
北京市第十七中学
陈建勤
北京市朝阳区双桥第二小学
张　新
北京第九十四中学
杨　霞
北京市朝阳区小红门中心小学
陶艳春
北京市第八十中学
骆玉香
北京师范大学朝阳附属小学
张　洁
北京市日坛中学
郑迎霞
北京市朝阳区星河双语学校
聂岩双
北京市陈经纶中学
姜海峰
北京市忠德学校
田　宁
北京教育学院丰台分院
李振雷
北京市丰台区实验学校
褚淑凤
北京市丰台二中
陈维贤
北京市第十二中学
崔茂华
北京市第十中学
李　媛
首都师范大学附属丽泽中学
寇富弄
北京市云岗中学
傅国辉
北京市丰台区长辛店第一中学
秦　华
北京教育学院丰台分院
杨俐嘉
北京市丰台区东铁匠营第一小学
张　萍
北京市丰台区丰台第五小学
李　健
北京市丰台区实验学校
陶陵宇
北京市丰台区西罗园第六小学
张秀红
北京市丰台区时光小学
林跃庆

北京小学丰台万年花城分校

孙宏慧

北京市丰台区丰台第一小学

王艳红

北京教育科学研究院丰台实验小学

张海燕

北京市东高地青少年科技馆

毛　峰

北京市丰台区职业教育中心学校

张　琳

北京教育学院丰台分院

刘洪霞

北京市第九中学

邢　军

北京市苹果园中学

焦　锟

北京市京源学校

葛金胜

北师大励耘实验学校

李　勇

北京市古城中学

姚春林

北京景山学校远洋分校

杨永良

北京市黄庄职业高中

张　玲

北京教育学院石景山分院

李　文

北京市石景山区古城第二小学

冯　雷

北京市石景山区六一小学

焦　倩

北京市海淀区教师进修学校附属实验学校

高继红

北京理工大学附属中学

张爱英

清华大学附属中学

徐文兵

中国人民大学附属中学

周建华

北京市第三聋人学校

王爱君

北京市十一学校

王笃年

北京石油学院附属中学

韩中华

北京市温泉第二中学

杨冬香

北京市育鸿学校

王　娜

北京市育英学校

刘向娟

北京市育英中学

张　宇

北京大学附属中学

李冬梅

北京市第十九中学

侯立群

北京市卫国中学

王桂茹

北京市中关村中学

周卫平

北京市八一中学

王建稳

北京航空航天大学附属中学

孙　英

北京市立新学校

朱　朋

北京市第一零一中学

熊永昌

北京市上地实验学校

刘小红

北京师范大学第三附属中学

卿志勇

北京市北外附属外国语学校

李　晖

北京市第二十中学

陈海顺

北京市海淀工读学校

王　飞

北方交通大学附属中学

张　斌

北京农业大学附属中学

赵小青

北京市信息管理学校

任燕军

北京市海淀区太平路小学

陈丽娜

中国人民大学附属小学

朱兰京

北京市海淀区翠微小学

王　璐

北京市海淀区东升学区

杨　蕾

北京市海淀区中关村第二小学

姜淑清

北京市海淀区西北旺学区

金丽春

北京市海淀区五一小学

黄建鹏

首都师范大学附属小学

李　超

北京市海淀区七一小学

邢　艳

北京市石油学院附属小学

郭红霞

北京师范大学实验小学

陈延军

北京大学附属小学

何立新

北京市海淀区二里沟中心小学

明　燕

北京市海淀区万泉小学

李春洁

北京市海淀区冷泉小学
刘　军
北京市海淀区苏家坨三四村小学
黄秋燕
北京市海淀区白家疃小学
刘桂红
北京市海淀区上庄中心小学
张桂竹
北京市海淀区巨山小学
杜春焕
北京市海淀区清河第四小学
魏　波
北京市海淀区前进小学
翟晓江
北京市立新学校小学
任　军
北京市海淀区中关村第一小学
李荣霞
北京市房山区窦店中学
史广静
北京市房山区城关第二小学
陆大成
北京市房山区实验中学
庄雪特
北京市房山区良乡中心校
杨会娟
北京市房山区良乡第四小学
张桂金
北京市房山区良乡第二中学
滕玉玲
北京市房山区良乡第五中学
李洪莉
北京市房山区坨里中学
刘红艳
北京市房山区房山中学
石敬军
北京市房山区良乡中学
周秀萍
北京市房山区河北中心校
李银平
北京市房山区房山第四中学
马德利
北京市房山区南梨园中学
宋桂芳
北京市房山区青龙湖中学
杨红霞
北京市房山区十渡中心校
邱红亮
北京市房山区阎村中心校
惠雪莲
北京市房山区霞云岭中心校
任凌燕
北京市房山区蒲洼中心校
李文凤
北师大燕化附属中学
金英华
燕山教研中心
石丽君

北京市通州区潞河中学

赵月灵

北京市通州区运河中学

马淑杰

北京市通州区第三中学

宗连杰

北京市通州区第四中学

李金霞

北京市通州区玉桥中学

何　崴

北京市通州区永乐店中学

杨旭升

北京市通州区大杜社中学

梁学文

北京市通州区甘棠中学

程继林

北京市通州区于家务中学

张慧林

北京工业大学通州分校

邱　菊

北京市通州后南仓小学

李海英

北京市通州区官园小学

张　薇

北京市通州区中山街小学

刘桂霞

北京市通州区运河小学

韩月仓

北京市通州区北苑小学

杨效培

北京市通州区永顺小学

商学芳

北京市通州区漷县镇中心小学

魏　敬

北京市通州区张家湾镇中心小学

刘树杰

北京市通州区永乐店镇中心小学

付立娇

北京市通州区马驹桥镇中心小学

刘　君

北京市通州区玉桥小学

李朝霞

北京新城职业学校

张丽苹

北京市通州区梨园中学

葛德全

北京市顺义区牛栏山第一中学

王春晶

北京市顺义区第二中学

刘学毅

北京四中顺义分校

王海民

北京市顺义牛栏山第一中学

曾　昕

北京市顺义区第八中学

孙立英

北京市顺义区第九中学

冯　辉

北京市顺义区俸伯中学
王　轶
北京市顺义区牛栏山一中实验学校　付淑清
北京市顺义区杨镇一中
刘景义
北京市顺义区第一中学
武瑞岭
北京市顺义区教育研究考试中心
张宝义
北京市顺义区仁和中学
肖　红
北京市顺义区杨镇一中
齐长安
北京市顺义区建新小学
武　宁
北京市顺义区仓上小学
王拥军
北京市顺义区裕龙小学
郑新颖
北京市顺义区教育研究考试中心
孔凡艳
北京市顺义区李桥中心小学校
崔晓梅
北京市顺义区石园小学
皮金英
北京市顺义区后沙峪中心小学校
王俊红
北京市顺义区沿河中心小学校
王占宝
北京市昌平区天通苑学校
安　伟
北京市昌平区流村中心小学
路书芳
北京市昌平区北七家中心小学
刘谢美子
北京市昌平区二毛学校
齐兰清
北京市昌平区第一中学
陈爱民
北京市昌平区第五中学
刘亚静
北京市昌平区城北中心小学
李艳秋
北京市昌平职业学校
郑艳秋
北京市私立汇佳学校
李艳丽
北京市昌平区西贯市回民小学
李铁静
北京市昌平区桃洼学校
林　滕
北京市昌平区第二中学
翟海彬
北京市昌平区平西府中心小学
王立梅
北京市昌平区崔村中心小学
王春梅

北京市昌平区长陵学校
晋玉娟
北京市昌平区教师进修学校
周卫红
北京市昌平区回龙观中心小学
张久超
北京市昌平实验中学
夏　涛
北京市昌平区前锋学校
赵廷刚
北京市昌平区满井中学
崔淑红
北京市大兴区第五小学
王明兰
北京市大兴区枣园小学
王艳梅
北京市大兴区第三小学
景凤萍
北京市大兴区第二小学
陈建莲
北京小学大兴分校
孙贵合
北京市大兴区第八小学
秦淑焕
北京市大兴区黄村镇第一中心小学　尹素敏
北京市大兴区第一职业学校
孙海曼
北京市实验小学大兴实验学校
梁常芳
北京市大兴区少年宫
张建云
北京市大兴区第五中学
孙源飞
北京市十四中学大兴安定分校
党立春
北京市大兴区德茂中学
方雄玉
北京市第二中学亦庄学校
苏怀堂
北京市大兴区第一中学
刘丽云
北京市大兴区榆垡中学
刘振亮
北京市大兴区第八中学
李　娜
北京市大兴区第七中学
刘传霞
北京市大兴区孙村中学
徐　平
首都师范大学大兴附中
高　岩
北京市大兴区庞各庄中学
张　静
北京市大兴区瀛海镇第一中心小学　扈建伟
北京师范大学大兴附中
王　娜

北京市大兴区长子营镇第二中心小学 牛 惠

北京市大兴区第二职业学校 宋金萍

北京市广播电视大学门头沟分校 李 泽

北京市大峪中学 韩 玮

北京市坡头中学 杨海燕

北京市王平中学 李新月

北京市门头沟区大台中心小学 杨 艳

北京市门头沟区大峪第一小学 刘文波

北京市门头沟教师进修学校 李春旺

北京市怀柔区教科研中心 宋书慧

北京市怀柔区第一中学 杨桂杰

北京市怀柔区北房中学 赵丽丽

北京市怀柔区喇叭沟门满族中学 刘海齐

北京市怀柔区职业学校 晏慧敏

北京市怀柔区第三小学 武艳梅

北京市怀柔区怀柔镇中心小学 杨景利

北京市怀柔区杨宋镇中心小学 崔海明

北京市怀柔区九渡河镇中心小学 邓莲菊

北京市怀柔区长哨营小学 彭卫华

北京师范大学附属平谷中学 王精华

北京市平谷区第一小学 徐彩荣

北京市平谷区第四中学 张金华

北京市平谷区东高村学校 张东慧

北京市平谷区第三中学 刘彦霞

北京市平谷区夏各庄学区 孙洪军

北京市平谷区黄松峪中学 沈军明

北京市平谷区王辛庄第二学区 王 冰

北京市平谷区刘家河中学 刘志远

北京市溪翁庄镇中心小学 沈亚玲

北京市密云县太师屯镇中心小学

刁荣春

北京市密云县第二小学

穆雪清

北京师范大学密云实验中学

许艳红

北京市密云县新城中学

高海颜

北京市密云县太师庄中学

刁振玖

北京市密云县第二中学

李东红

北京市密云县第六中学

魏银香

北京市密云县聋人学校

赵丽娟

北京市延庆县第一小学

王秀云

北京市延庆县第三小学

耿翠羽

北京市延庆县第四小学

卫素霞

北京市延庆县大榆树小学

张雨良

北京市延庆县第一中学

班英军

北京市延庆县第三中学

单英明

北京市延庆县第四中学

张　丽

北京市延庆县第五中学

屈金环

北京市延庆县永宁学校

何富全

北京市延庆县教育科学研究中心

桂彩丽

北京市延庆县第一职业学校

吕晓光

北京学生活动管理中心

孙晓哲

北京教学植物园

李广旺

北京市盲人学校

李　元

北京教育科学研究院

刘卫珍

北京教育学院

李振奋

首都师范大学附属育新学校

董雪娇

首都铁路卫生学校

付红焱

北京市商务科技学校

左海英

北京市第三体育运动学校

包贻珍

北京市商业学校

陈　济

北京市供销学校
魏红娟
北京市杂技学校
刘宝祥
北京市经济管理学校
刘艳申
北京金隅科技学校
郝康平
北京水利水电学校
郑丽娟
北京市昌平卫生学校
胡秀芝
北京市振华旅游学校
李学琴
北京市园林学校
田叔分
北京舞蹈学院附属中等舞蹈学校
金 茸
中国戏曲学院附属中等戏曲学校
徐 超
北京市海淀区卫生学校
姜璎钊
中国音乐学院附中
郭 芸
北京市实验技工学校劳动保障技
师学院 张力展
北京市汽车工业高级技工学校
魏长江
北京市公共交通高级技工学校
裴怀宝
北京市市政管理学校
韩德敏
北京市工贸技师学院
韩嘉鑫
北京市仪器仪表高级技工学校
李 勇
北京电子信息高级技工学校
许芙蓉
北京一轻高级技术学校
张美荣
北京市工艺美术高级技工学校
阳 虹
北京市应用高级技工学校
郑蓟蓟
北京市第一幼儿园
郭 琛
北京市第一幼儿园附属实验园
邓 蕊
北京市第五幼儿园
陈 晶
北京市西城区洁民幼儿园
尹陆明
北京市北海幼儿园
褚 潇
北京市宣武回民幼儿园
米 娜
北京市第四幼儿园
陈冠楠

北京教育学院朝阳分院
王艳云
北京市朝阳团结湖第一幼儿园
牛红霞
北京市朝阳区光华路幼儿园
刘晓兰
北京市朝阳区北辰福第幼儿园
刘 娟
北京市朝阳区光华路幼儿园
张冬雪
总装备部后勤部幼儿园
朱宁宁
北京市朝阳团结湖第一幼儿园
刘 爽
北京市朝阳区劲松第一幼儿园
谷金双
北京市朝阳区三里屯幼儿园
丁振鹏
北京市朝阳区和平街幼儿园
燕 京
北京市朝阳区劲松第一幼儿园
刘俊红
北京市朝阳区安华里幼儿园
刘立辉
北京市朝阳区望京新城幼儿园
桂玉蛟
北京市朝阳区清友实验幼儿园
胡雪莲
北京市朝阳区秀园幼儿园
杨晶悦
北京市朝阳区劲松第二幼儿园
孙义杰
北京市丰台区青塔第二幼儿园
权 明
北京市丰台区丰台第六幼儿园
闫俊喜
北京市丰台区芳庄第二幼儿园
徐 环
北京市丰台区东罗园幼儿园
王艳峰
北京市丰台区蒲黄榆第一幼儿园
张 悦
北京市丰台区方庄第一幼儿园
温旭辉
北京市丰台第四幼儿园
王燕明
北京市丰台区丰台第一幼儿园
杨 君
北京市石景山区幼儿园
尹双琴
北京市石景山区八角北路幼儿园
赵建红
北京市石景山区实验幼儿园
左振红
北京市六一幼儿院
杨 意
北京明天幼稚集团
王 娟

北京市海淀区恩济里幼儿园
张 玲
北京师范大学实验幼儿园
韩 丹
北京大学幼教中心
杨雪扬
中国人民解放军总参谋部军训部机关第一幼儿园 卫 蕾
中国人民解放军军事医学科学院幼儿园 黄 萍
中国人民武装警察部队总部机关幼儿园 马 骊
中国人民解放军总后勤部五一幼儿园 陈玉红
空军直属机关蓝天幼儿园
赵敏娟
北京市海淀区四季青镇常青幼儿园 刘燕华
北京市清华洁华幼儿园
蔡晓伟
北京市房山区青龙湖镇中心幼儿园 张艳冬
北京市房山区良乡幼儿园
王志嫒
北京市房山区房山幼儿园
张秋媛
北京市房山区良乡第二幼儿园
宋 静
北京市房山区城关中心园
李廷婷
北京市房山区交道幼儿园
安金燕
北京市燕山幼儿园
马雪松
北京市通州区新城东里幼儿园
张 岩
北京市北京市通州区幼儿园
李晓莉
北京市通州区大方居幼儿园
王立松
北京市顺义石园北区幼儿园
郑燕斌
北京市顺义区龙湾屯中心幼儿园
胡金波
北京市顺义区李桥中心幼儿园
果燕君
北京市昌平区教工幼儿园
张海霞
北京市昌平区工业幼儿园
何 维
北京市昌平区回龙观镇中心幼儿园
张艳苓
北京市昌平区机关幼儿园
徐 颖
北京市大兴区黄村镇第一中心幼儿园 孙国彦
北京市大兴区第八幼儿园

张秀梅
北京市大兴区第三幼儿园
耿　蕊
北京实验二小永定分校
李晓棠
北京市怀柔区第二幼儿园
王英辉
北京市平谷区第三幼儿园
李学伶
北京市密云县第四幼儿园
吴春雪
北京市密云县穆家峪镇中心小学附属幼儿园　李　楠
北京市延庆县第二幼儿园
王建新

附件 2：

北京市优秀教育工作者

北京大学
彭小瑜
清华大学
王守军
中国人民大学
洪大用
北京师范大学
别荣芳
中国农业大学
孟超英
北京科技大学
薛庆国
北京科技大学
董春阳
北京化工大学
李晓林
对外经济贸易大学
王　强
北京林业大学
侯小龙
中央财经大学
李晓慧
中国政法大学
应　星
中央美术学院
王璜生
北京航空航天大学
洪冠新
北京理工大学
蔺　伟

北京体育大学

高　峰

中央民族大学

朴承权

北京工商大学

沈　毅

北方工业大学

毛艳梅

北京信息科技大学

侯军岐

北京第二外国语学院

汪　红

北京物资学院

许春燕

北京工业大学

高春娣

首都师范大学

张汝胜

首都医科大学

樊　洁

首都经济贸易大学

杨一平

北京农学院

刘克锋

北京联合大学

曲学利

北京工业职业技术学院

牛小铁

北京信息职业技术学院

张新国

北京卫生职业学院

董维春

北京邮电大学世纪学院

李　杰

北京医药集团职工大学

裴　颖

北京市第一七一中学

陈爱玉

北京市崇文小学

白淑兰

北京国际职业教育学校

钱卫东

北京市第四中学

刘长铭

北京市朝阳师范学校附属小学

齐振军

北京市朝阳区安慧里中心小学

孟　夏

北京市朝阳区北京中学

夏青峰

北京市朝阳区北京工业大学附属中学　李　军

北京市海淀区翠微小学

许培军

北京理工大学附属中学

陆云泉

清华大学附属小学

窦桂梅

北京市丰台区芳古园小学
申瑞芝
北京教育学院丰台分院
郭刚山
北京市丰台区青少年活动中心
石冬玲
北京市丰台区北京市赵登禹学校
徐 唯
北京市石景山区实验小学
叶 艳
北京师范大学良乡附属中学
刘建友
北京市史家小学通州分校
李文凤
北京市通州区教师研修中心
肖宝军
北京市通州区潞州中学
王德华
北京市顺义区西辛小学
王 阔
北京市顺义区杨镇二中
王玉辉
北京市顺义区劳动技术教育学校
范成海
北京市顺义区第三中学
李俊英
北京市昌平第二实验小学
高海燕
北京市大兴区第一中学
荣俊利
北京市大兴区北京小学翡翠城分校 张文凤
北京市平谷中学
王福义
北京市平谷区大兴庄学区
周玉江
北京市怀柔区第五中学
高铁忠
首师大附属密云中学
赵向东
北京市密云县第五小学
刘 萍
北京市延庆县第二中学
张进来
首都师范大学附属中学
沈 杰
北京市供销学校
刘金兰
北京市工业技师学院
童华强
北京新媒体技师学院
梁 军
首钢技师学院
王传雪
北京市东城区光明幼儿园
申玉荣
北京市西城区三教寺幼儿园
王 岚

北京市朝阳区惠新里幼儿园
徐立芬

北京市海淀区明天幼稚集团
郑佳珍

北京市丰台区嘉园第一幼儿园
郑淑敏

北京市通州区张家湾中心幼儿园
张玉玲

北京市顺义区宏城幼儿园
李明伟

北京市怀柔区第一幼儿园
郭玉香

北京市教育委员会

关于做好2013年秋季北京地区高等学校教师资格认定工作的通知

京教函〔2013〕437号

各高等学校：

根据市教委《关于进一步做好高等学校教师资格认定工作的通知》（京教人〔2013〕4号），现就做好2013年秋季高校教师资格认定工作有关事项通知如下：

一、认定范围

北京地区高等学校中专门从事教学工作，拟受聘于高校教师职务的在编在岗教师（含高等学校附属医院临床教学人员、高校专职辅导员）。

二、时间安排

（一）9月22日至29日，申请人登录www.bjtcc.org.cn（北京市教师资格网）进行网上申报；

（二）10 月 8 日至 14 日，高校对申请人员进行公示；

（三）10 月 16 日至 18 日，受理非授权委托认定高校教师资格申请，各非授权委托高校集体报送申请人员材料；

（四）10 月 21 日至 23 日，各委托认定高校集体报送申请人员材料；

（五）10 月 24 日起，非授权委托认定高校申请人员教育教学能力测试准考证下载打印；

（六）11 月初，非授权委托认定高校申请人员教育教学能力测试（以准考证上测试时间为准）；

（七）11 月 14 日，非授权委托认定高校申请人员教育教学能力测试成绩查询；

（八）12 月 9 日至 13 日，发放教师资格证书。

三、报送材料要求

（一）授权委托认定高校

1.《教师资格认定申请表》（含思想品德鉴定表）原件一式 2 份；

2. 北京市申请高等学校教师资格人员情况汇总表一式 1 份；

3. 高校教师资格专家审查委员会组成人员基本情况表；

4. 高校拟申请认定教师资格人员公示名单；

5. 高校拟申请认定教师资格人员公示结果；

6. 小二寸证件照 1 张。

（二）非授权委托认定高校

1.《教师资格认定申请表》（含思想品德鉴定表）原件一式 2 份；

2. 修学高等教育学、高等教育心理学证明；

3. 学历证明；

4. 体检证明；

5. 普通话水平证明；

6. 身份证明；

7. 小二寸证件照1张；

8. 申请人员1年内列入教学计划的教学工作量统计及计划表（加盖教务部门和人事部门公章）；

9. 高校专职辅导员需提供学校人事部门出具的相关证明；

10. 高校拟申请认定教师资格人员公示名单；

11. 高校拟申请认定教师资格人员公示结果。

遗失和毁损的证书需要补发和换发的，相关材料于秋季集体报送认定申请材料时一并受理。

四、工作要求

（一）北京市教师资格网（http：//bjtcc.org.cn）将发布全市教师资格认定报名时间、体检标准、学历鉴定以及其它相关政策解答等内容。各高校要高度重视教师资格认定工作，人事处要安排专人负责，多渠道做好政策宣传工作，做到精心组织，周密部署，确保认定工作顺利开展。

（二）各授权委托高校要严格按照教师资格认定程序，做好本校人员的申请与受理、面试与试讲、审核与认定等相关工作。

（三）各非授权委托高校要做好本校申请人员的组织管理，做好申请资格审查、申请材料初审等，及时通知参加教育教学能力测试人员按要求参加测试。

（四）各高校要严格公示制度，及时报送公示结果；负责教师资格认定的网络系统管理员要按要求规范操作，核实和确认本校申请人员网报信息的真实性以及与《教师资格认定申请表》内容的一致性，并确保申请人信息的安全。

附件：1. 北京市申请高等学校教师资格人员情况汇总表（样表，略）

2. 高校教师资格专家审查委员会组成人员基本情况表（样表，略）

3. 申请高校教师资格人员教学工作量统计表（2012～2013学年第二学期）（样表，略）

申请高校教师资格人员教学计划表（2013～2014 学年第一学期）（样表，略）

4. 高校拟申请认定教师资格人员公示名单（样表，略）

5. 高校拟认定教师资格人员公示结果（样表，略）

二〇一三年九月十日

北 京 市 教 育 委 员 会
北京市人力资源和社会保障局
北 京 市 财 政 局

关于表彰北京市教育教学成果奖的决定

京教人〔2013〕18 号

各高等学校、区县教委、中等职业学校及有关单位：

根据国务院《教学成果奖励条例》和《北京市教育教学成果奖评审奖励办法》等文件精神，北京市教育委员会、北京市人力资源和社会保障局、北京市财政局开展了第七届北京市高等教育教学成果奖、第一届北京市中等职业教育教学成果奖、第四届北京市基础教育教学成果奖评选工作。经报请市政府批准，对以下教学成果予以表彰：

北京大学王恩哥等申报的“北京大学创新人才培养的实践与探索”等 8 项成果获北京市高等教育教学成果奖特等奖；清华大学袁驷等申报的“推动国际化培养体系建设，促进高水平创新人才成长”等274项成果获北京市高等教育教学成果奖一等奖；北京工业大学刘中良等申报的“扬学科优势促研究性学习提高人才培养质量——以热能与动力工程专业为例”等381项成果获北京市高等教育教学成果奖二等奖。

北京市商业学校史晓鹤等申报的“学生综合职业素养成长模式”等29项成果获北京市中等职业教育教学成果奖一等奖；北京市自动化工程学校李季等申报的“创新教学管理模式，全面提高教学质量”等38项成果获北京市中等职业教育教学成果奖二等奖。

北京市东城区史家胡同小学王欢等申报的“校本课程优质资源共享促进区域教育均衡发展的实践研究”等40项成果获北京市基础教育教学成果奖一等奖；北京市育英学校于会祥等申报的“聚合课程合力，实现学生综合发展实效的实验研究”等120项成果获北京市基础教育教学成果奖二等奖。

开展教学成果奖励活动是北京市实施人才强教战略的重要举措，是对人才培养工作和教学改革成果的检阅和展示。以上获奖成果汇集了广大教师近年来在教学工作岗位上取得的创造性劳动成果，代表了北京市教育教学工作的先进水平。各单位要认真学习、借鉴和应用获奖的教学成果，鼓励和支持广大教师积极开展教育教学研究，深化教学改革，不断提高教学水平和教育质量，为促进首都教育又好又快发展做出新的更大的贡献。希望获奖集体和个人珍惜荣誉，再接再厉，再创佳绩，为学校赢得更多荣誉。

二〇一三年九月十一日

附件：

第七届北京市高等教育教学成果奖获奖名单

特等奖（排名不分先后）

成果名称	成果主要完成人	成果完成单位
北京大学创新人才培养的实践与探索	王恩哥、方新贵、张新祥、王海欣、祝诣博	北京大学
创办国际小学期，提升人才培养国际性	陈雨露、杨慧林、洪大用、郭洪林、唐忠	中国人民大学
清华计算机科学实验班：创新型学术人才培养之改革与实践	姚期智、王跃宣、段远源	清华大学
发挥轨道交通学科优势，培养行业特色拔尖创新人才	宁滨、房海蓉、张有根、张鸿儒、戴胜华	北京交通大学
全面提升本科拔尖创新人才培养能力的十年改革探索与实践	郑志明、冯文全、陈强、赵婷婷、马齐爽	北京航空航天大学
免费师范生培养体系的构建与实践	钟秉林、赵欣如、郑国民、李艳玲、梁家峰	北京师范大学
“分层教学、分流培养、分类成才”人才培养模式的研究与实践	王晓纯、罗学科、张常年、王侃、李迈岸	北方工业大学
强力整合临床学科，强化教育教学质量，打造医学优秀人才培养基础	吕兆丰、王晓民、雷丽萍、赵玮、李爱军	首都医科大学

（一等奖、二等奖名单略）

第一届北京市中等职业教育教学成果奖获奖名单

一等奖（排名不分先后）

成果名称	成果主要完成人	成果完成单位
花卉生产与应用专业实训基地建设研究与实践	于红立、乔程、王燕霞、马垣	北京市园林学校
水泥中央控制模拟仿真教学系统的开发与实践	王宪、方景光、杨玉波、刘世贵、金树琪	北京金隅科技学校
学生综合职业素养成长模式	史晓鹤、程彬、陈济、何健勇、杨桂华	北京市商业学校
会计专业“人才培养模式”的实践与研究	丛秀云、刘国成、杨国萍、徐明仙、吕芙蓉	北京市商业学校
全员参与教师教学质量测评系统开发与应用	苏爱民、杨凯、顾金元、宋书中、张淑岩	北京商贸学校
电气运行与控制专业“订单双核驱动＋双证融合”人才培养模式创新与实践	胡定军、梁洁婷、王贯山、李忠生、岳丽英	北京铁路电气化学校
大型儿童神话剧《九尾玄狐》	徐超、王德富	中国戏曲学院附属中等戏曲学校
立足岗位机电技术应用专业课程体系的创新与实践	苏波、黄敦华、刘玉娟、赵堂春、周海君	北京电子科技职业学院中专部
面向北京都市产业，构建产学结合的服装设计与工艺专业人才培养模式	李友友、丰蔚、王明杰、白秀轩、张婷婷	北京电子科技职业学院中专部
搭建节能车创新平台，强化学生创新意识及职业能力培养的探索与实践	李晓、朱迅、管小清、苟维杰、章宁	北京电子科技职业学院中专部
药剂专业“五对准”的课程改革与实践成果	武昕、郭积燕、郝晶晶、张春玲、沈云帼	北京卫生职业学院中专部
传统中药调剂人才培养模式及途径的研究与实践	马春、蒋爱品、韩悦、李建民、金世元	北京卫生职业学院中专部
北京市外事学校“产学一体工学交替”人才培养模式的研究与实践	田雅莉、汪珊珊、邓昕雯、林静、李潇	北京市外事学校
北京市中等职业学校酒店服务与管理专业课程建设的研究与实践	汪珊珊、荣晓坤、林静、熊斌、杨海虹	北京市外事学校

续表 1

成果名称	成果主要完成人	成果完成单位
运动训练专业（台球）教学资源的开发建设	刘军、周兆昌、刘晓霞、李旻、孔骥	北京市实美职业学校
工作过程导向专业核心课程排序模式建构	王汝梅、孙华飞	北京市财会学校
中餐烹饪专业以工作过程为导向课程建设与实践	贺士榕、向军、范春玥、杨志华、牛京刚、高明、邓伯庚、李凯、廖京	北京市劲松职业高中、北京市丰台区职业教育中心学校、北京市外事学校
烹饪专业“双师型”教师多元培养模式建设与实践	杨志华、范春玥、孙敬梅、向军、牛京刚	北京市劲松职业高中
“校企合作，学岗对接”人才培养模式的改革研究与实践	刘淑珍、吕彦辉、桑舸	北京市电气工程学校
动画专业“任务－项目”教学模式的研究与实践	唐茜、杨上飞、刘青、李敏捷、王琦	北京市信息管理学校
《税费申报与缴纳》教材	王明佳、常凯	北京市商务管理学校
北京市盲人学校中医康复保健专业多媒体教学辅助平台	李元、王虹、李艳东、王晓玲、杨德强	北京市盲人学校
汽车运用与维修专业“校企一体、多点对接”人才培养模式的实践研究	李黎华、谭红霞、丁云鹏、朱翠艳、宿军迪	北京市昌平职业学校
创新“成长桥”育人途径实现学生幸福“成”长	赵东生、金海英、姚巍、蒙宝霞、邢予	北京市昌平职业学校
基于“工作过程导向”的“五个三”顶岗实习模式研究与实践	霍晓建、沈淑英、胡松、石博海、杜永刚	北京市房山区第二职业高中
校企合作、工学结合“员工式”人才培养模式	赵爱芹、唐耶夫、薛凤彩、张瑶、高明	北京市丰台区职业教育中心学校
科技文化融合，新型职业农民培养模式研究与实践	朱启酒、崔砚青、王福海、贺怀成、高进兰	北京市农业广播电视学校
中高等职业教育衔接模式研究与实践	柳燕君、吕良燕、金树祥、鄂甜、苏永昌	北京教育科学研究院
北京市中等职业学校借鉴多元智能理论开展教育教学实践研究	白彦婷、梅汝莉、庆敏、杜敬民、王建如	北京市职业技术教育学会

（二等奖名单略）

第四届北京市基础教育教学成果奖获奖名单

一等奖（排名不分先后）

成果名称	成果主要完成人	成果完成单位
东城区“社会大课堂”课程体系建设（小学）的创新实践	戈海宁、路虹剑、高鬻、黄薇、王彦伟	北京市东城区教师研修中心
校本课程优质资源共享促进区域教育均衡发展的实践研究	王欢、陈凤伟、洪伟、范汝梅、陈纲	北京市东城区史家胡同小学、北京市东城区东四七条小学
初中全面性、基础性、发展性课程体系的校本构建与有效实施	杨春林、韩竹、王文彦、吴立东、罗沂	北京市第五中学分校
提升尊重意识，培养尊重习惯	张京明、冯洪荣、侯守峰、闫玉双、马艳	北京市东城区教育委员会、北京市东城区教师研修中心、中国教育学会中小学德育研究分会
基于儿童学习心理需求，促进有效学习的快乐教学体系	张忠萍、阎红、狄永杰、韩玉娟、李辉	北京第一师范学校附属小学
创建研究型幼儿园的思考与实践	朱小娟、陈晶、高玉静、贾雪梅、刘霞	北京市第五幼儿园
北京四中初中校本课程开发的研究与实践	常菁、刘秀梅、赵宏伟、马越、贾东	北京市第四中学
中学可持续发展教育特色课程建设的实践研究	鄂文艳、袁爱俊、王宏伟、高筱元、何志攀	北京师范大学附属实验中学
小学数学融错教育的实践研究	华应龙	北京第二实验小学
针对中学生课堂学习差异的地理学科教学情境创设研究	刘刚、曹彤、赵丽娟、杨克非	北京市第四中学
混合式研修：信息时代的教师专业发展	齐渝华、李耀民、彭波、关晓明、曾凡丽	北京市西城区教育研修学院
园本教研支持策略的研究	沈心燕、左晓静、顾春晖、陈立、张平	北京市西城区教育研修学院
发展性的校本德育模式的实践研究	张德庆、李荻、张彦薇、朱洪秋	北京市陈经纶中学

续表 1

成果名称	成果主要完成人	成果完成单位
生物学概念教学实践研究	安军、佘建云、梁东、李荣娟、马小娟	北京市第一零一中学
《小学语文质量目标手册》	窦桂梅、刘建伟、胡兰、叶红、苗育春	清华大学附属小学
基于科普阅读提升中学生科学素养的策略与实践	李兵、李连芝、王东昀、张兴华、杨艳红	北京农业大学附属中学
基于学生视角的普通高中学校组织氛围诊断研究	李希贵	北京市十一学校
童心教育的实践研究	宋继东、李晓辉、刘艳春、徐晓燕、莫亚群	首都师范大学附属小学
个别化教育理念下自闭症儿童课程的实践研究	于文、王红霞、王桂香、曹燕、李莹	北京市海淀区培智中心学校
依托网络的中学数学建模“双课堂”教与学的实践和探索	张思明、冯海君、檀晋轩、凌艺国、辛华	北京大学附属中学、北京市第十九中学、北京市第十五中学
整合资源构建中、小、幼一体生涯教育课程体系的实践研究	白宏宽、林丽、仇光霞、何虹、何旭涛	北京市京源学校
高中职业生涯规划教育研究	王曦、白晔、沈景娟、王琴音	北京教育学院石景山分院、北京市苹果园中学、北京市古城高级中学
农村普通校本课程建设课程开发与实施研究	刘建友、苏万青、李俊、闻超、刘万里	北京师范大学良乡附属中学
通州区中小学生形体健康四维干预体系构建与应用	闫德胜、苏金良、张金玲	北京市通州区教师研修中心
增强户外体育游戏的科学性，提高幼儿体能的研究	杨海君、王红岩、孙海英、单艳梅、张艳	北京市顺义区石园北区幼儿园
小学字源识字教学实践研究	张秀华、张朝红、刘强、李冬青、李红军	北京市顺义区天竺中心小学校
音乐、美术实验班实验成果	于荣学、卢国东、黄海明、刘良田、高小红	北京市怀柔区红螺寺中学
新农村建设背景下区域可持续发展教育综合实践与推进策略的研究	李永生、杨保红、李成旺、苏俊山、王淑霞	北京市昌平区教育委员会、北京市昌平区教师进修学校

续表 2

成果名称	成果主要完成人	成果完成单位
基于社会大课堂资源课程开发的实践	北京教育科学研究院（贾美华、刘玲、黄冬芳、金利、顾瑾玉）	北京教育科学研究院
北京市普通高中自主课程实验研究	北京教育科学研究院（杨德军、黄晓玲、程舟、钟作慈）	北京教育科学研究院
中学物理系列实验教学研究与展示活动的实践探索	陶昌宏、秦晓文	北京教育科学研究院
小学数学骨干教师团队研修的创新实践研究	吴正宪、张铁道、李兰瑛、武维民、张秋爽	北京教育科学研究院
北京市中小学特色建设的模型构建与实践推广	张熙、拱雪、左慧	北京教育科学研究院
让高中生“在科学家身边成长”的“翱翔计划”	张毅、徐健	北京教育科学研究院
北京市普通高中通用技术课程实施的实践研究	赵宝军、姜丽萍、赵薇、刘卫珍、吴洋	北京教育科学研究院
基于义务教育均衡发展的农村教师城镇研修的实践与研究	汤丰林、钟祖荣、李晶、钟亚妮、李海燕	北京教育学院
“主题驱动的骨干教师工作室”模式的构建与实践	张丹、何彩霞、胡玉华、张素娟、金钊	北京教育学院
薄弱学校的教学改进研究	胡定荣、李先平、黄晓青、张素元、马国红	北京师范大学
儿童入学成熟水平提升方案研究	钱志亮、黄珊、吴华英、柳茹、冯慧燕	北京师范大学
高校与基础教育英语教师合作行动研究	王蔷、陈则航、马欣、罗少茜、张虹	北京师范大学

（二等奖名单略）

北京市教育委员会

关于进一步加强区县教师培训机构建设的意见

京教人〔2013〕19号

各区县教委，教师培训机构：

为贯彻落实教育部《关于深化中小学教师培训模式改革全面提升培训质量的指导意见》（教师〔2013〕6号），进一步加强区县教师培训机构建设，全面提高各级各类教师培训的质量，提升教师专业水平和整体素质，提出本指导意见。

一、加强区县教师培训机构建设的目标

深化管理体制和人事制度改革，完善培训制度和培训体系建设，推进区县教师培训机构与教研、科研和信息（电教）等部门的整合，加强培训机构基础条件和师资队伍建设，按照教育部《示范性县级教师培训机构评估标准》（2011）和《北京市区县教师培训机构建设标准》（修订稿）（见附件）的要求，根据政府主导、统筹资源、协同推进、务求实效的原则，将全市各区县教师培训机构建设成为功能多元、能力足够、效能突出、颇具特色的区（县）域内教师发展中心。

区县教师培训机构是地方政府全额拨款具有独立法人地位的依法办学实体，承担的主要职责应包括：配合教育行政部门组织实施区（县）域内中小学、幼儿园教师培训及专业服务管理工作，建立区（县）域内教师队伍数据库；积极参加和推动中小学校、幼儿园开展教育教学研究和教改实验，为中小学校、幼儿园开展教师校（园）本研修提供指导和服务，促进教师专业发展；积极开展基础教育改革与发展研究、教师专业发展和教师学习规律研究、教师队伍建设研究，为教育行政部门提供有关政策咨询服务；推进教师网络研修社区建设，积极营造网络学习环境，帮助区（县）域内中小学校、幼儿园教师利用现代远程教育设施进行自主学习，并为中小学校、幼儿园信息化建设提供支持和服务。

区县教师培训机构应是融合培训、教研、科研、信息（电教）等功能的新型教师学习机构；是本区（县）域内中小学校、幼儿园教师培训、教学研究、教育科研、改革实验、信息技术应用的基地；是本区（县）域内促进教师专业发展的统筹管理、资源开发、政策咨询、专业指导中心。区县教师培训机构在区（县）域内教师全员培训中要切实发挥规范设计、组织实施、服务指导、管理评价等方面的功能，在教育公共服务人力资源培育中发挥重要的基础作用。

二、加强区县教师培训机构建设的要求

进一步强化政府职能、推进教师培训体制机制改革，促进办学条件的升级与优化，促进培训者队伍的转型与发展，深化教师发展的专业研究，促进区县教师培训机构内涵发展和改革创新。

（一）加强制度建设，保障内涵发展

进一步强化各级政府及教育行政部门的相关责任，把区县教师培训机构建设纳入教育现代化建设总体布局，根据科学规划、保障有力的原则，认真制定建设规划，加快建设步伐，积极创建示范性培训机构。各级政府要切实把加强教师培训机构建设作为落实基础教育适度优先发展战略的重要举措、作为加强教师队伍建设的重要职能和任务，采取必要的措施，优先抓好。

加强对教师培训机构建设的领导、管理、支持与督导。教育行政部门要在当地党委、政府领导下，对教师培训机构建设进行科学规划、合理设计和有效组织。明确机构定位，积极主动协调有关部门共同推进机构建设工作，妥善处理机构建设中的编制、薪酬待遇、教师专业技术职务等问题，确保机构建设顺利进行。

加大政府对教师培训机构建设的经费投入力度，确保落实培训机构的办学经费和培训经费。将培训机构建设和办学质量纳入市级教育督导评估体系，定期进行检查和评估。

（二）加强基础建设，为教师发展创造良好条件

按照不低于本区（县）域内示范性高中的建设标准，根据先进性和实用性相结合的原则，加强教师培训机构的校园环境、设施设备和信息资源建设。

加强适用于教师培训的多媒体教室、多功能学术报告厅、心理咨询服务室、实验室等基础设施建设，保障培训机构各项工作正常运行的需要；为教师培训提供基本条件，满足教师学习中进行实操训练、测评、开展科研实验的需要；丰富报刊、图书及数字资源，为教师培训和远程学习提供信息文献支持；建设覆盖全区域的教师网络学习资源库和管理平台，积极推进教师网络研修社区建设，为教师营造网络学习环境；培养一支高素质、高水平的网络管理队伍，为当地中小学校和幼儿园的信息化建设提供服务和指导；支持一线教师积极开发案例、教材和课程资源，加强培训后的转化与应用，实现资源共建共享。

（三）加强专职队伍建设，为提高培训质量提供专业人才

根据“精干、高效、务实”的原则，加强培训机构领导班子建设。领导班子成员必须具备较高的思想觉悟、良好的道德品质，热爱教育事业、懂得教师教育规律、富有团结协作精神和改革创新精神；具有较高理论水平和组织管理能力；具有中小学校、幼儿园从教或管理经历，熟知本区县教师队伍状况，在广大教师中享有较高威望。领导班子成员实行竞争上岗制和任期目标责任制。领导班子成员和培训者培训由市级以上培训机构组织实施。各区县培训管理

部门做好相应的组织配合工作。

加强专职教师队伍建设，本着“以专为主、专兼结合、合理流动、动态管理”的原则，建设一支师德垂范、业务精湛、实践引领、复合高效、结构合理的专业培训者队伍。

严格教师准入制度，专职教师应具有从事中小学、幼儿园教育教学6年以上工作经历（特殊学科教师除外）。专职教师必须具有良好的师德素养，爱岗敬业、率先垂范，以高尚的人格感染广大教师；业务精湛，具备较高的学术水平和专业素质，深化专业研究，将研究与培训紧密结合，通过研究推进培训工作的开展；熟悉基础教育改革与发展的基本情况，紧密结合学校实际，每年不少于2个月深入中小学校、幼儿园开展研究与实践，对教育教学改革和教育科学研究进行实践引领；具有较强的实践能力、创新能力、研究能力和组织管理能力，是专业高效的复合型人才。

逐步优化教师队伍的年龄、学历、职称和专业结构。其中，50周岁以下教师均具有大学本科及以上学历，具有研究生学历和硕士、博士学位者达到30%以上；中、高级职称比例占专职教师总数的90%以上，其中高级教师占60%以上；具有特级教师称号或正高级职称的专家型教师、北京市学科带头人或骨干教师不低于专职教师的15%；国家课程标准规定的学科中，市学科带头人或骨干教师每学科原则上不少于1名。

专职教师管理纳入中小学教师管理系列，教师平均工资水平不低于本区县示范性高中教师的平均工资水平；积极推进培训机构专职教师与中小学校、幼儿园教师合理双向流动；鼓励教师持续发展，专职培训者每年研修不少于72学时。

（四）加强兼职队伍建设，为培训提供优质开放的多元人才

完善引进流动机制，加强兼职教师队伍的规范化和制度化建设。根据需要，聘请和遴选高等学校和科研机构的专家学者、社会各行业专业人员以及中小学校、幼儿园优秀教师任兼职教师，建立来源广泛、结构合理、人员精干的兼职教师队伍。条件成熟的区

域，可聘请境外专家作为兼职教师参与培训工作。兼职教师与专任教师的比例不低于1∶1。

兼职教师在国内具有较高的知名度，在本学科领域具有较深造诣或丰富的实践经验，具有较强的培训能力。高等学校和科研机构兼职教师要积极把握基础教育课程改革内容和一线教师培训需求。兼职教师具有明确的工作任务和内容，每年承担机构组织的活动不低于30学时。中小学校、幼儿园优秀教师作为兼职教师，其承担的教育行政部门组织或认定的培训任务计入教学工作量，并建立工作绩效考核机制。

培训机构在教育行政部门的指导下统筹建设培训专家库，并实行动态管理，建立一支专兼职结合的优秀培训者队伍。积极推进区域间培训者的信息共享。

（五）加强实践基地建设，拓展服务与辐射功能

政府设立实践基地专项经费，建立与培训规模和培训类型相适应的实践基地，构建开放、多元的培训机制。实践基地要具有明确的工作目标、工作任务和工作方案，要明确负责部门配备专门工作人员负责实践基地工作，聘请高水平的指导教师负责指导教师的实践培训。

鼓励教师培训机构与中小学校、幼儿园建立密切的伙伴协作关系，建立实验学校或建设附属学校，作为开展教育教学研究、教师培训的实践基地，为教师学习提供实践情境，拓展教育资源的服务与辐射功能。

（六）加强专业服务平台建设，推动教师终身学习

教师培训机构要树立开放意识和服务意识，将为教师提供多样化优质的专业服务作为培训工作的出发点和落脚点，建立灵活、开放、专业的培训公共服务平台，积极推动教师终身学习。

根据教师学习特点、遵循教师专业发展规律，多层次、多渠道、多形式地为教师提供开放多元的专业学习服务，提升培训的实效性。教师培训机构要与高等学校和科研机构建立合作关系，借助

其优质资源提高自身综合实力；加强区域合作，通过区县教师继续教育联合体等方式，促进区域间优势互补、资源共享；积极推进教师网络研修社区建设和学习型社区建设，探索促进教师终身学习的有效机制，有效提升教师队伍的整体素质。

三、区县教师培训机构建设的评估

市教委每五年组织一轮区县教师培训机构建设水平评估。坚持“以评促建、评建结合”的原则，各区县根据市教委统一安排接受评估。市教委委托北京市中小学中等职业学校教师培训中心组建专家评议组，根据《北京市区县教师培训机构建设标准》（修订稿）制定实施细则，采用机构自评与专家评估相结合的方式，根据公开、公平、公正的原则，对区县教师培训机构的建设水平进行评估。

专家评议组根据区县教师培训机构建设水平提出评估意见，在达标的基础上评选市级示范性教师培训机构。市教委将根据专家组提交的评估意见与报告，公布达标培训机构和市级示范性培训机构的名单。市级示范性培训机构作为备选单位，报送教育部参加“示范性县级教师培训机构”的遴选。

经专家评议，未达到建设水平标准的区县教师培训机构，应根据专家评议意见与建议制定整改计划，在规定的整改期限内进行建设，由市教委委托北京市中小学中等职业学校教师培训中心组织专家进行复评。

引进督导评价机制，将区县教师培训机构建设和办学质量纳入市级教育督导评估，进一步提高教师培训机构的专业效能。

附件：北京市区县教师培训机构建设标准（修订稿）

二〇一三年十月二十八日

附件：

北京市区县教师培训机构建设标准（修订稿）

一级指标	二级指标	三级指标	基本标准	备注
A1 组织管理	B1 政府职责	C1 法规政策	1. 区县政府、教育行政部门认真贯彻落实有关法规政策，重视区县教师培训机构的专业建设，将其纳入当地教育发展规划和督导检查。 2. 按照机构的功能定位，理顺行政管理体制和业务管理体制，制定机构建设的相关规划和配套政策，并在组织、制度等方面采取具体有效措施予以保障。	关键指标
		C2 管理体制	1. 培训机构由本区县人民政府领导、教育行政部门主管，是具有独立法人资格的办学实体。 2. 教育行政部门认识到位，重视建设，加强对区县教师培训机构的领导和管理。	
		C3 经费保障	1. 建立以区县政府财政拨款为主的经费保障机制，保证经常性经费、基本建设经费和专项经费，按时、足额拨付。 2. 区县财政将本地教师培训经费列入政府预算，按不低于本区域教职工工资总额的1.5%拨付年度教师培训经费。对农村中小学按照不低于年度公用经费预算总额的5%安排教师培训经费。区县财政每年拨付给培训机构的培训费应达到按本区县中小学专任教师不低于人均1000元的标准。设立教师培训专项经费。 3. 人员经费做到按人、按时足额拨付；教师平均工资水平不低于本区县示范性高中教师的平均工资水平。	
	B2 功能定位	C4 资源整合	1. 实现本区（县）域内教师培训、教研、科研、信息等相关机构的职能和资源的有效整合，建设区县教师发展中心。 2. 与高等学校和科研机构建立合作关系，借助其优质资源提高自身综合实力。 3. 与中小学校、幼儿园建立密切的伙伴协作关系，为教师学习提供实践情境。 4. 引入优质社会资源，为教师成长提供专业服务。	关键指标
		C5 机构定位	1. 区县教师培训机构是区（县）域内的教师发展中心，是区（县）域内中小学、幼儿园教师培训、教学研究、教育科研、改革实验、信息技术应用的基地，是区（县）域内促进教师专业发展的统筹管理、资源开发、政策咨询、专业指导中心。	

续表1

<table>
<tr><th>一级指标</th><th>二级指标</th><th>三级指标</th><th>基本标准</th><th>备注</th></tr>
<tr><td></td><td></td><td></td><td>2. 区县教师培训机构承担的主要职责应包括：配合教育行政部门组织实施区（县）域内中小学、幼儿园教师培训及专业服务管理工作，建立区（县）域内教师队伍数据库；积极参加和推动中小学校、幼儿园开展教育教学研究和教改实验，为中小学校、幼儿园开展教师校（园）本研修提供指导和服务，促进教师专业发展；积极开展基础教育改革与发展研究、教师专业发展和教师学习规律研究、教师队伍建设研究，为教育行政部门提供有关政策咨询服务；推进教师网络研修社区建设，积极营造网络学习环境，帮助区（县）域内中小学校、幼儿园教师利用现代远程教育设施进行自主学习，并为中小学校、幼儿园信息化建设提供支持和服务。
3. 区县教师培训机构具有承担本区（县）域教师培训的规范设计、组织实施、服务指导、管理评价等功能，在教育公共服务人力资源培育中发挥重要的基础作用。</td><td></td></tr>
<tr><td rowspan="4"></td><td rowspan="4">B3 规划管理</td><td>C6 制度建设</td><td>1. 具有明确的岗位（目标）责任制。各项规章制度健全，责任到岗，执行良好。
2. 有行之有效的工作规范、程序和考核标准。</td><td rowspan="4">关键指标</td></tr>
<tr><td>C7 培训规划</td><td>1. 协助区县教育行政部门制定本地区教师全员培训五年规划和年度计划，指导本地区学校制定校本研修计划和教师专业发展计划。
2. 培训规划具有科学性、前瞻性、实效性，各项培训实施方案具有专业性、针对性和可操作性。</td></tr>
<tr><td>C8 培训管理</td><td>1. 培训管理制度健全，过程管理规范，培训服务周全，培训考核严格并有记载。建立本地区教师专业发展档案，培训活动登记及时、规范、正确；各类档案管理规范，资料齐全，分类合理；培训结束后有总结反馈及改进措施。
2. 教师培训实现信息化管理，信息登记及时，电子档案齐全，学分登记率100%，无差错。</td></tr>
<tr><td>C9 质量监控</td><td>1. 建立健全教师培训质量监控、评估制度。
2. 对培训开展经常性督导、检查、评估、奖励，保证各类教师培训规范有效。</td></tr>
<tr><td>A2 基础条件</td><td>B4 校舍条件</td><td>C10 校舍面积</td><td>1. 有独立的校园校舍，规划合理，功能明确；校园环境文明整洁。
2. 具有与承担任务相适应的办学场地，占地面积不低于10亩（人口超过50万的区县，下限按2亩/10万人口计算）。
3. 校舍和配套生活设施能同时承担开展500人以上的培训任务，建筑面积不低于5000平方米（人口超过50万的区县，下限按1000平方米/10万人计算）。</td><td>关键指标</td></tr>
</table>

续表 2

一级指标	二级指标	三级指标	基本标准	备注
		C11 专业教室	1. 按照先进性和实用性的原则建设专业教室。具备能适用于各学科教师培训的普通教室、计算机网络教室、多媒体教室、多功能学术报告厅、心理咨询服务室、微格实验室、阅览室（含电子阅览室）、实验室等专业教室。 2. 区县教育行政部门融通各种资源，确保学科培训设施设备齐全，不低于本区（县）域内示范性高中的建设标准，满足培训需要。	
	B5 信息资源	C12 信息资源	1. 图书、各类报刊不少于 80 种，图书资料（各类教材除外）3 万册以上，其中基础教育类的报刊和图书资料占总数的 85%以上。教育教学和教师用音像资料总量不少于 1500 小时。 2. 每年进行一定数量的图书音像资料更新，3 年内补充更新率 15%以上，为教师学习提供信息文献支持。 3. 建设覆盖全区域的教师网络学习资源库和管理平台，积极推进教师网络研修社区建设，为教师营造网络学习环境。 4. 支持一线教师开发案例、教材和课程资源，加强培训后的转化与应用，实现资源共建共享。	
	B6 教育技术	C13 远程设施	1. 配备计算机不少于 150 台；配备视频投影、教学录播系统、双向视频等设备。 2. 具有与教育网、公网、所辖区域内中小学进行有效连接的网络环境，建有内部局域网，配备专用服务器，能为本地区教师网络研修和校本研修提供有效的支持和服务。 3. 具有支持本地区教师有效开展远程学校和校本研修的网络平台；支持教师通过远程教育手段实现自主学习；对教师学习过程和教师教学过程进行监控与管理。 4. 具有符合远程教育支持服务要求的专职管理人员、服务人员和技术人员，保证远程教育设备设施的正常运转。	关键指标
		C14 教学设备	1. 配备符合标准的能够满足本区县教师培训的实验仪器。 2. 配备能满足培训需要的摄像和照相设备，配备有制作教育教学电子资料的复印、刻录、编辑等设备。	
	B7 实践基地	C15 实践基地	1. 建设附属学校，作为开展教育教学研究、教师培训的实践基地，对教育教学实践进行示范引领。 2. 与中小学校、幼儿园建立密切的伙伴协作关系，建立实验学校，为教师学习提供实践情境，拓展教育资源的服务与辐射功能。 3. 实践基地有明确的工作目标、工作任务和工作方案，正式聘请专门的负责人和高水平的指导教师，负责组织和指导教师的实践活动。	

续表3

一级指标	二级指标	三级指标	基本标准	备注
A3 队伍建设	B8 领导班子	C16 选拔任用	1. 选拔熟悉教师培训工作，具有教育教学、教育管理和教育科研经历的人员担任领导。 2. 领导班子实行竞争上岗制和任期目标责任制。	
		C17 整体结构	1. 领导班子配备注重老、中、青相结合，领导班子成员平均年龄不超过50岁。 2. 领导班子成员全部具有大学本科及以上学历和中级以上职称，高级职称占60%以上。主要负责人应具有高级职称。	
		C18 素质能力	1. 领导班子成员了解基础教育规律，具有一定的教育教学能力，其中70%符合专职教师的素质要求。 2. 领导班子成员了解教师专业发展需求，熟悉教师培训与教研，有培训专业化的理念，具有较高的政策水平和专业能力，管理经验丰富，富有改革创新精神。 3. 领导班子工作作风良好、分工明确、团结协作。	
	B9 师资队伍	C19 师资管理	1. 建设一支熟悉基础教育、专兼职相结合的师资队伍。教师队伍的专业、学历、职称和年龄结构合理。具有明确的师资队伍建设目标和规划，措施落实，执行良好。 2. 机构人员包括专兼职教师、管理人员及后勤服务人员。专职教师及专职业务人员占教职工总数比例不低于70%。专职教师数量不低于所在地区中小学专任教师总数的2%。专职教师管理纳入中小学教师管理系列，实行动态管理，积极推进培训机构专职教师与中小学教师合理双向流动。 3. 制定并落实专任教师定期实践、挂职制度，并认真落实。加强教师的继续教育，有效组织教职工参加专业学习，并在经费、时间等方面给予大力支持。	关键指标
		C20 专职教师	1. 50周岁以下教师均具有大学本科及以上学历，具有研究生学历和硕士、博士学位者达到30%以上。 2. 中、高级职称比例占专职教师总数的90%以上，其中高级教师占60%以上。 3. 具有特级教师称号或正高级职称的专家型教师、北京市学科带头人或骨干教师不低于专职教师的15%。国家课程标准规定的学科中，原则上市学科带头人或骨干教师每学科不少于1名。 4. 专职教师应具有从事中小学、幼儿园教育教学6年以上工作经历（特殊学科教师除外）。	

续表 4

一级指标	二级指标	三级指标	基本标准	备注
			5. 专职教师必须具有良好的师德素养，爱岗敬业、率先垂范，以高尚的人格感染广大教师；熟悉基础教育改革与发展的基本情况，紧密结合学校实际，原则上每年不少于 2 个月深入中小学校、幼儿园开展研究与实践，对教育教学改革和教育科学研究进行实践引领；业务精湛，具备较高的学术水平和专业素质，深化专业研究，将研究与培训紧密结合，通过研究推进培训工作的开展；具有较强的实践能力、创新能力、研究能力和组织管理能力，是专业高效的复合型人才。 6. 专职教师按要求参加培训者培训，每年研修时间不少于 72 学时。	
		C21 兼职教师	1. 对兼职教师管理规范化、制度化，实行动态管理，聘请高等院校、科研单位的专家学者、社会各行业专业人才，以及优秀中小学教师任兼职教师，建立来源广泛、结构合理、人员精干的兼职教师队伍。兼职教师与专任教师的比例不低于 1∶1。 2. 兼职教师在国内和当地有较高的知名度，在某一领域或学科有较深造诣或丰富的实践经验，有较强的培训能力。 3. 高等学校和科研机构兼职培训者要积极把握基础教育课程改革内容和一线教师培训需求。中小学校、幼儿园优秀教师作为兼职培训者，其承担的教育行政部门组织或认定的培训任务计入教学工作量，并建立工作绩效考核机制。 4. 兼职教师具有明确的工作任务和内容，每年承担机构组织的活动不低于 30 学时。兼职教师充分发挥作用，工作有成效。	
A4 功能发挥	B10 专业效能	C22 培训质量	1. 将培训工作纳入教师队伍建设规划之中，有计划地开展教师五年一周期的全员培训，实施新任教师培训、在职教师岗位培训和骨干教师培训。 2. 根据培训对象和培训层次的定位，加强教师培训需求调研，针对教师专业发展的个性化需求进行培训设计和组织实施，引领教师专业成长。 3. 培训内容贴近一线教师教育教学实际；实践性课程不少于教师培训课程的 50%。根据教师发展需要，发挥机构自身优势和特色，按照教师专业标准自主或合作开发培训课程，加强优质课程资源建设，建立资源共享平台。 4. 培训方式强化基于教学现场、走进真实课堂的培训环节；根据教师学习特点，通过情境体验、跟岗学习等方式激发教师学习动力，提升教师学习的自主性，改进教师教育教学实践。 5. 各类培训效果良好，学员满意度高，有力促进教师发展和专业成长。	关键指标

续表 5

一级指标	二级指标	三级指标	基本标准	备注
		C23 教育科研	1. 近 3 年内，参与市区级以上课题研究 5 项以上，其中取得区级以上课题立项资格并按期结题的不少于 2 项。 2. 近 3 年内，在市级以上获奖或在市级以上刊物上公开发表的教科研成果数量，达到专职教师人均 1 项，其中教育教学研究或培训研究成果不少于 50%。 3. 教育科研针对性强，有利于提高培训的实效性。 4. 每学期至少组织 1 次本区域教师专业发展科研成果交流活动。 5. 有效指导和组织本区域教师开展教育科学研究和实验，成效显著。	
		C24 专业指导	1. 主管领导和专职教师平均每学年深入中小学校、幼儿园分别不少于 20 和 40 个工作日，开展研究与指导实践。 2. 及时发掘、总结、推广本地区优秀教师的先进教育教学经验。 3. 为本地区中小学校、幼儿园开展校（园）本研修提供有效支持，指导中小学校和幼儿园制定校（园）本研修计划，建立和完善校（园）本研修制度。 4. 每学期至少组织一次区域性的校（园）本研修工作会，交流推广校（园）本研修经验和成果。	
		C25 专业咨询	1. 定期开展工作调研，每年为区县级以上行政部门提供教师培训、教师管理等方面工作的政策咨询建议和咨询报告。 2. 为本地区中小学、幼儿园，提供有效的专业咨询服务。	
		C26 社会服务	1. 为所在地区相关机构、组织、社区提供学习资源、设施设备与咨询指导等服务。 2. 根据社会需要开展各类学习培训与指导，在推动学习型社会建设方面发挥积极作用。	
	B11 社会影响	C27 各方评价	1. 工作成效得到所在区县教育行政部门、中小学校长与幼儿园园长以及教师高度评价，对机构作用的发挥认可度较高。 2. 办学特色、办学水平得到同行的一致好评和高度认可。 3. 新闻媒体和社会舆论有较高评价，在社会上形成良好声誉。	
	B12 特色创新	C28 特色创新	1. 机构建设具有显著的办学特色，在教师培训机构专业建设方面做出新探索、新贡献。 2. 在教师培训、教师专业发展与教师学习的理念、内容、方法、途径、模式等方面有效创新，形成可供借鉴的经验和成果。 3. 致力于加强师资队伍建设，在名师培养、促进教师发展和整体素质提升等方面做出新探索。 4. 有效指导教育教学实践，在基础教育改革、教学研究、资源建设、教育科研等方面有效创新。 5. 对基础教育质量提升有新贡献，有效提升教育公共服务水平。	关键指标

北京市教育委员会

关于开展北京市高等学校教学名师奖等3个项目验收工作的通知

京教函〔2013〕587号

各有关市属高等学校：

根据市教委、市财政局《关于印发北京高等学校市级质量工程项目管理办法的通知》（京教财〔2008〕37号）和市教委、市人事局、市财政局《关于实施北京市属高等学校人才强教深化计划的意见》（京教人〔2008〕17号），我委决定对2008～2010年期间立项资助的北京市高等学校教学名师奖、北京市优秀教学团队、校外教学名师讲学计划项目进行结题验收。现将有关事项通知如下：

一、验收依据

根据市教委、市财政局《关于印发北京高等学校市级质量工程项目管理办法的通知》（京教财〔2008〕37号），2008～2010年立项的校外教学名师讲学计划项目、教学名师奖项目和优秀教学团队建设项目纳入人才强教项目管理，分别按照《关于实施北京市属高等学校人才强教深化计划的意见》（京教人〔2008〕17号）中创新人才、创新团队要求进行资助、建设并管理。

二、验收对象

2008～2010年立项的北京市高等学校教学名师奖、北京市优秀教学团队中纳入创新人才、创新团队资助建设的项目；2008～2010年资助建设的校外教学名师讲学计划项目。

三、组织领导

（一）受北京市属高等学校“人才强教”工作领导小组委托，此次项目验收工作由市教委高教处具体承担。

（二）各市属高校要根据项目内容确定责任部门负责本单位涉及项目结题工作的评审和验收工作。

四、验收方式及安排

本次结题验收工作采取项目组（个人）自查、高校自主验收和市教委备案的方式进行。验收工作截止时间为12月27日。

（一）项目组（个人）提交材料。受资助的2008～2010年度北京市高等学校教学名师奖、北京市优秀教学团队项目组（个人）分别填写北京市高等学校教学名师奖项目结题报告书、北京市优秀教学团队项目结题报告书，按照所在学校要求，向学校责任部门提交结题材料。北京高等学校校外教学名师讲学计划项目结题汇总表由学校主管部门负责填写。

（二）学校组织评审验收。学校责任部门要根据市教委文件及本校工作办法，组织评审专家组以会议形式开展项目结题验收。评审专家组应由5～7名校内外知名专家组成，其中校外专家应不少于2名。结题评审会的具体方案要提前上报市教委高教处备案，市教委将视工作需要安排人员予以督导。

学校责任部门根据结题验收情况，以学校为单位分别形成北京市高等学校教学名师奖项目结题评审会纪要、北京市优秀教学团队项目结题评审会纪要、北京高等学校校外名师讲学计划项目总结报告。

（三）市教委备案。市教委对学校提交的验收材料进行审核备案，并根据实际情况适时开展总结交流等工作。

（四）按照市教委《关于实施北京市属高等学校人才强教深化计划的意见》（京教人〔2008〕17号）精神，已完成结题验收的项目，需按照本文件要求报送相关材料及情况说明。

五、工作要求及其他

（一）各市属高校要高度重视此次项目验收工作，切实加强领导、精心组织，认真审核结题材料，保证材料的真实性，评审意见和验收总结要客观、详实，公平、公正。

（二）要本着“以验促建”的原则，凝练特色，总结经验，促进发展。充分发挥项目激励作用，提高教师的教学水平，促进教学队伍的可持续发展，全面提高首都高校教育教学质量。

（三）为确保工作的顺利开展，各高校要指定工作联系人，并将工作人联系信息表电子版于 12 月 12 日前发送至 fuxingfeng@bjedu. gov. cn。

（四）结题验收工作结束后，请各高校于 12 月 30 日之前将以下材料提交市教委高教处。

1. 北京市高等学校教学名师奖项目结题报告书；

2. 北京市优秀教学团队项目结题报告书；

3. 北京高等学校校外名师讲学计划结题汇总表；

4. 北京市高等学校教学名师奖项目结题评审会纪要；

5. 北京市优秀教学团队项目结题评审会纪要；

6. 北京高等学校校外名师讲学计划项目总结报告；

7. 其他支撑材料：项目建设过程中的获奖证书、媒体报道、代表性论文（著）、相关图片及其他标志性成果复印件等，可单独装订成册。

附件：1. 北京市高等学校教学名师奖项目结题报告书（略）

2. 北京市优秀教学团队项目结题报告书（略）

3. 北京高等学校校外名师讲学计划结题汇总表（略）

4. 北京市高等学校教学名师奖项目结题评审会纪要（略）

5. 北京市优秀教学团队项目结题评审会纪要（略）

6. 北京高等学校校外名师讲学计划项目总结报告（略）

7. 工作联系人信息表（略）

二〇一三年十一月二十八日

财　务

北京市教育委员会文件选编

（2013）

北京市教育委员会
北 京 市 财 政 局

关于印发《北京市城乡新区一体化学校经费使用细则（试行）》的通知

京教财〔2013〕11号

各区县教委、财政局：

现将《北京市城乡新区一体化学校经费使用细则（试行）》印发给你们，请认真贯彻执行。

二〇一三年六月六日

北京市城乡新区一体化学校经费使用细则（试行）

为落实《北京市中小学建设三年行动计划》（京政发〔2012〕26号）和《北京市城乡新区一体化学校建设管理办法》（京教基二〔2012〕12号），推动城乡新区中小学建设工程实施，加强经费使用管理，提高资金使用效益，制定本细则。

第一章 总 则

第一条 本细则适用于《北京市中小学建设三年行动计划》实施中推进城乡新区一体化学校建设工程里按照“一个法人、一体化管理”运行的学校。

第二条 城乡新区一体化学校建设的目标是：通过引入优质的教育资源，在农村、城乡结合部和城市发展新区建设一批优质中小学校，加快实现基本公共教育服务均等化、保障学位供给、提升区域教育质量。

第二章 建设内容和资金分配原则

第三条 重点在农村、城乡结合部、城市发展新区及基础教育薄弱地区建设 60 所左右一体化学校。一体化学校建设内容包括：资源输出学校教学设施设备建设、课程改革实验、教师培训及相关人员费用。资源输入学校教学设施设备建设。

输入学校建设方案应在输出学校的指导下制定，方案应与输出学校的办学理念、文化相一致，所有学校建设标准应符合《北京市中小学校办学条件标准细则》的要求。

第四条 城乡新区一体化学校筛选和资金分配原则和条件：

（一）学校属于中小学建设三年行动计划内重点建设的学校。

（二）学校建设要与区域教育布局相适应，重点考虑学位紧张、优质资源紧缺的城乡结合部，中心城市人口疏解区及城市功能拓展区。

（三）学校年内可以完成基建任务，一体化管理落实到位，当年可以招收新生。

（四）资源输出学校与资源输入学校要有积极性，能主动参与，并得到区县财政、教委的认可和支持。

第三章　职责分工

第五条　各输入、输出学校负责本校项目建设、管理、实施、教师培训等具体工作，并及时申报预算方案。

第六条　区县教委负责城乡新区一体化输入、输出学校一体化协议的签订及实施，按程序组织学校完成设备采购和安装调试，制定季度实施计划以及学校建成后的运行方案并具体落实，会同区县财政初步审核项目预算方案，及时将预算方案报送市教委。区县财政负责会同区教委初步审核项目预算方案，并会同区县教委做好经费管理工作。

第七条　市教委负责审批区县上报的城乡新区一体化学校名单，组织学校建设方案的评审，监督检查工程质量、建设进度以及一体化实施情况，承担工程日常组织、协调、管理、监督工作，指导监督一体化进程的落实；审核各区县申报的项目预算方案，并及时报送市财政局审批。市财政负责审核项目预算方案，结合财力情况，提出预算安排意见并按照预算管理要求下达预算。

第四章　经费管理

第八条　市级给予优质资源输出学校每校每年 200 万元经费支持。对输入学校的经费支持将根据学校的占地面积、建筑面积、招生规模、办学条件达标所需经费实际情况，以及区县经济发展水平综合考虑。

第九条　资源输出学校项目预算方案中申报系统开发、网站建设、系统集成等涉及信息化建设或改造的，报区县经信委审批。

第十条　输出学校补助经费除用于教学设施设备建设外还可用于输出学校派出教师的交通补助、通讯补助、输出学校外聘教师、输入输出学校双方教师培训费用。经费不得用于出国培训。

第十一条 本区县内或城六区之间输出学校对派出教师交通补助每人每月不超过600元、通讯补助每人每月200元。城六区对远郊区县输出校外派教师交通补助每人每月不超过1000元、通讯补助每人每月200元。

第十二条 输入学校经费用于学校设备设施类建设，不得用于人员费用支出。

第十三条 输入学校预算项目由市级统一组织评审，涉及信息化的，需经市经信委审批。

第十四条 项目预算一经批复，不得自行调整，资金使用严格按照预算批复及评审结果执行。预算执行过程中，因项目发生终止、撤销、变更等原因，确需预算调整的，经费使用学校和单位应当按照预算管理规定履行报批程序。

第十五条 根据管理职责和政府采购的有关规定，凡符合政府采购条件的，要按照政府采购程序，严格实施政府采购。

第十六条 使用项目经费形成的资产，应严格按照国家和北京市国有资产管理有关规定执行，各单位要加强管理，及时进行相关账务处理，防止国有资产流失。

第十七条 经费使用学校和单位执行中形成的项目结余资金要按照市和区县有关结余资金管理的规定执行，加强对项目结余资金的管理，提高财政资金使用效益。

第五章 监督检查

第十八条 城乡新区一体化输入、输出学校项目经费纳入市财政监督检查范围，并作为各年度重点审计项目。市教委、市财政局将按照经费管理使用规定对资金的使用监督检查。区县教委、财政局要加强对经费执行情况的监督检查，指导学校合理安排使用经费。经费使用学校和单位要接受财政、审计、纪检、监察等部门的检查与监督。

第十九条　各区县教委、项目学校定期报告项目的进展情况和资金使用等情况报送市教委，市教委汇总后报市财政局备案。市教委和市财政局适时对区县和学校的项目执行情况进行检查或抽查。

第二十条　对有虚报、冒领、截留、挪用、滞留经费等违法行为的，市财政局会同市教委等相关部门按照《中华人民共和国预算法》、《财政违法行为处罚处分条例》（国务院令第427号）等有关法律、法规进行严肃处理。

第六章　附　则

第二十一条　本细则由北京市教育委员会与北京市财政局按照各自职责分工进行解释。

第二十二条　本细则自2013年6月10日施行。

北京市教育委员会

关于印发《北京市教育委员会所属预算单位预算绩效管理办法》的通知

京教财〔2013〕13号

市属各高等学校、中等专业学校、直属事业单位：

《北京市教育委员会所属预算单位预算绩效管理办法》已经市

教委2013年第10次主任办公会审议通过，自2013年8月1日起施行。现印发给你们，请遵照执行。

二○一三年六月十九日

北京市教育委员会所属预算单位预算绩效管理办法

第一章 总 则

第一条 为规范预算绩效管理，建立规范、科学、高效的预算绩效管理体系，提高财政资金使用效益，根据《中华人民共和国预算法》、《中华人民共和国预算法实施条例》、《北京市人民政府关于推进本市预算绩效管理的意见》、《北京市预算绩效管理办法（试行)》等有关法律、法规、规定，结合市教委所属预算单位实际，制定本办法。

第二条 预算绩效管理是指在预算管理中融入绩效理念，将绩效目标设定、绩效跟踪、绩效评价及结果应用纳入预算编制、执行、监督全过程，以提高预算的经济、社会效益为目的的管理活动。

第三条 本办法适用于所有与市财政局发生预算缴拨关系的市教委所属预算单位的预算绩效管理工作。

第四条 预算绩效管理应当遵循以下原则：

（一）目标管理原则。预算管理要围绕绩效目标来进行，事前设定目标、事中跟踪监控目标实现进程、事后评价目标完成情况。

（二）绩效导向原则。预算管理的各环节、每项工作都要以绩效为核心导向，将绩效管理贯穿于预算管理全过程、各环节，实现财政资金运行和预算管理效益最大化。

（三）责任追究原则。预算管理强调各单位的预算支出责任和市教委的预算管理和监督责任，实行绩效问责。对无绩效或低绩效的单位和相关责任人，进行责任追究。

（四）信息公开原则。预算绩效信息要逐步向社会公开，接受有关机构和社会公众的监督。

第二章　职责分工

第五条　市教委根据市财政局绩效管理要求负责拟定本部门预算绩效管理制度、办法，组织指导预算单位的预算绩效管理工作；按规定组织编报绩效目标，负责绩效目标的形式性审核，配合市财政局开展事前绩效评估工作；对预算的执行进行绩效跟踪，并按规定及时将执行中存在的问题和整改措施报市财政局；组织开展教育部门和所属单位的绩效自评工作，并配合市财政局开展财政评价和再评价工作；根据评价结果加强资金管理，改进绩效管理工作。督促、检查、指导所属预算单位的绩效管理工作。

第六条　预算单位负责具体实施本单位的预算绩效管理工作。建立健全预算绩效管理制度，明确责任部门和具体负责人。按规定编报绩效目标，配合市财政局、市教委开展事前绩效评估工作；对预算的执行进行绩效跟踪，并按规定及时将执行中存在的问题和整改措施报市教委；配合市财政局和市教委开展绩效评价工作，实施本单位绩效评价工作；根据评价结果加强资金管理，改进绩效管理工作。

第三章　预算编制管理

第七条　预算编制时，市教委、预算单位要根据年度工作计划，申报绩效目标，并按规定配合市财政局、市教委实施事前绩效评估工作。

第八条 绩效目标是绩效评价的对象计划在一定期限内达到的产出和效果。包括绩效内容和绩效指标。

绩效目标要与单位职责相吻合，目标设置应科学可行、准确具体、简洁明了。

第九条 绩效指标是衡量绩效目标实现程度的考核工具，分为产出指标和效果指标。产出指标反映与目标相关的产品和服务的提供情况；效果指标反映与目标相关的预算支出预期结果的实现程度。

绩效指标要与绩效目标密切相关，要尽量使用反映最终结果的指标，指标设置应科学合理、量化可考。

第十条 事前绩效评估是指在预算编制时，由市财政局委托第三方对项目的必要性、可行性、绩效目标、项目内容等进行研究论证，并提出评估建议，作为资金分配的参考依据。

第十一条 市教委对预算单位申报的绩效目标进行形式性审核，经财政预算评审后，进入下一步预算编审流程。市财政局审核市教委、预算单位申报的绩效目标。预算单位对申报的绩效目标内容负责。

经事前绩效评估，结果较好的项目优先安排预算资金；不按规定要求编制绩效目标或事前评价结果较差的项目不予安排预算资金。

第十二条 市教委、预算单位加强投资评审工作，财政投资评审有关事项按照《北京市财政投资评审管理暂行规定》等相关规定执行。

第十三条 市教委、预算单位要加强资产管理工作，严格按照相关配置标准编制资产购置预算。

第四章 预算执行管理

第十四条　市教委、预算单位要对绩效目标的实现情况进行跟踪管理。

第十五条　市教委要及时统计本部门及所属单位预算执行中有关的绩效数据，按要求编制年度预算运行半年报告，并于半年终了一个月内向市财政局上报部门和项目绩效完成进度情况。

当预算执行绩效与绩效目标发生偏离时，市教委、预算单位要及时采取矫正措施。

第十六条　预算单位要加强预算执行管理，及时统计预算执行中有关的绩效数据，按要求编制年度预算运行报告，并按要求向市教委上报部门和项目绩效完成进度情况。

第十七条　预算执行中，市教委、预算单位提出的预算调整事项，要严格按照绩效管理的要求，重新修改绩效目标和指标，并进行论证。

第十八条　市教委、预算单位要加强政府采购管理，年度预算执行中涉及的政府采购有关事项按照《中华人民共和国政府采购法》等相关法律、法规、规定执行。

第十九条　市教委、预算单位要加强国库执行管理，年度预算执行中涉及的国库执行有关事项按照《北京市市级单位财政国库管理制度改革试点资金支付管理暂行办法》等相关规定执行。

第二十条　市教委、预算单位要加强资产使用和处置管理，按规定做好相关工作。

第五章　绩效评价

第二十一条　市教委根据市财政局绩效评价管理要求，组织开展教育部门绩效评价工作。

第二十二条　年度预算执行完毕，市教委、预算单位要依据绩效目标，按照统一的评价标准和原则，对预算支出效果和管理情况进行客观、公正的衡量比较和综合评价。配合市财政局做好绩效评价工作。

第二十三条 绩效评价的分类：

（一）按照预算级次，绩效评价分为本级部门预算资金绩效评价和上级政府对下级政府转移支付资金绩效评价。

（二）按照组织实施部门，绩效评价分为财政评价、市教委评价和预算单位评价。

（三）按照评价内容范围，绩效评价分为项目支出评价和整体支出评价。

第二十四条 绩效评价的基本内容：

（一）绩效目标的设定情况；

（二）资金投入和使用情况；

（三）为实现绩效目标制定的制度、采取的措施等；

（四）绩效目标的实现程度及效果；

（五）绩效评价的其他内容。

第二十五条 绩效评价主要采用成本效益分析法、比较法、因素分析法、最低成本法、公众评判法等方法。

第二十六条 市教委所属预算单位绩效评价执行以预算单位评价为主，市教委评价、市财政评价为辅的“三级评价制度”。

第六章 绩效评价结果应用

第二十七条 市教委、预算单位要将绩效评价结果作为以后年度编制部门预算和安排资金的重要依据。完善绩效拨款制度，建立绩效评价结果与资金分配相联系的机制。

第二十八条 市教委、预算单位要建立整改机制，按照市财政局提出改进和加强部门预算支出管理的意见，及时提出整改措施，并积极落实整改，提高绩效管理水平。

第二十九条 市教委根据财政绩效管理要求逐步公开评价结果，以加强社会公众对财政资金使用效益的监督。

第三十条　建立预算绩效问责机制，具体按照《北京市预算绩效管理问责办法》的有关规定执行。

第七章　附　则

第三十一条　凡涉及使用市教委批复经费的单位、区县参照本办法制定本部门的预算绩效管理办法。

第三十二条　本办法自 2013 年 8 月 1 日起施行。同时市教委、市财政局《关于印发北京市本级教育项目绩效考评管理办法的通知》（京教财〔2007〕3 号）废止。

北京市教育委员会
北京市财政局
北京市统计局
北京市发展和改革委员会
北京市科学技术委员会

关于本市 2012 年教育经费执行情况的公告

京教财〔2013〕10 号

《中华人民共和国教育法》第五十五条规定："各级人民政府教育财政拨款的增长应当高于财政经常性收入的增长，并使按在校学生人数平均的教育费用逐步增长，保证教师工资和学生人均公用经费逐步增长”。根据北京市教育经费执行情况监测制度（试行）的规定，现将2012年北京市教育事业费执行情况公告如下：

一、教育经费执行总体情况

2012年，本市地方国家财政性教育经费（包括：公共财政预算教育经费、各级政府征收的用于教育的税费、企业办学中的企业拨款、校办产业和社会服务收入用于教育的经费等）752.32亿元，占全市国内生产总值17801亿元的4.23%，比上年增长0.31个百分点。

本市地方各级政府公共财政预算教育拨款（包括教育事业费投入、基建投入、科研投入及其他投入，不含教育费附加）639.02亿元，比上年增长14.57%。财政部于2004年1月印发了《关于统一界定地方经常性收入口径的意见》（财预〔2004〕20号），对财政经常性收入口径做出了界定，按此口径调整2012年财政经常性收入2793.69亿元，比上年增长14.28%，公共财政预算教育拨款增长比例高于财政经常性收入增长比例0.29个百分点。

2012年财政支出3685.31亿元，公共财政预算教育经费707.91亿元（含教育费附加），占财政支出的比例为19.21%，比上年增长0.58个百分点。

二、各级教育生均公共财政预算教育事业费支出增长情况

（一）普通小学：生均公共财政预算教育事业费支出20407.62元，比上年的18494.11元增长10.35%。

（二）普通初中：生均公共财政预算教育事业费支出28822.01元，比上年的25828.16元增长11.59%。

（三）普通高中：生均公共财政预算教育事业费支出31883.79元，比上年的28533.85元增长11.74%。

（四）职业高中：生均公共财政预算教育事业费支出18981.26元，比上年的16020.01元增长18.48%。

（五）普通高等学校：生均公共财政预算教育事业费支出47623.53元，比上年的44073.80元增长8.05%。

（六）中等职业学校：生均公共财政预算教育事业费支出21700.90元，比上年的18673.53元增长16.21％。

三、各级教育生均公共财政预算公用经费支出增长情况

（一）普通小学：生均公共财政预算公用经费支出8731.79元，比上年的8719.44元增长0.14％。

（二）普通初中：生均公共财政预算公用经费支出11268.46元，比上年的11241.78元增长0.24％。

（三）普通高中：生均公共财政预算公用经费支出13660.11元，比上年的13612.11元增长0.35％。

（四）职业高中：生均公共财政预算公用经费支出6247.56元，比上年的6234.00元增长0.22％。

（五）普通高等学校：生均公共财政预算公用经费支出26618.30元，比上年的26465.43元增长0.58％。

（六）中等职业学校：生均公共财政预算公用经费支出9149.75元，比上年的9096.94元增长0.58％。

特此公告。

二〇一三年七月三十一日

北京市教育委员会

关于2013年民办学历教育学费收费标准的通知

京教财〔2013〕20号

各民办高等学校：

根据《民办教育收费管理暂行办法》的规定，经市发展改革委（京发改〔2013〕1638号）审定，现就有关学历教育学费收费标准通知如下：

一、民办高等学校调整及新增专业收费标准，按照我委审核标准执行。各学校可根据情况适当下浮收费标准，幅度不限。

二、民办高校收费按照“新生新办法、老生老办法”实行。

三、各民办高校要认真做好教育收费公示工作，通过招生简章、录取通知书、校园网及设立公示栏、公示牌、公示墙等形式向社会公示收费项目、收费标准等相关内容。

四、本文自2013年新学期起执行。

附件：2013年民办高校新增及调整专业学费收费标准表

二〇一三年八月三十日

附件：

2013 年民办高校新增及调整专业学费收费标准表

单位：元

序号	单位名称	计量单位	审核标准
1	北京工业大学耿丹学院		
	食品质量与安全	学年/人	30000
	机械设计制造及自动化	学年/人	21500
	工业设计	学年/人	21500
	电子信息工程	学年/人	21500
	通信工程	学年/人	21500
	计算机科学与技术	学年/人	21500
	国际经济与贸易	学年/人	21500
	市场营销	学年/人	21500
	财务管理	学年/人	21500
	工程管理	学年/人	21500
	财务管理	学年/人	21500
	工程管理	学年/人	21500
	公共事业管理	学年/人	21500
	社会工作	学年/人	21500
	英语	学年/人	21500
	汉语言	学年/人	21500
	广告学	学年/人	21500
	戏剧影视美术设计	学年/人	31000
	视觉传达设计	学年/人	31000
	环境设计	学年/人	31000
	产品设计	学年/人	31000
	数字媒体艺术	学年/人	31000
	动画	学年/人	31000
2	北京工商大学嘉华学院		
	投资学	学年/人	27000
	金融工程	学年/人	27000
	商务英语	学年/人	27000
	审计学	学年/人	27000

续表1

序号	单位名称	计量单位	审核标准
	国际商务	学年/人	27000
	文化产业管理（艺术类）	学年/人	39800
	会计学	学年/人	24000
	财务管理	学年/人	24000
	广告学	学年/人	24000
	保险	学年/人	24000
	市场营销	学年/人	24000
	金融学	学年/人	24000
	国际经济与贸易	学年/人	24000
3	北京邮电大学世纪学院		
	通信工程专业（4G通信应用技术）	学年/人	32000
	电子信息工程	学年/人	21600
	计算机科学与技术	学年/人	21600
	电子科学与技术	学年/人	21600
	物流工程	学年/人	21600
	市场营销	学年/人	19200
	电子商务	学年/人	19200
	财务管理（ACCA）	学年/人	24000
	英语	学年/人	19200
	软件工程（中日国际合作项目）	学年/人	35000
	机械电子工程	学年/人	29800
	传播学	学年/人	20000
	物联网工程	学年/人	29800
	住宿费（六人间）	学年/人	2200
	住宿费（四人间独立卫生间）	学年/人	3500
4	北京科技经营管理学院		
	通信技术工程	学年/人	11000
	人力资源管理	学年/人	8500
	服装设计	学年/人	10000
	艺术设计	学年/人	10000
5	北京经贸职业学院		
	国际贸易实务	学年/人	8000
	文秘	学年/人	8000
	会计	学年/人	8000
	人力资源管理	学年/人	8000

续表 2

序号	单位名称	计量单位	审核标准
	计算机应用技术	学年/人	9800
	环境艺术设计	学年/人	9800
	艺术设计	学年/人	9800
	室内设计技术	学年/人	9800
	经济信息管理	学年/人	8000
	物流管理	学年/人	8600
	金融保险	学年/人	8800
	住宿费（四人间）	学年/人	3600
	住宿费（六人间）	学年/人	2400
	住宿费（八人间）	学年/人	1800
6	北京北大方正软件学院		
	护理	学年/人	12800
	发电厂及电力系统	学年/人	12800
	旅游管理	学年/人	12800
7	北京经济技术职业学院		
	旅游管理	学年/人	8500
8	北京吉利大学		
	表演艺术（器乐方向）	学年/人	15000
	社区康复	学年/人	8500
	外语	学年/人	9500
	法律事务	学年/人	8900
9	北京培黎职业学院		
	数字媒体技术	学年/人	18000
	汽车技术服务与营销	学年/人	18000
	金融与证券	学年/人	18000
	环境艺术设计	学年/人	19000
	影视动画	学年/人	19000
	软件测试技术	学年/人	18000
	金融保险	学年/人	18000
	工程造价	学年/人	18000
10	北京汇佳职业学院		
	老年服务与管理	学年/人	16000
	体育服务与管理（体育休闲与娱乐）	学年/人	13000
	影视动画	学年/人	13500
	艺术设计	学年/人	13500

续表 3

序号	单位名称	计量单位	审核标准
	人力资源管理	学年/人	9000
	国际商务	学年/人	9000
	英语导游	学年/人	9000
	商务英语	学年/人	9000
	标准六人间	学年/人	2900
	标准四人间	学年/人	3900
	高档四人间	学年/人	4600

北京市教育委员会

转发市发展改革委市财政局关于内地西藏新疆高中班学费文件的通知

京教财〔2013〕21 号

各区县教委：

现将市发展改革委、市财政局《关于内地西藏新疆高中班学费有关问题的函》（京发改〔2013〕1451 号）转发给你们，请遵照执行。

二〇一三年八月三十日

北京市发展和改革委员会
北　京　市　财　政　局

关于内地西藏新疆高中班学费有关问题的函

京发改〔2013〕1451 号

市教委：

你委《关于申请统一内地西藏新疆高中班学费收费标准的函》（京教函〔2013〕267 号）收悉。经研究，现将有关问题函复如下：

一、根据教育部、国家发展改革委、财政部《关于扩大内地新疆高中班招生规模有关工作的意见》（教民〔2010〕9 号）及《关于扩大内地新疆高中班招生规模有关工作的意见》（教民〔2010〕10 号）有关规定，为方便承办西藏、新疆高中班学校的收费管理，同意将本市西藏、新疆高中班学费（收费编码：173005005）标准统一为每生每学年 700 元；对家庭经济困难的农牧民或城镇职工子女所需费用按有关规定予以减免。

二、请你委通知有关学校持此函及市教委下达的内地承办西藏、新疆高中班任务书，到所在区县发展改革委办理《收费许可证》，并按照教育收费公示制度的要求做好收费公示工作，收费时使用市财局统一印制的财政票据，收费收入管理按照财政部门有关规定执行。

三、请你委高度重视政策的解释说明工作，确保政策平稳实施。

四、本函自 2013 年秋季新学期开学起执行。

专此函复。

二〇一三年七月十六日

基本建设

北京市教育委员会文件选编

(2013)

北京市教育委员会办公室

关于做好2013年北京市教育系统安全迎汛工作的通知

京教建办〔2013〕1号

各区县教委，各高等学校，市教委各直属直管单位：

为全面贯彻落实党的十八大精神，扎实做好2013年本市教育系统迎汛度汛工作，根据《市政府防汛抗旱指挥部关于做好2013年汛前准备工作的通知》（京政汛〔2013〕2号）和《市政府关于进一步加强本市应急能力的意见》（京政发〔2013〕4号）精神，按照“以人为本、生命至上”，“属地主管、谁主管、谁负责”的原则，切实加强领导、提早准备、排查隐患、加强整改、强化措施、全力防汛，确保本市大、中小学、幼儿园和教育单位安全度汛，现将有关要求通知如下：

一、加强领导，依法全面落实安全迎汛责任制

（一）要依法落实以行政首长负责制为核心的安全迎汛责任体系

行政负责人是本辖区（本单位）安全迎汛的第一责任人，对本辖区（本单位）安全迎汛工作负监管责任。

（二）要建立健全防汛指挥组织机构

调整充实指挥部领导，切实加强领导、精心组织。要一级抓一级，层层签订责任书，明确保障重点、安全标准、责任内容、责任人员、保障措施等内容，把责任制落实到岗、落实到人，消除责任制落实盲区和盲点。

（三）要建立公示和责任追究机制

严格执行《北京市迎汛工作责任追究制度》和《北京市关于重大安全事故行政责任追究的规定》，对责任人不检查、不报告、责任不落实，重要信息瞒报、漏报、迟报，措施不得力并造成损失和灾害的，将追究责任人的责任。区县教委要将重点部位的责任人、24小时值班电话等信息向下一级学校公示。

二、强化机制，依法深入落实迎汛应急预案

针对“7·21”特大自然灾害应对工作暴露出的问题，充分考虑应对特大自然灾害的需要，修订完善防汛应急预案，细化预警响应，落实工作各环节的应急指挥决策、抢险处置和应急避险、联动保障等措施，做到指挥调度流程清晰、抢险避险及时有效、应急保障到位，确保预案执行有力有效。

各区县教委要组织辖区内学校修订完善各自的防汛应急预案，并与区县教委及其他部门的防汛应急预案有效对接、联动。特别是地处山洪、地质灾害易发区、采空区、山前平原区学校的防汛应急预案，要按照“七包七落实”（区县干部包乡镇、乡镇干部包村、村干部包户、党员包群众、单位包职工、教师包学生、景区包游客；落实转移地点、转移路线、抢险队伍、报警人员、报警信号、避险设施、老弱病残孕等提前转移等措施）措施要求，做到防汛应急预案“全覆盖、无死角”。

三、加强值守，强化汛期值班和信息传达机制

（一）值班要求

各单位、学校要严格落实汛期24小时值班制度，按照汛情预警等级，严密编排值班表，做到领导带班，专人值班。值班人员要严格坚守职责岗位，保持通讯畅通，出现突发情况和紧急情况，要严格按照《北京市防汛抗旱信息报送办法》的要求及时报送。

（二）信息报送要求

报送工作要坚持“一事一报，有情况就报”的原则，信息采集和上报工作要迅速，不得拖延，不得迟报、错报、漏报和瞒报，做到信息及时、准确，遇有重大应急事件报送时限不得超过事发后1小时。遇有紧急情况，可先电话告知市防汛值班室和市教委防汛值班室，随后发送纸质文档。

（三）建立信息传达体系

各区县教委和各学校要建立信息传达体系，不论假期和非假期，在接到上级部门和气象部门的预警信息后，要根据实际情况，通过各种手段在第一时间发送到每一所学校、每一位老师、每一个学生及其家长，发出减少外出、停止户外活动等防汛安全提醒。

有外派实习学生的学校或承接实习学生的学校，安排汛期户外活动时要密切关注汛期信息，并将预警信息及时发布到每一个外出实习的学生。

四、充实力量，加强防汛抢险队伍建设和物资装备

（一）加强防汛抢险队伍建设

按照市级要求，为进一步防范和应对防汛突发事件，深刻汲取“7·21”特大自然灾害中防汛应急抢险的经验教训，各学校、单位要进一步加强防汛抢险队伍建设。每所学校都应组建一支防汛应急抢险队伍，承担校园内重点区域、重点部位抢险救灾、学生的疏散转移、学校重要财产的转移保护、应急物资发放，并服从当地防汛指挥部统一调度，配合地方专业应急抢险队伍做好学校救灾和师生转移疏散等工作。

（二）加强防汛应急物资储备

要加强应急排水、沙袋等常规应急物资的装备储备，并建立健全物资管理机制，提高仓库管理人员工作能力，确保防汛物资在抢险救灾中发挥效力。

五、狠抓整改，及时消除安全隐患

（一）基本要求

结合全市4月至5月20日开展的防汛安全大检查工作，各单位要充分利用汛前时间，全面开展学校迎汛安全隐患排查工作，并及时整改。

区县教委一定要在区县人民政府的统一领导下，全面开展迎汛安全隐患检查工作，确保区县教育系统迎汛安全防控100％全覆盖、无遗留、无死角，不论城市和农村、公立和民办、教育系统和非教育系统的中小学、幼儿园以及全部自办学校的校舍都要做到度汛安全。

各高等学校、中等专业学校和市教委直属直管单位的迎汛安全隐患要在学校和单位主要领导的带领下，及时开展排查整改工作。

（二）排查的重点部位和内容

1. 危旧房屋和围墙等构筑物安全；

2. 屋面防水；

3. 防雷击设施；

4. 低洼路段排水设施（进出水口、雨水管道、污水管道等的清理和疏通情况）；

5. 地下人防工事等地下设施；

6. 应急供电、通讯、排水等设施；

7. 在建工程防汛工作准备情况；

8. 防汛应急预案、安全责任制；

9. 防汛应急物资的准备情况；

10. 位于山洪区、泥石流易发区、采空区、涝洪区等地质灾害易发区周边地区学校的安全情况，以及受水库河道威胁等周边地区学校的安全情况。

（三）排查及整改工作要求

1. 要做到“一个亲自”“三个不放过”，即重点部位防汛责任人要亲自带队到现场检查、逐一检查，做到100％到位。防汛责任人不落实的不能放过，存在防汛安全问题和隐患没查清的不放过，防汛安全措施、应急设施及物资没落实的不能放过。

2. 要做好安全检查纪录，修订完善安全隐患台账。对检查出的问题，要及时采取措施，抓紧整改，明确具体责任人，并将安全隐患台账进行逐级备案。

3. 查出的C级、D级危房必须立即停止使用，发出停用通知书，并尽快采取抢修或拆除等措施。暂时不能处理的危房，要在周边设置隔离带和警示标志，严禁师生进入。

4. 有关区县教委要完善地处泥石流易发区、河湖地区、采空区等地质灾害易发区学校的安全隐患台账，建立健全疏散撤离方案，并与属地应急部门建立应急沟通协调机制。

5. 各学校要加强与其他防汛安全部门的配合，切实履行好“提供校舍安置当地避险群众”的职责，区县教委要建立防汛避险学校台账并逐级备案。

六、提前准备，加强防汛安全宣传教育及演练

（一）对防汛体系中各级人员开展防汛业务培训

从上级防汛指挥部到学校主管工作人员，责任教师都要熟练掌握指挥体系、预案内容和处置流程，提高各级指挥人员的决策指挥能力，提高责任人的业务素质及处置应对能力。

（二）组织开展防汛抢险队伍培训演练

制定队伍培训和演练计划，可邀请相关专家和经验丰富的技术人员进行集中讲授和现场培训，重点加强洪涝灾害抢险与救援的培训和演练力度，提高队伍的抢险意识和业务水平。

（三）要强化对学生的防汛知识宣传教育和演练

按照“应急管理进学校”和“加强全市大中小学、幼儿园的应急知识教育普及工作，每名学生接受公共安全与应急知识教育的日常教学和实践活动时间累计不少于8个学时，各学校每年组织开展2次以上的应急演练”的要求，充分利用手册、卡片、学校宣传窗口、主题活动日等形式在学校广泛开展防汛减灾宣传，开展避险自救、应急演练等活动，放暑假前还要上好避险安全课，提高学生汛期的安全意识和自救互救能力。昌平、密云、房山、门头沟、怀柔、平谷、延庆、海淀等山区县教委要特别针对山洪、泥石流等地质灾害易发区的学校制定宣传教育和应急演练计划，切实把防汛安全知识宣传到校、到人。

（四）要对在建工程施工人员进行宣传教育

建设单位要督促施工、监理单位及时制定防汛施工专项预案并及时开展针对施工人员的安全度汛知识宣传，强化安全度汛施工规章，确保安全施工。

七、材料上报要求

以上工作要按要求完成，市教委将适时进行抽查。同时，各单位要按各自职责，在5月20日前将《2013年安全迎汛责任制》、《2013年防汛安全大检查统计表》、《中小学危房名单》（仅区县报）、《自然灾害易发区学校名单》（仅区县报）、《可作为临时避险场所的学校名单》（仅区县报）等文件（含电子版），在加盖单位公章后报送市教委基本建设处备案。昌平、密云、房山、门头沟、怀柔、平谷、延庆、海淀教委8个山区县还要在6月1日前将山区学校防汛宣传教育工作情况报告报送市教委基本建设处备案。

附件：1. 2013年安全迎汛责任制（样表，略）

2. 2013年防汛安全大检查统计表（略）

3. 中小学危房名单（略）

4. 自然灾害易发区学校名单（略）

5. 可作为临时避险场所的学校名单（略）

二〇一三年五月六日

北京市教育委员会

关于印发北京市教育系统防汛应急预案的通知

京教建〔2013〕2号

各区县教委，各高等学校，市教委直属直管单位：

现将《北京市教育系统防汛应急预案（2013年修订）》印发给你们，并提出如下要求，请一并贯彻落实。

一、各区县教委、高校和直属直管单位要结合各自实际，修改完善各自防汛应急预案，确保与市教委防汛应急指挥部和区县防汛应急指挥部高效衔接，指挥调度流程清晰、抢险避险及时有效、应急保障到位，保障汛期师生生命安全和学校财产安全。

二、汛期，市教委防汛应急指挥部将通过短信平台和专用邮箱，转发市防汛应急指挥部发出的预警信息和防汛提示等重要信息至各区县教委、高校和直属直管单位的负责人、防汛主管领导和有关负责同志，请注意查收落实。

三、各区县教委、高校和直属直管单位在接到市教委防汛应急指挥部、区县防汛应急指挥部、电信运营商等发送的“预警信息”和防汛提示信息后，要立即按预案要求开展相关工作，确保师生安全。如在未收到预警信息和防汛提示信息又遇到汛期紧急情况时，各单位、学校要先期启动应急预案，并采取应对和处置措施，确保人员安全。同时，要将有关情况及时向市教委防汛指挥部和区县防汛指挥部报告。

二〇一三年五月三十一日

北京市教育系统防汛应急预案（2013年修订）

1. 总则

1.1 编制目的

为及时应对本市洪涝灾害，建立与市防汛应急指挥部高效衔接、职责明确、运转高效的教育系统防汛应急体系，提高本市教育系统对暴雨洪水等突发自然灾害的快速反应和防汛应急处置能力，最大限度地降低灾害带来的损失，保障汛期师生生命安全和学校财产安全，结合本系统实际，制定本预案。

1.2 编制依据

依据《中华人民共和国突发事件应对法》、《中华人民共和国水法》、《中华人民共和国防洪法》、《中华人民共和国防汛条例》、《国家突发公共事件总体应急预案》、《国家防汛抗旱应急预案》、《北京市实施〈中华人民共和国突发事件应对法〉办法》、《北京市实施〈中华人民共和国水法〉办法》、《北京市实施〈中华人民共和国防洪法〉办法》、《北京市突发事件总体应急预案》、《北京市防汛应急预案（2013年修订）》和其他有关法律、法规及有关规定。

1.3 适用范围

本预案适用于北京市教育系统各单位和学校应对暴雨、雷电、洪涝等防汛突发事件的预防、预警、响应和应急管理工作。本预案为全市教育系统防汛突发事件应急工作的基本程序和组织原则。

1.4 工作原则

（1）坚持以人为本、依法防汛，把最大程度地保护广大教育系统师生、员工的生命安全放在首位，努力消除各类次生、衍生灾害，把可能产生的安全风险控制到最低，将因洪涝灾害引起的损失降到最低。

（2）防汛工作实行各级人民政府行政首长负责制，统一指挥，分级分部门负责。各单位和学校防汛工作受教育主管部门的监督和指导，同时接所在区县政府的统一领导。

（3）坚持安全第一、常备不懈、以防为主、防抗结合的原则，加强宣传教育和培训演练，不断完善组织体系。

（4）坚持因地制宜、结合实际、突出重点，科学组织、快速反应、果断处置的原则。

2. 应急组织体系与职责

2.1 市教委防汛应急指挥部

市教委防汛应急指挥部由总指挥、副总指挥和成员处室组成。指挥部下设办公室，办公室主要负责人由市教委基建处处长担任。

2.2 市教委防汛应急指挥部的主要职责

（1）在市防汛应急指挥部的领导下，负责指导、协调、监督全市教育系统的防汛工作，研究制定本市教育系统应对防汛突发事件的政策措施和指导意见。依法组织、配合做好防汛突发事件应急处置工作。

（2）按照上级要求，指导区县教委安排幼儿园、学校调整上下学时间、停课并指导做好复课及后续教育教学工作和课程安排。

（3）在市防汛应急指挥部的统一部署下，根据汛情的影响和实际需要，指导区县教委配合属地政府将相关学校设施作为度汛临时避险场所。

（4）指导、监督区县教委开展危险校舍的排查和解危工作，督促本市教育系统各单位和学校制定防汛预案，落实防汛各项措施，并监督其贯彻执行。

(5) 负责指导本市教育系统各单位和学校开展防汛知识、避险知识和安全警示等宣传教育工作。

(6) 指导区县教委、各有关单位、学校开展灾后自救和重建工作，配合卫生防疫部门做好卫生防疫工作，严防灾后发生疫情。

2.3 市教委防汛应急指挥部的职责分工

(1) 总指挥

总指挥由市教委主任担任。负责市教委防汛应急指挥部的领导工作，对我市教育系统防汛工作实施统一指挥。

(2) 副总指挥

副总指挥由市教委主管主任担任。协助总指挥做好市教育系统防汛工作，主要负责协调本市教育系统各分指挥部工作，监督检查责任制和防汛应急预案落实情况。

(3) 成员处室的主要防汛职责

成员由市教委各有关职能处室构成，在承担市教委防汛应急指挥部下达的任务、做好组织实施工作的基础上，具体分工和职责如下：

基建处：主要负责市教委防汛应急指挥部办公室工作。负责研究制定本市教育系统应对防汛突发事件的政策措施和指导意见；部署教育系统内各单位开展汛前防汛准备工作；组织对教育系统各单位、学校的汛前准备和度汛工作落实情况开展指导、检查和监督；根据市防汛应急指挥部要求，组织制定、修订市教委防汛应急预案；根据市防汛应急指挥部的预警信息做出应急响应，组织落实市教委防汛应急指挥部的决定；负责收集、分析、处理汛期中教育系统有关信息，及时上报重要信息，负责汛期信息上传下达工作。

办公室：负责汛期值班工作，及时传达市防汛应急指挥部下达的防汛指令和防汛信息。负责协调、调动各成员处室及其他各单位防汛度汛有关工作。负责在应急应对中与市区政府和有关部门的联络沟通工作。

政策法制处：对市教委防汛应急指挥部制定的防汛应对相关文

件进行合法性审查，为防汛应对工作提供法律咨询服务。

监察处：对教育系统各学校、单位防汛责任制落实情况，防汛工作落实情况依法进行监察；因工作不到位或责任不落实，造成损失和灾害的，按管理职责依法追究责任人责任。

财务处：负责按照各主管业务处室收集、统计的教育系统校舍、设施设备汛期中损毁情况，协调市财政局落实防汛应急物资和校园毁损恢复所需专项资金。

体育美育处：负责协同卫生防疫部门组织灾后疫情防治及处理。

基础教育一处：负责指导、检查各区县教委做好汛前应急演练方案制定、安全教育、组织演练工作。参加市防汛应急指挥部组织的有关宣传教育和培训，组织、指导区县教委开展相应的宣传教育和培训活动。按管理职责，负责根据预警响应要求及区县中小学停课情况，指导区县教委开展复课及后续教育教学工作和课程安排。

基础教育二处：按管理职责，负责根据预警响应要求及区县中小学停课情况，指导区县开展复课及后续教育教学工作和课程安排。

宣教处（北京教育新闻中心）：负责汛期教育系统防汛宣传和防汛突发事件对外发布工作。

学校后勤处：负责检查、监督发生防汛突发公共事件后校园安全工作。

北京市教育技术设备中心：负责汛前防汛应急物资装备指导、灾时防汛物资应急配备和灾后学校重建工作中教育教学设备的采购工作。

北京教育网络和信息中心：负责市教育系统防汛信息发布系统等建设工作。

2.4 区县教委

区县教委应成立防汛工作领导机构和办事机构，落实防汛安全责任制，制定和完善本单位防汛应急预案，领导、组织、协调辖区内各教育单位防汛工作。汛期，要确保在校在园学生安全。配合属地政府落实相关学校设施作为度汛临时避险场所。组织辖区内各教育单位开展防汛知识、避险知识和安全警示等宣传教育和应急演练工作。防汛突发事件发生时，在开展先期处置工作的基础上，区县教育部门依法采取必要措施防止或减轻事件危害、控制事态蔓延，同时及时将信息上报市教委和区县政府防汛应急指挥部办公室。

2.5 高校、中小学、幼托园所及教育机构

各高校、中小学（含中等职业学校）、幼托园所及相关教育机构应成立防汛组织机构，落实上级单位的防汛要求和防汛安全责任制，制定完善应急预案，适时开展防汛宣传教育和应急演练及培训活动，做好隐患排查整改工作，加强应急物资储备和抢险救援队伍建设，加强信息报告和预警措施。发生重大汛情、灾情的，应按照就近、快速、有效的原则开展人员疏散、抢险救灾和先期处置工作，并及时向上级主管部门和防汛部门报告。

3. 汛情预警响应

市防汛应急指挥部办公室负责汛情预警级别的确定。由低到高划分为一般、较重、严重、特别严重四个预警级别，并依次采用蓝色、黄色、橙色、红色加以表示。

市防汛应急指挥部发布预警信息后，市教委防汛应急指挥部、各有关单位、学校立即采取以下响应措施：

3.1 蓝色汛情预警响应

（1）各有关单位、学校防汛应急指挥部领导带班，指挥部办公室人员到岗、24 小时值班、确保信息畅通。

（2）各有关单位、学校严格落实防汛预案和防汛领导责任制，密切关注上级下达的汛情动态。

（3）提醒本单位、本学校在建工地采取有效防御措施，切实落实防汛各项准备工作。

（4）如遇假期，各学校要启用信息传达机制，将有关信息、通知及时传达到全体师生。

3.2 黄色汛情预警响应

在实施蓝色预警响应的基础上，采取以下措施：

（1）根据强降雨发生区域、重点防汛部位及降雨趋势，市教委防汛应急指挥部将检查有关单位、学校的指挥部领导上岗到位情况，询问实时汛情、险情和灾情。各有关单位、学校的重点部位责任人和相关人员加强巡查，发现问题及时组织处置。

（2）各有关单位、学校要提醒师生员工尽可能减少外出，户外活动应注意安全避险；中小学、幼托园所停止露天集体活动，保证在校学生的安全；根据汛情发展情况，汛情影响区域内各学校可视情采取调整上下学时间或停课措施，并上报上级教育主管部门防汛应急指挥部备案。

（3）各有关单位、学校要加强对临时建筑、在建工地、边坡基坑、地下工程、危旧房屋等巡查；加固户外装置，拆除不安全装置，切断危险的室外电源；提醒在校内从事楼宇清洗、建筑施工等高空作业采取专门的保护措施，必要时可以暂停作业；通知有关人员做好避险准备。

（4）各级各类学校组织抢险队待命，对易受洪涝、雨水侵蚀的设备、图书等要做好转移工作。要重新检查学校校舍门窗关闭情况、化学物品保管情况和学校用电安全情况，发现异常，马上整改，及时消除隐患。

（5）根据需要，配合其他防汛指挥部门提供校舍安置当地避险群众。

（6）各有关单位、学校保持信息畅通，及时上报汛情、险情。

3.3 橙色汛情预警响应

在实施黄色预警响应的基础上，采取以下措施：

（1）各有关单位、学校有关领导和工作人员全部上岗到位。

（2）提醒师生员工尽可能不要外出，防止高空坠物伤人；各级各类学校停止一切户外活动，必要时延迟放学时间；停止室内大型集会，立即有序疏散人员。根据汛情发展情况，汛情影响区域内各学校可自行采取全面停课措施，并上报上级教育主管部门防汛应急指挥部备案。

（3）加强安全巡查力度，重点巡查锅炉房、配电间、危险品仓库、图书馆、计算机房、实验室、学生宿舍、校内高架电线等部位防风、防水、防雷、防漏电等准备工作。

（4）校内建设工地按照市建设行政主管部门的规定和要求停止施工，并落实相关安全措施，尤其是对塔吊、脚手架等建设设施进行加固或拆除；校内工地临房、危棚简屋等处人员按预案撤离转移至指定安全地带。

3.4 红色汛情预警响应

在实施橙色预警响应的基础上，采取以下措施：

（1）市教委防汛应急指挥部严格落实市防汛应急指挥部的统一部署，组织好教育系统各方面力量做好系统内防汛工作。

（2）中小学校（含中职学校）、幼托园所以及有关单位根据市政府的决定，采取停课或其它专门的保护措施。学校、幼托园所应指派专人负责管理已到校的学生和已入园（所）的儿童，确保学生安全。

4. 事件应急响应

根据防汛突发事件可能造成的危害程度、波及范围、影响大小、人员及财产损失等情况，由低到高划分为一般防汛突发事件（IV 级）、较大防汛突发事件（III 级）、重大防汛突发事件（II 级）、特别重大防汛突发公共事件（I 级）四个级别。

全市性 IV 级、III 级事件响应由市防汛应急指挥部启动，全市性的 II 级、I 级事件响应由市防汛应急指挥部请示市应急委后启动。防汛突发事件发生后，市教委防汛应急指挥部、各有关单位、学校立即启动以下响应措施：

4.1 一般防汛突发公共事件（IV 级）的响应

在实施蓝色预警响应的基础上，进入防汛突发公共事件 IV 级响应状态。

（1）各有关单位、学校分管防汛应急指挥工作的领导上岗带班，根据相关预案和工作要求，加强信息沟通，检查预案落实情况。

（2）各有关单位、学校加强值班，注意收听、收看有关媒体报道和上级通知，及时掌握预警信息和防汛提示。

（3）市教委防汛应急指挥部及时向各有关单位、学校发布汛期信息，及时掌握各有关单位、学校所在区域的雨情、汛情、险情、灾情，及时向市防汛应急指挥部上报有关信息和应急动态。

（4）各有关单位、学校按职责做好防汛应急准备各项工作，抢险队伍进入应急准备状态，组织巡检，确保在第一时间内完成校内抢排积水、道路清障、易落物品加固、应急抢修等工作；重点防汛部位要提前调集防汛抢险人员到位，同时派出巡查组，随时掌握现场情况。

（5）发生一般防汛突发公共事件的有关单位、学校按照职责及时开展先期处置工作，并及时向上级教育防汛应急指挥部和所在区县政府防汛应急指挥部门报告有关情况。

（6）出现各类防汛突发公共事件，特别是出现严重险情和灾情，涉及人员安全的防汛突发公共事件，1小时内报告市防汛应急指挥部。

4.2 较大防汛突发公共事件（III级）的响应

在实施黄色预警响应和一般防汛突发公共事件（IV级）响应的基础上，进入防汛突发公共事件III级响应状态。

（1）各有关单位、学校分管防汛工作领导上岗带班指挥本部门防汛应急工作，必要时到达指定位置进行指挥。

（2）做好严重积水地区学校的师生避险转移和生活安置，密切配合区县政府防汛应急指挥部门做好排水工作，按照区县防汛应急指挥部的要求做好非积水地区学校接收避险转移群众的有关工作。

（3）及时向下一级防汛指挥机构发布汛期信息，做好防汛、抢险、排险的各项工作。重点督促山区、库坝地区、河湖周边地区的学校配合区县政府防汛应急指挥部和有关部门做好师生避险转移和安置工作，及时将有关情况向上级教育防汛应急指挥部报告。

（4）发生较大防汛突发事件的学校负责人及现场人员积极采取有效的自救措施，开展对现场师生进行避险转移等先期处置工作，同时要立即报告上级教育防汛应急指挥部门及所在区县政府防汛应急指挥部门，以便进行全方位的救援，把损失降到最低程度。

（5）密切关注我市教育系统内已经或可能出现险情区域的雨情、汛情、险情、灾情、工情，每2小时向市防汛应急指挥部报告应急响应动态；出现各类防汛突发公共事件，特别是出现严重险情和灾情，涉及人员安全的防汛突发公共事件，立即报告市防汛应急指挥部。

4.3 重大防汛突发公共事件（II级）的响应

在实施橙色预警响应和较大防汛突发公共事件（III级）响应的基础上，进入防汛突发公共事件II级响应状态。

（1）各有关单位、学校防汛应急指挥部在各自分部组织24小时值班，各级领导上岗带班，抓紧落实各项防范措施；应急指挥部的指挥在本指挥部负责指挥，必要时按照市防汛应急指挥部的要求，到达指定位置进行指挥。

（2）进一步做好严重积水地区学校的师生避险转移和生活安置，密切配合区县政府防汛应急指挥部门做好排水工作，按照区县防汛应急指挥部的要求做好非积水地区学校接收避险转移群众的有关工作。

（3）及时向下一级防汛指挥机构发布汛期信息，做好防汛、抢险、排险的各项工作。重点督促山区、库坝地区、河湖周边地区的学校配合区县政府防汛应急指挥部等有关部门做好师生避险转移和安置工作，及时将有关情况向上级教育防汛应急指挥部门报告。

（4）发生重大防汛突发事件的学校负责人及现场人员积极采取有效的自救措施，开展对现场师生进行避险转移等先期处置工作，同时要立即报告上级教育防汛应急指挥部及所在区县政府防汛应急指挥部门，以便进行全方位的救援，把损失降到最低程度。

（5）密切关注我市教育系统内已经或可能出现险情区域的雨情、汛情、险情、灾情、工情，每1小时向市防汛应急指挥部报告应急响应动态；出现各类防汛突发公共事件，特别是出现严重险情和灾情，涉及人员安全的防汛突发公共事件，立即报告市防汛应急指挥部。

（6）已被政府设定为临时避险场所的学校要协助职能部门做好安置灾民和赈灾救济工作。

4.4 特别重大防汛突发公共事件（I级）的响应

在实施红色预警响应和重大防汛突发公共事件（II级）响应的基础上，进入防汛突发公共事件I级响应状态。

（1）各有关单位、学校防汛应急指挥部在各自分部组织24小时值班，各级主要领导上岗带班，负责指挥本单位、本学校防汛工作；必要时按照上级防汛应急指挥部的要求，到达指定位置进行指挥。

（2）学校出现特别重大防汛突发公共事件，市教委防汛应急指挥部按照市防汛应急指挥部的命令，全力做好受灾地区学校师生的避险转移和生活安置工作，按照区县防汛应急指挥部的要求做好非受灾地区或受灾情况较轻地区学校接收避险转移群众的有关工作。

（3）及时向下一级防汛指挥机构发布汛期信息，配合当地有关部门做好防汛、抢险、排险、转移避险等各项工作。

（4）发生特别重大防汛突发事件的学校负责人及现场人员积极采取有效的自救措施，开展对现场师生进行避险转移等先期处置工作，同时要立即报告上级教育防汛应急指挥部及所在区县政府防汛应急指挥部门，以便进行全方位的救援，把损失降到最低程度。

（5）密切关注我市教育系统内已经或可能出现险情区域的雨情、汛情、险情、灾情、工情，每1小时向市防汛应急指挥部报告应急响应动态；出现各类防汛突发公共事件，特别是出现严重险情和灾情，涉及人员安全的防汛突发公共事件，立即报告市防汛应急指挥部。

5. 扩大应急

因事态的发展，超出市教委防汛应急指挥部的处置能力，需要更多部门和单位协助处置时，将报请市防汛应急指挥部组织协调有关部门和单位协助处置。

6. 应急结束

根据市防汛应急指挥部的指示，确定应急处置工作结束。

7. 善后处置

7.1 灾情解除后，市教育系统内各有关单位、学校应及早向上一级教育防汛应急指挥部和区县政府防汛应急指挥部门报告灾情损失情况，区县教育防汛应急指挥部一方面要及时派蹲点干部到各校检查了解受灾情况，另一方面要在第一时间汇总、整理学校的灾情，并及时向市教委防汛应急指挥部报告受灾损失情况。

7.2 各级各类学校应抓紧组织人员对灾后校园进行大扫除。对被淹的校园，及时请区县防疫部门进行防疫消毒处理。对受损失较严重的校舍门窗、屋面以及操场、围墙、宣传栏、自行车棚等，应及时提出整改方案（如涉及房屋结构安全、需委托房管部门鉴定）并逐级上报教育主管部门，抓紧落实维修方案和修复资金，尽快恢复教育教学工作。

7.3 各区县教育防汛应急指挥部要及时了解上报学校师生家庭的受灾情况，积极配合财政、民政部门开展多种积极有效的措施对受灾师生家庭进行适当慰问、救助和必要的心理辅导，确保不使一名学生因家庭受灾而失学。

7.4 鼓励各单位和学校参加人身、财产保险。学校应为本校应急救援人员购买人身意外伤害保险，并配备必要的防护装备和器材。

7.5 配合市防汛应急指挥部和市应急委开展调查评估工作。

8. 调查和总结

各有关单位、学校每年要针对防汛工作的各个方面和环节进行定性和定量的总结分析和评估，积累经验，查找问题，从防汛工作的各个方面特别是薄弱环节提出改进措施，完善防汛应急预案，并按规定将工作总结上报上级教育防汛应急指挥部。

9. 信息管理

按照“早发现、早报告、早控制、早解决”的原则，对一般防汛突发公共事件的信息，2小时内将详细情况上报市防汛应急指挥部办公室。对于较大以上防汛突发公共事件，或对于事件本身比较敏感、或发生在敏感地区、敏感事件，或可能演化为更高级别防汛突发公共事件的信息，立即上报市防汛应急指挥部办公室。

10．宣传教育、培训和演练

10.1 积极参加市防汛应急指挥部组织的关于应对防汛突发公共事件的宣传教育和培训，并根据需要对各成员组织相应的教育和培训活动。

10.2 根据市防汛应急指挥部的部署，指导系统内开展防汛突发公共事件应急演习、演练。

10.3 指导区县教育行政部门加强对学校师生防汛知识的宣传教育，将防汛、避险、自救、互救、逃生等知识纳入学生安全教育和教师员工安全培训内容，组织开展师生员工应急避险演练，增强师生应急基本知识、提高应急技能，提高师生员工安全防范意识和自我保护能力。

11. 表彰与惩罚

市教委防汛应急指挥部对在防汛突发事件应对工作中表现突出或做出贡献的先进集体和个人按照有关规定进行表彰；对因工作失误造成损失，或因玩忽职守、失职、渎职等违法违纪行为延误防汛突发事件处置，造成重大影响的，要会同相关部门，对有关责任人进行行政处分，构成犯罪的，依法追究刑事责任。

12. 预案管理

12.1 预案制订

本预案由北京市教育委员会负责编制和解释，报市防汛应急指挥部备案。

本市教育系统各单位和学校根据本预案，制订本单位、本学校的防汛应急预案。区县教育行政部门负责监督指导所辖各单位和学校制定防汛应急预案。

12.2 预案实施

本预案由市教委组织实施，实施过程接受市防汛应急指挥部的监督、指导。

本预案自印发之日起实施，原《2009 年北京市教育系统防汛应急预案》同时废止。

北京市教育委员会

转发市政府防汛抗旱指挥部关于本市水旱灾害统计报送制度文件的通知

京教建〔2013〕4 号

各区县教委，各高等学校，市教委各直属单位：

现将市政府防汛抗旱指挥部《关于印发〈北京市水旱灾害统计报送制度〉的通知》（京政汛〔2013〕9 号）转发给你们，并提出如下要求，请认真贯彻执行。

一、灾情信息报送条件

出现洪涝灾害引发的校舍漏雨、校园（或房屋）进水、地下空间倒灌、围墙倒塌、操场毁损等次生灾害及造成的师生伤亡和财产损失情况，要按照“实时报、过程报”的要求及时上报灾情信息。

二、灾情信息报送内容

结合本市教育系统实际，在每次上报灾情信息时，应同步填报《水旱灾害统计报表表式》中的表 9（实时报）、表 1、表 5、表 6、表 7 和《北京市教育系统洪涝灾害统计表》。表中的数据要符合《主要指标解释及填报说明》和《洪涝灾害直接经济损失计算》的要求。报送灾害报表时，要附典型灾害照片和影像资料，便于后期及时准确的支持。

三、灾情信息报送渠道

灾情信息以电子及传真形式上报市教委防汛办。

四、灾情信息发布要求

根据文件规定，教育系统各单位未经授权不得擅自向社会发布灾情信息。所有灾情新闻发布会统一由市防汛办会同市委宣传部统一安排。

附件：北京市教育系统洪涝灾害统计表（略）

二〇一三年七月十五日

北京市人民政府防汛抗旱指挥部

关于印发北京市水旱灾害统计报送制度的通知

京政汛〔2013〕9 号

各区县政府，各相关委、办、局，各防汛指挥部：

为做好我市水旱灾害信息统计工作，根据《中华人民共和国防洪法》、《中华人民共和国防汛条例》、《中华人民共和国抗旱条例》、

《水旱灾害统计报表制度》以及本市有关配套法规和工作方案，制定了《北京市水旱灾害统计报送制度》，现印发你们。

涉及水旱灾害信息统计报送工作的，请依照本制度认真贯彻执行。

二〇一三年六月七日

北京市水旱灾害统计报送制度

第一章 总 则

第一条 为及时、准确、真实、全面反映北京市水旱灾害情况以及对国民经济的影响和人民群众生命财产造成的损失，科学评估水旱灾害，为防汛抢险、抗旱救灾、救助善后等决策提供依据，根据《中华人民共和国防洪法》、《中华人民共和国防汛条例》、《中华人民共和国抗旱条例》、《水旱灾害统计报表制度》以及本市有关配套法规和防汛工作方案，制定本制度。

第二条 本市境内发生的洪涝灾害和干旱灾害（以下简称灾害）统计报送工作，适用本制度。

洪涝灾害：主要是因降雨、热带气旋及溃坝（堤）等形成的洪水、堤坝决口、渍涝、山洪、滑坡、泥石流等，以及由此引发的道路积水、房屋倒塌漏雨、院落进水、地下空间倒灌、电力中断、树木倒伏等次生灾害及造成的人员伤亡和财产损失情况。因雷电、大风、冰雹等其它自然灾害引发的次生灾害造成人员伤亡和水利设施损失的事件，要掌握相关情况并及时报送相关信息。

干旱灾害：主要是因降水少、水资源短缺对城乡居民生活、工农业生产造成直接影响的旱情，以及由此引发的人畜饮水困难、工农业生产损失情况等。

第三条 本市建立完善灾情统计报送责任制。各级人民政府、各有关部门应当把灾情统计报送工作作为防汛抗旱工作的重要任务，落实岗位责任，明确专人负责灾情统计报送的具体工作，配备必要的设施设备，切实提高工作效率。

第四条 北京市人民政府防汛抗旱指挥部（以下简称“市防指”）负责本市灾害统计报送的统一管理、监督、考核工作。北京市人民政府防汛抗旱指挥部办公室（以下简称“市防汛办”）负责具体组织管理全市灾害统计报送工作，组织重大以上灾害核查，上报及对外发布灾情信息。

区、县人民政府（以下简称“区县政府”）按照管辖权限负责本行政区域内灾害的统计、核查工作，并第一时间向市防指上报灾情信息。

市人民政府有关部门（以下简称“有关部门”）按照各自职责分工，负责直接管理范围内灾害统计和行业管理范围内灾害核查工作，并第一时间向市防指上报灾情信息。

第二章 灾情统计报送

第五条 区县防汛（抗旱）指挥部（以下简称“区县防指”）具体负责本区县行政区域内发生灾情的统计、核查和上报工作。

区县防指要建立完善本区县灾情统计报送制度，明确统计内容、报送时限和报送单位，落实区县、乡镇（街道）、村（社区）各级灾害统计员并加强业务培训。建立灾害核查、会商工作机制，组织、协调、指导乡镇（街道）和区县民政、公安、水务、农业、交通、国土、住房和城乡建设、市政市容、民防、旅游、园林、通信等有关部门做好灾害统计报送工作，做到统计主动、报送及时、数据准确、标准统一。

第六条 市有关部门是行业灾害统计报送工作的责任主体。市有关部门按照职责分工负责市管设施灾害损失的统计、核查和报送工作：

市民政局负责全市灾害的损失评估、灾害救助及遇难人员善后情况的统计、核查和报送工作。

市交通委负责市管道路积水断路、道路及其附属设施损毁、交通场站受淹倒灌等情况的统计、核查和报送工作。

市住房城乡建设委负责市管城镇房屋倒塌、损坏、漏雨、进水等和在建工程进水倒灌等损失情况的统计、核查和报送工作。

市市政市容委负责市管地下管线等市政公用设施损毁情况的统计、核查和报送工作。

市水务局负责市管水利工程和城市供排水设施损毁情况的统计、核查和报送工作。

市旅游委负责市管景区损毁及游客转移情况的统计、核查和报送工作。

市发展改革委负责全市电力设施损毁情况的统计、核查和报送工作。

市经济信息化委负责市管工矿企业受淹损毁情况的统计、核查和报送工作。

市园林、民防、通信、铁路、民航、环保、教育等有关部门也要按照各自职责，做好相关灾害的统计、核查和报送工作。

第七条　各区县防指、各有关部门都应明确一名领导主管灾害统计报送工作，并设专人负责灾害统计、核查和报送工作，每年汛前将名单和联系方式报市防汛办备案。

第八条　灾害统计报送工作严格按照“实时报、过程报”的要求，不得虚报、迟报、瞒报和漏报。

实时报为灾害发生过程中即时报送的灾情信息，必须在掌握灾情信息后 1 小时内上报至市防汛办。实时报灾情信息主要包括受灾类型、受灾范围、受灾人口、转移人口、死亡（失踪）人口、房屋倒塌、积水断路等信息。情况紧急的，可先电话报告后报送具体信息。涉及人员死亡和失踪、垮坝、决堤等重大、特别重大防汛事件，必须由各区县主要负责人签字后报送。在灾情发展情况与前次报送内容有较大差异或掌握了更详细信息时，必须第一时间补充上报。

过程报为一次灾害全过程的灾情信息，必须在本次灾害过程结束后第二天将经核实后的综合灾情信息上报至市防汛办。在查灾核灾过程中发现与前次报送内容有较大差异或掌握了更详细信息时，必须第一时间进行续报。核报时限不得超过 3 天（含节假日）。随同灾情综合信息及报表上报时，须附典型灾害照片和影像资料。

第九条 在每次上报灾情信息时，应同步填报表 9（实时报表）、表 1～表 8（过程报表）。同时，汛期（6 月～9 月）每月底填报表 1～表 8（月报表）、年底填报表 1～表 8（年报表）。旱灾信息填报表 10（旱情动态表）。

第十条 洪涝灾情信息内容应包括人员伤亡和失踪信息，农林牧渔业、电力通讯工业交通运输业、水利设施、房屋等方面损失，道路积水、城市基础设施受淹损失，抗洪抢险情况以及直接经济损失等基本情况。

干旱灾情信息内容应包括旱情发生时间、地点、受旱面积、受旱程度、饮水困难人数以及工农业生产影响损失等。

第十一条 上报的灾情信息必须由单位或部门主要负责人签字并加盖公章，以传真形式和灾情统计报送系统同时报送至市防汛办。

第三章 因灾死亡认定及报送

第十二条 市公安部门负责因灾死亡人员统计和报送工作。

区县公安部门负责洪涝灾害发生期间非正常死亡人员情况（包括死亡人员的姓名、性别、户籍地、身份证号等基本信息和死亡时间、死亡地点、死亡原因）统计，并第一时间上报区县防指。未知名死亡人员先报送死亡时间、死亡地点、死亡原因等信息，查明身份后及时续报。

区县防指负责组织公安、民政等部门根据死亡人员的死亡时间、死亡地点、死亡原因等因素及相关规定甄别确定因灾死亡人员，报请区县政府审核后，第一时间上报市防指。

第四章　灾情核查及会商

第十三条　全市要建立健全灾情核查工作机制。灾情核查工作实行“属地负责、部门核灾、市防指统一管理”的原则。

遇一般和较大灾害时，由各防汛专项分指挥部（以下简称“专项分指”）和有关部门派出核灾工作组，联合区县防指实地核查、会商，统一口径后上报市防指。遇重大、特别重大灾害时，市防指将组织有关部门组成联合核灾工作组实地核查灾情。

市防汛综合保障、住房和城乡建设、道路交通、城市地下管线运行、地质灾害、旅游景区等专项分指负责组织成员单位和区县防指，对本行业灾害进行实地核查，统一口径后上报市防指。

市水务、农业、交通、国土、住房和城乡建设、市政市容、旅游、发展改革、经济信息化、园林、民防、通信等有关部门按照职责，负责组织对本行业灾害进行实地核查，统一口径后上报市防指。

区县政府要积极配合有关部门开展灾情实地核查工作。

第十四条　全市要建立健全灾情会商工作机制。发生较大以上灾害后，市防汛办会同市民政局组织市公安、水务、农业、房屋、交通、国土、发展改革、经济信息化、旅游、园林、民防等部门进行灾情会商，评估灾情内容，核定灾害等级。

每年汛期结束，由市防汛办组织各有关部门和区县防指进行全年洪涝灾情分析、会商，评估年度灾情内容、核定灾害等级，分析抢险救灾及防洪减灾效益。

第五章 灾情上报及发布

第十五条 市防指按照灾情会商结果，形成《灾情综述》上报市委、市政府和国家防总、海河防总。各有关部门按照各自职责，按照《灾情综述》内容上报国家相关部委。

第十六条 灾情新闻发布会由市防汛办会同市委宣传部统一安排。各区县政府、有关部门和全市各防汛责任单位未经授权不得擅自向社会发布灾情信息。

第六章 工作纪律

第十七条 市防指对区县政府和有关部门的灾情统计核查报送工作进行绩效考核，考评结果将作为单位及相关个人考核的重要依据。

第十八条 对虚报、迟报、瞒报和漏报的情况，市防指将按照《北京市迎汛工作责任追究制度》，启动责任追究程序，一经查实，将严格追究责任单位和责任人的责任。

第七章 附 则

第十九条 本制度自印发之日起正式实行，由市防汛办负责解释。

附件：1. 水旱灾害统计报表表式（略）

2. 主要指标解释及填报说明（略）

3. 洪涝灾害直接经济损失计算办法（略）

北京市人民政府办公厅

转发市教委等部门关于加强本市居住区配套教育设施规划建设管理意见的通知

京政办发〔2013〕44号

各区、县人民政府，市政府各委、办、局，各市属机构：

经市政府同意，现将市教委等部门《关于加强本市居住区配套教育设施规划建设管理的意见》转发给你们，请结合实际认真贯彻执行。

二〇一三年八月七日

北 京 市 教 育 委 员 会
北京市发展和改革委员会
北 京 市 财 政 局
北 京 市 国 土 资 源 局
北 京 市 规 划 委 员 会
北京市住房和城乡建设委员会

关于加强本市居住区配套教育设施规划建设管理的意见

为依法保障适龄少年儿童入学、入园需求，促进教育资源合理配置，优化学校布局，进一步提升办学条件现代化和公共教育服务水平，加强居住区配套教育设施规划建设管理工作，现提出以下意见。

一、依法保障居住区配套教育设施用地

居住区配套幼儿园、小学、中学属于公益性教育设施，其建设用地应按国家有关规定予以保障，区县国土资源主管部门应按照国家有关规定，依法办理划拨用地手续。配套教育设施建成后，应按有关规定移交给区县教育行政部门管理使用，由区县国土资源主管部门依法及时为区县教育行政部门办理幼儿园和学校的土地登记手续。

二、加强居住区配套教育设施规划管理

配套教育设施建设涉及规划、施工、验收、移交等多个环节，要进一步强化政府对配套教育设施建设的责任，保证配套教育设施的规范管理。

（一）进一步完善和落实基础教育设施专项规划。各区县政府要抓紧编制完善区县基础教育设施专项规划，在市政府已经批复的中心城、新城、镇（乡）区等控制性详细规划成果的基础上，分地区调整和优化基础教育设施专项规划，优化基础教育资源空间配置，保证基础教育设施专项规划和城市控制性详细规划统筹结合并落实。

（二）确保配套教育设施建设达标。认真贯彻执行现有配套教育设施建设标准：中心城新建学校以《北京市居住公共服务设施规划设计指标》为基本标准，在有条件的地区按照《北京市中小学校办学条件标准》设置；新城、镇（乡）区新建学校以《北京市中小学校办学条件标准》为基本标准，确因客观条件不能满足的，由各区县政府按照各自经济社会发展具体情况，商市教育行政部门后统筹研究确定，但不应低于《北京市居住公共服务设施规划设计指标》的规定。

（三）明确配套教育设施规划条件。新建、改建居住区需配套建设教育设施的，应当按照基础教育设施专项规划和城市控制性详细规划相关指标和标准予以保障；居住区配套教育设施的性质、类别、选址、用地面积、建筑规模等条件不得随意调整，确需调整规划条件的，规划部门应征求教育行政部门意见。

三、加强居住区配套教育设施建设管理

居住区配套教育设施建设管理过程中，教育行政部门应建立与国土、规划、住房城乡建设部门的沟通机制，在新建、改建居住区规划、建设、验收阶段，教育行政部门需提前介入，加强配套教育设施的建设管理工作。

（一）强化方案审查。新建、改建居住区配套教育设施建设方案要严格执行《中小学校设计规范》（GB50099—2011）和《北京市中小学校办学条件标准》等文件规定，坚持科学安全选址，严格建设标准，提高土地和空间使用效益，体现学校特色和文化，切实提高校园建设规划和设计方案质量，满足教育发展需求。规划部门在审定居住区规划方案（含配套教育设施规划方案）阶段应征求教育行政部门意见，按照以上要求共同协商确定配套教育设施的性质、选址、用地面积、建筑规模和结构布局等内容。

（二）完善建设机制。承担居住区配套教育设施项目的开发建设单位在审定规划方案后，取得建设工程规划许可前，与建设、教育行政部门签订居住区配套教育设施建设协议。协议应当明确配套教育设施的建设内容、质量标准、装修标准、经费筹措、开工及竣工期限、违约责任以及三方的权利义务等内容。教育行政部门要选派相应建设管理人员全过程参与配套教育设施的建设，按照协议约定行使使用单位权力，做到与配套教育设施交付使用后的有效衔接。开发建设单位未按照协议约定完成配套教育设施建设的，建设行政主管部门应依据相关规定实施监督管理并责令改正。

（三）加强建设管理。教育行政部门应当按照建设协议约定，加强对配套教育设施建设过程中的质量和进度管理。建设工程质量监督机构应当根据施工许可范围对其实施建设工程质量监督，并将建设方案的实施情况纳入质量监督报告。开发建设单位应当按照建设方案确定的竣工验收计划，组织设计、施工、监理单位认真实施，确保工程安全、质量、工期、投资达到协议约定要求。

四、加强居住区配套教育设施验收和移交管理

根据《北京市新建商品住宅小区住宅与市政公用基础设施、公共服务设施同步交付使用管理暂行办法》规定，开发建设单位在办理居住区项目工程竣工验收备案时，应当按照居住区配套教育设施建设协议，向教育行政部门提出验收申请；在通过验收之后的3个月内，按照建设协议和有关规定将配套教育设施移交给区县教育行政部门管理使用，区县教育行政部门应当及时接收；在办理移交手续时，开发建设单位应依法承担相关配套教育设施保修义务。

五、加强居住区配套教育设施建设的监督管理

区县政府要加强配套教育设施建设的组织领导，成立由区县主管领导任组长，教育、发展改革、财政、国土、规划、住房城乡建设等部门组成的工作领导机制。各成员单位要认真履行职责，明确任务和分工，加强配合和协调，切实把配套教育设施建设的各项工作落到实处。各级教育督导部门要对居住区配套教育设施建设工作实施专项督导；监察部门要加强对各部门及工作人员履职情况的监督。

北京市教育委员会

转发市交通委关于印发北京市建设项目交通影响评价管理办法文件的通知

京教建〔2013〕5号

各区县教委，各高等学校，市教委各直属单位：

现将市交通委《关于印发〈北京市建设项目交通影响评价管理办法〉的通知》（京交规发〔2013〕224号）转发给你们，请认真贯彻执行。

二〇一三年九月五日

北京市交通委员会

关于印发北京市建设项目交通影响评价管理办法的通知

京交规发〔2013〕224号

各有关单位：

为促进城市交通与城市建设的协调、健康、有序发展，缓解城市交通拥堵，加强对交通影响评价工作的管理，依据《中华人民共和国道路交通安全法实施条例》、《北京市实施〈中华人民共和国道路交通安全法〉办法》、《北京市道路运输条例》、《北京市人民政府关于优化完善本市固定资产投资项目办理流程及相关工作机制的通知》，我委制定了《北京市建设项目交通影响评价管理办法》，现印发给你们，自2014年1月1日起实施。

附件：北京市建设项目交通影响评价管理办法

二〇一三年七月三十一日

北京市建设项目交通影响评价管理办法

第一条 为促进城市交通与城市建设的协调、健康、有序发展，缓解城市交通拥堵，加强对交通影响评价工作的管理，依据《中华人民共和国道路交通安全法实施条例》、《北京市实施〈中华人民共和国道路交通安全法〉办法》、《北京市道路运输条例》，制定本办法。

第二条 交通影响评价是指分析和评价建设项目投入使用后新生成交通需求对周围交通系统运行的影响程度，并对建设项目性质、规模、评价范围内的交通设施和交通组织管理等提出相应的调整意见或改善措施，优化交通资源分配和布局，减少建设项目对周边交通系统的影响，使土地利用与交通系统协调发展。

第三条 北京市域范围内符合以下条件的新建、改建、扩建项目应按政府相关办理流程规定进行交通影响评价。

（一）四环路以内新建、改建建筑规模超过5000平方米，扩建新增建筑规模超过1000平方米的项目；

（二）中心城（四环路外）或城六区（四环路外）、顺义新城、通州新城、亦庄新城、大兴新城、房山新城、昌平新城、门城新城建筑规模超过1万平方米的公建类及超过3万平方米的居住类项目；

（三）怀柔新城、平谷新城、密云新城、延庆新城及其他地区内建筑规模超过2万平方米的公建类及超过5万平方米的居住类项目；

（四）交通枢纽、场站、公共停车场（库）等交通设施项目；

（五）对城市交通产生显著影响的其他建设项目。

第四条 凡需进行交通影响评价的建设项目，建设单位应委托具有与交通专业相关的城市规划、工程设计、工程咨询乙级及以上资质的中介机构编制交通影响评价报告。

第五条 建设项目交通影响评价应以城市和镇总体规划、土地利用总体规划、详细规划等规划文件以及相关的交通规划为依据。

第六条 交通影响评价报告编制应符合国家现行相关标准、规范的规定以及《建设项目交通影响评价报告编制规范》（DB11/T787）的要求。

交通影响评价报告应包括：建设项目概述，现状分析，规划条件，背景交通需求分析，建设项目交通需求分析，交通影响程度评价，改善措施方案及评价，结论与建议等内容。

第七条 评价内容主要包括：项目建设产生的交通需求与交通设施供给是否匹配；项目交通生成对交通设施的影响是否在可接受范围内；项目出入口通行能力是否满足进出交通需求；内外部交通组织是否合理；交通改善措施是否有效可行。

第八条 凡需进行交通影响评价的项目，建设单位应按照政府相关办理流程规定申报审查材料。

市交通主管部门应当组织对交通影响评价申报材料进行技术审核。技术审核通过的项目由市交通主管部门组织市规划、公安交通管理、路政、运输管理等相关部门联审，建设规模较大、地处交通敏感地区或重点区域的项目需要组织专家论证。技术审核、部门联审或专家论证未通过的交通影响评价报告，建设单位应按照市交通主管部门的要求重新修改完善，并重新申报。

第九条 市交通主管部门按政府相关固定资产投资项目办理流程规定时限出具交通影响评价审查意见。技术审核和专家论证所需时间不计算在上述时限内。

第十条 地块控制性详细规划编制或修改，改变使用功能的项目（包括规划建筑使用性质调整的项目和建成后改变原有使用功能的项目）应参照上述规定进行交通影响评价。

街区或功能区等区域性控制性详细规划编制或修改，应当参照本办法进行区域交通影响评价。

上述类型交通影响评价审查应在规划方案公示前完成。交通影响评价成果和评审结论应纳入详细规划编制或详细规划修改工作，作为确定规划性质、规模和布局的基本依据之一。

第十一条　建设项目交通影响评价审查意见有效期为两年。

第十二条　本办法自二〇一四年一月一日起实施。

学校后勤

北京市教育委员会文件选编

（2013）

北京市教育委员会

关于建设节约型校园的通知

京教函〔2013〕150号

各区县教委，各高等学校、中等职业学校，市教委直管直属单位：

为贯彻落实中央关于厉行勤俭节约、反对铺张浪费的精神和教育部《关于勤俭节约办教育建设节约型校园的通知》（教发〔2013〕4号）要求，在我市教育系统大力弘扬中华民族勤俭节约的优秀传统，市教委决定在全市教育系统中开展节约型校园建设工作。结合本市具体情况，现提出如下意见：

一、充分认识建设节约型校园的重要意义

勤俭节约办教育，建设节约型校园，有利于营造良好的育人环境，促进广大学生树立勤俭节约意识，养成勤俭节约习惯，让勤俭成为校园风尚，成为师生重要品格特征，促进青少年一代健康成长；有利于促进学校节约能源资源，降低办学成本，提高办学效益；对于推动全社会形成勤俭节约的文明风尚，建设资源节约型、环境友好型社会，实现中华民族伟大复兴的“中国梦”都具有重要意义。

二、加强制度建设，规范管理

（一）要结合学校实际，在教学、科研、行政办公、基建后勤等各方面，建立科学、合理的管理制度和激励机制，并完善评价、监管措施。

（二）在节约用水、用电，节约粮食、办公用品和经费等各个环节制定具体实施办法。

（三）加强校园采暖、空调、照明等主要用能设备维护管理，落实各项节能措施。

（四）新建、改扩建学校要杜绝豪华装修和面子工程，降低基本建设投资；学校的行政办公和大型物业要实行专业化、现代化管理。

（五）公务接待、会议筹办等日常公务活动，都要严格遵守有关规定减少成本。

（六）学校办公教学用房、学生食堂、车辆等设施设备使用，要严格执行固定资产最低使用年限制度，挖掘使用潜力，提高使用效益。

（七）加强预算管理，控制各项经费支出，加强资产配置管理，避免重复超额配置。

（八）进一步挖掘节能减排潜力，努力完成“十二五”期间生均降耗17％约束性指标。

三、扎实开展勤俭节约的宣传教育

（一）中小学校要将勤俭节约教育作为学科德育的重要内容，根据学校德育体系建设相关要求，根据不同学段、年级学生特点，积极开展以“厉行勤俭节约，反对铺张浪费”为主题的各种专题教育活动。要在广泛动员师生、家长参与基础上，制定勤俭节约校园公约和家庭公约，形成共同的节约观念和行为准则，成为广大师生为之努力的共识。

（二）设有学生食堂的学校需严格伙食成本核算及成本管理，加强食堂的精细化、人性化管理。要把节约粮食教育作为节约教育的重中之重，各学校要制订防止餐桌浪费的具体办法，并落到实处。

（三）开展形式多样、丰富多彩的宣传教育活动，培育节约型校园文化。各学校可通过板报、媒体、校园广播及校园网等形式开展艰苦奋斗、勤俭节约宣传教育活动，努力形成“崇尚节约、摒弃浪费”的校园文化。中小学可举办讲座、主题班会、国旗下讲话等活动，多形式、多途径宣传节约文明、节约光荣。各高校要在校党委行政领导下，整合宣传教育资源，充分发挥学生会、团委和学生社团作用，将勤俭节约宣传教育作为一项长期工作抓好抓实，努力营造勤俭节约的校园文化。

四、加强领导，抓好工作落实

（一）各学校要认真部署勤俭节约办教育，建设节约型校园工作，以抓住制度建设和落实为核心，防止形式主义走过场。

（二）各级领导干部、广大党员干部和教职员工要以身作则，率先垂范，带头厉行勤俭节约。

（三）要注意发现和总结勤俭节约办教育，建设节约型校园的先进经验和典型，加强信息报送和舆论宣传。

二〇一三年四月二十五日

北 京 市 教 育 委 员 会
北京市发展和改革委员会

关于开展绿色北京——2013年北京市教育系统节能减排主题系列活动的通知

京教函〔2013〕282号

各区县教委、发展和改革委，各高等学校、中等专业学校，各有关单位：

为贯彻国家生态文明建设发展战略，进一步落实《北京市节约型中小学校建设指导意见》、《北京市节约型高等学校建设指导意见》关于建设节约型学校的要求，结合全国节能周的宣传和教育工作，市教委、市发展和改革委决定共同举办“绿色北京——2013年北京市教育系统节能减排主题系列活动”，活动由北京教育科学研究院承办。现将有关事项通知如下：

一、活动目的

通过组织和开展节能减排主题系列活动，宣传普及节能减排、环保和可持续发展相关知识，增强广大师生的社会责任感，践行低碳生活方式，通过节水、节电、节能、节粮、节地、节材、限塑、废旧物品回收等实际行动，带动社会、家庭节能减排行动，为绿色北京建设作出贡献。

二、活动范围

各高等学校、中等职业学校、中小学校、幼儿园全体师生及北京市属、区县属相关教育机构。欢迎学生家庭、市民自愿参加。

三、活动内容与要求

（一）节能减排创新成果征集活动

A类：节能减排征文（与节能减排相关的故事、调查报告、警示语、金点子、诗歌等），撰写模板见附件1。

B类：节能减排优秀方案征集（针对学校、家庭、社区节能减排实际问题提出的具体解决方案），撰写模板见附件2。

C类：节能减排创意作品征集（以节能减排为主题的科技小发明、漫画、废旧物品利用作品等），本次活动暂不接受实物作品，请参赛人员按照组委会相关要求撰写创意设计、作品说明并提供照片和视频等辅助材料，撰写模板见附件3。

各区县教委及各高校要组织本系统、本单位师生及家长等积极参加，并于9月20日前将作品的电子文档统一发至组委会指定邮箱。

（二）节能减排知识友谊赛

节能减排知识友谊赛将围绕节水、节电、节能、节粮、节地、节材、限塑、废旧物品回收等相关知识，分大学组、中学组、小学组进行比赛。各区县教委可推荐1所小学和1所中学组队参赛；各高校每校限1个代表队参赛。

各区县教委及各高校相关部门要统一组织报名工作，填写报名表（附件4）并将电子版于7月5日前发送至活动组委会电子邮箱。

活动组委会将根据报名情况，就具体参赛内容与要求对各参赛队进行培训，具体时间另行通知。

（三）节能减排文艺作品展演

节能减排文艺作品包括体现有关节能减排，低碳环保的小品、歌曲、诗歌创作与朗诵、快板、舞蹈等多种形式。展演分幼儿园组、小学组、中学组、大学组。各区县可推荐幼儿园、小学、中学各1所，每校提供1个文艺作品；各高校每校限提供1个文艺作品。

各区县教委及各高校相关部门请统一组织报名工作，请填写报名表（附件5）并将电子版于7月5日前发送至活动组委会电子邮箱。

活动组委会将根据报名情况安排展演时间及地点，具体时间另行通知。

四、活动形式

节能减排创新成果征集活动以学校、学生组织、个人或学生家庭等多种形式参加。节能减排知识友谊赛和文艺作品展演以学校为单位参加比赛。

五、活动安排

（一）启动及培训阶段（6月19日）

6月19日，举办“绿色北京—2013年北京市教育系统节能减排主题系列活动”启动仪式，并进行大赛相关内容培训工作。对本市各区县教委、高校负责人进行前期培训，使之系统了解本次活动的相关要求与安排。

（二）节能减排创新成果征集阶段（6月～9月）

凡参与节能减排创新成果征集的单位与个人要按照组委会要求认真撰写相关征文或设计方案，要结合目前的节能减排工作，要提倡低碳生活的理念，提高环境保护意识，并于9月20日前提交活动组委会。

（三）节能减排知识友谊赛及文艺作品展演报名阶段（6月～7月）

各区县教委及各高校相关部门负责人组织节能减排知识友谊赛及文艺作品展演报名工作，活动组委会将根据报名情况，进行信息汇总与培训工作，具体时间另行通知。

节能减排知识友谊赛及文艺作品展演定于10、11月进行，年底进行成果公布及总结。

（四）节能减排创新成果评审阶段（11 月）

11 月，活动组委会组织相关机构和专家，对相关征文、设计方案等创新成果进行集中评审。

六、活动奖励

活动组委会将分别为节能减排征文、优秀方案及创意作品征集，节能减排知识友谊赛、文艺作品展演分别设立一等奖、二等奖和三等奖若干名，由专家组评定，市教委、市发展改革委向获奖单位与个人颁发证书。

七、有关事项

（一）各区县教委、发展和改革委、各学校及教育机构应高度重视，安排专人负责，确保此项工作落实到位，并组织本区域内学校以学校为单位参赛，同时鼓励社会各界、家庭积极参赛。

（二）活动组委会设在北京教育科学研究院可持续发展教育研究中心。参赛资料电子版也可直接报送至活动组委会。

（三）组委会联系方式：市教委联系人：李华勇。北京教育科学研究院联系人：王鹏、王咸娟。

（四）相关活动通知及附件电子版可到北京教育科学研究院可持续发展教育研究中心网站“通知公告”栏目点击下载，网址：http：//bjaes. ichzh. com/kcxfz/。

附件：1. 2013 年北京市教育系统节能减排创新成果征集活动申报表（略）

2. 2013 年北京市教育系统节能减排知识友谊赛团队报名表（略）

3. 2013 年北京市教育系统节能减排文艺作品展演报名表（略）

二〇一三年五月二十七日

北京市教育委员会

关于做好 2013～2014 学年度校方责任保险及附加无过失责任保险工作的通知

京教勤〔2013〕6 号

各区县教委，各中等专业学校：

为贯彻落实国务院办公厅《转发教育部等部门关于进一步加强学校体育工作若干意见的通知》（国办发〔2012〕53 号）精神，根据《北京市中小学生人身伤害事故预防与处理条例》（以下简称《条例》）、教育部等三部委《关于推行校方责任保险完善校园伤害事故风险管理机制的通知》（以下简称《通知》）和《北京市推进中小学校体育工作三年行动计划（2013～2015 年）》（京政办发〔2013〕34 号）要求，进一步强化教育风险管理，有效转移体育教学、校外实践等教育教学活动风险，结合近年本市校方责任保险工作的实际，本市从 2013 年秋季学期起在原有校方责任保险的基础上，在公办中小学试行校方责任保险附加无过失责任保险。（附加无过失责任保险以被保险人无责任、无过失为前提，学生在校活动中或在被保险人组织或安排的活动中发生伤亡事故，被保险人无责任和过错时，依据保险条款对被保险人进行赔偿）。现将的有关事项通知如下：

一、投保程序

（一）各区县教委投保本学年度校方责任保险需要提供的材料包括：

1. 北京市中小学、幼儿园校方责任保险名册（在册学生人数截至2013年10月10日，并加盖区县教委公章）；

2. 投保单（加盖区县教委公章）；

3. 区县教委与确定的承保机构签订的协议书（一式4份）；

4. 保费（5元/生）。

上述材料请于2013年10月14、15日交至UIB北京分公司。

（二）各区县教委投保本学年度附加无过失保险需要提供的材料包括：

1. 北京市中小学附加无过失保险名册（在册学生人数截至2013年10月10日，并加盖区县教委公章）；

2. 投保单（加盖区县教委公章）；

3. 区县教委与承保机构签订的协议书（一式4份）；

4. 保费（5元/生）。

上述材料请于2013年10月14、15日交至UIB北京分公司。

（三）中等专业学校投保本学年度校方责任保险需要提供的材料包括：

1. 北京市中等专业学校校方责任保险名册（在册学生数截至2013年10月10日，并加盖学校公章）；

2. 投保单（加盖学校公章）；

3. 学校与确定的承保机构签订的协议书（一式3份）；

4. 保费（5元/生）。

上述材料请于2013年10月21、22日交至UIB北京分公司。

二、有关事项

（一）按照市教委、市财政局《关于调整北京市基础教育公用经费定额标准的通知》（京教财〔2010〕50号）规定，公办中小学、幼儿园校方责任保险保费在公用经费中列支，中等专业学校保费由中等专业学校承担。

经批准的社会力量办学、办园单位保费由举办者承担。

（二）2013～2014学年度附加无过失责任保险投保范围是公办的中小学（普通中小学、职业高中、特教学校、工读学校），经费由市教委按在校学生人数专项核拨至各区县，由各区县负责投保。

（三）经公开招标，2012～2015学年度校方责任保险由中国平安财产保险股份有限公司北京分公司和中国人寿财产保险股份有限公司北京市分公司承保。根据相关程序确定：西城区、海淀区、通州区、昌平区、大兴区、平谷区、怀柔区、密云县、燕山由中国平安财产保险股份有限公司北京分公司负责承保；东城区、朝阳区、丰台区、石景山区、门头沟区、房山区、顺义区、延庆县、中等专业学校由中国人寿财产保险股份有限公司北京分公司负责承保。各区县教委、学校要按照《政府采购法》和《招标法》的规定，在协议期内不得与负责本区县、本学校的中标承保机构或授权公司以外的保险公司签订有关校方责任保险协议并投保。

三、工作要求

（一）投保校方责任保险及附加无过失责任保险是建立并进一步完善教育风险管理服务体系、保障学生和学校合法权益的一项重要工作。

学校要坚持预防为主的原则，进一步完善各项安全工作制度、落实安全工作责任、及时消除各类安全隐患，有效预防学生人身伤害事故，维护正常的教育教学和生活秩序；要加强对学生的安全教育，在体育课、实验课和各类集体活动等易发生学生人身伤害事故的环节，切实落实管理责任，预防和减少学生人身伤害事故。

（二）各区县教委、各级各类学校和幼儿园要进一步加强对此项工作的领导，明确职能部门的具体职责，对相关人员做好培训，认真组织好投保工作，及时总结工作经验和解决存在的问题，不断提高工作水平。

各区县教委、公办中小学校和有关部门要高度重视附加无过失责任保险工作，制定相关管理制度，细化工作流程，做好各工作环节衔接。

（三）为及时有效发挥校方责任保险及附加无过失责任保险的作用，保障学校和学生合法权益，各区县教委、学校要确保保费按时足额缴纳。

工作中遇有问题请及时与市教委学校后勤处联系。

二〇一三年八月二十九日

北京市教育委员会办公室

关于开展首批北京市节约型示范学校年检工作的通知

京教办函〔2013〕40号

各区县教委：

为进一步巩固节约型示范学校建设成果，总结推广经验，更好地发挥其示范引领作用，结合北京市节约型学校建设的实际情况，市教委决定开展首批节约型示范学校年检工作。现将有关事项通知如下：

一、年检对象

2010年市教委评选并授牌的学校（名单见附件1）。

二、年检时间及工作机构

（一）年检时间：10 月 28 日至 11 月 8 日。每个区县年检时间为半天，各区县具体安排见附件 2。

（二）年检评估组：年检评估组由市教委聘请节能减排专家组成，分两组，每组由 3 名专家组成。

（三）年检工作组：设在北京教育科学研究院可持续发展教育研究中心。

三、年检内容

根据《北京市节约型中小学校考核评价办法》检查《北京市节约型中小学校考核评价标准》落实情况，以及近三年开展节约型示范学校建设的新思路、新经验、新成果。

四、年检程序

（一）年检准备

1. 各区县教委要为每个验收组配备一名联络员，填写联络员信息表（附件 3），并于 9 月 10 日前传至年检工作组邮箱。

2. 接受年检的学校要准备自评报告及自评报告汇总表格，经区县教委初审后，在接受年检时为每名评估验收组成员提供一份。

3. 各区县年检会场由各区县教委确定，建议在年检学校中选择一所作为年检会场。

4. 评估组到达区县的具体时间请各区县负责人与评估工作组及时沟通

（二）组织年检

1. 各区县教委在市教委规定的年检时间内，召开年检工作汇报会，会议由区县教委相关领导主持。

2. 市评估组组长介绍评估工作实施步骤、方法.

3. 各示范校负责人依次汇报工作情况（每校汇报时间控制在 10 分钟以内，要求制作 PPT）。

4. 学校汇报结束后，评估组对学校有关情况及问题进行询问，汇报人当场答复。

（三）评定结果

1. 评估组成员根据学校汇报及询问情况，集体做出评定结论。

2. 年检工作结束后由市教委统一向区县教委通报年检结果。

五、年检结果运用

（一）年检结束后，各评估组形成验收报告，经集体研讨后提交市教委。内容包括：验收工作过程、验收评分、示范校经验与特色、存在问题与改进意见等。

（二）各评估组要对参与年检学校进行评定，年检结果分为优秀、良好、合格和不合格四等次。

（三）获得合格以上等次的学校，继续保留示范校标牌，评估等次为不合格的学校，收回示范校标牌。

六、其他事项

（一）可登陆 http：//bjaes. ichzh. com/kcxfz/（北京教育科学研究院可持续发展教育研究中心网站“通知公告”栏目）点击下载本通知电子版。

（二）联系人及联系方式（略）

附件：1. 2010 年北京市节约型示范学校名单

2. 各区县年检时间安排表（略）

3. 区县联络员信息表（略）

二〇一三年八月二十九日

附件 1：

2010 年北京市节约型示范学校名单

东城

小学　北京市东城区史家胡同小学
中学　北京市第五十中学
小学　北京市东城区北锣鼓巷小学
小学　北京市东城区和平里第四小学
小学　北京市东城区新景小学
中学　北京市广渠门中学
中学　中央工艺美术学院附属中学
中学　北京市第 96 中学

西城

完中　北京师范大学附属实验中学
小学　北京市西城区华嘉小学
小学　北京市西城区白云路小学
完中　北京市第 161 中学
小学　北京市第二实验小学
高中　北京师范大学第二附属中学
小学　北京市西城区奋斗小学
完中　北京市西城外国语学校
完中　北京市回民学校
职高　北京市宣武区第二职业学校
小学　北京市西城区白纸坊小学

朝阳

中学　北京市第九十四中学
小学　北京市朝阳区新升小学

职高　北京市电气工程学校
高中　北京市第八十中学
小学　北京市朝阳区高碑店中心小学
中学　中国建筑材料科学研究院附属中学
小学　北京市朝阳区白家庄小学
小学　北京市朝阳区牌坊小学
小学　北京市朝阳区惠新里小学
完中　北京工业大学附属中学
小学　北京市朝阳区垡头小学
小学　北京市朝阳区定福庄第二小学
小学　北京市朝阳区三里屯小学

海淀

完中　北京市育英学校
小学　中国人民大学附属小学
完中　北方交通大学附属中学
完中　北京市八一中学
初中　北京市海淀区北部新区实验中学
完中　北京市第二十中学
完中　北京市知春里中学

丰台

十二年一贯制　北京市大成学校
小学　北京市丰台区第五小学
完中　北京市第十二中学
小学　北京市丰台区第一小学
完中　北京市第十中学
小学　北京市丰台区东高地第三小学
完中　北京市丰台区第二中学
完中　北京市云岗中学

石景山

小学　北京市石景山区实验小学

完中　北京市第九中学

顺义

高中　北京市顺义区杨镇第一中学

高中　北京市顺义区牛栏山第一中学

高中　北京市顺义区第一中学

小学　北京市顺义区东风小学

高中　北京市顺义区第十中学

高中　北京市顺义区第二中学

昌平

小学　北京市昌平区实验小学

高中　北京市昌平区第一中学

高中　北京市昌平区第二中学

九年一贯制　北京市昌平区百善学校

小学　北京市昌平区阳坊中心小学

门头沟

高中　北京市大峪中学

高中　首都师范大学附属中学永定分校

小学　北京市门头沟区大峪第二小学

通州

高中　北京市通州区第三中学

初中　北京市通州区宋庄中学

初中　北京市通州区次渠中学

初中　北京市通州区第一实验中学

初中　北京市通州区第六中学

完中　北京市通州区第二中学

小学　北京市通州区后南仓小学

小学　北京市通州区东方小学

房山

小学　北京市房山区良乡第三小学
初中　北京市房山区北潞园学校
高中　北京市房山区实验中学
高中　北京市房山区良乡中学
高中　北京师范大学良乡附属中学
高中　北京市房山区房山中学
初中　北京市房山区昊天学校
初中　北京市房山区长沟中学
小学　北京市房山区阎村中心小学

大兴

完中　北京市大兴区第一中学
小学　北京市大兴区枣园小学
小学　北京小学大兴分校
完中　北京市大兴区第八中学

延庆

完中　北京市延庆县第二中学
职校　北京市延庆县第一职业学校
高中　北京市延庆县第五中学
小学　北京市延庆县西屯中心小学
小学　北京市延庆县第一小学

怀柔

小学　北京市怀柔区长哨营满族乡中心小学
小学　北京市怀柔区第三小学
小学　北京市怀柔区第一小学

平谷

高中　北京市平谷中学
职校　北京市平谷区第一职业学校
小学　北京市平谷区第三小学

密云

高中　北京师范大学密云实验中学

初中　北京市密云县第三中学

小学　北京市密云县东邵渠中心小学

完中　北京市密云县巨各庄中学

燕山

初中　北京市燕山区东风中学

安全·保卫

北京市教育委员会文件选编

(2013)

北京市教育委员会

关于做好2013年春季学期有关校园安全工作的通知

京教勤〔2013〕4号

各区县教委，各高等学校、中等职业学校、民办高等教育机构，市教委直管直属单位：

根据教育部和市委、市政府有关部署，现将2013年春季学期有关校园安全工作通知如下：

一、认真组织全国中小学生安全教育日主题教育活动

今年3月25日是第十八个全国中小学生安全教育日，教育部等部委确定的教育日主题是："普及安全知识，确保生命安全"。各区县和中小学校结合教育日主题和本区县、本学校特点，针对学生上下学交通、火灾、地震、应对自然灾害、拥挤踩踏、预防溺水、饮食卫生等安全方面的薄弱环节和突出问题，确定本区县和本校安全教育重点，切实提高安全教育的针对性和实效性。

各中小学校要根据本校建筑分布、学生人数、楼梯宽度等实际情况，针对火灾、地震、反恐和其他突发事件等不同情况，组织一次全校范围的应急疏散演练。要制定周密的演练方案，配备足够的管理教师，确保演练安全和取得实效。

二、在全国安全生产月和防灾减灾日开展相关活动

每年6月为安全生产月，各区县和各级各类学校要按属地有关工作部署开展安全生产有关宣传教育、培训和隐患排查整改工作。

今年5月12日是第五个全国防灾减灾日。各级各类学校要结合全国防灾减灾日，开展形式多样的防灾减灾文化宣传活动，努力营造全体师生参与防灾减灾的文化氛围。要加强面向广大学生的防灾减灾知识、技能普及，通过张贴海报、放置展板、现场咨询等方式，开展有针对性的防灾减灾科普教育活动，增强广大学生的防灾减灾意识。

各级各类学校在全国防灾减灾日期间，针对潜在灾害风险和灾害特点，开展防汛、防震、防风、防雷、地质灾害防御、森林防火、消防安全、事故防范、交通事故处置、饮食安全、卫生防疫等方面的应急演练活动。涉及全体师生的项目提倡全员参加实战演练，涉及部分人员的如交通事故处置、校园事故排除等项目可通过沙盘推演的方式进行，通过实战或推演使广大师生掌握基本的自救自护技能，响应各类灾害预警，妥善处置校园突发事故，切实提高师生的自救互救技能和学校综合防灾减灾能力。

三、加强隐患排查治理，净化校园及周边环境

各级各类学校要结合工作实际，积极开展校内灾害风险隐患排查治理工作，对实验室、机房、图书馆、阅览室、教学楼、学生宿舍、食堂餐厅、礼堂、厕所、浴室等人员密集场所，对学校所属变电站、配电室、食堂操作间和库房、中控室、地下管网、使用燃气等重点场所，定期开展安全隐患排查，隐患排查要不走过场、不留死角。对发现的风险隐患，要建立台账，落实责任，采取有效的防范和治理措施，防范发生各类事故。

根据春季校园安全工作特点及近几年校园安全工作的经验和教训，要加强校园安全管理和校园安全保卫工作，加大对重点人员的排查力度，防范因重点人员出现安全问题。争取属地公安机关等相关部门的支持，并加强联动，确保广大师生人身安全，规范校园及周边秩序，为学校创造良好的教育教学环境。

四、精心组织学生春游、夏令营及校外实践活动

区县教委要严格审批中小学校的春游、夏令营和社会实践活动。中小学校、幼儿园在组织学生春游、夏令营或校外实践活动时，要精心组织、周密安排，学校“一把手”负总责；要提前到目的地进行踩点，制定周密方案和配备责任心强、数量足够的随队教师做好安全保障工作，落实各项目、各环节安全责任；要及时关注天气情况变化，如遇恶劣天气，相关活动要停止或延期组织；需要交通工具的，要租用有客运资质公司的车辆并签订安全协议；减少或取消在地质灾害多发地区的活动，并对师生开展有针对性的安全教育；要将校外集体活动及安排提前告之家长，征得家长同意并配合学校做好相关工作，确保师生安全。

高校有关部门针对大学生社会实践的地域、项目、季节特点，要加强对大学生社会实践有关安全防范知识和技能方面的指导和培训，保障社会实践顺利进行。

高校有关部门要对安全风险大的学生社团活动进行指导，社团活动要安全第一，尊重科学。

五、积极预防学生溺水事故

溺水一直是学生意外死亡的主要杀手。区县教委、各级各类学校要积极配合有关部门和乡镇加强重点水域安全管理，开展学生上下学路途和经常活动区域及周边安全隐患排查。督促有关部门在危险路段及水域设置安全警示标牌，设立安全隔离带、防护栏，做到及时发现险情，及时消除隐患；教育学生不到不正规、不安全、有传染病源的危险水域游泳，特别是不能游野泳或盲目下水施救；各中小学要保持同家长的密切联系，通过印发《给家长的一封信》、家访、家长会、手机短信等多种形式，给每位学生及其家长发布预防溺水安全提示，切实增强家长的安全意识和监护人责任意识，共同做好学生的安全工作。

各区县教委要在 3 月 29 日（星期五）之前将本区县开展安全教育日活动的汇总材料通过电子邮件报市教委学校后勤处。

各区县，各高校、中等职学校、高等教育机构和市教委直属单位在5月20日（星期一）前将本区县、本校全国防灾减灾日工作情况通过电子邮件报市教委学校后勤处。

二〇一三年三月十三日

北京市教育委员会办公室

关于做好夏季中小学幼儿园安全工作的通知

京教勤办〔2013〕1号

各区县教委：

为贯彻落实教育部召开的全国中小学、幼儿园安全工作电视电话会议精神，现将做好本市中小学、幼儿园夏季安全工作的有关事项通知如下：

一、做好中考、高考期间校园安全工作

各区县教委、各中学要高度重视中考、高考期间的校园安全工作，落实相关规定和校园安全应急预案，主动与有关部门建立会商、联动机制，做好中考、高考期间校园治安、饮食卫生工作，为考生提供良好的校园安全环境。

二、认真做好汛期师生安全工作

针对汛期师生安全，各区县教委主责部门当接到上级部门、气象、应急等部门的汛情预警信息后，要在第一时间发送到每一所学校，及时通知到每位师生及学生家长，视情发出减少外出、停止户外活动的安全提示。结合本区县实际情况，加强针对学生交通安全、校舍安全、地质灾害等会商研判，按照《北京市教育系统防汛应急预案（试行）》的要求，及时采取停课及调整上下学时间，并报市教委备案。

学校组织学生参加校外活动时，要注意天气情况变化，如影响学生安全，相关活动要停止或延期举行，确保师生安全。

三、切实做好饮食安全工作

夏季到来，食源性疾病进入高发季节。为维护广大师生的身体健康，各学校要进一步加强夏季校园饮食卫生安全工作，强化主体责任，细化并落实各部门、各岗位职责并进行检查，对夏季师生饮食卫生安全依法实施动态全程管理。

四、进一步做好防溺水工作

根据教育部会议通报，全国学生溺水死亡事故约占学生意外死亡事故的48%。为此，进一步做好学生预防溺水工作尤为重要。各区县教委和各学校要认真做好防溺水安全教育，教育学生不要到野外的河、湖、水库等没有任何保护措施和存在传染病源的水域游泳，教会学生正确的救助方法，遇有人溺水时，要采取正确的方法，不要盲目下水施救；各学校要通过《致家长的一封信》、家长会等形式向家长做好防溺水的宣传工作，让家长尽到监护人的责任；区县教委和学校要争取相关部门、乡镇政府和村、居委会的支持，在野外危险水域设立警示标志，加大巡查力度，防止发生学生溺水事故。

五、严密组织学生校外集体活动

组织中小学生、幼儿园儿童集体校外活动，要主动征得家长同意。各学校应提前实际踏勘活动路线和场地，充分考虑气候、场地、交通等各种因素，进行风险研判评估，对于无法保障安全的，学校、幼儿园及时变更活动计划；各学校、幼儿园要制定活动方案预案，对参加活动的学生开展安全教育，细致讲解外出过程中应知应会的安全事项，提升自防自救的意识和能力；涉及使用车辆的，要租用有客运资质企业的车辆，提前做好出车前检查，并签定安全协议，落实责任，坚决防止车辆带故障上路；对于学校组织的学生徒步集体外出活动，各学校要根据活动涉及的场所和路线的具体情况加大安全保护力量，维护秩序，加强力量引导，严防人车争抢道路造成安全事故，确保活动安全。

六、落实暑期安全宣传教育

各区县教委、各学校、幼儿园要结合实际制定针对师生的暑期安全教育计划，针对防溺水、交通、防火、夏令营、饮食卫生、外出旅游等做好安全教育。学校在假期要保持与家长的联系，告知家长安全注意事项，让家长配合学校对学生做好安全教育。

二〇一三年五月二十七日

北京市教育委员会办公室

转发教育部办公厅关于进一步加强高等学校实验室危险化学品安全管理工作文件的通知

京教高办〔2013〕1号

各高等学校：

现将教育部办公厅《关于进一步加强高等学校实验室危险化学品安全管理工作的通知》（教技厅〔2013〕1号）转发给你们，请按照通知要求明确职责，加强宣传教育，认真排查，消除隐患，切实做好实验室危险化学品的安全管理工作。

二〇一三年六月九日

教育部办公厅

关于进一步加强高等学校实验室危险化学品安全管理工作的通知

教技厅〔2013〕1号

各省、自治区、直辖市教育厅（教委），有关部门（单位）教育司（局），部属各高等学校：

高等学校实验室危险化学品安全管理工作直接关系到广大师生的身体健康和生命安全。最近，复旦大学校园投毒事件和南京理工大学实验室爆炸事件再次敲响了警钟。为认真贯彻《危险化学品安全管理条例》（国务院令第591号）和《高等学校实验室工作规程》（国家教委令第20号）有关规定，坚决防止此类事故的发生，现将有关要求重申如下：

一、高度重视实验室危险化学品管理工作。各地、各部门和各校应及时了解和掌握所属学校和本校实验室危险化学品的种类和使用、管理等具体情况，严格按照国家相关规定，进一步加大监管力度，切实落实各项管理要求，对涉及实验室危险化学品管理的重点部位和薄弱环节进行重点排查，堵塞漏洞，排除隐患，确保安全，并要有针对性地建立事故应急预案。

二、进一步严格管理实验室危险化学品。健全实验室危险化学品管理制度，制定并完善实验室危险化学品保管、使用、处置等各个环节的规章制度。严格分库、分类存放，严禁混放、混装，做到规范操作、相互监督。要建立购置管理的规范，对使用情况和存量情况进行检查监督，使各类危险化学品在整个使用周期中处于受控状态，建立从请购、领用、使用、回收、销毁的全过程的记录和控制制度，确保物品台账与使用登记账、库存物资之间的账账相符、账实相符。

三、进一步明确实验室危险化学品的安全管理责任。危险化学品管理必须做到“四无一保”，即无被盗、无事故、无丢失、无违章、保安全。对于危险化学品中的毒害品，要参照对剧毒化学品的管理要求，落实“五双”即“双人保管、双人领取、双人使用、双把锁、双本帐”的管理制度。将实验室危险化学品安全管理纳入工作业绩考核，确保实验室安全责任层层落实到位。

四、进一步加大对废弃实验室处理的审批、监管力度。对于搬迁或废弃的实验室，要彻底清查废弃实验室存在的易燃易爆等危险品，严格按照国家相关要求及时处理，消除各种安全隐患。在确认实验室不存在危险品之后，各地、各部门和各校按照相关实验室废弃程序，选择具有资质的施工单位对废弃实验室进行拆迁施工。

五、进一步做好宣传教育工作。组织开展对师生的安全教育与培训，增强学生的安全意识和自我防范能力，确保相关人员全面掌握实验技术规范、操作规程和安全防护知识。

二〇一三年五月十日

中共北京市委教育工作委员会
北 京 市 教 育 委 员 会

关于做好 2013 年冬季校园安全工作的通知

京教勤〔2013〕10 号

各区县委教育工委、区县教委，各高等学校、民办高等教育机构、中等职业学校，各直属单位：

冬季是火灾、煤气中毒、交通事故、滑冰溺水等事故的多发期。为做好 2013 年冬季校园安全工作，确保广大师生员工的生命财产安全和教育系统安全稳定，现将有关工作要求通知如下：

一、加强校园安全管理

（一）做好防火工作。坚持“预防为主，防消结合”的方针，全面贯彻消防法律法规，依法落实消防安全法人主体责任、部门责任、岗位责任，对消防工作实行一票否决。

加强寄宿制学校宿舍特别是高层学生公寓的防火管理，严格电器的使用管理，严禁使用明火。对火灾隐患进行排查，特别是对电线电路是否老化、消防设施设备是否完好有效、消防通道是否畅通等进行定期检查，对检查出的火灾隐患及时进行整改。组织师生对可燃物进行及时清理，防止可燃物堆积发生火灾。结合“11·9”消防宣传周，适时组织开展火灾逃生演练等安全教育活动，切实提高“四个能力”建设，确保校园消防安全。

根据市防火委《关于印发火灾隐患攻坚“铁拳”行动实施方案

的通知》（防安字〔2013〕23 号，以下简称《通知》），请各区县、各单位、各学校到北京市消防局网站通知通告栏（网址：http://www.bjxfj.gov.cn/）下载《通知》，并按照要求做好相关工作。

（二）保障交通安全。引导师生绿色出行，文明出行，对广大师生开展冬季交通安全教育，对车辆驾驶人员开展安全教育，文明守法驾驶。加强对校园道路交通管理，维护校园交通秩序。针对冬季天气特点，防范雾霾、降雪天气以及道路结冰对交通安全的影响。加强接送学生车辆和学校自有车辆管理，落实安全责任，建立维护保养制度，严防发生交通事故。加强校外活动管理，组织外出活动要租用有资质的车辆，并签订安全责任书。

（三）抓好校园治安。建立健全内部治安保卫制度，落实相关责任，加强人防、技防、物防建设。中小学、幼儿园要建立严格的门卫制度和接送制度，防止无关人员进入校园威胁到师生安全，确保师生生命财产安全。

（四）重视饮食安全。针对冬季特点，加强对从业人员培训，规范食品原材料采购、贮存、加工、售卖工作流程，保证校园饮食安全。要强化对校内商品部（小卖部）的管理，加强检查，严格食品采购程序，防止售卖不安全食品。

（五）依法安全燃放。在区县烟花办的指导下落实烟花爆竹燃放的各项工作措施，教育引导师生自觉遵守相关规定，依法、文明、安全燃放烟花爆竹。做好禁放时段、禁放区域的安全管理工作，各禁放点要做好禁放标识的张贴宣传工作，同时要加大节日期间值班巡逻力度，做到禁放点有人值守盯防。

（六）强化安全生产。做好施工现场的安全工作，督促施工、监理等承建单位加强施工过程的安全管理。派专人加强校内工地周边监管，在工地外围安全距离处设置警示标志。加强宣传教育，增强师生自我防护意识，主动远离施工工地。

要做好水、电、气、热的保障工作。本市即将进入冬季取暖期，供水、供电、供气、供热设备运行压力增大，各单位、各学校在做好水、电、气、热保障工作的同时，按照属地政府和有关部门的部署，按规定对水、电、气、热等设备进行检查维修，杜绝出现安全问题。寒假期间要按照节能减排的要求分区供暖，避免能源浪费。

二、积极预防冬季常见事故

（一）妥善应对极端天气。根据市委教育工委、市教委《重大雪天北京市中小学应急响应工作预案》（以下简称《工作预案》的要求，各区县教委要针对冬季极端天气（含局部极端天气），与气象等相关部门会商，科学判断，适度响应，以保障师生的交通和上课安全。如需停课或调整上下学时间，按《工作预案》执行。

（二）做好预防煤气中毒工作。要对校园内使用煤火取暖的基本情况进行摸底统计（尤其是经批准的民办学校），掌握煤火取暖的数量、人数、重点部位等基本情况，要特别注意传达室、器材室、外来务工人员宿舍、出租房屋及个别在校外租住民房的学生等容易疏漏的部位和人群，做到底数清、情况明，确保检查工作不遗漏，在做好以上工作的基础上，还要做好预防煤气中毒的宣传教育工作。

（三）积极预防滑冰溺水。要教育学生在上下学路上和假期不到河、湖、水库等结冰水域走动和滑冰，不到未开放的冰面游玩，发现有人落水要呼救或拨打报警电话，不要盲目下水施救。要争取相关部门、社区、村委会支持，在危险水域设置警示标志，并与家长共同做好学生的教育工作。寒假前要做好防滑冰溺水的针对性教育，并以“给家长的一封信”的形式，让学生家长尽到监护人的责任。

（四）周密组织扫雪铲冰。各单位、各学校按照“门前三包”的规定，做好扫雪铲冰工作，保证雪后各单位、各学校责任区内路面、活动场所等部位没有积雪和结冰现象。寒假期间要协调安排好扫雪铲冰人员，对责任区内的积雪、结冰及时进行清理。

（五）做好森林防火教育。教育学生爱护森林、保护森林，切实提高学生的森林防火意识和责任意识，确保森林安全。各学校要充分利用教职员工大会、学生大会、主题班（队）会，以及校园网、宣传栏和黑板报等形式，广泛深入开展森林防火宣传教育，重点宣传森林防火法律、法规、森林防火知识、火灾自救及森林火灾案例，警示学生节假日燃放烟花爆竹等野外用火的危险性。严禁学生参加森林火灾扑救。

三、工作要求

（一）落实安全责任。坚持“安全第一，预防为主，综合治理”的方针，加强对安全工作的领导和管理，依法履行安全工作的主体责任，科学细化、明确各项安全职责，切实把各项安全责任落实到部门、到岗、到人。健全安全工作检查和考核制度，落实奖惩制度和责任追究制度。中小学要按照市教委办公室《关于转发教育部办公厅〈中小学校岗位安全工作指南〉的通知》（京教勤办〔2013〕2号）要求，组织好相关岗位人员培训，落实岗位安全职责，确保人人能知责、履责。中等职业学校岗位安全职责可参照执行。

（二）强化安全宣传教育。坚持集中教育和日常教育相结合，结合不同年龄段学生的特点，利用多种形式，有针对性的对学生开展冬季安全教育，让学生学会安全知识，提高安全意识，树立安全观念，养成安全习惯，掌握自我保护能力。着重做好实习实践活动、集体外出等活动的安全教育，制定应急预案和安全措施。

（三）加强校园安全工作检查督查。各区县、各单位、各学校要通过检查、抽查、暗访等方式加强对校园安全工作落实情况的检查，市委教育工委、市教委将适时对有关情况进行督查。

（四）加强信息通报与报送。突发事件要按照“先口头、后书面”的原则立即报告有关部门和上级教育部门，严防漏报、瞒报事件发生。

二〇一三年十一月一日

监察·审计

北京市教育委员会文件选编

（2013）

北京市教育委员会

关于做好2013年北京普通高校艺术类专业招生监察工作的通知

京教监〔2013〕1号

各有关高等学校：

2013年普通高校艺术类专业招生考试工作即将开始，为保证考试公平、规范、安全和有序，现就招生监察工作的有关事项通知如下：

一、加强领导，高度重视艺术类专业招生监察工作

高校艺术类专业招生考试工作历来备受关注，各高校要高度重视艺术专业招生考试管理和监督工作，按照高校招生实施“阳光工程”的精神和要求，切实加强对艺术类专业招生考试工作的组织领导，加大专业考试过程的信息公开和结果公示力度，坚持“一岗双责”，进一步落实招生工作责任制和责任追究制，加强对重点环节、重要岗位的监督，确保招生工作顺利有序进行。

二、完善制度，强化自我约束和监督制约

各高校要认真贯彻落实教育部关于普通高等学校艺术类专业招生办法、普通高等学校招生录取工作监督办法、关于实行高等学校招生工作责任制及责任追究暂行办法等有关文件精神，进一步健全招生工作领导小组和招生监察工作机构，明确相应的工作职责，制定开展招生监察工作的意见，严格按照文件规定的要求、程序、办法开展招生考试及监察工作，切实加强艺术类专业招生考试的管理和监督。

监察部门要协助招生考试部门不断完善各项规章制度，严格考试管理，严肃考风考纪。做到招生政策、招生计划、工作程序、收费项目和标准、考试和录取结果、咨询和监督电话“六公开”，以信息公开、程序公开、操作规范、结果透明为目标实施“阳光招生”。

三、加强监督，确保艺术类专业招生考试顺利进行

监察部门要按照“参与中监督、监督中服务”的要求，实行全过程参与和监督。加强对艺术类专业招生考试试题命制、考试、评卷、面试等重点环节的监督检查，加强对招生考试部门及其工作人员贯彻执行“六公开”制度，实行“阳光招生”情况的监督检查，做到人员到位、职责到位、监督到位，保证专业考试公平、公正、有序进行。

对反映招生考试违规问题的来信来访，要按照信访处理程序抓紧核实，及时处理。对核实的违法违纪问题，按照有关规定及时立案查处，并追究相关领导的责任。

四、提高实效，切实加强艺术类专业招生监察工作

各高校监察部门要结合形势的发展和艺术类专业招生的实际，积极探索，不断创新，突出重点，务求实效，切实加强招生监察工作。

为加强对招生监察工作的指导，市教委将组成艺术类专业招生考试巡视组，对部分高校的专业考试以及招生监察工作的开展情况进行巡视检查。各高校要将艺术类专业考试的具体时间安排和开展招生监察工作的意见报市教委监察处。在艺术类专业考试结束后，高校监察部门要将开展招生考试监察工作的总结报送市教委监察处。

二〇一三年一月二十一日

北京市教育委员会

关于做好2013年教育审计工作的意见

京教审〔2013〕1号

各区县教委，各市属高校，各直管直属单位：

为深入贯彻党的十八大精神，认真落实《教育系统内部审计工作规定》（教育部第17号令），2013年全市教育审计工作，要紧紧围绕两委年度《工作要点》提出的全市教育改革与发展的中心任务，以促进完善内部控制、规范财务预算管理、提高教育经费绩效为目标，不断开创我市教育审计工作新局面。现就做好2013年全市教育审计工作提出如下意见：

一、突出重点，进一步加大内部审计力度

2013年，我市教育审计工作要注重加强对单位预算执行、财务管理和内部控制等方面的监督审查，规范领导干部经济责任审计，探索绩效审计，推进基建修缮工程审计及各种专项审计，对审计中发现的问题进行深入分析，找出问题的原因，从完善制度、健全机制上有针对性地提出审计意见和建议，发挥好参谋助手的作用，更好地推动教育改革创新。

（一）区县教委要注重对学校财务行为和收费管理进行审计，并开展专项经费审计调查

各区县教委要采取有效措施，加强对中小学及其他教育单位年度预算执行、规定性收费与代收代管资金、接受捐赠款项及其他财

务收支的内部审计监督；同时按照统一布置，依照有关法规与政策，认真开展2012年度市拨教育专项经费管理和使用情况的自查，对有关项目经费的管理、使用进行监督，保障其专款专用，发挥其应有的效能。

（二）市属高校要深入开展预算执行与决算审计、基建修缮工程审计、经济责任审计、绩效审计

各市属高校要从健全内部管理机制的高度，继续推进预算执行和财务决算内部审计，重点加强对项目支出预算执行情况的审计，保障专项支出的合法性和效益性。要认真落实市教委《关于进一步加强教育系统建设工程和修缮工程项目审计工作的意见》（京教审〔2011〕3号），切实加强对基建、修缮项目的管理过程与工程造价的审计，以维护单位利益、规范项目管理、提高工程投资效益。要进一步落实《北京市属高等学校领导干部经济责任审计实施办法》（京教工〔2011〕74号），不断加强和规范领导干部经济责任审计。要结合预算执行审计、基建修缮工程审计、经济责任审计等，探索将绩效审计融入其中，从提升管理水平、避免损失浪费等方面入手，找出管理、决策、效益等方面存在的突出问题，同时提出有针对性的健全内部控制，改进管理的建议和意见，推动高校建立绩效管理机制。

（三）直管直属单位要进一步健全内部审计职能，加强内部控制审计

直管直属单位要深入贯彻《北京市教育系统内部审计工作实施办法》（京教审〔2005〕2号），完善内部审计工作体制，切实健全内部审计小组，配备审计人员，满足开展内部审计工作的实际需要；单位主要负责人要认真履行对内部审计工作的领导责任，发挥内部审计在单位管理和学校治理中的重要作用；确立内审小组的审计职能，每年有计划地组织开展预算执行与决算审计，重点加强项目支出预算执行审计，其中有收费的单位要加强对各项收费和"收支两条线"管理情况的审计；同时，要根据单位内部管理的特点，

开展对业务管理、财务管理、资产管理、物资采购管理等相关内部控制的健全性、有效性进行审查与评价，促进单位加强内部控制，防范经济风险。

二、强化落实，全面提升内部审计工作水平

党的十八大对全面建成小康社会和全面深化改革开放做出了战略部署，几乎各个方面都与审计工作密切相关。教育内部审计，要进一步增强责任感和使命感，以“强管理、防风险、促发展”为目标，践行科学审计理念，全面提升内部审计工作水平。

（一）加强审计信息沟通

要提高审计工作水平，切实加强与被审计单位的有效沟通。教育内部审计机构要正确处理监督和服务的关系，寓服务于审计监督之中，把监督成果转化为服务的成果，要多向被审计单位做政策宣传和解释工作，加强与被审计单位的沟通，帮助被审计单位落实整改、堵塞漏洞、规范管理，提高审计功效，进一步发挥教育内部审计作用，真正实现教育内部审计“为规范财务会计工作服务、为提高教育资金使用效益服务、为教育改革和发展服务”，保证审计工作有序进行、审计结果的客观公正和审计意见的切实执行，从而顺利完成审计工作任务及达到内部审计工作的效果。

（二）强化审计结果利用

各部门和各单位要继续贯彻落实市教委《关于进一步加强教育系统内部审计结果利用工作的意见》（京教审〔2010〕2号），建立健全内部审计结果利用的工作制度，行政“一把手”要对审计整改工作负总责，对审计提出的意见和建议，要及时责成相关部门落实，积极督促和跟踪问题的整改。要加快探索审计发现问题整改的联动机制，定期召开有关部门参加的联席会议，及时解决相关问题，不得无故拖延、推诿甚至拒不整改。

（三）加大审计公开力度

各单位要建立内部审计结果公开制度，采取适当的方式公开内部审计结果，加大审计公开力度。领导干部经济责任的审计结果应当向领导班子进行通报，并在被审计领导干部所在的部门或一定范围内予以公开；预算执行和决算审计结果应向单位职工代表大会报告或以其他形式在单位内部予以公开。

三、提高能力，着力推进内部审计基础建设

做好审计工作责任重大，使命光荣。只有提高能力，加强内部审计基础建设，扎实工作，开拓奋进，才能不断开创内部审计新局面。

（一）健全内部审计工作领导体制

各级领导要充分认识加强内部审计队伍建设的必要性和紧迫性，采取切实有效的措施，完善机构、充实人员，不断提升审计队伍整体水平，自觉把造就一支“政治强、业务精、作风正”的审计队伍，作为加强单位内部审计工作的固本强基之策，抓紧抓好。单位主要负责人要认真履行对内部审计工作的领导责任，保障内部审计“为规范财务会计工作服务、为提高教育资金使用效益服务、为教育改革和发展服务”，发挥内部审计在单位管理和学校治理中的重要作用。

（二）完善内部审计工作规章制度

为适应加强内部审计工作的需要，要建立健全内部审计工作基本制度，明确内部审计工作领导体制、内部审计机构职能与审计人员岗位职责、相关部门与相关人员的协调配合，为顺利开展内部审计工作提供制度保证；同时要根据《中国内部审计准则》和教育部门、单位特点，制定与完善内部审计业务规范，明确实施内部审计的具体业务操作要求与流程。

（三）提升内部审计人员综合素质

要合理配置内部审计力量，切实改善内部审计人员的年龄结构、专业结构；要认真落实审计人员后续教育制度，鼓励内部审计人员参与和开展教育内部审计理论与实务研究；认真落实《内部审计人员职业道德规范》，做到爱业、敬业、专业、精业，恪尽职守、廉洁自律，同时加强沟通和协调等方面的能力培养，全面提高内部审计人员的综合素质和业务能力。

（四）提高内部审计工作质量

内部审计质量是发挥内部审计重要作用的前提。要提高内部审计工作的规范性，保证审计的客观公正，防范内部审计风险，建立和完善内部审计质量控制，逐步完善内部审计督导、自我质量控制和外部评价的具体程序与方法，实行内部审计分级复核和审计质量控制责任制，不断提高内部审计工作质量。

二〇一三年一月三十一日

北京市教育委员会

转发教育部关于进一步规范科研行为文件的意见

京教监〔2013〕2号

各市属高校：

现将教育部《关于进一步规范高校科研行为的意见》（教监〔2012〕6号，以下简称《意见》）转发给你们，并提出如下要求，请一并遵照执行。

一、认真学习文件精神，准确把握政策要求

各高校要组织学校有关部门和科研人员深入学习、全面理解《意见》精神，深刻领会工作要求，牢牢掌握政策规定，既要保护科研人员的积极性创造性，又要严格依法规范开展高校科研活动。

二、提高认识，切实规范高校科研行为

各高校要从贯彻落实党的十八大精神、推动科技创新和教育事业科学发展的高度，充分认识规范高校科研行为的重要性和紧迫性。从项目申报、预算编制、项目执行、学术道德、经费使用、学术评价（审）、项目负责人等方面切实加强科研行为管理，促进科研人员廉洁从业。

三、明确责任，健全高校科研行为管理机制

高校党委、校长、主管校领导、职能部门和院系、有关委员会和学术组织等责任主体要各司其职，加强教育引导、监督约束、考核评价等工作，促进科研行为规范化。

四、完善措施，构建高校科研违法违纪行为的惩处机制

高校要完善学术不端行为的查处机制和责任追究制度，严肃查处科研活动中的违规违纪违法行为。对于违反科研行为规范、违纪、涉嫌犯罪的，依法依规进行处理或移送司法机关。

五、开展监督检查，确保工作落实到位

各高校要组织校内纪检监察、科研、财务、审计等部门，对科研经费使用管理情况、科研行为规范情况进行自查、自纠，发现问题及时整改。

二〇一三年月三月一日

教 育 部

关于进一步规范高校科研行为的意见

教监〔2012〕6号

省、自治区、直辖市教育厅（教委）、新疆生产建设兵团教育局，有关部门（单位）教育司（局），部属各高等学校：

为全面落实科教兴国和人才强国战略，调动和保护高校和科研人员的积极性创造性，维护高校科学研究秩序，营造良好科研氛围，增强高校科研能力，促进教育科技事业科学发展、健康发展，现就规范高校科研行为提出如下意见：

一、规范高校科研行为的总体要求

1. 科学研究是高校的重要职能，科研人员是高校科学发展的重要资源。长期以来，高校科研人员牢记科教兴国和人才强国使命，立足岗位、敬业奉献，为创新型国家建设和高校人才培养、科学研究、社会服务、文化传承创新作出重要贡献。新的历史条件下，大力推动科技创新驱动发展、全面提高高等教育质量，对高校科学研究提出新的更高要求。当前，在高校科研活动中学术失范行为较为严重，贪污、挪用科研经费案件时有发生。进一步规范高校科研行为，维护科研秩序，是一项紧迫任务。

2. 规范高校科研行为的总体工作要求是：坚持教育引导、制度规范、监督约束并重的原则，坚持标本兼治、综合治理、惩防并举、注重预防的方针，坚持管理与服务相结合、自律与他律相结合、严格规范科研行为与保护科研人员积极性创造性相结合，切实加强科研行为管理，促进科研人员廉洁从业。

3. 高校科研人员开展科研活动的总体要求是：自觉践行社会主义核心价值观，严格遵守国家宪法和法律法规；模范遵循学术规范和科学伦理，坚决抵制学术失范和学术不端行为；大力弘扬科学研究精神，不断增强科技创新能力；严格遵守师德规范，牢固树立服务意识，主动服务经济社会发展。

二、高校科研行为规范的具体内容

4. 科研人员申报项目，要坚持实事求是，充分考虑自身研究力量，加强可行性论证，对申报项目的工作基础、研究现状、人员组成等作真实陈述，保证申报项目材料的真实可信。不得隐瞒与项目协作单位以及参与人员的利益关系。不得以任何方式干扰影响项目评审工作。

5. 科研人员要在学校指导协助下，按照目标相关性、政策相符性和经济合理性原则，科学、合理、真实地编制科研经费预算，增强预算的前瞻性和可操作性。不得以编造虚假合同、虚列支出项目等手段编报虚假预算。

6. 科研人员要严格按照项目合同（任务书）的预期目标和要求，认真完成各项研究任务，严格执行国家保密法规。不得随意变更项目承担单位、项目负责人、研究目标、研究内容、研究进度和执行期、主要研究人员。不得违反规定将科研任务外包、转包他人，利用科研项目为特定关系人谋取私利。不得泄露国家秘密、商业秘密和个人隐私，确保科研项目安全。

7. 科研人员要有高度的社会责任感，坚持实事求是的科学精神和严谨认真的治学态度。不得从事危害国家安全、损害社会公共利益、危害人体健康、违反伦理道德等方面的研究。不得抄袭、剽窃、侵占他人研究成果，伪造、篡改科研数据文献。

8. 科研人员要严格遵守财经法律法规，坚持科研经费统一管理原则，按照预算批复的支出范围和标准使用经费，提高科研经费使用效益。不得违反规定转拨、转移科研经费，购买与科研活动无关的设备、材料。不得虚构项目支出、使用虚假票据套取科研经费。不得虚列、虚报、冒领科研劳务费，用科研经费报销个人家庭消费支出。不得用科研经费从事投资、办企业等违规经营活动。不得隐匿、私自转让、非法占有学校用科研经费形成的固定资产和无形资产。不得借科研协作之名将科研经费挪作它用。

9. 科研人员在学术评价和学术评审活动中，要坚持科学标准，遵循客观、公正原则，如实反映评价对象的质量和水平，若与被评对象存在利益关系，要及时主动说明并回避。不得在学术评价或学术评审活动中徇私舞弊，接受可能影响客观公正的礼金和各种有价证券、支付凭证。不得泄露评审信息，散布不实评审信息，利用评审工作或掌握的评审信息谋取利益，从事不正当交易。

10. 项目负责人要模范遵守相关法律法规和规章制度，对项目申报、执行和科研经费使用的合规性、合理性、真实性、相关性负直接责任，在项目申报、实施和结项等环节，主动向管理部门说明与科研活动利益关联和利益冲突情况，自觉接受监督。要加强对所带领科研团队、所承担项目的成员特别是青年人才的教育和管理，做到身体力行、言传身教。

三、建立健全高校科研行为管理机制

11. 坚持党管人才的原则，在高校党委的领导下，贯彻落实人才强国战略，把科研人才队伍建设纳入人才工作总体部署，不断完善科研行为管理制度和服务保障机制，激发科研人员的创新创造活力。

12. 坚持高校党委对重大科研项目和重大科研经费的监管，强化责任意识，完善责任体系，健全科技资源配置机制、科研活动内控机制。校长要认真履行法人代表责任，指导督促分管科研、财务工作的校领导，加强对科研行为的管理。分管科研、财务工作的校领导要切实担负起对科研活动督促引导和对科研经费监督管理的职责。

13. 高校科研、财务等职能部门，要增强管理和服务意识，认真履行监管职能，加强对科研人员的服务、指导、管理、监督，对科研人员申报的合作（外协）项目，要按项目管理规定严格审核把关。学院（系、所、中心、研究院等）作为科研活动基层管理单位，要认真履行对本单位科研行为的监管责任，对项目执行、经费使用等情况予以指导和监督。审计、纪检监察部门要加强对重大科研项目执行、科研经费使用、科研人员从业行为的监督检查。

14. 高校学术委员会、学位评定委员会、学风建设委员会应充分发挥在学术评价、学术发展、学风建设中的重要作用，完善工作规程，积极开展学术规范和科研诚信宣传教育。学校科研机构和学术团队要加强团队管理，完善自我约束、自我管理机制。学校要为学术组织有序有效开展工作提供支持和保障。

15. 高校要把教育引导作为规范科研行为、促进科研人员廉洁从业的基础，加强对科研人员职业素养和诚信教育，弘扬良好学风，不断提高科研人员思想政治素质和业务素质。加大违法违纪案件通报力度，加强警示教育、示范教育，增强科研人员廉洁从业意识。建立健全科研人员培训制度，将法律法规、廉洁从业培训纳入教师岗位培训和职业培训之中，完善培训内容，创新培训形式，建立培训档案，增强培训实效。

16. 高校要加强科研文化建设，把科研文化建设作为大学文化传承创新的重要动力，大力培育崇尚科学、追求真理的思想理念，包容并蓄、宽松和谐的学术环境，诚实守信、风清气正的文化氛围。

17. 高校要建立健全科研人员考核评价体系，建立科研诚信档案制度，及时准确记录科研人员从业行为，将廉洁从业情况纳入对科研人员考核的重要内容，考核结果作为对教学科研人员专业技术职务评聘、奖惩的重要依据。

四、依法惩处高校科研违法违纪行为

18. 高校要完善学术不端行为的查处机制，严肃查处科研活动中的违规违纪违法行为。对于违反科研行为规范的，视情节轻重，给予约谈警示、通报批评、暂停项目执行和项目拨款、责令整改、终止项目执行和项目拨款直至限制项目申报资格等处理。构成违纪的，依据《事业单位工作人员处分暂行规定》、《财政违法行为处罚处分条例》，视情节轻重给予警告、记过、降低岗位等级或撤职、开除等处分。涉嫌犯罪的，移送司法机关依法追究其刑事责任。

19. 高校各级领导特别是主要负责人，要切实履行对科研人员的服务和科研活动的监管职责，加强服务保障、教育引导、监督管理，确保科研工作健康发展。因未能正确履行监管责任，发生科研人员重大违法违纪问题被依法判处刑罚的，参照《关于实行党政领导干部问责的暂行规定》，追究责任单位和有关领导、管理人员的责任。

二〇一二年十二月十八日

北京市教育委员会办公室

转发教育部办公厅关于做好 2013 年普通高等学校招生考试执法监察工作文件的通知

京教监办〔2013〕1 号

各高等学校：

现将教育部办公厅《关于做好 2013 年普通高等学校招生执法监察工作的通知》（教监厅〔2013〕1 号）转发给你们，并提出如下要求，请一并贯彻落实。

一、抓好招生考试重点岗位、关键环节的管理和监督，切实加强依法治招、从严治考，保障招生考试各项工作安全有序进行。

二、9 月 20 日前，将开展招生监察工作总结报市教委监察处。

二〇一三年六月六日

教育部办公厅

关于做好 2013 年普通高校招生考试执法监察工作的通知

教监厅〔2013〕1 号

各省、自治区、直辖市教育厅（教委），新疆生产建设兵团教育局，部属各高等学校：

普通高等学校招生考试事关国家人才选拔、教育公平公正和社会和谐稳定大局。2013 年高考即将开始，为维护高考的严肃性，切实加强依法治招、从严治考，保障招生考试各项工作安全有序进行，现将招生考试执法监察工作相关事项通知如下：

一、加强安全保密执法检查，实现平安高考

各级教育纪检监察部门要加强对 2013 年高考安全工作方案落实情况的监督检查，确保考试安全责任层层落实到位，努力实现平安高考。要按照《中华人民共和国保守国家秘密法》的相关要求，加强对考试安全保密制度建设和相关措施落实情况的监督检查，确保不留盲点和死角，防范试题泄漏和考卷丢失、被盗等恶性事件；要加强硬件建设情况的监督检查，确保保密室全部达标，保障学生全部在标准化考点参加考试，配备足额的反作弊设施；要加强对考务人员队伍建设的监督检查，落实全员培训要求，经培训合格后方能上岗，提高履职尽责能力；要加强对命题、制卷、运送、保管、分发等关键环节组织管理及操作规范落实情况的监督检查，确保及时发现并处理问题。在阅卷过程中，要加强对数据信息的监管，试卷扫描数据光盘要按照纸质试卷同等密级设密，试卷扫描数据光盘、考试成绩数据光盘要及时报同级教育监察部门备案保存。

二、加强考风考纪执法监察，确保有序高考

要严格执行《国家教育考试违规处理办法》（教育部令第33号）。教育纪检监察部门要会同有关部门进一步健全巡考制度，对每个考点都要分片包干，靠前监督。在考试期间，通过加大现场巡视力度、抽查教育考试指挥平台监控视频等方式，加强对考风考纪及监考人员履职尽责情况的监督检查。要加强考务工作规程执行情况的监督检查，防止因监考人员玩忽职守、失职渎职而发生大规模舞弊现象和考场秩序混乱等情况。要督促教育行政部门和考试管理部门对作弊考生及失职渎职工作人员进行严肃处理，确保高考平稳有序进行。

三、加强招生纪律执法监察，实现公平高考

教育纪检监察部门要督促省级招生考试部门、高校严格落实国家和教育部出台的招生政策规定，不得出台与国家招生政策相违背的招生办法，决不允许“上有政策，下有对策”，有令不行，有禁不止。加强对招生考试机构和工作人员“六不准”、“十严禁”等规定执行情况的监督检查，严格执行招生纪律要求。要开展以整治“点招”违规行为为重点的专项治理，要加强计划使用的监管，调整计划原则上要在批次投档之前投放，一律按照考生志愿和成绩顺序录取，高校在各省未完成的招生来源计划，必须经过公开征集志愿完成。对于违规降分录取的“点招”行为一律立案查处。对于违规录取的学生，责成主管部门不得予以学籍注册。加强特殊类型招生的监督检查，会同有关部门开展对录取学生的入学复核，对存在舞弊行为的，要严肃追究有关人员的责任。

四、加强信息公开执法监察，实现阳光高考

要严格执行“六公开”制度，加强对招生信息公开内容、范围、方式、渠道的监督检查，重点检查招生计划、特殊类型招生政策、加分政策、录取信息公示情况。各高校要公开预留计划数及使用标准。每批次录取后、下一批次开始前，各地、各高校要公开录取人数及录取分数线。要将信息公开与加强群众监督相结合，各级教育纪检监察部门要设立监督举报电话，及时受理群众投诉、举报。通过信息公开，有效防止暗箱操作和不正之风的干扰。

五、严格落实责任追究，严肃查办违纪违法案件

要强化招生考试责任制的落实，坚持“管行业必须管行风”、“谁主管、谁负责”原则，健全责任追究制度，对责任不落实和工作不到位的，要依照《中国共产党纪律处分条例》、《关于实行党政领导干部问责的暂行规定》、《行政机关公务员处分条例》、《教育部关于实行高等学校招生工作责任制及责任追究暂行办法》、《事业单位工作人员处分暂行规定》等有关规定，严肃追究相关人员的责任，造成严重后果的，要同时对相关领导进行问责。要严格落实招生考试法律法规，严肃查处各类考试招生违纪违法行为。要严肃查处招生考试领域泄漏国家秘密的案件、利用职权徇私舞弊的案件、公职人员失职渎职案件和其他损害人民群众利益的案件，尤其要重点查处利用预留计划、调整计划降分录取的“点招”行为。案件一经查实，不但要追究直接责任人的责任，还要对相关领导进行严肃问责。对涉嫌犯罪的，一律移送司法机关处理。

二〇一三年五月二十二日

北京市教育委员会办公室

转发市纠风办关于印发2013年北京市开展民主评议基层站所（服务窗口）工作实施方案文件的通知

京教监办〔2013〕2号

各区县教委：

现将市纠风办《关于印发〈2013年北京市开展民主评议基层站所（服务窗口）工作实施方案〉的通知》（京纠发〔2013〕3号，以下简称《实施方案》）转发给你们，并提出如下要求，请一并遵照执行。

一、认真学习，精心部署

组织有关部门和辖区内公办中小学及幼儿园深入学习、全面理解《实施方案》精神，深刻领会开展评议活动的指导思想和工作目标，根据评议的范围和内容、工作步骤和时间安排，结合工作实际，研究制定评议工作计划，于9月1日前将工作计划报市教委政风行风建设领导小组办公室。

二、突出重点，明确责任

充分认识民主评议基层站所工作的重要性和必要性，坚持“谁主管谁负责”、“管行业必须管行风”原则，切实做好计划、部署、组织协调等工作。

要明确重点评议的对象，除《实施方案》规定的评议内容外，重点围绕义务教育阶段择校乱收费、中小学补课乱收费、公办中小学在职教师从事有偿补课、幼儿园乱收费等方面进行评议，扎扎实实开展政风行风建设，切实解决群众反映强烈的突出问题。

各区县教委要认真履行辖区管理的职责，转变工作作风，切实负起规范教育收费的责任。各级各类学校要明确主要领导的第一责任，依法办学，规范收费。

三、加强检查，强化追究

通过经常性检查、专项督查等形式，对群众关注、反映强烈、媒体曝光的乱收费问题进行直接查办。

对于公办中小学在职教师从事有偿补课的，在教师年度考核中给予不合格，考核结果作为受聘任教、晋升工资、实施奖惩的依据；对于故意不完成教育教学任务，“课堂内容课外补”，并向所教学生收取补课费的，依据《教师法》给予行政处分或解聘。

对组织、参与补课乱收费的学校进行通报，取消学校评优资格。对于违规收取的费用，能退还学生的，要全额退还给学生；确实无法退还的，收缴财政并予以一定数额的罚款。

对于顶风违纪、纠而复生、情节恶劣或造成严重社会影响的案件，要坚决查处，对相关责任人给予党政纪处分，严肃追究学校主要领导和直接责任人的责任，同时追究相关部门的监管责任，并在全市教育系统范围内通报。

在监督检查过程中要加强指导，及时总结、归纳好的经验做法，进行大力宣传推广，弘扬正气，正确引导舆论导向，及时回应社会关切，营造良好舆论氛围。

二〇一三年七月十二日

北京市纠正行业不正之风办公室

关于印发《2013 年北京市开展民主评议基层站所（服务窗口）工作实施方案》的通知

京纠发〔2013〕3 号

各区县纠风办，各被评单位，市监察局各派驻监察处：

现将《2013 年北京市开展民主评议基层站所（服务窗口）工作实施方案》印发给你们，请遵照执行。

二〇一三年五月八日

2013 年北京市开展民主评议基层站所（服务窗口）工作实施方案

为贯彻落实中纪委十八届二次全会及市纪委十一届二次全会关于纠风工作的部署和要求，不断推进政府部门和公共服务行业改进工作作风、提升服务质量，切实解决群众反映强烈的突出问题，有效加强政风行风建设，根据国务院纠风办的部署，结合北京市实际，制定如下实施方案。

一、指导思想和工作目标

以加强和改进政风行风、密切联系群众为主线，按照“重心下移、重点下沉”的工作要求，紧紧围绕与民生密切相关的工作领域，以基层站所和服务窗口为重点，广泛动员社会各界积极参与，集中治理庸、懒、散、拖等问题，推动政风行风进一步好转、群众反映强烈的突出问题进一步解决、社会满意度进一步提高、服务质量和服务水平进一步提升。

二、民主评议的范围和内容

（一）评议范围

1. 教育系统。包括北京市辖区内各级公办中小学及幼儿园。

2. 卫生系统。包括市属各级公立医院及各区县所属的三级、二级及社区医疗卫生机构。

3. 银行系统。包括中国工商银行北京市分行、中国农业银行北京分行、中国银行北京分行、中国建设银行北京分行、中国交通银行北京市分行、北京银行、华夏银行北京分行、北京农村商业银行 8 家银行所属的支行、分理处及储蓄所。

4. 电信行业。包括中国移动北京分公司、中国联通北京分公司、中国电信北京分公司所属的基层营业厅及服务网点。

5. 出租汽车行业。包括全市各出租汽车企业。

6. 旅游行业。包括全市各旅游景区及旅行社。

7. 公交行业。包括北京公交集团公司所属各客运单位。

各区县纠风办要按照市纠风办确定的评议范围，并结合本地实际，研究确定本区县的评议范围，组织开展评议工作。

（二）评议内容

一是办事公开。明确办事依据、规范办事程序，及时公开岗位职责、服务承诺、收费项目、工作规范、办事纪律、监督渠道等内容。

二是依法办事。积极履行社会责任，严格依法依规办事，无乱收费和强制服务、捆绑消费等问题。

三是服务态度。服务态度端正，服务措施便民，服务质量优良，无“门难进、脸难看、话难听”等对群众态度冷漠问题。

四是工作效率。办事严格遵守时限，高效快捷，无推诿扯皮、办事拖拉、效率低下等问题。

五是清正廉洁。办事公道守信，纪律规章严明，监督机制健全，无徇私舞弊、以权谋私、吃拿卡要等习题。

在上述评议内容的基础上，纠风重点专项治理中动员部署、任务落实、监督检查、解决问题等关键环节工作情况继续纳入重点评议内容。

三、民主评议的方法和任务

民主评议工作继续坚持全市统一部署、条块结合、上下联动、重点突破的工作方针，以一年为一个评议周期，按照行业主责、属地监督、评议员评价、群众广泛参与的原则开展。

1. 市纠风办对民主评议工作进行统一部署和指导，督促指导行业主管部门制定方案，明确目标、细化措施、扎实开展民主评议工作。组织市社情民意调查中心、首都之窗运行管理中心、民主评议员开展民意测评工作。充分发挥民主评议员的作用，整合市级、委办局及区县的民主监督力量，建立网格化监督体系，利用信息化技术加强对各级评议员队伍的管理和使用，科学分配监督任务，及时反馈监督结果，实现监督资源共享。

2. 市教委、市交通委、市旅游委、市卫生局、市医管局、市银监局、市通信管理局、市运输管理局等重点评议行业的市级主管部门负责制定本系统、本行业开展民主评议、加强政风行风建设的工作方案，针对上一年度综合评议结果制定具体的整改目标及措施，并结合本系统、本行业的特点建立并推广服务标准化体系。

3. 各区县纪检监察及纠风部门负责履行组织协调和监督检查职能，抓好属地的民主评议工作，可采取第三方评价等方式对本地区参评部门和行业的政风行风建设情况进行调查与测评。会同市级行业主管部门做好辖区内对各被评系统及行业基层单位的监督检查。街道、乡镇负责组织属地评议员、评议代表及群众有序参与民主评议工作。

四、工作步骤及时间安排

（一）动员部署（4月至5月）

1. 制定全市民主评议工作实施方案，确定评议范围和内容等；被评系统及行业的市级主管部门组织召开民主评议基层站所（服务窗口）工作会，对民主评议工作进行部署。

2. 根据全市民主评议工作实施方案，各被评系统及行业的市级主管部门、各区县研究制定评议工作计划并报市纠风办。

3. 建立完善民主评议员队伍，组织开展培训。

4. 研究设计全市民主评议员数据库及管理系统，市属委办局及各区县通过管理系统报送评议员信息，市纠风办审核后纳入全市民主评议员数据库。

（二）查找问题（6月至7月）

1. 被评系统及行业要围绕今年纠风重点专项治理内容和政风行风建设的要求，通过召开议事会、对话会、公开述职等活动，广泛征求服务对象的意见建议，认真查找问题和不足，并制定有针对性的整改计划。

2. 各级民主评议员通过筛查政风行风热线信件或者明察暗访等形式，广泛收集群众对被评部门、行业的意见和建议，了解被评系统及行业及其所属基层单位在开展专项治理、加强政风行风建设方面存在的问题和不足。

（三）公开评议（7月至8月）

1. 召开评议大会，组织基层科队站所（服务窗口）负责人面对面向行政管理和服务对象公开述职述廉，接受服务对象质询和测评。

2. 邀请被评单位的主管部门、服务对象和民主评议员等参加，对被评的基层站所（服务窗口）政风行风建设情况进行面对面评议。

3. 被评单位针对上一年度评议报告反馈的问题及群众提出的意见建议制定的整改措施及落实情况要纳入面对面评议中。

（四）落实整改（9月至10月）

1. 被评单位针对评议中发现的问题，制定具体措施，并及时将结果向纠风部门、评议组反馈。

2. 评议员通过跟踪回访、现场核查等形式，加大对热线信件办理、群众反映的重点难点问题的跟踪督办，促进问题解决。

3. 纠风部门和评议组对整改情况进行督察，对评议中发现的普遍性问题和群众反映强烈的重点问题实行挂账督办，及时向被评单位的主管部门提出整改建议并监督落实。

（五）综合测评（10月至11月）

1. 市纠风办委托首都之窗运行管理中心，通过民主评议信息化系统，为民主评议员发放测评密码，开展网上问卷调查。同时，通过网站面向普通群众开展公众测评。

2. 市纠风办委托市社情民意调查中心通过计算机辅助电话调查或拦截访等方式，随机抽取部分服务对象，对被评系统及行业的政风行风建设情况分类进行民意测评。

3. 市纠风办组织市级民主评议员根据日常检查督导情况，对被评系统及行业专项治理工作成效及政风行风建设情况进行评价。

（六）检查评估（11月至12月）

1. 市纠风办组织民主评议组集中对被评系统及行业工作情况进行实地检查评估，形成督导检查评价报告。

2. 市纠风办负责收集、汇总各项公开测评要素的基本情况，及各区县、各行业面对面评议结果，收集、审核部门行业年度专项治理和政风行风建设工作取得突出成效的相关材料，对被评系统及行业进行综合评议。

3. 市纠风办将综合评议结果向被评部门、行业反馈的同时，向国务院纠风办和市政府报告，并在一定范围内向社会公布。

五、工作要求

（一）加强组织领导。各地区、各部门要充分认识民主评议基层站所工作的重要性和必要性，坚持“谁主管谁负责”、“管行业必须管行风”原则，建立完善党委统一领导、政府主抓、部门行业负责、基层贯彻落实、纠风部门监督检查、人民群众积极参与的领导体制和工作机制，切实做好计划、部署组织协调等工作。要明确本级重点评议的对象（具体到某单位），指导本行业围绕纠风专项治理扎实开展政风行风建设工作。

（二）加强督查指导。市纠风办负责对全市评议工作进行统筹安排，统一部署，各区县纠风办以及各被评系统及行业的市级主管部门要组织指导好本地区、本系统的评议工作。各级纠风办和纪检监察组织要对民主评议工作进行经常性地监督检查，及时了解掌握工作进展情况，及时总结交流经验，促进系统政风行风建设水平全面提升。

（三）突出工作重点。要结合党中央、国务院和市委、市政府关于纠风工作的部署和要求，将坚决维护群众切身利益作为评议工作的出发点和立足点。要把各专项治理工作的要求作为评议重点内容，通过评议检验纠风专项治理工作成效，切实解决群众反映强烈的突出问题。结合民主评议工作，行业主管部门要建立标准化内容体系，积极推进服务标准化建设，指导进一步规范服务行为，建立持续有效的政风行风建设长效机制。

（四）严格纪律规定。为保证评议工作的严肃性和客观公正性，纠风工作人员和评议员严禁接受被评单位的礼物和宴请，严禁利用评议之便，向被评单位拉赞助、搞摊派，谋取不正当利益；严禁以任何形式影响和更改评议结果，对违反评议纪律的，要依法依纪严肃处理。被评单位严禁采取不正当手段影响参评人员公正评议，对违反评议纪律的，一经发现，严肃处理，并向社会公布。

北京市教育委员会

转发市政府办公厅关于进一步加强内部审计工作意见的通知

京教审〔2013〕2号

各区县教委，各市属高校，各直属单位：

现将市政府办公厅《关于进一步加强内部审计工作的意见》（京政办发〔2013〕36号）转发给你们，请认真组织学习，并结合实际贯彻执行。

二〇一三年八月二十九日

北京市人民政府办公厅

印发关于进一步加强内部审计工作意见的通知

京政办发〔2013〕36号

各区、县人民政府，市政府各委、办、局，各市属机构：

《关于进一步加强内部审计工作的意见》已经市政府同意，现印发给你们，请认真贯彻执行。

二〇一三年七月十一日

关于进一步加强内部审计工作的意见

为进一步加强本市内部审计工作，建立健全内部审计工作机制，更好地发挥内部审计的职能作用，根据《中华人民共和国审计法》、《审计署关于内部审计工作的规定》、《北京市审计条例》和有关政策规定，结合本市实际，现提出如下意见。

一、充分认识内部审计工作的重要性

内部审计作为对有关政府部门、单位的经济活动、风险管理和内部控制的适当性、合法性及有效性，独立客观地进行监督评价和提出建议的一项经常性工作，已成为各级政府部门、各单位监督控制体系中必不可少的组成部分，是强化内部管理、防范控制风险的重要环节，也是加强经济管理和实现经济目标的必然要求。同时，做好内部审计工作，对于规范全市各级政府部门、各单位的财政财务收支行为，增加组织价值，促进实现组织治理目标，提高经济和社会效益，加强党风廉政建设，具有重要的作用。全市各级政府部门、各单位要高度重视内部审计工作，把内部审计工作列入重要议事日程，着力推动内部审计工作科学健康发展。

二、进一步加强和改进内部审计工作

（一）建立健全内部审计制度。各级政府部门、各单位应当建立并进一步完善内部审计制度。财政财务收支金额较大或者所属单位较多的行政机关、事业单位，管理使用社会公共资金金额较大的社会团体和其他组织，国有或者国有控股的地方金融机构，以及大中型国有企业和国有控股企业等应当设立独立的内部审计机构，并根据本部门、本单位的组织规模和审计工作量，配备一定数量具有从业资格或者相关执业资格的内部审计人员。其他部门和单位可以根据需要设立内部审计机构，配备内部审计人员。

设立内部审计机构的部门和单位，可以根据需要设立审计委员会，配备总审计师。

（二）明确内部审计工作任务和重点。内部审计工作要适应政府绩效管理和行政问责制度的推进趋势，适应完善公司法人治理结构、转换经营机制和建立健全现代企业制度的需要，围绕本部门、本单位的战略目标，关注风险、关注社会责任、关注可持续发展。内部审计要创新工作方式方法，将风险防控的关口前移，从事后审计向事前、事中审计转变，推进实现以真实性、合规性为导向的财务审计和以内部控制、风险管理为导向的管理审计同步发展。

内部审计要重点开展以下工作：一是加强对本部门、本单位及所属单位的财政财务收支和有关经济活动的审计，保障国有资产和单位财产的安全完整，保障财政财务收支的真实性、合法性和效益性；二是深化内设机构及所属单位负责人任期或者任中经济责任审计，形成对权力和责任进行监督的长效机制，促进领导干部依法履职；三是强化投融资审计，关注投融资项目的质量、安全与效益，促进优化投融资结构，防范和控制投融资风险；四是开展管理审计和风险评估审计，及时发现内部管理和控制的薄弱环节，提高内部控制的健全程度和有效性，进一步提高管理水平；五是推进绩效审计，注重将绩效审计与各类审计相结合，突出绩效审计重点，推动制度执行，提高资金使用的效率、效果和效益。

各级政府部门、各单位应当依照有关规定开展内部审计统计工作，并准确、及时地提供审计统计资料。

依法属于审计机关审计监督对象的部门、单位要自觉接受审计机关的指导和监督，并积极协调、配合审计机关开展审计工作，定期向审计机关报送内部审计工作情况报告。

（三）提高内部审计工作质量和效率。各级政府部门、各单位的内部审计机构应建立有效的审计质量控制制度，规范内部审计程序和审计行为，确保审计质量和审计效果。对于委托社会审计机构实施审计的项目，内部审计机构应当对审计的目标、内容提出明确要求，并对社会审计机构的工作过程及质量进行跟踪和评价，还要对利用社会审计机构的审计结果形成的内部审计结论负责。

各级政府部门、各单位要积极推进内部审计信息化建设。内部审计机构要努力提高在信息化条件下开展内部审计工作的能力，进一步提高审计工作效率。

（四）加强内部审计队伍建设。各级政府部门、各单位要注重内部审计人员的培养，严格内部审计人员的准入，并按照有关规定支持和保障其通过多种途径接受继续教育，着力培养具有国际注册内部审计师（CIA）资质等执业资格的国际化人才；建立业绩考核评价激励机制与选拔任用机制，全面提高内部审计人员的整体素质和水平，促进内部审计职业化发展。内部审计人员应当以职业化、谨慎的态度，客观独立地执行内部审计业务，做到正直坦诚、坚持原则、廉洁自律、诚实服务、勤勉尽责、保守秘密。

（五）加强对内部审计工作的领导。各级政府部门、各单位的主要负责人或者相关权力机构应当直接领导内部审计工作，对内部审计机构、审计人员、审计职责和权限、审计对象、经费保障、相关责任、奖励处罚等作出明确规定，保障内部审计机构和人员履行职责和独立开展工作所必需的权限和条件，解决内部审计工作中遇到的困难和问题；定期研究、部署和检查内部审计工作，听取内部审计机构工作汇报，及时审批年度审计工作计划和审计工作报告；建立健全内部审计结果运用和整改落实机制，督促审计发现问题的整改和综合运用审计成果，切实发挥内部审计的职能作用。

三、增强对内部审计工作的指导和监督

（一）推动完善内部约束和内部治理机制。各级政府要将所属各部门、各单位尤其是财政财务收支金额较大或者所属单位较多的部门和单位是否建立健全内部审计制度，作为考核其内部约束和内部治理机制是否完善的重要内容，作为绩效考评的参考依据。

各级主管部门要加强对本行业、本系统内部审计工作的领导和指导，研究提出建立健全内部审计制度、加强内部审计工作的政策措施，并做好监督考核工作。

（二）强化对内部审计业务的指导和监督。各级审计机关要加强对依法属于审计机关审计监督对象的部门和单位的内部审计工作的业务指导和监督，支持内部审计机构开展工作。在对有关部门和单位的日常审计工作中，要重点关注内部审计制度建立健全情况、内部审计工作开展情况及质量效果，并将其列入部门和单位主要负责人经济责任审计以及内部控制的评价范围。

四、充分发挥市和区县内部审计协会的作用

（一）市和区县内部审计协会要依照法律、法规及其章程开展活动，为会员单位提供优质服务，切实加强行业自律。要从内部审计人员的需求出发，以促进提高内部审计人员的能力和水平为核心，做好业务培训交流，切实维护内部审计人员的合法权益。要在内部审计制度建设、工作规范化、业务质量提升等方面加强引导，积极宣传和倡导内部审计新理念新思路，推进内部审计工作向职业化方向发展。

（二）各级审计机关要指导和监督相关内部审计协会开展工作，帮助其协调解决工作中遇到的困难和问题。

北京市教育委员会办公室

转发教育部办公厅关于做好2014年硕士学位研究生招生考试执法监察工作文件的通知

京教监办〔2013〕3号

各高等学校：

现将教育部办公厅《关于做好2014年硕士学位研究生招生考试执法监察工作的通知》（教监厅〔2013〕2号）转发给你们，并提出如下要求，请一并贯彻落实。

一、严格落实通知要求，抓好对硕士学位研究生招生考试工作关键环节的监督检查，为实现研究生招生考试的科学性、公平性、安全性和有效性提供坚强保障。

二、2014年5月30日前，将开展硕士学位研究生招生监察工作总结报市教委监察处，监察处将各学校上报材料汇编成册，进行交流学习。

二〇一三年十二月十八日

教育部办公厅

关于做好 2014 年硕士学位研究生招生考试执法监察工作的通知

教监厅〔2013〕2 号

各省、自治区、直辖市教育厅（教委），新疆生产建设兵团教育局，部属各高等学校：

硕士学位研究生招生考试是国家选拔高层次创新人才的主要途径，对实施科教兴国战略、人才强国战略具有十分重要的意义。研究生招生考试环节多，考务工作复杂，考试安全形势依然严峻，招生录取的公平公正性备受社会广泛关注，面临诸多挑战，要高度重视研究生招生考试的执法监察工作，为实现研究生招生考试的科学性、公平性、安全性和有效性提供坚强保障。现将 2014 年硕士学位研究生招生考试执法监察工作通知如下：

一、加强安全保密监督检查，确保研招考试安全

要牢固树立“考试安全是第一要务，安全保密是生命线”的意识。各级教育纪检监察部门要加大对硬件设施的监督检查力度，确保保密室达标率达 100%，确保标准化考场使用率达 100%，配足配齐其他所需保密设备。要强化涉密人员管理的监督，遴选政治素质、法律意识、责任意识突出的工作人员负责有关涉密考务工作，加强对涉密人员的警示教育和业务培训，提高履职尽责的能力和素质。要督促研招考试管理部门按照《保密法》规定，完善考试安全保密制度，强化制度落实，使制度成为可执行的办法、可操作的措施，提高制度执行力。要进一步加强对安全保密责任落实机制的监督检查，将安全保密责任逐一分解落实到单位和个人，要层层签订安全保密责任书，明确保密责任，信守承诺，履行保守秘密的责任。

二、严肃考风考纪，营造风清气正考试环境

教育纪检监察部门要督促研究生招生考试部门，进一步抓好考风考纪。2014 年全国硕士研究生考试将全部在国家教育考试标准化考场实施，纪检监察部门要督促考试机构，检查考点的作弊防控系统、视频及网络监控系统等是否能够正常使用，各考点是否配足配齐第二代身份证识别仪、信号屏蔽仪、金属探测仪等能够有效防范作弊的设备。要进一步加大巡考检查力度，在全国统一考试及各招生单位复试期间，通过考试指挥平台视频监控和实地抽查相结合的方式，加强对考风考纪及考务人员、监考人员履职尽责情况的监督检查，防止出现大面积舞弊行为。要严格执行《教育考试违规处理办法》，加大对违规违纪人员的处理力度，督促考试机构对作弊人员进行严厉处罚，对考务人员失职渎职行为严肃处理。

三、强化关键环节执法监察，严明招生工作纪律

教育纪检监察部门要督促各招生单位和教育考试管理部门严格落实国家出台的招生政策规定，不得出台与国家招生政策相违背的招生办法，绝不允许“上有政策，下有对策”，有令不行，有禁不止。考前要加强对命题教师管理，严禁命题老师参与考研培训和个人辅导。要加强对数据信息的监管，试卷扫描数据光盘要按纸质试卷同等密级设密，试卷扫描数据光盘、考试成绩数据光盘要及时报同级教育监察部门备案保存。加强阅卷全程监督，阅卷现场要全程录像。加强复试巡视监督，重点核实复试工作人员是否执行回避政策，确保导师和考官在复试前不与考生单独接触，有条件的招生单位应对复试过程进行全程录像，采取现场抽签的方式确定复试考官。

四、加大信息公开力度，维护研招录取公平公正

要强化对研究生招生信息公开工作的监督，推动招生单位创新信息公开形式，拓展信息公开渠道，主动接受社会监督。重点检查各招生单位招生简章、招生计划、复试办法、复试名单、复试成绩、录取办法等重要信息是否及时、充分、规范地进行公开，拟录取名单是否及时全面进行公示，未经公示的考生一律不得录取。加大对推荐免试、少数民族骨干计划、单独考试、破格录取等特殊类型录取考生的信息公开工作检查力度。对信息公开不及时、不充分、不规范的行为进行纠正。要设立监督举报电话，公开信访举报受理渠道，及时受理群众的投诉举报，对出现的问题及时调查处理。

五、严格落实责任追究，打造过硬研招考试队伍

严格执行招生考试法律法规，严肃查处各类考试招生违纪违法行为。严肃查处研究生招生考试中泄露国家秘密的案件、利用职权徇私舞弊的案件、公职人员失职渎职案件和其他损害人民群众利益的案件，涉嫌犯罪的，一律移送司法机关依法严惩。坚持“管行业必须管行风”“谁主管、谁负责”的原则，严格实行招生考试责任追究制度，对责任不落实和工作不到位的，要追究相关人员的责任；造成严重后果的，同时对相关领导进行问责。牢固树立“有问题发现不了是失职，发现问题不及时处理就是渎职”的观念，因纪检监察部门未对相关部门的违规违纪问题及时发现并纠正而造成严重后果的，要追究纪检监察部门的责任。

二〇一三年十二月二日

交流合作

北京市教育委员会办公室

关于转发《全国来华留学管理干部培训暂行办法》的通知

京教外办〔2013〕1号

各区县教委，各招收外国留学生院校：

现将教育部国际合作与交流司《关于印发〈全国来华留学管理干部培训暂行办法〉的通知》（教外司来〔2012〕1572号）转发给你们，请遵照执行。

二〇一三年一月二十八日

教育部国际合作与交流司

关于印发《全国来华留学管理干部培训暂行办法》的通知

教外司来〔2012〕1572号

各省（自治区、直辖市）教育厅（教委）：

为贯彻落实《国家中长期教育改革和发展规划纲要（2010～2020年）》和《留学中国计划》，我司制定了《全国来华留学管理干部培训暂行办法》。现将该办法印发给你们，请即转发属地有关高校，并结合实际情况认真贯彻执行，执行中出现的情况和问题，请及时反馈我司。

附件：全国来华留学管理干部培训暂行办法

二〇一二年十一月二日

附件：

全国来华留学管理干部培训暂行办法

为贯彻《国家中长期教育改革和发展规划纲要（2010～2020年）》，切实落实《留学中国计划》，加强来华留学管理干部队伍建设，使来华留学管理干部培训工作进一步科学化、规范化、制度化，特制定本暂行办法。

一、指导思想

围绕《规划纲要》和《留学中国计划》的任务要求，牢固树立人才资源是第一资源的理念，从战略高度重视来华留学管理干部队伍建设对推进国家来华留学事业发展、促进教育对外交流与合作的重要意义。通过建立来华留学管理干部培训体系和制度，加大人力资源开发力度，为国家来华留学事业发展提供人才支撑。

二、总体目标

到 2015 年，实现全国范围内来华留学管理干部队伍培训的全面覆盖，全面提升各级来华留学管理干部的思想政治素质、政策理论水平、综合知识水平、业务实践技能等综合能力和素质，建设一支相对稳定、爱岗敬业、熟悉外事、精于管理的留学人员管理工作队伍，促进来华留学工作与服务体系的完善，推动来华留学事业持续健康快速发展。

三、培训原则

1. 理论与实践相统一。思想政治素质与业务实操技能并重，学用一致，注重实效。

2. 国内培训与国外培训相结合。既从实际出发，立足国内，又面向国外，拓展国际视野。

3. 尊重管理队伍结构的复杂性和差异性。根据不同区域、不同高校和不同人员之间的差别，分门别类，分层分级，采取多样化的培训形式，有重点、有计划、有步骤地按需培训。

4. 抓住重点，以点带面，点面结合，全面提升管理队伍素质。将高校主管来华留学工作校领导以及中层干部作为培训工作重点，着重加强领导干部的能力建设，发挥引领和辐射效应，带动留管干部整体素质的提高。

四、形式与内容

（一）基本技能培训

基本技能培训面向初涉来华留学工作领域的管理干部，培训来华留学工作的基本政策法规、办事流程、实际操作技能以及相关知识，一般由省级教育行政部门组织实施。

1. 上岗培训

上岗培训旨在向新进入来华留学工作岗位的管理干部介绍来华留学的基本政策法规和业务流程，了解来华留学工作的基本框架和概念体系，掌握完成工作所必须的知识和技能。

2. 来华留学管理信息系统培训

学习和掌握来华留学管理信息系统的基本功能和操作技能，能够熟练使用信息系统录入、维护数据信息并进行统计分析，运用信息系统实现来华留学生管理的规范化、科学化和系统化。

3. 外语培训

加强对来华留学管理干部（尤其是非外语专业人员）的外语培训，全面提升听、说、读、写等方面的外语能力水平，适应国际化交流与合作的要求。

4. 综合知识培训

综合知识培训包括教师职业道德、时事政治、法律常识、教育心理学、中外文化概览、公共与外交礼仪、行政管理等方面的知识普及和介绍，拓展留管干部知识结构。

（二）综合提升培训

综合提升培训以来华留学高级管理干部和具有一定工作经验且能力较突出的普通留管干部为培训对象，一般由教育部国际司负责组织培训。

1. 领导能力培训

领导能力培训面向来华留学高级管理干部（一般为校级主管领导和处级中层干部），通过国际局势报告、国家教育改革和发展形势报告、教育国际合作与交流情况报告、来华留学政策宣讲、来华留学工作经验交流等形式，提升高级管理者的领导能力和认识水平，提高政策解读、运用和执行能力，更新工作理念，创新工作思路，拓宽工作渠道。

2. 国外培训

组织来华留学管理干部赴相关国家进行关于国际留学生工作的学习研究和考察实践，借鉴别国发展国际留学生教育的理念和经验，接触异域风土人情文化，夯实外语能力，拓展国际视野，增强跨文化交际能力。

（三）专项培训（区域来华留学工作专项培训）

选取来华留学工作具有较高同质性和相似度的部分地区，组织开展专项培训。根据地区特征和来华留学工作实际，坚持问题导向原则，有针对性地开展专题培训，研究解决问题之道，探索加快发展之径。一般由教育部国际司负责组织培训。

五、组织与领导

1. 教育部国际合作与交流司统一领导全国来华留学管理干部培训工作，负责制定来华留学管理干部培训制度、体系和规划，负责全国培训工作的组织与管理。

2. 各省（自治区、直辖市）教育行政部门在教育部的统一指导下，制定符合本地区实际的来华留学管理干部培训办法，并根据本地区来华留学事业发展规划，制定中长期培训规划和具体培训计划，确保科学性、规范性和可操作性，积极开展培训工作。于每年的 11 月底前，将本地区下一年度培训计划报送教育部国际司。

3. 各留学生培养单位要高度重视来华留学管理干部培训工作，将其纳入本单位师资队伍整体培训和建设工作，积极组织和合理安排干部参加培训。

4. 国家来华留学示范基地和有关单位受教育部国际司委托，承担部分培训任务。

六、经费保障

1. 在国家来华留学经费中设立来华留学管理干部培训专项经费，制定经费预算方案，报财政部审批，主要用于基本技能培训、综合提升培训和专项培训。

2. 各省（区、市）教育行政部门和各高校（科研院所）应设立来华留学管理干部培训专项经费，确保培训工作顺利开展，落实到位。

七、考核与管理

建立来华留学管理干部培训认证和登记制度。参加由教育部国际司组织培训的人员，由教育部国际司统一发放《来华留学管理干部培训证书》，并由承办单位建立培训数据库，与“全国来华留学信息系统”衔接，传输有关数据；省级教育行政部门应统一印制和发放本地区《来华留学管理干部培训登记簿》，并做好培训结果登记管理，培训情况应作为干部考核、聘任、奖惩等方面的重要依据。

八、本办法自颁布之日起执行。

九、本规定由教育部国际合作与交流司负责解释。

北京市教育委员会

关于加强我市中小学体育艺术科技社团赴境外参加交流竞赛活动管理的通知

京教体艺〔2013〕7号

各区县教委：

近年来，中小学国际交流与合作活动日益增多。为进一步规范我市中小学体育、艺术、科技社团赴境外参加交流竞赛活动的管理与组织，保障活动安全、健康、有序开展，现将有关事宜通知如下：

一、中小学组织学生赴境外参加国际竞赛和体育、艺术、科技交流活动，必须提前半年以上（或按相关时限规定）向区县教委业务、外事部门报批。以北京市学生金帆艺术团、北京金鹏科技团、北京奥林匹克教育学校体育后备人才培养基地承办学校的名义，组织学生赴境外参加国际竞赛和体育、艺术、科技交流活动需报市教委体卫艺处备案。

二、中小学受相关部委办局、各级政府委派参加的境外国际竞赛和体育、艺术、科技交流活动，参与组织的工作人员必须办理因公手续，并按照因公出国（境）相关规定执行出访任务。严禁不履行因公出访任务报批手续，严禁持因私护照执行公务活动；严禁擅自超时、绕道、增访。

三、学校及校外教育机构不得与境内外文化和旅游公司组织以营利为目的，以及修学形式的体育、艺术、科技教育境外交流活动。开展校际间的体育、艺术、科技教育境外交流活动，要认真审核组织者的相关机构资质，并签署合作协议，审核活动安排。涉及与国际（或目的国）非政府组织开展交流的，应向区县政府外事主管部门请示报批，获批后方可组织。

四、组织学生赴境外参加国际竞赛和体育、艺术、科技交流活动的学校，必须指派校级领导全程随团开展工作，细化安全保障和保险理赔等涉及学生切身利益的事宜；学校必须与学生家长签定委托协议书，明确责任、权利和义务，以及出访费用等相关事宜。原则上不组织小学低年级学生出境参加交流及竞赛活动。

五、学校在出访前要开展法律、纪律、安全、文明礼仪、公共道德教育和中华传统文化等方面的教育，明确工作职责及出访纪律。教育学生要遵守出访当地的法律法规和风俗习惯，在外期间注意避免与可疑人员接触，拒收任何可疑信函和物品，提高警惕确保人员安全。

六、学校要认真组织和落实相关的竞赛与交流内容，选派优秀的团队和学生参加活动。同时，对于参加的境外国际竞赛和体育、艺术、科技交流活动要进行甄别，选择有传统、有品质、有影响、有保障的活动参加，确保交流的实效性。市教委网站体育卫生与艺术教育处专栏将提供并及时更新相关国际交流信息，以便下一年度区县、学校参考使用。

七、各区县教委要高度重视体育、艺术、科技社团赴境外参加交流活动的管理工作，要制定详尽的工作预案，对出现端倪的问题要及时研究对策并提出解决方案，避免发生涉外事件。

八、按照“谁派出、谁负责”的原则，落实责任追究制度。对于中小学非法组织赴境外参加国际竞赛和体育、艺术、科技交流活动的，要依法依规予以制止和处理；对违反有关规定造成参加学生人身伤害或者恶劣影响的，要追究有关单位及责任人员的责任。

二〇一三年七月五日

北京市教育委员会

转发教育部等五部门关于将在内地（大陆）就读的港澳台大学生纳入城镇居民基本医疗保险范围文件的通知

京教外〔2013〕7号

各市属高校：

现将教育部等五部门《关于将在内地（大陆）就读的港澳台大

学生纳入城镇居民基本医疗保险范围的通知》（教港澳台函〔2013〕69 号）转发给你们，请遵照执行。

二〇一三年十一月十八日

教　　　育　　　部
财　　　政　　　部
人力资源和社会保障部
国务院港澳事务办公室
国务院台湾事务办公室

教育部等五部门关于将在内地（大陆）就读的港澳台大学生纳入城镇居民基本医疗保险范围的通知

教港澳台〔2013〕69 号

各省、自治区、直辖市人民政府，国务院各部委、各直属机构，教育部直属各高等学校：

为了更好地保障在内地（大陆）就读的港澳台大学生权益，经国务院同意，现就将其纳入城镇居民基本医疗保险范围相关事宜通知如下：

一、根据国务院办公厅《关于将大学生纳入城镇居民基本医疗保险试点范围的指导意见》（国办发〔2008〕119 号），决定自 2013 年 9 月起，将在内地（大陆）各类全日制普通高等学校（包括民办高校）、科研院所接受普通高等学历教育的全日制港澳台学生（含本、专科生及硕士、博士研究生，以下简称港澳台大学生）纳入城镇居民基本医疗保险范围。

二、港澳台大学生按照属地原则，自愿参加高等教育机构所在地城镇居民基本医疗保险，按照与所在高等教育机构内地（大陆）大学生同等标准缴费，并享受同等的基本医疗保险待遇。同时按照现有规定继续做好港澳台大学生日常医疗工作，方便其及时就医。

三、各级财政对港澳台大学生参加城镇居民基本医疗保险按照与所在高等教育机构内地（大陆）大学生相同的标准给予补助。港澳台大学生参加城镇居民基本医疗保险所需政府补助资金以及日常医疗所需资金，与所在高等教育机构内地（大陆）大学生所需资金一并从现有渠道安排。

四、尚未将大学生纳入城镇居民基本医疗保险范围的高等教育机构，原则上应向港澳台大学生提供与所在高等教育机构内地（大陆）大学生同样的医疗保障。

五、请各地区、各有关部门高度重视，切实加强组织领导和宣传工作。各有关高等教育机构要切实抓好港澳台大学生就医工作，为其提供优质服务。

二〇一三年十月十日

教育督导

北京市教育委员会文件选编

(2013)

北京市中小学建设三年行动计划领导小组

关于开展北京市中小学建设三年行动计划中期督导和评估工作的通知

京基教计〔2013〕2号

各区县政府，北京市中小学建设三年行动计划领导小组成员单位：

按照市政府《关于印发北京市中小学建设三年行动计划（2012～2014年）的通知》（京政发〔2012〕26号）“明确部门职责”和“建立市级领导小组”的要求，为顺利推进行动计划的实施，经市领导同意，我市建立了北京市中小学建设三年行动计划领导小组（以下简称“市领导小组”），副市长苟仲文同志为市领导小组组长，市领导小组办公室设在市教委。市领导小组将于2013年开展北京市中小学建设三年行动计划中期督导和评估工作，现将有关情况通知如下：

一、请各区县根据《北京市中小学建设三年行动计划（2012～2014年）》（以下简称《三年行动计划》）区县职责建立本区县中小学建设三年行动计划工作领导小组，明确责任、统筹规划、做好保障。领导小组成员及职责依据《三年行动计划》和《关于印发北京市中小学建设三年行动计划领导小组组成人员及职责分工的通知》确定（附件3）。

二、请各区县根据《三年行动计划》精神，按照区县职责分别填写 2013 年和 2014 年年度工作计划（附件 1）。

三、请各区县填写区县三年行动计划新增学位统计表（附件 2）。

四、请各区县于 5 月 31 日前将区县领导小组成员情况、2013 年和 2014 年度计划和新增学位统计情况报市领导小组办公室，并将电子版发送到 zxy@bjedu. gov. cn（请区县汇总领导小组成员情况、新增学位统计表和 7 个工程计划统一报送）。通知电子版可登录 jjeczqyj@163. com 下载，密码 1234abcd。

五、2013 年，市领导小组将对各区县中小学建设三年行动计划进度情况进行中期督导和评估，请各区县做好相关工作。

附件：1. 中小学建设三年行动计划区县 2013 年、2014 年年度计划（略）

2. 新增学位统计表（略）

3. 关于印发北京市中小学建设三年行动计划领导小组成员及职责分工的通知

二〇一三年五月十四日

附件3：

北京市中小学建设三年行动计划领导小组

关于印发北京市中小学建设三年行动计划领导小组组成人员及职责分工的通知

北京市中小学建设三年行动计划领导小组成员单位：

按照市政府《关于印发北京市中小学建设三年行动计划（2012～2014年）的通知》（京政发〔2012〕26号）“明确部门职责”和“建立市级领导小组”的要求，为顺利推进行动计划的实施，经市领导同意，我市建立了北京市中小学建设三年行动计划领导小组（以下简称“领导小组”），领导小组于三年行动计划实施完成后撤销。现将有关事项通知如下：

一、领导小组组成人员

（一）组长：苟仲文副市长

（二）成员：姜沛民　市教委主任

罗　洁　市教委副主任

郑　萼　市教委副主任

何劲松　市教委副主任

李　奕　市教委委员

刘印春　市发展改革委副主任

吴素芳　市财政局副局长

宋丰景　市人力社保局副局长

滕安英　市编办副主任

邱　跃　市规划委委员（正局级）

张　维　市国土局副局长

郑志勇　市住房城乡建设委副主任

高　煜　市公安局副局长

王　红　市监察局副局长

张　秋　市审计局总审计师

（三）领导小组办公室设在市教委。

二、职责分工

各成员单位要充分研究、沟通和落实建设目标。各相关部门要认真落实中小学建设目标、任务和要求，认真履行职责，创造性地开展工作，确保行动计划按期完成。

（一）教育部门会同有关部门共同制定行动计划的实施方案、年度工作计划和项目库，加强对项目实施的管理。

（二）发展改革部门按照政府固定资产投资项目管理程序，加快审批，并根据工程进度足额安排下达建设资金。

（三）规划、国土、住房城乡建设和教育等部门研究制定完善居住区配套教育设施建设和管理的意见，确保配套学校按照办学条件标准同步设计、同步建设、同步交付使用，对新建学校建设布局和时序进行详细规划。

（四）审计、监察部门履行监督职责，对行动计划中涉及的重大项目和专项资金依法进行审计监督，实行全过程审计，对工程中负有监督管理职能的部门及其工作人员履职情况实施监察。

北京市教育委员会
北京市人民政府教育督导室

关于开展北京市中小学落实学校艺术教育工作规程督导检查的通知

京教函〔2013〕371号

各区县教委、区县政府教育督导室：

为全面贯彻教育方针，进一步落实《学校艺术教育工作规程》（教育部令第13号），保障和推进我市学校艺术教育的发展，促进中小学生全面素质的提升。根据教育部《关于印发普通中小学校和中等职业学校贯彻〈学校艺术教育工作规程〉评估方案（试行）的通知》（教体艺〔2005〕1号）每三年开展一次艺术教育评估的要求，我委及市政府教育督导室定于2013年9月至12月通过自查和抽查的形式，对全市中小学《学校艺术教育规程》落实情况进行督导检查，现将相关事项通知如下：

一、检查对象

全市各区县，每区县随机抽取2所学校，小学、中学各1所

二、时间安排

2013年9月至12月

三、工作程序

（一）9月至10月，学校根据《学校艺术教育工作规程》评估指标开展自评；

（二）11月，区县教育行政部门根据学校自评结果，开展评估。可采取学校间进行互评，区县抽查的方式进行；

（三）12月，市教委及市政府教育督导室在区县评估的基础上，随机抽取2所学校进行督导检查；

（四）此次督导检查将采用听取汇报、查看有关资料、观摩课堂教学、查看课外活动现场、问卷调查、召开座谈会、个别访谈等形式。

四、工作要求

（一）督导检查对于全面贯彻教育方针，保障和推进学校艺术教育发展，促进学生的全面发展具有积极的推动作用，各区县要高度重视。

（二）各区县要结合区域实际，统一规划，统筹安排，针对存在的薄弱环节开展工作，重在提高督导检查的实效性。

（三）各区县要通过督导检查，进一步明确学校艺术教育的指导思想，改善艺术教育的办学条件，加强艺术教育的基本建设，强化艺术教育教学管理，不断深化艺术教育改革，推动学校艺术教育工作，促进学生德智体美全面发展。

（四）要通过督导检查发现和寻找北京学校艺术教育工作中的经验和典型，树立榜样、传递正能量；提炼和提升学校艺术教育工作。

二〇一三年八月九日

北 京 市 教 育 委 员 会
北京市人民政府教育督导室

印发晓超同志关于减轻中小学生过重课业负担工作意见的通知

京教督〔2013〕4号

各区县教委、政府教育督导室：

市委市政府高度重视减轻中小学生过重课业负担问题。近日，副市长杨晓超就如何认识并做好减负工作提出了明确要求，对教育系统各有关部门端正认识并切实推进减负工作具有很强的指导意义。

现将晓超同志《关于减轻中小学生过重课业负担的意见》印发给你们，请结合本地区实际认真贯彻落实。

附件：晓超同志关于减轻中小学生过重课业负担的意见

二〇一三年十月八日

附件：

关于减轻中小学生过重课业负担的意见

副市长　杨晓超

今年三月份，市教委、市政府教育督导室出台了减轻学生过重课业负担八项规定，各区县和各中小学校积极贯彻落实，社会和家长对这八项规定也非常赞同，说明这项政策是顺应群众呼声的。

如何促进减负政策落实到位，切实推进学生过重负担有效减轻，我谈两点想法。

一、减负是减轻过重负担，而不是不要负担

教育工作涉及全市每个家庭，人民群众对教育的期盼很高。学生过重负担就是当前群众反映强烈的问题，我们要把解决好群众关注的问题作为教育工作的出发点、落脚点、坐标系。

减轻中小学生过重课业负担工作，是推动首都基础教育改革发展的重要内容，也是社会关注的热点、难点问题。多年来，特别是2010年教育规划纲要颁布以来，市教委把减负工作作为实施素质教育，切实提高育人质量的重要任务，常抓不懈，多措并举，北京市减负工作取得了初步成效，减轻学生课业负担已初步形成共识，重视减负的工作氛围也初步形成。但是由于种种原因，我市中小学生课业负担过重的问题仍然比较突出。

教育部门要顺应人民群众呼声，切实推进减负，必须有的放矢，才能取得实效。要深入研究减负减什么。我认为，减轻中小学生过重的课业负担，有两方面含义，一方面减的是不合理、不必要的负担，另一方面减负的同时仍然需要保证提高教育质量。要通过减轻过重负担，提高教育质量，促进学生德、智、体、美全面发展和身心的健康成长。但是学习本身是一项艰苦的劳动，需要付出艰辛的努力和汗水。减负不应该也不能是一减了之，没有负担，那就是矫枉过正了。

另一个问题，当前学生的课业负担实际状况到底如何。过重，重到什么程度，重在哪些方面，需要深入调查、了解。如果学习影响了学生身心的健康发展，增加了学生的心理负担，使学生的兴趣爱好、自信心受到破坏，最后导致学生认为学习不是一种快乐，而是一种摧残。我想，这样的学习对学生而言，无疑就是负担过重。现在对于学生课业负担到底如何，大家都感觉很重，但是缺乏权威的数据证明。市政府教育督导室组织开展的督学直接到学校进行督导监测，是一个好形式，有助于我们摸清学生负担真实情况，从而为教育决策提供参考和建议，希望市督导室能把这个活动扎实搞好。

总之，减负必须有针对性，真正遵循教育规律和学生成长规律，通过减负，促进学生生动活泼地学习、健康快乐地成长，努力为每个学生提供适合的教育。

二、切实推进减负，需要政府、学校、家庭、社会形成合力

过重课业负担，既严重影响孩子们的身心健康，又影响到拔尖创新人才的培养和未来公民的素质。因此，必须要真抓实干，切实把学生过重的课业负担减下来。

怎么减？我认为还是要依靠改革，用改革的姿态和办法重新审视我们的工作，以改革的精神研究解决教育面临的突出问题，减负也是如此。

学生负担重的问题，成因复杂，虽然发生在教育领域，但也不是教育部门自身能够彻底解决的问题，需要政府、学校、家庭、社会共同努力。

政府和教育行政部门要发挥好主导作用。要树立正确的教育观、教育发展观和教育质量观，从提高民族素质的战略高度认识减负工作的极端重要性，切实把减轻中小学过重的课业负担作为全面实施素质教育、提高教育质量的重点工作抓紧抓好。深化考试评价制度改革，引导转变人才培养观念，树立全面发展、人人成才、多元成功的观念。鼓励个性发展，不拘一格培养人才。建立多元化的教育评价体系。

学校要发挥主体作用。转变学校内部评价理念与方式，不把学生考试成绩与升学率高低作为评价教师绩效的唯一标准；注重对教师和学生进行过程性与发展性评价，淡化结果性评价对教师教学和学生学习的影响。要关注减负之后，学校能为孩子做些什么。减负不是“一减了之”，减负之后的全面发展教育、个性教育等任务更重，需要学校更加全面地设计和更加精心地实施。

学生课业负担过重，还与教师的学科素养、教学能力有关。因此学校要引导教师深化教学方式改革，要减负提质，要加强校本教研和培训，提高课堂教学的有效性。教师要加强教与学的策略研究，因材施教。加强对学生的学习方法的具体指导，保护学生的好奇心和求知欲，鼓励学生独立思考、主动学习。同时，教师授课要由单纯的知识教育转变为知识与能力并重的教育，让学生有更多的时间去读书、去思考、去实践、去锻炼，促进学生在发掘兴趣和潜能的基础上全面发展。

要充分发挥社会和家庭教育在学生成长过程中的重要作用。现在要特别防止一种现象，就是校内减校外补。家长不顾孩子的兴趣爱好，把减负之后多出来的时间，盲目给孩子在校外报了很多课外班。学生校内负担是减下来了，校外负担却增加了。所以，转变社会和家长的观念，通过宣传我们的教育政策与方针，宣传我们学校的典型与创新，引导家长形成“适合孩子的教育才是最好的教育”观念，引导全社会形成减轻学生过重课业负担、全面推进素质教育的发展氛围，同样是至关重要的。

减负要取得实效，还需要加强督导、检查。最近召开的中小学减负督导工作推进会，就是进一步落实减负工作的一项全市性任务和措施。督学深入学校，实地了解学校教育教学全过程，了解学生课业负担实际状况，这是个好做法。它覆盖范围广、工作力度大、方式创新，督学深入学校与学校一起研究减负工作，有利于一以贯之地保证和促进政策执行的落地；有利于深入对减负工作的调查研究，及时发现和解决工作中出现的困难和问题；有利于持之以恒地从制度上推进减负工作。这也是构建督政、督学、教育监测相结合的现代教育督导体系的重要内容。希望各位督学在监测中，既监督检查各项要求落实情况，指导学校开展减负，也要积极发现、总结、宣传学校在减轻学生课业负担、增强课堂效益、提高教育质量方面的典型经验和有效做法，为全市深入、持续开展减负提出有效的政策建议。

各区县要把减负工作纳入年度工作计划，与常规工作结合起来。要在已经取得的经验基础上，从工作机制、保障措施、宣传交流等方面持续开展下去，督促检查、指导落实。要拓宽减负工作的范围，特别是要规范各种社会培训班的办学行为，斩断培训机构与公办学校的利益链。要继续规范义务教育阶段入学办法，规范使用教辅材料，开足开齐课程，自觉接受社会的监督。

青少年是我们的希望，切实减轻中小学生过重课业负担，促进学生健康、全面、主动发展，是教育工作者的时代责任与历史使命。希望各区县和学校继续创造性地开展工作，努力培养身心健康、具有创新精神和实践能力的祖国未来建设者和接班人，为实现中华民族伟大复兴的“中国梦”而奋斗。

二〇一三年九月十七日

北 京 市 教 育 委 员 会
北京市人民政府教育督导室

关于印发《北京市区县人民政府落实义务教育均衡发展责任情况督导评估办法（试行）》的通知

京教督〔2013〕7号

各区县人民政府：

2012年，市教委、市政府教育督导室制定了《北京市区县人民政府落实义务教育均衡发展责任情况督导评估办法（暂行）》。在全面推进义务教育发展基本均衡区县的督导评估工作的基础上，根据国家教育督导团的具体要求，结合本市实际，市教委、市人民政府教育督导室修订了《北京市区县人民政府落实义务教育均衡发展责任情况督导评估办法》。

现将修订后的《北京市区县人民政府落实义务教育均衡发展责任情况督导评估办法（试行）》印发给你们，请结合本地区实际认真贯彻落实，进一步推进区域内义务教育优质均衡发展。

二〇一三年十二月二十五日

北京市区县人民政府落实义务教育均衡发展责任情况督导评估办法（试行）

为全面推进本市义务教育优质均衡发展，促进北京市与教育部签署的《义务教育均衡发展备忘录》和市政府与各区县政府签订责任书的目标实现，依据教育部《县域义务教育均衡发展督导评估暂行办法》和国家教育督导团的具体要求，制定本办法。

一、指导思想

北京市对区县政府落实义务教育均衡发展责任情况督导评估工作，以科学发展观为指导，全面贯彻教育法律法规和党的教育方针，以保障素质教育全面实施、促进教育公平为宗旨，以督促建、以督促改、以督促发展，推进全市义务教育优质均衡发展。

二、评估内容

（一）区县人民政府推进义务教育均衡发展工作情况。主要内容包括入学机会、保障机制、教师队伍建设、质量与管理等四个方面，共计 21 项指标。（见附件 1）

（二）区域内义务教育阶段中小学达到北京市办学条件基本标准情况。依据《北京市中小学校办学条件标准》和《关于北京市中小学校办学条件标准的实施意见》（京教基〔2007〕25 号），按照《北京市中小学办学条件达标评估指标体系》，通过《北京市中小学办学条件达标评估系统》进行监测评估。（见附件 2）

（三）区域内义务教育阶段中小学教育资源均衡配置情况。主要内容包括生均教学及辅助用房面积、生均体育运动场馆面积、生均教学仪器设备值、每百名学生拥有计算机台数、生均图书册数、师生比、生均高于规定学历教师数、生均中级及以上专业技术职务教师数 8 项指标。（见附件 3）

（四）公众对本区县义务教育均衡发展满意度情况。主要内容包括人民群众对适龄儿童少年就近入学情况、区县内校际间办学条件差距、区域内校际间教师队伍的差距、区域内义务教育择校情况以及政府在推进义务教育均衡发展努力程度等方面满意程度。调查对象包括区县人大代表、政协委员、义务教育学校校长、教师、学生家长以及其他群众。（见附件 4）

三、评估标准

（一）区县政府推进义务教育均衡发展工作情况，依据《北京市区县政府推进义务教育均衡发展工作督导评估指标体系》，在审议区县人民政府自评报告和自评量表的基础上，对区县人民政府推进义务教育均衡发展工作情况进行督导评估及量化评分。量化总分达到 90 分以上，即为达到义务教育发展基本均衡区县的认定条件之一。

（二）办学条件达标情况，依据《北京市中小学校办学条件标准》和《关于北京市中小学校办学条件标准的实施意见》（京教基〔2007〕25 号），按照《北京市中小学办学条件达标评估指标体系》，通过《北京市中小学办学条件达标评估系统》进行监测。区域内小学和初中学校 100％达到北京市规定的办学条件的基本标准，即为达到义务教育发展基本均衡区县的认定条件之一。

（三）义务教育阶段中小学教育资源均衡配置情况，依据义务教育阶段各中小学填报的“教育部基础教育学校统计报表”和“学校财政年度决算”的相关数据，在测算教育部规定八项指标差异系数的基础上，计算综合差异系数。小学和初中的综合差异系数分别小于或等于 0.65 和 0.55，即为达到义务教育发展基本均衡区县的认定条件之一。

（四）公众对义务教育均衡发展满意度情况，通过按规定人数比例，对包括人大代表、政协委员、义务教育学校校长、教师、学生家长以及其他群众进行义务教育均衡发展满意度问卷调查。调查结果作为义务教育发展基本均衡区县认定的重要参考。

四、工作要求

市教委、市政府教育督导室依据相关文件规定，自2012年起，已按规定程序对各区县推进义务教育优质均衡工作进行了督导评估。遵照市政府的部署和国家教育督导团的要求，各区县要认真落实修订的《北京市区县人民政府落实义务教育均衡发展责任情况督导评估办法（试行）》，做好迎接义务教育发展基本均衡区县国家认定的准备工作。

（一）区县人民政府要高度重视义务教育发展基本均衡区县国家认定工作，把创建义务教育发展基本均衡区县作为促进教育公平和全面提升教育质量的重要手段，全面推进区域内义务教育优质均衡发展。

（二）加强对接受义务教育发展基本均衡区县国家认定工作的领导，建立相应的工作机构，按照国家教育督导团的文件要求，在市政府教育督导室的指导下，确保各项准备工作落实到位。

（三）按照市政府教育督导室统一要求，依据《北京市区县义务教育均衡发展满意度调查工作方案》，加强协同配合，认真完成人民群众对本区县义务教育均衡发展满意度调查工作。

（四）通过市级义务教育发展基本均衡区县督导评估、达到基本要求的区县，由区县政府向市政府教育督导室提出接受义务教育发展基本均衡区县国家认定的申请。

（五）按照国家教育督导团规定，在市政府教育督导室的指导下，填写《全国义务教育发展基本均衡县申报表》（共8页），认真做好向国家教育督导团报送有关材料的工作。

（六）市政府教育督导室、市教委对通过国家教育督导团认定，并由教育部授予义务教育发展基本均衡区县奖牌的区县给予表彰奖励。

（七）市政府教育督导室建立义务教育均衡发展监测和复查机制。对达到义务教育发展基本均衡区县标准的区县进行复查，经复查不能达到义务教育发展基本均衡区县标准的区县，限期整改达标并在全市范围内通报。

附件：1. 北京市区县政府推进义务教育均衡发展工作督导评估指标体系

2. 北京市中小学办学条件达标评估指标体系

3. 北京市义务教育阶段校际间均衡发展状况督导评估指标体系

4. 北京市区县义务教育均衡发展公众满意度调查工作方案

5. 全国义务教育发展基本均衡县（市、区）申报表（略）

附件 1：

北京市区县政府推进义务教育均衡发展工作督导评估指标体系

一级指标	二级指标	分值	评估等级				评估标准
			A	B	C	D	
入学机会（20）	1. 学校规模适宜，布局合理，保证所有适龄儿童少年免试就近入学。	4	4	3	2	0	A：学校规模、布局符合要求，就近免试入学落实到位； B：学校规模、布局基本符合要求，就近免试入学基本落实； C：学校规模、布局基本符合要求，就近免试入学存在差距； D：学校规模、布局符合不合要求，就近免试入学尚未落实。
	2. 将进城务工人员随迁子女就学纳入当地教育发展规划，纳入财政保障体系。	4	4	3	2	0	A：纳入规划与财政保障体系，解决随迁子女就学； B：纳入规划与财政保障体系，基本解决随迁子女就学； C：纳入规划与财政保障体系，随迁子女就学有欠缺； D：未纳入规划与财政保障体系，随迁子女就学未落实。

续表 1

一级指标	二级指标	分值	评估等级 A	B	C	D	评估标准
	3. 完善以政府为主导、社会各方面广泛参与的特殊教育关爱体系。	4	4	3	2	0	A：符合要求，落实到位； B：基本符合要求，落实到位； C：基本符合要求，存在差距； D：不合要求，尚未落实。
	4. 三类残疾儿童少年入学率不低于95%。	4	4	3	2	0	A：达到95%以上； B：达到90%以上； C：达到80%以上； D：达到80%以下。
	5. 优质普通高中招生名额分配到区域内初中的比例逐步提高。	4	4	3	2	0	A：符合要求，落实到位； B：基本符合要求，落实到位； C：基本符合要求，存在差距； D：不合要求，尚未落实。
	6. 建立义务教育均衡发展责任、监督和问责机制。	5	5	4	2	0	A：机制健全，执行有效； B：机制基本健全，执行有效； C：机制基本健全，执行有欠缺； D：机制不健全，执行不到位。
保障机制(25)	7. 义务教育经费在财政预算中单列，近三年教育经费做到“三个增长”。	4	4	3	2	0	A：预算单列，连续三年实现“三个增长”； B：预算单列，连续二年实现“三个增长”； C：预算单列，只有一年实现“三个增长”； D：预算未单列，连续三年未实现“三个增长”。
	8. 推进学校标准化建设，制定并有效实施了办学相对困难学校改造计划。教育经费向办学相对困难学校和特殊教育的学校倾斜。	4	4	3	2	0	A：符合要求，落实到位； B：基本符合要求，落实到位； C：基本符合要求，存在差距； D：不合要求，尚未落实。
	9. 新增教育经费主要用于义务教育。	5	5	4	2	0	A：用于义务教育达到50%以上； B：用于义务教育达到45%以上； C：用于义务教育达到40%以上； D：用于义务教育达到40%以下
	10. 教育费附加主要用于义务教育。	5	5	4	2	0	A：用于义务教育达到50%以上； B：用于义务教育达到45%以上； C：用于义务教育达到40%以上； D：用于义务教育达到40%以下。
	11. 农村税费改革转移支付资金用于义务教育的比例达到市级规定要求。	2	2	1	0	0	A：符合要求，落实到位； B：基本符合要求，落实到位； C：基本符合要求，存在差距； D：不合要求，尚未落实。

续表 2

一级指标	二级指标	分值	评估等级 A	B	C	D	评估标准
教师队伍(35)	12. 小学教师学历达到大专以上，初中教师学历达到本科以上。	7	7	5	3	0	A：学历达标达到95%以上； B：学历达标达到90%以上； C：学历达标达到80%以上； D：学历达标达到80%以下
	13. 全面实施义务教育绩效工资制度。	7	7	5	3	0	A：全部落实到位； B：基本落实到位； C：基本落实到位，但有欠缺； D：尚未落实。
	14. 学科教师配备合理，生师比：初中≤18.3∶1，小学≤20.8∶1.	7	7	5	3	0	A：符合市级标准； B：基本符合市级标准； C：与市级标准有差距； D：与市级标准有较大差距。
	15. 建立并有效实施了区域内义务教育学校校长和教师定期交流制度。	7	7	5	3	0	A：制度健全，落实到位； B：制度基本健全，落实到位； C：有相关制度，尚未全部落实； D：无制度，不落实。
	16. 落实教师培训经费，加强教师培训。	7	7	5	3	0	A：经费超过市级标准，工作落实； B：经费达到市级标准，工作基本落实； C：经费基本达到市级标准，工作能落实； D：经费未达标，工作不到位。
质量与管理(20)	17. 按照国家规定的义务教育课程方案开齐课程开足课时。	4	4	3	2	0	A：按规定开齐课程，开足课时； B：按规定开齐课程，课时基本开足； C：按规定开齐课程，个别课时有增减； D：课程不齐，课时不足；
	18. 小学、初中完成率达到99.5%以上。	4	4	3	2	0	A：达到99.5%以上； B：达到98%以上； C：达到96%以上； D：达到94%以下
	19. 小学、初中学生符合《国家学生体质健康标准》的达标率达到85%以上。	4	4	3	2	0	A：达到85%以上； B：达到80%以上； C：达到75%以上； D：达到75%以下

续表 3

一级指标	二级指标	分值	评估等级				评估标准
			A	B	C	D	
	20. 义务教育阶段不设重点学校和重点班，公办义务教育择校现象得到有效缓解。	4	4	3	2	0	A：无重点校、重点班，择校现象有效缓解； B：无重点校、重点班，择校现象基本缓解； C：无重点校、重点班，择校现象尚未缓解； D：无重点校、重点班，择校现象依然突出；
	21. 中小学生过重的课业负担得到有效减轻。	4	4	3	2	0	A：减负实效明显； B：减负取得一定实效； C：减负效果一般； D：课业负担依然过重。

附件 2：

北京市中小学办学条件达标评估指标体系

一级指标	二级指标	评估要点	评估标准	评估依据
A1. 专用教室建设（40 分）	B1. 专用教室配置（25 分）	1. 小学科学、音乐、美术、计算机教室建设 25 分（科学 6.25 分、音乐 6.25 分、美术 6.25 分、计算机教室 6.25 分） 2. 初中物理、化学、生物实验室、计算机教室建设 25 分（物理 6.25 分、化学 6.25 分、生物 6.25 分、计算机教室 6.25 分）	市级标准 18.75 分	1. 根据北京市教委等八个委办局联合颁发的《北京市中小学校办学条件标准》（京教策〔2005〕8 号）和相关文件，结合我市中小学的实际情况，组织制定了《北京市义务教育阶段学校办学条件基本标准督导评估指标》。 2. 依据《北京市中小学校办学条件实施意见》（京教基〔2007〕25 号）提出的在专用教室建设、现代教育技术设备、教学仪器设备和学校图书资料等主要方面达到新颁标准。
	B2. 专用教室管理与使用（15 分）	3. 专用教室及实验室管理制度建设 15 分（制度建全 5 分、填报规范 5 分、开足开齐 5 分）	市级标准 10 分	

续表

<table>
<tr><th>一级指标</th><th>二级指标</th><th>评估要点</th><th>评估标准</th><th>评估依据</th></tr>
<tr><td rowspan="2">A2. 现代教育技术设备（10分）</td><td>B3. 计算机配置（5分）</td><td>4. 小学每百名学生计算机配备5分（办学条件标准10人/台；）
5. 初中每百名学生计算机配备5分（办学条件标准8人/台）</td><td>市级标准4.25分</td><td rowspan="4">3. 依据《北京市中小学实验室、专用教室管理制度》京教设字〔2008〕012对专用教室及实验室管理与使用要求。</td></tr>
<tr><td>B4. 校园网建设（5分）</td><td>6. 小学校园网建设5分
7. 初中校园网建设5分</td><td>市级标准5分</td></tr>
<tr><td>A3. 教学仪器设备（35分）</td><td>B5. 生均教学仪器设备值（35分）</td><td>8. 小学生均仪器设备值35分（8000元/生）
9. 初中生均仪器设备值35分（10000元/生）</td><td>市级标准30分</td></tr>
<tr><td>A4. 学校图书资料（15分）</td><td>B6. 生均图书册数（15分）</td><td>10. 小学图书册数达标15分（20册/生）
11. 初中图书册数达标15分（30册/生）</td><td>市级标准12.75分</td></tr>
</table>

附件3：

北京市义务教育阶段校际间均衡发展状况督导评估指标体系

<table>
<tr><th>序号</th><th>指标内容</th><th>评估标准</th></tr>
<tr><td>1</td><td>专任教师人数与学生人数比差异系数</td><td rowspan="8">1. 综合差异系数小学和初中分别小于或等于0.65和0.55。
2. 县域内义务教育学校，包括小学、一贯制学校、独立初中、完全中学（不含小学教学点、特殊教育学校和职业学校）。
3. 对九年一贯制学校，按照“一个小学生：一个初中生＝1：1.1”的比例拆分学校办学条件。对完全中学，按照“一个初中生：一个高中生＝1：1.2”的比例拆分学校办学条件。</td></tr>
<tr><td>2</td><td>生均高于规定学历教师数差异系数</td></tr>
<tr><td>3</td><td>生均中级及以上专业技术职务教师数差异系数</td></tr>
<tr><td>4</td><td>生均教学仪器设备值差异系数</td></tr>
<tr><td>5</td><td>每百名学生拥有计算机台数差异系数</td></tr>
<tr><td>6</td><td>生均图书册数差异系数</td></tr>
<tr><td>7</td><td>生均教学及辅助用房面积差异系数</td></tr>
<tr><td>8</td><td>生均体育运动场馆面积差异系数</td></tr>
</table>

附件 4：

北京市区县义务教育均衡发展公众满意度调查方案

为了解社会公众对北京市区县义务教育均衡发展工作的满意度水平，掌握社会各界对义务教育的需求、意见及建议，依据教育部《县域义务教育均衡发展督导评估暂行办法》（教督〔2012〕3 号）及北京市教育委员会、北京市人民政府教育督导室《北京市区县人民政府落实义务教育均衡发展责任情况督导评估办法（试行）》（京教督〔2013〕7 号）的要求，特开展公众满意度调查。

一、调查对象

本次公众满意度调查的对象主要包括：当地人大代表、政协委员、义务教育学校校长、教师、学生家长以及其他群众。

调查对象的数量按被评估区县常住人口的 1.5‰确定，常住人口在 40 万以下的区县，问卷调查数量均为 600 份。

二、调查内容

本次公众满意度调查的内容主要包括：

（一）对区县内义务教育阶段适龄儿童少年就近入学情况的满意度；

（二）对区县政府在推进义务教育均衡发展方面的努力程度的满意度；

（三）对缩小区县内义务教育阶段学校校际间办学条件差距情况的满意度；

（四）对缩小区县内义务教育阶段学校校际间教师队伍差距情况的满意度；

（五）对区县内改善义务教育阶段择校状况的满意度。

三、调查方法

为了增强督导评估工作的科学性、准确性与公信力，特委托北京教育科学研究院设计本次满意度调查的调查方案及调查问卷（见附件 4），由北京市义务教育均衡发展督导评估组组织实施。

问卷调查通过电子邮件和现场调查两种方式进行。主要由北京市义务教育均衡发展督导评估组委派的调查员负责问卷的发放与回收。

四、调查流程

（一）确定样本

由义务教育均衡发展督导评估组根据市统计局公布的各区县常住人口数和规定比例确定各区县问卷调查样本量。按照“学生家长比例不低于 50%，其他各类调查对象数量大体相当”的原则，确定各类调查对象的数量。

（二）调查实施

问卷调查通过电子邮件或现场调查两种方式实施。由义务教育均衡发展督导评估组根据各区县实际情况，组织人大代表、政协委员、校长、教师和学生家长填答问卷。

（三）结果统计

问卷回收后，由义务教育均衡发展督导评估组负责问卷的统计分析工作。主要统计有效问卷数量、满意问卷数、综合满意度等，并形成满意度问卷调查结果统计表及统计分析报告。

五、结果应用

社会公众的教育满意度是义务教育均衡发展督导评估的一项重要指标，调查结果将作为对各区县义务教育均衡发展督导评估结果认定的重要参考依据。

语言文字

北京市教育委员会文件选编

(2013)

北 京 市 教 育 委 员 会
北京市语言文字工作委员会

关于加强区县公务员和教师队伍语言文字培训测试工作的意见

京教语〔2013〕2号

各区县语委、教委：

为了贯彻落实《国家中长期语言文字事业改革和发展规划纲要（2012～2020年）》，进一步发挥党政机关和教师队伍在全社会推广普及国家通用语言文字中的示范作用，提升全体党政机关工作人员和各级各类学校教师的语言文字应用能力，根据党的十八大“推广和规范使用国家通用语言文字”“建设优秀传统文化传承体系，弘扬中华优秀传统文化”“繁荣发展少数民族文化事业”的精神，根据《中华人民共和国国家通用语言文字法》和人事部、教育部、国家语委《关于开展国家公务员普通话培训的通知》（人发〔1999〕46号）的有关规定，本市将进一步加大在区县公务员和教师队伍中推广普及国家通用语言文字的力度，积极推进公务员和教师的普通话水平测试、汉字应用水平测试、汉语能力综合测试等工作。

一、充分认识推广普及国家通用语言文字的重要意义

《中华人民共和国宪法》规定：“国家推广全国通用的普通话”。《中华人民共和国国家通用语言文字法》规定：“国家机关以普通话

和规范汉字为公务用语用字。学校及其他教育机构以普通话和规范汉字为基本的教育教学用语用字。凡以普通话作为工作语言的岗位，其工作人员应当具备说普通话的能力，并达到国家规定的相应等级。对尚未达到国家规定的普通话水平等级标准的，分别情况进行培训”。

国家公务员和教师在执行公务或教育教学中使用国家通用语言文字，是贯彻落实《中华人民共和国国家通用语言文字法》的具体体现和应尽的责任，公务员和教师要把认识提高到维护国家主权的高度上来。公务员和教师带头讲普通话用规范字，有利于维护祖国统一，增进民族团结，促进改革开放和经济发展，体现国民和市民的文化自觉和文化自信。

二、开展国家通用语言文字培训测试的时机基本成熟

（一）全市教育系统的教师在使用普通话中发挥了带头作用。早在 1997 年就在全市教育系统内开展了普通话水平测试工作，并将此项测试作为申请教师资格的必备条件之一。目前本市大中小学已基本实现教师持普通话水平等级证书上岗的制度。普通话已成为全市大中小学的教育教学语言、交际交流语言和校园文化语言。

（二）自 2005 年起市语委在市级机关公务员中开展了普通话推广工作，宣传普通话水平测试工作在首都语言文字工作中的意义，部分区县也启动了在公务员中开展普通话培训测试工作并积累了经验，延庆县、平谷区、西城区、房山区、通州区、密云县先后开展了公务员普通话水平全员培训测试工作，这些都为没有开展此项工作的区县提供了可资借鉴的经验。

（三）为提高国民语言文字应用能力，教育部、国家语委提出，着力构建覆盖听、说、读、写的全方位国民语言文字应用能力测评体系。汉字应用水平测试试点工作自 2009 年开始，已在本市开展四年，来自教育、传媒等行业的 20000 多人参加了测试，试点单位由 4 个发展到西城、朝阳、大兴、房山、延庆、平谷等区县和北京师范大学、首都师范大学等学校共 13 个单位，为下一步推广取得了测试样本，有利于进一步完善测试系统。

三、相关措施和要求

（一）提高认识。各区县要从提升城市文化软实力和综合竞争力，加强语言文化建设，构建和谐社会语言生活，促进首都社会主义文化大发展大繁荣，加快推进北京世界城市建设的高度，充分认识繁荣语言文化事业的重要性。

（二）加强领导。各区县要采取有效措施，把这项工作抓紧、抓细、抓实。充分发挥领导机关和领导干部的带头作用、教育培训的基础作用、教育和新闻单位的示范作用，以带动各地区、各行业国家通用语言文字水平的不断提高，并形成自觉规范使用国家通用语言文字的良好社会风尚。

（三）加强部门协调。各区县教委、语委要积极协调本区县政府有关职能部门，可参考已经先行取得经验的密云县、通州区等区县的做法，制发相关文件，尽快启动本区县公务员和教师的语言文字培训测试工作，有计划、有步骤、有针对性地开展培训测试，切实把这项工作落到实处。

（四）落实测试机构和经费。通过多种形式，采用多种措施，灵活破解语言文字培训测试工作中的难题。关于培训测试机构，可向区县主管部门和市语委办公室进行申请，也可在市语言文字测试中心指导下依托区县教研部门、师训部门、考试部门、党校干校、成人院校等开展培训测试工作。关于经费，积极争取区县财政部门的支持，推进本市公务员和教师队伍语言文字培训测试工作的进程。

（五）加大宣传力度。利用“全国推广普通话宣传周”及“创建北京市语言文字规范化示范街道示范乡镇”等活动契机，在机关、学校中广泛发动，动员组织公务员和教师积极参加语言文字培训测试，使更多的人了解、支持、参与包括普通话水平测试、汉字应用水平测试、汉语综合能力测试在内的语言文字培训测试工作，在全市各区县营造大力推广和规范使用国家通用语言文字的良好氛围。

（六）制定计划。请各区县根据上述要求并参照借鉴相关区县的经验，结合本地实际制定公务员和教师队伍培训测试工作计划。通州区和密云县在此项工作中已有很好的示范作用（有关情况另发内情通报）。

（七）举办培训班。市语委办公室将根据年度工作计划，分期分批举办《国家中长期语言文字事业改革和发展规划纲要》、《北京市〈国家中长期语言文字事业改革和发展规划纲要〉实施意见》和有关语言文字规范标准的培训班。

请各区县于6月15日前将工作计划报市语委办公室。

二○一三年五月十三日

北京市教育委员会
北京市语言文字工作委员会

关于北京市实施《国家中长期语言文字事业改革与发展规划纲要（2012～2020年）》的意见

京教语〔2013〕1号

各区县教委、语委，市语委各成员单位，各高等学校：

近年来，北京市语言文字工作全面贯彻国家语言文字法律法规和方针政策，以北京奥运会、新中国成立60周年和中国共产党成立90周年庆祝活动举办为契机，积极服务首都文化建设、经济发展和和社会进步，语言文字工作逐步走向基层、覆盖行业，工作触角“横向到边、纵向到底”，工作体系合理布局，工作队伍不断壮大，首都语言文字社会应用规范化水平不断提高，国家通用语言文字在教育教学、新闻媒体和公共服务领域占据主体地位，中外语言交流日益加强，北京话方言保护工作受到重视，语言文字信息化工作成果丰硕，管理社会语言文字应用和服务社会语言文字需求能力不断增强，各项工作取得显著成效。

今后一个时期，北京将努力打造中国特色社会主义先进文化之都，首都城市功能定位和文化建设的目标任务及北京建设世界城市的发展战略，对语言文字工作提出了新的要求。党的十八大报告要求“推广和规范使用国家通用语言文字”、“建设优秀传统文化传承体系，弘扬中华优秀传统文化”、“繁荣发展少数民族文化事业”，为语言文字工作指明了方向。

语言文字工作要融入“爱国创新包容厚德”的北京精神。通过扎实努力的工作，展现中华语言情怀，正确引导网络语言等新兴语言现象，着力化解社会语言生活领域的新矛盾，促进保护语言文化的多样性，建设规范、文明、高雅的语言文化环境，提升市民的语言文字应用能力和语言文化素质。

新时期北京语言文字工作如何完成从“走向”基层到切实“扎根”基层，从“覆盖”行业到有效“服务”行业的功能深化，如何处理好“中国语言文字与外国语言文字”、“国家通用语言文字与少数民族语言文字”、“普通话与方言”、“规范汉字与繁体字”、“外语主要语种与小语种”、“主体语言需求与盲文手语等特殊语言需求”、“汉语文化走出去与外语文化引进来”等各种语言关系，如何处理好社会语言应用领域的现实问题，如何使语言文字工作更好的融入首都经济、文化建设，服务北京世界城市建设，都需要我们进行深入思考和付出不懈努力。

首都语言文字工作者要树立和增强高度的社会责任感和历史使命感，践行北京精神，创新工作理念，拓展工作格局，探索国际化大都市和谐社会语言生活的构建机制，传承、弘扬中华语言文化，努力推进语言文字工作科学发展，为人文北京建设和北京世界城市建设贡献力量。

现就我市贯彻落实《国家中长期语言文字事业改革和发展规划纲要（2012～2020年）》提出如下意见：

一、指导意见

高举中国特色社会主义伟大旗帜，以邓小平理论、“三个代表”重要思想为指导、深入落实科学发展观，按照推动“人文北京、科技北京、绿色北京”战略和建设中国特色世界城市的要求，全面贯彻《国家通用语言文字法》《北京市实施〈国家通用语言文字法〉若干规定》和《国家中长期语言文字事业改革和发展规划纲要（2012～2020年）》，围绕中心，服务大局，拓宽视野，改革创新。大力推广和规范使用国家通用语言文字，科学保护各民族语言文字，构建和谐社会语言生活。实施“一体两翼、增量推进”战略，夯实语言文字常规工作，积极开发北京语言资源，加强语言文化建设，繁荣语言事业，发展语言产业，增强首都语言实力，为首都社会主义文化大发展大繁荣做出新的贡献。

二、工作目标

总体目标：到2020年，在全市范围内高水平普及国家通用语言文字的社会应用，国家通用语言文字的主体地位进一步强化；语言文字社会应用的监管与服务体系更趋完善，规范化和标准化水平进一步提高；市民的语言文字规范意识、法制意识显著增强，语言文字应用能力显著提升；语言文化建设得到加强，社会语言文字环境显著优化，社会语言生活和谐发展，语言文化事业走向繁荣，整体工作居全国前列。

北京市语言文字工作力争实现以下具体目标：

（一）组建200人的社会用字监督员队伍和100人的专家级普通话水平测试员队伍。

（二）新增130所市级语言文字规范化示范校，新增100个以上语言文字规范化达标单位，创建100个语言文字应用规范化示范街道、示范乡镇。建设一批规范汉字书写特色学校和中华经典诵读特色学校。

（三）推动全日制普通高校在校生、全市公务员全员参加普通话水平培训测试。2012年至2020年累计完成普通话水平测试量80万人次以上。2012年起全面实施计算机辅助普通话水平测试。实现语言文字测试及其管理工作的信息化。

（四）制定培训计划，分期分批提升中小学教师普通话水平等级标准，逐步使语文教师普通话水平普遍达到一级乙等，其他学科教师普遍达到二级甲等。

（五）汉字应用水平测试、汉语综合能力测试、汉语口语水平测试不断扩大试点规模，测试人数逐年递增。

（六）设立“北京市语言文字应用科研专项”。发布《北京语言生活年度状况报告》。建成北京市语言文字工作图书资料室。

（七）依托有关高校建立若干个研究中心。北京语言产业研究中心、北京语言文化建设研究中心进入国家语委科研基地体系。组织研制、培训推广教育、旅游、公交、商贸、医院等行业的语言文化建设标准。

（八）建成“中国语言资源有声数据库北京子库”和北京语言文化资源信息库。开展北京语言文化资源普查，绘制北京语言文化地图，建设北京语言文化网上博物馆。

（九）支持成立“北京语言文化建设促进会”，整合社会相关资源，推动成立语言产业科技园、中华语言文化博物馆和筹办北京国际语言文化博览会。

（十）建成以“北京语言文字网”为中心的语言文字工作网站群，实现语言文字工作政务信息化。

三、主要任务

（一）加大宣传教育力度

1. 丰富宣传教育形式。分期分批举办培训班，学习、宣传国家语言文字法律法规、规范标准和《国家中长期语言文字事业改革和发展规划纲要（2012～2020年）》，全方位、多层次、宽领域开展宣传教育活动，营造浓厚的社会舆论氛围；精心组织每年的全国推广普通话宣传周活动，创新活动内容、载体和组织方式，扩大覆盖面和影响力；组织开展北京市示范中学教师语言文字基本功大赛；以《北京市实施〈国家通用语言文字法〉若干规定》颁布10周年为契机，开展执法检查等系列活动；结合全民终身教育体系和学习型城市建设，将语言文字教育培训纳入市民终身教育体系。

2. 加强宣传阵地建设。进一步办好市语委机关报《语文导报——语言文字工作专刊》；提高语言文字工作政务信息化水平，建成以“北京语言文字网”“北京语言文字测试网”为核心的，由各区县语言文字工作网组成的北京语言文字工作网站群，强化其服务功能，完善“语言文字法规知识和语言文化常识在线测试系统”；召开市语委宣传工作会议，加强信息员队伍建设；在有关平面媒体、有声媒体、网络媒体开辟语言文字工作宣传专栏和公益广告，引导全社会规范使用语言文字，普及语言文化知识。

（二）推进规范化创建工作

1. 加强语言文字社会应用的监管。充分发挥语委协调指导和语委成员单位“各司其职、分工协作、齐抓共管”工作机制的作用，加强对语言文字社会应用的依法管理；组建社会用字监督志愿者队伍，重点监测、督导公共场所、新闻媒体与重要领域国家通用语言文字和外文规范使用的情况；依法推进语言文字工作评估，开展创建检查，以点带面，以评促建，提升全社会语言文字应用规范化水平。

2. 新增130所示范校。巩固中小学语言文字规范化示范校创建成果，启动高等学校语言文字规范化创建工作，新增130所市级语言文字规范化示范校，发挥其示范引领作用；推进规范汉字书写特色校建设，加强义务教育阶段汉字书写训练和书法文化教学，促进学生书写水平的提高；开展中华经典诵读特色校创建活动，传承祖国优秀传统文化，促进学生语言表达水平的提高。

3. 命名100个示范街道乡镇。巩固国家一、二类城市语言文字工作评估和北京市语言文字规范化达标单位创建成果，启动创建语言文字规范化示范街道、示范乡镇，认定100个语言文字规范化示范街道和乡镇，使语言文字工作向社区、农村延伸，扩大工作覆盖面，完善工作网络；重点推进郊区市民、来京务工人员及其随迁子女的国家通用语言文字普及培训工作。

（三）拓展语言文字测试工作

1. 夯实基础工作。健全语言文字测试工作制度，加强北京市语言文字测试中心建设及对区县、高校、行业语言文字测试分支机构的指导，稳步提高测试工作质量；发挥市语委成员单位和高校的积极性，推动有关行业和高校建立语言文字测试分中心；加快推进语言文字测试工作信息化建设，全面推行计算机辅助普通话水平测试和测试管理信息系统的应用，不断改善测试工作条件；加强测试队伍建设，研制系列化的培训课程，坚持开展新任测试员、骨干测试员、测试管理人员年度业务培训，组建100人的测试专家团队；出版《北京市语言文字培训测试丛书》，建设语言文字工作专题图书资料室。

2. 拓展测试规模。创新机制，通过示范引领，积极推进全市各级机关公务员普通话水平培训测试工作；争取市财政支持，对全日制普通高校在校学生实施免费普通话水平测试，并对师范专业学生实施免费普通话水平测前培训；通过有计划的培训，提升中小学教师普通话水平等级标准，使语文教师普通话水平普遍达到一级乙等，其他学科教师普遍达到二级甲等；努力在部队、行业等领域扩大普通话水平测试覆盖人群，到2020年累计完成80万人次以上测试量；全面推进各项测试工作的健康发展，不断扩大汉字应用水平测试、汉语综合能力测试试点规模，积极推广面向外籍人士的汉语口语水平测试。

3. 提升服务能力。适应不断增长和日益多元的社会语言需求，多层次、全方位地设计并实施语言服务项目，努力构建语言文字公共服务体系，提升语言服务能力；广泛开展针对社会不同人群的语言文字知识与能力培训，满足市民对于语言文字学习及其水平能力认定的个性化、多样化需求；适应特殊人群语言需求，增强盲文、手语服务能力；支援少数民族地区“双语教育”，积极开展市语委援藏、援疆工作。

（四）加强科研创新工作

1. 制定科研规划。组织专家研究制定《北京市语言文字应用科研规划》，以高水平的科研成果提升语言文字工作的社会价值；设立“北京市语言文字应用科研专项”，积极组织申报国家语委科研规划项目，加强科研项目管理；开展社会语言生活调查、监测与研究，发布《北京语言生活年度状况报告》；召开市语委科研工作会议，加强语言文字应用科研队伍建设，充分发挥市语委专家委员会在政策研究、决策咨询、语言服务中的作用。

2. 建设科研基地。依托有关高校在语言产业、语言文化建设、语言文字社会应用监管、语言文字测试、语言文化传播、语言信息处理技术等方面分别建立研究中心作为市语委科研基地；发挥北京语言产业研究中心的作用，建设北京语言产业数据库，出版《语言产业研究丛书》和《语言产业通讯》，举办语言产业论坛，开展制定语言产业发展规划、建立语言产业科技园可行性研究，积极促进语言产业发展；发挥北京语言文化建设研究中心的作用，出版《语言文化建设研究丛书》和《语言文化建设通讯》，举办语言文化建设论坛，促进“语言文化建设与管理”学科建设及人才培养。

3. 建设北京语言文化资源数据库。增强全社会的语言资源观念和语言保护意识，有效保护和利用北京语言文化资源，形成健全的语言文字非物质文化遗产保护机制；协同市文化文物部门，开展北京语言文化资源普查，启动并完成中国语言资源有声数据库北京子库和北京语言文化信息库建设工作，在此基础上绘制北京语言文化地图，建设北京语言文化网上博物馆。

四、保障措施

（一）推进法制建设

依法管理语言文字社会应用，相关部门联合开展《北京市实施〈国家通用语言文字法〉若干规定》颁布10周年执法检查，推动《若干规定》的修订完善；将学校语言文字工作纳入北京教育督导工作范围；学习宣传、贯彻落实国家《通用规范汉字表》、《外文使用管理规定》、《公共服务领域外文译写规范英文（通则）》等国家语言文字规范标准。

（二）完善工作机制

明确政府各部门依法管理本行业、本系统语言文字应用和区县、街道乡镇依法实施语言文字应用属地管理的职责；进一步将语言文字规范要求纳入文化建设规划、精神文明创建、普法宣传教育、机关行文规范、新闻出版编校、广播影视制作、工商行政监管和城市市容管理，形成长效工作机制；根据有关规定，每三年表彰奖励一次语言文字工作先进个人和语言文字规范化创优单位，健全工作激励机制。

（三）加强队伍建设

推动区县语言文字工作部门专职人员配备和语委成员单位、高等学校语言文字工作机构、人员配备的落实；着力建设语言文字工作六支队伍即管理队伍、宣传队伍、培训队伍、测试队伍、科研队伍、志愿者队伍；加强语言文字工作人员继续教育，完善培训制度，不断提高专兼职工作人员的政策水平、业务水平和依法行政的能力。

（四）加大经费投入

语言文字工作经费纳入市、区县财政预算，并逐年有所增长；设立市语委办日常工作经费专项、市语言文字测试经费专项、市级语言文字应用科研经费专项、市级语言文字规范化创建经费专项、北京语言文化资源数据库建设经费专项、行业领域语言文化建设标准研制专项，确保专项工作的经费投入。区县语委要积极争取区县政府和财政支持，在确保日常工作经费的同时，根据实际情况设立专项工作经费，体现区县工作创新与特色。

任务分解表

主要工作	序号	具体任务	责任单位	参与部门	出席领导	完成时限
一、宣传教育工作	1	分期分批举办培训班： ①学习、宣传《国家通用语言文字法》等法律法规 ②学习、宣传《通用规范汉字表》《党政机关公文格式》等规范标准 ③学习、宣传《国家中长期语言文字事业改革和发展规划纲要（2012～2020年）》及北京市实施意见	市语委 市语委办	①市语委工作体系 ②其他相关部门	国家语委及市语委领导	2013年至2015年重点推进
	2	①召开市语委宣传工作会议 ②加强信息员队伍建设	市语委 市语委办	①市语委工作体系 ②其他相关部门	市语委领导	2014年重点推进
	3	①精心组织每年的全国推广普通话宣传周活动，创新活动内容、载体和组织方式，扩大覆盖面和影响力 ②在各类有关媒体开辟语言文字工作宣传专栏，引导全社会规范使用语言文字，普及语言文化知识 ③结合全民终身教育体系和学习型城市建设，将语言文字教育培训纳入市民终身教育体系	市语委 市语委办	①市语委工作体系 ②有关平面、网络、有声媒体 ③市教委职业教育成人教育处	市宣传系统、语委、教委相关领导	2013年至2020年纳入常规工作
	4	①开展针对社会不同人群的语言文字知识与能力培训 ②推进郊区市民、来京务工人员及其随迁子女的国家通用语言文字普及培训工作 ③适应特殊人群语言需求，开展盲文、手语服务	市语委 市语委办	市语委工作体系	市语委领导	2013年至2020年纳入常规工作

续表 1

主要工作	序号	具体任务	责任单位	参与部门	出席领导	完成时限
	5	①支援少数民族地区“双语教育” ②积极开展市语委援藏、援疆工作	市语委 市语委办	①市语委工作体系 ②有关出版单位	国家语委及市语委领导	2013 年至 2015 年重点推进
	6	组织开展北京市示范中学教师语言文字基本功大赛	市语委 市语委办	①市语委工作体系 ②市教委基础教育部门	市语委、教委相关领导	2014 年 2017 年 2020 年 举办
	7	加强语言文字工作人员继续教育，完善培训制度，不断提高专兼职工作人员的政策水平、业务水平和依法行政的能力	市语委 市语委办	市语委工作体系	市语委领导	2013 年至 2020 年纳入常规工作
	8	①进一步办好市语委机关报《语文导报－语言文字工作专刊》 ②建成以“北京语言文字网”为中心的语言文字工作网站群 ③实现语言文字工作政务信息化 ④完善“语言文字法规知识和语言文化常识在线测试系统”	市语委 市语委办	市语委工作体系	市语委领导	2013 年重点推进
二、示范创建工作	9	①以《北京市实施〈国家通用语言文字法〉若干规定》颁布 10 周年为契机，开展执法检查等系列活动 ②推动《若干规定》的修订完善	市语委 市语委办	①市语委工作体系 ② 市人大、市政府法制工作部门 ③示范创建单位	国家语委及市语委领导市人大、市政府相关领导	2013 年重点推进
	10	①加强语言文字社会应用的监管与服务 ②组建 200 人的社会用字监督志愿者队伍	市语委 市语委办	市语委工作体系	市语委领导	2014 年重点推进
	11	①创建 100 个以上语言文字应用规范化示范街道、示范乡镇 ②使语言文字工作向社区、农村延伸，扩大工作覆盖面，完善工作网络	市语委 市语委办	市语委工作体系	国家语委及市语委领导市人大、市政府法制部门相关领导	2013 年重点推进

续表 2

主要工作	序号	具体任务	责任单位	参与部门	出席领导	完成时限
	12	①新增130所市级语言文字规范化示范校 ②启动高等学校语言文字规范化创建工作	市语委 市语委办	①市语委工作体系 ②各区县教委 ③高等学校	国家语委及市语委领导	2013年至2016年重点推进
	13	①建设一批规范汉字书写特色学校 ②开展中华经典诵读特色校创建活动	市语委 市语委办	①市语委工作体系 ②各区县教委	国家语委及市语委领导	2013年至2020年纳入常规工作
	14	将学校语言文字工作纳入北京教育督导工作范围	市语委 市语委办	①市语委、教委、教育督导室 ②市人大、市政府法制工作部门	市语委、教委、教育督导室相关领导 市人大、市政府法制部门相关领导	2013年至2015年重点推进
	15	进一步将语言文字规范要求纳入文化建设规划、精神文明创建、普法宣传教育、机关行文规范、新闻出版编校、广播影视制作、工商行政监管和城市市容管理，形成长效工作机制	市语委 市语委办	①市语委工作体系 ②其他相关部门	市语委及其他相关部门领导	2013年至2020年纳入常规工作
	16	每三年表彰奖励一次语言文字工作先进个人和语言文字规范化创优单位，健全工作激励机制	市语委 市语委办	①市语委工作体系 ②市人力社保局	市语委及市人力社保局领导	2013年 2016年 2019年 举办
三、语言文字测试工作	17	①全面实施计算机辅助普通话水平测试 ②加强市测试中心建设及对测试分支机构的指导，稳步提高测试工作质量，推动有关行业和高校建立语言文字测试分中心	市语委办 市测试中心	①各区县语委办 ②各测试分中心	市语委领导	2013年至2020年纳入常规工作
	18	①2012年至2020年累计完成普通话水平测试量80万人次以上 ②不断扩大汉字应用水平测试、汉语综合能力测试试点规模，测试人数逐年递增 ③积极推广面向外籍人士的汉语口语水平测试	市语委办 市测试中心	①各区县语委办 ②各测试分中心 ③其他相关部门	市语委领导	2013年至2020年纳入常规工作

续表 3

主要工作	序号	具体任务	责任单位	参与部门	出席领导	完成时限
	19	①推动全日制普通高校在校生免费参加普通话水平测试 ②对师范专业学生实施免费普通话水平测前培训	市语委办 市测试中心	①各测试分中心 ②各高等学校	市语委领导	2013 年至 2020 年纳入常规工作
	20	①推动全市公务员全员参加普通话水平培训测试 ②努力在部队、行业等领域扩大普通话水平测试范围	市语委办 市测试中心	①各区县语委办 ②各测试分中心 ③其他相关部门	市语委及其他相关部门领导	2013 年至 2014 年重点推进
	21	实现语言文字测试及其管理工作的信息化	市语委办 市测试中心	①各区县语委办 ②各测试分中心	市语委领导	2013 年至 2020 年纳入常规工作
	22	①满足市民语言文字学习及其水平能力认定的个性化、多样化需求 ②努力构建语言文字公共服务体系，提升语言服务能力	市语委办 市测试中心	①市语委工作体系 ②各区县语委办 ③各测试分中心	市语委领导	2013 年至 2020 年纳入常规工作
	23	①研制语言文字测试系列化培训课程 ②开展新任测试员取证考核培训、骨干测试员年度业务培训、测试管理人员年度业务培训	市语委办 市测试中心	①各测试分中心 ②专家委员会	市语委领导	2013 年至 2020 年纳入常规工作
	24	组建100人的专家级普通话水平测试员队伍	市语委办 市测试中心	①各区县语委办 ②各测试分中心 ③专家委员会	市语委领导	2014 年重点推进
	25	出版《北京市语言文字培训测试丛书》	市语委办 市测试中心	①各区县语委办 ②各测试分中心 ③专家委员会	市语委领导	2013 年至 2020 年纳入常规工作

续表 4

主要工作	序号	具体任务	责任单位	参与部门	出席领导	完成时限
	26	分期分批提升中小学教师普通话水平等级标准，逐步使语文教师普通话水平普遍达到一级乙等，其他学科教师普遍达到二级甲等	市语委 市语委办 市教委人事处	①各区县语委办 ②各测试分中心	市语委、教委相关领导	2014 年重点推进
四、应用科研工作	27	建成北京市语言文字工作图书资料室	市语委办 市测试中心	各地语言文字管理、测试及科研机构	市语委领导	2014 年重点推进
	28	①召开市语委科研工作会议 ②争取设立北京市语言文字应用科研专项 ③组织专家研究制定《北京市语言文字应用科研规划》 ④发布《北京语言生活年度状况报告》	市语委 市语委办	①市语委工作体系 ②专家委员会 ③相关高等学校及学术机构	国家语委及市语委、教委领导	2014 年重点推进；2015 年至 2020 年纳入常规工作
	29	①积极组织申报国家语委科研规划项目 ②加强科研项目管理 ③充分发挥市语委专家委员会在政策研究、决策咨询、语言服务中的作用	市语委 市语委办	①市语委科研基地 ②专家委员会 ③市语委工作体系	市语委领导	2013 年至 2020 年纳入常规工作
	30	依托有关高校在语言产业、语言文化建设、语言文字社会应用监管、语言文字测试、语言文化传播、语言信息处理技术等方面分别建立研究中心作为市语委科研基地	市语委 市语委办	①专家委员会 ②相关高等院校	市语委领导	2013 年至 2020 年纳入常规工作
	31	建成“中国语言资源有声数据库北京子库”	市语委 市语委办	①相关区县语委办 ②相关高等院校 ③项目组及专家委员会	国家语委及市语委领导	2013 年重点推进
	32	①开展北京语言文化资源普查 ②建成北京语言文化资源信息库	市语委 市语委办	①各区县语委办 ②相关高等院校 ③各级文化文物系统 ④项目组及专家委员会	国家语委及市语委领导	2013 年至 2015 年重点推进

续表 5

主要工作	序号	具体任务	责任单位	参与部门	出席领导	完成时限
	33	①绘制北京语言文化地图 ②建设北京语言文化网上博物馆	市语委 市语委办	①项目组及专家委员会 ②相关高等院校 ③各级文化文物系统	国家语委及市语委领导	2016 年重点推进
	34	①研究制定语言产业发展规划 ②组织语言产业相关科学研究 ③建设北京语言产业数据库	市语委 市语委办	①北京语言产业研究中心 ②北京语言文化建设促进会 ③相关院校、部门、机构与企业	市语委领导	2013 年至 2020 年纳入常规工作
	35	编辑出版《语言产业研究丛书》	市语委 市语委办	①北京语言产业研究中心 ②北京语言文化建设促进会 ③相关院校、部门、机构与企业	市语委领导	2013 年至 2015 年重点推进
	36	①编辑出版《语言产业研究通讯》 ②编辑出版《语言文化建设通讯》	市语委 市语委办	①北京语言产业研究中心 ②北京语言文化建设研究中心 ③北京语言文化建设促进会	市语委领导	2013 年至 2020 年纳入常规工作
	37	举办语言产业论坛	市语委 市语委办	北京语言产业研究中心	国家语委、市语委及相关部门领导	2014 年 2016 年 2018 年 2020 年 举办

续表 6

主要工作	序号	具体任务	责任单位	参与部门	出席领导	完成时限
	38	编辑出版《语言文化建设研究丛书》	市语委 市语委办	①北京语言文化建设研究中心 ②北京语言文化建设促进会 ③相关院校、部门、机构与企业	市语委领导	2013 年至 2015 年重点推进
	39	举办语言文化建设论坛	市语委 市语委办	①北京语言文化建设研究中心 ②北京语言文化建设促进会	国家语委、市语委及相关部门领导	2013 年 2015 年 2017 年 2019 年 举办
五、语言文字工作的拓展深化与保障	40	支持成立“北京语言文化建设促进会”	市语委 市语委办	①市社团管理机关 ②各区县语委 ③其他相关单位和企业	国家语委及市语委领导	2013 年重点推进
	41	推动举办北京国际语言文化博览会	市语委 市语委办	①北京语言文化建设促进会 ②市语委工作体系 ③其他相关部门和企业	国家语委及市语委领导	2013 年重点推进；2014 年至 2020 年纳入常规工作
	42	①推动成立语言产业科技园 ②推动筹办中华语言文化博物馆	市语委 市语委办	①北京语言文化建设促进会 ②市语委工作体系 ③其他相关部门和企业	国家语委及市语委领导	2013 年至 2015 年重点推进
	43	组织研制、培训推广教育、旅游、公交、商贸、医院等行业的语言文化建设标准	市语委 市语委办	①市语委科研基地 ②相关行业部门 ③北京语言文化建设促进会	市语委及相关行业部门领导	2013 年至 2015 年重点推进

续表 7

主要工作	序号	具体任务	责任单位	参与部门	出席领导	完成时限
	44	促进“语言文化建设与管理”学科建设及人才培养	市语委 市语委办	①市语委科研基地 ②相关高等院校和科研机构 ③北京语言文化建设促进会	国家语委及市语委领导	2013 年至 2020 年纳入常规工作
	45	增强全社会的语言资源观念和语言保护意识，有效保护和利用北京语言文化资源，形成健全的语言文字非物质文化遗产保护机制	市语委 市语委办	①市语委工作体系 ②市语委科研基地 ③各级文化文物系统	市语委领导	2013 年至 2020 年纳入常规工作
	46	明确政府各部门依法管理本行业、本系统语言文字应用和区县、街道乡镇依法实施语言文字应用属地管理的职责	市语委 市语委办	①各区县语委 ②各级语委组成部门	市语委领导	2013 年至 2020 年纳入常规工作
	47	推动区县语言文字工作部门专职人员配备和语委成员单位、高等学校语言文字工作机构、人员配备的落实	市语委 市语委办	①各区县语委 ②各高等院校 ③各级语委组成部门	市语委领导	2013 年至 2020 年纳入常规工作
	48	着力建设语言文字工作六支队伍即管理队伍、宣传队伍、培训队伍、测试队伍、科研队伍、志愿者队伍	市语委 市语委办	①市语委工作体系 ②其他相关部门	市语委领导	2013 年至 2020 年纳入常规工作
	49	①语言文字工作经费纳入财政预算 ②确保专项工作的经费投入	市语委 市语委办	市教委财务部门	市语委、教委相关领导	2013 年至 2020 年纳入常规工作
	50	区县语委要积极争取支持，根据实际情况设立专项工作经费，并逐年有所增长，体现区县工作创新与特色	市语委市语委办	①各区县语委 ②各区县教委财务部门	市语委及区县语委领导	2013 年至 2020 年纳入常规工作

二〇一三年五月二十一日

北 京 市 教 育 委 员 会
北京市语言文字工作委员会

关于第七批语言文字规范化示范校创建评估工作的通知

京教语〔2013〕4号

各区县教委、语委，北京市盲人学校、北京西藏中学：

根据教育部、国家语委有关工作安排及《北京市实施〈国家中长期语言文字事业改革与发展规划纲要（2012～2020）〉的意见》文件要求，为推动本市语言文字规范化示范校创建活动持续深入开展，市教委、市语委决定继续开展语言文字规范化示范校创建活动，2013年将认定第七批北京市语言文字规范化示范校。今年是《北京市实施〈中华人民共和国国家通用语言文字法〉若干规定》颁布十周年，市语委决定将创建评估检查工作与执法调研工作一并进行。现将迎评工作有关事项通知如下：

一、评估检查执法调研工作组

市语委评估检查执法调研工作组由市人大、市政府办公厅、市政府法制部门、市教委有关负责同志以及语言文字专家和市语委工作人员组成。

二、工作内容和标准

评估检查执法调研内容和标准按照《北京市中小学语言文字规范化示范校评估标准》执行。评定标准总分为100分。量化评价结果，得分在85分以上方能评为北京市级语言文字规范化示范校。

三、工作方式

（一）听取学校关于创建语言文字规范化示范校情况汇报；

（二）查阅有关档案资料；

（三）随堂听课；

（四）实地考查校园用语用字情况；

（五）召开师生座谈会，并测试语言文字法律法规掌握情况和普通话水平；

（六）反馈评价意见。

四、时间安排

（一）学校自评（7月30日前）

各区县语委办动员部署中小学、幼儿园积极开展语言文字规范化示范校创建活动。各申报学校对照评估标准的要求，制定实施计划，落实责任分工，开展自查自评和整改工作，并向区县语委办提出迎检申请。

（二）区县初评（9月30日前）

各区县语委办依据评估标准，认真选拔，确定2至3所学校申报北京市市级语言文字规范化示范校，并推荐其中1所学校接受市语委工作组评估，于10月10日前将《北京市中小学语言文字规范化示范校申报表》（一式2份）报送市语委办。

（三）市级评估检查执法调研（10月22日至10月31日）

市语委评估检查执法调研工作组根据评估标准对受评学校进行评估。各区县受评时间如下：

日期	区县	日期	区县
10月22日	东城	10月22日	西城
10月23日	朝阳	10月23日	海淀
10月24日	大兴	10月24日	延庆
10月25日	通州	10月25日	昌平

续表

日期	区县	日期	区县
10 月 28 日	顺义	10 月 28 日	门头沟
10 月 29 日	怀柔	10 月 29 日	石景山
10 月 30 日	密云	10 月 30 日	房山
10 月 31 日	平谷	10 月 31 日	丰台

五、核准认定

市语委于 11 月上旬审核批准第七批北京市语言文字规范化示范校名单。对经认定的示范校授予标牌，并给与引导鼓励性经费支持，同时列入 2013 年至 2015 年北京市语言文字工作先进单位表彰名单。

附件：1. 北京市中小学语言文字规范化示范校评估标准

2. 北京市中小学语言文字规范化示范校申报表（略）

二〇一三年七月一日

附件 1：

北京市中小学语言文字规范化示范校评估标准

评估项目	评估要素	评估细则	分值	评估依据
A 管理工作 24 分	A1 组织机构	1. 成立领导小组，2 分	7	查阅文件及相关资料，听汇报
		2. 有规章制度，1 分		
		3. 配备工作人员，1 分		
		4. 工作体系健全，1 分		
		5. 有工作计划和总结，2 分		

续表1

<table>
<tr><th>评估项目</th><th>评估要素</th><th>评估细则</th><th>分值</th><th>评估依据</th></tr>
<tr><td rowspan="11"></td><td rowspan="7">A2
管理措施</td><td>6. 将普及普通话和用字规范化的要求纳入培养目标和学校管理的内容，2分</td><td rowspan="7">10</td><td rowspan="7">查阅文件及相关资料、档案，听汇报，开座谈会</td></tr>
<tr><td>7. 对普及普通话和用字规范化工作定期检查并有记录，1分</td></tr>
<tr><td>8. 将语言文字规范化纳入教师基本功训练和业务考核，2分</td></tr>
<tr><td>9. 作为教师评优评先的条件，1分</td></tr>
<tr><td>10. 作为录用教师的资格条件并已实施，1分</td></tr>
<tr><td>11. 作为学生评优评先的条件，1分</td></tr>
<tr><td>12. 有关语言文字工作的文件、计划及总结等资料齐全，管理规范，2分</td></tr>
<tr><td rowspan="4">A3
宣传工作</td><td>13. 校内有长期性的宣传标语牌和橱窗，并与校园文化融为一体，2分</td><td rowspan="4">7</td><td>检查校园环境</td></tr>
<tr><td>14. 日常组织开展相关宣传活动，1分</td><td>查阅文件及资料，听汇报</td></tr>
<tr><td>15. 推广普通话宣传周活动丰富多彩，面向社会开展语言文字规范化宣传工作，2分</td><td>查阅文件及资料，听汇报</td></tr>
<tr><td>16. 宣传效果好，全体师生员工了解《国家通用语言文字法》的内容，2分</td><td>抽查</td></tr>
<tr><td rowspan="6">B
普及普通话
36分</td><td>B1
教学语言</td><td>17. 教师在教学活动中均使用普通话，8分
课上有一个教师或学生使用方言，扣0.5分</td><td>8</td><td>听课</td></tr>
<tr><td rowspan="4">B2
校园语言</td><td>18. 集体活动、会议等场合使用普通话，2分</td><td rowspan="4">5</td><td rowspan="4">开座谈会，实地了解情况</td></tr>
<tr><td>19. 教师与教师之间交流使用普通话，1分</td></tr>
<tr><td>20. 教师与学生之间交流使用普通话，1分</td></tr>
<tr><td>21. 学生与学生之间交流使用普通话，1分</td></tr>
<tr><td>B3
普通话培训测试</td><td>22. 教师全员参加普通话培训和测试，3分</td><td>3</td><td>查阅培训计划、教师普通话测试成绩表</td></tr>
</table>

续表 2

评估项目	评估要素	评估细则	分值	评估依据
	B4 教师普通话水平	23. 教师 100%测试达标，5 分 教师测试成绩 100%达到二级甲等，5 分，达到二级甲等成绩百分率每降低 20%扣 1 分	10	查阅普通话水平测试成绩表
	B5 学生普通话水平	24. 95%的学生普通话水平达到课程标准对听、说、读的要求，6 分	6	抽查
	B6 管理人员普通话水平	25. 学校领导普通话水平达标，2 分 学校职员普通话水平达标，2 分	4	查阅普通话水平测试成绩表
C 规范用字 40 分	C1 校园用字	26. 名称牌、标志牌、标语用字规范，6 分	14	实地考查
		27. 校刊、板报、橱窗及各种宣传栏用字规范，6 分		
		28. 指示牌、电子屏幕用字规范，2 分		
	C2 公文、印章用字	29. 公文、印章用字规范，6 分	6	查看实物
	C3 教学用字	30. 教案用字规范，2 分	14	抽查
		31. 试卷用字规范，2 分		抽查
		32. 多媒体、幻灯、投影等用字规范，2 分		听课或查看幻灯片
		33. 板书用字规范，4 分听课		听课
		34. 批改作业、书写评语用字规范，4 分		抽查
	C4 学生用字	35. 100%的学生能够正确认读应掌握的规范字，3 分	6	抽查
		36. 100%的学生能够正确书写应掌握的规范字，字形、笔顺规范，3 分		

北　京　市　教　育　委　员　会
中　共　北　京　市　委　宣　传　部
北京市人力资源和社会保障局
北　京　市　文　化　局
北　京　市　新　闻　出　版　局
北京市广播电影电视局
北京市语言文字工作委员会
北　京　卫　戍　区　政　治　部
共　青　团　北　京　市　委

转发教育部等九部门关于开展第16届全国推广普通话宣传周活动文件的通知

京教语〔2013〕3号

各区县教委、各党委宣传部、人力社保局、文化局（文委）、广电局（广电中心）、团委、语委，卫戍区各单位，各市属高校：

根据国家语委安排，今年第16届全国推广普通话宣传周（以下简称“推普周”）时间定于9月11日至17日。现将教育部等九部门《关于开展第16届全国推广普通话宣传周活动的通知》（教语用〔2013〕1号）转发给你们，并就有关事项通知如下。

一、突出主题。本届推普周要围绕“推广普通话，共筑中国梦”的主题，落实党的十八大报告关于“推广和规范使用国家通用语言文字”战略任务，积极响应并实施习近平总书记提出的构筑中华民族伟大复兴中国梦的宏伟目标，以宣传国家语言文字的法律法规、方针政策和语言文字规范标准知识为主要内容，同时把贯彻落实《国家中长期语言文字事业改革和发展规划纲要》、《北京市实施〈国家中长期语言文字事业改革和发展规划纲要〉的意见》和党的十八精神、中国梦的宣传教育有机结合。

二、创新方式。各单位、各部门要依托学校、党政机关、新闻媒体、公共服务行业等重点领域，广泛发动社会各界群众，组织开展具有行业或地方特色的宣传教育活动。同时要注重创新宣传手段和宣传方式，可尝试使用网络、微信、微博等新形式对年轻受众加强宣传，使全社会充分认识语言文字在构筑和实现中国梦进程中的作用，让更多的人“用普通话讲述中国梦，用规范字书写中国梦”。

三、注重实效。各单位、各部门要高度重视，认真策划，精心组织，使广大群众通过活动树立依法、规范应用国家通用语言文字的意识，并不断提高国家通用语言文字应用水平，共筑语言文字中国梦。各区县语委应结合本地实际制定推普周活动方案，明确各委员单位的责任分工。各高校推普周活动由本校语言文字工作领导小组负责组织实施。推普周活动方案请于9月5日前报市语委办公室。

四、市语委定于9月15日为全市集中宣传活动日；各区县语委可自行制作各具特色的宣传品；推普周活动结束后，各区县语委、各高校语言文字工作机构要及时总结并于9月30日前报市语委。

二〇一三年七月三十一日

教育部等九部门关于开展第16届全国推广普通话宣传周活动的通知

各省、自治区、直辖市教育厅（教委）、党委宣传部、人力资源社会保障厅（局）、公务员局、文化厅（局）、广播影视局、语委、团委，各军区、各军兵种、各总部、军事科学院、国防大学、国防科学技术大学、武警部队政治部，新疆生产建设兵团教育局、党委宣传部、人力资源社会保障局、公务员局、文化局、广电局、语委、团委，教育部直属各高等学校：

经国务院批准，自1998年起，每年9月的第三周为全国推广普通话宣传周（以下简称推普周）。今年9月第三周，是第16届推普周。考虑节假日安排等因素，第16届推普周时间定为2013年9月11日至9月17日。为做好本届推普周宣传工作，现就有关事项通知如下。

一、指导思想

高举中国特色社会主义伟大旗帜，以邓小平理论、“三个代表”重要思想、科学发展观为指导，全面贯彻国家语言文字法律法规和方针政策，大力推广和规范使用国家通用语言文字，提高国民语言文字应用能力，共筑语言文字中国梦。

二、宣传主题

本届推普周宣传主题为：推广普通话，共筑中国梦。

为落实党的十八大报告关于“推广和规范使用国家通用语言文字”战略任务，积极响应并实施习近平总书记提出的构筑中华民族伟大复兴中国梦的宏伟目标，全国语言文字工作战线和各相关行业系统要充分认识语言文字在构筑和实现中国梦进程中的作用，切实增强提高国家通用语言文字普及程度和应用水平的责任感、紧迫感和使命感，构筑语言文字中国梦。语言文字中国梦就是增强国家语言实力的梦，是提高国民语言能力的梦，是构建和谐语言生活的梦，是描绘美丽中国的梦。

三、工作要求

（一）突出主题。本届推普周要围绕上述宣传主题，继续大力宣传国家语言文字法律法规、方针政策，以及语言文字规范标准，激发国民对国家通用语言文字的认同感、自豪感和自觉规范使用意识。当前实现语言文字中国梦的最重要工作就是深入贯彻落实《国家中长期语言文字事业改革和发展规划纲要（2012～2020年）》，结合中国梦的教育宣传工作，倡导“用普通话讲述中国梦，用规范字书写中国梦”，共同构筑语言文字中国梦。

（二）行业联动。语言文字中国梦的构筑和实现，有赖于社会语言文字规范意识和应用水平的不断提高，有赖于每个社会成员语言文字素质的不断提高。各部门要加强统筹协调，在活动策划与部署时，应充分利用好推普周这个已形成品牌效应的宣传平台，发挥整合引领作用，不断增强社会影响力。党政机关及各相关部门和组织，各级各类学校特别是各级语言文字规范化示范校，都要结合党的十八大精神的宣传和中国梦宣传教育主题，宣传贯彻落实《语言文字规划纲要》，将提高语言文字应用能力作为提升各行业干部职工素质和工作质量以及加强行业、企业文化建设的出发点和落脚点，多渠道、多角度、多层次、多形式开展宣传教育培训及社会宣传实践活动。

（三）城乡并重。在不断提高城市普通话普及水平和社会用字规范化的前提下，普及国家通用语言文字工作重心要向农村转移，并进一步加大对边远地区和少数民族地区的支持。边远农村和少数民族地区的各级各类学校，要结合语言文字规范化示范校创建工作，做好依法、规范使用国家通用语言文字的宣传、教育。各级政府相关部门要把在农村和边远地区、少数民族地区推广普及国家通用语言文字工作与提高当地劳动力就业水平相结合，与社会主义文化建设、新农村建设和落实便民、惠民等民心工程相结合，切实将好事办好。

（四）创新形式。各地要加强对推普周工作的组织领导，各地方和各行业系统应继续在总结以往经验的基础上，积极利用广播影视报纸等传统媒体刊发宣传材料，也要主动尝试使用网络、手机、户外显示屏等新媒体加强宣传，尤其是通过微博、微信、手机报等新形式对年轻受众加强宣传。要创新活动形式，使推普宣传雅俗共赏喜闻乐见。

四、相关事项

（一）本届推普周，全国推普周领导小组办公室将继续制发推普周宣传海报和公益广告，并通过广播、电视、报刊及网络、手机报等大众传媒进行广泛宣传。各省（自治区、直辖市）和各行业系统也可结合本届推普周主题及各地特色，利用社会力量的支持赞助，自行设计制作各种推普宣传品，进一步扩大推普周活动的宣传声势，增强宣传效果。

（二）各省级语言文字工作部门，要根据本通知要求，积极会同宣传、教育、人社、文化、新闻广电、共青团、少先队等部门、组织，尽快制定本届推普周活动方案，并请于7月30日前报送至全国推普周领导小组办公室。

（三）推普周期间，全国推普周领导小组将分别会同有关海南和湖北省政府在三亚市和恩施州组织举办全国推普周重点宣传活动，并将组织领导小组成员单位赴有关重点城市和重点行业进行巡视、观摩、检查。

（四）各省级语言文字工作部门，请于10月15日前将第16届推普周活动总结报送全国推普周领导小组办公室。

（五）各省级宣传、人社、文化、新闻广电、共青团等部门、组织，军队和武警部队各级政治机关，应结合实际，制订推普周活动方案，开展切实有效的宣传活动，并于推普周后对宣传活动及成效进行总结。活动方案及有关总结情况，请及时报中央各部门和总政治部宣传部，并抄送全国推普周领导小组办公室。

教育部　中宣部　人力资源社会保障部
文化部　国家新闻出版广电总局
国家公务员局　国家语言文字工作委员会
解放军总政治部　共青团中央

二〇一三年六月四日

北京市教育委员会
北京市经济和信息化委员会
北京市民族事务委员会
北京市公安局
北京市民政局
北京市文化局
北京市工商行政管理局
北京市质量技术监督局
北京市广播电影电视局
北京市新闻出版局
北京市语言文字工作委员会

关于转发教育部等12部门贯彻实施《通用规范汉字表》文件的通知

京教语〔2013〕7号

各区县教委、经信委、民委（民宗办）、公安局、民政局、文化局（文委）、工商行政管理局、质量技术监督局、广电局（广电中心）、语委：

现将《教育部等十二部门关于贯彻实施〈通用规范汉字表〉的

通知》（教语信〔2013〕2号）转发给你们，并将本市实施意见通知如下：

一、深刻认识《通用规范汉字表》的重要意义。党的“十八大”明确提出“推广和规范使用国家通用语言文字”，《通用规范汉字表》的公布和实施，为切实贯彻“十八大”对语言文字工作的方针和要求提供了配套的汉字规范。

二、积极参加教育部、国家语委本年度组织的全国《通用规范汉字表》专题培训班，市教委、市语委将在2014年举办各类专题培训班。

三、各相关领域应根据文件要求，有针对性采取措施，推动《通用规范汉字表》在本领域的贯彻实施。

二〇一三年十二月三日

教育部等十二部门关于贯彻实施《通用规范汉字表》的通知

教语信〔2013〕2号

各省、自治区、直辖市教育厅（教委）、工业和信息化主管部门、民（语）委、公安厅（局）、民政厅（局）、文化厅（局）、工商行政管理局、质量技术监督局、广播影视局、新闻出版局、语委：

《通用规范汉字表》已于2013年8月19日由国务院公布。《通用规范汉字表》是贯彻《中华人民共和国国家通用语言文字法》，适应信息时代社会各领域汉字应用需要的重要汉字规范。为做好《通用规范汉字表》的贯彻实施，现将有关事项通知如下：

一、深刻认识和领会发布实施《通用规范汉字表》的重要意义。

我国是一个多民族、多语言、多文种、多方言的人口大国。推广和规范使用国家通用语言文字，是增进民族间、地区间交流，促进政治、经济、教育、文化、信息化等各项事业发展的必要条件。规范汉字是国家通用文字，汉字规范化是推广和规范使用国家通用语言文字的重要前提，更是教育文化事业和信息化建设的基础性工作。

《通用规范汉字表》是继1986年国务院批准重新发布《简化字总表》后的又一重大汉字规范，是对50多年来汉字规范整合优化后的最新成果，是新中国成立以来汉字规范的总结、继承和提升，也是信息化时代汉字规范的新起点和新发展。《国家通用语言文字法》规定："国家推广普通话，推行规范汉字"，《通用规范汉字表》是与该法实施相配套的汉字规范。《通用规范汉字表》的公布和实施，为社会各领域提供了科学适用的汉字规范，对提升国家通用语言文字的规范化、标准化水平，促进国家经济社会和文化教育事业发展具有重要意义。

二、认真组织开展宣传培训工作。文化教育、信息产业、新闻出版、广播影视、公共服务行业等是语言文字规范化、标准化的重点领域。全国语言文字工作系统和各相关行业系统应充分认识《通用规范汉字表》的重要意义，提高语言文字规范意识，积极利用媒体特别是新媒体加强宣传，并组织多渠道、多层次、多形式的培训工作，保证字表积极、稳妥、有序地贯彻实施。教育部、国家语委将于2013年年底前组织全国性的《通用规范汉字表》专题培训班，并视需要协调字表研制课题组的有关专家协助、指导各地开展培训。

三、大力推动《通用规范汉字表》在相关领域的贯彻实施。《通用规范汉字表》公布后，社会一般应用领域的汉字使用应以《通用规范汉字表》为准，原有相关字表停止使用。各相关主管部门可根据本领域的实际情况，制定配套规则，积极稳妥、逐步有序地推行使用。

（一）基础教育领域。《通用规范汉字表》一级字表列出3500

个常用汉字，《义务教育语文课程标准（2011）》附录4“识字、写字教学基本字表”，是根据《通用规范汉字表》的一级字表制定的。各地应组织教师、教研员学习掌握《通用规范汉字表》内容，并在基础教育领域各门课程中贯彻执行。

（二）信息产业领域。汉字信息处理标准应尽快根据《通用规范汉字表》进行修订，汉字信息处理产品应执行修订后的标准，可以有一定的过渡期。

（三）新闻出版等领域。《通用规范汉字表》公布后，汉语文出版物，广播、电影、电视，公共场所设施，招牌、广告以及互联网等用字，均应执行《通用规范汉字表》。

（四）语文辞书编纂领域。《通用规范汉字表》是现代汉语规范性语文辞书编纂的重要依据。《通用规范汉字表》公布后，出版或修订、再版的相关语文辞书应依照《通用规范汉字表》，根据其服务领域和使用对象不同，部分或全部收录《通用规范汉字表》中的字，也可以适当多收一些备查的字。收入《通用规范汉字表》以外的字一般应采用历史通行的字形，不应自造未曾使用过的新的简化字。

（五）科学技术领域。相关部门在科学普及领域要引导使用通用规范汉字，编写出版专业辞书、专业教材、科技专著，可以使用《通用规范汉字表》以外的字，但一般应采用历史通行字形，避免自造新字。

（六）户籍和民政管理领域。根据《中华人民共和国户口登记条例》《中华人民共和国居民身份证法》等规定，公民在申报户口登记、申领居民身份证时，姓名登记项目应当使用规范汉字填写。《通用规范汉字表》公布后，新命名、更名的人名用字应使用《通用规范汉字表》中的字。地名用字方面应引导使用通用规范汉字。姓氏和地名用字中如需补充进字表的，由各地语委、民语委负责收集这些字的字形、读音、来源、用途等详细属性信息，定期报至国家语委，以便《通用规范汉字表》修订时适当补入。

其他领域应采取有效措施，积极贯彻施行《通用规范汉字表》。

各级语委要积极协助相关部门，做好施行《通用规范汉字表》的宣传、咨询、服务工作。

教育部　　工业和信息化部
国家民族事务委员会
公安部　　民政部　　文化部
国家工商行政管理总局
国家质量监督检验检疫总局
国家新闻出版广电总局
国家语言文字工作委员会
中国科学院　　中国社会科学院

二〇一三年十月九日

文件字拼音索引

说明：本索引依据文件字第一个拼音字母，按汉语拼音字母顺序排列（相同文件字以编号为序）。文件字后用“/”隔开标明该文件所在的页码。

J

后　记

《北京市教育委员会文件选编》为各级各类教育机构从事教育教学活动及行政管理提供政策指导，也为北京教育系统史志部门存史修志工作提供重要资料信息。

该书出版工作由北京市教育委员会主持，市教委办公室负责文件的搜集、筛选和终审；北京教育志编纂委员会办公室负责编辑、出版和发行工作。参加2013卷文件选编组稿、编审、编校、索引等工作的有张永凯、钱进军、陈晓莉、李晓秋、林业、梅雨及北京教育志编纂委员会办公室的有关同志。

该书入选文件范围广、数量多，在文件核对过程中难免有疏漏和错误的地方，敬请使用单位和读者原谅，并提出宝贵意见。

《北京市教育委员会文件选编》编写组

2014年6月

声　明

本书如有印刷、装订等质量问题，请与《北京市教育委员会文件选编》编写组联系调换。

编写组地址：北京市东城区夕照寺街

东玖大厦B座802室

邮 政 编 码：100061

电　　　话：87194371

传　　　真：87194370

电 子 信 箱：szb@bjedu.gov.cn

ISBN 978-7-80252-505-4

9 787802 525054 >

图书在版编目（CIP）数据

北京市教委文件选编．2013/北京市教委编．—北京：华艺出版社，2014.6

ISBN 978—7—80252—505—4

Ⅰ．①北… Ⅱ．①北… Ⅲ．①教育工作—文件—汇编—北京市—2013 Ⅳ．①G527.1

中国版本图书馆 CIP 数据核字（2014）第 116855 号

责任编辑：梅 雨

华艺出版社出版发行

（北京市北四环中路 229 号海泰大厦 10 层 100083）

北京友谊印刷有限公司印装

全国各地新华书店经销

2014 年 6 月第 1 版 2014 年 6 月第 1 次印刷

开本：850×1168 印张：34.25 字数：650 千字

印数：1—3000 定价：50.00 元

ISBN 978—7—80252—505—4